南
大觀臺
龍神廟
萬松嶺
吳山
城隍廟
海會寺
伍公祠
清波門
萬壽宮
南屏
淨慈寺
雷峯塔
錢塘縣
仁和縣
學院
杭州府
錢王祠
運司河
府學
湧金門
柳浪聞鶯
織造府
湖心亭
溜水橋
問水亭
駐防城
清湖河
錢塘門
斷橋
平湖秋月
錦帶橋
小門
寶叔塔
昭慶寺
放鶴亭
孤山
演武場
按察司
城守營

南
大觀臺
龍神廟
萬松嶺
雲居
城隍廟
火德廟
吳山
萬壽宮
伍公祠
海會寺
清波門
南屏
雷峰塔
錢塘縣
仁和縣
學院
杭州府
鎮海樓
清和坊
城守營
糧道
布政司
運司河
府學
仁和學
鹽驛道
湧金門
錢王祠
柳浪聞鶯
皇華館
織造府
問水亭
湖心亭
溜水橋
清湖河
駐防城
將軍
錢塘門
斷橋
平湖秋月
錦帶橋
寶叔塔
昭慶寺
演武場
小門
按察司
錢局
武林

城市史与人文遗产研究丛书

中日城市史研究论集

马学强　［日］塚田 孝　主编

［日］佐贺 朝　叶　舟　张智慧　副主编

商务印书馆 创于1897 The Commercial Press

2019年·北京

图书在版编目(CIP)数据

中日城市史研究论集/马学强,(日)塚田孝主编.
—北京:商务印书馆,2019
(城市史与人文遗产研究丛书)
ISBN 978-7-100-17709-2

Ⅰ.①中…　Ⅱ.①马…②塚…　Ⅲ.①城市史—中国—文集②城市史—日本—文集　Ⅳ.①K928.5-53
②K931.35-53

中国版本图书馆CIP数据核字(2019)第147116号

中日城市史研究论集
马学强　[日]塚田 孝　主编
[日]佐贺 朝　叶　舟　张智慧　副主编

商 务 印 书 馆 出 版
(北京王府井大街36号　邮政编码100710)
商 务 印 书 馆 发 行
苏州市越洋印刷有限公司印刷
ISBN 978-7-100-17709-2

2019年9月第1版　　开本787×1092　1/16
2019年9月第1次印刷　印张29¾　插页8　字数590千
定价:98.00元

《中日城市史研究论集》编委会

本论集的出版获得上海社会科学院创新工程项目资助

图 1 “中日城市史研究与比较”学术研讨会与会学者合影

图 2　研讨会开幕式场景

图 3　大会讨论场景一

图 4　大会讨论场景二

图 5　学者交流场景一

图 6　学者交流场景二

图 7　学者报告场景一

图 8　学者报告场景二

图 9　与会学者调研考察上海工部局大楼旧址一

图 10　与会学者调研考察上海工部局大楼旧址二

目　录

城市史研究的史料与方法

明清之际江南缙绅的居家行为方式　范金民 / 003

町奉行所的市中取缔官员与幕末的江户社会　吉田 伸之 / 034

都市大坂的扩张与难波村
——关于成舞家文书　塚田 孝 / 055

商帮、产业分布与城市空间：17世纪以来景德镇徽州会馆之管理与运作研究　王振忠 / 078

江南地区聚落—城镇历史形态演化的发生学考察　钟 翀 / 137

杭州新式公共空间的创建：以菜场为中心的考察（1908—1937）　张卫良 王 刚 / 149

近世京都的商家史料　杉森 哲也 / 169

大坂藏屋敷与渡海限制
——以近世前期的德岛藩为例　町田 哲 / 180

从黄道婆信仰看开埠前的上海城市社会　王 健 / 204

理想与现实之间：国民政府时期武进县的地方建设事业（1927—1937）　叶 舟 / 213

上海、大阪等城市的细部研究

近代上海城市内部的构造：石库门街区形成与演变的考察　马学强 / 231

19世纪90年代至20世纪30年代大阪市的町与町内团体　佐贺 朝 / 255

英国海道测量局所绘黄浦江实测地图初探（1840—1911）　牟振宇 / 269

岩国藩大坂藏屋敷的设立与都市社会　森下 徹 / 288

近世后期摄津、丹波的寒天生产与大坂　后藤 雅知 / 301
大坂渡边村的村落结构　三田 智子 / 314
从“住宅难”问题看20世纪初期上海日侨社区的形成　张智慧 / 329

青年学者专场

文物考古视野下的上海港变迁　陈 凌 / 347
堀江新地的社会结构　吉元 加奈美 / 365
近世后期道修町三丁目的运营结构
——以御用住宿处为素材　吴伟华 / 376
从寺庙聚落到“城西首镇”：清代上海法华镇“原生型”城市化研究　胡 端 / 398
巨大都市大坂的作事工匠与中井家　田坪 贤人 / 419
从近代上海工部局大楼筹建考察公共租界的运作机制　李东鹏 / 434

评 论

关于城市史研究的若干点评　井上 彻 / 455

会议综述

“中日城市史研究与比较”学术研讨会综述　叶 舟 / 461

后 记 / 469

城市史研究的史料与方法

明清之际江南缙绅的居家行为方式*

范金民**

【内容摘要】自明后期至清前期，由于朝廷及地方官府对于江南缙绅的措置不同，江南绅士在乡居生活与地域政治方面体现出迥然不同的价值取向和行为方式。本文胪陈明后期江南缙绅的行为特征，论述清前期朝廷及官府对江南缙绅的约束打击措置，探讨江南缙绅由明入清行为取向的转变及其原因，揭示江南缙绅的历史面貌特征，以期能深化江南缙绅和江南人文的研究。

【关键词】明清之际，江南，士绅，居家行为，地域政治

明末清初における江南縉紳の在郷行動様式について

范金民

【論文要旨】明末から清初にかけて、江南縉紳は朝廷及び地方政府の自分に対する措置の相違により、在郷生活と地域政治の両方面で異なる価値観と行動様式を表していたのである。本論文は明末における江南縉紳の行為特徴を明らかにし、清初における朝廷及び地方政府が江南縉紳に対する束縛措置を論述しようとするものである。また本論文は、明から清に替わる際に江南縉紳の行動様式の変化及びその原因を論じ、江南縉紳の歴史的風貌とその特徴を明確にし、江南縉紳と江南文明の研究を深化させることを目指すものである。

【キーワード】明末清初、江南、縉紳、在郷行動様式、地域政治

* 本文为国家社科基金重大项目“江南地域文化的历史演进”（10&ZD069）的阶段性成果。

** 范金民，南京大学特聘教授、历史学院博士生导师。

自明后期至清前期，时世不同，朝廷及地方官府对于江南缙绅的措置大不相同，江南绅士在乡居生活与地域政治方面体现出迥然不同的价值取向和行为方式。既有研究虽有一些通贯之作，但或者明清连称，或者将明与清截然分开，明自明而清自清，因而未能揭示江南缙绅人生前后转向的基本特色，更看不到影响其前后转向的原因，[1]或者专论儒士群体，未能概括明清鼎革前后江南缙绅基本面貌。本文胪陈明后期江南缙绅的行为特征，论述清前期朝廷及官府对江南缙绅的约束打击措置，探讨江南缙绅由明入清行为取向的转变及其原因，期能深化江南缙绅和江南人文的研究，稍有裨益于揭示江南缙绅的历史面貌特征。

一、明后期江南缙绅声气之张扬

"大江以南士大夫"，是明后期最为突出的地域人文集团。其时，其社会地位显赫，气势非同一般。家居时，江南缙绅虽然也有人约束检点，自重自爱，但绝大部分特别是嘉隆以后的江南士大夫，则是暴横霸道，为害一方。杭州人原来自诩，"仕者咸以清慎相饬励，多无田园宅第"，"士夫居乡者，往往以名节自励"，可万历时杭州府志的编纂者陈善却说："今士大夫居乡者，高爵厚禄，身占朝籍，抗礼公府，风雷由其片言，或垄断罔利，莫之敢争，煦之则生，嘘之则枯，侵官浸讼，纳贿千金，少亦足抵数吏之入，剥众肥家，岂其微哉！"杭州乡绅名声稍佳，尚且如此，苏松一带，更为了得。华亭人董含的族曾叔祖董容概括松江府缙绅居乡行为时说："吾郡缙绅家居，务美宫室，广田地，蓄金银，盛仆从，受投谒，结官长，勤宴馈而已，未闻有延师训子，崇俭寡欲，多积书，绝狎客者。"[2]明清时人论到其时的江南缙绅，几乎众口一词，深恶痛绝，清初顾炎武曾将仕宦与生员列为天下病民的三种人中的两种人，乾隆后期苏州生员顾公燮更概而言之，"前明缙绅，虽素负清名者，其华屋园林，佳城南亩，无不揽名胜，连阡陌"，其立身行事，"徒知尚爵而不知尚德尚齿"。[3]江南绅士家

1　相关研究的代表性成果，有日本学者岸本美绪的《明清交替と江南社会—17世紀の中国の秩序問題—》(东京：东京大学出版会，1999年）和山本英史的《清朝の江南統治と在地勢力》(载于岩井茂树编《中国近世社会の秩序形成》，京都：京都大学人文科学研究所，2004年），前者着重探讨明清之交江南士人的动向，后者探讨以衙蠹和绅衿为代表的地方势力在清初的实态，富有学术价值。

2　(清）董含:《三冈识略》卷四《补遗》"读书种子不可绝"条，沈阳：辽宁教育出版社，2000年，第95页。

3　(清）顾公燮:《消夏闲记摘抄》卷上"明季绅衿之横"条页，收入《涵芬楼秘笈》第二集，上海：商务印书馆，1916—1921年，第5—6页。

居行径，归纳起来，大体不出如下数端。

一是结社成帮，党同伐异。明末江南沿宋元旧习，结社成风。崇祯初年，松江有几社，浙江有闻社，昆山有云簪社，苏州有羽朋社，杭州有读书社。各地文社均统合在复社的旗帜下，同声相求，“外乎党者，虽房杜不足言事业；异吾盟者，虽屈宋不足言文章”[1]。如浙江钱塘人吴振棫后来总结说：“盟社盛于明季。江南之苏、松，浙江之杭、嘉、湖为尤甚。国初尚沿此习。顺治十七年，从给事中杨雍建请禁同社、同盟名目。”[2]其行结社内容及其行为的消极后果，早在康熙十二年（1673）理学名儒嘉兴人张履祥就曾总结道：“士人胜衣冠，即无不广交游，谈社事，浸淫既久，乃至笔舌甚于戈矛，亲戚同于水火。予叹息而言，畴昔之日，数十人鼓之，数千万人靡然从之，树党援，较胜负，朝廷邦国，无不深中其祸。政事之乱乱于是，官邪之败败于是，人心之溺溺于是，风俗之敝敝于是。今者，祸乱已极，一时人士不能惩创既往，力图厥新，顾乃踵其失而加甚焉。”[3]社集自是士人团体，但其发起者或主持者乃至撑腰者，实是负有显赫声望的缙绅。

二是干预行政，把持乡里。江南缙绅以其门生故吏遍天下的影响力，不时直接间接地干预中央和地方行政，时时事事无不体现其意志，维护其利益。江南士绅影响朝政，早在万历中期东林学派讲学，“讽议朝政，裁量人物”时已开其端。后来更集社结会，利用铨选官员的选人大权，在朝和在野互相奥援，大造声势，对中央行政施加各种影响。在地方，士绅更是出入公门，左右掣肘，对官府和官员施以各种影响。东林领袖居乡时，有人就任无锡知县，只要感到小有不顺，就“调之去，又择所爱好者，推毂于两台”，甚至三年之中，一下换了三个知县，[4]县民所费不止千金，受累不浅。天启时，官至吏部尚书的赵南星将乡官之害称为天下“四害”之一，谓：“夫吏于土者，不过守令，而乡官之中多大于守令者，是以乡官往往凌虐平民，肆行吞噬，有司稍稍禁戢，则明辱暗害，无所不至。如原任渭县知县张栋，治行无双，以裁抑乡官，竟被谗毁，不得行取，识者叹恨。”[5]这种情形，以江南最为突出。钱氏是常熟的望族，到钱元禄时，家世丰腴，“遇事

1 （清）顾公燮：《丹午笔记》九七条“文社之厄”，南京：江苏古籍出版社，1985年，第88页。

2 （清）吴振棫：《养吉斋丛录》卷二五，北京：北京古籍出版社，1983年，第327页。

3 （清）张履祥：《杨园先生全集》卷一六《纪交赠计需亭》，北京：中华书局，2002年，第490页。

4 （清）黄卬：《锡金识小录》卷九《存疑》“屡易邑令”条，引《梁溪杂事》，第23页，光绪二十二年（1896）王念祖活字本。

5 （明）赵南星：《赵忠毅公文集》卷十九《敬循职掌剖露良心疏》，收入《四库禁毁书丛刊》集部第68册，北京：北京出版社，1999年，第569页。

必求上人，土梗千金，乡人莫敢忤视”，县令仰其鼻息，县政大受影响，当地便广泛流传着“常熟知县印，不如钱五大人信”的说法。[1]常熟另一巨姓归氏，著名古文大家昆山人归有光记其豪势于乡的盛况道：“吾归氏虽无位于朝，而居于乡者甚乐。县城东南，列第相望。宾客过从饮酒无虚日，而归氏世世为县人所服。时人为之语曰：‘县官印，不如归家信。’”[2]清初，昆山人探花叶方蔼在朱家角镇，洞庭商人许某出示吴中诸前辈手迹，其中官至南京礼部尚书华亭人董其昌的手书多至百幅，“内数幅则自京所寄书也，皆家常琐屑受贿请托语”[3]。真凭实据，所书皆其自记“受贿请托”之事。董其昌在晚明的江南缙绅队伍中，其操行口碑还不算太差者，其实际情形如此，其他人概可想见。

天启时，苏州状元修撰文震孟，官至大学士，由其《文文肃公日记》所记，可知其自天启二年五月至天启六年（1622—1626）致仕在家，几乎每天忙碌不停，或出外与友朋相聚，讨论时局，或接待、访谒、致书地方官员，日记中时有“往谒抚台”“报谒抚公”“报访二署邑”“访太尊”“抚台来”“抚公来”“按台来”“刘学师来”“杨兵尊来”“郡尊同张司李来”“郡尊来”“王太尊来”“吴江李令来”“吴学师来”“报访郡公”“报访杨道尊”“报访王侍御”“访郡尊及吴县公”“往晤抚按道府”“题尊祖扇送周抚公”“致苏石水淮抚书”“报崇德令邓汉臣书”等记录，[4]自巡抚、巡按、学政、兵备道至知府、县令，差不多所有地方官员均与其有往来。文震孟的事例，形象地说明，江南官绅，无论在朝在野，只要关乎中央行政、庙堂大事，或者地方事务，都是他们时刻所系念的。

崇祯时，松江地方文献则称：“缇帙之变，初乡大夫诸生与郡县交际绝少，近辄用册叶、锦屏，册诗则倩代作，以士大夫署名，或有摹石刻枣装为墨帖者，计润计工，率倍收之。一锦屏不下百人，而装池之费，每计数十金，主者遍索授纪纲，纪纲因而为利，且藉此阿上官。遂有亡行者，身犯大垢，甘与金木为伍而不悔。”[5]崇祯初年当祁彪佳出任苏松巡按时，复社领袖太仓人张溥前往谒见，即“袖出一揭，乃苏州各属者，云系名士”，要求予以照应，绅士吴伟业、贺王盛、贺鼎、徐宪卿、陆献明、朱人烈、朱大治、莫俨皋、范允临、沈

1 （清）钱谦益：《钱牧斋全集·牧斋杂著》上《牧斋晚年家乘文·族谱后录上篇》，第7册，上海：上海古籍出版社，2003年，第147页。

2 （明）归有光：《震川先生集》卷二八《归氏世谱后》，上海：上海古籍出版社，2007年，第638页。

3 嘉庆《珠里小志》卷十七《杂记上》，收入《上海乡镇旧志丛书》第7册，上海：上海社会科学院出版社，2005年，第228页。

4 （明）文震孟：《文文肃公日记》，上海图书馆藏稿本。

5 崇祯《松江府志》卷七《风俗·俗变》，第29页。

彦威、蒋镆、李逢申、赵士履、姜云龙、李世祺、张肇林、谈自省、施元征，祁之年伯赵如衡、顾云鹏，年兄姜玉果、夏允彝、吴铸，以及难以记忆者，都纷纷前往谒见请托，演出了一幕幕生动的人情戏。[1]请托之风如此炽烈，出面关说者如此位高爵显，地方官员自然难以施展手脚，以致有人将士夫干请之书与山人诗卷、僧徒募缘之册合称为吴下“三厌”[2]。所以崇祯十五年（1642）大学士浙江山阴人刘宗周愤愤地说：“江南冠盖辐辏之地，无一事无衿绅孝廉把持，无一时无衿绅孝廉嘱托，有司惟力是视，有钱者生。且亦有衅起琐亵，而两造动至费不赀以乞居间之牍，至转辗更番求胜，皆不破家不已。甚之或径行贿于问官，或假抽丰于乡客，动盈千百，日新月盛。官府之不法，未有甚于此者也。”[3]清乾隆后期顾公燮甚至认为，明后期的江南乡绅，“尤重师生年谊，平昔稍有睚眦，即嘱抚按访拏。甚至门下之人，遇有司对簿将刑，豪奴上禀主人呼唤，立即扶出，有司无可如何。其它细事，虽理曲者，亦可以一帖弭之”[4]。乡宦眼中并无官府，竟视公堂如私室，势焰十分嚣张。常熟县民张汉儒就曾控诉著名绅宦钱谦益、瞿式耜居乡“不畏明论，不惧清议，吸人膏血，啖国正供，把持朝政，浊乱官评，生杀之权不操之朝廷而操之两奸，赋税之柄不操之朝廷而操之两奸，致令蹙额穷困之民欲控之府县，而府县之贤否，两奸且操之”，劣迹多达58款。[5]言虽不无过激之处，所论却多系事实。崇祯十年，常熟县令为邹守常，极为贪墨，到任四月，即被地方士民鼓噪赶走。当时全县士大夫均不认同邹之所作所为，相率到府城，以民情致意巡抚。巡抚说：“令虽不善，但到任百余日而即噪之，百姓无乃已甚乎？”当时首座为钱谦益，次即陈必谦，两人闻言无对。[6]崇祯中期，宜兴周延儒复任内阁首辅大学士，复社领袖张溥认为时机已到，“欲尽用其党人，而杀异己者，书二册以进，延儒秘而藏之”。后来张溥死，周延儒才松了一口气，说：“天如死，吾方好作官。”人惊问其故，周延儒将张溥所书二册名录出示座客道：“此皆天如所欲杀之人也，我如何能杀尽？”[7]张溥气焰之张狂、周延儒应付之难度，可以想见。这些都是极为彰显的事例。其实明后期江南官绅平时出处行事类多如此。因此，所

---

1 （明）祁彪佳：《按吴尺牍·与倪三兰》，收入氏著《祁彪佳文稿》，北京：书目文献出版社，1991年，第1930页。

2 （明）冯时可：《雨航杂录》卷下，收入《景印文渊阁四库全书》子部第173册，台北：台湾商务印书馆，1986年，第343—344页。

3 （明）刘宗周：《刘子全书》卷十七《文编四·责成巡方职掌以振扬天下风纪立奏化成之效疏》，会稽吴氏道光刻本，第52—53页。

4 （清）顾公燮：《消夏闲记摘抄》卷上“明季绅衿之横”，第5—6页。

5 （明）张汉儒：《张汉儒疏稿》，收入（清）丁祖荫辑：《虞阳说苑甲编》第五册，虞山丁氏1918年铅印本，第1页。

6 （清）王应奎：《柳南随笔》卷三，北京：中华书局，1983年，第51页。

7 （明）周同谷：《霜猿集》卷二《二册书成注复删》《月堕西江歌舞阑》二诗注，第4页，收入（清）丁祖荫辑：《虞山丛刻》甲集，常熟丁氏1916—1920年刻本。

谓士论民心，实皆士论而已，乡绅之见而已。明后期的江南地方政权，一定程度上是操在这些有财有势的乡绅之手的。

涉及地方利益时，各地缙绅更与生员结成蛮横势力，干预地方官府行政。万历时期嘉兴府嘉善县的争田鼓噪事件，可称最为典型。明代嘉兴一府，各县之间田地互相错壤，即户籍在此县而田在他县，尤以嘉善与嘉兴和秀水两县之间最为突出。万历年间，三县为交赋税而长期形成矛盾，到万历末年，延续30年未解的争田发展成鼓噪事件。万历四十四年（1616），三县知县会勘田粮，四月二十六日，嘉善乡宦五人到府衙，知府以查册丈田之说与之辩论，乡宦坚持依据嘉善之亏册抽丈嘉善之亏田。二十八日，知府邀集三县乡绅在城隍庙集中，反复申明前说，令三县会议具稿，传示三县乡绅次第书押，只有庄乡宦不肯书押，漏下三鼓，各人散去，抽丈之议格而不行。五月初三日，嘉善钱乡宦再次到府城，邀同吴知县议事，并送上公述公书一纸，称田不宜丈，册不宜查。五月初六日，嘉善生员四五十人、豪民三四百人，先至知府衙堂喊冤，后到嘉湖兵巡道叫嚷，各级官员反复晓谕，诟谇如故，甚至打伤旗鼓手，打坏乡宦门庭桌椅。初八日，嘉善沿街遍贴传帖，声称道府听信叛贼岳元声，本县当图大举，先接吴知县归县等。此次争田鼓噪事件，兵巡道佥事王重岱形容其“蔑视法纪”的严重程度“恐夷虏不是过”，嘉兴知府则称其“凶横暴戾，无复子民之分”，“猖獗之势成，屑越纪纲，决裂名分，真宇内异变”，以致提出辞职。在此事件中，嘉善乡宦和生员的气焰嚣张，坚持地方利益不依不饶，一再要挟府县衙门，豪横把持，目中了无法纪和官府之尊，使得嘉善知县和嘉兴知府先后提出辞呈。[1]这个争田鼓噪事件，其实质，诚如廖心一所说，“是两个乡绅集团的斗争”[2]，充分反映了乡绅浓重的地方利益行为。

三是侵夺小民产业，横行不法。江南缙绅仗势欺人，指使纵容家人子弟奴仆侵夺田产，弱肉强食，刁钻残暴手段无所不用其极，而又隐漏纳税田亩，将应纳赋税千方百计转嫁到小民头上。按照松江乡绅何良俊的说法，江南人直到宪宗成化朝时尚未积聚，自武宗正德朝开始，“诸公竞营产谋利。一时如宋大参恺、苏御史恩、蒋主事凯、陶员外骥、吴主事哲，皆积至十余万”，后来则一中进士之后，“而日逐奔走于门下者，皆言利之徒也。或某处有庄田一所，岁可取利若干；或某人借银几百两，岁可生息若干；或某人为某事求一覆庇，此无碍

1 （明）刘一焜：《抚浙疏草》卷六《题嘉善士民鼓噪请旨查勘三县田粮疏》，万历四十五年五月二十日具题，景照明刻本。

2 廖心一：《略论明朝后期嘉兴府争田》，收入《明史研究论丛》第2期，南京：江苏古籍出版社，1991年，第136页。

于法者，而可以坐收银若干，则欣欣喜见于面”。[1] 而到嘉靖时，“竞以求富为务，书生惟藉进身为殖生阶梯”，“吴中缙绅士夫多以货殖为急，若京师官店，六郭开行债典，兴贩盐酤，其术倍克于齐民”。[2] 到隆庆时，巡按直隶御史董尧封奏，查出苏松常镇四府投诡田 1 995 470 亩，花分田 3 315 560 亩。[3] 时人屠隆说：“余见士大夫居乡，膏腴侈心不已。日求田问舍，放债取息。奔走有司，侵削里闬。广亭榭，置玩器，多僮奴，饰歌舞，终身劳冗，略无休息。”[4] 万历中期，常熟知县谭昌言说：“吴中士大夫田连阡陌，受请寄，避徭役，贻累闾里，身殁而子孙为流庸者多矣。”[5] 以致华亭人范濂说，当时缙绅，“营营逐利，虽有陶朱、猗顿之富，日事干请，如饥犬乞怜”[6]。清乾隆时常州人赵翼总结说：“前明一代风气，不特地方有司私派横征，民不堪命，而缙绅居乡者，亦多倚势恃强，视细民为弱肉，上下相护，民无所控诉也。”[7] 如常熟徐风竹，官至工部尚书，其孙荫为部郎，“居乡恣横不法甚”，被县官逮治。[8] 如淮扬巡抚太仓人凌云翼，“家居骄纵，给事、御史连章劾之”[9]。如无锡人俞宪，仕至按察使，居乡“抉取民膏甚厚”[10]。这些人的居乡不法行径，较之那些势力更为显赫的缙绅的巧取豪夺，只不过是小意思。如嘉靖末年的内阁首辅华亭人徐阶，“子弟家奴暴横闾里，一方病之，如坐水火”。而应天巡抚海瑞与苏州兵备道蔡国熙勒令徐阶退田，二人反被徐阶先后以势以金唆使给事中劾论去职，以致时人感慨道：“此一事也，见方正之难容焉，见法纪之澌灭焉，见家居之罢相能逐朝廷之风宪焉，见琐闼之言官甘为私门之鹰犬焉。”[11] 又如董其昌，三个儿子“素不加检束，而仲尤甚。有干仆陈明父子，更倚势煽虐，乡里侧目久矣”[12]。更有甚者，如无锡秦梁之子秦灯，与太仓王世贞之子王士骕、华亭乔敬懋之子乔相，自负贵介，挖空心思，诈人钱财，“或与百金，或数十金，不则目慑之曰：‘尔为我守金，不久我且

---

1 （明）何良俊：《四友斋丛说》卷三四《正俗一》，北京：中华书局，1959 年，第 312 页。
2 （明）黄省曾：《吴风录》第 2—3 页，收入《五朝小说大观·皇明百家小说》，上海：扫叶山房 1926 年石印本。
3 《明穆宗实录》卷一三，隆庆元年（1567）十月庚寅，台北：“中研院”历史语言研究所 1962 年校刊本，第 355 页。
4 （明）屠隆：《鸿苞》卷二一《醉梦》，收入《四库全书存目丛书》子部第 89 册，济南：齐鲁书社，2002 年，第 352 页。
5 （清）钱谦益：《牧斋初学集》卷五三《山东青莱海防督饷布政使司右参政赠太仆寺卿谭公墓志铭》，上海：上海古籍出版社，1985 年，第 1332 页。
6 （明）范濂：《云间据目抄》卷一《记人物·周思兼》，收入《笔记小说大观》第 13 册，扬州：江苏广陵古籍刻印社，1983 年，第 3 页。
7 （清）赵翼：《廿二史札记》卷三四“明乡官虐民之害”条，南京：凤凰出版社，2008 年，第 527 页。
8 （明）李乐：《见闻杂记》卷一一，二十二条，北京：中华书局 1986 年影印本，第 16 页。
9 《明史》卷二二二《凌云翼传》，北京：中华书局，1974 年，第 5861—5862 页。
10 （清）黄卬：《锡金识小录》卷十《前鉴》，第 8 页。
11 （明）伍袁萃录，（明）贺灿然评：《漫录评正》，收入《北京图书馆古籍珍本丛刊》第 70 种，北京：书目文献出版社，1987 年，第 543 页。
12 （清）曹家驹：《说梦》，收入《清人说荟初集》，上海：扫叶山房 1913 年石印本。

提笔剿汝矣。'"[1]宜兴周延儒为大学士，陈于泰为翰林，两家子弟暴横乡里，民众至发掘周家祖墓，焚烧陈氏兄弟宅第。这批乡宦恶少，凶神恶煞，实乃社会黑恶势力。徐阶、董份、申时行、董其昌等缙绅占有的动辄数万亩、数十万亩膏腴田产，就是不择手段从小民那里劫夺过去的。明后期江南土地兼并形成高峰，也正是这些豪绅显宦巧取豪夺的结果。

四是肆意奴役乡民。缙绅贱视乡间小民，颐指气使，任意役使。有材料载："淞江钱尚书治第时，多役乡人，而砖甓亦取给于彼。一日，有老佣后至，钱责其慢，对曰：'某担自黄瀚坟，坟远故迟耳。'钱益怒，老佣徐曰：'黄家坟故某所筑，其砖亦多取自旧冢中，无足怪者。'"[2]可见缙绅自家中琐事至兴筑工程，随意役使乡民已成习惯。直到天启时，江南各地"豪绅纵其仆于鱼肉乡民"[3]，其风未艾。一言以蔽之，江南士大夫，"入朝则吮痈舐痔，招权纳贿，居乡则嘱托公事，吞虐细民"[4]。

五是接受投献，蓄奴成风。明代仕宦享有蓄奴特权，他们更滥用这种特权，远超法律规定大肆蓄养奴仆。华亭人范濂称，"自乡宦年久官尊，则三族之田悉入书册……故一官名下，有欠白银一千余者"[5]。顾炎武论到江南士大夫蓄养奴仆之风时，又说："今日江南士大夫多有此风，一登仕籍，此辈竞来门下，谓之投靠，多者亦至千人。……人奴之多，吴中为甚，原注：……今吴中士宦之家，有至一二千人者。"[6]徐阶、董份、董其昌家，投靠家奴皆达上千，无锡给事中招家奴至五百人，按察使俞宪家奴也达百余人，"无不绮衣鲜食，肆虐邻里，攫取市物"[7]。这些投靠缙绅的奴仆，表面上出于自愿，多半却是因为缙绅大户独多，享受优免特权，繁重的赋役负担全部落在小民头上，小民出于无奈而不得不投靠势家以求庇护。董其昌就是"膏腴万顷，输税不过三分，游船百艘，投靠居其大半"[8]。也有的投靠纯粹出于一些奸黠辈的借机图害。势家对投靠为奴的小民予取予夺，鞭扑责罚，致残致死，毫无人性。奴仆忍受不了百般虐待，一有机会，即反抗主家。礼部侍郎松江人董传策，"性气刚戾，待下严酷"，家居"鸷毒日甚"，万历七年（1579）被家奴杀死。[9]董其昌宅第被乡民焚毁，家财

1 （清）黄卬：《锡金识小录》卷十《前鉴》，第 14 页。
2 （明）文林：《琅琊漫抄》，收入（明）陶宗仪辑：《说郛》续卷十七，第 2—3 页，上海：商务印书馆 1927 年铅印本。
3 （清）龚文洵补辑：《唐市补志》卷中《处士》，光绪十四年（1888）抄本。
4 （明）钱琦：《钱公良测语》卷下，转引自刘水云：《明清家乐研究》，上海：上海古籍出版社，2005 年，第 74 页。
5 （明）范濂：《云间据目抄》卷四《记赋役》，第 4 页。
6 （清）顾炎武：《日知录》卷一三"奴仆"条，参见（清）黄汝成：《日知录集释》，长沙：岳麓书社，1994 年，第 497 页。
7 （清）黄卬：《锡金识小录》卷十《前鉴》，第 11 页。
8 翁元升参董其昌折，转引自谢国桢：《明清之际党社运动考》，北京：中华书局，1982 年，第 215 页。
9 （明）范濂：《云间据目抄》卷三《记祥异》，第 7 页。

被掠。明清鼎革之际太仓、上海、嘉定、昆山、石门、金坛、溧阳广及苏松常嘉四府之地纷纷发生奴变，索契杀主，实在是缙绅地主长期作威作福的结果，咎由自取。明末江南奴变最为激烈，与当地豪门最为集中、蓄奴风气最盛、驭下最为苛酷是有着必然联系的。个别豪奴恃仗主人势力，成为主人鹰犬，为非作歹，为所欲为。如宜兴县民周文爙、张瑞、刘宁、蒋美、胡成，都是本县乡官陈一教的义男，张凤池、樊士章、张成等，都是乡宦徐廷锡的义男，他们"倚藉主势，收租勒索赠耗，放债逼写子女田房，各却蔽主酿祸，造孽多端"[1]，劣迹斑斑。事实上，不少豪强巨绅的万贯家财，正是靠这些家人义男从细民处掠夺勒逼来的。上述缙绅侵夺田产最常见的手法是逼迫勒令小民投献，有的投献虽出于自愿，但都是缙绅豪横欺隐的结果。

六是奢侈淫佚，醉生梦死。江南缙绅，宦囊既丰，又兼营市利，鲸吞小民脂膏，百般役使细民弱户，积累起了巨额财富。身处繁华之乡，又见过世面，因而讲排场，摆阔气，蓄优童，拥丽姬，精赌术，已属寻常，甚者荒淫糜烂，追求畸形生活方式，有些人了无读书入仕人的气味。如无锡俞宪，与谈恺、安如山、秦瀚、王瑛四位乡宦结成五老会，"楼船、鼓吹、园池、声妓、服玩，使令之丽，甲于江南"，成天"沉酣声色，广取艳妓妖童"。秦瀚交结严世蕃，"极多奇味"。俞宪与安如山"皆有龙阳癖，既富且贵，以重资购得者，不可胜计"。如山孙绍芳也"大有祖癖"。[2] 明后期各地士人多好此风，而以江南为甚。所以人称"今吴俗此风尤盛，甚至有开铺者"[3]。沈德符记时人风尚谓："得志士人致娈童为厮役，钟情年少，狎丽竖若友昆，盛于江南，而渐染于中原。乃若金陵坊曲有时名者，竞以此道传游婿爱宠，女伴中相夸相谑，以为佳事，独北妓中尚有不深嗜者。"[4]

明后期的江南缙绅，以饮宴妓唱为乐事。如南京大手笔顾璘晚年家居，"喜设客，每张宴，必用教坊乐工以弦索佐觞，最喜小乐工杨彬，常诧客曰蒋南泠诗所谓消得杨郎一曲歌者也"[5]。如万历时御史苏州人钱岱，家居蓄养女优 13 人，女教师 2 人，"第宅之广，姬妾之多，衣食供养之华且靡也，人人共见为富贵逸乐"，"优游林下数十年，声色自娱"。[6] 整个江南士夫事实上常常沉浸在丝竹声色场中。以致明末嘉兴人沈德符说："吴中缙绅，则留意声

1 （明）祁彪佳：《宜焚全稿·题为豪奴蔽主启衅顽民结党抢烧已经擒获首恶解散协从事》，收入氏著《祁彪佳文稿》，第 56—90 页。

2 （清）黄印：《锡金识小录》卷十《前鉴》，第 4 页。

3 （明）田艺蘅：《留青日札》卷三"男娼"条，上海：上海古籍出版社 1985 年影印本，第 15 页。

4 （明）沈德符：《敝帚轩剩语》卷二"男色之靡"条，收入《四库全书存目丛书》子部第 248 册，第 508 页。

5 （清）陈开虞：康熙《江宁府志》卷三三《摭佚上》，乾隆五十四年（1789）补刊本，第 42 页上。

6 佚名：《笔梦》，第 1、8—9 页，收入《虞阳说苑甲编》，虞山丁氏初园 1917 年排印本。

律，如太仓张工部新、吴江沈吏部璟、无锡吴进士澄时，俱工度曲。每广坐命技，即老优名倡，俱皇遽失措，真不减江东公瑾。此习尚所成，亦犹秦晋诸公多娴骑射耳。”[1]缙绅居乡放荡，使得江南奢靡之风日甚一日。华亭人范濂说：“嘉隆以来豪门贵室，导奢导淫，博带儒冠，长奸长傲，日有奇闻叠出，岁多新事百端。”[2]无锡人尤伯升也说：“吾邑本尚俭，始奢于冯龙泉、顾东岩，至嘉靖中，俞、谈诸老争以奢侈相尚，而风俗益靡矣。”[3]湖州人李乐则说，风俗之陋，“作俑于大宦家”[4]。说到底，哪里缙绅多，哪里风俗就奢，可以说，江南风俗奢靡，正是由缙绅辈一手导演出来的，其程度也正与缙绅势力的兴盛相一致。

二、清初惩戒约束士绅之举措

入清之后，江南士人仍然沿袭明末旧习，结社盟誓，大举文会。时人称：“明社既屋，士之憔悴失职，高蹈而能文者，相率结为诗社，以抒写其旧国旧君之感，大江以南，无地无之。其最盛者，东越则甬上，三吴则松陵。……松陵为东南舟车之都会，四方雄俊，君子之走集，故尤盛于越中。”[5]苏州有同声社、慎交社、遥通社，吴江有惊隐社，娄东有端社、起韩、绿斐堂、七录斋，浙西有澹鸣社、萍社、彝社、介社、观社、广敬社、澄社、经社等，“吴浙之间，各有部署……每社各数十人，以为倡和，推之各邑，无不皆然”[6]。无锡有云门社，“名动远迩”[7]。而且吴越之间的文社互相联络，互为声势。越中文社名士百余人，以乡宦山阴人骆复旦为领袖，“尝率越士赴十郡大会，连舟数百艘，集嘉兴之南湖”，与太仓吴伟业、长洲宋德宜等数十名士酬唱。[8]时人将当时的文社与明末文社比较，谓：“明季时，文社行，于是人间投刺，无不称社弟。本朝始建，盟会盛行，人间投刺，无不称盟弟者，甚而豪胥市狙，能翕张为气势者，缙绅蹑屐问讯，亦无不以盟弟自附，而狂澜真不可挽。”[9]似乎恶

1 （明）沈德符：《万历野获编》卷二四《技艺》“缙绅余技”条，北京：中华书局，1959年，第627页。
2 （明）范濂：《云间据目抄》卷二《记风俗》，第1页。
3 （清）黄卬：《锡金识小录》卷十《前鉴》，第8页。
4 （明）李乐：《见闻杂记》卷十，十三条，第10页。
5 （清）杨凤苞：《秋室集》卷一《书南山草堂遗集后》，收入《续修四库全书》第1476册，上海：上海古籍出版社，2003年，第10页。
6 佚名：《研堂见闻杂记》，收入《中国历史研究资料丛书》，上海：上海书店1982年影印本，第284—285页。
7 （清）黄卬：《锡金识小录》卷四《综考・云门十子》，第27页。
8 乾隆《绍兴府志》卷五四《人物志・人物志十四・文苑・骆复旦》，第43页。
9 佚名：《研堂见闻杂记》，第306页。

俗甚于明末。顺治十年（1653），与明崇祯六年（1633）一样，江南十府大社在虎丘大会，延请贰臣吴伟业主持，远近赶赴者将近二千人，“舢舻相接，飞觞赋诗，歌舞达旦。翌日，各挟一小册，汇书籍贯、姓名、年庚而散”[1]，盛况甚至超过明末。康熙十二年（1673），张履祥说：“今者，祸乱已极，一时人士不能惩创既往，力图厥新，顾乃踵其失而加甚焉。”[2]结社风习直到康熙初年一如明旧。生员则仍然以播弄是非为能事，热衷于代人打官司。顾公燮谓：“康熙年间，男子联姻，如贫不能娶者，邀同原媒，纠集打降，径入女家抢亲。其女必婿亲扶上轿，仍以鼓乐迎归成亲，次日杯酒释欢。又讦讼者，两造各有生员具公呈，听审之日，又各有打降保护。故曰打降之降乃行，非降下。善拳勇者为首，少年无赖，属其部下，闻呼即至，如开行一般，谓之打行。今功令森严，此风不兴矣。”[3]士绅劫夺小民弱肉强食，拖欠逃避赋税如故，以致税粮逋欠多达上千万石。

面对江南士绅的前明积习，清前期，清廷和地方官府为稳定在江南的统治，笼络、控制江南绅士，采取一系列惩治措施整肃社会，约束人心。其惩戒约束主要从两方面入手：一方面，以赋税钱粮为突破口，严厉惩治拖欠逃避赋税钱粮的行为；另一方面，以言行举止为参照物，全方位、多角度地约束、限制以至监视缙绅的居乡表现。清廷改变明朝做法，裁夺缙绅优免特权，赋税钱粮与庶民一体输纳。顺治十一年规定：“国家亟需，绅衿里民一体输纳。州县粮册，当人宦户、儒户、民户三项，如豪绅劣衿挟制官府，抗不纳粮，诡寄包揽者，指名参奏。”[4]

在征收赋税方面，江南官场主要体现为清初的三大案。

一是哭庙案。顺治十六年，朱国治就任江宁巡抚，索馈苛征，兴起奏销钱粮大案。新任吴县令任维初，“开大竹片数十，浸以溺，示人曰：‘功令森严，钱粮最急，考成殿最，皆系于此。’凡国课不完者日日候比，不必以三六九为期也”[5]。顺治十八年二月初一日，正是钱粮奏销綦严之时，世祖驾崩哀诏至苏，府衙设灵堂，巡抚、巡按率领属官乡绅哭临三日。初四日，生员丁紫洄从府学教授程苍翼处领得文庙钥匙，生员倪用宾等到庙号哭，薛尔张作文，随而从至者生员百余人，鸣钟击鼓，又至府堂，乘抚按皆在时，跪进揭帖，控诉任县令滥用非刑，预征课税之贪酷状，相从而至者，更多达千人。巡抚大惊，下令左右逮治闹事者，11

1 （清）王应奎：《柳南续笔》卷三“虎丘社集”条，北京：中华书局，1983年，第186页。

2 （清）张履祥：《杨园先生全集》卷一六《纪交赠计需亭》，第490页。

3 （清）顾公燮：《丹午笔记》二六八“打降”条，第188页。

4 （清）蒋廷锡等：《古今图书集成·经济汇编·食货典》卷一三四，第687册，上海：中华书局民国景印武英殿本，第22页。

5 （清）顾公燮：《丹午笔记》二二四“哭庙纪闻”条，第155页。

人被擒。当时正好金坛有叛案，郑成功北伐清军失利于镇江，朱国治乃上奏穷治。清廷派侍郎叶尼等四人鞫治，朱国治上疏绅衿抗粮，四出抄掠，货贿器用，劫掠一空。有人同情被逮诸生，也被波及逮系，增至18人，俱着处斩，家产籍没。这就是骇人听闻的“枉法坑儒十八人”之哭庙大案。[1]哭庙案与钱粮奏销案搅在一起，成为收拾江南士绅的开端。

二是钱粮奏销案。关于奏销案，当时人大多将其归为江宁巡抚朱国治的暴政，说朱“因见协饷不前，创为绅欠、衿欠之法”[2]，或说“抚臣更立奏销法”[3]。近人孟森先生和今人何龄修先生先后有文论述[4]。孟先生认为，当时江宁巡抚朱国治，因郑成功兵入沿江列府，意所不怿，于是以逆案为名，任情荼毒江南士绅。孟先生又说：“整理赋税，原属官吏职权，特当时以故明海上之师，积怒于南方人心之未尽帖服，假大狱以示威，又牵连逆案以成狱。”何龄修先生在孟先生持论的基础上，引述实录所收上谕，专文考察浙江奏销案，认为钱粮奏销新例实际上是全国奉行的条例。两人的研究，无疑均是符合史实的不易之论。

关于奏销案，朝廷的谕旨叙述较为详明。顺治十八年正月初七日，世祖晏驾，是月二十九日，谕吏部、户部：“钱粮系军国急需，经管大小各官须加意督催，按期完解，乃为称职。近览章奏，见直隶各省钱粮，拖欠甚多，完解甚少，或系前官积逋，贻累后官；或系官役侵挪，借口民欠。向来拖欠钱粮，有司则参罚停升，知府以上虽有拖欠钱粮未完，仍得升转，以致上官不肯尽力督催，有司怠于征比，枝梧推诿，完解愆期。今后经管钱粮各官，不论大小，凡有拖欠参罚，俱一体停其升转，必待钱粮完解无欠，方许题请开复升转。尔等即会同各部寺酌立年限，勒令完解。如限内拖欠钱粮不完，或应革职，或应降级处分，确议具奏。如将经管钱粮未完之官升转者，拖欠官并该部俱治以作弊之罪。”三月初一日，“定直隶各省巡抚以下州县以上征催钱粮未完分数处分例”[5]。十八年三月初九日，上谕户部：“近观直隶各省钱粮，逋欠甚多，征比难完，率由绅衿藐法，抗粮不纳，地方官瞻徇情面，不尽法征比。嗣后着该督抚责令道府州县各官立行禁饬，严加稽察，如仍前抗粮，从重治罪，地方官不行察报，该督抚严察，一并题参重处。”[6]兴案者江宁巡抚朱国治谓：“吴县钱粮历年逋

1 （清）顾公燮：《丹午笔记》二二四“哭庙纪闻”条，第154—163页，参见（清）徐珂辑：《清稗类钞》狱讼类“康熙庚午哭庙大狱”条，北京：中华书局，1984年，第3册，第1022页。文中庚午误成康熙朝，应为顺治朝。

2 （清）陆文衡：《啬庵随笔》卷三《时事》，台北：广文书局1969年影印本，第11页。

3 佚名：《研堂见闻杂记》，第297页。

4 孟森：《奏销案》，收入氏著《明清史论著集刊》，北京：中华书局，1984年，第434页起；何龄修：《浙江奏销案》，收入氏著《五库斋清史丛稿》，北京：学苑出版社，2004年。

5 （清）王先谦：《东华录》康熙一，上海：上海古籍出版社2008年影印本，第487、488页。

6 《清圣祖实录》卷二，顺治十八年三月戊午，北京：中华书局，1985年，第4册，第53—54页。

欠，沿成旧例，稍加严比，便肆毒螫，若不显示大法，窃恐诸邑效尤，有司丧气，催征无心，甘受参罚，苟全所家而已，断不敢再行追比，撄此恶锋，以性命为尝试也。”[1]朱国治的奏疏，清晰地供认了他兴起奏销大案的动机。上海人叶梦珠则谓，明末清初苏松等地钱粮拖欠严重，守令往往因积逋罢官，“至顺治之季，江宁抚臣朱国治无以支吾，遂归过于绅衿、衙役。题参议处之令，先行常之无锡，苏之嘉定，至十八年五月，通行于苏松常镇四府及溧阳一县，所题陈明钱粮拖欠之由补入年终奏销之例。……奏销一案，据参四府共欠条银五万余两，黜革绅衿一万三千余人”[2]。细绎皇帝上述上谕，参阅清初人和地方官的记载，利用孟森、何龄修二位先生的研究，可知顺治十七年，江宁巡抚朱国治有鉴于明末以来江南钱粮拖欠的现实，面对清廷足额征收田粮的要求，利用郑成功北伐进军江南的机会，以“拖欠钱粮致误军需”事由条奏，严惩江南士绅的钱粮逋欠行为。清廷接受朱国治的奏请，户部题有定例，在顺治十八年颁发上谕，要求全国各地如江南一样奉行查处。在奏销过程中，江南因为赋税定额最重，拖欠钱粮最多，绅衿人数又众，足额征税，既能满足官员钱粮考成，同时又能摧折士气，威慑人心，巡抚朱国治更特别残暴，实行时又搞扩大化，大事株连，遂酿成褫革苏松常镇四府及江宁府溧阳一县绅衿 13 500 余人之钱粮奏销案。

江南奏销案，征收田粮之严，史所罕见。“凡绅衿欠粮者，无论多寡，一概奏请褫革，名曰奏销”[3]，“但分厘未完，即挂名册籍，目以抗粮”[4]。然而既有研究重在探讨案件兴起的背景和原因，涉案范围的广大、人数的众多及其严厉程度，津津乐道于“探花不值一文钱”之类的形容，而于实际情形、具体事例以及随后的追征核查等反而殊少着笔。有鉴于此，本文选择若干事例，以做进一步说明。

例 1. 叶方蔼案。昆山人叶方蔼，时人均认为他因拖欠钱粮银 1 厘（合钱 1 文）而被褫革一甲探花功名。实际上，依据十八年九月二十日叶方蔼的奏辩，他家应税官田 329 亩，应纳税银 44 两 4 钱 6 分，顺治十七年份其家属叶仁实完银两 46 两 1 钱 5 分 5 厘，并有完税印票为证，不但“完透无欠”，反而多交了银 1 两 6 钱多。但因奸书徐宁滕开仍然挂欠税银 1 厘，1 厘银两即合制钱 1 文，是以被诬惩处。他声诉，岂有 40 余银之银悉已完纳，而独欠 1 厘以干降处，请求细加察核。[5]多交了钱粮，只要诬称拖欠，就被涉案，而且不问青红皂白，

1 佚名:《哭庙记略》,《痛史》，上海：商务印书馆 1917 年铅印本，第 3 页。

2 （清）叶梦珠:《阅世编》卷六《赋税》，上海：上海古籍出版社，1981 年，第 136—137 页。

3 （清）顾公燮:《丹午笔记》二二四“哭庙异闻”条，第 154 页。

4 （清）陆文衡:《啬庵随笔》卷三《时事》，第 11 页。

5 （清）韩世琦:《抚吴疏草》卷六《叶方霭欠粮疏》，收入《四库未收书辑刊》第 8 辑第 5 册，北京：北京出版社，2000 年，第 528—529 页；卷二四《复叶方蔼完粮疏》，收入《四库未收书辑刊》第 8 辑第 6 册，第 668—670 页。

即予黜革，可见实行确实极为严酷。到了十月，户部题奏请禁渎奏一案，要求“如钱粮未完而称足及有地称无捏告卸罪者，该督抚查审明白妥确题报，相应加等治罪。如有绅衿钱粮已完而作欠无田而称有，冒开经手官役并该管巡抚司府等官，分别一并议处”。继任巡抚韩世琦落实户部新规，庭讯复核。重审时，书吏徐宁供认不讳，被予杖责惩处。不独如此，韩世琦还奏请：经管册报之前任长洲知县刘令闻，将此奏销重务不亲加检察，一任书役朦胧玩误，疏忽之咎不容宽恕，也应责罚；前任苏州知府余廉徵，转报朦胧，不加详察，前巡抚朱国治据册上闻，亦为疏忽，均应据实纠明，以听部议复夺。[1]

例2. 金世渼案。长洲人金世渼，任职二等虾，是太师内翰林院大学士金之俊之子，朱国治开列十七年份未完文武绅衿花名册内，他未完长洲县银9钱5分，以见任官降二级调用。金之俊知道后，即上疏认罪，称其“举家叨受国恩，值此军需孔亟，自应争先输税，为他姓倡，岂容拖欠丝毫，干大法而负大恩，反自臣始”。但不意其子“见任虾职，尚有三厘五毫之欠，臣既未能早督全完，族侄生员金子政，复冒立官户，致有八分一厘二毫之欠。臣又不能觉察指参，数年来预呈抚按一片趋事苦心，今俱托之空言矣。大法已干，大恩已负矣，臣之罪其尚可赎乎？惟有束身伏辜，请皇上褫臣之职，仍置臣于法，为大臣不能教训子侄体国急公者之戒，庶积玩知警，而军需有赖矣”。[2]后接其妻在家病故讣闻，金之俊再次上疏，请求皇帝准其暂假数月，回籍治丧。[3]但据后来金世渼上奏辩称，其父子蒙恩已极，虽身羁职守，仍严督知数家人，遵照颁布易知由单，依数完纳。家有官田185亩9分，该纳税银25两6分9厘，查对家中本年纳粮印票，家属金魁遵照会计由单，共完过25两1钱8分7厘，“比照由单，额数完透无欠”，不意该县奸书陈子调朦开欠银9钱5分，“除臣复将多开欠粮续行完纳外，含冤莫诉，具奏剖明”。江宁巡抚韩世琦饬令复核研勘时，陈子调“犹敢狡会计迟颁，妄希饰卸”，被处欺朦罪予以重杖。管造前册长洲知县刘令闻也被题参，停止升转。[4]

例3. 宋德宜案。长洲人宋德宜，时任翰林院编修，因牵涉进奏销案，被降二级调用。但据他疏辩称：“臣一介草茅，自荷拔置馆员，感戴鸿恩，捐糜莫报，虽身羁职守，严督家人遵照颁布易知由单，依数完纳。”他名下官田1 410亩1分6厘8毫，该纳钱粮银190两1

---

1 （清）韩世琦:《抚吴疏草》卷六《叶方霭欠粮疏》，第528—529页。
2 （清）金之俊:《金文通公·奏疏》卷五《吁天认罪疏》，收入《续修四库全书》第1393册，第349—350页。
3 （清）金之俊:《金文通公·奏疏》卷五《惊闻妻故疏》，第347—348页。
4 （清）韩世琦:《抚吴疏草》卷七《题金世渼完粮疏》，收入《四库未收书辑刊》第8辑第5册，第559—560页；《抚吴疏草》卷十七《复金世渼一案多收多纳疏》，收入《四库未收书辑刊》第8辑第6册，第345页。

钱7分，经与家中纳银印票查对，共完过银190两4钱5分，“比照由单额前，完透无欠”。不意县中书役朦开应交银193两7钱2厘9毫，注欠4两2钱二分，“除臣复将多开欠数另行完纳外，含冤莫诉，循例具奏”。江宁巡抚韩世琦饬令复核时勘查出，“奸胥史时若私将纳过八十号一票完银一两失销入册，而又额外浮开银三两二钱五分零，以致朦胧误报，完欠混淆”。韩世琦奏请，史时若予以重杖，透完移两追还原业主，长洲县经管催征之革职知县刘令闻职司钱谷，任役舞文，将奏销重务不亲加检索，疏忽之咎亦所难辞。[1]

例4．徐元文案。昆山人徐元文，原任翰林院修撰，因奏销案降二级调用。据徐元文疏称，徐家有田634庙7分，应纳钱粮银87两4钱4分6厘，家属徐庆于奏销前即已如数完足，而且多交了银8钱4厘。不意蠹书徐调竟然移改赋额，并将自己名下之田36亩飞洒入徐庆户内，致悬欠额；长洲县秀才王树滋将名下之田190亩诡立徐邦户名，擅注修撰职衔，挂欠银7两1钱6分；僧人明夏也将名下田60亩诡立“本宦乡榜陆元原名”，后以前田暂抵窑户曹君章，而钱粮仍照数完纳，因总书戴田多派银1钱2分2厘，故亦悬虚尾欠。复查清楚，韩世琦疏请：徐调、王树滋、曹君章，均应各照原拟，依律杖没，王树滋系生员，徐调为书役，仍行黜革，透完银两照追给主；戴田、明夏俱已物故，毋容再议；长洲县前任知县周仲达、王任冒准立户，昆山知县王见龙、长洲知县刘令闻朦胧册报，知府余廉徵不加详察，疏忽转申，均难辞咎，与据册上闻者前巡抚朱国治，相应一并题参，听候部议定夺。[2]

例5．周季琬案。宜兴人周季琬，原任浙江道监察御史，涉案议处。但据周季琬疏称，其名下顺治十七年份钱粮额征银应162两7钱9分，因宜兴县从未颁布易知由单，只是候县发粮票遵照输纳，其在十七年份前后三次交过银160两5钱，十八年三月二十三日完银2两2钱9分，“合计完过四串，与抚臣册开额数相符，全完无欠”。其赋银全完之日，尚在巡抚进疏一月多之前，并非参后续完。但是本县经承柜役夏尚鼎、黄廷璋将第四批纳银2两2钱9分“久匿不报，以完作欠”，以致其依然悬欠挂议奏销。苏松常道审讯复核，经承夏尚鼎等当官质讯，供吐明白，奏请夏尚鼎、黄廷璋均宜依律痛杖，以为玩误之戒；经征革职知县王震亨管造前册，不亲加检查，朦胧遗报，难辞疏忽之咎；常州府革职知府赵琪宜兴县革职知县王震亨“料理不早，怠玩乃公”，相应一并题参。[3]

---

1 （清）韩世琦：《抚吴疏草》卷八《宋德宜欠粮疏》，收入《四库未收书辑刊》第8辑第5册，第592—593页。

2 （清）韩世琦：《抚吴疏草》卷二十一《复徐调等冒立徐元文户名欠粮疏》，收入《四库未收书辑刊》第8辑第6册，第541—544页。

3 （清）韩世琦：《抚吴疏草》卷七《周季琬完粮疏》，第561—562页。

例6. 叶方恒案。昆山人叶方恒，二甲进士，于顺治十七年三月内赴京候选推官，因涉案革职提问。据叶方恒奏辩，其名下顺治十七年份钱粮，已于顺治十八年三月初五日完足，但昆山县经承季麟瑞“不加细核，舛错溷报”，于三月十二日造册报府，巡抚朱国治将其列入次年十五日内奏报的江南欠粮绅衿册内，以致革职提问。叶之家人因在奏销前一月钱粮已完，当即控告，本县知县王见龙当堂吊验完粮印票及日收红簿研审，质对详确，据实申报。前抚臣朱国治乃于报部续完册内在方恒名下注明“三月内全完”字样。叶方恒疏请，奏销议处之后，其同乡周季琬等俱以参前完纳具疏剖明特蒙开复，也能查明开复。苏松常道参政遵令查复，叶方恒顺治十七年份本户额银391两6钱，俱于顺治十八年三月初五日以前完足，经与完粮印票与该县日收红簿查对，实无互异。巡抚韩世琦因而奏请，昆山知县王见龙有疏忽之咎，相应议处；脱逃之经承严拿究拟。[1]

上列6案，前4案均是业主足额交纳钱粮而且透完，但经征书役朦开微数，因而涉案议处，其中第4案是由于经书飞洒田亩或他人诡立名户，显得完银未足，第5、第6二案均是完足钱粮实际时间在奏报奏销册前一月，其中第5案因经办书役匿税微量税银不报而起，即使属实，为数均微，因此，无论各案具体情形是否各异，朱国治奏销之严、阑入之广显易可见。6案的事主，5例是在任官员，1例是候任官员，他们均进疏声辩，而且地方官府均遵命按制进行了复审核查，在审勘后提出处理意见，也就是说，凡是此类案件，均得到了纠正。地方复核实理的结果，凡因钱粮征收作弊弄奸的经办书吏柜役等人，均依例遭受杖责惩治，而失察和负有疏忽责任的府县官，也予以相应题参，被追究责任。诚然，这6例均是并未丝毫少纳赋税钱粮者，其他确实隐漏拖欠钱粮不交者，或者并无申诉机会的广大普通民庶，自然不可能有声辩复审的机会和可能。

清初朝廷在江南改变前明做法，足额督征田赋钱粮，严惩拖欠钱粮的士绅，既制定条例，推向全国，江南地方官更切实实行。奏销案后，清廷及地方官府只对明显不当的案例审查复核，追加相关官吏员役的处罚，而仍然维持原定处置规定，即在任官员降两级调用，生监等黜革身份，而且对原定追缴钱粮的规定毫不放松，继续加大力度，严催赋税钱粮。顺治十八年十月，韩世琦继任江宁巡抚，康熙元年六月初二日即题奏：“今顺治十八年分（份，下同）征收已过，臣祇遵功令，分头提取完欠实数，以别劝惩。业据各属已经渐次报齐，惟江宁府属溧阳知县崔光嵩优游玩忽，一任严催，充耳不闻，迄今终无册结申复。……知县崔光嵩既不奉职清追，按时完报于前，及至屡次催查，乃复朦胧延庇于后，如斯聋聩，臣更不

1 （清）韩世琦：《抚吴疏草》卷五四《叶方恒完粮月日疏》，收入《四库未收书辑刊》第8辑第8册，第634—635页。

能为之少宽也。今据该道揭详前来，相应据实指参，伏乞睿鉴，敕部议处施行。”[1]当时，江宁巡抚韩世琦追缴乡绅儒户所欠银两续经全完，上疏请示“应否遵照上谕，免其起解，或仍解京候审”。康熙元年六月初七日，接到皇帝谕令户、刑二部的上谕，谓：“前因各省绅衿举贡等藐法欠粮，故有旨严拿解京，从重治罪，及旨未到之前完纳者，免其提解。近见各省完粮有在旨前者，亦有在旨后者，钱粮既经完纳，仍行提解，非一视之意。今后旨到完纳者，亦免提解，旨到复抗粮不完者，仍拿来京。其已经起解到部钱粮完纳者，也着释放。”[2]谕令追缴钱粮毫不放松。六月十一日，韩世琦再次题奏：“前抚臣朱条奏，查各省绅衿衙役等，拖欠钱粮致误军需，屡经臣部题有定例，分别处分，奉旨通行在案。除前旧欠绅衿衙役攘臂称雄不纳钱粮者，仍确查另行具奏外，但恐该省各官奉行不力或有徇隐等情，亦未可定。今据该抚请于奏销时，分别造册题参，似属可行，相应严饬该抚按于每年奏销未完内确查，注明某绅某衿某衙役欠粮若干分数，另造清册题参，以惩积完。……顺治十八年分钱粮自奉奏销严令，俱经遵法全完，并无挂欠，各据州县印官呈送全完印结，转送前来。……臣复严行督催各属凛奉征收，亦不敢稍或后时。今顺治十八年分江苏等郡绅令衙役各户钱粮，咸据督学诸臣并五府呈报全完，臣犹恐各州县官徇庇不实，又经驳核，复居呈送各州县绅衿衙役全完印结前来，臣俱核明无异。”[3]作为地方大吏的继任巡抚韩世琦，切实遵照谕旨，严督催征钱粮，实效显著。康熙二年份江苏全省钱粮，韩世琦奏报：“诸郡绅衿衙役各户钱粮已据各属呈全完，臣经驳勘无异，惟长洲县尚有怙终不悛抗逋役叶绍泰等七名，臣即查照原行定例，着令苏常道严拿另咨解部，听候治罪。”[4]以后历任地方官，也遵奉不易。康熙二十五年，赵士麟出任江苏巡抚，“用法严峻，意在锄强去暴。一时势恶土豪，剪除殆尽”[5]。直到康熙中后期，由江苏巡抚宋荦所奏可知，地方官每至奏销年限，“非不加意严催，以期赋完饷裕”，而因为江南苏松常镇财赋重地，岁征银米特多，力难全完，以致“经征经督各官降调接踵”[6]，其情一如以前。

江南各地官员更层层加码，从严从早催征。叶梦珠总结当地情形道：“自是而后，官乘大创之后，十年并征，人当风鹤之余，输将恐后，变产莫售，黠术□□。或一日而应数限，

1 （清）韩世琦：《抚吴疏草》卷六《参溧阳县迟报绅衿完欠钱粮疏》，第 515 页。

2 （清）韩世琦：《抚吴疏草》卷二十七《欠粮绅衿王桂等应否起解疏》，收入《四库未收书辑刊》第 8 辑第 7 册，第 22—23 页。

3 （清）韩世琦：《抚吴疏草》卷六《顺治十八年三欠奏钱印结疏》，第 526—527 页。

4 （清）韩世琦：《抚吴疏草》卷四三《康熙二年绅衿役欠疏》，收入《四库未收书辑刊》第 8 辑第 8 册，第 64 页。

5 （清）顾公燮：《丹午笔记》二三一“赵士麟治吴”条，第 169 页。

6 （清）宋荦：《西陂类稿》卷三六《酌议催科处分疏》，收入《景印文渊阁四库全书》第 1323 册，第 461 页。

或一人而对数官，应在此而失在彼，押吏势同虎狼，士子不异俘囚。”[1]康熙初，长洲县令彭士奇，“赋性贪酷，设立纸枷、纸半臂，使欠粮者衣而荷之，有损则加责罚。滑稽者改清明祭扫一诗粘于县墙云：‘长邑低区多瘠田，经催粮长役纷然。纸枷扯作白蝴蝶，布棍染成红杜鹃。日落生员敲凳上（原注：时抚院朱国治奏销之后，辄以抗粮为名扑责之。——引者），夜归皂隶闹门前。人生有产须当卖，一粒何曾到口边。’”[2]康熙二年九月至次年十一月任长洲知县的旗人董定国，为追讨士绅的逋欠钱粮，竟利用养济院的乞丐，“给票往绅衿家严催，百十成群，登堂不已，继以排闼哗噪，大肆蹂践，绅衿不胜其扰，争先完纳”[3]。嘉定县，知县循吏陆陇其，面对“催饷之檄如雨，积逋之案如山，昼夜艰辛，癯欲骨立”[4]。吴江县，时人陆文衡议论道：“今日绅衿之罪，莫大于逋粮，挂欠分毫，一入奏册，即黜革提问，身家立破。其间亲友诡寄，蠹役飞洒者居多，州县开报欠册，绝不令各户闻知，一似掩袭而取者。及知之而无从控诉，又不按分数，概以大法绳之。真有察不及察、诛不胜诛者，何所措手足乎？”[5]又说：“近日催科之法，亦复如是，先悬解京定罪，斩绞籍没，流徙重典，而后为逾额之派，非时之征，加一加二之耗，勒限时日之奏销，小有逋，或少愆期者，法无赦，典质称贷，卖男鬻女，救命之不暇，尚敢与论轻重争多寡哉！”[6]太仓州，王时敏描述：“迩来征比愈严，刑罚愈酷。当事者以正项用空，府尊更坐定州中，守催白折，忙迫无措，故多方设法追比”；“征粮比旧加严，各邑皆然，昆尤愦愦，略无条理”。[7]即此数例，足可概见当时各地催征钱粮之一斑。奏销案后，官府严格催征钱粮，长期力行不辍，钱粮征收成效前所未有。

三是雍正时清查拖欠钱粮案。顺治末年奏销案和哭庙案是利用赋税钱粮打击江南士绅的第一轮，第二轮即是雍正时清查亏空钱粮案。清查亏空并不限于江南，但江南拖欠钱粮最多，清查亏空影响也大。康熙后期，钱粮征收似乎较前稍为宽松，钱粮拖欠也就日益严重起来。江南数府，自康熙五十一年至雍正四年（1712—1726），钱粮积欠多达一千余万两。雍正六年，朝廷派遣刑部侍郎彭维新赴江苏清查。彭在署理江苏巡抚尹继善等人配合下，只查

1 （清）叶梦珠：《阅世编》卷六《赋税》，第 137 页。
2 （清）褚人获：《坚瓠丁集》卷三“长洲酷令”条，上海：上海古籍出版社，2012 年，第 209 页。
3 （清）陆文衡：《啬庵随笔》卷三《时事》，第 17 页。
4 （清）陆陇其：《三鱼堂集》卷六《答曹微之进士》，收入《景印文渊阁四库全书》第 1325 册，第 81 页。
5 （清）陆文衡：《啬庵随笔》卷三《时事》，第 8 页。
6 （清）陆文衡：《啬庵随笔》卷四《风俗》，第 6—7 页。
7 （清）王时敏：《王时敏集》卷九《西庐家书》丙午二、丙午四，杭州：浙江人民美术出版社，2016 年，第 154、159 页。

拖欠，不管催征，“悉心查察，一一得实，俾官侵不混入吏蚀，吏蚀不混入民欠，民欠不混入官侵吏蚀”[1]。其做法原来与顺治末年相似，“逮捕追比无虚日”[2]，后来似乎稍为宽松，将官侵吏蚀和实系民欠区别对待，并“不妄戮一人”[3]，不事株累，查出“官侵吏蚀四百七十二万余，民欠五百三十九万余”[4]。实际逋欠在民的钱粮，比例还是高过官侵吏蚀，说明当时江南士绅对如期足额完纳钱粮又有所松弛，当然也说明江南的赋税定额确实高出了能够承受的能力，以致在雍正、乾隆年间朝廷两次减低苏松两府赋税征收定额。[5]

雍正初年大规模清查积欠钱粮后，江南士绅才进一步意识到问题的严重性，更加遵守法度，率先输纳。乾隆十一年（1746），江苏巡抚陈大受奏报说：“但江苏钱粮，从前旧欠最多。自雍正年间清查之后，积弊已除。”[6]乾隆十二年，皇帝上谕：“从前各处乡绅，恃势武断，凌虐桑梓，欺侮邻民，大为地方之害。及雍正年间加意整饬，严行禁止，各绅士始知遵守法度，循分自爱，不敢稍涉外事。”[7]次年，署理两江总督策楞上奏说：“臣等伏查，江苏各属，财赋甲于天下，而钱粮积欠亦甚于他省。其间役侵民欠，弊窦多端。自雍正年间奉旨清查之后，奸胥玩户，始知儆惕，侵欠之风，得以少息。”[8]乾隆十四年，两江总督黄廷桂也认为，当时“绅衿大户，查现登仕籍者，无不遵奉功令，率先输纳，惟有名列衿监及捐职家居之辈，恃有护符，专以抗延为能事”[9]。乾隆后期的苏州生员顾公燮也认为，江南绅衿势焰嚣张，至康熙时仍沿此陋习，“迨我世宗宪皇帝整纲饬纪，一洗从前积习，绅衿皆知敛迹。非公不至，绝无坐大轿者矣”[10]。种种说法表明，在顺治末年钱粮奏销案特别是雍正年间的钱粮清查后，江南士绅虽然仍有人不知约束，但较之以前，及时完纳钱粮的情形大为好转。

在约束、限制以至监视缙绅的居乡表现方面，主要体现为详细了解江南绅士居家情形，

1 （清）彭维新：《与马虞樽少司空书》，收入《清经世文编》卷二七《户政三》，北京：中华书局 1992 年影印本，第 674 页。

2 《清朝野史大观》卷五“记江南清查事”条，上海：上海书店，1981 年，第 139 页。

3 （清）袁枚：《文华殿大学士尹文端公继善神道碑》，收入（清）钱仪吉：《碑传集》卷十七，北京：中华书局，1993 年，第 895 页。

4 《清史列传》卷一八《大臣划一传档正编十五 · 尹继善》，北京：中华书局，1987 年，第 1357—1358 页。

5 范金民：《清代雍正时期江苏赋税钱粮积欠之清查》，《中国经济史研究》2015 年第 2 期。

6 《苏州巡抚陈大受为请于州县设局先行核对钱粮簿串事奏折》，乾隆十一年二月二十日，《历史档案》1995 年第 1 期，第 5 页。

7 《清高宗实录》卷二九六，乾隆十二年八月甲子，第 12 册，北京：中华书局 1986 年影印本，第 877 页。

8 《署两江总督策楞为遵旨筹办清理积欠善后事宜事奏折》，乾隆十三年十一月十五日，《历史档案》1995 年第 1 期，第 12 页。

9 《两江总督黄庭桂为遵旨筹办额赋年清年款事宜事奏折》，乾隆十四年四月十一日，《历史档案》1995 年第 1 期，第 14 页。

10 （清）顾公燮：《消夏闲记摘抄》卷上“明季绅衿之横”，第 6 页。

随时掌握其动向。平时主要通过地方官等奏报。康熙二十五年，江苏巡抚汤斌升任礼部尚书，进京陛见，康熙帝急急询问："往日闻吴中乡绅多事，近日何如？"汤斌一一禀报：苏州乡绅中，大学士宋德宜"居乡最善"；学士汪琬"养病山中，不与外事"；状元缪彤"杜门读书"；其余也多谨慎，臣在任年余，"实未见乡绅以私事干渎"，即如彭定求之父彭珑，彭宁求之祖彭行先，"皆年高品行甚端"。皇帝闻后大悦。皇帝又问："有博学好古之人否？"汤斌续禀："吴俗素重文学，隐居著述者亦颇有人。"[1] 汤斌禀告居乡行迹的这些人，多是皇帝侍臣，也是苏州仕宦领袖，地方大吏对其居家情形如此清楚，皇帝也廑念在怀。康熙四十八年八月二十八日，前大学士熊赐履因病在江宁去世，在仪真掣盐的江宁织造曹寅次日即闻死讯，他立即遣人"探听访问何病，用何医药"，得知"熊赐履先感寒成痢，卧床数日，遂不起"，密报皇帝。皇帝接报后，下令："再打听用何医药，临终曾有甚言语，儿子如何？还送些礼去，才是。"[2] 曹寅即遵旨打听，再次密报："探得熊赐履临终时，感激圣恩，遗本系其病中自作。所服之药，乃江宁医生欧怡、戴麟郊、胡景升、张彦臣、吴庄、刘允吉之药。其病因脾胃不调，用药杂乱，后来遂不肯服。熊赐履今年已七十五岁，老病衰残，饮食不进，以致不起。大儿子熊志伊，年三十四岁，系监生，娶原任大学士余国柱女，另宅居住，不出交游，不知深浅。小儿子一个去年所生，一个今年所生。闻其遗言命葬淳化镇之地，不回湖广。"皇帝再次朱批："闻得他家甚贫，果是真否？"[3] 曹寅第三次密报，详细开列熊赐履所有房屋田产价值、大小人口，而后说其"过日充裕，较之汉官大臣内，亦属中等过活，未见甚贫"。皇帝还进一步批示："熊赐履遗本，系改过的，他真稿可曾有无，打听得实，尔面奏。"[4] 曹寅前后一连三上密折，皇帝连续发问内容如此深入具体，缙绅居乡的一举一动，显然丝毫逃不过地方官和江南织造等皇帝耳目的法眼。康熙五十年，江南乡试出了科场大案，即辛卯科场案，案件后来发酵成两江总督噶礼和江苏巡抚张伯行互参案，在案件延亘的经年累月中，江宁织造曹寅和苏州织造李煦追踪式向皇帝密报。曹寅密报处理总督和巡抚的民间反应时，专门提到"其乡绅及其地方有名者，两边俱着名保留"[5]。可见，地方官府和皇帝，都极为关注缙绅在地方群体性事件中的表现。

皇帝本人更利用南巡机会直接接见江南缙绅，观察其居乡情形。康熙帝和乾隆帝祖孙二

---

1 中国第一历史档案馆整理：《康熙起居注》，康熙二十五年闰四月二十一日，北京：中华书局，1984年，第1480页。

2 《江宁织造曹寅奏报熊赐履病故折》，收入故宫博物院明清档案部编：《关于江宁织造曹家档案史料》，北京：中华书局，1975年，第74页。

3 《江宁织造曹寅奏报熊赐履临终情形折》，收入《关于江宁织造曹家档案史料》，第75页。

4 《江宁织造曹寅奏报熊赐履家产及生活情况折》，收入《关于江宁织造曹家档案史料》，第76页。

5 《江宁织造曹寅奏报江南科场案折》，收入《关于江宁织造曹家档案史料》，第90页。

人各六次南巡，在籍绅士均有迎驾和送驾的义务与觐见皇上的荣耀机会，南巡成为皇帝直接接触、细心观察江南缙绅的最好时机。最高统治者既要利用江南绅士，又对他们的所作所为不太放心。南巡期间，康熙帝既对他们优礼有加，又要他们安心家居，远离政治，不得惹是生非。二十三年首次南巡，御舟即将抵达苏州，原翰林学士汪琬与在籍诸臣先是恭迎于望亭，而后恭迎于南新桥。御舟过浒墅关，绅士们竭蹶前趋，跪列于岸侧。皇帝遍询诸臣姓名，汪琬自通姓名。皇帝频问其乡居和地方收成，令后者感激涕零，大发感慨。[1] 二十八年皇帝第二次南巡，苏州在籍诸臣汪琬、韩菼、归允肃和缪彤等人恭候迎驾于浒墅关。后来车驾由浙江回苏，苏州合郡士庶公进万民宴。三十八年第三次南巡，三月十四日，驾抵苏州，在籍绅士耆老接驾，黄绸幡上标明乡贯姓名、恭迎圣驾字样。十九日，皇帝召苏州在籍官员翁叔元、缪曰藻、顾汧、王原祁、慕琛、徐树穀、徐升入见，赐赏有差；又赐彭孙遹、尤侗、盛苻升御书匾额。[2] 四十一年第四次南巡，四十四年第五次南巡，各地乡绅等均迎驾。第五次南巡，四十四年三月十八日，在苏州城中庆贺万寿节，江南、浙江、江西、河南、山东各省乡绅王泽弘、彭定求、朱彝尊等俱赴行宫叩贺万寿，进献长生果山景樱桃肉山景彩亭烛酒荤素蜜饯小菜果点古玩等色。[3] 后来乾隆帝六次南巡，每次江南在籍乡绅也均接驾，无锡顾栋高、苏州沈德潜等老臣，为觐见天颜，以耄耋之年尚仆仆风尘于途。南巡接见在籍诸臣，表面上自是皇帝眷顾老臣、关怀旧侍，实际上更具笼络、约束乡绅之用意，即使在籍，绅士的言行举止时刻在皇帝的洞鉴烛照中。

三、清前期江南缙绅风气之转移

随着政局渐趋稳定，江南地方官对士人的打击接二连三，顺治末年的哭庙案、钱粮奏销案和雍正初年的钱粮清查案，辅之以禁革文社之举[4]，整顿风习之举[5]，以及地方官府约束关

---

1 （清）汪琬：《迎驾始末》，收入（清）王锡祺辑：《小方壶斋舆地丛钞》第一帙，上海：上海著易堂光绪二十三年（1897）排印本，第 285 页。

2 （清）钱泳：《履园丛话》丛话一《旧闻·康熙六巡江浙》，北京：中华书局，1979 年，第 14 页。

3 佚名：《圣驾五幸江南恭录》，收入（清）汪康年辑：《振绮堂丛书》，宣统二年（1910）刊本，第 10 页。

4 佚名《研堂见闻杂记》（第 306 页）谓："至康熙初年，朝廷以法律驭下，严行禁革，此风遂改。于是不称盟而称同学矣。"

5 （清）顾公燮：《丹午笔记》二二三"汤文正治吴"条（第 169—170 页）载，当汤斌出任苏州巡抚时，"缙绅尚沿明季陋习，花朝月夕，挟妓宴饮……公未赴任时，韩宗伯菼致书各绅，谓新抚军品行端方，慎勿再蹈此习。于是苏州之造牌、打降，闻风早遁。"

怀、官员奏闻密报等措置，明末以来长期受到抑制的官气逐渐鸱张，士绅张扬之气迅速低落。持续不断的三大案，对江南士绅在人身上、钱财上以至心理上的打击极为严重，加以明史案等文字狱案，严禁结社和惩戒朋党等措施，以及清廷对江南士大夫在打击的同时的百般笼络、恩宠、眷顾和优厚，江南士人不独足额交纳赋税的意识较前明确，而且从意志、心态到行为各个方面，较之以前有了根本的转变。具体说来，约有如下数端。

一是钱粮奏销和清查惨痛的教训，使得江南缙绅明确宗旨以早完国课为第一要义。康熙九年，清初著名院画家"四王"之一的太仓王时敏家叔侄同登两榜，阖家喜庆，王时敏却"营魂回骇，梦寐不安"，以敬畏之心写下家训五条，其中有"早完国课"一条，谆谆教导："方今田赋功令最急，苟有逋悬，祸亦最重，此天下皆然，而江南为甚。吾家清白之遗，家无长物，各房析箸时，惟分授田亩，贻之以累。当此春月开征，先期赔垫，鬻田路绝，无贷无门，且头绪多端，以赤手四应，剜肉医疮，良为剧苦。然既有田在籍，虽膏枯髓竭，催科自难宽免，输将岂容暂延。宜主人与管数家人时刻提心在口，殚思虑以筹画，焦唇舌以督催，捃拾经营，陆续投纳。完过随索印票总册，照数填明，庶可杜移易飞洒之弊。乃家人辈往往吝惜小费，图逸目前，事急则张皇失措，稍缓便不复经心，惟以遮掩欠数那延时日为能事，主人亦以窘困莫支暂图休息，姑且听之。不知完粮究不可迟，积累愈增繁重，譬如养痈，终必溃败，所谓漏脯救饥，鸩酒止渴，谋身适以自戕，即至愚所不为也。惟是新旧相仍，追比殆无虚日，无可搜索枝梧。田租虽微，犹必少藉牵补，决宜于秋成之后，计取所入，铢积寸累，尽以输官。而家中日用，人事应酬，凡百务从节啬，切勿轻以租入用散，则虽箪食瓢饮，衣穿履决，而身心轻快，魂梦俱安，较之日夕惊忧者，所得孰多！使不然，而秋冬所入，随手用尽，一入新年，枵然赤立，数月间征比追呼，为期甚远，粉骨难支，必至败坏，不可收拾矣，可不为深虑乎？且有田供赋，固臣民通义，毋容逋缓，况吾家新登甲第，列在缙绅，而下同顽户观听，亦甚不便。眉公先生曰'士大夫居乡，以早完国课为第一义'，诚为至言，所当时刻书绅，虽力有不及，而心窃自勉者也。"[1]王时敏此番语重心长之言，将重视交纳田赋的道理、利害关系及具体方法述说得极为透彻，也形象地描摹出了江南缙绅经受奏销案打击后的恐惧惕息心理。吴江人陆文衡也说，经此重创，"遍告有田之家，钱粮必早办，完欠须亲查，时刻经心，庶可苟免"[2]。此两例，应该颇具典型意义。

---

1 （清）王时敏:《奉常家训》，收入（清）邵廷烈辑:《娄东杂著》金集，太仓东陵氏道光十三年（1833）刊本，第6—8页。

2 （清）陆文衡:《啬庵随笔》卷三《时事》，第8页。

二是缙绅士子按时足额交纳钱粮，唯恐后时。康熙元年六月，巡抚韩世琦即奏报，经奏销案的打击，“江南士庶亦遂咸知警惕，臣复严行督催各属凛奉征收，亦不敢稍或后时”。顺治十八年份钱粮，即如前述，只有溧阳一县未能及时册报。[1]苏州地方文献至于总结其情形道：“富厚之家踊跃急公，输将恐后。”[2]康熙元年十一月十五日，上海一带讹传，上谕要求各年钱粮勒限本日完足，欠者籍没，全家流徙绝域，人情大震，“自辰至夕，完者争先恐后，收役应接不暇，大都半属营逋，后知不确而人人胆落矣”[3]。昆山、新阳一带，原来拖欠赋税钱粮严重，经过奏销案，地方绅衿带头交纳，地方文献将“急公”列为美俗之一，称：“在昔浮粮未减，低瘠未查，民不能不欠，而上亦不能不蠲欠，而获蠲则欠者安得不多，自恩纶叠布以来，仓甫开而米云集，柜甫设而银川至，不待追呼，输将恐后，诚所谓上好仁下必好义也。”[4]这种踊跃输纳赋税钱粮的情形，在明后期是根本看不到的。实际情形当然不是像地方文献所说是因为朝廷蠲免了拖欠，而是因为奏销案的打击。

足额交税，唯恐后时，著名士林领袖吴伟业和王时敏可为典型。文坛领袖贰臣吴伟业，奏销案时，大概只欠8厘银子钱粮，吴却为此一直心惊肉跳，寝食不安，一再致信相关人士，声称“奏销一事，细思之，种种怕人”，为此他“昼不食，夜不寝”，“此系身家性命事，尔等须实实留心，十六年分尤宜急急清完，不可借‘赦’之一字，少有拖欠也”，“纳白折，完练饷，查册子，此第一要事”。[5]即使如此，吴最后还因钱粮议处，差点破家。王时敏在奏销案及其随后的严苛追缴后，一再絮叨田赋足额交纳导致他家境败落，贫病不堪。他先是担心拖欠赋税，在康熙五年任凭催征书吏随意摆布，“不但耗勒加六，又课银每分出一差牌，追呼甚迫，各分荒月，实实无措”，以致出具甘结，承诺因家人赴省应试，家中无人，恐益籍误，“甘至秋成完纳，不误起解”，经过一番口舌，甘结才被官府接受。[6]后来屡屡描述为赋税所困之窘境，在《题自画册》上称：“吾年来为赋役所困，尘坌满眼，愁郁填胸，于笔研诸缘久复落落。”[7]在《题自仿子久画》上落笔：“迩年困于赋调，贫不能守，遂为好事者易去，梦寐忆念，无刻置怀。”[8]更在《题宋元名迹缩本》上抱怨：“余以一生精血，裒集宋元名

1 （清）韩世琦：《抚吴疏草》卷六《顺治十八年三欠奏钱印结疏》，第527页。

2 乾隆《元和县志》卷一〇《风俗》，第3页；乾隆《长洲县志》卷十一《风俗》，第2—3页。

3 （清）叶梦珠：《阅世编》卷六《赋税》，第137页。

4 乾隆《昆山新阳合志》卷一《风俗》，第14页。

5 关冕钧：《三秋阁书画录》卷下《吴梅邨尺牍册》，苍梧关冕钧民国十七年（1928）本。

6 （清）王时敏著，毛小庆点校：《王时敏集》卷九《西庐家书・丙午五》，杭州：浙江人民美术出版社，2016年，第166页。

7 （清）王时敏：《王时敏集》卷十五《王奉常书画题跋卷上》，第383页。

8 （清）王时敏：《王时敏集》卷十五《王奉常书画题跋卷下》，第395页。

迹十有六帧，宝护不啻头目髓脑。年来衰病侵寻，岁荒赋急，贫不能守，先后散归之好事者，家罄无一存。”[1] 在《题自画赠方艾贤公祖》上重复：“余自少壮癖嗜，家藏迹一二帧，朝夕临摹，迄衰暮毫无悟入。自戊酉间，困于赋调，贫不能守，遂为好事者易去，笔墨久成凝阁。”[2] 戊酉即康熙七八年。江南缙绅因交纳赋税而弄得贫病交加以不断出让家藏名迹度日，在明后期大概也是看不到的。

三是经过奏销等案的摧折，绅衿“镌削几尽”“宫墙为之一空”[3]，使江南士人深刻意识到，对于绅士的身份禄位，朝廷予取予夺，居乡稍有不慎，极易肇祸，自此而内敛自检，以足不入公门不与外事为处世之道。人称“三吴素称衣冠之薮，自经奏销以后，不特冠盖寥寥，县署之门无复缙绅车辙，即学道按临考试，每学不过数人”[4]。地方文献则称：经过奏销案的打击，江南士绅“半归废斥，大都以名义自处，虽登两榜、官禁林者，卒安贫困守，或出入徒步，不自矜炫”。其地位声势也较明代一落千丈，所谓“里巷狡猾不逞之徒见绅士无所畏避，因凌轹之，绅士亦俛首焉。又风俗之一变也”[5]。苏州地方文献称：“明季士大夫好持清议，敦气节，重名义，善善同清，恶恶同浊，有东汉党锢诸贤之风，其小人亦慷慨慕义，公正发愤，然或时捍法网。本朝初载，遗风犹存，近数十年来缙绅先生杜门埽轨，兢兢自守，与地方官吏不轻通谒，或间相见，备宾主之礼以去。学宫士子多读书自好，鲜履讼庭。”[6] 松江一府，原来两榜乡绅，出入必乘大轿，前呼后拥，“今则缙绅、举贡，概用肩舆，士子暑不张盖，雨则自擎”[7]。绅士个体，循规蹈矩，颇知约束。“康熙以来，科第甚盛，士大夫当官多清正自守，居乡不事干谒，屏衣服舆从之饰，引掖后进，唯恐不及”[8]，出现了迥然不同于明代的景象。士人不但不敢干预地方行政，或者交结官府，反以不涉公门自励。顺治进士苏州人顾予咸，任过吏部考功司员外郎，因哭庙案差点被绞，奉旨复官，“寻入以奏销案，竟落职”，自是居乡，“风采益厉，忌者亦遂莫能难也。既罢官，无所施设，惟以行己矜式于乡”[9]。翰林学士吴县人汪琬奏销案时降二级，后休假乡居，闭户著述，不交世事，有居乡清

1 （清）王时敏：《王时敏集》卷十五《王奉常书画题跋卷下》，第 425—426 页。

2 （清）王时敏：《王时敏集》卷十五《王奉常书画题跋卷下》，第 427 页。

3 乾隆《上海县志》卷三《田赋一》，第 66 页；（清）钱泳：《履园丛话》丛话一《旧闻·欠粮》，第 13 页。

4 （清）吴䢼：《劝谕八属输粮谕》，收入（清）李渔：《新增资治新书全集》二集卷一《文移部》，第 11—12 页，清文奎堂刊本。

5 光绪《昆新两县续修合志》卷一《风俗》，第 18 页。

6 乾隆《元和县志》卷十《风俗》，第 3 页。

7 （清）叶梦珠：《阅世编》卷四《士风》，第 86 页。

8 嘉庆《松江府志》卷五《疆域志·风俗》，第 2 页。

9 （清）韩菼：《有怀堂文稿》卷二〇《吏部考功司员外郎顾先生墓表》，收入《四库全书存目丛书》集部第 245 册，第 594 页。

正之誉。奏销案中降调的探花叶方蔼，清操夙著，据说家无余财，告老归乡时，有人诬告他居乡不法，康熙帝让江苏巡抚复核，巡抚以实奏告，确实如皇帝印象，乡评甚好。乾隆进士苏州人吴云，官至山东彰德知府，退官后里居不与外事。钱塘人大学士梁诗正之子、本身仕至侍读学士的大书法家梁同书，名德日盛，地方大吏就任必定谒见他，他则“一报谢而止，终未尝有所干请”，自奉十分节俭，据说裘葛无备套，帽子数十年不换，“出行市，人往往环视匿笑”[1]。

经过历次打击，江南士绅声息低沉，而官府的威权得到重塑。翰林学士韩菼就曾论道：“自乡先生之气不伸而清议不立，大小吏益无所畏惮而治日坏。”[2]康熙四十年前后，名士戴名世回忆，自康熙二十七八年以后，“十馀年来，江南缙绅之体陵夷极矣。官吏务以挫辱士大夫为能，逢迎上官，皆得美擢”[3]。太仓，康熙初年，“胥吏肆虐，州人膏髓尽于诛求，心胆慑于威劫，畏祸偷安，遂成一涣散推诿之习，莫敢倡言利弊”[4]。乾隆时太仓人程穆衡追溯：“顾当初离兵火，郡邑急租调，恒以声势凌衣冠，士大夫杜门谦退，苦身自约，渐不为闾巷之所尊礼矣。”[5]无锡，黄印说：“康熙以上，犹间有一二，近益醇谨畏法矣，亦时为之也。”[6]地方官府及其官员，务以摧挫乡绅士子锐气为能事，以提高权威。官府也名义上与乡绅保持距离，不相交往，“遂有乡绅与现任官不许接见之禁。上自督抚，下逮郡邑，皆不相闻问。所与造膝咨访者，不过奸胥贱隶而已”[7]。清前期，一改明末的官弱绅强而为官强绅弱。概而言之，清代前期江南士绅整体而言在地方官府的影响已极为有限。这就导致清代与明代江南士绅对地方事务特别是地方政治完全不一样的态度和结果，江南士绅的力量到中期后才有所抬头。哭庙大案后，人称“讲学之社，自是绝矣”[8]，明后期以来一直兴盛的结社讲学之风也戛然而止。

四是奏销等案使江南士绅纷纷放弃土田从而改变地权所有，或者分割田产收缩大土地所有规模。江南田赋本重，官员钱粮考成严厉，征收赋税锱铢必较，官府小题大做，逃赋漏税必遭严惩，因而整个江南以田为累。海宁人谈迁说：“今江南温室，或不能饱其孥，罄宅殚

---

1 （清）许宗彦：《学士梁公同书家传》，收入（清）钱仪吉：《碑传集》卷四八，第1377页。
2 （清）韩菼：《有怀堂文稿》卷二〇《吏部考功司员外郎顾先生墓表》，收入《四库全书存目丛书》集部第245册，第593页。
3 （清）戴名世著，王树民等编校，《戴名世遗文集》，北京：中华书局，2002年，第130—131页。
4 （清）王时敏：《王时敏集》卷十一《尺牍卷上·致金之俊其四》，第262—263页。
5 （清）程穆衡：《太仓风俗记》，收入（清）邵廷烈辑：《娄东杂著》匏集，第1页。
6 （清）黄印：《锡金识小录》卷十《前鉴》“邑绅口碑”条，第11页。
7 （清）董含：《三冈识略》卷十“官绅接见有禁”条，第216页。
8 （清）徐珂：《清稗类钞》狱讼类“康熙庚午哭庙大狱”条，北京：中华书局，1984年，第1022页。

田，鬻子女而填图圄，指不胜数也。苏、松、嘉、湖，夙号腴亩，价逾十金，近委以与人，不得下直。哀哀生民，始困于明季，剧于今日。”[1] 长洲人褚人获说：“沈启南（周）咏田字云：‘昔日田为富字足，今日田为累字头。拖下脚时成甲首，申出头来不自由。田安心上长思想，田在心中虑不休。当初只望田为福，谁料田多叠叠愁。’康熙初，吴中田产，皆应其言。”[2] 苏州人黄与坚说：“故自早征之法严行以来，民无不破家离属，以田为祸本，而亟亟以去之。夫田，民之所以为安也，尽力以取之，使之轻于去其田，而害将何所底。”[3] 顾公燮说：奏销案后，“富人往往以田为累，委契于路，伺行人拾取，遽呼之曰：‘田已属尔，我无与矣。’”在松江，“国初曹冷民，幼苦践更，田亩悉书白券与人。李复兴令娄，冷民作诗并书授之，宛然郑监门图也。及详定均赋，乃悉取田籍焚之，曰：‘令子孙勿作汶阳想耳。’”[4]“乡农以田为命，故尺寸动必相争，然亦各有其时。长老云：‘自万历中年，嘉邑折漕，岁复屡稔，田价骤贵。至崇祯大祲，甚有以空契与人而不受，或遗之地，行者拾之，遂向追取粮饷。国朝顺治年间，棉花倍收，花价又昂，田之弃于人者，无不翻赎，动至结讼。及康熙初，灾祲连年，邑令比粮严酷，昔所买之田，不索直而还之，其人犹不受。’”[5] 后人追溯当日情形也谓：“故当日多弃田而逃者，以得脱为乐，赋税之惨，未有甚于此时者也。”[6] 在嘉兴桐乡县，“桐邑瘠薄，近来绅士之产耗废甚多，半为上农所得，半为市侩所有，所以佃户益恣横无忌”[7]。

有些业主，干脆放弃土田经营。如武进人邵长蘅，奏销案被黜生员功名，心有余悸，慌不择路，急忙将祖遗田产送人。其《青门簏稿·与杨静山表兄第二书》谓：“先人贻薄田八百余亩，一月间为某斥卖过半，然不名一钱，只白送与人耳。昨陈生来，辱垂谕：‘士君子制行不可好奇，恒产不可无。’非老成忠告某安得闻此言？顾某之为此，亦自有说。私念先府君、孺人与某极迟，又独子，奇爱之。稍长略读书识字，亦望稍有树立。横遭废斥，此事便已。窃见两年来，新法如秋荼凝脂，县令如乳虎，隶卒如猘犬，书生以逋赋笞辱，都成常事。某实不忍以父母遗躯受县卒挤曳入讼庭，俛酷吏裸体受杖，乃愤而出此，为纾祸计耳。然缘此得家累渐轻，故吾亡恙。罂有十粟之储，家无打门之吏，菜羹啜水，读书自娱，

1 （清）谈迁：《北游录纪文·上大司农陈素庵书》，北京：中华书局，1960年，第263—264页。
2 （清）褚人获：《坚瓠丁集》卷四“咏田字”条，第11页。
3 （清）黄与坚：《忍庵集》文稿一《三吴田赋议上》，东京：日本内阁文库影印本，第27页。
4 宣统《续修枫泾小志》卷一〇《拾遗》，收入《上海乡镇旧志丛书》第6册，第331页。
5 咸丰《紫堤村志》卷二《风俗》，第47页。
6 （清）叶梦珠：《阅世编》卷六《赋税》，第137页。
7 康熙《前朱里纪略·风俗》，收入《中国地方志集成·乡镇志专辑》第21册，上海：上海书店，1992年，第4页。

亦未必非息黔补劓之道也。缘雪兄长爱我之切，敢觌缕奉闻。”再如苏州人徐枋，原本继承先人义田祖产，均润同宗，面对严酷奏销，亟亟乎谋求解决消祸之道，说：“讵意年来钱粮干系如许重大，豪［毫］厘罣误，则身受戮辱，家以破碎，甚者辱及妻孥，如某家某家可见矣。彼自任输纳者且然，今义田既为公器，又复任非其人，缓急完欠，略无主裁，设有意外，谁任其咎！而均田在即，则里役杂来，庸调践更，谁已其事。展转思之，不寒而慄，俱非世外隐居之人所宜以身为尝试者也。”作为宗子，他提出：“惟有分田为大公至正耳。田分则即有赋役之烦，亦自众擎易举，且人自为守，则输核必严，钱粮出纳，断无罣误。在阖族仍享义田应得之利，而在枋则无户役非常之害，宁不一举两得，仁至义尽，不待再计而决者哉！阖族成丁给米者不止百人，其田不便如此瓜分，惟当分房合剖，其单丁则附分本身亲房之内，各房就所分之田共为料理。……既分之后，随即收户，豁去先人户名，以免意外之虑，则先人幸甚，先人之孤幸甚，不肖枋不胜激切之至。”[1] 可以相信，在当时的情势下，徐枋之所思所为，决非孤例，当带有一定的普遍性。又如上海新场人“储鼎芳，有田三千亩，以欠粮监比；陆方中，田有数千，弃家远遁。类此指不胜屈。时有以田为累，亩值银四五钱。尚无售者”[2]。清代前期江南殊少明代后期那种田产跨州连县的大地主，当与此钱粮奏销大案后的地产所有权转移大有关系。

五是在经历一系列大案、要案，尤其是钱粮奏销案的摧残后，江浙士风的软熟化过程加紧发展，[3] 甚至告诫子弟切勿为士。康熙八年，昆山人归庄主张戒子弟勿为士，他在为严舜工谋划子嗣择业选择时说：“士之子恒为士，商之子恒为商。严氏之先，则士商相杂，舜工又一人而兼之者也。然吾为舜工计，宜专力于商，而戒子弟勿为士。盖今之世，士之贱也甚矣，自京朝官外吏以至诸生，陷之以升头逋赋，辄禁锢；乡会试中式之士，久滞不选，而投诚者辄得官，荐绅制于贱隶，两榜不如盗贼，今日为士之效如此，尚欲令子弟磨墨吮毫，作经义策论干进之具，以为砚羞，此乃善用先生之传器者也。”[4] 即如嘉定县，据说“自逋案以后，子佩星稀，宫墙草茂，久之，风雨飘摇，榱崩栋折，狐兔宅之。令此者，征科孔棘，不暇修举废坠”[5]。不少士人转而消极灰心，放弃科举道路，那些劫后得保余生的人大都隐居或

1 （明）徐枋：《居易堂集》卷一《与阖族书》，收入《续修四库全书》第 1404 册，第 103 页。

2 民国《二区旧五图乡志》卷一八《遗事》，收入《上海乡镇旧志丛书》第 14 册，第 157 页。

3 孟森：《明清史讲义》，北京：中华书局，1981 年，第 75 页。

4 （清）归庄：《归庄集》卷六《传砚斋记》，北京：中华书局，1962 年，第 360 页。

5 （清）许自俊：《闻邑侯重建学宫碑记》，收入康熙《嘉定县续志》卷五《碑记》，第 52 页，收入《中国地方志集成·上海府县志辑》第 7 册，第 1137 页。

教书终身就是明证。[1]江南各地一度出现放弃科举的长期传统，奏销案的创痛可谓既深且巨。

六是清廷打击与约束、笼络与眷顾两手的交替运用，使得不少士子人生进取目标发生转向。清初苏州地方文献标榜："吴郡人文自有制科以来，名公钜儒先后飙起，皆崇尚正学，言坊行表，为后进倡率，士子读书谈道，喜为标榜重誉而矜节，时秉先正之遗规焉。"[2]"重誉而矜节"之淳厚风气，自然起始于清初江南士子屡受打击之后。松江人董含，出身世家，顺治十八年二甲进士，时年36岁，旋以江南奏销案被黜，放归田里，"自以盛年见废清时，既已嘿不自得，而其家徒四壁立。于是益修无僇，幽忧侘傺，酒酣以往，悲歌慷慨，遇夫高山广谷，精蓝名梵，乔松嘉卉，草虫沙鸟，凡可以解其郁陶者，莫不有诗"[3]。从此官场少了一个显宦，而诗坛多了一个行家。其弟董俞，已为举人，以逋赋微数见斥，"于是弃去帖括，究极于风雅正变之故，爰及汉魏，下讫三唐，朝齑暮盐，萧然如后门寒畯，而其诗亦闳深涵演，非复专家小乖所敢望"[4]。与其兄一样，改而走上诗艺之路。后来江南文才源源涌出，而只有文坛巨擘专门名家，却绝少思想大家，追根溯源，无疑与此大有关系。

江南士人即使如愿以偿科第出仕，也大多不敢议论时事，"凡学术之触时讳者，不敢相讲习"[5]。平时出入之间，因"功令严峻，绅士莫敢启口及时政"[6]。不言时政，则将精力集中在考据等远离政治的所谓学问上。现有研究表明，"从事考据的顶尖人物主要都是来自长江下游核心地带的科甲之士；有人对180种重要考据学著作进行了研究，结果表明差不多有90%的作者是江南人，有92%的作者得过科举功名，超过一半的人（53%）是进士"[7]。说明江南士人的精力多半耗费在了考据事业上了，清中期江南考据成就显赫，与此背景实有关系。故清末民初学者刘师培确切地比较清代士人和明代士人截然不同的为学旨趣道："清代之学迥与明殊，明儒之学用以应事，清儒之学用以保身；明儒直而愚，清儒智而谲；明儒尊而乔，清儒弃而湿。盖士之朴者，惟知诵习帖括以期弋获，才智之士惮于文网、迫于饥寒，全身畏害之不暇，而用世之念汩于无形，加以廉耻道丧，清议荡然，流俗沉昏，无复崇儒重道，以爵位之尊卑，判己身之荣辱，由是儒之名目贱，而所治之学亦异。"[8]按照他的说法，较之明

1 何龄修：《五库斋清史丛稿》，第684—685页。
2 康熙《苏州府志》卷二一《风俗》，第11页。
3 （清）宋琬：《安雅堂文集》卷一《董阆石诗序》，收入《四库全书存目丛书》补编，济南：齐鲁书社，2002年，第2册，第63页。
4 （清）宋琬：《安雅堂文集》卷一《董苍水诗序》，第76页。
5 梁启超：《清代学术概论》，北京：东方出版社，1996年，第18页。
6 乾隆《昆山新阳合志》卷一《风俗》引《涤翁闻见日录》，第13页。
7 ［美］韩书瑞、［美］罗友枝：《十八世纪中国社会》，陈仲丹译，南京：江苏人民出版社，2008年，第64页。
8 刘师培：《左庵外集》卷九《清儒得失论》，收入氏著《刘申叔先生遗书》，宁武南氏1936年排印本，第1页。

儒不计得失刚直不阿，以经世之用为旨归，清代士人典型地是明哲保身，以至迹近猥琐，以官位崇卑为荣辱。纵观清代江南进士官员的举止言行，刘师培的描述是相当贴切的，只是清儒廉耻道丧并不始于文网之严，早在钱粮奏销案发时就发其端了。

江南士人保守本分的同时，等而下之者，更丧失了应有的风骨节操，成为政治和官员之附从，随形逐影。哭庙案、奏销案后，董含总结当时士习道："迩来士大夫日贱，官长日尊，于是曲意承奉，备极卑污，甚至生子遣女，厚礼献媚，立碑造祠，仆仆跪拜，此辈风气愈盛，视为当然，彼此效尤，恬不为怪。"[1]官长地位日崇，士子地位日卑，奔竞请托之风必然兴盛。叶梦珠描述松江士风前后变化道："吾松士子，昔年无游学京师者，即间有之，亦不数见。自顺治十八年奏销以后，吴元龙卧山学士始入都援例入监。癸卯、甲辰，联登科甲，选入庶常。其后游京者始众，其间或取科第，或入资为郎，或拥座谈经，或出参幕府，或落托流离，或立登膴仕，其始皆由沦落不偶之人。既而缙绅子弟与素封之子继之，苟具一才一技者，莫不望国都而奔走，以希遇合焉。亦士风之一变也。"[2]叶梦珠不经意间透露出重要的信息：江南士子经过奏销案的打击，在进入官场前已在不择手段钻营奔走，丧失了读书人应有的自身尊严。乾隆时无锡人黄印对清代江南士人的总体评价是："今科名日盛，列谏垣者有人，居九列者有人，百余年来从无有抗权幸，陈疾苦，谔谔不回如古人者。虽谨慎小心，不敢放纵，要之，保位安身之念，周其胸中，久不知有气节二字矣。故邑志于本朝先达，政绩可以铺张，即理学亦尚可缘饰，惟气节不可强为附会。"黄印还说："前明邑绅之贤者，敦气节，崇理学，今皆无之，其奢侈豪纵及奴仆之肆横，今亦罕闻。"[3]士人群体失语，完全放弃了他们应当承担的社会责任。针对士人不讲节概的风气，乾嘉时考据大师金坛人段玉裁深有感慨地说："今日大病，在弃洛闽关之学谓之庸腐，而立身苟简。气节败，政事芜，天下皆君子而无真君子，故专言汉学，不治宋学，乃真人心世道之忧。"[4]不治宋学，不讲义理，专治汉学，就像明人顾宪成所说，官辇毂念头不在君父上，官封疆念头不在百姓上，退居林下念头不在世道人心上，立身处事，自然谈不上有什么节概。这样的人进入仕途，是很难会有社会责任感的。

士人不讲节概，没有骨气，出处行事没有了顾炎武所强调的廉耻感，也就必然是货贿是崇。时人董含感慨道："曩昔士大夫以清望为重，乡里富人，羞与为伍，有攀附者，必峻绝

1 （清）董含:《三冈识略》卷十"三吴风俗十六则"条，第223页。
2 （清）叶梦珠:《阅世编》卷四《士风》，第87页。
3 （清）黄卬:《锡金识小录》卷一《备参》上，第15页；卷十《前鉴》，第10页。
4 （清）陈寿祺:《左海文集》卷七《孟子八录跋》，收入《续修四库全书》第1496册，第297页。

之。今人崇尚财货，见有拥厚资者，反屈体降志，或订忘形之交，或结婚姻之雅。”[1]可见其时的江南士人，贾儒者比比皆是。乾隆二年（1737）恩科状元、官至大学士的金坛于敏中，其贪墨在乾隆前期就是出了名的，而且因为位高权重，还恶化了整个官场风气。稔熟乾嘉士风的天潢贵胄昭梿就说：“自于、和当权后，朝士习为奔竞，弃置正道。”[2]以著名史评《十七史商榷》奠定身后文名的乾隆进士嘉定王鸣盛，时人王昶作传谀他为“一介不取”，《清史稿》本传赞他发迹后俭朴如寒素时，实则是个不太为人知的贪欲之徒。有记录：“王西庄未第时，尝馆富室家，每入宅时必双手作搂物状。人问之，曰：‘欲将其财旺气搂入己怀也。’及仕宦后，秦诿楚諈，多所乾没。人问之曰：‘先生学问富有，而乃贪吝不已，不畏后世之名节乎？公曰：‘贪鄙不过一时之嘲，学问乃千古之业。余自信文名可以传世，至百年后，口碑已没而著作常存，吾之道德文章犹自在也。’”[3]王鸣盛自出道前到高官盛名后，贪欲之心一直炽烈，而且辩护得那么振振有词，那么周密清晰，底气十足，我们很难相信这些话居然会出自一个学术大师之口。口碑甚佳的名人王鸣盛如此，其他名声欠佳的士人其行径更可想而知。气节败坏，江南士人是要负相当的责任的。而追根溯源，清初奏销等案对士绅的整肃，与士绅气节的败坏，无疑有着一定关系。

时世不同，清代江南士人为官没有明人张扬，清廉俭朴者也复不少，其声势没有明代江南仕宦显赫，对于地方官府和地方事务的影响力，较之明代江南乡宦也要小得多，士人的气节和社会责任感比之明人更相去甚远。江南士人漠视社会责任，但是平时出处行事讲究声色奢华却一如明人，而更加讲究奢侈优雅。明后期，江南绅士流行砌园林、教歌舞，好为博弈之戏，流风余韵，清初更甚。当时大儒顾炎武说：“今之进士有以不工赌博为耻者矣。”[4]同时人吴伟业也说：“士大夫相遇，惟饮酒六博为娱。”[5]人称苏州缙绅有三好：“曰穷烹饪，狎优伶，谈骨董。三者精，可抵掌公卿间矣。”[6]清中期常辉论江南风尚道：“近日士大夫最尚窑器，愈旧愈佳，取其形象古朴，火气尽除耳。其值几等于金玉，非大有力者不能得，且官哥汝定，非深有识者莫之辨。……人情凡厌故而喜新，至于字画玩器，反尚故。故江东风俗，

1 （清）董含：《三冈识略》卷十“三吴风俗十六则”条，第225页。

2 （清）昭梿：《啸亭杂录》卷十“书贾语”条，北京：中华书局，1980年，第317页。

3 （清）昭梿：《啸亭续录》卷三“王西庄之贪”条，第442页。

4 （清）顾炎武：《日知录》卷二八“赌博”条，收入黄汝成：《日知录集释》，长沙：岳麓书社，1994年，第1002页。

5 （清）吴伟业：《吴梅村全集》卷三七《文集十五·王奉常烟客七十序》，上海：上海古籍出版社，1990年，第781页。

6 （清）阮葵生：《茶余客话》卷八“吴俗三好”条，上海：上海古籍出版社，2012年，第165页。

凡赞赏物，莫不曰旧。”[1]终日讲究此三者，无视社会现实，毫不关注质量日益下降的民众生活，却在官僚圈内十分吃得开。此三者，实际上任何一项都须财力雄厚者才能讲究。清代江南士人官高名气大，宦囊丰，各种无形收入多，有实力崇尚此道。士人如此所思所行，与社会现实、民生日用已相距日益遥远。

直到后来，在丰亨豫大的清代盛世，江南士人乡居行径优于明，而社会责任感也大逊于明，因为漠视社会现实，远离政治，可以潜心学问，无论经学、诗文、史评，还是天文、舆地、小学、音韵，乃至金石、骨董，江南士人皆能发扬光大，远超明人。然而江南士人群体，在清代盛世，既缺少像明后期东林学派那样关心社会现实的人，也缺少像明末徐光启、张履祥那样关注地方发展的人；在中西冲突、社会动荡的道咸同年间，既缺少像林则徐那样苟利国家不计生死的社稷忠臣，也缺少像曾国藩、左宗棠那样振衰起颓、力挽狂澜的“中兴”功臣；在新旧交替、民族危亡的晚清时期，既缺少像康有为、梁启超那样倡导改革变法的思想理论大家，也缺少像谭嗣同等“戊戌六君子”那样的热血志士。清代江南士大夫是盛世的良臣，而非衰世的能臣，雍容华贵，鸿篇巨著，增添绚丽的华章，是其所长，而开拓进取，力挽狂澜，却往往难见其人。江南士人这样的群体相，追本溯源，与前此的遭际和清廷的软硬措施两手策略及其影响大有关系。

1 （清）常辉：《兰舫笔记》，《吴中文献小丛书》本，南京：江苏省立图书馆，1939年。

町奉行所的市中取缔官员与幕末的江户社会

吉田 伸之 *

【内容摘要】始于天保十二年（1841）五月的天保改革，其中心主题是江户的“市中风俗取缔”。当时大力推进市中取缔的是江户的南北町奉行所。在老中水野忠邦的支持下倡导改革的南町奉行鸟居耀藏（1796—1873）与反对派的北町奉行远山景元（1793—1855）的相互对立中（藤田覚『幕藩制国家の政治史的研究』校倉書房、1987,『遠山金四郎の時代』校倉書房、1992），设立于两个町奉所里的市中取缔官员逐渐成为监督取缔工作的核心。同时，这些取缔官员一直到幕末都始终站在江户市治理的最前线。

近世后期的江户南北奉行所，分别由与力25人和同心50人组成。他们围绕着其中的年番方与力划分为5组。此外，他们还分别隶属于吟味方、赦帐撰要方、例缫方等。天保十二年，市中取缔官员与商品调查官员得以设立。一方面他们被置于年番方的管理下，另一方面，他们以当时的三类负责巡逻探查（隐密巡逻、定期巡逻、临时巡逻）的同心和担任市中取缔的名主为手下，逐渐担当起了巨大城下町江户的市中治理工作。

因此，以市中取缔官员为中心的市中治理工作的记录得以大量保存，并被编纂成书。其中占有核心地位的是《市中取缔类集》(包括追加部分）90卷（335分册),《市中取缔续类集》53卷（215分册),《市中取缔书留》113卷（224分册)。现在，这些史料都被收录于日本国立国会图书馆所藏的《旧幕府引继书》中，并在该馆的数字档案馆上公开。这些史料，是关于从天保改革到幕末的江户市的第一手资料。利用这些史料进行的关于当时江户市的研究成果虽然很多，但从史料学的角度来对这些史料自身进行的探讨却几乎没有。本文将会是进行这项探讨的初步尝试。在这个过程中，我将以以下三点为主要课题。①市中取缔官员的职位性格与真实情况；②市中取缔官员在町奉行所的地位；③从两三事例当中考察其包含的史料意义。

【关键词】江户町奉行所，市中取缔官员，江户城市周缘部，支配名主，岡场所

---

* 吉田 伸之（吉田 伸之），东京大学名誉教授，饭田市历史研究所所长。

町奉行所市中取締掛と幕末期の江戸社会

吉田 伸之

【論文要旨】天保十二年（1841）五月から開始される天保改革の中心的な主題は、江戸の「市中風俗取締」にあった。この市中取締を推進したのが、江戸の南北町奉行所である。そこでは、老中水野忠邦の下で「改革」を主導する南町奉行・鳥居耀蔵（1796—1873）と、これに抵抗する北町奉行・遠山景元（1793—1855）との相剋を伴いながら（藤田覚『幕藩制国家の政治史的研究』校倉書房、1987。同『遠山金四郎の時代』校倉書房、1992を参照)、両町奉行所内にそれぞれ置かれた市中取締掛が取締りの中核を担った。この市中取締掛は、その後、幕末期に至る江戸市中支配の最前線に立つこととなる。

近世後期の江戸町奉行所は、南北それぞれ与力25騎・同心50人を以て構成された。これらの与力・同心は、年番方与力を軸に5つの番組に編成され、また吟味方、赦帳撰要方、例繰方などいくつかの分課に掛として配属された。この中で、天保十二年に新たに設置された市中取締掛と諸色取調掛は、年番方の下、一方で三廻り（隠密廻り、定廻り、臨時廻り）同心や市中取締掛名主らを手足とし、巨大城下町江戸の市中支配を担った。

こうして、市中取締掛を軸とする市中支配業務の記録が厖大に作成され、あるいは編纂された。その中心は「市中取締類集」(追加を含む) 90巻（335分冊)、「市中取締続類集」53巻（215分冊)、「市中取締書留」113巻（224分冊）などである。現在、これらは「旧幕府引継書」の一部として国立国会図書館が所蔵し、デジタル・アーカイヴズとして全て公開されている。この史料群は、天保改革以降、幕末にいたる江戸市中に関する第一級の史料群であるが、それらが示す当時の江戸市中の実態に関する研究の成果に比して、史料群自体についての史料学的検討は、まだほとんどなされていない。この報告は、そうした検討に向けての初歩的な作業であるが、その中で、①市中取締掛の職制やその実態、②町奉行所における市中取締掛の位置、③二・三の「一件」を事例として取り上げその史料的意味を考察すること、などを課題とする。

【キーワード】江戸町奉行所、市中取締掛、江戸町方周縁部、支配名主、岡場所

はじめに

与えられた主題は、「都市史研究と史料」で「都市支配の史料から都市社会を見る」という事である。そこで、ここでは国立国会図書館所蔵「旧幕府引継書」の町奉行所関係史料から、天保改革期以降、江戸の町方支配の先端を担った市中取締掛を取り上げ、これに関する史料を紹介しながら、併せて都市社会の一端を垣間見ることにしたい。

天保十二年（1841）五月から開始される天保改革の中心的な主題は、江戸の「市中風俗取締」にあった。この市中取締を推進したのが、江戸の南北町奉行所である（図1・図2参照）。そこでは、老中水野忠邦の下で「改革」を主導する南町奉行・鳥居耀蔵（1796—1873）と、これに抵抗する北町奉行・遠山景元（1793—1855）との相剋を伴いながら［藤田覚1987・1992］、両町奉行所内にそれぞれ置かれた市中取締掛が取締りの中核を担った。この市中取締掛は、その後、幕末期に至る江戸市中支配の最前線に立つこととなる。

こうして市中取締掛を軸とする市中支配をめぐる業務の記録が厖大に作成され、参照すべき記録、あるいは先例集として集積・編纂された。その中心は「市中取締類集」(追加を含む）90巻（335分冊。『大日本近世史料　市中取締類集』1—29巻に三分二程が翻刻済み)、「市中取締続類集」53巻（215分冊)、「市中取締書留」113巻（224分冊）などである。現在、これらは全て国立国会図書館のデジタル・アーカイヴズとして公開されている(http://dl.ndl.go.jp/)。この史料群は、天保改革以降、幕末にいたる江戸市中に関する第一級の史料群であるが、それらが示す当時の江戸市中の実態に関する研究の成果に比して、史料群自体についての史料学的検討は、まだほとんどなされていない。この報告は、そうした検討に向けての（今更ながらの）初歩的な作業でもあるが、前提として、町奉行所の構成、市中取締掛の位置、等について若干検討し、併せて、市中取締掛が扱った幕末期における「一件」の事例を取り上げ、都市社会史にとっての史料的意味を提示すること、を報告の課題としたい。

一、町奉行所の構成と市中取締掛

はじめに南和男氏の研究などによりながら、近世後期の江戸町奉行所の構成と市中取締掛の位置について簡単に見ておきたい［南1969・2005]。

近世後期の江戸町奉行所は、南北それぞれ与力25騎・同心50人を以て構成された。これらの与力・同心は、年番方与力を中心に5つの番組に編成され、職務に応じた分課に編制された。分課の中身は18世紀末以降明確となるが、天保改革の発動に伴い、天保十二年七月にまず南町奉行所に市中取締掛・諸色取調掛（与力3名、下役＝同心6名）があらたに設定される。そして、やや遅れて北にも同じ掛が同様に設置され、同年十一月、江戸市中の支配名主246名から選定された31名の市中取締掛名主（『大日本近世史料　市中取締類集』5—160頁以下）とともに、改革の先端を担うことになる（翌年二月から、22名が諸色調掛名主兼帯、市中取締掛のみが18名となる。同179頁以下）。

図3は幕末期、安政二年（1855）の木版の番付「町奉行組與力同心氏名」の翻刻である（『原胤昭旧蔵資料調査報告書』4巻所収）。ここには、北町奉行所の与力・同心の番組構成と、それぞれが所属する掛＝分課の全体像を示される（史料の性格は未検討。以下、『旧事諮問録』下、岩波文庫、第11回「江戸市中取締の事」〈町奉行附与力・谷村正養からの聞き取り記録〉を参照）。

右覧にあるように、5つの番組に25騎の与力と49名の同心（年寄・物書に区分。1名は欠員か。以下「組同心」と呼ぶ）が記載される。この図でまず注目されるのは、本来の北町奉行所スタッフの外に、冒頭に公用人3名、目安方2名が記される点である。目安方については未詳であるが、公用人とは、「内与力」という町奉行の家老であり、町奉行と担当与力や町年寄との文書の授受を媒介するものとして現れる（筆頭の竹村慈左衞門については、二でみる「市中取締書留」113分冊④⑩号史料、及び表2を参照）。また左側に記載される諸掛担当者の人名を見ると、番組に属していない同心とみられる人名が、見習を含めて91名にも及ぶ。この内、番方や見習は与力層の子弟であるが、残る79名についてはその性格が未詳である。つまり北町奉行所の人員は、組に編制される与力25騎、同心50名の外に、多数の同心クラスの者が配属されていることが明らかである。かれらは組同心と同じように各掛に配属されている。これらが、組同心の子弟である可能性もあるが、同姓は4割に満たず、あるいは勘定所などから付けられた補助的なスタッフかもしれない。

公用人と目安方を除く諸掛を見てみよう。冒頭に「御年寄」とあるのが年番方である。年番方は「役所の取締りから、会計筋の事まで残らず」(『旧事諮問録』) 担当する町奉行所与力の重役であり、10名もの同心が付属する。ついで奉行所の中枢を担う「御吟味方・非常取締掛」が東西二組みえ、ここには与力8人、同心13名が配属される。この後、「市中取締諸色調」とあり、与力5名と9名の同心が配属されている。以下、享保期以来確認される本所方、養生所見廻りなど古くからの諸掛がならぶ。また「諸問屋組合再興掛」など幕末期に設けられた掛も見える。

「市中取締諸色調」のメンバーを見ると、秋山久蔵・高橋吉右衛門・中島三郎右衛門の3名は御吟味方・非常取締掛、諸問屋組合再興掛を、また島喜一郎は御吟味方・非常取締掛を兼務しており、服部孫九郎だけは兼務がない。特に秋山・高橋・中島・島の4名は天保改革の主題を担う重要なスタッフだったのではないか。

一方、同心の掛で注目されるのは、廻り方（隠密廻り、定廻り、臨時廻りの三廻り）である。天保十二年十月「市中風俗取締筋之儀懸り申上書」(『大日本近世史料　市中取締類集』1—242 ～ 243 頁）によると「廻り方同心之儀者、悪党もの捕方計ニ者無之、市中盛衰・下情風俗等、見聞ニ随、聊無遺漏申上、御触出候ハゞ末々迄行届候様心付、相背候ものも有之様子ニ候ハゞ、其事之微々なる内ニ名主等江及沙汰」とあり、町奉行の手先として市中取締掛とともに風俗取締の第一線を担ったことが窺える。

改革に先立ち、天保十三年一月に廻方の同心等に対し「銘々存寄」を上申するよう求めるが、表1の3名が、これに応じて長文の意見書を提出している（『大日本近世史料　市中取締類集』1巻30頁以下)。これらは市中取締掛名主からの意見書とともに、市中改革を実行する上で有用な情報とされてゆく。表1は、これら3名の南臨時廻り同心についてその履歴を示すものであるが、かれらは、いくつもの掛を経験し実績を積み上げ三廻りへと至る。「有能な」町方同心の実態を窺わせる（旧幕府引継書「与力同心掛り名前」・「与力同心前録」による)。

以上から、「市中取締類集」など一連の書留類は、天保改革以降の両町奉行所（特に北）において、市中取締掛の下で作成・編纂された書類であり、幕末に至る江戸市中支配の文字通り現場で活動した与力や三廻りなどの同心層、あるいはその下で機能させられた町年寄——支配名主（特に市中取締掛名主）らが、日々社会の実態と相対しながら作成した厖大な文書類なのであり、かくて江戸社会に関する第一級の史料の宝庫となったのである。

二、市中取締の「現場」から

さて、以下では「市中取締書留」113分冊から、安政二年の一件を事例としてとりあげ、その審議プロセスとともに、都市社会史料としての意味合いについて見てゆきたい。

（一）麻布谷町名主太一郎一件の経緯

「市中取締書留」113分冊（安政十ノ百二十七）は、その全体が麻布谷町名主太一郎に関する一件史料からなる。冒頭の表紙にあたる部分には「安政二卯年七月　麻布谷町名主太一郎儀増支配場所附支配被仰渡候儀ニ付調　奉　服部孫九郎」とあり、これが安政二年七月に、北市中取締掛の服部孫九郎（図3参照）が前年十二月以来のこの一件関係文書をとりまとめたものであることが分かる。これは北町奉行井戸対馬守に一旦提出したものを、返却後に綴じたのであろうか。

まずこの一件の経過について、表2を見ながら確認しておきたい（以下①②…は表2の史料番号を示す）。

初発は、安政元年十二月に町年寄館市右衛門が、北町奉行井戸対馬守に宛てて願書④を提出したことにある。④の朱書きから、この願書は用人竹村慈左衛門を経て、市中取締掛与力に渡されたことがわかる。この願書で館は、十番組の麻布谷町名主太一郎の「精勤」を賞し、天保十四年から嘉永元年（1848）にかけて、「当分増支配」として認められた市兵衛町など3町を「付支配」とするよう提案している。この点は後述するが、館はこの出願について、井戸から「御組市中取締掛中并廻り方」に対応を諮問するように求めている。

これを受けて井戸は、すぐ隠密廻に館の願書を下げ渡し、また翌年3月と、二度に亘り実態の把握を命じ報告書（史料2・3　風聞書⑨⑩）を提出させている。この風聞書は、谷町や市兵衛町をめぐる出入（この（二）で後述）に関するもので、太一郎の名主としての勤務状況を探索し、この一件が付支配を認める上での障害となるかどうかを吟味するためのものである。

この風聞書の後、安政二年六月に町年寄館から再度の出願があり（⑦⑧）、井戸はこれらを受けて北市中取締掛に対応案作成を命ずる。これに対して、同掛から「ヒレ付」で館の申し出でについて問題なしとの審議内容が報告され（⑤）、このヒレを付した井戸の相談書（②）が、南町奉行池田播磨守宛てに送られる。池田はすぐにこれを南市中取締掛に渡して審議を命じ、問題なしとの報告（⑥）を元に、井戸に対して異議のない旨を返答している（③）。

以上を経て、名主太一郎に申渡をしようとして、町年寄に「当分増支配」を「付支配」

へと繰り上げた申渡の先例を調べさせ報告（⑯⑰）を得たところ、こうした場合に「他向」、すなわち拝領町屋敷である市兵衛町や寺社門前である陽泉寺門前など、拝領地主たちや寺の了解が必要かどうか北市中取締掛で問題とされ、この点を南の類役に先例などを確認したところ（⑬）、天保十四年の先例（⑲以下）を添えた報告（⑭）を得て、改めて北市中取締掛で最終的な確認を行い、同役間の合意を経て（史料1①）、その結果を井戸に報告する。井戸はこれを踏まえて館市右衛門が作成した申渡案を添え、最終結論を池田に示している（⑪）。こうしてようやく七月八日に、谷町名主太一郎と3町の家主惣代5名、及び組合名主1名、江戸市中の定世話掛名主3名が北町奉行所に呼出され、申渡しが行われたのである（⑱）。

以上から、一件の評議の過程に見られる特徴をまとめると次のようになろう。

1. この北町奉行所で扱った一件は、まず町年寄の願書が北町奉行に提出され、これが北市中取締掛に検討が命じられる。一方、町奉行は隠密廻りの中の三廻り取締役（表1参照）に対し直接状況の実態調査を求める。これを受けて三廻りによる調査が行われ、その結果を隠密廻りがとりまとめ、風聞書を提出する。この風聞書も市中取締掛に廻される。市中取締掛では、本件の担当者を決め（服部孫九郎）協議を進め、対策案を町奉行に報告する。町奉行はこれを南町奉行に送達し意見を求める。南方の方でも南市中取締掛に検討が求められ、その結果が北町奉行に返送される。これらの調整を経て、申渡の内容が決定される。こうして南北町奉行所間の協議と調整を経て方針が決定されて行くが、なかでも南北の市中取締掛が実質的に方針案策定に携わる様子が窺える。また審議の過程で、南北の市中取締掛（類役）間で、町奉行を介さず、手紙により直接意見や先例などの情報交換がなされる場合（⑬⑭）があることも注目されよう。

2. この一件での実態調査は、前述のように三廻り取締役が中核となる三廻り同心が担っている。市中に密着し、その状況に精通する担当部局であることが窺える。また外の一件では、市中取締名主を通じて調査が行われる場合が多い。この場合は、町年寄を媒介として報告が上申されてゆく。そしてこれらの情報は市中取締掛に集約され、検討の素材とされる。

（二）一件史料から窺える江戸社会

ついで、この一件史料の内容から、当該期の江戸社会に関わる論点をいくつかランダムに拾っておこう。

1. 支配名主

この一件で主題となったのは、名主と付支配の問題である。17世紀後半以降、江戸市中では、それまで原則として町毎に名主が存在した段階、すなわち「町（ちょう）の名主」から、都市社会の急激な拡大や変質に伴い、一人で数ヶ町を支配する支配名主へと大きく転換した［吉田2012］。支配名主の支配下におかれる町の状態を「付支配」と呼ぶ。こうして享保七年（1722）に名主番組が設定されてからは、江戸市中行政の末端は支配名主によって担われることとなる。支配名主の収入にとって重要なのは、支配町々からの役料である。一つでも多くの町を支配下に置くことは、支配名主にとって切実であった。本一件で、麻布谷町という、江戸の場末に相当する地帯にある名主太一郎にとって、旧来からの付支配にある5町に加え、天保十四年（1843）十一月に市兵衛町など3町を「当分増支配」にすることを許されるのは、こうした役料収入源の大幅な増大を意味した（表3・表4参照）。しかしこれは、付支配とはことなる有期の支配域増加であり、これらを付支配へと格上げされることは、ほぼ倍加した支配域からの役料収入が永続的に保証されること（永支配）を意味した。

安永三年（1774）「町鑑」に、名主十番組の中に麻布谷町の名主太左衛門が見える（『安永三年小間附　北方南方町鑑』東京都公文書館）。『御府内備考』麻布谷町（4巻16頁）の項を見ると、同町の旧家として「名主太市郎」（米良家）が書き上げられ、先祖の米良太左衛門以来文政十年（1827）段階で11代目とする。安永期の太左衛門は、居町である谷町の外に、麻布谷町代地町、御箪笥町、西光寺門前、湖雲寺門前などを併せて付支配に置く支配名主であった。また隣接する地帯では、名主市兵衛が居町の麻布市兵衛町を始め、坂江町、陽泉寺門前を支配している（図4・図5参照）。

具体的な事情は未詳であるが、天保十二年に名主市兵衛は欠落し、その支配域は一旦組合持となった。こうした中で、谷町名主太一郎は職務を精勤し、また母に孝養を尽くすなどで町奉行の「御誉」を受け、天保十四年十一月に市兵衛町を「当分増支配」とすることを許されている。その後、弘化四年（1847）五月には坂江町、同六月には陽泉寺門前をそれぞれ「当分増支配」下に入れ、有期とはいえ、名主市兵衛の旧支配域を全て自己の支配に編入している（以上、『大日本近世史料　市中取締類集』6巻「名主取締之部」80件による）。

かくて安政元年（1854）十二月に至り、先に見たように、町年寄館市右衛門は麻布谷町の名主太一郎の「当分増支配」場所を「附支配」に格上げするように上申し、翌年七月に本人に申渡されたのである（以上表5を参照）。

2. 年貢地、大縄拝領地と中小寺院の門前

この一件審議の最終段階で問題とされたのが、新たに付支配とするに際して、市兵衛町など3町の「他向」地主への断りが必要か否かという問題であった。「他向」とは、まず麻布市兵衛町などが「御年貢地」、すなわち土地が代官支配地であること、また町奉行支配ではない御家人などの拝領地主の存在、さらに門前を抱える中小寺院の問題である。この内、年貢地の問題は事後に名主から代官へ届ければよいとされている（⑲）。

表6は、名主太一郎の旧来からの支配域にある麻布御箪笥町と、この時から新たに付支配となる坂江町の拝領地主を示すものである。御箪笥町は寛永八年（1631）、御箪笥奉行の設置に伴い、二組の御箪笥組同心併せて20名に拝領町屋敷として一括与えられたもの（大縄拝領町屋敷）である。また坂江町は、内藤新宿にあった拝領町屋敷が元禄九年（1696）に御用地となり、14名の拝領地主が当地へと移されそこで分与された大縄拝領地とされる（『御府内備考』による）。これら町方で分与される小規模な拝領町屋敷は、その大半が借地・借家として貸し出され、これから得られる地代・店賃は、わずかな扶持米や給金しかない御家人層にとって貴重な収入源となり、かれらの生活を支えることになる［吉田1991］。

一方、この地帯のような市中周縁部には数多くの中小寺院が分布した。これら寺院の多くには、この一件と関わる陽泉寺門前や、太一郎の付支配下にある西光寺門前、湖雲寺門前のように町屋が営まれ、そこが借地・借家として町方のものたちに貸し出されたのである。ここも、大縄拝領地と同様に、零細な寺院の経営を支える重要な収入基盤となって行く。これらの寺院門前町屋は、隣接する町々と連続し都市空間の一部を構成し、土地や諸役に関わること以外はほぼ全て、町奉行支配の管轄下に繰り込まれて行く。

こうして、広大な武家地の間を埋めるように展開する年貢地の町々、これと重なるように分布する大縄拝領町屋敷、そして散在する中小寺院とその門前、これらは麻布という江戸町方周縁部の地帯特性であるということができよう。

3. 出入一件

先に触れたように、史料2・3（風聞書⑨⑩）から、安政元年に麻布谷町で、御箪笥町や市兵衛町などにまで及ぶ争論が発生していたことが分かる。これらの史料ではその詳細に

ついて不明な点が多いが、おおよそ下記のような争いであったことが窺える。

麻布谷町清六店伝次という者が、町内の居付地主で傘職の喜兵衛とともに、町入用の減額を求め、名主の不正を言い立て、名主太一郎と町役の家主（⑨「家主共之内、町役弁し候もの」）らを相手取り、南町奉行所へ出訴する。この時伝次は悴新三郎の名で家守を勤め、訴訟の時は町代であったとする。伝次は、親の代には町内の小規模な地主で羅呉服を営んでいたが分散し、当人は先手組太田善太夫（『柳営補任』使番の項に慶応二年（1866）七月から「太田善大夫　高 2 260 石」とある。先手組関係の項には見えない）の家に用役（用人）として住みこんだ。旗本用人層＝下級武士［松本 2017］となった訳である。しかし借財などで暇を遣わされ、この時、町人として谷町に戻っていたのである。また市兵衛町の家主の内、惣兵衛・六之助・清蔵（書役を兼ねる）らが、「手堅」く名主を勤める太一郎を「鬱陶」しいとして、太一郎の退役を目論見、伝次・喜兵衛と連携しようと、坂江町や陽泉寺門前の家主らも巻き込もうと動いているとする。

その後の展開は複雑で、⑩の風聞書にあるように、九月には、谷町と御箪笥町の家主（家守）惣代らが、谷町の居付地主与右衛門らと伝次らを相手に「対談異変出入」として南町奉行所へと出訴している。「対談異変」の内容が不詳で、また春以来の争論との関係もよく分からない。

町奉行所の吟味の中で、伝次・惣兵衛・六之助らの目論見が暴露され、入牢の後、喜兵衛も含めて手鎖の処分を受けている。こうして十月二十八日に、六之助・惣兵衛は今後「町役筋」に関わらないとして内済にいたり、安政二年一月二十七日に、太一郎の自宅で、谷町・御箪笥町・市兵衛町の家主ら全員が寄合い、「和熟」に至ったとする。

この争論は、名主太一郎の居町を中心に、従来からの支配域である御箪笥町と、新たに増支配域になっていた市兵衛町に及ぶ広域に亘る点が注目される。そして争論のきっかけが「火之元厳重」の町触により町入用が増大し、これにより零細な地主層の手取り（地代店賃の上りから、町入用などの諸経費を引いた残額。「全ク上り高」と称す）が減少したことに対する「苦情」があるとする点が興味深い。こうした場末地帯を支配・統合する上で、支配名主の下に相互に連携する居付地主や家主（家守）層の存在が欠かせないことが示唆されている。

4．岡場所

さて、右の争論の経緯を記す風聞書⑨の中で、「麻布市兵衛町之儀者、元売女有之候場所ニ而、人気不宜」とあるのが気に掛かる。江戸の売買春の世界は、新吉原遊廓の遊女屋仲間を中核とし、江戸に隣接する4つの宿場町の食売旅籠屋仲間と、江戸市中各所に散在する岡場所における非公認の遊女屋仲間という、重層的な構造を有した。これら総体を遊廓社会と呼ぶことができる［吉田2006］。岡場所の中には、「深川七場所」のように事実上の市中遊廓として大規模に展開するものもあったが［吉田2014］、その多くは小規模なものであった。表7は天保十三年三月に風俗取締の中で撤去された市中岡場所の一覧である。その中に「麻布市兵衛町　麻布宮村町藪下といへるハ是より先ニ廃れたり」とある。宮村町の岡場所については未詳である。

これら撤去された岡場所から新吉原の局遊女屋に、直後に多くの岡遊女屋と売女が移転してゆくが、新吉原京町2丁目の5つの長屋に移動した77軒の局遊女屋の内、「麻布」からの者が3軒見えるが、これらはいずれも市兵衛町の者であろう。こうして市兵衛町は麻布地区を代表する岡場所と目されたのである。

こうした場末の岡場所として注目されるのが、松本良太氏が紹介した本所入江町（鐘撞堂と六尺長屋）の事例である［松本2017］（図6・図7参照）。それは天保七年（1836）三月に、本所入江町で、近隣の津軽藩小人と水茶屋（隠売女渡世）山形屋の召仕女との口論から始まった騒動である。これを記録する津軽藩の一件史料からは、場末域の岡場所の特質が以下の点から明らかとなる。（1）本所横川界隈は、津軽藩の上屋敷・中屋敷を始め、いくつもの大名中屋敷や旗本屋敷、また下級御家人層の組屋敷などが密集し、入江町はその間にはさまれた横川沿いにある。岡場所入江町の顧客の中心は、これら武家屋敷の下級武士や奉公人層、抱鳶などに外ならない。（2）入江町の山形屋で、町内の松五郎というものたちが暴れる小人2名を捕らえ拘禁するが、当初の拘留場所は「隠売女屋会所」で松五郎という者の居所でもあった。松五郎は数名の同居人を抱え、多くの路地番を手下とする「防ぎ」と呼ばれる岡場所における暴力装置の担い手である。また入江町の「鐘撞堂」を描く図6によれば、ここには5軒の大見世（山形屋は見えず）と12軒の局見世が見え、遊廓新吉原と類似の階層的な構成を見ることができる。

これを念頭に、図8で麻布市兵衛町の岡場所の様子を見ると、崖下に大見世や局見世が櫛比するようすが見え、また会所や店頭、湯屋なども描かれる。近隣は武家屋敷が充満しており、入江町とほぼ同質の様相を呈するといえよう。

まとめ

以上、江戸町奉行所市中取締掛が残した厖大な史料群の一端を覗き、その史料の性格と、幕末期の江戸町方周縁部における場末社会の様相を垣間見た。「市中取締類集」や「市中取締書留」に記されるのは、当時の江戸市中の全体からみれば微々たる断片の累積でしかない。しかし、これら断片はそれ自体微細な一件史料であっても、その一つ一つを「深掘り」することで豊かな歴史の鉱脈に必ず出会え、またいくつかの鉱脈を掘り進むことで、都市社会の全体像へと至ることが可能になると確信している。そして、こうした「発掘作業」に不可欠なのは、厳密な史料批判と、微細な点まで精緻に読み込む史料読解力、そして鋭利な問題意識に外ならないと考える。

参考文献

[1] 千代田区教育委員会『原胤昭旧蔵資料調査報告書』1～4、2008～2011年。

[2] 藤田覚『幕藩制国家の政治史的研究』校倉書房、1987年。

[3] 藤田覚『遠山金四郎の時代』校倉書房、1992年。

[4] 松本良太『武家奉公人と都市社会』校倉書房、2017年。

[5] 南和男『江戸の社会構造』塙書房、1969年。

[6] 南和男『江戸の町奉行』吉川弘文館、2005年。

[7] 吉田伸之『近世巨大都市の社会構造』東京大学出版会、1991年。

[8] 吉田伸之『身分的周縁と社会＝文化構造』部落問題研究所、2003年。

[9] 吉田伸之「遊廓社会」塚田孝編『身分的周縁と近世社会4　都市の周縁に生きる』吉川弘文館、2006年。

[10] 吉田伸之『伝統都市・江戸』東京大学出版会、2012年。

[11] 吉田伸之「遊廓社会論の射程」『歴史学研究』926号、2014年。

史料1 「市中取締書留」第113分冊①

先達而御相談仕候麻布谷町名主太一郎附支配之儀、此程御向御相談相済候處、今般附支配ニ相直り候場所之内、同所坂江町・同所陽泉寺門前、拝領地面も有之候ニ付、右地主江之引合有無并被仰渡振、久藏様・吉右衛門様御心付ニ付、右先例館市右衛門江打合候處、陽泉寺門前者太一郎附支配被仰渡候後、市右衛門より陽泉寺江通達可致由、右太一郎儀南御役所ニ而、同所市兵衛町当分増支配被仰渡候ニ付、拝領地面地主之引合有無之儀、市右衛門方ニ留無之旨申立候ニ付、御向類役中江問合候處、別冊差越候ニ付、取調候處、右帳面之内、朱丸小札之廉江見合、地主江別段御達等ニ者及間敷哉、殊ニ今度者新規名主附共違ひ、太市郎是迄増支配場所之儀ニ付、旁故障之筋有之間敷与被存候、且市右衛門より差出候被仰渡書案末ニ、堀江町名主熊井理左衛門外弐人名前無之候得共、太一郎増支配被仰付候節、右理左衛門外弐人名前被仰渡書末ニ有之候間、今度も同様認入候方可然哉、右被仰渡書案其外書類相添、猶御相談仕候、不調之廉も可有之候間、無御腹蔵御教諭可被下候

七月四日　　　　　　　　　　　　　　孫九郎

久藏様　　「存寄無御座候」*

吉右衛門様　　「存寄無御座候」

三郎右衛門様　　「存寄無御座候」

喜一郎様　　「存寄無御座候」

（*以下「」内はそれぞれ異筆）

史料2 「市中取締書留」第113分冊⑨

（朱）「風聞書二通」

麻布谷町名主太一郎附支配之義ニ付、風聞承合候趣申上候書付

隠密廻

麻布谷町名主太一郎儀、同所市兵衛町外弐ヶ所附支配可被仰付哉之旨、町年寄申上候ニ付、風聞承合候様被仰渡候間、則承探候趣左ニ申上候

十番組　麻布谷町名主　太一郎

四十弐歳

右太一郎義、天保十四卯年麻布市兵衛町当分増支配、其後同所坂江町・陽泉寺門前共同様被仰付候処、同人儀者若年之節より名主役相勤、其頃より遊興等致候儀無之、一途ニ町用勤方而已相励、柔和ニ而、行状も手堅く出精致し、当時組合世話掛・市中取締掛・諸色取調掛・書物絵双紙掛・人別懸・非常取締懸・米方懸・町会所年番相勤、組合内ニ而者重立候ものニ有之、右谷町者前々より之支配ニ有之候処、同町清六店伝次与申もの、親代より少分之地面所持、糶呉服商ひ致候処、不如意ニ而分散致し、元御先手太田善太夫方江用役ニ住込候処、勤中引負致し、暇ニ相成、其後出入受候後町人ニ相成、居町江立戻り、悴新三郎名前之家守致し候得共、少分之地面ニ而貧窮致し居、又同町居附地主喜兵衛与申す

もの傘職ニ而、是又少々之地面所持致し居候処、火之元厳重被仰渡候以来町入用相増、地面上り高相減候旨地主共苦情相唱候折柄ニ乗し、伝次儀、其身先年之町代ニ相成、喜兵衛与申合、両人町入用減方目論見、名主太一郎并家主共之内町役弁し候もの妨ニ相成候間、右之もの共之儀を品々不正之廉相認申立候一条、向方御役所ニ而御吟味之上、伝次・喜兵衛目論見候儀相分り、出入者当十月中内済致し、御吟味下ケ相成候節、伝次・喜兵衛共御咎手鎖被仰付候由、麻布市兵衛町之儀者、元売女有之候場所ニ而、人気も不宜、同町家主共之内惣兵衛・六之助并書役兼候清蔵儀、兎角太一郎手堅勤候を儀を鬱陶敷存、右伝次江同意致し、谷町より太一郎を隠居為致度与願候而、願意不立節者、惣兵衛・六之助より市兵衛町・坂江町・陽泉寺門前家主共申合、同様可願立目論見之処露顕致し、向方御役所ニ而伝次・六之助・惣兵衛共一旦入牢、其後手鎖御願被仰付候由、麻布坂江町・同所陽泉寺門前町々家主共之内、前書之義ニ同意致し候もの無之候得共、一旦者惣兵衛・六之助江泥ミ候者も難計由、伝次・惣兵衛・六之助等当四月中より目論見候儀、御吟味之上相分候間、太一郎儀、市兵衛町外弐ヶ所共附支配被仰付候ハヽ、尚又精勤可仕候得共、坂江町拝領地主之内ニ者少給之御家人等も有之、出入後間合も無之、前書之もの共振合申間敷哉にも御座候間、来春ニ相成附支配被仰付候ハヽ、穏ニ可有御座哉ニ相聞申候

右密々承探候風聞之趣書面之通御座候、依之御下ヶ書面一通返上、此段申上候、以上

寅十二月　　　　　　　　　　　　　　　　　　隠密廻

史料 3 「市中取締書留」第 113 分冊 ⑩

(朱)「安政二年卯三月十四日、竹村慈左衛門ヲ以御渡」

(表紙)

麻布谷町名主太一郎永支配之儀ニ付、風聞承合申上候書付

隠密廻

麻布谷町名主太一郎儀、先年増支配被仰付置候場所、永支配可被仰付之段、町年寄より申上候ニ付、去十二月中風聞承探申上置候処、尚此節之模様承合候様被仰渡候間、密々承探候趣左ニ申上候

十番組　麻布谷町名主　太一郎

右太一郎儀者若年より名主役ニ相成、町用等入念出精相勤候ニ付、町会所年番世話懸其外懸り役等も兼罷在、最寄名主共之内重立候ものニ而、前々より谷町者支配ニ有之候処、

去春中より居付地主家主共不熟ニ而、同九月中谷町家主惣代吉兵衛・喜兵衛、麻布御箪笥町同権七・平兵衛より、谷町居付地主与右衛門・佐兵衛・吉兵衛、家主伝次、御箪笥町同治助相手取、向方御役所江対談違変出入願出、御吟味中、喜兵衛・次助者手鎖、引合之内、市兵衛町家主六之助・惣兵衛者入牢被仰付候処、右六之助・惣兵衛者以来町役筋ニ携り申間敷旨ニ而、同十月廿八日内済いたし、出入者下ヶニ相成候得共、不埒之儀有之、喜兵衛・伝次者御咎手鎖、其外之者ハ急度叱被仰渡候由、同十二月中右両人共手鎖御免相成候得者、和熟いたし候様子ニ而、前書与右衛門・佐兵衛より太一郎江相願、当正月廿七日、同人宅借受、願人并相手引合之もの者勿論、谷町・御箪笥町・市兵衛町家主共一同打寄、此上相互ニ無隔心可申合与和熟いたし、振合穏ニ相成候趣と相聞申候

右密々承合候趣書面之通御座候、以上

卯三月　　　　　　　　　　　　　　　　　　　隠密廻

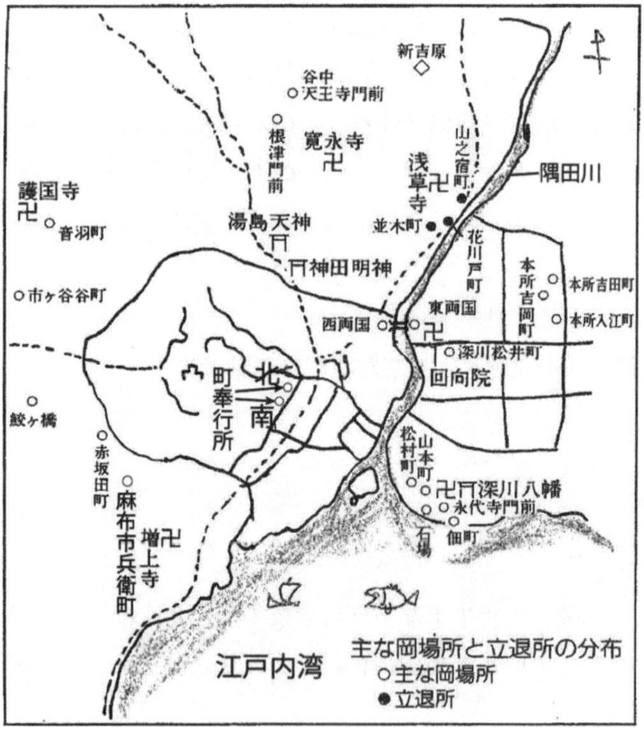

图1　江户の概要図（［吉田 1996］所掲図による）

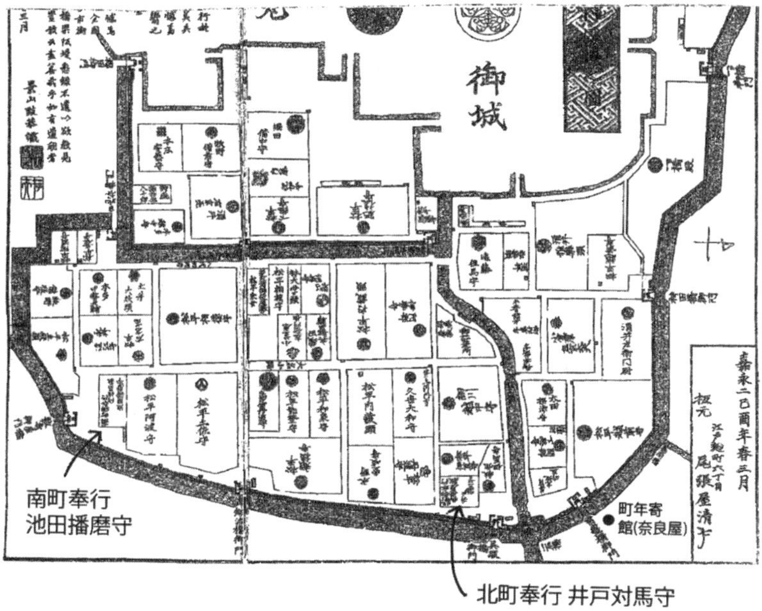

图 2 幕末期の江戸町奉行所（嘉永二年・尾張屋版江戸切絵図による）

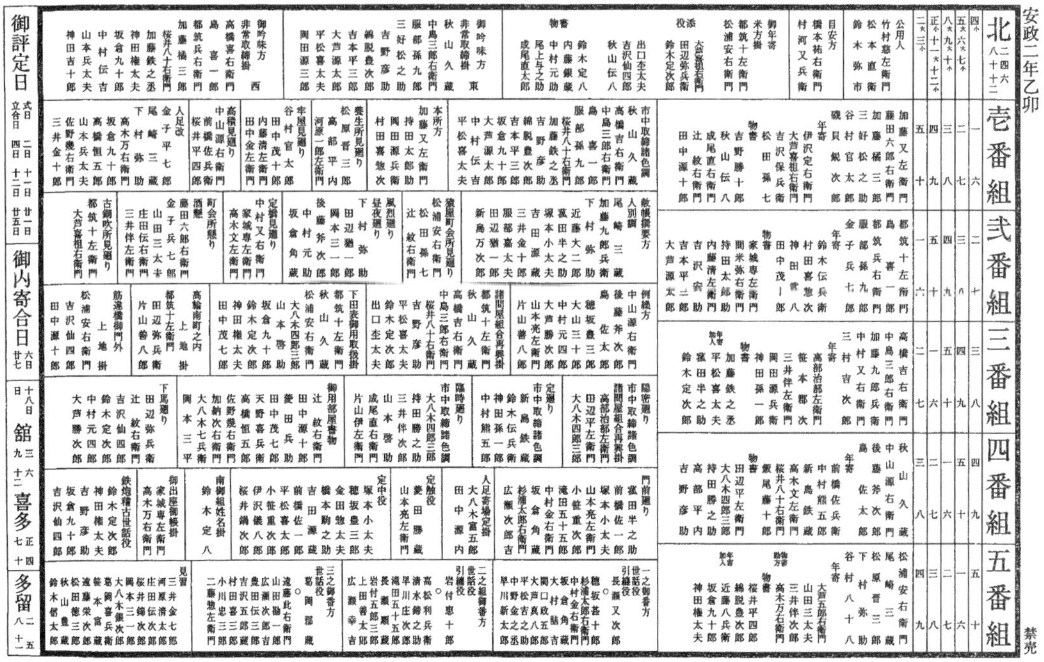
安政二年乙卯
北
壱番組
弐番組
三番組
四番組
五番組
禁売
御評定日
式日 二日 十一日 廿一日
立合日 四日 十三日 廿五日
御内寄合日 六日 十八日 廿七日
館 三 六 九 十二
喜多 正 四 七 十
多留 二 五 八 十一

图 3 安政二年「北町奉行组与力・同心氏名」(「千代田区教育委員会 2011」翻刻版による)

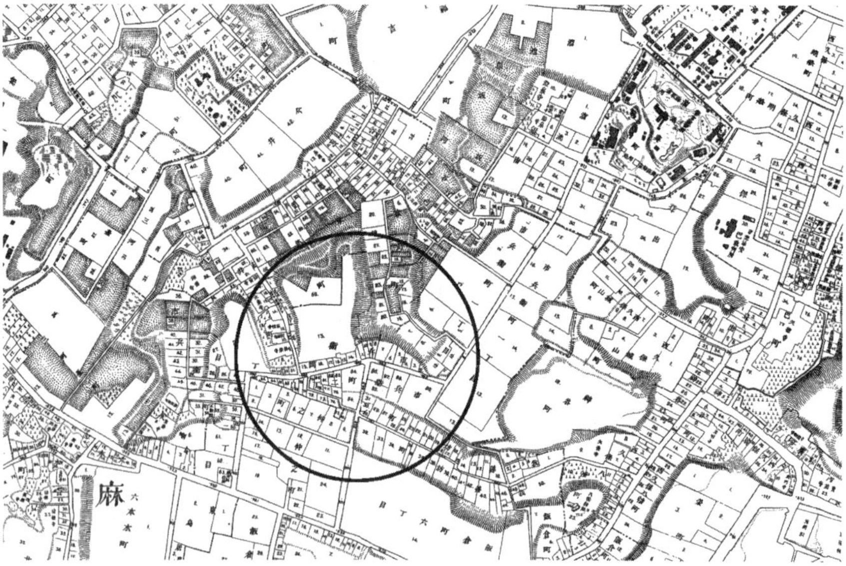

図4　1880 年頃の麻布市兵衛町とその周辺［○で囲む区域］（東京五千分一実測図［内務省地理局 1887 年］による。市兵衛町は中央下の崖下と南西部分。南東部分は近世では武家地である）

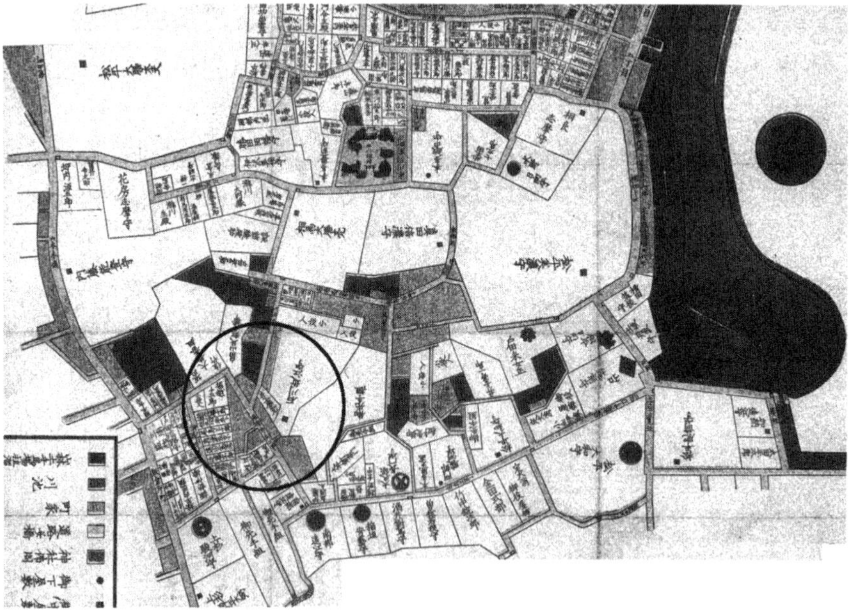

図5　19 世紀半ばの麻布市兵衛町とその周辺［○で囲む区域］
（嘉永三年・尾張屋版江戸切絵図による）

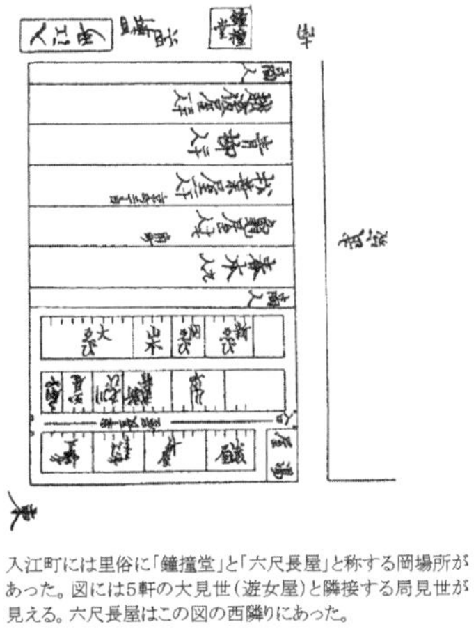

図6　本所入江町の岡場所
（朝倉無声・花咲一男構成
『雑俳川柳岡場所図絵』
有光書房、1964 年、による）

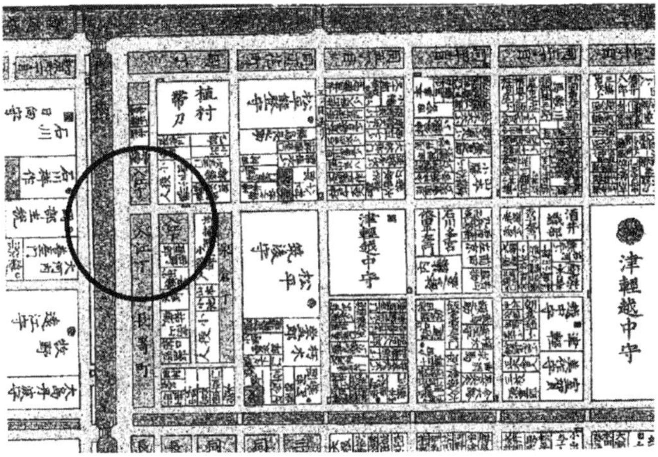

図7　本所横川と入江町［○で囲む区域］
（安政二年・尾張屋版江戸切絵図による）

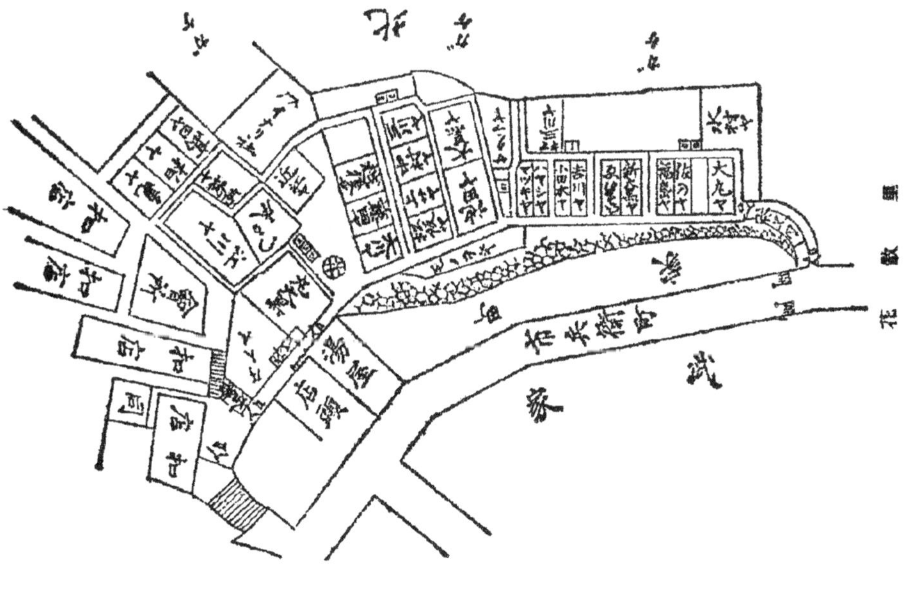

図8　麻布市兵衛町の岡場所（『雑俳川柳岡場所図絵』所掲図による。図4の崖下部分に相当する）

表 1　市中取締につき「存寄」を上申した臨時廻

南町奉行所　同心小倉朝五郎

見習	文化7-0804	
御増人	文化11-0613	
添物書格	文政7-1005	
添物書役	文政8-12	
臨時廻	文政12-0218~	
御抱入	文政12-09	
物書役	文政12-12	
添物書	天保5-0419	
臨時廻	天保8-1012	本役
父跡え御抱入	天保10-0709	(以下は子か？)
年寄並	天保10-08	
4番組ニ而増年寄役	天保12-0616	
年寄並　ママ	天保12-0716	
隠密廻上助	天保12-1213~	
市中取締掛諸色取調掛	天保13-0111~	
臨時廻上申書	天保13-01	シトシ1-
隠密廻	天保13-0316~	本役
市中取締掛諸色取調掛	弘化2-0119	御免
臨時廻	弘化2-0119	御免
隠密廻	弘化2-0119	御免
本所方下役	弘化2-0119~	
本所方下役	弘化2-1124	御暇
願之通年寄役御免	弘化3-1124	
三廻取締役		

南町奉行所　同心小林藤太郎

見習	文化1-0716	
御抱入	文化4-0508	
添物出格	文政5-0126	
添物書役	文政11-0819	
定廻	天保2-0318~	
5番組物書役	天保5-1106	
4番組年寄並	天保8-1225	
4番組増年寄役	天保9-0217	
市中取締掛諸色取調掛	天保13-0111	
御肴青物掛	天保13-0111~	
臨時廻上申書	天保13-01	シトシ1-
定廻	弘化2-1124~	隠密廻兼
隠密廻	弘化2-1124~	定廻兼
勤御内御扶持方共50俵ニ両被成下	弘化2-1124	
上下着用被仰附		
同心上席被仰付	弘化2-1201	
御扶持方之外50俵高已来被下	弘化4-10	
諸問屋組合再興御用掛下役	嘉永4-0309~	
定廻	安政2-1223	願之通御免
三廻取締役		

南町奉行所＊　同心宍戸郷蔵

御抱入	文化6-1017	
添物書格	文政7-0121	
添物書役	天保2-0502	
年寄並	天保10-0606	
年寄役	天保10-07	
臨時廻上申書	天保13-01	シトシ1-
町会所掛下役	弘化3-0119	増下役
町会所掛下役	弘化2-04晦日御免	
赦帳撰要方下役	弘化3-0502~	
赦帳撰要方下役	弘化3-0711	御免
町会所掛下役	弘化3-0715~	
町会所掛下役	嘉永1-0602~	御免
市中取締掛諸色取調掛	嘉永1-0602~	
臨時廻	嘉永1-0602~	増臨時廻
臨時廻	嘉永2-0114~	御免
定廻	嘉永2-0114~	

【註】「存寄」を上申した者の内、3名について「与力同心掛り名前」(旧幕引継書810－2)からその経歴をまとめた。一部「与力同心前録」(同810-3)で補う。二代かそれ以上に亘る可能性が高い。
＊『市中取締類集』1巻54頁には「北町奉行同心」と注記するが、元治元年「南町奉行組与力同心氏名」[千代田区教育委員会2011]には南1番組に記載される。

表 2 「安政二卯年七月　麻布谷町名主太一郎儀増支配場所付支配被仰渡候儀二付調」（「市中取締書留」113 分冊）の構成

史料番号	作成年月	差出人	宛所	内容
安政1～2年				
①	-0704	孫九郎	久蔵・吉右衛門・三郎右衛門・喜一郎	相談
②	卯06	井戸対馬守(北)	(池田)播磨守(南)	相談
③	卯06	池田播磨		②への挨拶
④	安政元寅12(08)	町年寄(館市右衛門)		書付
⑤	卯06	(北)市中取締懸		ヒレ付案
⑥	卯06	南市中取締懸		
⑦	卯06	町年寄(館市右衛門)		再願につき
⑧	卯06	館市右衛門		町人願無之名主付支配見込申上候書付
⑨	寅12	隠密廻		風聞書
⑩	卯03	隠密廻		風聞書
⑪	卯0705	井戸対馬守	播磨守	御達
⑫	卯07			太一郎への申渡書案／⑪に添える
⑬	-0703	秋山久蔵・高橋吉右衛門・中島三郎右衛門・嶋喜一郎・服部孫九郎	仁杉八右衛門・東條八大夫・中村次郎八・原善左衛門・中田郷左衛門	手紙
⑭	-0703	仁杉八右衛門・東條八大夫・中村次郎八・原善左衛門・中田郷左衛門	秋山久蔵・高橋吉右衛門・中島三郎右衛門・嶋喜一郎・服部孫九郎	返答
⑮	卯07		太一郎	被仰渡案
⑯	卯07	館市右衛門		当分増支配御役所被仰渡方相願申上候書付
⑰	卯07	館市右衛門		取扱覚
⑱	卯0708		太一郎外9名	申渡
天保14年				
⑲	卯閏09晦日	館市右衛門		密々取調申上候書付
⑳	卯11	館市右衛門		密々取調申上候書付
㉑	卯11	館市右衛門		別紙申上候書付
㉒	-1011	市中取締懸		名主付支配等之義ニ付申上候書付
㉓	卯11	鳥居甲斐守	内匠頭	
	卯11	鍋嶋内匠		下札　挨拶
㉔	卯11		霊岸島町名主太一郎、麻布谷町名主太一郎	申渡案
㉕	卯12	館市右衛門		御届

表 3　名主市兵衛と太左衛門の支配域

		小間田舎間 間.尺寸	
名主市兵衛	麻布市兵衛町	199.45	御年貢地
	同所坂江町	97.15	御家人方拝領町屋
	同所陽泉寺門前	12.30	延享3年町方支配
名主太左衛門	麻布谷町	250.03	御年貢地
	麻布谷町代地町	22.30	御年貢地。元禄17年代地
	麻布御箪笥町	127.00	御家人方拝領町屋
	同所西光寺門前	5.40	延享5年町方支配
	同所湖雲寺門前	＊54半	＊御府内備考による
十番組	67町	7776.35	名主14人

安永3年町鑑より

表 4　名主市兵衛の役料など

	名主給	筆墨料・手代給
麻布市兵衛町	13両2分余	7両余
坂江町	4両2分余	2両2分余
麻布谷町	20両ほど	

「市中取締書留」113-20～22号史料より

表 5　11 番組麻布谷町名主太一郎の動向

天保12年	麻布市兵衛町・坂江町・陽泉寺門前名主市兵衛欠落。後、組合持となる。	シトシ6-440~
天保12年	太一郎、役儀出精、母孝養につき町奉行から御誉。	シトカ④
天保14年11月17日	麻布谷町名主太一郎、出精相勤により市兵衛町を**当分増支配**	シトカ⑯
天保14年12月	坂江町・陽泉寺門前町人、太一郎の一手支配付を出願した件で、組合名主の内伺い。却下。	
天保14年	太一郎、市兵衛町先名主借財の内を役料から助合。	シトカ④
弘化4年5月	町年寄(館市右衛門)、坂江町を太一郎(38歳)の当分増支配に加えるよう上申。 太一郎、当時組合世話掛・市中取締懸・諸色掛・米掛・書物絵双紙掛・町会所年番	
弘化4年6月16日	坂江町の**当分増支配**仰付。	シトカ⑯
嘉永1年3月	陽泉寺門前家主伊兵衛、町年寄役所に、太一郎支配付を出願。	
嘉永1年4月10日	陽泉寺門前の**当分増支配**を太一郎に仰付。	シトカ⑯
安政1年9月	麻布谷町家主の内、人気不宜のもの、南へ出訴。谷町一件。	P13
安政1年12月	太一郎、当時組合世話掛・市中取締懸・諸色掛・書物絵双紙掛・人別掛・非常取締掛・米方掛・町会所年番町年寄、太一郎の当分増支配3ヶ所を付支配に仰付るよう求める。	④
安政2年1月	谷町一件熟談。	
安政2年7月8日	町奉行所、太一郎の当分増支配3ヶ所を付支配に仰付。	⑫⑱

表 6　麻布御箪笥町と坂江町の拝領地主

御箪笥町

御箪笥同心大縄地		坪数
御箪笥同心	林佐十郎	140
御箪笥同心	風間柔平	120
御箪笥同心	高野始兵衛	120
御箪笥同心	杉浦市郎左衛門	120
御箪笥同心	吉田桂蔵	120
御箪笥同心	山本藤兵衛	120
御箪笥同心	平井八郎	120
御箪笥同心	高野兵助	120
御箪笥同心	関屋金次兵衛	120
御箪笥同心	関原伝八郎	120
表坊主	関林雪	120
御先手同心	本條甚四郎	120
進物取次上番	鈴木久右衛門	120
御先手同心	長崎弥太郎	120
縫殿之者	田島九左衛門	120
御膳所改役	松坂丈助	120
御畳方手代世話役	竹本忠次郎	120
御先手同心	山下吉右衛門	120
小普請	川村勘吉	120
小普請	稲田嘉兵衛	120

坂江町

御留守居番同心大縄地		坪数
小普請	青木大助	71
二ノ丸火之番	小林伊三郎	71
西丸御切手御門番同心	池谷半兵衛	74
御留守居番同心	田澤平四郎	84.1
御作事方同心	市川多四郎	74.9
御留守居同心	鈴木安左衛門	73.2
御留守居番同心	德田助四郎	68.9
小普請	斎藤安次郎	75.7
御金同心	青木彦九郎	68.9
御金同心	増田裕次郎	66.7
御留守居番同心	橋詰栄蔵	65.2
御広屋鋪御門番	吉田與右衛門	71
御徒目付	佐藤新兵衛	66.2
吹上役人目付	大井田新平	86

『御府内備考』による

表 7　天保十三年三月十八日に取り払われた岡場所

岡場所名	町名など	備考
深川仲町	山本町のこと	深川七場所
新地	築出新地とも	深川七場所
古石場	越中島町	深川七場所
新石場	定浚屋敷	深川七場所
裾継	山本町横通り	深川七場所
櫓下	山本町通りの方	深川七場所
網打場	松村町	本所
本所弁天	八郎兵衛屋敷	本所
あひる	佃町。海とも	深川七場所
松井町		本所
おたび	深川八幡宮御旅所門前	
吉岡町		本所
吉田町		本所
鐘突堂	入江町	本所
浅草堂前	三十三間堂前	
三田三角	寿命院上り屋敷	
麻布市兵衛町		
市ヶ谷じく谷	谷町	
音羽町		
根津門前		
谷中いろは茶や	天王寺門前	
鮫ヶ橋		
赤坂麦飯	田町	

『藤岡屋日記』2巻259頁

都市大坂的扩张与难波村

——关于成舞家文书

塚田 孝*

【内容摘要】日本近世，有着诞生了江户、大坂和京都这样巨大都市的“城市时代”的特征。城市的巨大化同时也是城市社会特征不断渗透到周边农村的一个过程。因此，通过对周边农村史料进行分析，我们也可以明显看到城市巨大化的特征。本文将从该视角出发，在介绍大坂南部难波村的成舞家文书之后，对该史料群所具有的各种可能性进行探讨。

首先，需要介绍一下大坂三乡（北组、南组、天满组）的形成与概要，以及大坂南部道顿堀周边的情况。道顿堀周边充满了各种用于歌舞伎等表演的场所以及茶馆。其南部是难波村的村界，在这里不仅可以看到非人（乞丐）们的聚集地——垣外，同时还有墓地和刑场，以及进行千日念佛法事的法善寺和竹林寺。难波村作为幕府直属领地的农村，虽然处于幕府代官的统治下，但涉及和大坂町奉行的管辖关系时以上这些城市要素问题却经常凸显出来。

成舞家在近代曾经做过难波村的户长的大量近世到近代史料被遗留下来。现在，成舞家文书史料群被保存于大阪城天守阁博物馆。2017 年，我们曾多次对该史料群进行摄影与调查。该史料群中不仅包括成舞家于近代就任户长时期的史料和涉及成舞家族的史料，同时还包括关于近世很多主题的史料。该史料群最大的特征便是这些近世史料实际上是按照主题分类编撰而成的，总数共有数十册，每个主题都是以“……一件”为题目。比如题为“千日墓地一件”和“非人垣外一件”的两本簿册，就是分别将关于这两个主题的史料按照年代编辑，并记录了当时庄屋（村长）的动向以及町奉行所和代官所的回应。

这数十册的内容大致可以分为以下几类：①关于道顿堀周边的垣外与墓地，圣（担任墓地管理的僧侣），墓地道路两旁的饮茶屋，法善寺和竹林寺的史料；②《旧时以来的新建房屋计划一件》等关于村内新建房屋的史料；③关于理发营业以及绵贩卖等各种营业权的史料和法令的记录；④《神社和寺院一件》等关于村内神社和寺院的史料（尤其是寺院相关的史

---

* 塚田 孝（塚田 孝），大阪市立大学大学院文学研究科教授。

料为主)。

一直到文化年间，大部分的史料的封底都写有“氏原政孝改”，以后的史料则变为“池田(盛长改)”。难波村的村长曾从氏原一家更替到池田一家。这些史料最初由村长氏原一家开始编撰，之后由池田一家继承，并留存于就任近代户长的成舞一家。这些史料的编撰，虽然是在参考、引用了大量难波村史料的基础上完成的，但原来用于参考的村内史料却没能保留下来(涉及土地关系的账本以及代官颁发的田租缴纳证明除外)。这可能是因为《……一件》史料编撰完成之后，对于村长来说已经没有继续保留大量村内史料的必要了。

本文会在阐述以上这些成舞家文书的概要之后，通过介绍代官所和町奉行所的管理统辖互相交差的情况来探讨该文书可能蕴含的性质。

【关键词】巨大都市大坂，城市边缘，村政史料，成舞家文书，墓道旁的饮茶屋

都市大坂の拡大と難波村

—成舞家文書とは? —

塚田 孝

【論文要旨】日本近世は、江戸・大坂・京都などの巨大都市を生み出した「都市の時代」という性格をもった。都市の巨大化は、周辺農村に都市社会状況が浸潤していく過程でもあった。そのため、都市の巨大化は、都市周辺農村に残された史料から解析することで、その特質が明瞭に見て取れるのではないか。本報告は、そうした問題意識から、大坂の南部に位置した難波村に残された成舞家文書について紹介し、その史料群の持つ可能性について考えてみたい。

まず、大坂三郷（北組・南組・天満組）の形成と概略と、その南部である道頓堀周辺の状況について紹介する。道頓堀の周辺は、芝居小屋があり、茶屋の充満する盛り場であった。その南側は難波村の村領であるが、そこには、非人の集住地である垣外や墓所、刑場があり、千日念仏を営む法善寺や竹林寺があった。難波村は代官支配の幕領であったが、こうした都市的な要素については町奉行所の管轄との関係が常に問題となったので

ある。

近代に難波村の戸長を勤めた成舞家には、近世から近代にかけての大量の史料が残されている。現在、大阪城天守閣に寄託されている同文書を、我々は2017年数回にわたって調査・撮影を行った。成舞家文書には、近代の戸長として残された史料や成舞家に関する史料も含まれるが、この史料群を何より特徴づけるのは、近世の村内の諸テーマごとに編集された数十冊の「一件」史料である。例えば、千日墓所一件や非人垣外一件と題された簿冊で、そのテーマに関する諸文書を年代順に編集し、庄屋らの行動、町奉行所や代官所との対応などが注記されているようなものである。

それらを大まかに分類すると、①道頓堀周辺の垣外や墓所・聖、墓道水茶屋、法善寺や竹林寺に関するもの、②「古来ゟ新建家目論見一件」など村内の新建家に関するもの、③髪結床一件や綿屋株一件のような諸株・諸営業や書上げ・触留、④「惣寺社一件留」その他、村内の神社や寺院に関するもの（ほとんどは寺院関係）などとなろう。

文化年間までのものは、多くは裏表紙に「氏原政孝改」とあり、それ以後のものは「池田（盛長改）」とある。難波村の庄屋は氏原家から池田家に交代するのであるが、これら一件史料は、庄屋氏原家の下で作成され始め、池田家に引き継がれ、近代の戸長を勤めた成舞家に残ることになったのである。これらの一件史料は、膨大な村政史料を参照・引用して作成されているが、一方で、それらの村政史料は残されていない（但し、検地帳や免状だけは残されている）。一件史料作成後に、膨大な村政史料は村政上にそれほどの必要性が感じられなくなったのであろうか。

今回の報告では、以上のような成舞家文書の概要を述べたうえで、同文書の可能性を示す一例として、代官所と町奉行所の管轄が交錯する状況を紹介する。

【キーワード】巨大都市大坂、都市の周縁、村政史料、成舞家文書、墓道水茶屋

はじめに

日本近世は、江戸・大坂・京都などの巨大都市を生み出した「都市の時代」という性格をもった。都市の巨大化は、周辺農村に都市社会状況が浸潤していく過程でもあった。そのため、都市の巨大化は、都市周辺農村に残された史料から解析することで、その特質が明瞭に見て取れるのではないか。本報告は、そうした問題意識から、大坂の南部に位置し

た難波村に残された成舞家文書について紹介し、その史料群の持つ可能性について考えてみたい。

なお、日本近世は、都市における「町」や農村部における「村」において膨大な町方史料・村政史料が生み出され、現在にまで残されてきた点で世界的にも稀有な特質をもっている。それは、幕藩制支配の下、「村」や「町」、あるいは様々な社会集団が公権を分有する形で存立する近世身分社会のあり方と表裏の関係にあった。以下での考察は、そうした近世社会の特質と史料の生成・残り方という視角を深める意味を持つものと考えている。

一、都市大坂の拡大と周辺農村

近世においてピーク時（18 世紀後半）には人口 40 万人を超えた巨大都市大坂は、北組・南組・天満組（これらを合わせて大坂三郷と呼ぶ）に編成され、そこには合わせて 620 余の「町」が存在していた（図 1)。この近世都市としての大坂は、16 世紀末の豊臣秀吉による大坂城とその城下町建設に始まり、1630 年ころにはその骨格が形成された。その都市建設の南限を画するのが、慶長十七年（1612）に着手、元和元年（1615）に完成した道頓堀とその周辺の開発であった。

道頓堀の開削は、成安道頓・安井治兵衛・安井九兵衛・平野藤次郎の四人によってスタートしたが、完成までに前二者が死亡し、周辺の都市開発は安井九兵衛と平野藤次郎が担った。その安井九兵衛家の史料が残され（「安井家文書」大阪歴史博物館蔵)、近年、八木滋氏によって 17 世紀半ばまでの開発の経緯が詳細に解明されつつある。[1]

道頓堀とその周辺の土地は、もともと三津寺村と難波村の村領に含まれていたが、慶長十七年にその一部が先の 4 人に下されたのであった。道頓堀の北側に位置した三津寺村は、元和六年に村領全体が都市として開発され、集落部分は三津寺町となる。[2] 三津寺村—三津寺町の関係史料が『御津八幡宮・三津家文書（上・下）』として刊行されている。ま

---

1 八木滋氏はこのテーマに関する数編の論文をすでに発表しているが、八木滋「近世前期大坂道頓堀の開発過程と芝居地」(塚田孝・八木滋編『道頓堀の社会＝空間構造と芝居』大阪市立大学大学院都市文化研究センター、2015 年）で総括的な成果がまとめられている。

2 伊藤毅『近世大坂成立史論』生活史研究所、1987 年。上畑治司「近世初期の三津寺町」『大阪の歴史』53、1999 年。

た、道頓堀の南側に位置した難波村[1]は、その北側から徐々に大坂の都市化の波が浸していくようになる。難波村については、本報告で取り上げる成舞家文書が残されている。

以上のように、道頓堀とその周辺は、開発した側の安井家文書、村から町へと転換した三津寺村—三津寺町の史料、村内に都市的要素が浸潤していった難波村の史料という3つの方向からの分析が可能となる稀有の条件を持つ地域と言える。

図2は、18世紀末から19世紀初頭の大坂の様子を表現している「増脩改正摂州大阪地図」(国立国会図書館デジタルコレクション）のうち、道頓堀周辺の部分を示したものである。[2]

大坂三郷の最南部を画するように道頓堀が流れている。その南岸の立慶町と吉左衛門町のところに「竹田」「豊（竹)」「角丸」「角」「中」「大西」とあるのは、当時、興行していた大芝居の小屋である。立慶町と吉左衛門町の境界のところに掛かる太左衛門橋から道を南に行くと千日墓がある。この墓所道に沿って、西側には、法善寺・竹林寺があり、その南に「非人村」がある。東側には、元伏見坂町を過ぎると「刑場」と自安寺があり、墓所聖の「六坊」が見える。

町について見ると、道頓堀の南岸には、芝居地である立慶町・吉左衛門町とともに、九郎右衛門町・湊町があり、北岸には、宗右衛門町・久左衛門町・御前町・布袋町などがある。以上の8町は、道頓堀の開発に当たった安井九兵衛家が下年寄を任命し、水帳にも奥印するなど、特別の権限を認められた「組合八町」である。

立慶町の南側に続く元伏見坂町は元禄十五年（1702）閏八月に玉造伏見坂町（北組分）が移転して成立したものである。吉左衛門町と九郎右衛門町の南側で法善寺・竹林寺の裏の元堺町・元京橋町・元相生町は、享保九年（1724）の大火後に火除け地に召し上げられた各町が替地として移転してきたものである。日本橋から南に延びる長町1～9丁目（この頃は5丁目までは日本橋の町名）より東側には、享保十八年（1733）に開発が認められた西高津新地1～9丁目が所在している。さらに、明和元年（1764）には難波新地が開発されるが、元伏見坂町に南接して難波新地1丁目があった。元堺町・元京橋町・元相生町の南側から西側にかけて、難波新地2・3丁目が開発されたが、この地図には、明和元年

1　17世紀までは、上難波村・下難波村に分かれていたが、上難波村が大坂の都市に飲み込まれて無くなって以後、下難波村は難波村という村名となった。

2　以下の道頓堀周辺の記述については、拙稿「近世大坂の道頓堀周辺—非人垣外と水茶屋—」(『歴史学研究』972、2018年）の関連部分を下敷きとして微調整したものである。

に開発された「築地」であることだけが記されている。

大坂には、唯一の公認遊廓である新町のほか、事実上の遊女商売を黙認された茶屋が存在していた。その様子を窺えるのが、元伏見坂町が移転してくる際の経緯をまとめた史料「伏見坂町一件」(成舞家文書）に含まれた絵図の一部（図3）[1]である。茶屋を営業するためには、茶屋株を持つことが必要だった。延宝二年（1674）に、それまでに営業を行っていた茶屋に対して茶屋株229株が認められたが（古株)、茶屋古株も営業できる範囲は限られていた。それは西横堀より東側の道頓堀の南北岸の町々と長町1～9丁目であった。その赦免された株数がその町域に記されている。

なお、17世紀末から18世紀初頭に開発された堂嶋新地・堀江新地・曽根崎新地に対して、茶屋の新株が多数赦免された。さらに、図2に含まれる範囲では、替地であることを理由として元伏見坂町や元堺町・元京橋町・元相生町も茶屋営業の赦免を願って、認められた。さらに、明和元年の難波新地の開発に際しても多数の茶屋株が赦免された。こうした茶屋営業を認めてもらう際の論理は、「所賑い」のためというものであった。

以上のように、道頓堀の周辺は、芝居興行や茶屋営業が集中する繁華な地域であったが、その南には、非人身分の集住地である道頓堀垣外や千日墓所とそれに附属する墓所聖、あるいは刑場などが表裏の形で存在する複合的な空間をなしていた。

こうした特徴と密接な関係を有するものとして、芝居地である立慶町と吉左衛門町の浜側などには芝居茶屋である水茶屋（いろは茶屋）が展開し（図3参照)、墓所道にも恒常的な水茶屋8軒と毎年七月に期間限定で西瓜などを売る床店が営業していた。

図2には難波村の集落部分も見える。難波村の内部には複数の町が形成され、事実上の都市となっていたが、難波村はあくまで村高2 172石余（延宝検地）の「村」であり、町奉行所の支配ではなかった。難波村は、幕府代官所が支配する1 870石余の幕領と、大坂の有力神社である生玉社の朱印地300石余の二給の村であった。村政に当たる庄屋・年寄などの村役人が置かれていたが、内部の「町」には年寄がいて、そのうちの何人かが村役人としての年寄を担ったものと思われる。難波村には、表1に見える神社と多数の寺が所在していた。また、同村の農地では蔬菜生産が盛んであり、青物市場が開かれた。

道頓堀の両岸の「町」は言うまでもなく、大坂三郷に含まれ、大坂町奉行の管轄に含まれた。難波村の村領から、大坂市中の「町」の替地として成立した元伏見坂町や元堺

1 拙稿「近世大坂の開発と社会＝空間構造—道頓堀周辺を対象に—」(『市大日本史』19、2016年）の図2を転載。

町・元京橋町・元相生町は町奉行所の支配に編入された。言うまでもなく、そうした地域再編は町奉行所と代官所の双方の交渉の中で、実現するものであった。

非人の集住地である垣外や墓所、刑場、あるいは千日念仏を営む法善寺や竹林寺は、大坂の都市域と連続して存在していたが、これらはすべて難波村の村領に含まれた。それ故、その空間は代官支配であったが、こうした都市的な要素については町奉行所の管轄との関係が常に問題となった。

難波村に残された成舞家文書には、様々な問題で代官所と町奉行所がどのように関わるのかを窺うことができる史料が豊富に含まれている。都市大坂の周縁部に位置する道頓堀とその周辺に着目することで、都市的要素が農村地域にどのように浸潤していくのか、言い換えれば都市拡大のメカニズムを明らかにすることができると言えよう。そのための最良の武器が成舞家文書なのである。

二、成舞家文書とは？

2017 年 1 月から数回にわたって、われわれ三都科研の共同研究グループで、大阪城天守閣に寄託されている成舞家文書の調査を行ってきた。成舞家は、明治以降、難波村の戸長を勤めた家であり、成舞家文書には家としての史料や近代の戸長関係の史料とともに、近世の難波村庄屋家で作成され、残されてきた史料が大量に含まれている。

成舞家文書には、近世の村政史料は延宝検地帳や若干の土地関係史料を除いて、ほとんど残されていないが、近世史料でとりわけ重要なのが、19 世紀の初頭から庄屋家において、同村内の様々な問題ごとに編集された一件史料である（図 4）。先に触れた「伏見坂町一件」もその一例であるが、それは元禄九年（1696）からの元伏見坂町が移転してくる経緯に関する文書を年代順に編纂し、その文書の作成・提出・許可などに関する経緯を書きとめる形でまとめられている。「伏見坂町一件」の場合は、表紙をめくると、すぐに「元禄九子年」とあり、その次の行から「一、伏見坂町一件之事」という綱文（項目書）に続いて、同地の取立てに関して蛇草屋五郎兵衛から紀伊国屋茂左衛門に用立てた金子の返済条件を記した覚書が記されている。他の一件史料では、冒頭に綱文に当たるものが年代とともにまとめて記され、目次というべき役割を果たしている。

こうした一件史料は、庄屋家に残されていた村方文書を調査・編集したものであり、その背後には膨大な村政史料が存在していたことが明らかである。また、後年の編集において、その史料の作成経緯などが記されていることからは、それらの文書と同時期の日記もしくは特定の案件に関わる留帳のような記録もあったのではないかと想像される。難波村の庄屋は、19 世紀の初頭まで氏原家が勤め、その後、池田家に代わり、先述したように近代に入って、成舞家が戸長となった。[1] これらの一件史料は庄屋の交替に際して、検地帳などとともに引き継がれたが、村政史料のほとんどは引き継がれなかったようである。[2]

成舞家文書に含まれる一件史料を一覧にしたのが、表 2 である。報告者の関心から、内容を大まかに分類すると、(1) 道頓堀周辺の垣外や墓所・聖、墓道水茶屋、法善寺や竹林寺に関するもの、(2)「古来より新建家目論見一件」など村内の新建家に関するもの、(3) 髪結床一件や綿屋株一件のような諸株・諸営業や書上げ・触留、(4)「惣寺社一件留」その他、村内の神社や寺院に関するもの（ほとんどは寺院関係）などに分けられる。

これら一件史料の各冊は分厚いものから薄いものまで様々であるが、(1) 道頓堀周辺に関わる諸問題の簿冊はいずれも分量の多いものであり、3 分冊となっているものもある。文化年間（1804—1818）までの記事を収める一件史料は、多くが裏表紙に「氏原政孝改」と記されており、また同じ筆跡で書かれている。これらは、19 世紀初頭の段階で庄屋となった氏原甚左衛門政孝によって編集されたものと考えられる。文政期（1818—1829）以降、幕末までの史料を同様の方式でまとめた一件史料もあるが、その裏表紙には「池田」「池田盛長改」とあり、筆跡も全く異なっている。庄屋家の交替があり、その後も一件史料という形で文書の編集を継続したものと言えよう。[3] この時期の村政史料も原史料は成舞家には引き継がれていない。

成舞家文書の一件史料の一部は、すでに岡本良一氏と内田九州男氏によって『道頓堀非人関係文書（上・下）』として刊行され、大坂の非人身分の研究の進展の基礎に据えられてきた。[4] そこには、「非人垣外一件」1 ～ 3、「千日墓所一件」1 ～ 3、「浄土宗竹林寺一件

1　内田九州男「解題」(『古来方新建家目論見一件』大阪市史史料 10、1983 年)。なお、池田家の庄屋勤役については、2018 年 1 月に大阪市立大学で開催された国際円座「近世・近代巨大都市の比較史—史料と社会—」における吉元加奈美氏の報告「成舞家文書・橘屋資料調査の紹介」による。

2　一件史料の作成後に、原史料が不要として廃棄された可能性もあるかもしれないが、詳細は不明である。但し、成舞家に引き継がれていないことだけは確かである。

3　なお、天保五年（1834）以降、安政期（1854—1859）までは綱文（項目書）を一年ごとに区切る形が取られているという違いがある。編集について考える手掛かりとなるかもしれない。

4　報告者も拙著『都市大坂と非人』(山川出版社、2001 年）や拙著『近世大坂の非人と身分的周縁』(部落問題研究所、2007 年）などにおける分析の根幹の史料として利用してきた。

留」1、「墓所聖六坊…一件」2冊、「墓道水茶屋」が収録されているが、いずれも氏原政孝が編集した文化年間までのものである。岡本氏と内田氏は、『道頓堀非人関係文書』において、道頓堀垣外に関わる史料を紹介することを目的にしていたため、非人たちの旦那寺として設立された竹林寺、隣接していた千日墓所とその墓道に長吏（垣外仲間のトップ）の管轄下で出された季節限定の床店に関わるもの、そして垣外仲間の者と親族関係を持つ者を含む墓所聖に関するものも合わせて翻刻したのであろう。したがって、「浄土宗法善寺一件」はそこに含まれなかった。

言うまでもなく、道頓堀垣外が難波村の村領内に所在していたから、同村の村政史料に垣外仲間に関する史料が含まれることになったのである。「非人垣外一件」には、垣外の土地に関することの他、転びキリシタンとその類族（男系で5代、女系で3代までの子孫）に関するものがとても多い。寛永八年（1631）に転んだ垣外の非人たちは、寛永二十年（1643）の取り調べの際に（下）難波村の庄屋に預けられ、さらに貞享四年（1687）に転びキリシタン類族改めが制度化されると、その所在・生死が詳細に難波村の村役人に逐一届け出られることになったのである。しかし、垣外仲間の内部のこと、例えば垣外番株に関することや、町奉行所の下での御用に関わる探索書などは含まれていない。この種の史料は、垣外仲間内部で作成され残された天王寺（悲田院）垣外の史料群には豊富に含まれている。[1] その意味で、難波村に残った史料である「非人垣外一件」は難波村から見える非人集団の姿であることに注意しておく必要がある。

また、新建家関係に入れた『古来ゟ新建家目論見一件』も大阪市史史料第10輯として刊行されている。そこには、道頓堀とその周辺の開発に供された土地や元伏見坂町に替地として与えられた土地など、難波村の村領から町奉行所の管轄に移された土地に関する一件史料がまとめられている。その土地・空間については、町奉行所の管轄に移って以後の史料は含まれない。言うまでもなく、難波村の庄屋が管理する同村の村領から外れるためである。

大阪市史史料第29輯として刊行されている『天満青物市場史料（下）』に「青物立売一件（乾・坤）」という簿冊が収録されている。その解題によると、戦前の『大阪市史』編纂のために謄写され、大阪市史編纂所に架蔵されていると言う。現在、成舞家文書の中には「青物立売一件」は残されていないが、内容・形式から判断して、難波村庄屋の氏原

1 『悲田院文書』(清文堂出版、1989年)、『悲田院長吏文書』(解放出版社、2008年)、『続悲田院長吏文書』(解放出版社、2010年)参照。

政孝によって編集された一件史料の一部だと考えられる。おそらく戦前の大阪市史編纂において、成舞家から借り出して謄写したのであろう。

この「青物立売一件」は、表2において、諸株諸営業・書上げ・触の分類に入れてある一件史料などと同じく、難波村で営まれた生業、生産・流通などに関わる実態を窺うことができるものである。但し、それらの内容は株立てに関するものや天満青物市場との競合・紛争などに関わる問題など、難波村の村役人が関わる局面に限られることにも留意しておく必要があろう。なお、現在、「青物立売一件」の原本が成舞家に残されていないことから考えると、表2に見える一件史料以外にも失われた一件史料があった可能性もあるかもしれない。

成舞家文書の一件史料のうち、最も多いのが寺社関係のものである。表1は、文化年間の「寺社一件留」に書き上げられた難波村内の神社と寺院と一覧にしたものである。道頓堀垣外周辺としてまとめた法善寺や竹林寺も難波村に所在した寺院であったが、その他、寺社関係の部分に見える多数の寺院の一件史料が残されている。表1と比べると、難波村のほぼすべての寺院と神社について一件史料が残されていることがわかる。但し、「大念仏宗暁月山西方寺一件留」にまとめられた西方寺は、表1には見えない。西方寺は、大念仏宗の寺院という形式をとっていたが、実際は六斎念仏の勧進集団であった。[1]「大念仏宗暁月山西方寺一件留」は、西方寺の留守居を称する龍山が難波村新建家のうち助松屋太兵衛支配借屋に引っ越してきたのを、文政六年（1823）八月十一日に町奉行所と代官所に届け出た「乍恐口上覚」が最初の記事である。文化年間の寺社を書き上げた「寺社一件留」（表1）の段階には、西方寺は所在していなかったのである。成舞家文書の一件史料によって、勧進宗教者のグループの実態にも迫る手掛かりを得ることができるのである。[2]

以上、成舞家文書の一件史料の性格と歴史分析における可能性について、概観してきた。これらの一件史料は、難波村の村方文書を村内の様々な問題ごとに編集したものであり、難波村という視角から村内の寺社や生業のあり方を窺うことができる。同時に、道頓堀の周辺地域で都市化が進展していくところでは、とりわけ多くの史料が残され、町奉行所と代官所の双方からの管轄が絡み合う実態を解明することができるのである。次に、節を改めてその一例を紹介してみよう。

1　拙稿「六斎念仏と西方寺」前掲拙著『近世大坂の非人と身分的周縁』第9章。

2　大坂市中の勧進宗教者については、前掲拙著『都市大坂の非人と身分的周縁』第3部参照。

三、都市拡大と町奉行所・代官所

千日墓所の墓道には、17 世紀の後期から常設の 8 軒の水茶屋が営まれ、18 世紀の半ばには毎年お盆の時期から七月末までの季節限定の菓子店（水菓子: スイカなどの果物）などが出された。これらについては、「墓道水茶屋」という一件史料にまとめられている（『道頓堀非人関係文書』では「水茶屋一件」というタイトルで収録）。[1] ここでは「墓道水茶屋」に収められた常設の 8 軒茶屋のケースを例に、道頓堀周辺地域における町奉行所と代官所の管轄の絡み合いを見ておきたい。

「墓道水茶屋」の冒頭には、「千日墓道水茶屋発端之事」として以下の記載がある。

【史料 1…（道頓堀・下 403 頁）[2]】

一道頓堀之裏法善寺之向ニ茶屋出させ申子細ハ、此処近辺人立多、其上徒者之集り申候所ニ而候ニ付、何者ニよらす不審成者居申候ハヽ、領分ニ置不申様ニ追払、万事墓之近辺迄之目附いたし候而、不審成儀於有之ニ、此方へ注進申様ニと申付候而、寛文九酉年致させ申候、茶屋之様子成程かろく致し、其上若キ女抔置不申様ニ、諸事奢たる事無用之由申付、何時成共、此方次第茶（屋）こほち可申との手形取置申事、則組中連判手形也、茶屋之内ニ而悪事仕出し候ハヽ、不残こほち引かせ可申間、互ニ悪事無之様ニ吟味いたし申様ニ申付置候事、

これによれば、法善寺の向かいに茶屋を出させた経緯は、寛文九年（1669）に、この辺は人が多く集まり、その中には「徒者」もいるので、誰であろうと不審な者がいれば、村内に置かないように追い払い、墓の近辺を監視（「目附」）し、不審なことがあれば難波村庄屋（「此方」）に言ってくるようにと申し付けて設置させたという。その際、店の構えは簡単にし、女を置くことは禁止であり、村役人から指示されたらいつでも撤去するとの全員の連判手形を差し出した。また、茶屋相互に吟味することを命じている。すなわち、千日墓道での水茶屋（8 軒茶屋）は、法善寺と道を挟んだ向かい側の位置で、その辺りの取締り（秩序維持）を担うものとして設置されたのである。

---

1 「墓道水茶屋」のうち、季節限定の果物などの床店については、前掲拙稿「近世大坂の道頓堀周辺—非人垣外と水茶屋—」において紹介している。

2 以下、『道頓堀非人関係文書』に収録されている史料については、本文中に（道頓堀・下 405 頁）のように記す。

冒頭の引用部分は、庄屋が記したメモ書きであるが、この内容は、元禄十四年（1701）三月十六日の水茶屋7軒（8軒のうち難波村吉兵衛が含まれていないため）から難波村庄屋甚左衛門に宛てた取締り「一札之事」から採られたものと思われる。このメモ書部分では、8軒茶屋は難波村庄屋からの許可だけで設置されているようにだけ記されている。しかし、元禄十六年の記事（道頓堀・下405—410頁）によると、代官所・町奉行所の吟味と許可を受けたものであったことがわかる。

元禄十五年に元伏見坂町が立慶町の南側に替地が与えられた（図2・図3)。8軒茶屋は、元伏見坂町の西側に接することになるため、（おそらく町奉行所から）撤去を命じられた。元禄十六年の「墓道水茶屋一件之事」の部分によると、水茶屋たちは、2度にわたって撤去の取消しを町奉行所に願い出た。町奉行所からは、その場所は代官所の支配だから代官に願い出るように言われたとのことであるが、「我等」(難波村の庄屋）に無断で町奉行所に願い出たと記している。水茶屋たちは、元伏見坂町の移転の問題を所管しているのが町奉行所なので、町奉行所に願い出たのであろうが、表立っては、8軒茶屋が難波村の領内に所在することを根拠として、代官支配の問題だとの原則が通されたのである。

元禄十六年四月十二日に茶屋たちは、これまでの墓道の東側から西側の法善寺と竹林寺の門前に出店したいと、代官万年長十郎に出願した。その後、庄屋らが別件で代官屋敷に出向いた際に、この件の吟味が命じられた。庄屋甚左衛門は、法善寺と竹林寺に意見を聞くと、両寺とも「事外迷惑」と反対の口上書を提出した。[1] これを受けて、庄屋から“寺前では大道に出っ張ることになり、墓道通行の妨げとなる”と反対の上申を行った。代官所は、これを了承した上で、“差支えのない場所を見立てるように”と指示した。そこで、庄屋甚左衛門は「坂町南はつれ㆑南へ弐十間、東側」(元伏見坂町の南端から南へ20間分の墓道の東側）が良いと上申したところ、絵図付の願書を提出するように指示されたのである。

五月朔日、庄屋甚左衛門は茶屋たちを召し連れて、代官屋敷に出頭すると、そこで“町奉行所と相談のうえで指示する”と言われ、絵図付きの願書は代官役所に留め置かれれた。その時の願書を引用しよう。

1　竹林寺住職文達からの口上書（道頓堀・下405—406頁)、法善寺住職常誉からの口上書（道頓堀・下406—407頁）ともに、宛て先は万年長十郎となっているが、庄屋甚左衛門のメモ書き部分では、「我等迄」(庄屋甚左衛門）書き出したとあり、庄屋のもとに持参したものである。だからこそ、難波村の村政史料に記録が残ったのである。

【史料 2…（道頓堀・下 407—408 頁）】

乍恐御願申上候

一私共儀、御代官所摂州西成郡難波村墓道法善寺前ニ而、先年御代官鈴木三郎九郎様御支配之時分、御吟味之上、大坂町御奉行様え被仰達、三拾五年以前寛文九酉年、私共八人え水茶屋御赦免被為　成下難有奉存、銘々安堵之上、往還之衆中ニ少宛之茶代申請、渡世ニ仕、妻子身命送り申候処、此度伏見坂町所替被為　仰付候ニ付、右之水茶屋不残壊取申候、依之妻子及飢候故、行当迷惑至極奉存、此度も町　御奉行様え御願申上候処、右之場所は御代官所之儀ニ候間、御代官様え申上候様ニと被為　仰出候、然所右墓道之内東側伏見坂町南はつれ㫖南え長弐拾間之場所、横弐間之間、水茶屋奉願上候、則絵図仕差上ヶ申候事、

右之通被為　聞召上、御慈悲之上只今迄之通四方明放ニ而、水茶屋私共八人え御赦免被為　仰付被下候は、妻子渡世ニ仕、身命送り可申と難有可奉存候、

元禄十六年未五月

大坂五右衛門丁綛屋六兵衛借屋

木津屋三左衛門　印

同　立慶町平野屋吉兵衛借屋

秋田屋弥兵衛　印

同　町　広嶋屋久右衛門借屋

さかい屋平兵衛　印

同　炭屋町油屋喜左衛門借屋

姫路屋作右衛門　印

同　南塗師屋町柴屋伊兵衛借屋

花火屋五左衛門　印

同　長町四丁目寺田屋きち借屋

大和屋又兵衛　印

同　山崎町橘屋五郎兵衛借屋

池田屋長左衛門後家　印

難波村　吉兵衛　印

万年長十郎様

右水茶屋之者共、絵図書付を以御願申上候通相違無御座候、右之者共此度御願申上

候通被為仰付被下候ハゝ、難有可奉存候、以上、

未ノ五月　　　　　　　　　　　　　　難波村庄屋　甚左衛門　印

万年長十郎様

（この後に図4が記載されている）

この願書の冒頭の経緯の説明から、先に触れたように寛文九年の8軒茶屋の初発の時にも、代官鈴木三郎九郎から大坂町奉行所への了承を取って許可された経緯がわかる。また、この願書の内容が、ここまで説明してきた、一旦撤去を命じられた後の様々な交渉の上に立ってまとめられたものであることも明瞭である。この段階の8軒茶屋のうち、7人は大坂市中の借屋人であり、1人は難波村の百姓であった。この点も、都市大坂の周縁部のあり方を示すものと言えよう。

この願書の提出の後の五月十日に、庄屋甚左衛門が代官万年長十郎から呼び出され、茶屋8人を召し連れ、出頭した。そこで、今朝、町奉行2人（松野河内守・太田善太夫）に願書と絵図を見せ、相談したところ、「右場所は其元御代官所地之事ニ候へハ、此方ゟ相談ニ而申付候而ハ町之株茶屋之様罷成候間、其元御了簡之上如何様とも被仰付候様」（その場所は代官であるあなたの支配地なので、自分たち〈町奉行〉と相談のうえで許可したということになれば、〈町の株茶屋〉のようになってしまうので、代官としての判断で命じるように）と言われたことが伝えられた。つまり、8軒茶屋を営む空間が代官支配である難波村領内であるという問題とともに、その許可に町奉行が関与するということになれば、「町之株茶屋」すなわち大坂市中で赦免されている茶屋株で営業している茶屋と同等・同性格のものということになってしまうため、それを避けるという理屈が働いていたのである。もちろん、これは建て前であって、代官が町奉行と相談し、了解を得ることは当然のことであったろう。[1]ここには、都市大坂の周縁部に生じる固有の問題がはらまれているのである。

この町奉行の対応を受けて、万年長十郎は、「申し出の場所で水茶屋八軒を許可するので、万事にわたって庄屋甚左衛門の指図に従って、水茶屋を出すように」と命じたのであ

1　ここでも、代官としての判断で命じるようにという形で町奉行の了解を得たことが、庄屋たちにも明示されているのである。

る。その上で、庄屋甚左衛門に対して、茶屋は四方明け放しとし、茶屋が甚左衛門の指図に違背することがあれば、その茶屋を撤去させ、その後継は独自の判断で取り計らってよいと伝えている。

この後、水茶屋8軒の者から庄屋甚左衛門に宛てて、誓約の証文を提出している（証文の全体は後掲「参考史料」)。そこには、水茶屋8軒の発端から今回の移転の上での再許可に至る経緯を記したうえで、(1) 今後は毎年、一年切に誓約の手形を提出すること、(2) 四方を取り放し、遊女がましい女を置かず、煎茶だけを出すこと、(3) 近辺に徒者がいたり、喧嘩口論が起こったら、駆け付けて問題が生じないように対応すること、(4) 8人で申し合わせ、「貴殿」(庄屋) からの指示を守り、違背すれば、その者の茶店を取り払うこと、「一年切の請負なので、内々での譲り渡しや売買の禁止」(「勿論茶見世之儀壱年切ニ御請申候へハ、内証ニ而譲り渡、又ハ売買之様ニ仕間敷由」) を固く守ること、の4箇条が誓約されている。

以上のうち (1) ～ (3) 条目については、これまでの経緯に沿ったものであるが、(4) 条目の後半部分は、とりわけ注目される。ここでは、庄屋甚左衛門の了承を得ずに、譲渡・売買することを禁じられているが、逆に言えば、その了承を得れば、営業権の譲渡・(事実上の) 売買が可能なのである。おそらく、寛文九年の8軒茶屋の初発の時点では、茶屋を営業したい者（もしくはすでに営業を行っていた者）が願って、公的に認められたものと思われるが、元伏見坂町の替地・移転に伴う再認可のプロセスを通じて、この8軒が事実上の水茶屋株として定着することに結果したものと考えられる。そして、道頓堀裏の墓所道やその近辺の秩序維持を担うことが8軒茶屋を認める理由だったのであり、それが彼らの御用だったことは言うまでもない。

実際に、この後、8軒の水茶屋の営業権は相続や交代が広く見られ、事実上の水茶屋株として定着している。第三者への名前替え（例えば、延享三年〈1746〉の木津屋三四郎から浜田屋久右衛門）に際して、売買ではないことを敢えて確認したうえで認めた事例（道頓堀・下450頁）を見ると、逆に実際は売買であったことが窺えよう。また一方で、水茶屋の名前人と実際の営業者が分離していく状況も広がっていた。

こうした8軒茶屋の実質的な株化の状況は、様々な地位や役職、あるいは営業権が株となっていく近世身分社会の特質をよく表現している。[1] 一方で、市中の茶屋株とは明確に

1　拙著『近世身分制と周縁社会』(東京大学出版会、1997年）第1・2章参照。

区分されていることも注目できよう。

明和元年（1764）に難波新地の開発が行われた。難波新地一丁目は、元伏見坂町の南側に開かれたが、8軒茶屋はその西に接することになるため、再度撤去が命じられた。この時は、法善寺前に移転することを出願して、営業の継続が認められた。元禄十六年には、法善寺も竹林寺も門前に水茶屋が営まれては、通行に支障が出ると反対したため、竹林寺の門の向い側（墓所道の東側）に移転したのであるが、今回、法善寺は門前に置かれることを容認したのである（道頓堀・下468—474頁）。そして、庄屋甚左衛門から、水茶屋8軒の免許の冥加銀として毎年銀30目を代官所に上納することとなったのである。これまで、水茶屋8軒の株として定着していたが、ここで冥加銀を難波村庄屋から上納することになったことを契機として、庄屋の持つ営業権へと徐々に変質していき、19世紀には水茶屋を営業したい者は難波村庄屋から営業権を借りて水茶屋を営む状況に立ち至ったのである。

おわりに

ここまで、成舞家文書に含まれる一件史料の概要と特徴を紹介してきた。そこで注目されたことの一つは、大坂の都市拡大がもたらす社会的な状況を窺うことが可能であるという点であった。一例として「墓道水茶屋」一件を取り上げて、その一端を見てきた。そこで見た町奉行所と代官所（個別領主）の管轄の絡まりは、他にも広く見られたものである。

一例を挙げよう（以下、「浄土宗法善寺一件」）。正徳六年（1716）に法善寺が三万日廻向の念仏を興行しようとした際に、同寺に所属する為心から庄屋甚左衛門に願い出たのを受けて、甚左衛門は、願書・絵図を作成させたうえで、町奉行所の与力萩野杢左衛門・田中武兵衛・古屋金左衛門のところに内談に行った。そこで与力たちから、境内での水茶屋は絵図から外すべきことを示唆された。それを踏まえて、甚左衛門は住職と難波村年寄3人を連れて、当時、難波村を支配していた高崎藩[1]の屋敷に赴き、願書への奥書を得て、

1　難波村は、近世を通して幕領の代官支配の時代が長いが、宝永四年（1707）から享保元年（1716）までは高崎藩の領地であった。宝永七年に松平輝貞が越後村上に転封となった後、高崎藩には間部越前守詮房が入った。この一件の史料の願書には「間部越前守内川崎九助」が奥印している。

その足で町奉行所に出頭・出願し、町奉行鈴木飛騨守の許可を得たのである。高崎藩屋敷に赴く前に、町奉行所与力には内談を済ませており、許可は織り込み済みのことであったろう。しかし、法善寺の所在する難波村を支配する高崎藩役人の了承・奥書が必要だったのである。

成舞家文書の一件史料の前提には、膨大な村政史料が存在していたこと、それは日本近世社会の社会構造の特質と表裏の関係にあることも先に触れた。[1]それとともに、この一件史料を作成した庄屋たちの知的なレベルの高さには驚嘆すべきものがあると言えよう。特に19世紀の初頭に、17世紀に遡って膨大な村政史料の内容を詳細に検討・整理した氏原政孝の能力には驚くべきものがある。

もちろん、「墓道水茶屋」一件の中にも編集の際の若干の誤りが見られる。例えば、毎年七月十五日から月末までの季節限定の菓子店などについて検討した際に、享保六年（1721）の願書・絵図が享保十八年（1733）のところに編年されていたり、同じ「酉」年ということから寛保元年（1741）の断り書きが享保十四年（1729）の願書につなげて編集されていたことを指摘した。[2]他の一件史料においても同じような誤りがありうることは言うまでもない。しかし、われわれも史料分析において、間違いは避けられないのであって、それは近世において難波村庄屋氏原政孝や池田（長盛）らが行った一件史料の編集においても同様である。だからこそ、史料の性格と編集方法に留意して分析することが重要なのである。

また、一件史料の編集方法は、編年で綱文を立てて関連史料を収載していく塙史料～大日本史料の編纂方式とも通ずるものがある。[3]また、戦前に幸田成友氏が『大阪市史』を編集された際、幸田氏は、近世の町触や口達の項目書を年月日順に記した「町触頭書」「口達触頭書」に町触・口達本文を組み入れていく方式で、大坂の町触の編年集成を行ったのである。[4]この「町触頭書」「口達触頭書」は17世紀末に整理がスタートし、19世紀初頭の分までが残されている。[5]こうした近世以来の歴史編集のあり方と、一件史料の編集方

1　この点については、拙稿「日本の近世史料の特徴と合同調査—和泉における経験から—」(『市大日本史』21、2018年）参照。なお、この論文については、2017年8月に中国社会科学院歴史研究所主催のシンポジウムで報告しており、間もなく中国語でも出版される。

2　前掲拙稿「近世大坂の道頓堀周辺—非人垣外と水茶屋—」。

3『東京大学史料編纂所史料集発刊100周年記念　時を超えて語るもの—史料と美術の名宝—』東京大学史料編纂所、2001年、『東京大学史料編纂所史史料集』東京大学史料編纂所、2001年。

4『大阪市史』第3巻・第4巻上・第4巻下。

5　塚田孝編『「町触頭書」「口達触頭書」—近世大坂町触関係史料3—』(大阪市立大学大学院都市文化研究センター、2012年）参照。

法とそこに伏在する歴史意識とには共通するものがあるのではないだろうか。こうした視角からの成舞家文書の検討も今後の課題である。

【参考史料…（道頓堀・下409—410頁）】

証文之事

一我々共前々ゟ難波村領墓道ニ而水茶屋仕罷在候は、此所人集り之所ニ而徒者有之、度々喧嘩口論御座候故、本郷ゟは程遠、右為政道之三拾五年已前寛文九酉年、御代官鈴木三郎九郎様え御願被成、我々共ニ水茶屋御申付、右之政道仕来候、此度伏見坂町所替ニ付、右茶見世取払申候、然共数年右之場所ニ水茶屋出之、諸事政道仕候ニ付、何れニ而成とも水茶屋出させ被下候様ニと御願申上候得共、我々共町宅之者ニ候へは、諸事作法等入組紛敷候間、向後は所百姓之内、右場所為政道御願可被成由ニ候へ共、数年我々共相勤申儀ニ候へハ、行当迷惑仕候段、達而御断申入候而、御聞届之上、我々不便ニ思召　御代官様え之願書奥判迄被成、御願被下候ニ付、被為聞召上、大坂町御奉行様江御相談之上、元禄十六未年五月十日ニ御代官万年長十郎様え我々共被召連、長十郎様御直々水茶屋只今迄之通八軒、竹林寺向東側ニ而御赦免、則我々共ニ被為仰付候旨難有奉存候、然は末々共ニ諸事貴殿御指図次第ニ相勤可申と、委細被為仰渡奉得其意候事、

一右水茶屋自先年壱年切ニ御請申、毎年手形仕進申候、向後も壱年切ニ而毎年手形御取可被成候由承知いたし候事、

一右水茶屋之儀、四方取はなし腰懸を指置、かるく可仕候、勿論遊女ヶ間敷女一切置申間敷候、煎茶之外酒肴其外給物一切売申間敷候事、

一茶見世之儀は不及申、此辺徒者有之欤、又ハ喧嘩口論出来之刻、早速立合、事ニ不成様ニ取嗳可申候事、

一此八人之者共、諸事申合、貴殿ゟ御申付候義急度相守可申候、若違背之者有之候ハゝ、其ものゝ茶見せ御取払可被成候、勿論茶見世之儀壱年切ニ御請申候へハ、内証ニ而譲り渡、又ハ売買之様ニ仕間敷由、急度御申渡得其意存候、八人之内為仲間と堅きんミ可仕候、若乍存知隠置候は、何時ニ而も茶見せ八軒共壊取場所明可申候、右之通御申渡し委細承知仕候ニ付、一札致連判候、此上ニも万一我侭成者有之ハゝ、早々御断申上御指図を請可申候、為後日仍而如件、

元禄十六年未五月

大坂五右衛門丁綛屋六兵衛借屋
木津屋三左衛門　印
同　立慶町平野屋吉兵衛借屋
秋田屋弥兵衛　　印
同　町　　広嶋屋久右衛門借屋
さかゐ屋平兵衛　印
同　炭屋町油屋喜左衛門借屋
姫路屋作右衛門　印
同　南塗師屋町柴屋伊兵衛借屋
花火屋五左衛門　印
同　長町四丁目寺田屋さち借屋
大和屋又兵衛　　印
同　山崎町橘屋五郎兵衛借屋
池田屋長左衛門後家　印
難波村　　吉兵衛　印

難波村庄屋
甚左衛門殿

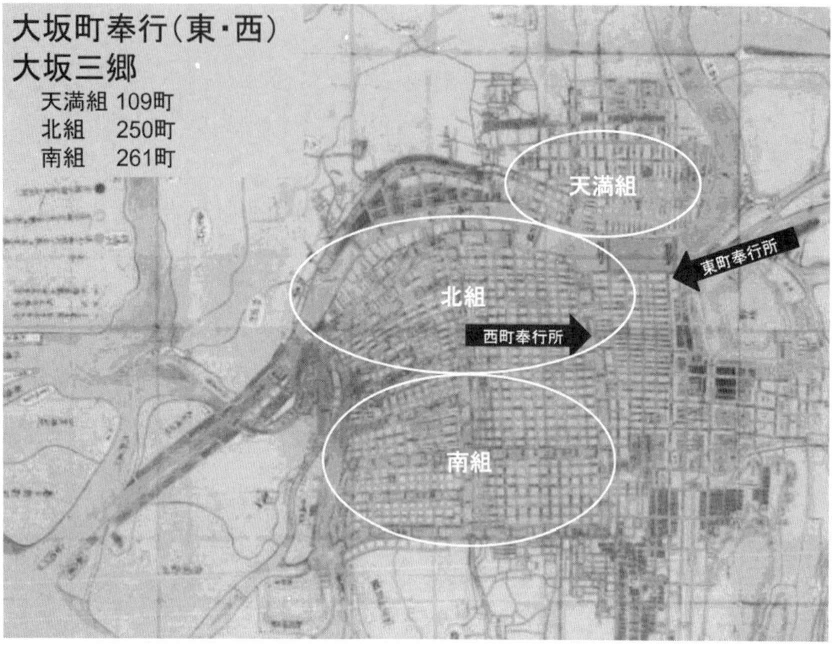

図 1　近世大阪の概要

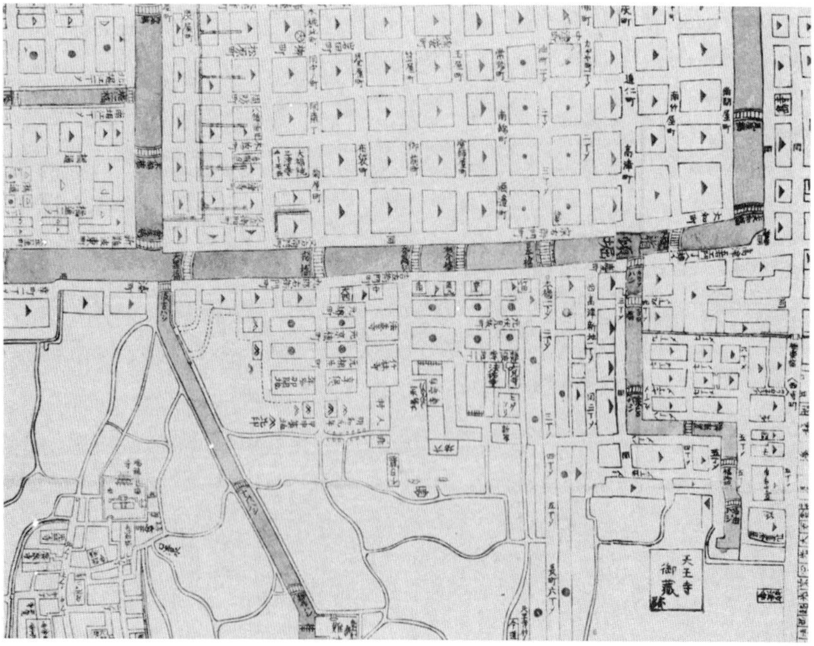

図 2　18 世紀末～ 19 世紀初頭の道頓堀周辺

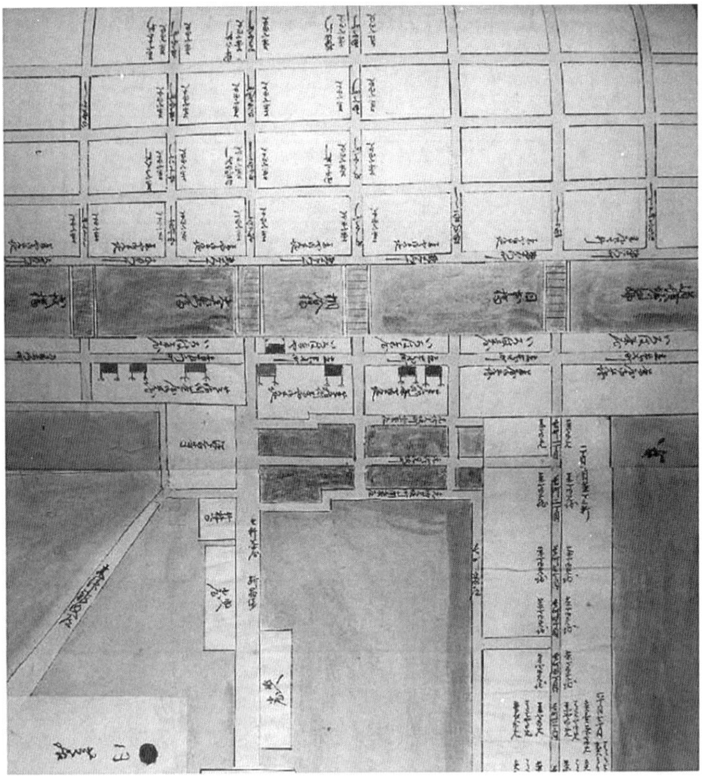

図 3　芝居と芝居茶屋の展開

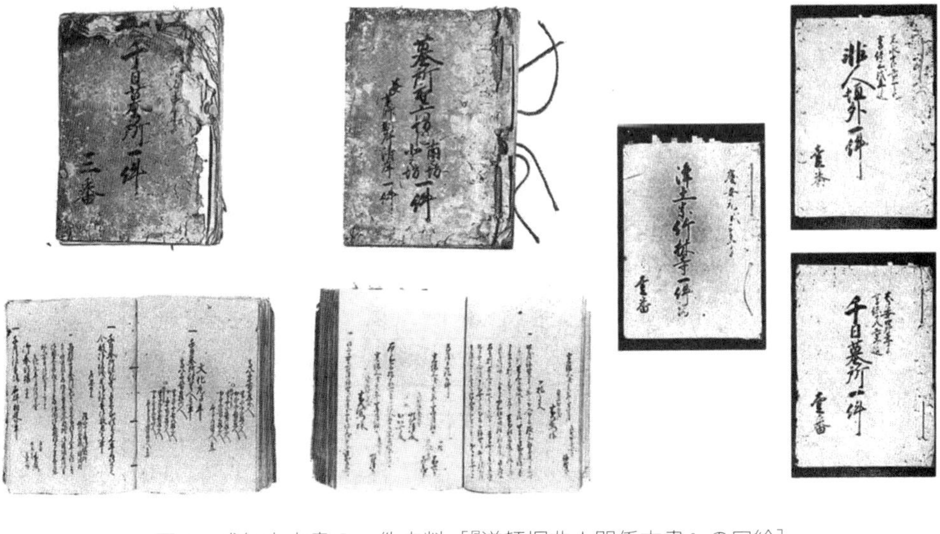

図 4　成舞家文書の一件史料［『道頓堀非人関係文書』の口絵］

表１　難波村の神社・寺院（文化年間）

氏神	祇園牛頭天王
真言宗（御室末）	大門坊（社僧？）
真言宗	松林庵（三津寺大福院住持兼帯）
禅宗（曹洞派）	月江院（宇治郡興聖寺末）
月江院末	証黙庵
月江院末	不二庵
禅宗（臨済派）	瑞龍寺（宇治郡黄檗山万福寺末）
	広泉寺（宇治郡黄檗山万福寺末）
瑞龍寺末	洞雲庵（天明8年まで地蔵堂）・常楽庵・友雲庵・幻隠庵・望海庵・西江庵・鳳福庵・虚白庵・青蓮庵・元光庵・修月庵・悟真庵・招月庵・臨江庵
仏光寺宗	光照寺（仏光寺新坊末）
	流宣寺（仏光寺新坊末）
	常念寺（仏光寺新坊末）
	安養寺（仏光寺新坊末）
	最法寺（仏光寺新坊末）
大念仏宗	法照寺（平野大念仏寺末）
法華宗	自安寺（本国寺末：享保16年に新家村より）
	西念寺（妙蓮寺末）
	西正庵（本国寺末）
浄土宗	法善寺（知恩院末）
	竹林寺（一心寺末：天王寺・鳶田・道頓堀垣外の乞食の旦那寺）

（文化年間「寺社一件留」より）

表２　成舞家文書に含まれる一件史料の概要

史料名	年代	作成者	注記	史料番号
道頓堀垣外周辺				
浄土宗法善寺一件留　壱番	寛永21～安永9	氏原政孝		1－1
浄土宗法善寺一件留　二番	天明元～文化11	氏原政孝		1－2
浄土宗法善寺一件留	文化13～安政4	池田		1－3
（浄土宗）法善寺一件留	安政4～慶応3	池田		4－6
浄土宗竹林寺一件留　壱番	慶安元～文化8	氏原政孝	上635~754	1－4
浄土宗竹林寺一件留	文化14～慶応3	池田		1－5
千日墓所一件　壱番	慶安4～享保18		上325~474	2－1
千日墓所一件　弐番	元文元～安永4	氏原政孝	上474~633	2－4
千日墓所一件　三番	安永5～文化11		下1~93	2－3
千日墓所一件	文化12～慶応3	池田	下94~199	2－2
非人垣外一件　壱番	寛永14～享保3	氏原政孝	上1~144	3－1
非人垣外一件　弐番	享保4～安永7		上144~308	3－2
非人垣外一件　三番	安永9～文化10	氏原政孝	上308~323	3－3
垣外一件	文政7～文久2	池田		6－9
墓道水茶屋	寛文11～文化11	氏原政孝	下403~498	3－4
墓所聖六坊内 東之坊・西之坊・中之坊・隅之坊 一件	宝永4～文化10		下201~281	3－5
墓所聖六坊内 南之坊・北之坊 一件　并薬師到岸・清岸一件	元禄14～文化10	氏原政孝	下282~401	3－6
新建家関係				
古来ゟ新建家目論見一件	慶長17～延享4	氏原政孝	※	4－1
伏見坂町一件	元禄9～享保2	氏原政孝		4－7
難波新地三町分新建家一件	宝暦14～寛政2	氏原政孝		6－2
新祇園町新建家一件　壱番	文化6～文化13			6－3
居村新建家一件　壱番	文化8～文化11	氏原政孝		6－4
西側通新建家場一件　壱番	文化11～文化12	氏原政孝		6－6

（続表）

戎町新建家場一件　壱番	文化8～文化12	氏原政孝		6－11
上地一件	寛政4～文政3	氏原政孝		7－6
三間井路南側道成一件	元禄11～享保4	氏原政孝		7－19
三間井路御堀浚一件	天保13～天保14	池田盛長		7－7
諸株諸営業・書上げ・触				
諸拝借地一件	明和2～天明5			7－23
髪結床一件	正徳元～文化3	氏原政孝		6－1
綿屋株一件	貞享5～文化3			4－21
諸株(煮売屋・旅籠屋・干鰯問屋仲買等／酒造／湯屋／薬種)	延宝5～寛政4	氏原政孝		6－10
魚問屋一件留	文化14～安政2	池田		6－7
漁猟師一件	文化14～慶応3	池田		6－8
言上帳抜書	文化12～天保4	池田		6－12
書上抜書帳	天保5～明治2			6－13
御触書写帳	慶応4～明治元	難波村庄屋		6－14
寺社関係				
惣寺社一件留	延宝9～文化10	氏原政孝		4－3
御宮一件留帳	寛文7～文化2	池田		5－8
寺社一件留	文化年間	(氏原)政孝		5－9
禅宗月光院一件留　壱番	元禄4～文化9	氏原政孝		4－2
禅宗月光院一件留	文化13～慶応2	池田		4－19
禅宗月江院末 不二庵・証黙庵 一件留	元禄2～文化9	氏原政孝		5－4
禅宗証黙庵一件留	文化13～慶応元	池田		5－5
禅宗広泉寺一件留　壱番	宝暦5～文化5	氏原政孝		5－6
法花宗西念寺一件留　旧名松林庵号	正徳2～文化10	氏原政孝		4－5
法華宗西念寺一件留	文政4～元治元	池田		4－4
法華宗自安寺一件留　壱番	享保14～文化11	氏原政孝		5－2
法華宗自安寺一件留	文化13～慶応元	池田		5－3
法華宗西正庵一件留　壱番	正徳5～文化5	氏原政孝		5－1
法華宗西正庵一件留	文化14～天保4	池田		4－9
法花宗西正庵・真言宗松林庵一件留	天保5～慶応3	池田盛長		4－14
真言宗松林庵一件留	天明3～文化11	氏原政孝		4－20
真言宗松林庵一件留	文政5～天保4	池田		3－13
仏光寺派 超願寺・正覚寺・常念寺・光照寺・流宣寺・安養寺・最法寺 一件留	貞享4～文化8	氏原政孝		6－6
仏光寺派最法寺一件	文政12～万延元	池田		4－11
仏光寺派安養寺一件留	天保9～安政5			4－15
仏光寺派流宣寺一件留	文政2～安政2	池田盛長		4－18
仏光寺派常念寺一件	天保6～安政6	池田		4－22
大念仏寺法照寺一件留	文政4～慶応3	池田		4－16
大念仏宗暁月山西方寺一件留	文政6～元治元	池田		4－17
瑞龍寺末庵一件	元禄16～文化5	氏原政孝		5－7

注記欄に、「上…・下…」と記したものは、『道頓堀非人関係文書』(上・下)の掲載頁である。※は大阪市史史料第10輯として翻刻されている。
史料番号は、調査に際して仮に付した番号。1－1は箱1の一番目の史料であることを示す。

商帮、产业分布与城市空间：17世纪以来景德镇徽州会馆之管理与运作研究*

王振忠**

【内容摘要】明代中叶以后，大批徽州人外出务工经商，徽商在全国各地随处可见，特别是在长江中下游一带，民间素有“无徽不成镇”的俗谚，此一俗谚反映出徽商对于明清以来各地城镇发展具有重要的影响。以往，我们透过方志、族谱、文集、笔记等，对徽商在长江中下游各城镇的活动有着详略不等的了解。在这方面，虽然也有一些城镇（如扬州、淮安、杭州、汉口等地），学界对于徽商在这些城镇中的活动及其聚居地有较多的了解，但这些了解，有不少是透过各类零星资料缀合而成，所得相关印象大多只是粗线条的轮廓。而要深入到城市内部，从空间分布的角度窥其堂奥，则显得相当困难。另一方面，近年来，有关历史时期城市空间的研究备受关注，但具体到城市中相关街区的研究，因通常都缺乏较为细致的史料，故而颇受限制。此前，上海道契之刊布，为近代城市空间的研究提供了新的史料，相关的探讨多有推进。不过，对于前近代而言，类似的系统性资料较为罕见。这里，主要利用的《景德镇新安书院契录》，则是颇为难得的一种珍稀文献。

本文通过解读景德镇城市史研究的新史料，研究景德镇城市空间中徽帮产业的地理分布，探讨徽州会馆的管理与运作。文中重点揭示清末以来，随着时代的变迁，也出现了一些新兴的组织。而原先的徽州会馆及相关的会、社，在景德镇还陆续建立了教育、医疗等相关的组织。这些，都在一定程度上反映了晚清以来传统商业组织的嬗变与调适。

【关键词】17世纪以来，景德镇，徽州会馆，商帮，城市空间

---

* 此文系本人主持的2014年度国家社科基金重大项目“明清以来徽州会馆文献的整理与研究”（项目批准号：14ZDB034）之阶段性成果，并曾提交香港城市大学中文及历史学系主办的“传统中国的沿岸城市及其近代转型国际研讨会”发表（2015年6月16—17日）。文中插图，承复旦大学社会发展与公共政策学院李甜博士协助清绘，特此谨申谢忱！

** 王振忠，复旦大学历史地理研究所教授。

商人仲間、産業分布と都市空間：17 世紀以降の景徳鎮徽州会館の管理と運営の研究を通じて

王振忠

【論文要旨】明朝の半ば以後、数多くの徽州人が出稼ぎ商人になり、徽商は全国各地に活動し、特に揚子江の中・下流あたりに集中していた。民間には「徽商いなければ鎮にならず」という諺が出るほど、徽商は明清以降の各地における城鎮の発展に大きな影響を与えた。今まで学界では方志、族譜、文集、筆記などの資料を使用し徽商の活動についてある程度の研究が成されたが、多くが大まかの論述に留まり、都市空間の視点からの研究は極めて不十分だと言わざるを得ない。そこで本研究は最近に発見された『景徳鎮新安書院契録』(4 冊）を利用し、その他の徽州文書及び現地考察を参考にしながら、清朝・民国時期における徽州会館の管理と運営の実態、景徳鎮の都市空間などを明らかにしたいと考えている。

本研究は以下の四つの内容が含まれている。第一は景徳鎮都市史研究の新史料の紹介と解読。前述した『景徳鎮新安書院契録』(4 冊）は 1684 年から 1949 年まで徽州会館に登録されたあらゆる産業の記録が記されたものであり、景徳鎮における徽商内部の組織、管理及び慈善事業の活動などがわかる重要な史料である。第二は景徳鎮における都市空間の中で徽商産業の地理的分布への研究。『景徳鎮新安書院契録』の解読を通じ、徽州人が何時大規模で景徳鎮に進出したか、徽商仲間の形成と地理的分布などの問題が追及できる。第三は徽州会館の管理と運営についての研究。「新安書院」は徽州会館の別称であり、会館が別称を持つことは極普通のことであった。「書院」の別称を持つことは「商人でありながら儒に好む」の表現だと言える。また徽州府に属する婺源県と祁門県に出身の徽商は徽州会館のほかに、「婺源会館」と「祁門会館」をも作り出した。それから、『景徳鎮新安書院契録』によれば、徽州会館の傘下に「同仁局」、「崇正会」、「如新社」など数多くの慈善組織及び関連施設が含まれていたことがよくわかる。第四は時代の変遷に従う新興した

組織への研究。元々存在していた徽州会館とそれに関連する会、社は時代変遷のなかで、続々と教育・医療関係の組織も作りだした。このことは清末以降伝統商業組織の変化と調整・適応の現れであったと言えよう。

【キーワード】17 世紀以降、景徳鎮、徽州会館、商人仲間、都市空間

明代中叶以后，大批徽州人外出务工经商，徽商在全国各地随处可见，特别是在长江中下游一带，民间素有“无徽不成镇”的俗谚，此一俗谚反映出徽商对于明清以来各地城镇的发展具有重要的影响。以往，我们透过方志、族谱、文集、笔记等，对徽商在长江中下游各城镇的活动有着详略不等的了解。在这方面，虽然也有一些城镇（如扬州、淮安、杭州、汉口等地），学界对于徽商在这些城镇中的活动及聚居地有较多的了解，但这些了解，有不少是透过各类零星资料缀合而成，所以相关的印象大多只是粗线条的轮廓。而要深入到城市内部，从空间分布的角度窥其堂奥，便显得相当困难。

而在另一方面，近年来，有关历史时期城市空间的研究备受关注，但具体到城市中相关街区的研究，因通常都缺乏较为细致的史料，故而颇受限制。此前，上海道契之刊布，为近代城市空间的研究提供了新的史料，相关的探讨多有推进。[1]不过，对于前近代而言，类似的系统性资料较为罕见。在这方面，本文利用的《景德镇新安书院契录》，则是颇为难得的一种珍稀文献。

一、景德镇城市史研究的新史料

17 世纪初编纂的万历《歙志》中，有一篇内容相当丰富的《货殖》，其中提及：

> 今之所谓都会者，则大之而为两京、江、浙、闽、广诸省，次之而苏、松、淮、扬诸府，临清、济宁诸州，仪真、芜湖诸县，瓜洲、景德诸镇，……故邑之贾，岂惟如上

1　较早的研究，如陈琍《上海道契所保存的历史记忆——以〈上海道契〉英册 1—300 号道契为例》，《史林》2007 年第 2 期。此后，利用道契的研究成果相当不少，近年进展的概述性介绍，可参见周振鹤、陈俐、罗婧：《上海外滩地区历史景观研究》，《文汇学人》2015 年 4 月 24 日。此外，马学强近期亦撰有多篇论文，涉及相关的研究，如《权力、空间与近代街区内部构造——上海马斯南路街区研究》（《史林》2012 年第 5 期）等。

所称大都会皆有之，即山陬海堧、孤村僻壤，亦不无吾邑之人，但云大贾则必据都会耳。

在明代，歙县是徽州府属六县中经商风气最为炽盛的二县之一（另一为休宁）。上述这段话，基本上可以代表徽商眼中的全国各大城镇。其中，景德镇无疑也是徽商麇集鳞聚的重要都会。

关于徽商与景德镇的发展，一向颇受学界重视。迄今为止，有关景德镇研究方面最具功力的学术著作，当推江西学者梁淼泰所著的《明清景德镇城市经济研究》[1]。该书以景德镇瓷业为中心，探讨了景德镇城市经济的形成、发展过程及其规律。其中，梁氏爬梳了方志、族谱资料，对徽商在景德镇的活动做了初步的分析。此后，有关徽商与景德镇的探讨，主要有曹国庆[2]、刘朝晖[3]等人的成果。不过，20世纪90年代以后对徽商在景德镇活动的研究，虽然总体趋势更为细致，但从史料的运用方面，除了增加了部分口述[4]以及少量碑刻资料之外，并未能有更大的突破。

2007年，景德镇陶瓷学院从当地旧货市场上收集到《景德镇新安书院契录》抄本4册，从史料的角度来看，这是有关徽商在景德镇活动方面最具系统性的一批史料。[5]2012年12月，江西人民出版社影印出版了郑乃章编纂的《景德镇新安书院契录》一书，这为相关的研究，提供了极为珍贵的全新史料。

《景德镇新安书院契录》序曰：

国有史，家有乘，省、府、州、县有志，或纪人物，或纪风俗，或纪山川、产品，类皆纪实也。溯我新安田少山多，大都以商为本业，足迹几遍天下，人数之众，惟此景

1　南昌：江西人民出版社，1991年。

2　曹国庆：《明清时期景德镇的徽州瓷商》，《江淮论坛》1987年第2期。

3　刘朝晖：《徽商与明清瓷商》，《徽州社会科学》1996年第2期。作者另著有《明清以来景德镇瓷业与社会》（上海：上海书店出版社，2010年），书中有专节讨论徽帮与景德镇的商业、金融，民间的慈善事业与慈善组织，书末附录列有方志所见明清婺源、黟县徽商在景德镇活动的情况表。另外，在此之前，何建木对在景德镇活动的婺源商人，有过比较完整的梳理，参见复旦大学2006年博士学位论文《商人、商业与区域社会变迁：以清民国的婺源为中心》（未刊稿）。

4　在这方面，最为重要的资料当推政协景德镇市文史资料研究委员会编《景德镇徽帮》（《景德镇文史资料》第9辑，1993年），该书由景德镇当地的文史工作者撰写，其中多为晚近的回忆性资料，内容翔实、生动，但也具有同类政协文史资料共通的缺陷。

5　关于该书，郑乃章、吴洁撰有《〈景德镇新安书院契录〉的发现及其史料价值》（《江西图书馆学刊》2011年第6期），对此做了简要的介绍。此后，郑乃章、莫云杰、苗立峰、熊春华、吴洁又撰有《晚清民国时期景德镇陶瓷业社会民间管理——基于〈景德镇新安书院契录〉的考察》一文（《陶瓷学报》2014年第35卷第6期）。以上诸位作者皆非历史专业学者，故上述二文之介绍极为粗略，未能发掘出该书重要的史料价值。

镇为最，以其壤相接、绣相错，路距非远，生计亦易故耳。自汪润波先生经始书院以来，旅居者于是有聚会之所，不虞乡情隔膜，弥令后人思之，其用意至深且远，巍焉焕焉，尚不过外观有耀，而内容之实厚。就现管有而论，计市房杂业新字一百六十二号，安字六十号，常年收入租金银洋九千九百余元。日月推迁，岁逢甲子，天时、人事想应重新，监从前契券之散佚，致后来弊害之丛生，有业无契者有之，有契无业者有之，邦人君子睹兹见［现］状，尝切隐忧，亟谋保管之方，妥求经久之法，博访周谘，咸以为非照抄契录不可……

民国十三年夏历甲子仲秋月谷旦雨农时霖并书。

上揭序文作于1924年，它首先是说徽州因地少人多，不得不外出经商，徽商遍及全国各地，但以侨寓景德镇者为数最多，这是因为此处与徽州毗邻，距离较近，也比较容易做生意。接着提到新安书院之由来，以及该会馆所属的产业及其收入，其中，"市房杂业"多达222号，常年收入近1万元。1924年，新安书院开始对会馆产业的相关契券加以重新抄录和整理，由司事带领精通绘图的王在蕃、王献华，"实施查勘丈量，前后左右，长短阔狭，一面绘图详志，编列号数"，前后历时60余日。此外，还有与之相关的"换约、增租"等工作，"阅时三月"，遂形成《景德镇新安书院契录》。当时，一共制成了7部，由新安书院收藏1部，其他的6部则由徽州府所属的六个县分别保存。由此可见，历经半个多世纪的沧桑变易，当年徽州人绘制的《景德镇新安书院契录》尚有一部被完整地保留下来，实属幸事！

该书的序作者"雨农时霖"，即黟县同乡会会首时雨农（时霖应字雨农）[1]。在1925年1月有关里市渡店屋及码头顶脚买卖之新第8号契中，时雨农与新安书院的其他几位"首士"（绅董），曾作为中人出现。另据《申报》等近代报刊，在清末民国时期，时雨农在景德镇一向颇为活跃。

从《景德镇新安书院契录》一书的卷首来看，新安书院在开始抄录、整理会馆所属契券时，也向当地官府做了备案。从1924年10月浮梁县公署的布告可见，新安书院于当年2月召开徽州府六县徽商各业大会，商议保管契券之具体办法。不久之后，就由各业董事分组清查，将契券分成"新字"号和"安字"号两类。凡是出租的产业编入新字号，而属于新安书院院址以及相关的慈善设施不能出租的部分，则编入安字号。在编纂的过程中，需要调阅原

1 郑乃章在《〈景德镇新安书院契录〉的发现及其出版（代前言）》一文中认为"'序言'部分系会首代表时雨农、时霖两人合书"，将"雨农时霖"当作两个人，显然有误。

始凭证，并加绘图清丈，依次编订租户门牌。经过此次整理而形成的《景德镇新安书院契录》共计4大册，每册计100页，分为新字和安字两号，第1、2、3三册，专门抄录新字号契券，并绘图说明；第4册则专抄安字号契券。《景德镇新安书院契录》第1册卷首有“新安书院契录编订大要”，其中之一提及：

本契录所抄文契及图说，核与契箱内之文契图说以及租约、租簿并门牌号数针孔相符，便于检查。

从中可见，新安书院对于徽商所属产业以及相关契券有着颇为严格的管理。对此，“新安书院契录编订大要”还指出：

本契录系民国第一甲子完成新字一百六十二号，用至第三册第六十三页止，安字号则用第四册第六十三页止，并将第三册预留空白三十七页，第四册预留空白三十七页，以便新字、安字自民国乙丑起续置产业文契分别抄录。

目前出版的《景德镇新安书院契录》新字第162号，标明为第3册“页码一零一”，第4册“页码六十三”，为安字第34号，与上述的说法并不一致，可能是编者在出版过程中重编页码时发生了错讹。不过，此处提到第3、4册预留的空白，是为了誊录民国乙丑（十四年，1925年）以后续置的产业，这说明《景德镇新安书院契录》是以1925年为其标准年代，系统地登录会馆名下现存的所有产业。此外，在登录的过程中，有时发现原先的契约并不完整或已遗失，遂有“补契”之出现。例如，新字第62号补契，为“浮梁补契买字第捌号”：

买主：新安书院；卖价：洋四百元。

不动产种类：房屋一所；应纳税额：洋二拾四元。

座落：景德镇当铺衕；立契年月日：前清顺治八年价买。

人民添叙事由处：原于前清顺治八年价买吴文祺屋一所，因昔年乐道堂遭回禄被焚。卖主：吴文祺。

（江西财政厅印）

中华民国十三年八月三十一日。

“乐道堂”是位于徽州会馆馆内左侧的房间，为会馆之议事厅和客房，当年也是保存会馆契据的重要场所。由于乐道堂一度失火，原先的契约付之一炬，故而借着1924年徽州会馆清查产业的机会，重新制作了补契。

不过，就簿册文书形成的一般情况来看，传统时代徽州人登记名下的财产，往往是选定某年某月（有的具体到某日）开始誊录（该年月日通常会明确书写于簿册封面），但簿册中的内容却往往上溯下延，与封面的标准年代并不一致。从《景德镇新安书院契录》一书现存的契券来看，该书收录最早的契券年代为清康熙二十三年（1684）[1]，最晚的则为民国三十八年（1949）四月六日[2]，共收契约252份。其中所收者，凡是1925年之前的契券，都是与现有产业相关的历史档案；而1925年之后的契券，则是该年之后徽州会馆陆续添置的产业。[3]因此，《景德镇新安书院契录》一书，可以看作是1949年徽州会馆在景德镇所有产业的登记全录。

《景德镇新安书院契录》一书，从徽州会馆管理的角度，较为系统地展示了20世纪中叶徽帮产业在景德镇的空间分布，所录各契券，颇为生动地展示了外来人群与景德镇城市生活的诸多丰富细节，特别是反映出侨寓徽商内部的组织、管理和相关慈善事业的运作，这样的一批新史料，对于历史地理、城市史和社会史等领域的研究，皆具有较为重要的学术价值。有鉴于此，本文即以该书为核心史料，并结合其他的相关文献，辅以实地考察，探讨清代民国时期徽州会馆之管理、运作以及景德镇的城市空间。

二、景德镇城市空间中徽帮产业的地理分布

明代万历十一年（1583）以后，景德镇“编户数万，率业陶”[4]。当时，全国各地的商贾以及其他食力者纷至沓来。清人在追溯景德镇之盛衰递嬗时指出：

> 江西饶州府浮梁县，离城二十里有大镇曰景德，窑器悉产于是，官窑设焉，万杵之声，殷其如雷，夜则火光烛天。中原四大镇，佛山、朱仙、汉口之外，此居其一，人民

1　若从补契来看，则书中提到的最早契约为清顺治八年（1651），参见郑乃章编：《景德镇新安书院契录》新字第62号契券，第99页。

2　参见郑乃章编：《景德镇新安书院契录》，第224—225页。

3　《景德镇新安书院契录》一书中，只有新字第165、166、167号（民国三十五年十一月）、第168、169号（“民国卅八年十月十五日”）、副87号（民国三十八年四月六日）三契的字迹与其他契券不同（参见第223—225页）。这说明，书中的绝大部分契约都抄录于1924年，只有少量反映了此后的变化。

4　（清）万斯同：《明史》卷三二八《徐用俭列传》，清钞本。引自“中国基本古籍库”。

繁富，甲于一省。[1]

当时有诗曰："烟火十万家，镇大无与耦，家家业为陶，型范传世守。"[2] 由于景德镇的市场空间辐射面极为广阔，在江西，它与樟树镇、河口镇、吴城镇一起，合称为江西四大名镇；而在全国，又与汉口、佛山、朱仙，合称为中国的四大名镇。

一般认为，以往的户口描述多所夸张。今据周銮书的分析估算，明清时代景德镇的人口当在万户以上，总人口数约在10万上下浮动，并随着季节与年成而有很大的变化。[3] 其中，来自皖南的徽人占据了较大的比例。20世纪30年代，"景德徽商匪灾难民善后委员会"主席舒子湘呈报：根据1930年的调查，景德镇一地的居民有17万多人，"此地习惯而有徽、都、杂三帮之称，良以徽州人士旅镇经商，至繁且赜，故景镇商业之发达，亦惟徽人主持其间，即谓徽商为景镇之重心亦可。……地形如船状，正街两条，名曰前、后，直贯而下，长约十五公里，街面之店，徽人居多"。因当时的"匪灾"，"徽商钱、布、杂货各店亦皆纷纷停止营业"，仅店员失业者就多达13 000余人。[4] 另一篇由景德镇总商会主席施亦济提交的报告也指出："景镇出产瓷器，名驰全球，然工艺发达，其重心所在，实赖徽商周转市面、运筹挹注于其间。"对此，徽宁旅沪同乡会亦谈及："若景镇一市，虽云徽帮而外，尚有都、杂二帮，其实商业之盛，独倚徽人资本之钜，又何待言。以全镇舆图考查，前、后正街两条，为贸易繁盛之地，鳞次栉比，尽属徽人。"根据施亦济的估计，包括安徽所属其他各县人士在内，"全皖旅镇人士不下十万，居货为贾，阛阓骈阗"[5]。施亦济亦即施维明，也是景德镇新安书院的"首士"之一，他的估计容有夸大，但也在一定程度上反映出活跃在景德镇的徽人盛况。

此前，梁淼泰根据康熙《浮梁县志》卷首的《景德镇图》所示指出，"景德镇城市的布局以御器厂为中心逐步形成。明代后期，景德镇的街区北起里市渡，南到小港咀，东达马鞍山，西滨昌江，隔水与长芗都的三间庙相望。这座城市东依山，西临水，东西两个方向难以扩展，街区只好向南北方向延伸，主要街道与昌江平行，成南北向，其间有垂直于昌江的横向街道，成方格形街弄系统。自里市渡至小港咀长约八里，御器厂周围五里，它所在的珠山是街区的中心。明代后期景德镇的镇区和街区范围，与乾隆《浮梁县志》所示的大致相同，

---

1 （清）郑光祖：《一斑录·杂述四》，道光"舟车所至"丛书本。引自"中国基本古籍库"。

2 （清）潘耒：《遂初堂集》诗集卷十二《楚粤游草》，康熙刻本。引自"中国基本古籍库"。

3 周銮书：《景德镇史话》，上海：上海人民出版社，1989年，第102—108页。

4 1932年《江西省振务汇刊灾情报告》，第45—48页。

5 《景德镇被匪攻陷，全镇瓷业大破产，皖商损失为最巨》，《振务月刊（南京）》1931年第2卷第3期。

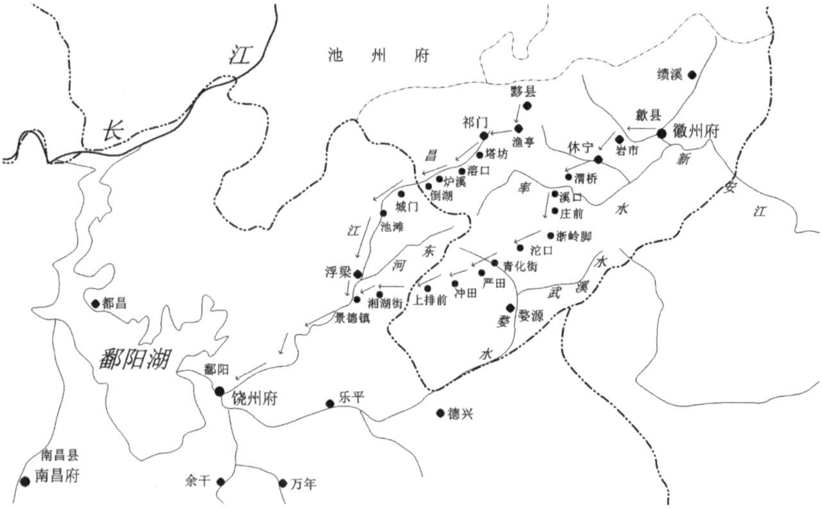

图 1 徽州与景德镇的水陆交通

较之嘉庆时的略小，基本上形成了近代景德镇镇区和街区的格局”[1]。

梁淼泰对于城市发展历程的概述颇为精准，后续涉及景德镇城市史研究的相关论述，基本上都沿袭了他的表述，并进而归纳出景德镇最为显著的三个特征，亦即：没有城墙的城市；带状方格形的街弄系统；以御器厂为中心的城镇格局。[2] 另外，在清代，“行帮控制是景德镇城市经济的又一特点”[3]，这也成为相关研究的一个共识。

揆诸史实，明代以来，景德镇五方杂处，来自各地的人群逐渐形成三大帮派——徽帮、都帮和杂帮。都帮亦即来自江西都昌县的人群，明代中叶以后，景德镇的窑业和圆器业就逐渐为都昌人所把持。[4] 相较于都帮，虽然明代已见有徽商在景德镇活动的零星记载，但详细的情形因世远年湮书阙有间而难得其详。据目前所知，徽州人大规模进入景德镇，应始于清代前期。[5] 关于这一点，由于《景德镇新安书院契录》之出现，而有了详细探究的可能。

此处拟以《景德镇新安书院契录》第 1 册收录的新字第 1—54 号契券，将各契券反映的主要信息列于下表：

---

1 梁淼泰:《明清景德镇城市经济研究》，第 17 页。

2 参见周荣林编著:《千年瓷韵：景德镇陶瓷历史文化博览》，南昌：江西人民出版社，2004 年，第 10 页。

3 梁淼泰:《明清景德镇城市经济研究》，第 215 页。

4 梁淼泰:《明清景德镇城市经济研究》，第 377 页。

5 道光《浮梁县志》卷二二《杂记·宿弊》中，收录有乾隆十八年（1753）的《禁冒籍碑文》，提及当时婺源人大批冒籍应试，已造成严重的社会问题（《中国地方志集成·江西府县志辑》第 7 册，南京：江苏古籍出版社，1996 年，第 482 页）。这与徽商进入景德镇的历史进程，可以比照而观。

表 1 《景德镇新安书院契录》第 1 册各契

契号	地　点	年　代	产　业	交易	交易双方	页码及备注
新 1	半边街	乾隆元年十二月	店屋半间	转当	李允亮仝侄长发→新安会馆	页 6
新又 1		乾隆四年五月十九	基地一片	出卖	徐邦庆→新安会馆	页 7
新 2	弥陀桥	道光十二年七月	店屋两间、店后土库一重	出卖	焦秀章→祁门许晓山	页 7
	圣节巷	道光十二年九月	店屋	捐输	祁门北乡忠庄附贡生许士暚（号晓山）→六邑同仁局	页 8
	弥陀桥	光绪三十四年十月二十三	店屋一间，前后两大进（开张米店生理）	出卖	祁门胡炳炎→新安书院义醮社	页 8
			店屋胡恒顺昌米店店内傢伙等	出卖	祁门胡炳炎→新安书院义醮社	页 9
新 3、4、5、6	里市渡上首正街	光绪四年三月	棕索店	出卖	祁门许子佩→黟县王再文兄弟	页 10—11。此业基地于 1920 年 12 月输与义醮祠
			棕索店内顶脚码头、傢伙	出卖	祁门许子佩→黟县王再文兄弟	页 11—12。此业码头顶脚于 1920 年 12 月输与义醮祠
新 3—7	里市渡上首	道光十八年十二月初一	楼店两间半、店屋一间、店后土库屋一间	出卖	罗海楼→新安书院同仁局	页 12—13
新 7	里市渡下首	民国十三年七月初一	浮屋、码头顶脚	推与	江西省丰城县沈永生→新安书院	页 13—14
新 8	里市渡口	嘉庆十年十一月二十四	店屋两间	出卖	罗门蓝氏仝男兄弟四人→刘星五	页 15
		民国十四年正月	码头顶脚一重	出卖	黟县汪门金氏仝男天赐→新安书院	页 16。其店屋系新安书院敦谊社店业
			店屋一重并码头顶脚	出卖	黟县汪门金氏仝男天赐→新安书院	页 17
新 9	里市渡大衙下首	乾隆十八年十二月	楼店二间	出卖	汪克侯→程姓	页 19
		乾隆二十一年四月初二	楼店一间	出卖	汪启瑞→程姓	页 19
新 10	大衙口下首	乾隆十三年十二月	店屋一间	出卖	朱永华→程姓	页 20
	里市渡大街大衙下首	乾隆十八年十二月	楼店两间	出卖	汪克侯、程宗瑾→程姓	页 21

（续表一）

契号	地　　点	年　　代	产　　业	交易	交易双方	页码及备注
新 11	求子衕	乾隆五十八年九月	店面三间、土库屋一重	出卖	仇以鸿→徽州会馆中元	页 22
	求子衕内	嘉庆二十三年十二月廿二	土库栈房屋前后二重	租到	汪双隆→新安敦谊社	页 23
	求子衕上首第二家	宣统元年十二月二十六	顶脚码头及傢伙	出卖	泾县郑云章、郑汉章→新安敦谊社	页 23。现开乾泰药店
新 12	求子衕上首	乾隆五十八年九月	土库屋二重	出卖	仇以鸿→徽州汪万成	页 25
		嘉庆二十三年八月初一	店屋一重门面三间	租到	泾县郑有龙→新安敦谊社、如新社	页 26
新 13	石狮埠	道光十九年七月	土库楼屋一重、楼屋店面三间	出卖	黟县舒黄氏仝男如苍、媳王氏、孙敬和、介圭、孙媳江氏、曾孙法宽→新安书院同仁局	页 27
		民国三年十二月	店屋内店底码头、傢伙、晒台等件	出顶	泾县董学训、董杰珊、董学松→新安书院同仁局	页 28—29
	老石狮埠下衕	民国十一年十一月十九	土库楼屋一重	出卖	徐培寿→新安书院同仁社	页 29
新 14、15	石狮埠	道光十九年七月	楼店土库一重、楼店屋两间	出卖	黟县舒黄氏仝男如苍、媳王氏、孙敬和、介圭、孙媳江氏、曾孙法宽→新安书院同仁局	页 31
新 16	石狮埠	同治五年六月十五	永美招牌底脚、傢伙	推付与	祁门洪炳辉→新安书院义醮会	页 33
新 17	石狮埠下河衕	乾隆五十九年十二月	浮店六间	出卖	都昌石敏璜、石敏靖兄弟→新安同仁局	页 35
新 18	饶家衕口	康熙四十九年八月初一	店业一所、前店面二间、后基地三间	出卖	李玉万→?	页 36
	石狮埠	光绪十九年二月	楼店一重（开张纸马生理）	租到	义大号→新安书院同仁局	页 37
	新石狮埠下首	光绪二十七年五月	义大纸马店码头顶脚一处	出卖	临川王荣二、王贵则、王林八、王起生→新安书院老同仁局	页 37
新 19	石狮埠	民国十三年八月卅一	房屋一所	出卖	汪惟梁→新安书院	页 39。原于清嘉庆二十二年价买汪惟梁屋一所
	石狮埠下首	光绪二十七年正月	楼店屋一重（开张杂货生理）	承租	马炳文 → 新安书院同仁局	页 39
			楼店屋内码头顶脚（开张杂货生理）	承租	马炳文 →新安书院同仁局	页 40

（续表二）

契号	地　点	年　代	产　业	交易	交易双方	页码及备注
新 20	石狮埠	乾隆四十九年七月	楼店一间	出卖	吴茂如→新安崇正会	页 41
新 21	石狮埠	乾隆四十九年六月	楼店一间	出卖	吴绍勋→新安崇正会	页 42
新 22	圣节巷上首、饶家衖口	乾隆二十二年十二月	土库店屋两重	出卖	李奇碧→本府同仁会	页 44。从“本府同仁会”的措辞来看，李奇碧也是徽州人
新 23	饶家衖	民国十三年八月卅一	房屋一所	出卖	龚玉书→新安书院	页 45。原于清乾隆十二年价买龚玉书屋一所
新 23	饶家衖口大街	民国八年十二月廿二	码头顶脚一所	出卖	义和社公众→新安书院	页 46
新 24	龙船衖下河上首	道光十七年五月	地坦一片做造屋三间四列	出卖	青阳陈如川→新安书院同仁局	页 47
	龙船衖上首	光绪三十三年十一月	鼎昌号（果号）前后码头、傢伙、顶脚	出卖	舒吉臣→本书院义醮社	页 48。从“本书院义醮社”的措辞来看，舒吉臣当为黟县人
新 25	龙船衖上首	民国十年三月初一	土库门面楼店屋一所等	出卖	黟县黄程氏仝男黄夔元→同邑敬云堂	页 49
	灿子衖口		楼房店面屋三间并基地及码头顶脚、土库屋基地墙垣并码头顶脚全业	掺换	黟县江敬达→新安书院如新社、敦义社	页 50
新 27	龙船衖内横街	光绪十七年十二月	土库楼屋一重	出卖	黄启发→本郡书院义醮社	页 52。从“本郡书院义醮社”的措辞来看，黄启发当为徽州人
新 28						页 53。此契与 27 号合契，屋亦毗连
新 29	中渡口大街	道光十八年十二月	店屋一重	出卖	都昌胡思松→新安书院同仁局	页 54
新 30	中渡口上首	道光十八年十月	店屋一重	出卖	顾凤山→新安书院同仁局	页 55
新 31	灿子衖	道光二十八年十月	土库屋一重	出卖	歙县汪崇实、汪小槎→本郡书院崇正社	页 56。页 57 又名扫帚弄
新 32、33	曹家码头	乾隆十年十二月	楼店屋一间	出卖	鲍学麟仝侄鲍时英→敦谊会	页 57
		同治四年八月	店屋一间	出卖	胡江氏同男张鼎→新安书院崇正社	页 58
	曹家码头上首	同治十二年二月	基地一处	出卖	休宁胡朗峰→新安书院崇正社	页 59

（续表三）

契号	地　点	年　代	产　业	交易	交易双方	页码及备注
新 34	曹家码头	乾隆三十八年三月	楼店二间	出卖	王翁氏仝男文煌→新安文公祠	页 60
新 35	曹家码头	道光二十三年十二月	店面土库一重	出卖	罗阿刘氏仝男凤韶、际阳→新安书院同仁局	页 61
		光绪十四年十二月	吉泰药店马头顶脚一半	出卖	舒希周→本书院义醮会	页 62。舒希周当为黟县人
新 36	朱氏衕口	康熙五十七年十月	土库店屋一重	出卖	汪明若→新安关帝庙敦谊会	页 63
新 37	新安书院上首	民国十三年八月卅一	房屋一所	出卖	潘时行→新安书院	页 64。原于清同治元年价买潘时行屋一所
新 37	朱氏衕口	嘉庆二十五年二月十五	店面楼屋一间	租到	汪于海→新安敦谊磁社	页 65
	八卦图	道光二十年三月	张聚兴面馆（隆兴招牌）店底马头、傢伙	出顶	俞洪氏→孙姓	页 66
新 38	曹家码头下首八卦图	道光十二年十一月	土库屋一重	出卖	李罗氏仝男棻、楠→朱益源	页 67
	八卦图	道光十八年九月	土库楼屋一重	输入	朱仆园→新安书院同仁局	页 67。朱仆园即朱益源，应为徽州人
新 39	百子衕	嘉庆十九年七月	屋一间	出卖	夏清远→新安义醮社	页 68
新 40	百子衕	光绪九年三月	土库楼屋一重、堂屋二进	出卖	都昌余顺景、余顺藻→徽州府义醮祠	页 70
		光绪九年三月	马头顶脚	出卖	都昌余顺景、余顺藻→徽州府义醮祠	页 71
新 41	哲四巷	康熙四十二年九月初三	楼屋并地一间	出卖	王公谟→凌华荪	页 72。康熙五十一年六月初十，将契内界定基地并屋，“转卖与吾郡关帝庙为业”。据此，则凌华荪为徽州人
	新安巷新安书院对面	宣统元年十二月二十六	码头顶脚（现开大盛祥线店）	出卖	泾县郑云章、郑汉章→新安书院敦谊社	页 73

（续表四）

契号	地　　点	年　　代	产　　业	交易	交易双方	页码及备注
新 42	通津桥上首铁匠衕	康熙五十一年六月	店屋地基一业	出卖	浮梁吴文其、吴文絅→新安关帝庙	页 75
新 43	通津桥哲四巷上首	康熙四十年十一月廿五	地基一业	出卖	董又彬同弟董公琳→新安会馆	页 76
	新安巷	民国十二年十一月初一	码头项脚一所	出卖	江连海→新安书院敦谊社	页 76
新 44	哲四巷口上首	康熙四十二年九月十八	程宅店地一间	出卖	王公谟→潘	页 78
	徽州会馆戏台隔壁	嘉庆十三年正月	店屋一重	出顶	胡国孝（裁缝店）→朱德盛	页 78
新 45						此业与 44 号合契
新 46	徽州会馆哲四巷口	嘉庆二十一年十二月廿五	土库店屋一重前后两进	出卖	侯组堂→婺源俞资尧	页 79
新 47、48、49、50、51	哲四巷下衕转湾第一间	同治十年五月	基地一处	出卖	鄱阳于美恩→新安书院崇正社	页 80
	哲四巷下弄转湾上首第四间	光绪三十年八月初一	基地一片、旧屋一排两间	出卖	谭义发→新安义醮社	页 81
新 52、53	哲四巷河下	康熙二十八年十二月初一	店地三间半	出卖	浮梁里仁都邓国基→?	页 84
	通津桥哲四巷上首	康熙五十一年九月	店屋毗连二间	出卖	抚州府临川县人万仲美仝弟其友、侄道弘→新安关帝庙	页 85
新 54	哲四巷	民国十三年八月卅一	房屋一所	出卖	董文彬→新安书院	页 86。原于清康熙十年价买董文彬屋一所

《景德镇新安书院契录》第1册所收契券，涉及的地点位于半边街以南、斗富弄以北。此一区域之内，分布着景德镇的四大码头——许家码头、里市渡、曹家码头（今中渡口）、湖南码头（今通津桥）。而第1册所收契券反映出的新安书院之产业，基本上也集中在这四个码头附近。其中，半边街上的许家码头地处要冲，瓷土、窑柴由此进口，而里市渡则是通往饶州府鄱阳、南康府都昌以及浮梁西乡的河运咽喉。里市渡原名李施渡，亦称里四渡，位于今景德镇中山北路的半边街，对岸即古码头三闾庙，为景德镇周遭粮食贸易的重要集市。[1]从当地的相关地图来看，里市渡以北有半边街、弥陀桥等。在上述的54份契券中，有10份契券都与里市渡相关。据清道光二十六年（1846）四月十二日所立《严禁义渡滋弊》碑：

> 景镇里市渡数省通衢，商贾络绎，往来不绝。生等新安书院设立同仁局，始于康熙年间设立义渡，有平头船三只，尖头船半只，与鄱邑共成一只。各船雇渡夫撑驾，每年按月照给公食，由来已久。向有旧章条规，随到随渡，行人称便。其义渡船只，原系里市渡义济庵管理。

当时，饶州府景德镇官员应来自徽州府六县的监生、百姓之请，颁布了有关里市义渡的告示，后由徽州商民立碑示禁。该碑原立于景德镇市里市渡三闾庙前，[2]从中可见，自康熙年间起，里市渡一带的义渡就属于新安书院同仁局经管，而义渡船只则由义济庵负责管理。[3]正是由于它与徽商的密切关系，后来常有徽州同乡将个人名下的产业捐赠给同仁局。对此，新字第113、114号契券有：

> 立批字人李肇兴店，今于乾隆四十七年喜助新安同仁局内渡船一只，在于景镇里市渡，今将已置景德镇土名老关帝庙大街土库店屋一所，店面三间，前后二重，东至官街滴水为界，西至屋后墙为界，南至墙外滴水为界，北至前店面伯青墙止后屋墙外滴水为界。又将分府署前坐南朝北楼店屋一所，其屋东至墙外为界，西至柱外为界，南至墙为

1 明清时代，鄱阳湖流域为产米之区，而昌江则是江西粮食输往徽州的重要通道。现存的一册徽州文书抄本（私人收藏），反映了清乾隆十七年至二十四年（1752—1759）徽商与鄱阳县三河牙行之间的诉讼纠纷，从中可见徽商在饶州府粮食贸易中的重要角色。

2 江西省历史学会景德镇制瓷业历史调查组编：《景德镇制瓷业历史调查资料选编》，转引自刘朝晖：《明清以来景德镇瓷业与社会》，第222页。

3 据安字第22号契，康熙五十一年（1712），关帝庙曾与义渡会交换基地。当时，义渡会有僧别尘，应为义济庵的和尚。参见郑乃章编：《景德镇新安书院契录》，第247页。

界，北至官街为界，将此屋愿自输与同仁局内，以作渡船工食之费，递年修造事用。仍余之银，施棺、义冢费用。其屋契本家执存，当付租约二张，缴付同仁局内为据，听从改换召租。恐口无凭，立此批字一纸，久远存据。

凭中人苏俊英，王维周，詹际川。

乾隆四十八年正月十八日立批字人李公量仝侄李龙川。[1]

关于上引批字中李公量、李龙川叔侄的身份，此前的一份契券指出：

立卖契人刘震南，今因欠缺资本，自情愿央托亲友，将自承父置得浮邑景德镇镇市都土名老关王庙大街房屋三间，前后两重内土库，四至墙垣、门扇、户壁、基地及各项俱全，……其屋原承父阄分与身己业，今将四至开明，界内基地、墙垣、屋宇、门扇、户壁装修俱全，上至椽瓦，下连地骨，本家并不存留，尽行凭中立契，出卖与徽州府休宁县李名下为业……

该份卖契立于乾隆八年（1743）九月，其后批曰："本号此屋，今于乾隆四十八年正月批入同仁局内收租管业，以作里市渡渡船工食、修造并施棺木、义冢使费，本家日后无得异说，只此。李公量批。"[2] 由此可见，刘震南将房屋三间卖与徽州休宁县人李公量，四十年后，后者又将该三间屋捐与新安同仁局。结合上述二契的内容，李公量及其侄子李龙川是在景德镇开有李肇兴店的徽州休宁商人，他们先于乾隆四十七年（1782）向新安同仁局捐助渡船一只，继于乾隆四十八年（1783），再将店屋一所店面三间捐入新安同仁局，以作渡船工食、递年修造之费，并约定：倘有剩银，则用于施棺、义冢的相关费用。从《景德镇新安书院契录》所收各契来看，与里市渡比较接近的求知衙一带，有新安仁恤堂、祁门义祭社等，这是与旅景徽人相关的组织。

中渡口简称中渡，为柴、槎船停靠码头，为交通运输要地。清代郑廷桂《陶阳竹枝词》："坯房挑得白釉去，匣厂装将黄土来，上下纷争中渡口，柴船才拢槎船来。"其注曰："中渡过河西，多有坯房、匣厂，又为柴、槎码头，争渡者日夜不息。"该渡口原址离现址要北上百余米，[3] 据今人回忆，徽州会馆为昌江两岸人们过往方便，在抗战时特意购置木船二艘，放

1 郑乃章编：《景德镇新安书院契录》，第 162—163 页。

2 郑乃章编：《景德镇新安书院契录》，第 161 页。

3 石奎济、石玮编著：《景德镇陶瓷词典》，南昌：江西人民出版社，2014 年，第 184 页。

在中渡口义渡，木船船尾漆写的“新安书院”四字赫然显目。[1]附近的罗家坦（东至中华北路，西至低头弄，南接青石街，北连龙船弄），明清时曾开有柴炭行，因此地有块大坦，为罗家堆放柴炭之用，故而得名。直到民国时期，这里仍为柴炭闹市。与此毗邻的龙船衕下河上首，为新安书院同仁局之所在。[2]

图 2　新安书院周遭形势图

此一区域的南部有新安书院，与之相关的地名有新安巷。原先，会馆南北两侧弄巷均称新安弄，后统一改名为新安巷（有新安上巷和新安下巷）。据今人回忆，徽州会馆占地面积约 4 000 平方米，计有三道门，正面是大门（中门），南北两侧各有一门（厢门）。除祭祀等重大活动时可自中门进出外，平时只能走厢门。大门正上方书有“新安书院”四个镶金大字，门前约一米处，有一对汉白玉磨制而成的石狮。第二道门上方，书有“五凤阁”三字，顶上是戏台，脚下是青石板台阶。再走进去则是坦场，面积约占整个会馆的五分之一。穿过坦场，便到达正厅（即朱夫子殿）。此外，馆内还有关帝殿、文昌宫和义醮祠，门外隔街有

1　曹时生、汪锡侯、王国梁：《徽州会馆与群众团体》，收入政协景德镇市文史资料研究委员会编：《景德镇文史资料》第 9 辑《景德镇徽帮》，第 231—232 页。

2　据新字第 24 号契，青邑（青阳）陈如川将龙船衕下河上首地坦一片等出卖与新安书院，其中提及：“后坐山靠新安书院同仁局屋墙为界。”郑乃章编：《景德镇新安书院契录》，第 47 页。

一座 30 余平方米的戏台，戏台建有顶棚，可以全天候演戏，完全不受天气的影响。[1]1944 年，徽州商帮曾在此开设新安小学。其主体建筑之一的五凤阁及门前石狮，于 1956 年时移入人民公园，而新安书院的遗址则为今景德镇市第一小学。

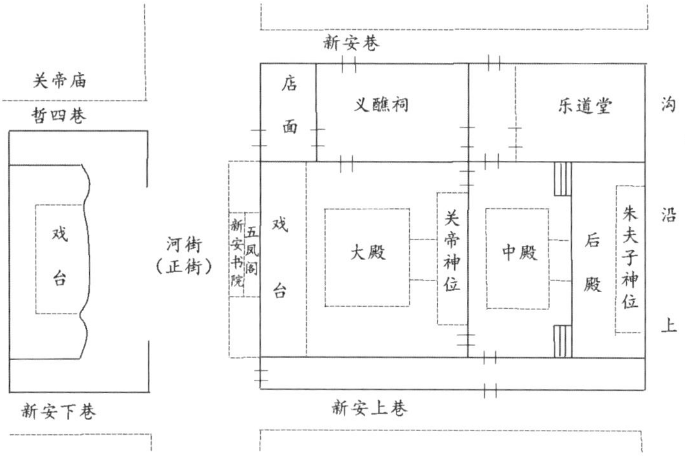

图 3　徽州会馆图[2]

图 4　五凤阁及石狮——新安书院二道门建筑遗构（王振忠摄）

1　以上回忆，源自曹时生、汪锡侯、王国梁所撰《徽州会馆与群众团体》一文，收入政协景德镇市文史资料研究委员会编：《景德镇文史资料》第 9 辑《景德镇徽帮》，第 231—232 页。

2　此图根据江华、黄声辉主编《景德镇市戏曲志》"景德镇市徽州会馆（新安书院）戏台平面示意图"改绘而成（自印本，2003 年，第 298 页）。根据今人的回忆资料及《景德镇新安书院契录》相关契据，对原图做了一些修正。

以往对于景德镇徽州会馆的始建年代言人人殊，有的认为是在清初，有的认为是在嘉庆、道光年间。在这方面，《景德镇新安书院契录》显然可以纠正以往的谬说，并加以较为详细的复原。在这方面，特别是该书第4册中的相关部分，提供了颇为重要的史料。如安字第21号契：

立卖契程子绍，今有景德镇通津桥上首浮屋一间，原系汪弘度抵还者，今愿出卖与新安会馆名下为业，并来脚契三张，其屋四至，来脚契内已载明白，当时得价银叁拾玖两，其银当日一并收足，其屋即交，听从管业，以后并无重复，等情。今恐无凭，立此为照。

代书、中见：程凤衔

康熙四十年六月　日立卖契程子绍[1]

通津桥即景德镇四大码头之一湖南码头之所在，通津溪自莲花塘流经此地入昌江，故名。上揭契约中明确提及承买通津桥上首浮屋的业主为“新安会馆”，可见，至迟到康熙四十年（1701），[2]景德镇徽州会馆便已存在。此后，徽州会馆仍有进一步的扩张。关于这一点，安字第17号契提及，乾隆十八年（1753）六月，鄱阳县高五臣将位于哲四巷后沟边的空地一块，出卖与新安书院名下为业，“其地听从买主执契管业，竖造文祠”[3]。安字第18号契，也有乾隆十八年六月“竖造文祠”[4]的说法。此外，安字第2号契则提及，乾隆十九年（1754），刘正昂、刘正鼎二人将位于哲四巷的窑屋一所，出卖与新安书院，“其窑屋即听书院拆毁，竖造文庙”[5]。上述的“文祠”“文庙”，也就是指新安书院（朱熹号称徽国文公，故新安书院之俗称亦作“朱子祠”“文祠”或“文庙”）。

与新安书院毗邻的还有关帝庙。据安字第22号契记载：[6]

立议墨合同义渡会首刘治也等，僧别尘，徽商汪万成等，景镇三图地方，本年五月

1　郑乃章编：《景德镇新安书院契录》，第247页。

2　安字第15、16号契中，即已出现“会馆”二字。此契作于康熙三十五年（1696）十二月，据此推断，徽州会馆当时应已出现。

3　郑乃章编：《景德镇新安书院契录》，第243页。

4　郑乃章编：《景德镇新安书院契录》，第244页。

5　郑乃章编：《景德镇新安书院契录》，第228页。

6　郑乃章编：《景德镇新安书院契录》，第247页。

惨遭火变，哲四巷内，先年徽商曾建关圣庙宇，今此地四面遭焚，惟庙独存，足见神圣之德，不遭南离之局。今商等仰神灵而庙朽，惨见地方屡遭不测，皆店屋连络，帖河无墙，遭一燃而立成长空。今商等乐输金资，买地重建庙宇，改迁西向大街，永祈福国佑民。所有对面基地一丈七尺，原系徽商方君素先年助入里市渡，令其取租，雇募舟子，以济往来，其店亦遭火焚。今商立愿，上首立庙，下首造墙，以杜风火，永保无危。是以价买八卦图坐西向东杨弼等之基地，计阔一丈九尺，与义渡更换，当日约同义渡会首并僧别尘，当日立墨，眼同钉界，两相交割商买之地：听从义渡造店取租，管理义渡之地；听从徽商造墙，入庙管理。二者均系地方义举，两相情愿，但事干久远，故立议墨公约一样二张，义渡收执一张，永远为照。

其上首方君素业契在徽，今商买杨弼等之业契亦存关帝庙内，二家执此新立合约，各行管理，无得异说。再批。

徽商汪万成

义渡僧别尘

康熙五十一年七月初一立议墨合同义渡会首黄赤生、余于昭、刘治也、陈玉铉、方天瑞。

代书李育万。[1]

此处提及的哲四巷，据说最早是因弄内住有算命测字卜卦之人，故名测字巷，后改名为哲四巷[2]。而八卦图亦即今之百花图。从中可见，康熙五十一年（1712），关帝庙就在哲四巷原址上有所扩建。因此一关帝庙由徽商所兴建，故又称徽州庙、徽州圣祠[3]、徽州关帝庙[4]、新安关帝庙[5]等。

关于关帝庙存在的具体时间，安字第 15、16 号契提及，邓寿将哲四巷内楼店一间，出典与会馆元吉师父，此契作于康熙三十五年（1696）十二月初四日。另外，据同号康熙三十六年（1697）七月十一契，元吉师父亦即“关帝殿住持僧”。当时，汪本元将通津桥哲

---

1 郑乃章编：《景德镇新安书院契录》，第 247—248 页。

2 景德镇市地名委员会办公室编《江西省景德镇市地名志》（景德镇：景德镇市地名委员会，1988 年）认为哲四巷之改名在民国时期，此说显然不确，清代契约中已出现“哲四巷”。

3 郑乃章编：《景德镇新安书院契录》，第 231 页，安字第 5 号契。

4 郑乃章编：《景德镇新安书院契录》，第 232 页，安字第 6 号契。

5 郑乃章编：《景德镇新安书院契录》，第 75 页，新字第 42 号契；第 246 页，安字第 20 号契。

四巷上首的土库店屋一所并地，出卖与关帝殿住持僧元吉名下为业。[1]由此可见，关帝殿有僧人元吉住持。此后，安字第5号契提及，康熙五十一年十月初一日，芝城（饶州）丁奉光将哲四巷土库屋一重，“其屋东至墙外滴水为界，西至本家弄外徽州庙墙为界，南至墙外滴水行路，直出官街为界，北至墙外滴水为界，……四至开明。今因徽郡圣祠因被火灾，改造砌墙，经中议定，将身地作价壹佰壹拾壹两正，对换庙内诸公原买吴姓南门头土库屋一重”[2]。此处提及的“徽州庙”“徽郡圣祠”，亦即徽州关帝庙。另据安字第6号契提及，康熙五十三年（1714）新安六邑曾重修关帝庙。[3]

综上所述，至迟到康熙三十五年，徽州会馆就已形成。不过，此后的规模应有所扩充。乾隆十八年、十九年，徽州人为竖造文祠（朱子祠）而购置了哲四巷附近的土地，相关契据的出现，反映了会馆的建设仍在继续。另外，从《景德镇新安书院契录》来看，徽州会馆内的义祭祠，自嘉庆元年（1796）七月十三以后在契券中频繁出现，这说明义祭祠在乾隆末年以前应已存在。及至乾隆末年，徽州会馆内的主体建筑陆续建成，这也标志着徽州会馆扩大规模的活动已基本完成。与徽州会馆的形成差相同时，在哲四巷附近亦早已建成新安关帝庙。康熙五十一年的一场大火，庙宇惨遭焚毁，后在徽商的资助下，价买哲四巷附近的土地，对关帝庙加以扩充。

另外，分析《景德镇新安书院契录》第1册的内容，除了徽州人之间的产权交易之外，有不少也涉及与其他各地人群的互动。景德镇位于浮梁县境内，占有该县的里仁和镇市两都，因此，上述的一些契券就与浮梁当地的土著有关。此外，据清蓝浦所著《景德镇陶录》记载：“俗传：先是乐平人业此，后挈鄱阳人为徒，此康熙初事。其后鄱邑人又挈都昌人为徒，而都邑工渐盛，鄱邑工所满者反逊之。今则镇分二帮，共计满窑店三十二间，各有首领，俗呼为满窑头。凡都、鄱二帮，满柴、槎窑皆分地界。”[4]满窑店是专门从事满窑（装窑）业务的劳动力单位。清代郑廷桂《陶阳竹枝词》有“而今尽是都鄱籍，本地窑帮有几家”句。《景德镇陶录》所附景德镇图中，即见有都昌会馆、饶州会馆（亦称芝阳会馆，此会馆虽为鄱阳、乐平、余干、浮梁、德兴、万年和安仁［余江］七县所共有，但芝阳为芝山鄱阳之意，显然，鄱阳一县占有最为重要的地位）。其中，特别是都昌人的势力最大，景德镇俗语有“十里长街半窑户，迎来随路唤都昌”，指的便是在景德镇以瓷为业的人约占总人口的一

1　郑乃章编：《景德镇新安书院契录》，第242页。
2　郑乃章编：《景德镇新安书院契录》，第231页。
3　郑乃章编：《景德镇新安书院契录》，第233页。
4　傅正伦著，孙彦整理：《〈景德镇陶录〉详注》，北京：书目文献出版社，1993年，第54页。

半，而其中又以外籍人居多，尤以都昌县人为最，十里长街上，往来行人皆以都昌话寒暄。[1]因此，在《景德镇新安书院契录》中，有不少徽州人与都昌、鄱阳人交易的契券。此外，作为契约中的甲方和乙方，还见有安徽泾县、青阳，江西南昌府丰城县、南昌县，抚州府临川县、金溪县，建昌府新城县，瑞州府高安县以及福建等地的人群。

另外，从前述的《景德镇陶录》所载，康熙年间应是景德镇陶业恢复并得以持续发展的重要时期。揆诸史实，清廷控制饶州之后，颁布了废除匠籍的诏令。不过，当时兵燹劫余，居民稀少，御器时造时停。直到康熙十九年（1680），才逐渐出现了“商贾辐辏”[2]的局面。及至雍正年间，由于御厂的工匠人夫全部来自雇佣，这极大地激发了民窑的生产积极性。到了乾隆八年（1743）以后，更出现了“官民竞市”[3]的场面，不少窑户皆以此致富。也正是从清代前期开始，徽商势力大增，相关的店屋及土地买卖的案例日渐增多。契约中出现的“浮店”“浮屋”，应当是指简易的商店和房屋，而“土库”则是仓库的意思。前人研究成果已指出，在历史上，景德镇未曾建过城墙，正因为如此，城镇便于扩张地盘，亦有利于货物的内外运输。不过，受地理条件所限，城镇东面依山，西面临水，在东西两个方向皆难以进一步拓展，再加上各类窑房、作坊建筑等，皆需就近濒临昌江河流，以取水利运输之便，所以城镇街区呈南北方向延伸的状态，形成了南北带状方格形街弄系统的城市格局。[4]也正因为如此，景德镇房产交易契约中，常见有“码头顶脚”的记载。所谓码头顶脚，是江西省内沿江城镇的一种俗例，学界将之归纳为“店铺码头权”，它是指一家商号在某地段开设多年，即取得在当地使用码头的权利。为此，在店铺转让买卖时，业主有权加收码头顶脚的相关费用。其时，沿着昌江有四个重要的码头，亦即许家码头、里市渡、曹家码头（今中渡口）和湖南码头（今通津桥）。在这四个码头附近，集中了新安书院的不少产业。从《景德镇新安书院契录》各契之附图来看，除了“土库屋”（仓库）外，一般屋业“入深”（长）往往要比“阔”（宽）长得多，这说明店屋以狭长条的形态居多。另外，面对大街或巷道方向的开口多是“排门”，这显然也是传统商业城镇铺面的特征。从上述的契券中可见，徽州人在这一带开有米店（胡恒顺米店）、棕索店、土产店（乾泰隆土仪号）、水果店（舒鼎昌果号）、药店（程仁和药号）和面馆（元春面坊）等。

1　关于景德镇的都昌人，民国时人詹鸣铎所著章回体自传《我之小史》第十四回亦有生动描绘，参见王振忠、朱红整理校注：《（新发现的徽商小说）我之小史》，合肥：安徽教育出版社，1998 年，第 223—225 页。

2　康熙《浮梁县志》卷九《赋役》，收入《中国方志丛书》，台北：成文出版社，1989 年，第 1032 页。

3　梁淼泰：《明清景德镇城市经济研究》，第 146 页。

4　梁淼泰：《明清景德镇城市经济研究》，第 17 页。

当时，向新安书院出卖产业的，包括个人、会社和公堂。个人的例子很多，自毋须赘言。此外，新字第23号契有：

立杜断绝卖码头顶脚契义和社公众人等，今因无钱正用，只得情愿将会所置一图五、六、七保饶家衖口大街码头顶脚一所，坐西朝东，其四至，照贵书院四至为凭，今托中立契，出卖与新安书院崇正社名下为业……

民国八年阴历十二月二十二日杜断绝卖码头顶脚契义和社公众等押。[1]

此处的“义和社”和“崇正社”，皆是景德镇常见的一种会社组织，只是前者隶属的区域不得而知。此外，还有的出卖方则是一些公堂。如1925年冬安字第61、62号契，是浮梁蓝光裕堂将山业卖与新安无名氏，再转输与徽州会馆为新安义冢。其中的“蓝光裕堂”，也就是浮梁蓝姓的一个公堂。在浮梁，蓝姓是一著姓，《景德镇陶录》之作者蓝浦就在姓名前自署作“昌南”。而在半边街以北，还有一个蓝家祠的地名。与此相对应，也有一些公堂购卖产业的例子，如1920年12月安字第60号契，是浮梁沈义粟将己山卖与徽州黟县李德玉堂名下为业，继于两年后由后者乐输与新安书院。[2]这说明，在景德镇活动的人群，既有众多个体的务工经商者，又有以家庭甚至家族为单位的血缘人群。此外，尚有一些以业缘为中心的其他人群，关于这一点，下文还会提及。

除了《景德镇新安书院契录》第1册之外，其他册中的一些契约，也涉及不同商帮之间的交涉。如根据当代人的回忆，景德镇百年老店“公和第一圃”，始创于同治年间，其创办者为江西奉新人帅国和。及至光绪年间，由歙县人江亦庵顶盘，他对店堂做了修葺和改造，使之成为一流的菜馆。民国初年，店务改由歙人程镜湖掌管。[3]关于这一点，新字第61号有较为详细的记载：

立清理界志合同。公和圃店屋众业主新安书院江亦安、洪都书院张仲平等，今因前者公和酒馆承租各业，因事制宜，改造便用，是各界不无混淆。今者年深月久，窃恐文献无征，故各业主等，邀集中证、房客，眼仝绘图丈量，界限条分缕晰，一一注明，连

1　郑乃章编：《景德镇新安书院契录》，第46页。

2　郑乃章编：《景德镇新安书院契录》，第283页。

3　胡清和口述，郑惟馨整理：《徽帮的酒楼茶馆》，收入政协景德镇市文史资料研究委员会编：《景德镇文史资料》第9辑《景德镇徽帮》，第146页。

房客存底一纸，共立五纸，各执一纸存据。至于各业主旧契所载四至，一概不凭，只以现在清丈图界为据，永无争执。今欲有凭，立此合同存据。

……

经场清界中人：丁梅仙、程镜湖、李祖安、郑子瑜、何廷之、倪润清、钟民山、詹敬孙、余心田、郑筱禹、孙洪基、韩国昌、张启东、张传礼。

绘图丈量人：邓碧珊。

代笔批注人：卢郁文。

民国六年旧历二月　日立清界合同人：新安书院江亦安

洪都书院张仲平。[1]

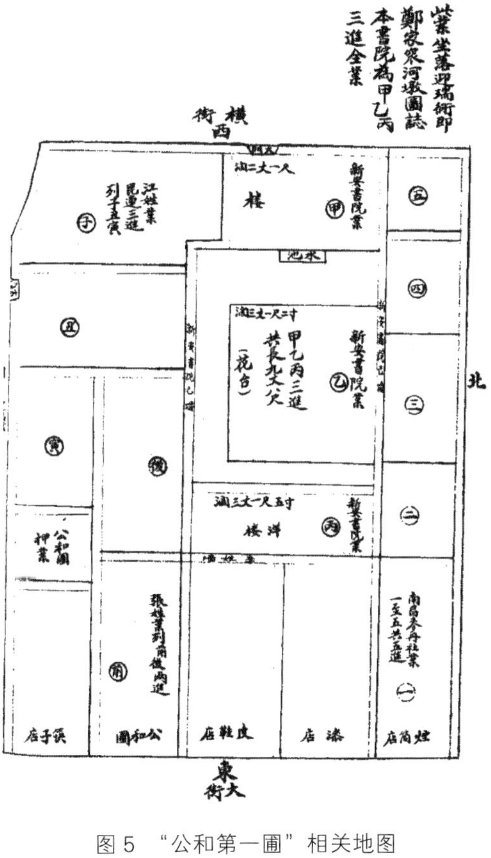

图 5 “公和第一圃”相关地图

1 郑乃章编：《景德镇新安书院契录》，第 98—99 页。

迎瑞衙（郑家洼）即今迎瑞下弄，图中的“东大街”应当就是现在的中山北路。可见，当时沿正街自北向南，第一进依次开有烟筒店、漆店、皮鞋店、公和圃与筷子店。最南端的二进还有公和圃押业，而中列的二、三、四进（即图中的甲、乙、丙三进），都是新安书院的产业。另外，由该合同可见，前揭口述中的“江亦庵”，亦即清界合同中的江亦安。上列所引“经场清界中人”中的丁梅仙、程镜湖、郑子瑜、倪润清和张启东等人，都是新安书院的头面人物。其中的程镜湖为新安书院之“首士”（也就是来自歙县的董事），后来还接替江亦安，负责公和第一圃的经营。由此可见，公和第一圃的产权，与新安书院和洪都书院都有着密切的关系。洪都书院也就是南昌会馆，是江西南昌府所属南昌、新建、丰城、进贤、奉新、靖安、安义和武宁八县的旅景同乡组织。从清界合同及所附的地图来看，这显然不是个人间的盘顶买卖，而是涉及商帮之间的产权转让。换言之，江亦安、程镜湖二人，实际上是代表新安书院出面承担公和圃之经营。在这一点上，以往的口述回忆颇多失真。

三、徽州会馆的管理与运作

明代以来，全国各地的徽州会馆或亦称为“新安会馆”“新安书院”“徽国文公祠”“新安文公祠”等，而景德镇的“新安书院”也就是徽州会馆的一种别称。之所以称为“书院”，在长江中下游的不少城镇中显然是高自标置，徽商借以彰显其“贾而好儒”的特色。不过，在景德镇，几乎所有的会馆都有“书院”的别称，而且，有的行会组织亦以“书院”的名称出现。除此之外，在《景德镇新安书院契录》中，徽州会馆又称“新安会馆”[1]、“新安文公祠”[2]等。

关于景德镇的徽州会馆，民国《重修婺源县志》卷三十八记载：“洪大鼎字公华，虹钟坦贡生，……恤商旅，输屋地，助景镇会馆，造吴巴岭路及浮梁小里亭，捐田施茗。”洪大鼎曾捐输屋地帮助建造景德镇的会馆。不过，此处的“景镇会馆”，尚不清楚是徽州会馆还是婺源会馆。另据民国《重修婺源县志》卷四十一记载：

> 詹必亮字镜心，庆源人。职监，以子启奎遇覃恩，诰赠通奉大夫。幼业儒，屡试不遇，乃营趁昌江业瓷，兼擅所长，众工慑服。后总理新安会馆，春秋祀事及诸公务，调

1　郑乃章编：《景德镇新安书院契录》，第6—7页。

2　郑乃章编：《景德镇新安书院契录》，第60、93页。

剂咸宜，合郡推重。浮东路圮，集议复修，亮倡捐钜数，并劝六邑绅商佽助，逾年告竣，遂成康庄。其他建葺，靡不踊跃赞襄。[1]

这是与徽州会馆相关的一条重要史料。从中可见，婺源庆源人詹必亮，在景德镇从事瓷业，后来成为徽州会馆的主持人。此外，民国《重修婺源县志》卷四十二：

詹士淳字亦良，庐源人。性好学，工书法，精通医理，活人无算，善辞说，片言解纷。景镇创造徽州会馆，公推经理，旋举为三帮会首，市廛无争。[2]

此一传记也指出，婺源庐源人詹士淳曾担任徽州会馆经理，并成为三帮领袖。所谓三帮，亦即景德镇的徽帮、都帮和杂帮。另据民国《重修婺源县志》卷四十六：

戴炽昌字云客，国学生，清华人。负才应试，未售，遂托业窑器于景镇。有徽州会馆施棺木，常缺费，昌理其事，首输金，徽属各行皆踊跃，得不废弛。

民国《重修婺源县志》卷四十六：

施添畀字秉初，诗春人。捐职县丞，尝业磁景镇，贩至粤东。藩宪方公联乡谊，推为商中君子。襄理徽州会馆，有条不紊。乐施与，焚借券［券］，排难解纷，至今人犹称之。[3]

民国《重修婺源县志》卷四十八：

詹起镜字蓉卿，贡生，庐源人。……客景镇，公举新安书院总理及保甲局董、育婴堂董，每遇纷争，片言解决。创立义瘗会，修正莒溪渡章程。该渡前因争收渡钱覆舟，溺死三十余人，镜为捐款置田，给渡夫，禀县勒石，永远不准收钱。浮、婺交界大路，

1 民国《重修婺源县志》卷四十一《人物十一・义行七》，收入《中国地方志集成・江西府县志辑》第28册，南京：江苏古籍出版社，1996年，第12页。
2 民国《重修婺源县志》卷四十二《人物十一・义行八》，收入《中国地方志集成・江西府县志辑》第28册，第25页。
3 民国《重修婺源县志》卷四十六《人物十二・质行七》，收入《中国地方志集成・江西府县志辑》第28册，第145页。

屡次募修。年六十四，无疾终，同乡为立主于新安书院，以昭崇报。[1]

同卷载有另一庐源人詹起镕，“承先人瓷业，绰有余裕，捐资建祠，卜吉葬亲，排难解纷，不辞劳瘁”。此人的行辈与詹起镜相同，应系同族甚至就是同胞兄弟。由此推断，詹起镜可能也是一名瓷商。他修正“莒溪渡章程”的作为，亦与景德镇里市义渡之运作颇相类似。

综上所见，当时，主持徽州会馆的，有很多是来自婺源的徽商。除了徽州会馆之外，在景德镇还有另外的婺源会馆。民国《重修婺源县志》卷四十二：

胡文耀字挹辉，清华人。好读书，因贫改商浮梁。粤氛起，襄办清华团练局，奖五品翎顶。……在景镇，立掩埋会，修徽州会馆，倡捐置义冢山，兴会课，筹宾兴费，建婺源会馆。景镇水灾，议停各会演剧费，以施衣食。他如桥路、茶亭，罔不捐助。[2]

此处提及的清华人胡文耀，活跃于太平天国前后，他对于景德镇的徽州会馆和婺源会馆之建设皆有贡献。关于景德镇的婺源会馆，民国《重修婺源县志》卷七有专条较为详细地加以记载：

景德镇婺源会馆，光绪丁丑阖邑捐建，在景德镇小黄家衕，土名里仁都二图九保。正屋二间，左边喻义堂，并厨屋四间；右边义祭祠。外置戴家衕店屋壹堂，苏家衕店屋壹堂，又浮梁南乡长源、辛合两都等处早、晚田四十亩。经理詹同昌、程茂林、戴心田、齐铨芝、汪羽丰、詹立言、俞允敷。[3]

“丁丑”即光绪三年（1877），这是婺源会馆兴建的确切年代。可见，婺源会馆内亦有义祭祠，其格局与徽州会馆差相类似。另外，婺源会馆在景德镇[4]及浮梁南乡还置有店屋以及田产。其中的汪羽丰，据民国《重修婺源县志》卷四十二记载：

1　民国《重修婺源县志》卷四十六《人物十二・质行九》，第200页。

2　民国《重修婺源县志》卷四十二《人物十一・义行八》，第51页。

3　民国《重修婺源县志》卷七《建置五・官室》，收入《中国地方志集成・江西府县志辑》第27册，第166页。

4　据新字第108号契所附地图，财神衕下街附近亦见有“婺源会馆业”（郑乃章编：《景德镇新安书院契录》，第155页）。另据汪维培的回忆，婺源会馆的公房计有81幢，红店屋居首（政协景德镇市委员会文史资料研究委员会编：《景德镇文史资料》第4辑《景德镇的会馆》，1987年，第193页）。

汪国仪字羽丰，晓起人。家贫力学，后业瓷景镇，积赀设肆，运贩粤东，以信实见称。先是，瓷器往粤，关卡留难，仪集诸商控告，奉准示禁。旋捐巨款，建婺源会馆，手订章程，遇事开会议决，乡人德之，立长生位于厅事旁。[1]

从中可见，景德镇婺源会馆是由婺源的瓷商捐资兴建。综合前述的记载，在景德镇，清代前期即建有徽州会馆，[2] 及至晚清时期，又兴建了婺源会馆。[3] 此外，徽州府六县中的祁门县，也在景德镇开设有会馆。之所以如此，显然是因为在一府六县之中，婺源和祁门皆与饶州壤地相接，两县前往景德镇务工经商之人为数最多的缘故。

由于人数众多，徽州府各县的人群都在景德镇建立了诸多的慈善组织。以实力较强的婺源商人为例，民国《重修婺源县志》卷四十一就指出：

余席珍字聘卿，沱川人，邑庠生。事亲孝，哀毁尽礼。承先人遗业，服贾景镇。其市廛为五方杂处，客死者多。徽商会馆向设义渡、义棺、义冢，赀竭难敷。珍集六邑绅士，捐置田产为长久计，并倡义瘗会，每岁雇工培土，泽及枯骸。又兴惜字会，建文昌宫，筹划备极周详。[4]

余席珍为浙江候补道余丽元之祖父。文中提及的“徽商会馆”，应即徽州会馆。这一段史料是说，徽州会馆之下设有义渡、义棺和义冢。为了弥补资金的不足，婺源沱川人余席珍集合徽州府六县的绅士捐置田产，以维持这些慈善设施的运作。此外，他还倡设义瘗会、惜字会，兴建文昌宫等。其中所提及的“义冢”，在《景德镇新安书院契录》中有详细的记载。例如，安字第31号：

1 民国《重修婺源县志》卷四十二《人物十一·义行八》，第36页。

2 石奎济、石玮编著：《景德镇陶瓷词典》，第476页，“徽州会馆”条称“约建于清代嘉庆、道光年间”，但据《景德镇新安书院契录》，徽州会馆至迟应建于康熙年间。

3 石奎济、石玮编著：《景德镇陶瓷词典》，第476页，“婺源会馆”条称“约建于清初”，但据民国《重修婺源县志》卷七，则应建于光绪三年（1877）。关于这一点，《清华胡氏统谱》卷末《贡生广耀公传》记载：“在镇创建星江会馆，扩增新安会馆规程，日与商界往来，声气广通，凡商务公务皆推兄为领袖。”（转引自梁淼泰：《明清景德镇城市经济研究》，第234页。）今按：星江会馆即婺源会馆，胡广耀生于1830年，卒于1908年，显然，婺源会馆建于1877年是正确的。

4 民国《重修婺源县志》卷四十二《人物十一·义行七》，第18页。

立断卖契人里仁三图三甲蓝若弘仝侄显达、福喜、玉成、玉的，今因无钱用度，自己情愿，将祖遗分值己名下山一号，坐落土名方广社，其山东至前至山洼、后至山脊，与刘姓毗连，直到山嘴为界，西至山脚坑为界，南至山脚大路为界，北至田塝为界，四至载明，三面眼同，埋石钉界。其界内之山，央中尽行立契，出卖与新安同仁会名下为业，……其山即交买主管业，听从买主施迁义冢……[1]

浮梁县的里仁三图，即景德镇的新安巷一带，而蓝姓则是当地的土著。该契订立的时间为乾隆二十二年十二月（1758 年 1—2 月），这应是最早的有关义冢之契约。可见，从 1758 年开始，徽商就逐渐在当地购地、修建义冢。此后，与义冢相关的契券主要有安字第 32—54 号契、第 58—62 号契。据此可知，从乾隆二十二年十二月开始，义冢陆续在加紧建设，这些义冢主要分布于河西十八渡、准提阁、董家坞一带。十八渡在昌江西岸，原称市埠渡，当地村民多以生产窑砖为业。准提阁在今薛家坞附近，而董家坞则在里村后街西北 3.5 公里新平路北侧，此处位于城区以北。

除此之外，上揭余席珍传记中还提及不少慈善设施，只是方志的记载不仅较为简单，而且在清代民国时期，景德镇的慈善组织及其相关设施还远不止这些。关于这一点，以下根据《景德镇新安书院契录》的记载依次加以分析：

1．同仁局[2]

同仁局又叫六邑同仁局、新安同仁局、新安同仁会，是新安书院附设的慈善组织，有关这一组织，民国《重修婺源县志》卷三十九记载：

郎兆林字永山，沱口人。……尝客景镇，创同仁局，施棺埋胔。又倡修通灵桥，以济行旅，施药煮茗，远近称德。

可见，同仁局为婺源沱口人郎兆林所创。此一同仁局，后为其子郎国忠继续维持：

郎国忠字汝臣，庠生，沱口人。……尝之景镇，过浮邑，见古冢暴骸，悉买棺瘗之。

1　郑乃章编：《景德镇新安书院契录》，第 255 页。

2　关于同仁局，刘朝晖在其《明清以来景德镇瓷业与社会》一书中，曾利用方志记载做过初步的勾勒（第 125—127 页）。此处则利用《景德镇新安书院契录》等做进一步的探讨。

初，景镇故有同仁局，为忠父所创，忠承志经理。会大水，尸泛河无算，买棺殓葬，局储几罄，忠复倡输给用，至今犹裕。又喜施医药，多济人。[1]

郎国忠之父，即前揭的郎兆林。当时参与兴建同仁局的还有：

王章字树亭，号梅溪，太学生，城西人。……尝客江右景镇，倡立文公庙，建同仁局，恤灾济困，胥有成劳。嘉庆壬戌，浮邑饥，佥议平粜，章独力董其事，邑侯湛有“才品堪师”之奖。[2]

除了婺源人之外，黟县也有不少人参与同仁局的活动。如万村人韩邦，“尝客景镇，为徽属会馆董事，首倡同仁局，施棺木”[3]。屏山人舒崇澎“又在景德镇同仁局施棺木，掩骼埋胔，多有义举”[4]。四都黄村人黄善长，“在外则江西景德镇同仁局及祁门造至景德镇路，皆捐重赀”[5]。

根据以上方志的记载，同仁局之建立当在嘉庆以前，具体的年代无法确指。对此，《景德镇新安书院契录》则提供了进一步的详细史料（见表2）。

从上述契约来看，新安同仁局早在乾隆四十一年（1776）即已出现。另据道光五年（1825）七月二十一日安字42号契：

立杜断绝卖契人沈耀先，今因不便，自情愿将承祖董家坞内山一号，土名信塘坞，其山新立四至，上至峰脉，下至田，左至书院山，右至山湾，以上四至之内，托中立契，出卖与新安书院名下为义冢，三面言定，时值价九五串钱四千文，其钱当日亲手收足，其山听从新安书院管业，扦葬义冢。……如有不明等情，自有卖人承当，不干买人之事。恐口无凭，立此杜断卖契，永远存照。[6]

1 民国《重修婺源县志》卷三十九《人物·义行五》，收入《中国地方志集成·江西府县志辑》第27册，第729、731页。

2 民国《重修婺源县志》卷三十九《人物·义行五》，第731页。

3 同治《黟县三志》卷六下《人物志·质行》，收入《中国地方志集成·安徽府县志辑》第57册，南京：江苏古籍出版社，1998年，第115页。

4 同治《黟县三志》卷七《人物志·尚义传》，收入《中国地方志集成·安徽府县志辑》第57册，第120页。

5 同治《黟县三志》卷七《人物志·尚义传》，第131页。

6 郑乃章编：《景德镇新安书院契录》，第264页。

表 2 《景德镇新安书院契录》所见徽州同仁局

字号	年代	契名	立契人	产业	买卖	受者	用途	价银	页码
安字第36号	乾隆四十一年	断骨杜绝卖契	浮梁县长香四图吴阿王氏	祖遗土名布袋山一号	出卖	新安同仁局	为义冢	2两	页260
安字第39号	乾隆四十八年	杜断卖契	袁永清	祖遗山壹号，土名邓家湾	出卖	新安同仁会	为义冢	九五色价银10两	页262
安字第41号	乾隆五十二年十二月	杜断卖契字	袁永清	己山一号	出卖	新安同仁局	为义冢	九七银2两5钱	页264
新字第17号	乾隆五十九年十二月	杜断卖契	都昌石敏璜、石敏琦兄弟	石狮埠下河衕内坐南朝北浮店六间	出卖	新安同仁局		47两	页35
安字第40号	道光四年二月初六	杜卖山契	沈作明、耀先	董家坞山场一号	出卖	新安同仁局	扦葬义冢	纹银8两	页263
安字第42号	道光五年七月二十一	杜断绝卖契	沈耀先	董家坞内山一号，土名信塘坞	出卖	新安书院	义冢	九五串钱4 000文	页264
新字第2号	道光十二年九月	批契	许士曜	景镇圣节巷店屋	捐输	六邑同仁局	收店租银，贴补施棺、义醮使用		页8
新字第24号	道光十七年五月	杜卖契	青阳陈如川	坐落龙船衕下河上首地坦壹片，做造屋三间四列	出卖	新安书院同仁局		35两	页48
新字第30号	道光十八年十月	杜卖契	顾凤山	中渡口上首坐山朝河店屋一重	出卖	新安书院同仁局		50两	页55
新字第3—7号	道光十八年十二月初一	杜断卖契	罗海楼	里市渡上首坐西朝东楼店两间半	出卖	新安书院同仁局		134两	页12

（续表）

字号	年代	契名	立契人	产业	买卖	受者	用途	价银	页码
新字第29号	道光十八年十二月	杜卖契	都昌胡思松	中渡口大街店屋一重	出卖	新安书院同仁局		102两7钱	页54
	道光十九年七月	杜断卖契	黟县舒黄氏仝男如苍、媳王氏、孙敬如、介圭、孙媳江氏、曾孙法宽	景镇一图石狮埠坐西朝东土库楼屋一重，前后四进	出卖	本郡书院同仁局		544两	页27。另见页31—32
新字第35号	道光二十三年十二月	杜卖契	罗阿刘氏仝男凤韶、际阳	景镇曹家码头坐西朝东店面土库一重	出卖	新安书院同仁局		176两	页61
新字第18号	光绪十九年二月	租楼店屋约	义大号（烛店）	新安书院同仁局名下石狮埠坐东朝西楼店屋一重	租到	新安书院同仁局		16两	页37
新字第19号	光绪二十七年正月	租楼店屋	马炳文	新安书院同仁局名下石狮埠下首第二间朝东楼店屋一重	承租	新安书院同仁局		英洋14元	页39
新字第18号	光绪二十七年五月	杜断卖码头顶脚契	临川王荣二、林八、贵则、起生	景镇一图六保新石狮埠下首坐东朝西（向开义大纸马店）码头顶脚一处	出卖	新安书院老同仁局		35两	页37
新字第19号	光绪二十七年正月	租码头顶脚约	马炳文	新安书院同仁局名下石狮埠下首第二间坐西朝东楼店屋内码头顶脚	承租	新安书院同仁局		英洋6元	页40
新字第13号	民国三年	出顶约字	泾县董学渊、杰珊、学松等	祖遗石狮埠坐西朝东店屋内店底码头、傢伙、晒台等件	出顶	新安书院同仁局		110两	页28
	民国十一年十一月十九日	杜断绝卖屋契并码头顶脚	徐培寿	景德镇一图五保土名老石狮埠下衖土库楼屋一重	出卖	新安书院同仁社		洋60元	页29

由此可知，出卖山地的沈耀先，曾于道光四年（1824）二月六日，与沈作明一起，将坐落董家坞的山场卖与新安同仁局扦葬义冢，故此处虽说是“出卖与新安书院为义冢”，但显然仍是卖与新安同仁局。其中提及的“左至书院山”，可见应与徽州会馆的产业毗邻。从上述的契券来看，卖与新安同仁局的山地皆是用作义冢。自此看来，新安同仁局应是徽州会馆附属的慈善组织，相当于思恭堂之于上海的徽宁会馆。

由于是一种慈善组织，故而常有同乡将自己的产业捐赠给新安同仁局。如新字第2号契：

> 祁邑北乡忠庄附贡生许士暟，字晖全，号晓山，乾隆四十二年丁酉，在景镇圣节巷开张迎大生理，叨天默佑，诸凡平顺。今值壬辰，年登九旬，谨将新置契内店屋，捐输六邑同仁局为业，每年收店租银，贴补施棺、义醮使用，不另立输契，将原契批据会内收租，悠久无疆。
>
> 道光十二年九月　日立批契许士暟，代书男廷栋。[1]

这份契券反映的是一位年登九旬的徽州人，自感岁月无多，遂将所置店屋捐输与徽州六邑同仁局。其中提及的施棺、义醮等，皆是同仁局主持之事。关于这一点，新字第147号契券提到，道光二十年十二月二十六日（1841年1月18日），浮梁四十二都一图一甲陈协中将景德镇三图迎祥衖内承父遗阄分土库楼屋一重，出卖与郭姓名下为业。不到一年，至道光二十一年（1841）九月，买主郭星如另立批输契曰：

> 立批输契人郭星如，今自愿将旧岁买受鄱邑陈协中土库屋一重，坐落景镇三图迎祥衖内，输入本会馆同仁局名下收租管业，以贴施棺、义渡之费，不行别立输契。倘有来历不清，为［唯］身是问。所有四至，悉照此契为凭，立此批输，永远存照。……道光二十一年九月。[2]

可见，同仁局除了施棺外，也兼管义渡。关于同仁局所举办的慈善事业，民国《重修婺

1　郑乃章编：《景德镇新安书院契录》，第8页。
2　郑乃章编：《景德镇新安书院契录》，第209页。

源县志》中也有一些记载：

> 滕昌檀字仲煌，太学生，云邱人。……经商之景德镇，设同仁局，施棺槥，并置义冢。先是，议建新安会馆，部署难其人，众推檀，檀竭力筹画，阅十二载竣事，奉朱子入祠，礼成逾刻，檀竟卒，同郡人无不惋叹。[1]

婺源人滕昌檀对于徽州会馆以及相关的慈善设施之建设，有着重要的贡献。据此可知，徽州会馆之建设，前后历时十二年。而朱子入祠，似乎标志着徽州会馆的最后建成。另外，同仁局的设立，要早于新安会馆之建立。衡情度理，慈善组织先于会馆的成立，这也符合一般会馆形成的规律。因为要解决一地人群的善后问题，必须首先要建立慈善组织。而只有当聚集于一地的人群达到相当规模时，才需要建立相关的会馆。

2. 徽州会馆之下的崇正、敦谊、敬圣、义醮四会

新字第 109、110 号契提及，歙县鲍志贤、鲍品山兄弟二人，一向在徽州会馆内帮忙，“每年逢祭之日，相帮照理多年。又因道光十四年六邑嘀议，递年租银屡被拖欠，故倩身在会馆内，每年受俸，经收崇正、敦谊、敬圣、义醮四会租银”。从此一 1836 年的契约来看，景德镇徽州会馆之下，常年存在崇正、敦谊、敬圣和义醮四会，以下分别论述。

（1）崇正会

崇正会亦称新安崇正会、新安文公祠崇正会和新安书院崇正社。关于崇正会，见诸《景德镇新安书院契录》最早者为乾隆四十年（1775）三月，当时，休宁人陈庆五将坐落三图大街毕家衕的土库店屋（烟店），“尽行出卖与新安文公祠崇正会名下为业”[2]。此后，新字第 21 号乾隆四十九年（1784）六月杜断卖契提及，吴绍勋将坐落景德镇石狮埠坐西朝东楼店一间，出卖与新安崇正会名下为业。新字第 20 号乾隆四十九年七月的杜断卖契也提到，吴茂如将石狮埠坐西朝东楼店一间，出卖与新安崇正会名下为业。以上三份是乾隆时期较早的契约。此后，新字第 109、110 号契为道光十六年（1836）五月的出顶约，新字第 31 号为道光二十八年（1848）二月的杜卖契，新字第 32、33 号为同治四年（1865）八月的杜断绝卖契，

1　民国《重修婺源县志》卷三十八《人物十一・义行三》，收入《中国地方志集成・江西府县志辑》第 27 册，第 701 页。

2　郑乃章编：《景德镇新安书院契录》，第 93 页，新字第 58 号契。

新字第47、48、49、50、51号为同治十年（1871）五月的杜断卖契，新字第32、33号为同治十二年（1873）二月杜断卖基地契，新字第23号为民国八年阴历十二月二十二日（1920年2月11日）的杜断绝卖码头顶脚契，其中都提到“崇正会”或“崇正社”。

从中可见，崇正会最早见于乾隆四十年（1775），最晚见于民国八年，前后历时近一个半世纪。它与新安书院（文公祠）直接相关，由此推测，此会应与徽州会馆相始终。

（2）敦谊（义）会

敦谊会亦即新安敦谊会、新安六邑敦谊会、新安书院敦谊社、敦义社和新安敦义磁社。最早的一份契约为乾隆十年十二月（1745年12月—1746年1月）的杜断卖契，其中提到鲍学麟仝侄鲍时英，“因年老回籍，管业不便”，将曹家码头坐河朝山楼店屋一间，出卖与敦谊会名下为业。及至嘉庆年间，计有5份契约与敦谊会相关。新字第149号租约，是嘉庆元年（1796）二月赵国顺租到新安敦谊会名下邓家岭坐西朝东店屋二间，开张漆店生理。接着的另一份契约为嘉庆十七年（1812）的租约，内容是祁门人胡孔章租到“磁号敦谊社名下邓家岭店屋一间”。由于上述两契皆属于新字第149号契，而且，此处提到的“邓家岭”，与前一契“新安敦谊会名下邓家岭”相同，可见，某某“磁号敦谊社”亦即新安敦谊会。据此推测，新安敦谊会应是与磁器经营有关的同业组织。关于这一点，亦见于以下的记载，如新字第37号租约：

> 立租约人汪于海，今托中保，租到新安敦谊磁社名下八卦图坐东朝西朱氏衖口店面楼屋一间，铺面、门板、柜台、楼跳一应俱全，凭中议定，每年交纳老苏圆银拾陆两正，官平，递年订定五月初八日一并兑楚，不得过期。倘若拖延，自愿将傢伙等物搬移退店，此屋向来空店承租，并无丝毫顶脚。倘屋东自用，亦不得霸业，今欲有凭，立此为据……

此契立于嘉庆二十五年（1820）二月十五日，其中提及的“新安敦谊磁社”，显见敦谊社与磁业经营密切有关。此外，新安敦谊磁社，亦称新安书院磁商敦义社[1]、本郡（新安）书院磁商敦义会[2]、新安书院敦谊磁社[3]。可见，在景德镇应有不少徽州人从事与磁器经销相关的

1　郑乃章编：《景德镇新安书院契录》，道光二十六年十二月，第88页；道光二十九年十二月，第100页。

2　郑乃章编：《景德镇新安书院契录》，道光二十三年二月，第109页。

3　郑乃章编：《景德镇新安书院契录》，道光四年十二月，第112页；道光四年十二月，第115页。

生业。[1]

嘉庆年间的契约还有新字第67号契，是嘉庆二年（1797）二月的杜断卖契，其内容是王伟功将郑家洼板坊衕楼店屋一重，出卖与新安六邑敦谊会名下为业。另一份是新字第11号契，为嘉庆二十三年腊月念二日（1819年1月17日），汪双隆托中租到新安敦谊社名下求子巷内土库栈房屋前后二重一连二进。[2]该份契约显示，新安敦谊社置有房产，用以出租并收取租费，作为祭费的支出。

有关新安敦谊社最晚的契约，为宣统元年十二月二十六日（1910年2月5日）的杜断卖码头顶脚契约。[3]由以上可见，敦谊会目前所见最早的契约为乾隆十年（1745），最晚的为宣统元年，历时超过一个半世纪。

另外，敦义会的始见年份可能更早。因为从《景德镇新安书院契录》来看，新安敦谊会似亦叫“敦义会”，全称是“新安关帝庙敦义会”。关于这一点，见于新字第149号契：

> 立卖契人张可爵，今因缺少使用，自情愿将父置分受己名下原买苏姓坐落邓家岭，坐西朝东店楼屋三间，……四至开明，尽行立契托中，出卖与新安关帝庙敦义会名下为业……
>
> 雍正十二年七月　日立卖契人张可爵。

此处亦提及邓家岭，而且与前揭两契（嘉庆元年二月赵国顺租约、嘉庆十七年四月祁门胡孔章租约）同属新字第149号契券，故新安敦谊会亦即新安关帝庙敦义会。倘若以上推断不误，则敦义会存在的时间长达175年以上。由此看来，敦谊会与关帝庙密切相关，而且，它也与徽州人从事瓷业生产及运输息息相关。

（3）敬圣会

新字第64号嘉庆十八年（1813）六月万明春兄弟所立杜断卖契提及，他们将景德镇三图当铺衕内坐东朝西土库屋一重，“央中立断骨契，出卖与新安敬圣会名下为业”。关于敬圣会，《景德镇新安书院契录》中的记载不多，我们难以窥见其详。

（4）义醮会

义醮会又叫新安义醮会、新安书院义醮会、新安会馆义醮中元会、新安书院义醮社。据

1　目前所见的《水陆平安》抄本，即是与祁门瓷商前往广东经销景德镇瓷器相关的商编路程。参见王振忠：《瓷商之路：跋徽州商编路程〈水陆平安〉抄本》，《历史地理》第25辑，上海：上海人民出版社，2011年。

2　郑乃章编：《景德镇新安书院契录》，第23页。

3　郑乃章编：《景德镇新安书院契录》，第23页。

今人回忆，徽州会馆内有一小殿，叫义醮祠，每年冬至日敬祖做祭一天。[1] 义醮会应与义醮祠有关。

《景德镇新安书院契录》中，最早与义醮会相关的契约在嘉庆时期，最晚的在民国时期，[2] 历时也有近一百三十年。

关于义醮会，新字第56号契为道光四年（1824）正月的批约：

立批约人歙邑程庆余，缘身父母寄居景镇百有余年，父母及前妻之骨咸掩在斯。身今七十有二，膝下无儿，同继妻金氏夫妇相依。年老之人，风烛不定，忆思回籍，族无服亲，景镇之戚，独有外甥黄照山，年已六旬，倘伊归籍之后，路隔遥远，墓无标祀，必至遗失，是数冢孤魂，成为若敖之鬼，故而深虑，是以与继妻金氏相嘀，决意愿将自手买得景镇彭家衕下河基地一块，地上自造住屋一重，坐南朝北，左右己墙外为界，其屋另立批字，外加批钱捌拾千文，托凭保尊、外甥及朋友、徒弟人等，眼同批入新安义醮会内，益蒙诸桑梓照名录入，使身祖、父、叔、妻十人，日后九泉之下，岁岁叨祀标挂，俾冥冥之中，不致冻馁，即永远感德无既矣。爰为立此托约，存会为据，录入歙西篁程塘祖父程余生字丹五，母胡氏旺弟，父应嵩字惟高，生母吴氏招弟，继母毛氏老贞，葬景镇叔父程廷玉，母李氏大女，己身程善字庆余，妻姚氏福弟，继妻金氏生秀。

经中　友：吴其中，胡廷显，江用和，江绍儒；

戚：刘昌季，曹治国；

邻：董继昌，江复兴；

徒：吴济美，商发保；

保长　刘士铭；

代笔外甥　黄照山。

道光四年正月　日立托约人程庆余、继妻金氏。

这份批约的内容相当丰富。其中提及，歙县西乡的篁程塘人程庆余及其继妻，将基地住屋以及银钱批入新安义醮会，借以让同乡为其祖、父、叔、妻等十人标祀。从其所列的十人来看，程庆余及其亲属皆累世在景德镇经商，而家乡倒并没有什么服亲。结合《景德镇新安

1　曹时生、汪锡侯、王国梁：《徽州会馆与群众团体》，收入政协景德镇市文史资料研究委员会编：《景德镇文史资料》第9辑《景德镇徽帮》，第231—232页。

2　新字第141号基地执照，民国十三年（1924）九月三日。

书院契录》中所收的其他契券来看，义醮祠的运作极为成功。无嗣的个人或家庭，由于担心死后会成为孤魂野鬼，故而在风烛残年时就预先将财产批入义醮会，以换得后者对他们的祭祀。上述这份契约，颇为细致地反映出此类托约之形成过程以及涉及的相关中人。

类似的契约还有不少。例如，新字第16号契为同治五年（1866）六月十五日的推付顶约：

> 立推付顶约人祁邑洪炳辉，缘身先表伯张德生遗存景镇一图　保，土名石狮埠，坐东朝西，永美招牌、底脚、傢伙俱全。生苦无后，乏人祭祀，所遗存之业，无人管理，是以身出场，托本邑中证，情愿将永美招牌、底脚、傢伙，一并推付与本书院义醮会名下为业，当日面议，土逢时值净典钱柒拾五千文，其钱比将先表伯以次五亡人名入列义醮会，以图每年三节永受会内钱纸、香烟，则身与亡人两皆安益……

这份契约是祁门人洪炳辉将已故的表伯张德生产业捐入义醮会，以让张德生等五位亡者名列义醮会，得到永久的奉祀。

还有的一份输契，较上揭两契在时间上都更早：

> 立输契黟邑十都宏村汪江氏，身夫汪明远未生男育女，乏嗣祭扫，身与夫苦做勤积，裁缝生理。讵料嘉庆九年店被回禄，身夫揭债，建造彭家衖下河坐南朝北店屋一间，……今将四至开明，缘氏夫不幸殁世，临终嘱氏，托中保两邻，将店屋输入本会馆义醮中元会内管业收租，日后听凭拆毁改造，内外亲疏人等，无得生端异说，今欲有凭，立此输契存据。
>
> ……[1]

此契立于嘉庆十六年（1811）六月，所述情况也与前两契大致相同。不过，从中可见，新安义醮会也叫“新安会馆义醮中元会”。在传统时代，中元节俗称鬼节，此日有放焰口、做道场、施食孤魂野鬼的活动等。届时，打醮是常有的节目，义醮中元会显然就与此相关。此外，在《景德镇新安书院契录》中，还出现有“新安书院义醮社”之称呼：

1　郑乃章编：《景德镇新安书院契录》，第91页。

立托约人黟邑余明锦，缘因身自幼孤身一人在景镇贸易，年已六七，窃思随母下堂之堂侄天顺，浪荡游嬉，不务正业，身终不能靠其，如家外无亲。今自情愿，将自手买受景镇土地衕横街店屋一间，及店内傢伙码头，尽行立约，托邻保族，批入新安义醮社内。当日将老契傢伙单缴付外，立租约一纸，听凭社内收租管业。身生以为度日，死后以作祭扫。自后身亲族内外人等，不得生端异说，恐口无凭，立此托约，永远存据。[1]

该契的年代为嘉庆二十二年（1817）七月。此份托约规定，黟县人余明锦预先将店屋等财产批入新安义醮社内，由后者代为收租管业。所得租金，作为生前的生活费以及死后的祭扫开支。此后的一契为光绪三十四年（1908）冬月二十四日的输店屋字：

立输店屋字人黟县胡门罗氏，今将先夫自置景德镇二图州保财神衕下河店屋一间，输入本郡书院义醮社名下为业，听凭改造更租，与身无干。身与先夫福德及李松元、李成金、王氏凤鸾，同上义醮会永享祭祀，凭中输入，日后不得翻悔。今立输字，永远存据。再批：老契两纸，当日付书院经收……[2]

此处，“义醮社”与“义醮会”互见，可见两者实为同一组织。这些，都反映了义醮会的具体运作。另外，新安义醮会之控产来源除了同乡捐输之外，还有的则是通过买卖所得。如立于同治七年（1868）十月的契券：

立杜断出顶马头底脚约人何贤发仝室人齐氏，今因急用无措，自愿将己手顶受景镇土名老门头下首坐东朝西马头底脚并门外菜摊马头底脚，一并在内，凭街邻、中保，出顶与新安书院义醮社名下为仝业，当日面议，土逢时值价钱拾二千文正，其钱是身亲手收足，其马头底脚比交管业，任从召租……[3]

从《景德镇新安书院契录》来看，新安义醮会的活动场所有固定的建筑，位于新安书院内，称“义醮祠”（见图2《新安书院周遭形势图》）。新字第3、4、5、6号契为光绪四年（1878）三月祁门人许子佩所立的杜断卖契，其中指出：他将祖遗的景德镇一图二保里市渡

1　郑乃章编：《景德镇新安书院契录》，第152页。
2　郑乃章编：《景德镇新安书院契录》，第154页。
3　郑乃章编：《景德镇新安书院契录》，第214页。

上首正街坐西朝东的店屋（向来系开棕索店），立契出卖与黟县王再文兄弟名下为业。民国九年十二月一日（1921年1月9日），黄景云、吴星垣将"此业基地自愿输与义醮祠永远管业"。从契约的记载来看，原产业系王再文兄弟所有，但民国九年的经手人却是黄景云、吴星垣二人，显然是"因该主无人祭拜故也"[1]。换言之，因王氏兄弟过世，没有后人，所以同乡将其产业捐入义醮祠，从而获得后者代为祭祀的礼遇。[2]

另据新字第40号光绪九年（1883）三月都昌人余顺景、顺藻所立的杜断卖屋契，此一契约计有两份，从中可见"义醮祠"也称作"徽州府义醮祠"。其一曰：

立杜断卖屋契字人都邑余顺景、余顺藻等，今因正用无措，自情愿将祖遗受得景德镇三图四保土名百子衕坐北向南土库楼屋一重，堂屋坐东向西，前后二进，东至余姓墙为界，西至新安书院义醮祠墙为界，南至大门本屋墙外衕心出路为界，北至　姓墙为界，以上四至开载明白，……尽行托中，出卖与徽州府义醮祠名下为业……

其二曰：

立杜断卖屋马头顶脚契字人都邑余顺景、余顺藻等，今因正用无措，自情愿将祖遗受得景德镇三图四保土名百子衕内坐北向南土库楼屋一重，堂屋坐东向西，东至余姓墙为界，西至新安书院义醮社墙为界，南至大门出入巷心出路为界，北至墙心为界，以上四至开载明白，并屋内马头顶脚、地跳俱全，尽行托中，出卖与徽州府义醮祠名下为全业……

可见，义醮祠亦有"义醮社"的名称。新字第69号契还提到：

立杜断绝卖楼店屋契约人詹元善堂、詹诒谷堂、詹守和堂等，今因公众正用，以至邀集公同妥议，将承祖遗景德镇与新安书院合业楼店屋半间，……尽行央中立契，出卖与新安义醮社名下为业……

此处的"詹元善堂""詹诒谷堂"和"詹守和堂"，应是婺源的三个公堂，由其中所提到

1　郑乃章编：《景德镇新安书院契录》，第10—11页。
2　大同小异的契约，亦参见郑乃章编：《景德镇新安书院契录》，第11—12页。

的“承祖遗景德镇与新安书院合业楼店屋”来看，此义醮社应与主持徽州会馆的婺源商人关系密切。

义醮会的规章制度颇为严密，运作的效果亦相当显著。关于这一点，嘉庆九年（1804）余庆会的相关契约，也从另一侧面加以了证实：

> 余庆会创始于乾隆二十年间，经今四十余载，屡兴屡败，皆因管理不得其人，以致如此。今幸置有老衕口下河店屋三间，每年收租银拾二两六钱，以为六月十二演戏补祝关夫子圣诞。因思吾等艺业，来去无常，犹恐后人管理不善，将会废弛，因见六邑义醮会规条井井，谨慎办事，可垂不朽，是以阖会诸友公同嘀酌，将余庆会店屋三间，并原买赤契租约，付托义醮会，永远代为收租。每年六月十二演戏一本，补祝圣诞，其供献冠袍、香烛，皆依旧例，不必好班，不用包日。每年所剩些微，凑入义醮，其大小修理，亦托支持。念在桑梓，尚望始终如一，将见此会与庙貌常新，会友叨荣于不朽矣。今欲有凭，立此托约一纸存据。
>
> 大清嘉庆九年八月　日立托约余庆会六邑首士人
>
> 歙邑程士安、章德源
>
> 婺邑江布良、何宾兴
>
> 休邑汪遂良、刘万元
>
> 黟邑汪永明、郑松彬
>
> 祁邑张君发、郑东如
>
> 　　周沛然、王功禄
>
> 绩邑
>
> 代笔蒋君美。[1]

此处提及乾隆二十年（1755）创始的余庆会，也是徽州一府六县之人所共同发起。该会置有店屋三间，每年的租银用以六月十二演戏庆祝关帝圣诞。参与者皆是徽州的手工艺人，流动性极强，他们担心自己的会组织会消弭于无形，故此筹思良策。当他们看到徽州府六县义醮会的规章井井有条，遂将会产托付予义醮会。由此例子，亦可反衬出义醮会运作之成效。

1　郑乃章编：《景德镇新安书院契录》，第117—118页。

另外，义醮会主要是帮助处理无嗣之人身后的标祀问题，故而与中元节之祭祀密切相关。新字第 150、151 号契为乾隆六十年（1795）八月黄双全所立的杜断卖契，其中提及，将邓家岭店屋二间出卖与新安中元会名下为业。由于此契与同治七年（1868）十月何贤发等人所立杜断出顶马头底脚约同属于新字第 150、151 号契，而后契则提及新安书院义醮社，可见二者应有相当的关联。从年代上看，可以推测“新安中元会”可能是“新安书院义醮社”之前身。新安中元会，亦写作“徽州会馆中元”[1]。对此，民国《重修婺源县志》卷四十一记载：

詹永樟字树滋，秋溪人。性仁厚，才卓识超。随父客景镇，适建徽州会馆，众推樟廉正，领袖督工，又举专司馆务。道光戊子，蛟水横流，浮棺无算，樟雇人往援，认识者助赀舁归，不识者代为埋掩。又于荒洲乱石中遍搜暴骴遗骸，给楷瘗之。嗣建中元会，展墓赈孤，在镇四十余年，力行不怠。[2]

道光戊子为 1828 年（道光八年）。从上述传记的表述顺序来看，婺源秋溪人詹永樟曾建中元会，时间在道光八年以后，这与前揭契约之所载颇有出入。当然，可能的情况是，除了新安中元会外，徽州府的个别县份也有属于自己的中元会。

3. 其他

除了以上的组织，各类史料中还见有其他的一些堂、社、会等，以下分别叙述。

（1）如新社

“如新社”之名，始见于嘉庆二十三年（1818）八月初一日的租约，其中提及泾县人郑有龙，租到新安敦谊社、如新社名下求子衕上首坐东朝西店屋一重，门面三间。[3]其次，光绪十四年十二月（1889 年 1 月）江荣基的杜断卖契，内容是江荣基“承父遗下景镇坐落二图四保土名董家湾钟家衕坐西朝东，向开本和面坊内马头顶脚，系与新安书院合业，身得一半”，他自愿“将身得马头顶脚、招牌、傢伙，央中立契，出卖与新安书院如新社名下为业”。[4]此后，民国十年（1921）夏历三月吉日的江敬达杜绝卖契：

---

1 郑乃章编：《景德镇新安书院契录》，第 22 页新字第 11 号契：“立杜断卖契人仇以鸿，缘手自置景镇土名求子衕上首坐东朝西店面三间，内土库屋一重，……尽行立杜契，出卖与徽州会馆中元名下为业……”（乾隆五十八年九月）

2 民国《重修婺源县志》卷四十一《人物十一·义行七》，第 1 页。

3 郑乃章编：《景德镇新安书院契录》，第 26 页。

4 郑乃章编：《景德镇新安书院契录》，第 155—156 页。

立杜绝卖店屋并码头顶脚全业契人黄振氏仝男燮元，批契人黟邑江敬达，因新安书院如新社名下，坐落景德镇三图二保灿子衖口，坐东朝西楼房店面屋三间，并基地及码头顶脚，又敦谊社毗连店后土库屋基地墙垣并码头顶脚全业，系均与江敬达开邦达店屋毗连，因便用起见，托中人胡仲康君向书院六邑公同情商，自愿遵章以业搸业，蒙公众许可，今特契买此业，与贵社搸换，将此契批明，仝行交新安书院如新、敦义二社名下为业，以便照契管业，另补贵社英洋肆百五拾元正。其洋连同此契如数缴交，其灿子衖如新、敦谊二社之业，当蒙将新、老契据共计四纸，亲手领收……[1]

江敬达为安徽黟县二都人，光绪年间创设有"江邦达号"南货店，其规模曾居景德镇南货业之前茅。由上述二契可见，如新社亦作"新安书院如新社"。如新社存续的时间较长，从嘉庆二十三年（1818）直到民国十年（1921），前后存续的时间长达一百多年。而且，它与敦谊（义）社有着颇为密切的关系。

（2）新安书院维新社

景德镇存在着许多的社，这些社都是行会组织。关于维新社，新字第168、169号光绪七年（1881）九月一日的杜断绝卖店屋基地契：

立杜断绝卖店屋基地契人黟邑胡殿臣，原身家置有店屋两间，坐落二图八保小黄家衖河街外，坐北朝南店屋二间直进，东至墙西，西至墙，北至墙，南至官衖，右体四至分明，其店屋上连椽瓦，中连楼板桁条，下连基地、磉石，店门口门房间地脚、柜台，一应俱全。今因正用，央中保将店屋基地尽行立契，绝卖与新安书院维新社名下为业，当三面议作时值纹银伍拾两正，其银是身亲手收领足讫，其店屋即交社内封锁管业无异……

从"维新社"的名称来看，或是晚清新成立的组织。另外，新字第168、169号契末提及："此契系维新社捐助而来，即红店会于民国卅八年十月十五日由施手送来。"可见，维新社亦即红店会。契中的"红店"，是指彩瓷业的店铺，专门从事瓷器的釉上彩绘并烤花。据蓝浦《景德镇陶录》记载："镇有彩器，昔不大尚。自乾隆初官民竞市，由是日渐著盛。俗

1　郑乃章编：《景德镇新安书院契录》，第50页。

呼红店，其自称曰炉户。”[1] 在红店从事釉上彩绘的人，称为“红店佬”。1928年，景德镇从事此业者计1 452户，工人总数为4 251人。[2] 例如，黟县五都田段人程门，为清代著名画家，其子程言、程盈各秉庭训，得其一艺之长，均在景德镇“以画磁资生。所画磁品，迄今犹名贵也”[3]。黟县何村人何崇明也在景德镇，“善画瓷器，人争购之”[4]。这些人，应当也就是“红店佬”，亦即在红店从事釉上彩绘之人。

（3）新安仁恤堂

根据当代祁门人程振武（1926—　）的回忆，徽州会馆在童家栅门建立“仁恤堂”，作为专供旅景徽州人疗养疾病和停放灵柩的善举场所，并设有专人管理。[5] 对此，以往没有什

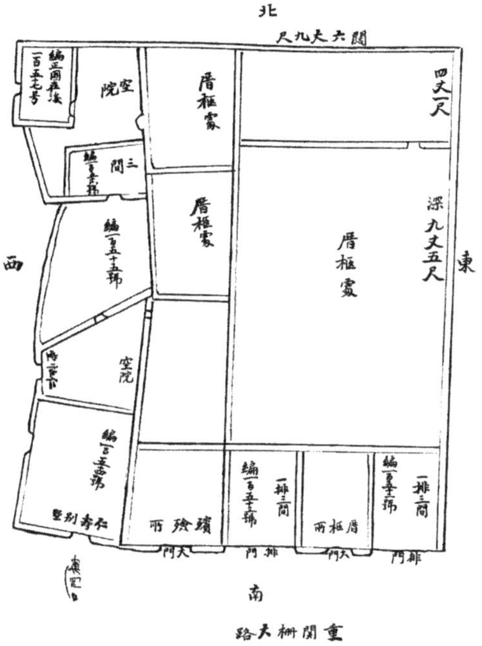

图6　新安仁恤堂布局图

1　傅振伦著，孙彦整理：《〈景德镇陶录〉详注》，北京：书目文献出版社，1993年，第54页。

2　此据《江西陶瓷沿革》，转引自石奎济、石玮编著：《景德镇陶瓷词典》，第346页。

3　民国《黟县四志》卷七《人物·艺术》，收入《中国地方志集成·安徽府县志辑》第58册，南京：江苏古籍出版社，1998年，第111页。此外，安徽省博物馆收藏有《景德镇河东、河西图卷》，作者即晚清民国时期的程言。这一彩色图卷类似于商编路程图中的图画部分，此类作品的出现，显然反映出当地前往景德镇人数之众多。感谢安徽省电视台王东先生，为我发来安徽省博物馆收藏的该图照片。关于《景德镇河东、河西图卷》的概述性介绍，可参见闻悟白：《〈景德镇河东、河西图卷〉赏析》，《景德镇文化》2014年第1期。

4　民国《黟县四志》卷七《人物·艺术》，第114页。

5　政协景德镇市文史资料研究委员会编：《景德镇文史资料》第9辑《景德镇徽帮》，第4页。

么文献可以一探究竟，而《景德镇新安书院契录》则提供了不少进一步分析的细节史料。据1924年浮梁县公署布告，景德镇新安书院的契券被编入新字、安字二号，“凡属本书院院址及义冢山、仁恤堂等均不租者，则编入安字号”。因此，有关仁恤堂的契券，主要集中于安字号。其中，安字第25号契，是都昌人冯承杰等将景镇一图八保土名求子衖后街三间房屋等，出卖与新安仁恤堂名下为业。其中提及：“其屋新立四至，坐北朝南，四面砖墙，二门外小院一长条，大门一座，小院南向，砖墙至炮竹店墙心为界，前至街路为界，后院东至仁恤堂业为界，南至仁恤堂后墙邵宅后墙边墙炮竹店后墙空地为界，北至求子衖后小路直上仁恤堂业为界。”可见，仁恤堂应位于求子弄附近。此外，安字第53、58、59号契，均是仁恤堂购地建造义冢的相关契约。除了安字号各契券之外，新字第133、154、157号契，都涉及仁恤堂的店屋买卖。其中，新字第157号杜绝断卖屋契附有绘图，从中可见有三处的“厝柩处”和一处“殡殓所”，另有一处“仁寿别墅”，其北面则是仁恤堂。

有关仁恤堂的契券，目前所见最早的时间为光绪十二年（1886）五月。另外，安字第60号契后有民国十一年（1922）夏四月李玉书的批注：

> 此山乃黟邑李德玉堂契买之己业，今将此山并契，乐输与新安书院照契管领，以存仁恤堂内期限已满之柩，得以埋葬有所之意耳。

此山原系黟县李德玉堂购买浮梁人沈义粟的祖遗己山，后由前者乐输与新安书院。由此可见，仁恤堂也是暂时停放新安旅榇的场所，其停放时间有一定的限制，过期倘若并无家属带归故里，则被移出，安葬于新安义冢，这与徽商在各地的慈善组织完全相同。

（4）协庆社

协庆社之名，见新字第47、48、49、50、51号契光绪三十年（1904）八月一日谭义发的杜断绝卖旧屋、基地契，其中提及，将“自置景德镇三图九保土名哲四巷下衖转湾上首第四间，坐西朝东，前面基地一片，后进西边旧屋一排两间，新立四至，东至官街为界，西至墙为界，南至协庆社老业为界，北至郑姓墙为界，上至青天，下至地骨，上连椽瓦，中连穿枋梁栋，下连磉石，以及寸土尺木、块石片瓦，并基地、码头顶脚一并在内，今取一半，央中立契，出卖与新安义醮社名下为业”。另外，据该契的“再批”，当时，“义醮、协庆社各买一半，共成全业”。义醮即义醮社，故协庆社应当也是与徽州相关的会社。

（5）义祭社

新字第165—167号契曰：

立乐捐店屋契约人徽帮义祭社即江南茭草会代表叶春华、李元星、齐文忠等，原因我等同业先辈集资兴社，祭祀同业前辈，并置有店屋叁间，坐落景德镇，土名棋盘街，坐北朝南门面，东至墙外滴水为界，西至墙心为界，北至徐姓墙为界，南至官街出入为界，上至檐桁瓦角，中连梱枋楼板暨板壁房间，下至地骨，所是界内寸木片石砖头，明现暗藏，丝毫不留。我等营业不振，恐后失业。现因我徽人捐资兴学，我等同业商量，愿将此叁间店屋立契，乐捐与新安小学名下为业，任凭召租改造无阻。经中言定，将本社先辈做神主附入新安义祠，又蒙津贴，补我等失业工人二拾伍万元，另有拾万元超度先辈之用。未乐捐之前，本社同人商量妥协。既乐捐之后，毋得生端异说。恐口无凭，立此乐捐店屋契字约为据。

外此当付老契壹纸。

经场人：齐文明、汪汉章、施维明、詹文华、舒鹤群、胡西垣、饶华阶、戴誉芳、汪启明、查全达、俞又生、谢文清、邵鹤泉、余勉、汪佩生。

保长：洪彬。

甲长

代笔：程云和。

中华民国三十五年十一月　日立乐捐店屋契字人　叶春华、李元里、齐文忠

契券中提及“徽帮义祭社即江南茭草会”。茭草，瓷器装运，必先束以稻草，名曰茭草，即以稻草和竹篾将瓷器包扎起来，另外也指茭草行业的包扎工人。蓝浦《景德镇陶录》：“包纸装桶，茭草根凳，皆有定例。”[1]茭草会亦即茭草行，是专为顾客包扎瓷器的行业。可见，此会亦由徽帮所把持。契券中提及的“新安义祠”，应即徽州会馆中的义醮祠。这份契约的内容是说，徽帮义祭社（江南茭草会）的经营状况不好，其成员濒临失业的境地，他们将3间店屋，乐捐与新安小学。作为回报，徽州会馆义醮祠为徽帮义祭社原先所祭祀的同业前辈制作神主，附入义醮祠祭祀，并对徽帮义祭社的失业工人加以补助。

徽帮义祭社，亦称“本（徽）郡义祭社”“安徽义醮社”等。新字第155、156号契，光绪八年（1882）十月十七日祁门人黄百花，“将承父所置景镇一图八保土名重关栅门上首土库屋一重计六间又后进土库书屋一重计三间”，出卖与本郡义祭社名下为业。从新字第157

1　傅振伦著，孙彦整理：《〈景德镇陶录〉详注》卷四《陶务方略》，第57页。

号杜绝断卖屋契所附绘图来看，义祭社应主要是处理同乡的善后问题，与仁恤堂的关系亦颇为密切。

除了徽帮义祭社外，《景德镇新安书院契录》中还见有“祁邑义祭社”。新字第139号杜断绝卖楼店屋并码头顶脚全业契，主要内容是民国十一年腊月（1923年1—2月），浮梁郑嗣康将楼店屋五重（位于五图九保，土名厂前），出卖与新安书院义醮社名下为业。其后所附之图注明：“此业坐落厂前，现县署隔壁第三间。”从图上看，其北面为“祁门义祭社界”。另，新字第157号契提及，都昌县人邵玉春等，于同治十三年（1874）将景镇重关栅门上首一图八保正址土库仓屋等，出卖与祁门黄时来名下。光绪八年（1882），黄时来将屋转典卖与祁门义祭社为业。

（6）义渡会

据安字第22号契记载，哲四巷对面基地一丈七尺，原系徽商方君素先年助入里市渡，令其取租雇募舟子，以济往来。康熙五十一年（1712）五月关帝庙发生火灾，另买八卦图基地与之对换。当时，义渡会首为黄赤生、余于昭、刘治也、陈玉铉和方天瑞等人。义渡会应附属于徽商兴建的关帝庙，相关内容已见前述。

另外，除了一府六县共同的组织之外，还有一些与特定县份相关的组织。以祁门为例，前面就曾提及祁门的义祭社。另据新字第158号契，康熙二十三年（1684）五月初二，浮梁景德镇三图人吴天从等，将曹家码头店地二间，出卖与祁门南路十五都芦溪汪名下为业。康熙五十六年（1717）五月十三日，又重新立契：

> 立乐输契人祁邑十五都龙溪船会汪、周、江并杂姓人等，原买景镇吴天从、吴天德曹家马头地基二间，合众商议，自愿立契，乐输与新安会馆名下前去收租管业……
>
> 康熙五十六年五月十三日乐输契人汪正义、汪敦本、汪崇德、汪光启、汪振一、周敦义、江聚义。
>
> 中见代笔汪尔康。

由此可见，龙溪当即芦溪，通往景德镇的阊江（昌江）流经此地。前契中的“汪”，应是指“汪正义”等，第二份契中的乐输契人“汪正义”等，并不是个体的人名，也是祁门十五都芦溪一带各个祠堂的名称，显然，龙溪船会应是由各个族姓联合起来的地缘性组织。

明清时期，祁门与景德镇的关系极为密切，道光年间倪伟人所撰《新安竹枝词》有：“梅城五月出神船，十二船神相比肩，小拍齐歌啰唝曲，大家结得欢喜缘。”“梅城”亦即祁门之别称。现存有《合邑船福会规则》稿本，为光绪二十一年（1895）汪、王、吴三户同订，记录了当年三月二十六日至五月初五日祁门县城的船福会事，对于迎神赛会时各类名目开支、所办器物用品以及工食脚力等，都有详细的记录。[1] 上述的祁邑十五都龙溪船会，应是祁门县十五都芦溪一带民众组织的船会，他们捐输给新安会馆的马头地基，是龙溪船会原在景德镇所置的产业。此外，在景德镇活动的祁门人，除了经营瓷业之外，还有从事木业者，[2] 及至民国，尚见有祁门旅景木业同业公会。[3]

除了祁门之外，《景德镇新安书院契录》中还有黟县的文明社。新字第 69 号嘉庆十九年（1814）二月的杜断卖契，内容是黟县人胡燮和将景德镇五图老衕口上首第三间的楼店屋，出卖与黟邑文明社名下为业。不过，黟县文明社仅见此一例。

新字第 117、118 号契提及，汪溶川等人将祖遗涂家坦土库楼屋等出卖与海阳惜字会，惜字会是一种劝善组织，而“海阳”亦即休宁。据民国《重修婺源县志》卷四十一记载，婺源沱川人余席珍“承先人遗业，服贾景镇”，“又兴惜字会，建文昌宫，筹划备极周详”。可见，在景德镇设立惜字会的，不只是休宁一县的民众。

表 3　清代、民国时期景德镇的徽州会、社组织

会、社 年代	同仁局（会）	崇正社（会）	敦谊（义）会	敬圣会	义醮会（社）（中元会）	仁恤堂	如新社	维新社	龙溪船会	祁门义祭社	黟县文明社	协庆社	余庆社	义祭社（江南芟草会）	义渡会	海阳惜字会
顺治																
康熙									○						○	
雍正			○													
乾隆	○	○	○		○								○			
嘉庆	○		○	○	○		○				○					○
道光	○	○			○											
咸丰																
同治		○			○											
光绪	○				○	○	○	○		○		○				
宣统			○													
民国	○	○			○	○	○	○		○				○		

1　此稿本为安徽黄山吴敏收藏，收入王振忠主编：《徽州民间珍稀文献集成》，上海：复旦大学出版社，2018 年。

2　在徽州文书中，还见有祁门木商所立的“木商胜用会”，参见《景德镇木商务胜用会簿序》，祁门杂抄，民国抄本 1 册，私人收藏。

3《全国商联会电请中央令撤赣省木捐》，《申报》1935 年 3 月 15 日。

由于资料的限制，我们对于上述会、社的了解仍然相当有限，有些会、社可能长期存在，有的存在时间则相对较短。从前述可见，义渡会早在康熙五十一年以前就已存在，而龙溪船会也至迟出现于康熙五十六年，这两个会都与交通运输有关，可能与清初景德镇瓷业的复苏密切相关。雍正八年（1730），浮梁知县沈嘉征以景德镇"五方杂处，无告者多失所"，遂将地藏庵改为堂舍，兴建广济堂。对此，大中丞谢旻撰有《广济堂记》：

> 景德，江右一巨镇也，隶于浮邑，业陶制器，利用遍于天下。四方远近挟其技能以食力者，趋走如鹜。顾有壮鬻其技，而垂老无依者；有偶婴疾病，力不能胜，尫羸疲困，流离失所者。其地偪，其人稠，其商贾率皆僦居逐末，锱铢计较，遇老病者不能执业，辄屏弃之，虽平时曾资其力，亦莫之或恤……嗟此穷黎，故土既已无归，异乡又无托足，老而病，病而死，此固惠政之所必先，而亦镇之人士亟宜动念者也……[1]

揆诸实际，沈嘉征此举，是模仿京师普济堂之设而兴建。作为官方的"惠政"之一，普济堂式的慈善事业在全国各地曾得到较大范围的推广。不过，官方的慈善事业有其固有的缺点，特别是对于景德镇这样流动人口规模庞大、行帮控制严密的城镇而言，此类"惠政"实属杯水车薪。沈氏显然也看到了这一点，故号召"贾于斯而商于外者，咸踊跃捐输无稍倦"，为此，各地商帮的会、社组织，显然有助于弥补上述善堂之不足。

《广济堂记》一文对于景德镇手工业者的描述，与《景德镇新安书院契录》中提及的下层民众之社会生活颇相吻合。也正是在这样的背景下，及至雍正以后，特别是乾嘉时期，徽州的会、社组织如雨后春笋般纷纷建立，仅以目前所见为例，就出现了同仁局、崇正会、敦谊会、敬圣会、义醮会、如新社、黟县文明社、余庆社和海阳惜字会等，其中，敦谊会和义醮祠皆与瓷业密切相关，这反映了徽商与瓷业生产千丝万缕的关系。另外，太平天国前后，婺源清华人胡文耀，"在景镇，立掩埋会，修徽州会馆，倡捐置义冢山，兴会课，筹宾兴费，建婺源会馆"。每当景德镇遭逢水灾时，他就"议停各会演剧费，以施衣食"[2]，显然，各会与徽州会馆、婺源会馆的关系皆相当密切。

---

1 道光《浮梁县志》卷五《公署（附养济院）》，收入《中国地方志集成·江西府县志辑》第7册，第77页。

2 民国《重修婺源县志》卷四十二《人物十一·义行八》，第51页。

四、余　论

1.《景德镇新安书院契录》计有4册，倘若将所录各契指涉的地点，具体落实到景德镇城市地图上，其第1—3册的编号序列由北向南，又由西向东，再由南向北，而第4册则涉及徽州一府六县的诸多公产。应当指出的是，《景德镇新安书院契录》中登录的徽帮产业，只是由徽州会馆直接控制的馆产，而在实际上，在景德镇活动的徽州人及其相关产业，还远不止这些。2014年冬，笔者在徽州就收集到数份契约，其一为租约：

立租约人吴来苏堂，今托中租到郭永泰号名下码头顶脚壹所，坐落陈家街五图七保，坐西朝东，前后两进，南边厨房一间，系开张药材生理。三面言定，递年硬交租银二七官平纹贰拾捌两正，其银三节前交兑，不得短少分文。倘若短少、拖欠，听凭屋东管业，另租无阻。不能以自置傢伙、账目在店生端。修整翻盖，不管［关］屋东之事。恐口无凭，立此租约为据。

预兑英洋拾二元，以作押租。

保长王长春（押）

中见人江启鳌（押）

此业于癸丑年十二月底□与李光铃堂管业，仰缴李姓收。

光绪二十五年二月吉日立租约人吴来苏堂（押）。

陈家街位于御器厂东南，街东便是十八桥，街面上有各种店铺，十分热闹。景德镇地名歌中俗有“陈家街上花似锦，十八小桥赛洛阳”之说，此街属于商业极为繁盛之区。租约中的“此业于癸丑年十二月底□与李光铃堂管业，仰缴李姓收”，应是后来所批。其中的“癸丑年”即民国二年，当年的十二月底即1914年1月。相关的契约即《租码头顶脚约字》：

立租码头顶脚约字人吴来苏堂，今托中租到李光铃堂名下，坐落景德镇五图七保陈家街下首，坐西朝东店屋壹堂，前后两进，又毗连南边厨房屋壹重，所有店内码头顶脚均全，尽归本号，托中承租，开张药材生理。凭中三面言定，每年实交租金官平二七纹银贰拾贰两正，无折无扣。其银分三节前按数交纳，不得拖延、短少。倘若拖欠租银，听凭屋东管业，另租无阻，不得以自置傢伙、账目在店生端。其屋小修理，议归店客自认，毋得异言，恐口无凭，立此租码头顶脚约字为据。当付押租洋拾贰员正。

中见：黄步青（押）

民国贰年岁次癸丑阴历腊月吉日吴来苏堂押。

上述两份租约，内容都是一个吴姓的公堂，向景德镇的另一公堂（李光铃堂）承租码头顶脚、店屋、厨房等，开张药店。此外，第三份《租约》也与李光铃堂有关：

立租店屋约字人黄翔泰，今托中保，租到李光铃堂名下，坐落景镇二图七保黄家衕下首第一家，坐东朝西厂铺门面店屋一重，入深二进，又左边坐落太和衕坐北朝南厨房、碾屋一进，所有店内门壁、楼板、柜台、地板等件，本东一概装修如式，是身托中保承租，开张米业生理，三面言定，递年交纳租金英洋贰伯二拾元，内除房捐小修英洋二拾元，实交纳租英洋二伯［佰］元正，无折无扣，其洋订定三节前按数交纳，不得拖延、短少，亦不得私行贩租，如有此情，听凭本东追租管业，决无异说。其店屋倘本东自用，预先通知，理当迁让，所有自置傢伙等件，即行搬去，亦不得以账目藉端，应将全业交还，决无存留、预替等情。恐口无凭，立此租店屋约字存据。

再批：言定壬戌至丁卯租六年，以后加租。

又批：其店小修，议归屋客自认；如大修理，须向屋东说明，店客不得自行开销，又照。

凭中：吴瑶笙（押）

民国十一年壬戌　月　日立租店屋约字人。

黄家衕和太和衕靠近瓷器街。早在清代，“瓷器街颇宽广，约长二三百武，距黄家洲地半里余。街两旁皆瓷店张列，无器不有，悉零收贩户，整治摆售，亦有精、粗、上、中、下之分”[1]，此一瓷器街虽然不太长，但后来却逐渐发展而为集瓷器销售及饮食服务业的著名街市。这份租约，是黄翔泰向李光铃堂承租店屋，租期自民国十一年至十六年，为期六年。此外，还有另一份《租约》：

立租房屋并码头顶脚约字人李开泰号，今托中，租到舒有庆堂名下，土名陈家街，本号后进房屋壹重，坐东朝西，又北向，毗连房屋壹重，坐北朝南，并码头顶脚均全，所有门壁、房间、楼板、楼梯等件，一概装修如式，尽归本号，托中承租作用，递年硬

1　傅振伦著，孙彦整理：《〈景德镇陶录〉详注》卷四《陶务方略》，第 57 页。

交租金官二七银四拾两正，无折无扣，其银分三节前按数交纳，不得拖延、短少。每年修理、房捐等用，议归本号自认，无得异言。恐口无凭，立此租约为据。

凭中时荫青。（押）

中华民国元年阳历十二月　号立租约人。

这也是在陈家街一带的房屋，交易的一方应当也是商号（李开泰号），向景德镇的一个公堂（舒有庆堂）承租房屋。其中的“舒有庆堂”，从姓氏上看，应来自黟县。另外，中人时荫青与《景德镇新安书院契录》之序作者时霖（雨农）同姓，考虑到“时”姓在中国百家姓中实属少见，故两人当为同族无疑。

上述的四份契约，从时间跨度上自晚清迄至1922年，各契皆书写于大红及梅红色折页上，而其契约格式与《景德镇新安书院契录》中所收录者极相类似。而且，这批契约[1]的来源脉络清晰，为黟县杏墩里“履吉庭”胡氏徽商后裔所有。胡氏的先人胡墨宾在景德镇的大有恒钱庄从业。大有恒钱庄开设于清末民初，为黟县人孙开初创办，钱庄建在麻石弄口（今中山南路70号），为全镇四大钱庄之一。据孙氏后裔回忆，大有恒钱庄的客户，多数是东北、京津、武汉一带的瓷器商号。该钱庄于抗战时期最终歇业，主要是被外埠瓷器商号的破产倒闭所拖累。[2]由此也从一个侧面说明，在景德镇活动的诸多商号，皆与瓷业产销有着直接或间接的关系。从1924年《景德镇新安书院契录》序文来看，孙开初也是新安书院公举的“清查员”之一，直接参与了徽州会馆相关产业的调查和勘测。

2. 徽州是一个高移民输出的地区，早在明代，天下的繁华都会以及山陬海隅、孤村僻壤，处处都留下徽商的足迹。及至清代，不少城市中都出现了徽商聚居区。此类相对集中的聚居区，在杭州是位于钱塘江滨的江干一带，扬州、淮安集中在濒临京杭大运河的河下，而汉口则在围绕着紫阳书院（徽州会馆）的新安巷一带。与其他城市中局部范围内相对集中的情形不同，在景德镇，整个城区范围内都有大批徽州人活跃其间，[3]徽州会馆的相关产业也遍布于城市的各个街区。这一事实，提供了“无徽不成镇”的一个生动例证。

1　除此之外，同时收集到的还有一些明信片、书信原件、尺牍活套和私塾课本等。这批文书涉及的店业还有景德镇永成和布店（绸缎呢绒号）、同丰和呢绒号、恒丰裕布店、恒生顺记绸缎呢绒号和瑞丰绸缎号等，相关的探讨有待于今后的进一步研究。

2　孙熙成、孙友松：《跃居福字位的大有恒钱庄》，收入政协景德镇市文史资料研究委员会编：《景德镇文史资料》第9辑《景德镇徽帮》，第100—101页。

3　从民国时期的徽州书信来看，“景地邑人众多”“景埠乡人荟集，称便多多”——这是《景黟书信》抄本（私人收藏）中的记载。参见书中民国十五年（1926）十月三十日《致宝坚叔》、民国十四年（1925）三月初十日《致光远叔祖》。

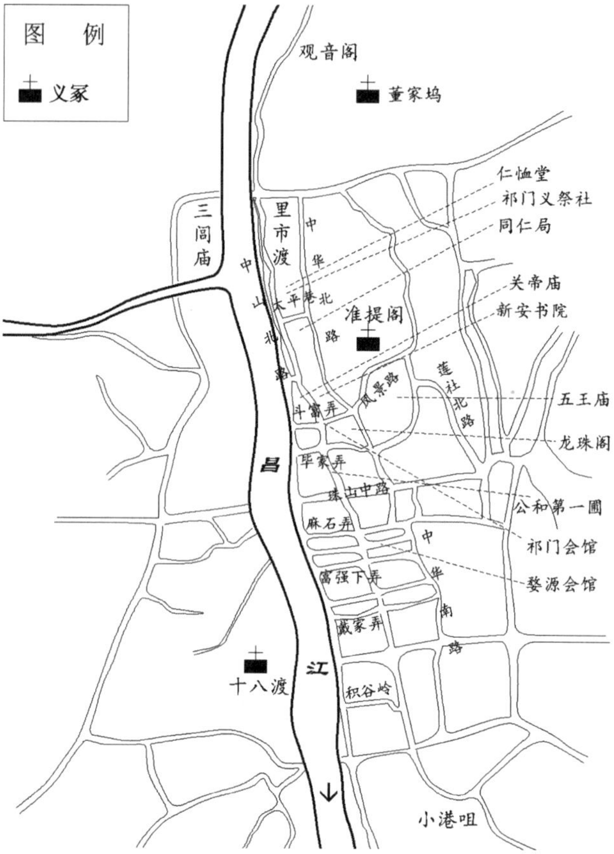

图 7　景德镇城市空间中的徽商史迹

明代中叶以来，在“无徽不成镇”的长江中下游各地，徽商的活动尤为活跃。在上海、汉口等地的会馆征信录中，我们时常能看到与会馆相关的市房经营（这些产业是会馆赖以存在的经济保障），但没有一份文献像《景德镇新安书院契录》这样的资料如此细致。当时，徽州府对外的水路交通主要有两条：一条是新安江，另一条则是阊江水道。从徽州东下经新安江、钱塘江，便可到达杭州；而自祁门由阊江（昌江）经浮梁县城亦可到达景德镇。因交通上的便捷，徽州不少人外出经商的首站，往往是选择杭州和景德镇，从这一点上来看，景德镇与杭州的情形极相类似，聚集在景德镇的徽州人也相当之多。于是，除了覆盖一府六县人群的同乡及慈善组织之外，还有一些县份单独兴建了会馆，并有名目繁多的会、社等组织活跃其间，借以照顾到不同类型、不同层次人群的利益诉求。

一般说来，徽商聚居、建立徽州会馆之处，通常都有征信录的刊行。例如在杭州，既有《新安惟善堂征信录》那样与全体徽州人相关的征信录，又有只与徽州木商或徽馆业商有关的《徽商公所征信录》《新安六安材会征信录》[1]等。至于在景德镇，徽州会馆是否刊行过征信录迄今尚不得而知，因此，我们暂时还无从获知清代民国时期会馆逐年的收支状况，不过，从《景德镇新安书院契录》的序文来看，景德镇徽州会馆的“市房杂业”多达222号，常年收入近万元，会馆运营颇为良好。[2]而且，不少会、社组织的活动，对于徽州会馆的依附性显得愈来愈强。此种内附趋势，应当与景德镇徽、都、杂三帮之间激烈的竞争乃至冲突密切相关。

3. 景德镇城区三面环水，地处昌江主河道与南河、西河交汇处，素有“三洲四码头，四山八坞，九条半街，十八条巷，一百零八条弄”的说法，城区街巷里弄的分布相当复杂。在这一域土地上，曾活跃着来自四面八方的各地人群。康熙二十一年（1682），抚州府通判陈淯指出：“景德一镇，则又县南大都会也，业陶者在焉，贸陶者在焉，海内受陶之用，殖陶之利，舟车云集，商贸为聚，五方杂处，百货俱陈，熙熙乎称盛观矣！”[3]在这方面，《景德镇新安书院契录》一书，展示了极为生动的移民、定居以及产业变动不居的画面。例如，前文提到的关帝庙亦称新安关帝庙，简称新安庙。新字第86号契提及，乾隆三年（1738）八月初八，余仲益将祖传店楼屋出卖与新安庙名下为业。另外，乾隆四十六年（1781）十月，休宁县吴永兴购买建昌府新城县李永裕店屋一间，托付新安庙义友管理，其契曰：

立托约人吕永兴，原系休宁人氏，迁居浮梁景德镇数十余年，并无亲族人等往来看顾，今因年高老迈，有病临身，生死在于旦夕，孤寡无嗣，可怜苦撑，所积白银五拾有余，所买市房一间，坐落江家衕，有红契二张为凭，照契管业，其契交与义友等轮流管业，租银定于清明、冬至两季收租，以作永远祭扫之费。倘身故之后，休邑人来冒认家族亲戚、至此争论异说者，托众位义友，即执此托契鸣官理论。身将此房屋、傢伙，泣托众位义友，原系在日相好，受此托约之契，务必始终如一，父传子，兄传弟，相传不朽。切念在日情分，勿负临死之托，年年至期，有劳诸公之舍步，岁岁登孤寡之荒丘。愧受一枚纸钱，叨沾诸公之仁德，虽瞑目于地下，亦感恩于九泉矣。立此托约八纸，各

1　参见王振忠：《清代、民国时期江浙一带的徽馆研究——以扬州、杭州和上海为例》，收入熊月之、熊秉真主编：《明清以来江南社会与文化论集》，上海：上海社会科学院出版社，2004年，第128—152页。

2　另据今人回忆，“徽州同乡会拥有的房地产业不下300幢，每月房地产的租金，收入大米达100多石，除用于祭祀祖先和同乡会的公益事业外，尚有大量剩余”。（舒鹤群、汪水传：《新安小学》，收入政协景德镇市文史资料研究委员会编《景德镇文史资料》第9辑《景德镇徽帮》，第237页）此处所指的“徽州同乡会”似非确指，而是指与新安书院（徽州会馆）相关的组织。

3　康熙《浮梁县志》序，第14—15页。

执一张，永远存照。

收托约人陈义天、陶圣万、潘君荣、程福寿、闵成一、叶宗武、沈永明、孙永锡。

大清乾隆四十六年辛丑十月　日立托约人吕永兴。

这是一位叫吕永兴的休宁人，迁居景德镇已有数十年，其人无亲无后，晚年有50余两积蓄，购买市房一间，于临终前，将此交托新安庙义友，让后者为自己死后定时祭扫，以免沦为孤魂野鬼。契券中提及的“新安庙义友”，反映出上述的八位“收托约人”，与立托约者皆是以神缘为纽带形成的特殊关系。类似的例子，还见于围绕着五王庙的土夫生理。关于这一点，安字第57号契载：

立杜卖契字人徐洪喜，兹因家中用度不足，将自手所置里仁都上三图五王庙土夫生理，上至求子衖直进白云庵为界，下至百子衖瑞州会馆大门当心下河后街老门头直进为界，周年分作十二股，内得五股，分派五个月，正、五、六、十、腊共五个月生理，闰月与杨元发共。自情愿托出中保，将五股土夫生理，出卖与范起良名下为业，当日凭中，三面言定，土逢时值价九八大钱拾五千文正，其钱比交卖契人亲手收足，其土夫生理，即交范起良管业任做，所买所卖，二意情愿，并无逼勒等情。未买之先，并无重互［复］交易，自卖之后，各无悔异。倘有来历不明，并及嗣后如有内外亲疏人等，端卖契人一力承耽［担］，不干买者之事，恐后无凭，立此断卖契字，永远存据。

保长：汪占鳌；代笔：徐凤翔；

中见人：杨元发、余三阳、余细毛、余江贡、袁镇保、谢连生；

大清光绪元年冬月　日立杜断卖契字人徐洪喜。

瑞州会馆又名筠阳书院，坐落在中山北路八卦图，是江西瑞州府所属的高安、新昌、上高三县旅景同乡聚会、议事和寄寓的场所。五王庙始建于明代，郑廷桂《陶阳竹枝词》有：“横田古庙祀华光，改替官衙事不常，到底五王灵应显，龙灯日夜闹朝阳。”据说，五王庙即华光庙，供奉华光神，它是由徽商带来的信仰。此庙原先位于御器厂东南，嘉靖年间，改庙为署，结果瓷器生产极不景气，人们遂认为是因得罪神明的缘故，故而又改署为庙。及至清代，当地的“龙灯极盛，能祈雨救旱。每岁元夕出灯，街市施放火爆，彻数日夜”[1]。在乾隆

1　乾隆《浮梁县志》卷十一《艺文上》，南昌：江西图书馆1960年油印抄本，第16页下。

年间的《景德镇图》上，即标有里仁三图的五王庙。而从上述一契来看，当时，上至求子衕直进白云庵为界，下至百子衕瑞州会馆大门当心下河后街老门头直进为界，此一地段内的土夫生理，每年共分为十二股，其中，正月、五月、六月、十月和腊月的五股土夫生理，由徐洪喜从事。遇有闰月的年份，该闰月土夫生理则由他与另一位叫杨元发的人共同承担。光绪元年（1875）冬月，徐洪喜因故将此土夫生理五股，出卖与范起良名下为业。

另外，同属安字第57号契的另一份契券写道：

> 立断卖契字人杨天喜，兹因伯父自手所置上三图五王庙土夫生理，周年身得七股，分派七个月。又因叔父老病复发，不幸腊月初六病故，囊中用尽，无有安葬之资，在镇异地，我族无有杨姓亲疏人等，无处商议，借代［贷］无门，只得邀请庙东，与我叔父朋友人等，将我伯父土夫扛出卖，葬叔归山。七股生理内，本庙菩萨有二股，分派四月、十一月，除开自身五股，分派五个月，凭中立契，出卖与储香保、范文良异父兄弟二人名下执业。当日凭中，三面言定，土逢时值时价九八厘钱拾捌千文正，当日其钱，凭中交付卖契人亲手收足；其土夫生理，即付买契人管业无阻。系是两意情愿，于中并无重互［复］交易、典押、谋买、逼勒等情。倘有来历不明，并及日后如有内外亲疏人等，无得生端异言。如有，端卖契人一力承耽［担］，不干买契人之事。恐口无凭，立断卖契字永远存证。
>
> 外批：天喜兄弟二人周年之内，每年月将原本加利酒席中人用费田［回］续［赎］可也；周年以外，凭中订定，永不能回续［赎］。
>
> ……
>
> 外再批：上至求子衕后街白云庵，下至百子衕筠阳书院下河后街至老门头为界。
>
> ……光绪元年腊月十三日立断卖契字人杨天喜、天助。

腊月即十二月，而此前所引一契则是冬月（十一月）。前契中的杨元发，可能即此契中的杨天喜、杨天助二人之叔父。而买主之一的范文良，与前契中的范起良应即异父兄弟。此处提及，七股生理中，五王庙菩萨有二股，杨氏兄弟继承伯父的土夫生理亦有五股。这些都反映出，土夫生理可以世代继承，而这种生理与五王庙的关系极为密切。其后，契券再批曰：

> 光绪二年二月初七日，当中保三面找价洋钱叁元，付天助、天喜兄弟二人亲手收讫，日后乡下寻出老契不能行用，作为废纸，只此。二夫扛生理，一并付与储香保、范

文良兄弟管业无阻，杨天助、天喜兄弟二人永远不能取续［赎］，只此。……

此业系唐仁发经理，歙邑储香保、范文良、范起良等之扛业，情因储、范两姓乏嗣，无人承接，兼之唐仁发生前欠债甚多，死后丧费无从措办。现本邑人等会同妥议，经投六邑首士言明，批与本书院名下为业，当日凭公言定时值，作价英洋七拾元正，并另入义醮会牌位二名，其洋即交歙邑人等开销一切费用，如数收清，其扛比交本书院照契业收租无阻，两无反悔。今欲有凭，立此批字永存为据。当收契据二纸。

本邑首士程镜湖，本书院首士　何廷芝、汪麟书、汪伯棠。

光绪壬寅年腊月吉日合郡合批。[1]

光绪壬寅即光绪二十八年，当年的腊月当为1902年的12月或次年的1月。可见，当时从事土夫生理的，基本上皆是单身乏嗣之人，他们以股份形式存在的扛业，可以相互让渡，等他们去世了，倘无人继承，这些股分也就归徽州会馆所有，作为交换，允许他们在义醮会内拥有若干个牌位。

所谓土夫生理，亦即码头搬运工的行当。早有清代前期，“把庄一行，凡诸路客至，必必雇定把庄头，挑收窑户。瓷器发驳，则把庄头雇夫给力送下河”[2]。文中的把庄行，即专为顾客提货（提取瓷器）的行业。当时，搬运、装卸瓷器，主要靠肩挑、身背和手抬，所以在景德镇活跃着一大批“挑脚子”“箩夫”“挑头”等，他们用扁担、绳索、篾筐作为搬运工具。搬运一行为把头所操纵，一般人要入行挑运，必须拿钱出来向把头购买挑运权，叫作“买扁担”。把头还要“搭扁担”，即抽取运费的三分之一。一年开始挑货那天，挑运工人还要拿红纸包送钱给把头，叫“发市包”[3]。以往，有人曾回忆景德镇的码头搬运工人主要分为吉安帮和南昌帮两个行帮。他们各自占据一大块码头地盘，最初以南门头的公和豫店为界，北至观音阁，划归吉安帮；南至小港嘴，划归南昌帮。后又协商重划，改以豆腐弄为界。两帮又在各自范围内划分若干地段，合理安排劳力，如吉安帮内部划为八卦图、中渡口和石狮埠三个地段，每个地段皆有固定的劳力配额。南昌帮内部，则有箩行和散做店之分，行店亦各自划定彼此活动的范围。此外，还有不分籍贯的窑柴帮，专门专事窑柴搬运。[4]揆情度理，上述

1　郑乃章编：《景德镇新安书院契录》，第280页。

2　傅振伦著，孙彦整理：《〈景德镇陶录〉详注》卷四《陶务方略》，第57页。

3　景德镇市珠山区地方志编纂委员会编：《景德镇市珠山区志》，南昌：江西人民出版社，2010年，第481—482页。

4　王国梁：《码头搬运工》，收入政协景德镇文史资料委员会编：《景德镇文史资料》第11辑《景德镇杂帮》，1995年，第166—170页。参见景德镇市昌江区地方志编纂委员会编：《昌江区志》，西安：三秦出版社，2008年，第130页。

歙县人从事的土夫生理，应当也就是专事窑柴搬运的码头工人。中渡口附近的八卦图、泗王庙一带，为牙侩及搬运工人的集中居住地。[1]类似在码头上以股份形式存在的情况，在长江中下游各地普遍存在。[2]此处的几份契券，为研究景德镇城市中下层民众的生存状态，提供了极佳的案例。

正是因为前来谋生的人群来自各个阶层，故而景德镇的会、社组织纷繁复杂，其组合方式亦各具特色。有的是以地缘，有的是以血缘，[3]有的是以业缘，有的是以神缘，有的则是数者兼具，[4]其性质亦各不相同。据今人回忆，从农历二月份开始，徽帮的每个行业轮流在会馆内做会三天，每个行业都有自己的“社”，如钱业称大成社，布业称聚建社（老板组成）、聚成社（伙计组成）。[5]总体说来，以设于徽州会馆内的义醮会最为稳定而重要。之所以如此，是因为各个阶层都关心自己身后的世界，孤立无援的下层民众尤其如此。

4. 清末以来，随着时代的变迁，也出现了一些新兴的组织。[6]而原先的徽州会馆及相关的会、社，在景德镇还陆续建立了教育、医疗等相关的组织。例如，徽州会馆、婺源会馆和祁门会馆等，后来都成了办学的场所。1907年，鉴于“自科举停后，学会、学堂到处林立，景德镇风气较迟，旧冬绅士何廷芝等起而倡之，禀请江西景德镇徽帮教育分会浚哲两等小学堂成立”[7]。1942年9月，景德镇私立新安小学成立，学校设在前街（中山路）徽州会馆，此处位于曹家码头、湖南码头的中段，上首是瑞州会馆（筠阳书院），下首是祁门会馆。由新

1 吴海云：《景德镇城区的兴起及其演变》，收入政协景德镇市文史资料委员会编：《景德镇文史资料》第1辑，1984年。

2 如浙江兰溪市地方志编纂委员会所编《兰溪市志》（杭州：浙江人民出版社，2013年）中，就收录有《西门码头号簿》刊本，其中也反映了类似的情形。

3 在这方面，黟县西递胡氏明经会是一个典型例子。据曹时生等人的追溯，咸丰年间，胡氏族人赴景经商者渐多。及至20世纪30年代，从业者已有一二百人之多。当时，在金融、南货、酱行、绸布行、纸烛爆行、药材行诸业，都有胡氏商人。后来，族人购得求子弄房屋一幢，并在莲花塘修建总祭一处，于1930年召集族众，正式成立“西递旅景胡姓明经会”。此种以血缘为基础的同姓组织，在景德镇应当并非特例，其血缘色彩亦并未因时代的变迁而有所淡化。以上例子，参见曹时生、汪锡侯、王国梁《徽州会馆与群众团体》一文，收入政协景德镇市文史资料研究委员会编：《景德镇文史资料》第9辑《景德镇徽帮》，第234页。

4 据汪士泾等人的追溯，康熙以后景德镇出现釉上粉彩瓷，此种粉彩需要的重要技术为细金。当时，歙县洪琴汪家赴景开设细金店，最兴旺时有十多家。据说，他们曾从南京请来一名师傅专门教授擂金工艺，其人后老死于景德镇，被安葬于汪家山。汪家为了纪念其传艺之恩，遂组织了一个“诚善会”，每年春秋二祭，徒子徒孙都要上坟祭扫，以示纪念。清明上坟时，参与者每人发猪肉2斤，冬至上坟，则每人发饼1斤。九九重阳节，还要为另一祖师葛仙翁生辰祝寿。以上参见汪士泾、汪荣生《瓷城特有的细金业》一文，收入政协景德镇市文史资料研究委员会编：《景德镇文史资料》第9辑《景德镇徽帮》，第87—88页。

5 曹时生、汪锡侯、王国梁：《徽州会馆与群众团体》，收入政协景德镇市文史资料研究委员会编：《景德镇文史资料》第9辑《景德镇徽帮》，第232页。

6 如1922年由商界店员组成的黟山青年励志会，该会系总会设于上海的黟山青年励志会之分会。

7 《申报》1907年9月13日。参见《各省要闻·旅居景镇的安徽人特色》，《安徽白话报》1908年第3期。

安书院拨给房产20幢，以其租金作为新安小学辅助基金，房契交由理事会保管。这个学校的学生，徽商子弟占了90%。毕业生考试成绩优良者，由学校保送，免试升入紫阳中学（婺源人创办的学校）。[1]1946年，徽帮义祭社（江南茭草会）将店屋三间，立契乐捐与新安小学。[2]而在医疗方面，1924年，旅景徽商张启东、吴星垣等，“以徽帮在景商务日形发达，同乡亦日见其多，……贫病苦无归宿乡人，无处资养，特在新安书院附设养病所”，吴星垣倡捐2 000元，并开会筹议，实行募捐。[3]这些，都在一定程度上反映了晚清以来传统商业组织的嬗变与调适。

（本文原刊《历史地理》第33辑，上海：上海人民出版社，2016年。后曾收入李孝悌、陈学然主编：《海客瀛洲：传统中国沿海城市与近代东亚海上世界》，上海：上海古籍出版社，2017年。收入本书时稍有删削，特此说明。）

1 舒鹤群、汪水传：《新安小学》，收入政协景德镇市文史资料研究委员会编：《景德镇文史资料》第9辑《景德镇徽帮》，第236—238页。

2 郑乃章编：《景德镇新安书院契录》，第222—223页。

3 《申报》1924年4月22日。

江南地区聚落—城镇历史形态演化的发生学考察

钟　翀 *

【内容摘要】本文尝试立足聚落的形态发生理论，运用目前留存的近代以来在江南区域测制的大比例尺实测地图，系统探讨该区域聚落—城镇内部形态的成长历程，并深入思考其背后所蕴含的长期演进的历史。本文认为，从聚落—城镇的历史形态发生学角度来看江南地区，尤其是长江三角洲地带的聚落演化，具有较强的进化方向与变化规律。基于以上认识，就可从聚落发生学的方法来重新审视传统文献的史地学分析难以企及的江南聚落发展的形态演化阶序，确认或推导许多市镇的发生史与最初状貌，或至少可对其形成背景的解析，以推进该区域聚落—城镇的历史本底与景观深刻鉴别工作。

【关键词】江南，聚落—城镇，历史演化，发生学

江南地域における集落—都市の歴史形態の進化に関する発生学的考察

鍾　翀

【論文要旨】本論文は集落の形態発生の理論に基づき、近代以来の江南地域で作成された大縮尺実測地形図を利用し、この地域の集落—都市の内部形態の発展を系統的に分析した上、その背景に秘めされた長期的に発展してきた歴史を深く思索するものである。本論文

* 钟翀，上海师范大学人文与传播学院教授。本文的研究获国家社科重大项目“外国所绘近代中国城市地图集成与研究”（15ZDB039）、2019年国家社科基金年度项目“日军测制中国城镇聚落地图整理与研究”的支持。

は集落—都市の歴史的形態発生学の視点から江南地域、特に揚子江デルタ地帯の考察を通じ、集落の形態進化が、強い進化方向・変化法則を持っていると考える。以上の認識に基づき、集落の発生学的方法は伝統文献による歴史地理学の分析方法の限界を越え、江南地域の発展形態・進化階序を考え直すことができる。また市鎮の発生的歴史とその初期景観を確認することも可能であろう。少なくともその形成背景を解明することにより、該当地域の集落—都市の歴史的土台と景観の選別作業に推進することが期待できよう。

【キーワード】江南、集落—都市、歴史進化、発生学

城市的生长始于历史上的聚落演进，中心地理论立足于对流动成本的空间分布分析，解决了城镇作为空间点位的层级关系与空间配置问题，但并不能解释各地城市内部形态的差异与千变万化的城市肌理塑形历程。

本文尝试立足聚落的形态发生理论，运用目前留存的近代以来在江南区域测制的大比例尺实测地图（本文主要指 1∶50 000 以上的实测图），系统探讨该区域聚落—城镇内部形态的成长历程，并深入思考其背后所蕴含的长期演进的历史。

一、方志类文献与近代实测地图的资料差异和聚落形态的发生学分析

对于历史上江南城镇聚落的回溯研究，传统资料均以地方志为主，现今流传的宋元以来江南方志数量较多，且不少方志往往专设篇幅来描述城市内部街巷坊厢等详细地物，此类记录提供了有关城市内部构造的丰富信息，对于江南的府县级城市，凭借此类信息，许多城市的详细复原研究甚至可以追溯到中古时代。[1]

然而，江南地区的聚落与城镇历史悠久，其早期形成史往往超越了上述方志类传统文献可上溯的中古这一时间深度，加之，像《平江图》那样可以细致表现城市内部形态的早期绘

1　相关个案研究目前已有钟翀：《上海老城厢平面格局的中尺度长期变迁探析》，《中国历史地理论丛》2015 年第 3 期；钟翀等：《宋代以来常州城中的“厢”》，《杭州师范大学学报（社会科学版）》2016 年第 1 期；胡晶晶：《宋元以来镇江城内坊厢变迁初探》，《都市文化研究》2016 年第 2 期；来亚文等：《宋代湖州城的“界”与“坊”》，《杭州师范大学学报（社会科学版）》2016 年第 1 期；赵界：《宋元以来严州府城形态研究》，上海师范大学硕士学位论文，2018 年，等。

画地图资料少之又少，因此想要探索江南聚落与城镇长期演化历史的研究尚需另辟蹊径。

在此情况下，聚落形态演化的发生学理论给我们探索江南聚落—城镇发展模式、寻找其规律性特征提供了有力的支持。所谓聚落形态发生（settlement morphogenesis），是聚落的外部形状和内部结构的起源、发育和建成的过程。如果将城镇比喻为一类高度发育的有机体，其内部的各个部分，虽然会有不同的生长速率和分化出不同的结构特征，但其生长与分化并不是孤立地进行，而是在特定的人地环境下、按一定的成长逻辑紧密地交织在一起相互作用而形成的。该理论揭示，像江南这一具有较高的人地环境同质性背景的区域，可以合理地运用共时比较的分析手法，提取各种不同类型的聚落（城镇）样本，用以替代不同发展阶段的聚落（城镇），并由此探寻该区域聚落—城镇的历时性变化轨迹。

不过，以上的聚落形态发生学分析，对聚落或城镇的规模及具体形态方面的数据精确性要求颇高，通常需要借由详细的大比例尺实测地图方可实现。与方志等传统文字描述相比，实测地图作为一种图像史料，具有可视、标准化、系统化等优点，其对微观地物的规模、方位、曲度描述尤为准确，是开展共时性类型化处理与历时性演化阶序推导的理想素材。同时，鉴于测绘时代愈早历史形态分析条件愈好这一点，测绘于近代化之前或初期的大比例尺实测地形图应该是此种研究之首选素材。因此，实际上也只有近代实测条件下的大比例尺地形图才具备此种研究的资料适配。

自西方列强打开国门以来，运用近代测绘技术的城镇地图开始出现在江南各地，如上海老城厢最初的实测图大约绘制于1856—1858年，[1]1862—1864年中外联合镇压太平军期间，英军在太湖流域测制了多幅军用地图，其中包含南桥、青浦、柘林、南翔、嘉定及上海这六座城镇的较大比例尺的实测地图。[2]民国初以来，随着国民政府测绘事业的展开，标准化、系统的地形图测绘开始登场。以笔者收集的数种大比例尺实测地形图（包括1935年1∶5 000上海周边区域图、数种1∶10 000至1∶25 000的民国及日军测制地图）来看，此类地图虽然静态地反映了较晚近时期该区域聚落与城镇的面貌，但由于当时在江南地区，还较好地留存了近代化之前的历史城镇景观，因此可通过聚落的形态发生原理，来考察江南城镇历史形态演化与微观肌理特质等难题。

1　参见孙逊、钟翀：《上海城市地图集成》所揭《上海县城及英法租界图》上册，上海：上海书画出版社，2017年，第69—70页。该图应该也是目前所见江南地区最早的实测县城地图之一。

2　参见王涛：《太平天国时期英军在太湖平原的地图测绘》，其中提及前五座城镇地图，《清史研究》2018年第2期；另有上海县城见于前揭《上海城市地图集成》所载1861年英军绘制的 *City, Settlement, and Environs of Shanghai* 上册，第37—38页。

二、近代实测地图所见江南聚落形态的静态特征与历时性类型

基于以上的思考，下面将利用近代大比例尺的实测地形图，通过典型样本的提取，来构建该区域聚落形态发展的历时性类型。限于篇幅，本文省略详细的数据处理过程，而利用典型案例分析的形式来说明分析结果。

江南区域在地文上素以水网密布、湖泊众多为特色，是世界著名的水乡区域。从地貌上看，以太湖为中心的碟形洼地，包括其周围无数大小湖泊，形成水域面积占相当比例的天然湖沼群卓越地带。图 1-1 所示位于苏州郊区吴江县城东的沼泽化景观，至今水域面积仍占该县总面积 38%，为洼地地形的典型例，显示无数沼泽散布的所谓“强湿地”地带。但从图上可以看到，水路已经逐渐固定，呈现出陆地化过程初期阶段的样态。

此种状态在“水乡深处”的吴江、嘉善、青浦等地最为多见，在一定程度上反映了江南地区历史早期阶段的开发状况及聚落的早期形态——聚落依圩田而筑，而且由于湿地沼泽的环境，加之水运的交通便利，使得初期的聚落构筑均在圩堤之上的相对高燥之所，由此形成条带状的聚落形态，即所谓的“列状水路村”，费孝通的吴江开弦弓村研究提供了此种地形下之微观案例（图 1-2），正是开发初期江南聚落之典型样态。

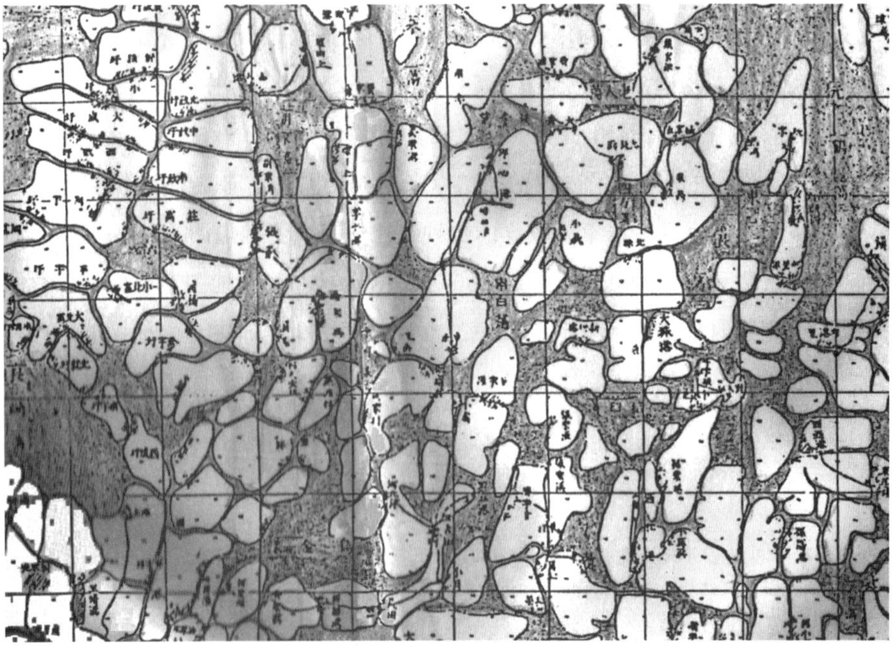

图 1-1　吴江县东部的聚落（据 1915 年 1∶50 000 地形图）

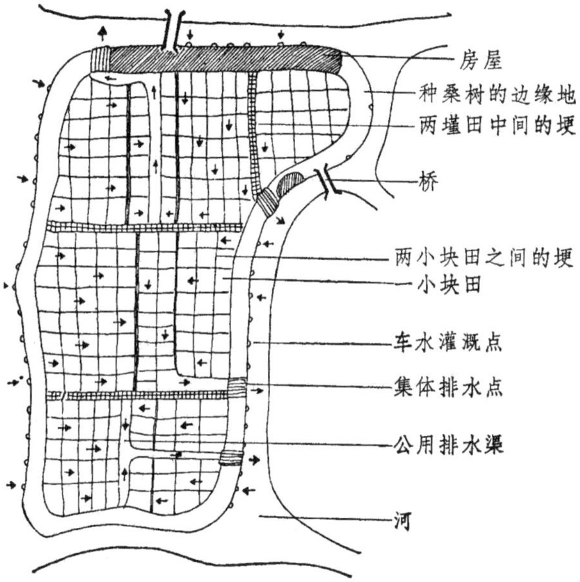

图 1-2　吴江县开弦弓村西长圩（据费孝通《江村经济》，图上阴影线为农宅）

由于历史上人类对该地域的持续开发，致使原先浅水型天然湖泊或河岸低地向沼泽化方向发展，水路被不断地固定，这一泛滥低地的陆地化过程持续时间甚久，但由于水路的固定，沿河聚落也随之伸展成型。图 2 为上海北郊宝山县沿长江的聚落景观，[1]“列状水路村”随河道走向而筑，形成纵横交错的带状聚落景观。即使在今天，此种景观在江南地区传统乡村地带随处可见，并且工业化程度越低，其条带状聚落形态特征越普遍、完整，强烈显示此类“列状水路村”十分明确的方向性与发生学演化规律。

随着开发的深化，通过长期的水道浚渫和圩岸修筑，抚养密集人口的广阔人居空间得以实现，逐渐形成今日所见人工河道与自然河道纵横交织、湖泊互相串联的江南水乡景观，而聚落亦进一步发展，在若干物流条件优越的枢纽中心形成集镇，不过此类集镇由于受到前期发展、依托河道的物流展开模式等条件的制约，仍然会以沿主街所附河道为主轴伸展并以垂直主轴横向扩充这样的生长模式，形成条带形或长纺锤形，即所谓的“列状水路市镇”形态，这就是图 3 所展示的聚落—市镇格局。

以上三种典型形态在江南地区最为常见，从形态发生的立场来看，显示了在“强湿地”

1　本文所用近代及民国实测地形图，如无特别说明，均来源于台湾“中研院”人文社会科学研究中心 GIS 专题中心，在此特向范毅军、廖泫铭先生谨致谢意。

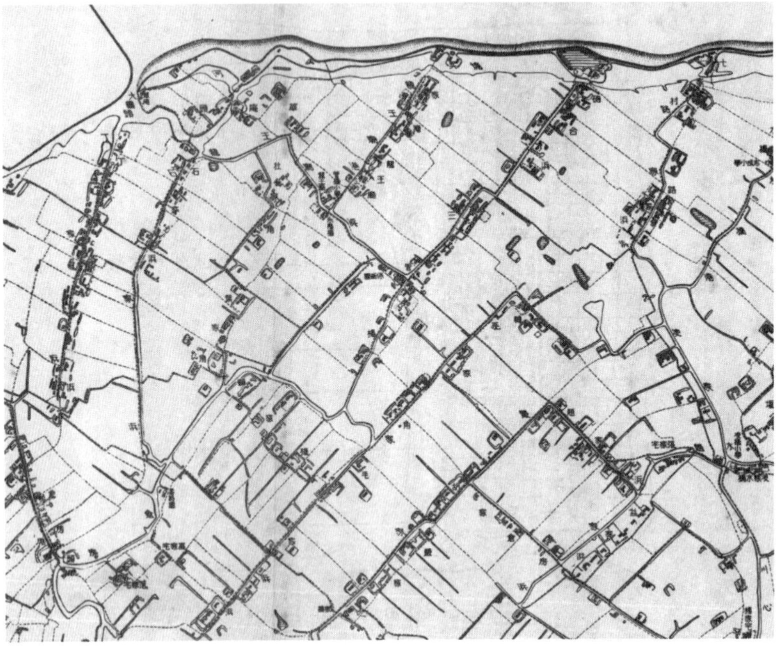

图 2　宝山县沿江的聚落群（据 1938 年日军 1∶10 000 实测地形图）

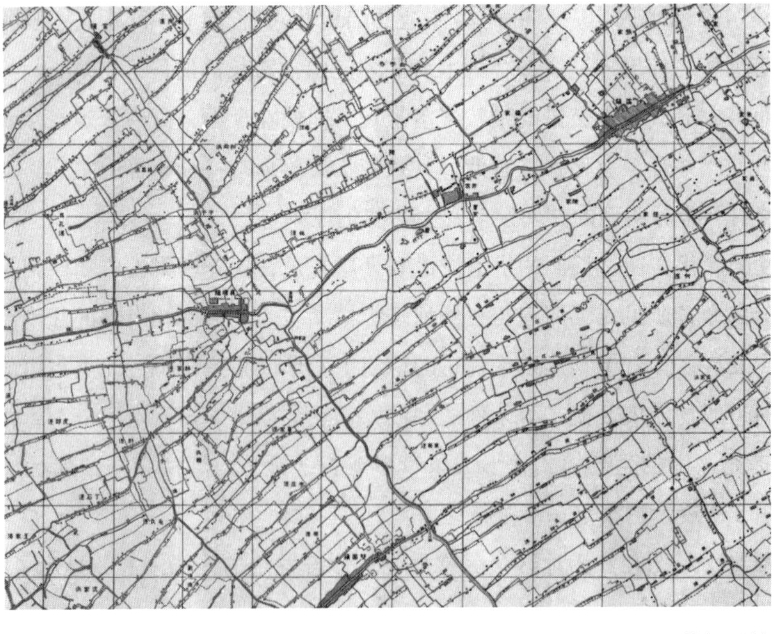

图 3　常熟县沙溪镇附近的聚落—市镇形态（据 1937 年日军 1∶25 000 航摄测绘图）

地带聚落演化的历时性进化方向与变化规律。概括而言，历经数千年开发形成的纵浦横塘的水乡格局、依托河道的物流展开模式与依托圩岸的农宅修筑传统、独特的弱宗族型家族构造以及散村型社会的自组织形式等多种因素的复合影响，造就了该地域聚落形态演化上表现出“构筑于圩岸微高地的列状农户——因圩田的开发、聚落的联结与伸展而形成的列状水路村落——随开发深化而在某些中心地发育形成的列状水路市镇”这样的发展模式。

三、发生学视角下江南城镇的演化阶序

上节有关江南聚落形态历时性推导的最终点——“随开发深化而在某些中心地发育形成的列状水路市镇”，就是本节讨论的起点。限于纸幅，下面仅以近代上海周边的各类市镇为例，仍通过典型样本的提取来进行分析。

承上节论述，先看上海周边的聚落地理背景。图4展现民国时期浦东洋泾区域较为典型的江南乡村景观——河道纵横交织，村落星罗棋布，各种大小不等的村落沿纬向河道集聚排列，形成颇具特色的列状水路村景观。此处聚落形态所呈现出来的纬向线状排列的卓越现象，和这些河道均与该地区物流干线河道——黄浦通连这一集聚动力因素密切相关，该现象

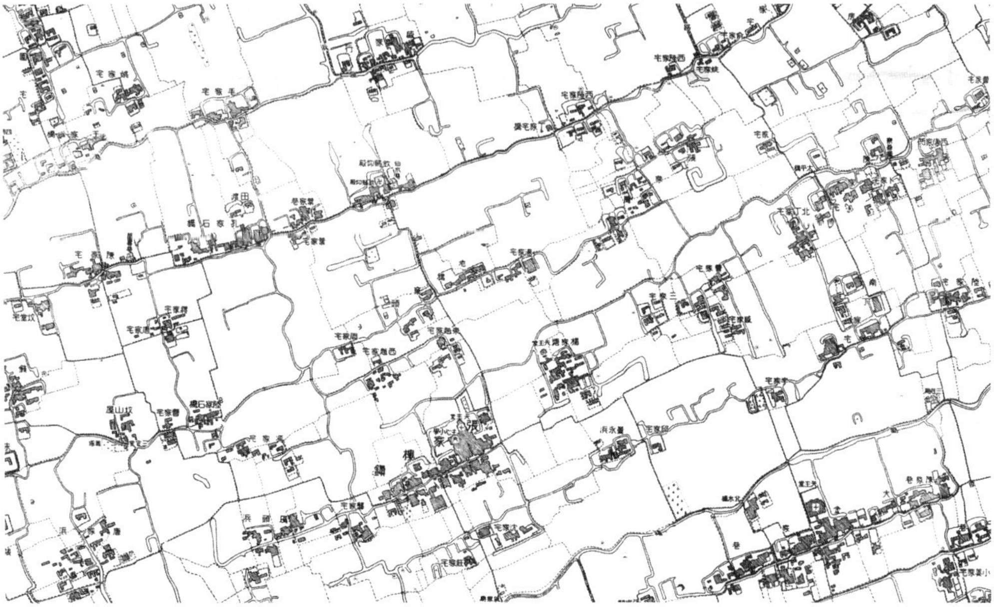

图4　浦东洋泾地区的村落聚合形态（1935年上海市土地局测绘，中国国家图书馆藏）

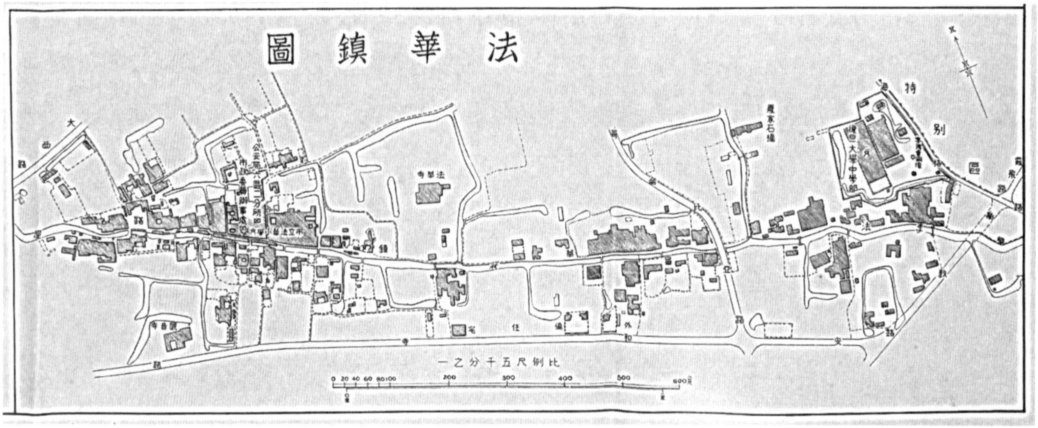

图 5-1　法华镇图（1931 年上海市土地局测绘，中国国家图书馆藏）

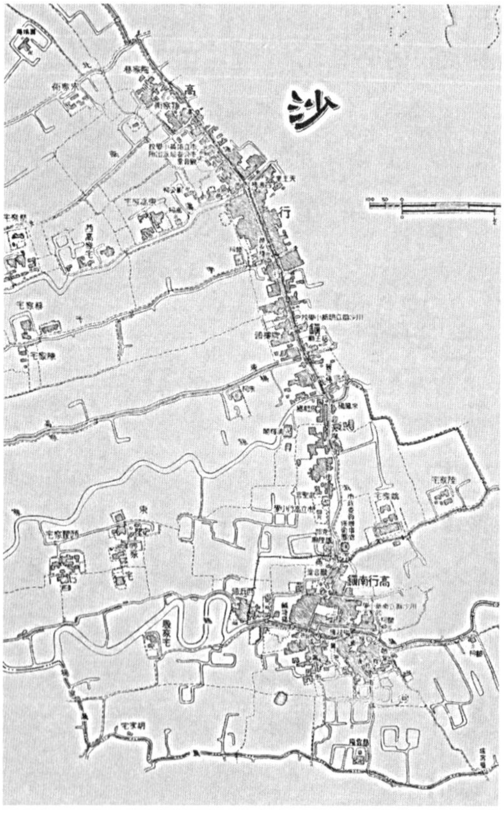

图 5-2　高行镇图（1931 年上海市土地局测绘，中国国家图书馆藏）

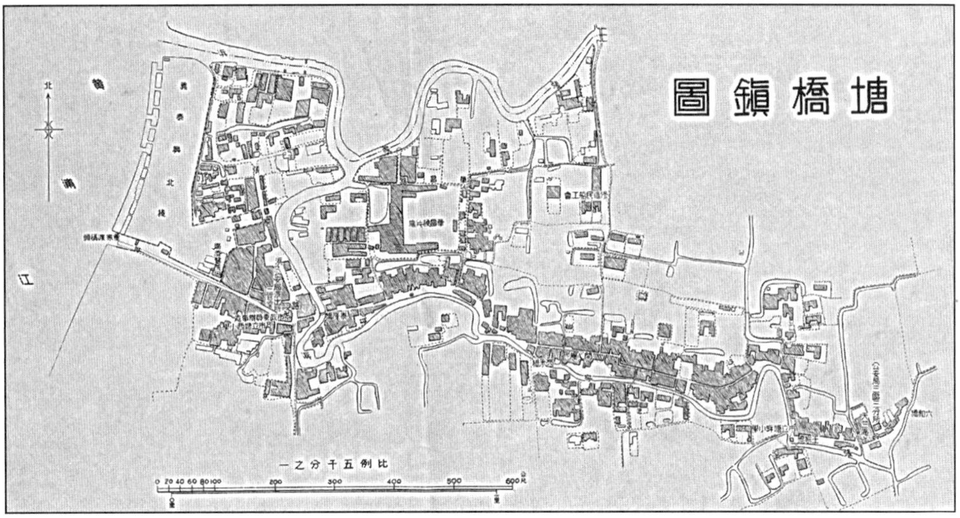

图 5-3　塘桥镇图（1931 年上海市土地局测绘，中国国家图书馆藏）

在江南不仅由来已久，而且十分普遍，显示了在水乡地带“列状水路村落”的聚落发生学生成机制与一般规律。

如前所述，“列状水路市镇”是“列状水路村落”的成长发展类型，它一般出现在某些符合中心地枢纽条件的村落，比如近代上海周边的法华、高行、塘桥等市镇，都是比较典型的案例（图 5-1 至图 5-3）。这三个市镇都有沿列状水路发育延伸这一共同特点，此种形态也是本地区中小型市镇中最为常见、最具典型意义的传统聚落类型。不过，这三座市镇在形态上有所不同：法华镇依托李崇泾（后称法华浜）畔、北宋开宝年间所建法华禅寺的庙市发展而来，但直到 1931 年之际尚为断续分布的带状市镇；相比之下，高行和塘桥的带状建筑群则显得更为完整，后两者沿河道随形就势地出现曲折变化，很好地印证了其依托水路发展而来的演变机制；而这三者的对比，也显示出“列状水路市镇”形态的历时演化过程。

“列状水路市镇”的进化类型是“交叉状水路市镇”，它是由两条沿河发展而来的街道交叉形成的市镇形态模式，其交通物流条件比前者要高得多，因此市镇规模、商业发达程度一般也要远超前者，到中古以后往往发展成为县城驻在之地。此类市镇虽以十字交叉型较为常见，但其主要是依托既存的河道发展而来的，因此形态上受到河道走势的控制出现了斜交等多种变化类型。在近代上海周边，南翔、嘉定、川沙等县城，都是比较典型的“交叉状水路市镇”案例。[1]

1　关于民国时期川沙县城的斜交十字形格局，参见钟翀《追寻“上海源”》一文，《城市中国》2015 年第 73 期。

下面仅以嘉定县为例，即可见此类市镇分布之普遍。图 6-1 至图 6-4 为 1937 年日军测绘的 1∶25 000 地形图所示的该县外冈、安亭、南翔三镇及嘉定县城，有趣的是其市镇形态的发展均受到该区域河道走向控制而形成东北—西南斜交十字形格局，这种相对单纯的发育状态为“交叉状水路市镇”的模式化理论提供有力支持，如果再考虑这四座城镇的规模及商业量的大小，就可以推论从外冈到嘉定县城的规模扩张，其背后所蕴含的该类市镇的历时性发育逻辑——也就是说，我们可以把这四座市镇，想象成嘉定这座市镇从千年之前昆山县春申乡的一个练祁市到 1937 年为止成长过程中的四个断面。

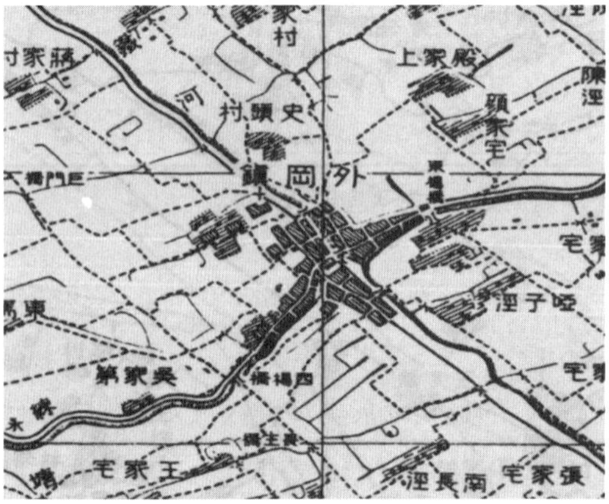

图 6-1　外冈镇

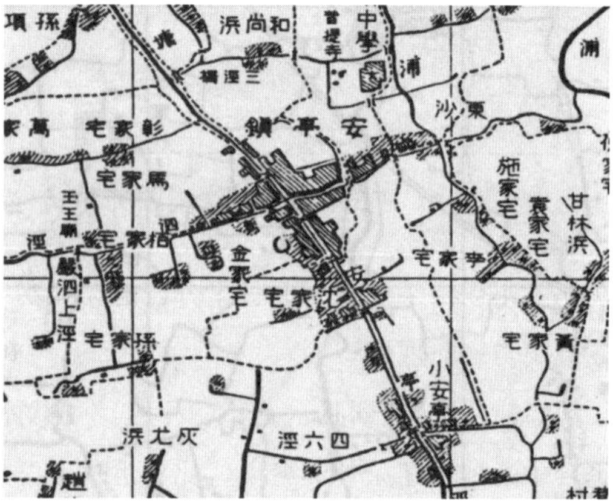

图 6-2　安亭镇

图 6-3　南翔镇

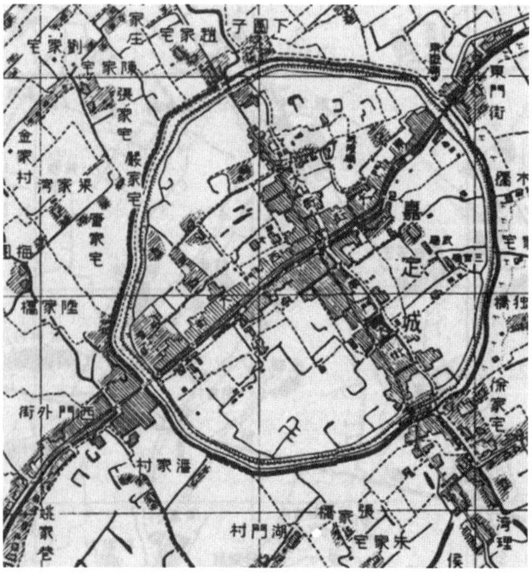

图 6-4　嘉定县城

“交叉状水路市镇”若有条件继续发展，将进化为“复合型水路城镇”，后者是江南市镇发育的高阶形态，其一般成长机制是，在“交叉状水路市镇”中两条主街的诱导下，出现由一条主街为基轴的众多支路以平行于另一主街排列的鱼骨状形态（典型的如无锡），或由两条主街为基轴的多数街巷纵横交叉排列而成的栅格状形态（典型的如嘉兴，本文图 7 的现代太仓县城正处于这一演变的过程之中），以及其他更为复杂的形态类型（如杭州、常州等因多个历史层次的形态变化叠加而形成的城市）。

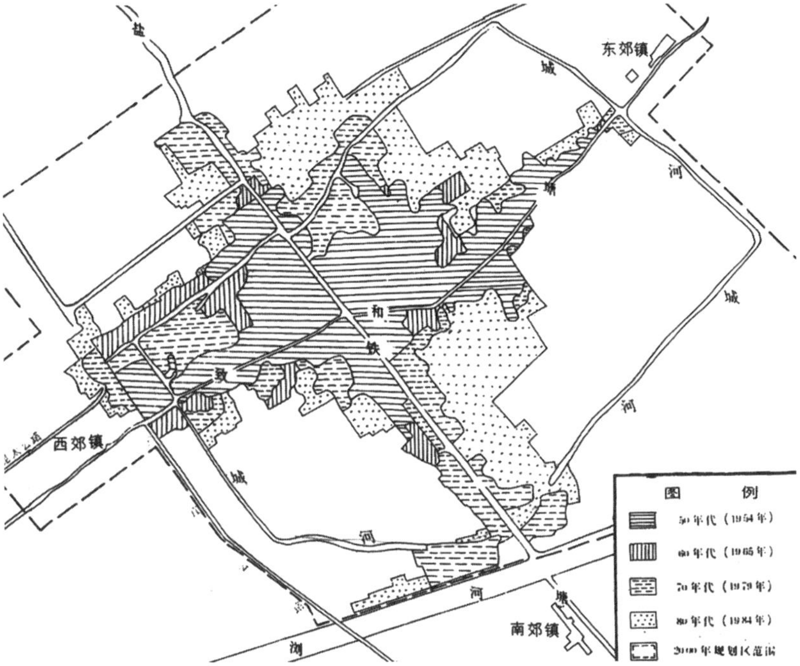

图 7　太仓县城的变迁（1954—1984 年，选自《太仓县志》，南京：江苏人民出版社，1991 年）

以上主要从空间形态方面来建立江南城镇的演化阶序，那么这一演化阶序的历史深度应如何把握呢？从目前的史料记载来看，肯定都是一个漫长的过程。事实上对于此点，历史上就有学者提出准确的意见，如明代地理学家王士性在他的著作《广志绎》中提到：

> 绍兴城市，一街则有一河，乡村一里半里亦然，水道如棋局布列，此非天造地设也？或云：“漕渠增一支河月河，动费官币数十万，而当时疏凿之时，何以用得如许民力不竭？”余曰：“不然，此本泽国，其初只漫水，稍有涨成沙洲处则聚居之，故曰菰芦中人。久之，居者或运泥土平基，或作圩岸沟渎种艺，或浚浦港行舟往来，日久非一

时，人众非一力，故河道渐成，甃砌渐起，桥梁街市渐饰。”[1]

像绍兴那样栅格状格局的城市，其形成史可以追溯到先秦时期越国国都，日久非一时，人众非一力，是可以理解的。那么江南水乡一般的市镇呢？我们还可以拿近代的嘉定、奉贤（奉城）、川沙等城镇来做一简单类比——这三座城镇具有十分显著的“交叉状水路市镇”的特点，因此要确定它们的城市核也并不困难；不过，若要追溯其聚落起源的话，即使是此类形态发育相对较为清晰的“交叉状水路市镇”，实际上也已历经了长期的发展。如嘉定在南宋即已建县；奉城镇的聚落历史至少可以追溯到南宋初修筑里护塘之际；川沙镇的历史即使从明初八团镇算起也已在五个世纪以上了。由此看来，像太仓、上海、无锡之类的“复合型水路城镇”，其渊源应该远不止中古时代了，因此若非运用发生学背景分析，其早期形态史也是传统方志类文献难以追溯的。

结　语

本文考察揭示，从聚落—城镇的历史形态发生学角度来看江南地区，尤其是长江三角洲地带的聚落演化，具有较强的进化方向与变化规律。基于以上认识，就可从聚落发生学的方法来重新审视传统文献的史地学分析难以企及的江南聚落发展的形态演化阶序，确认或推导许多市镇的发生史与最初状貌，或至少可对其形成背景的解析，以推进该区域聚落—城镇的历史本底与景观深刻鉴别工作。

当然，限于篇幅，本文的分析尚未用到有关地形图的量化分析，亦未及说明样本的典型性依据等问题，这些都有待今后进一步的阐明。

1 （明）王士性：《广志绎》卷之四“江南诸省”，北京：中华书局，1981年。

杭州新式公共空间的创建：以菜场为中心的考察（1908—1937）

张卫良　王　刚*

【内容摘要】新式菜场是近代城市一种新的物理空间，也是一种新的社会空间，在城市日常生活中发挥着重要的作用。在近代杭州，新式菜场的出现也是城市从传统向现代转型的结果。杭州菜场建设经过最初挫折、市政革新和规范治理这样一个过程，逐渐打破了原有的摊贩沿街叫卖方式，改变了原有的城市空间格局。在此过程中，一个有趣的现象是，公共市政菜场最终获得了很大的成功，而其他形式的菜场却显得有些脆弱冷清。在那一时期，杭州公共菜场的营造仅仅开启了现代城市公共空间的新一页，并未完成其历史使命，与西方社会公共菜场形式相比仍存在不少的缺憾。

【关键词】杭州，新式公共空间，菜场，城市生活，近代

杭州新型公共空間の創立：生鮮食品市場を中心に考察（1908—1937）

張衛良　王　剛

【論文要旨】生鮮食品の小売市場は近代都市の新しい物理的空間、且つ新型社会空間として、日常生活で重要な役割を果たしている。近代杭州の生鮮食品の小売市場が出てきたの

* 张卫良，杭州师范大学人文学院历史系教授；王刚，杭州师范大学人文学院历史专业研究生。

は、都市が伝統から現代へ転換した結果だと言える。杭州の生鮮食品市場建設は最初の挫折と管理方法の変革を経て、だんだん昔からの「得意廻り」や「掛売り」の方式をやめ、元来の都市空間構造も変えるようにした。この過程で、興味深い現象が一つある。それは都市行政事業の性格を持つ公設市場が大成功したのに対して、ほかの形の市場は寂しいようにみられた。杭州の公設生鮮食品市場は現代都市の公共空間発展として新しいページを開いたが、その歴史的な役割が果たしていなかったし、西洋社会の公設市場と比較してはまだ欠陥がある。

【キーワード】杭州、新型公共空間、生鮮食品市場、都市生活、近代

在城市生活中，菜场通常就是一个蔬菜食品的交易地，对于居民生活是非常重要的。在传统中国城市，蔬菜和生鲜食品的交易一般以集市形式进行，摊贩可以在港口、码头、街巷、社区和路边等一切方便的地方进行交易，没有固定的场所，交易成本低廉。摊贩们或群聚闹市街头，或挑担走街串巷叫卖，这种方式与传统街市生活并无冲突，给人一幅充满活力的景象。然而，至近代，这种状况逐渐被打破。新式菜场建设不仅营造了新的城市空间，一定程度上规范了街巷秩序，而且增强了社区活力，带来了新的社会气象。近些年以来，虽然越来越多的国内学人关注城市社会生活，但有关城市菜场的研究还是鲜见的。诸晓琦的《近代上海菜场研究》主要探讨近代上海租界菜场的兴起、管理制度及其市民日常生活的变化，[1]朱晓明的《建筑本源：原上海工部局舟山路菜场建筑比较研究》则对原上海工部局舟山路菜场建筑结构进行了比较研究，特别侧重于20世纪30年代初上海钢筋混凝土营造技艺的演变，[2]胡俊修和李静的《民国时期武汉政府对菜场的管理》则通过武汉公共菜场的演变过程揭示了城市政府与摊贩之间的关系。[3]可以说，为数不多的研究仅仅涉及了近代中国菜场的一些较普遍的问题，但不同城市通常有不同的特点，其菜场也存在着差异性。有关杭州新式菜场几乎没有专门的讨论，本文力图以城市公共空间的视角考察杭州新式菜场的演变历程，揭示近代杭州市政建设与治理的转型特征。

1　诸晓琦:《近代上海菜场研究》,《史林》2005年第5期，第107—115页。

2　朱晓明:《建筑本源：原上海工部局舟山路菜场建筑比较研究》,《时代建筑》2015年第2期，第110—117页。

3　胡俊修、李静:《民国时期武汉政府对菜场的管理——以市政公权与市民生活互动为视角》,《湖北行政学院学报》2012年第5期，第67—72页。

一、新式菜场的肇始：抵制与冲突

杭州传统的蔬菜、鱼虾、禽畜等农林牧渔产品交易大多是集市形式，也有称之为“菜市”“马路市场”，现还有“菜市桥”“菜市路”“卖鱼桥”这样的地名，这些交易集市场所大多是自发形成的。杭州菜市的形成可以追溯到南宋时期，据咸淳《临安志》载“在崇新门外南北土门及东青门外坝子桥等处”皆有菜市。[1]在清代，杭州菜市的布局略有变化，菜市已从庆春门和清泰门（即南宋时东青门和崇新门）外转移至城门内东河边的菜市桥与章家桥附近，[2]对于城市居民来说，菜市是主要的日常生计市场，除此之外，在杭州里弄坊巷内叫卖的流动摊贩众多。直至近现代，这种交易方式仍在很多中国城市存在，也是居民获取日常生活资料的手段。然而，开埠以后，新的市政管理形式先后进入通商口岸的租界区域，新式市政公共菜场这样的形式也进入这些特定的区域，从而带动了城市公共空间的转型。1896年，杭州被列为通商口岸，新的市政设施也随之进入。随着清末新政的颁布和民国的建立，市政建设和管理开始革新，公共菜场作为一种新的公共空间被引入，正如卢汉超所言，“设在固定建筑物里的菜场属于‘精华’”[3]，于是乎，公共菜场成为城市社区的一个新的生活空间，改变了原有城市生活的基本格局，菜场不仅仅是“小菜场”，除了蔬菜、鱼虾和禽畜以外，还有大量的副食品及其他商品进入菜场，菜场成为一个综合的城市公共空间。

杭州公共菜场形式的引入与上海以及城市主政者的新观念有着密切的关系。上海公共租界早在1865年就出现了街头集市性质的“中央菜场”，在19世纪末20世纪初，公共租界已建成了七个室内菜场，即中国菜场、虹口菜场、爱尔近菜场、汇山菜场、东虹口菜场、新闸菜场和马霍菜场，这些菜场进入楼房内，功能更加完善。[4]这种公共空间形式对于时人来说仍是新鲜的，对于上海及其周边城市无疑具有很大的影响。当时，浙江省城巡警总局总办王丰镐，字省三，上海人，1890年曾随同薛福成出使欧洲，遍游欧美日诸国，熟悉洋务，回国后正值清廷大力提倡新政，1906年他以道员赴浙江，总办全省警察及洋务局，又兼农、工、商、矿、电话诸局职，可谓杭州政界主持新政的实权人物，当时杭州官场内外尊称其为“王省三观察”[5]，他及其同僚对于杭州公共菜场的建设有着重要的推动作用。

---

1 （宋）潜说友纂：咸淳《临安志》卷十九《市》，清文渊阁四库全书本，第22页。

2 （清）马如龙修，（清）杨鼐等纂：康熙《杭州府志》卷二《市镇》，清康熙二十五年（1686）刻本，第32页；李榕纂：民国《杭州府志》卷六《市镇》，民国十一年（1922）铅印本，第2页。

3 卢汉超：《霓虹灯外——20世纪初日常生活中的上海》，段炼等译，上海：上海古籍出版社，2004年，第246页。

4 卢汉超：《霓虹灯外——20世纪初日常生活中的上海》，第244—246页。

5 吕思勉：《王省三先生小传》，收入《吕思勉全集》第26册《蒿庐诗词、联语、蒿庐文稿、笔记，吕思勉先生编年事辑》，上海：上海古籍出版社，2016年，第66—67页。

在20世纪初年，杭城已有一些人士不断地建议开设菜场一事。杭州商务总会诸董早年即有在清河坊一带建筑菜场的想法，但一直未加尝试。1906年夏，清河坊一带发生大火。在火灾以后，商务总会协理潘赤文等人发起“在熙春庙地方集款购地”，准备建筑菜场，之后，又有多位绅商参与其事，并一度“欲于清河坊、荐桥、闹市口、盐桥等处共设五场”，“卒之地虽购就，而事仍不果”，建筑菜场一事仍不了了之。

至1908年，关于试办菜场的事宜有了转机。湖墅警局与城北商会率先提出合作试办菜场的呈文，时任浙江省城巡警总局总办的王丰镐认为，在杭州推广菜场的机会已经成熟，“菜场一日不开办，则市政一日不能改良”[1]，即下文“通饬各分局斟酌办理”[2]，并“选派测绘员四人，带同巡士分在测量”，勘选城内各处菜场的建设地点。[3]湖墅巡警分局局长汪子性与城北商会合作“在该处租定房屋几处，试办小菜场，并准于八月初一日实行”，对于菜场摊位的收费则初定“暂不取费，俟办有成效，酌收租金”，为了提高摊贩和居民对菜场的认可，“印就白话告示数百张，或分或贴，以资劝谕”。[4]

对于商业发达、人流密集的清河坊一带，省城巡警总局尤其关注，“饬上城局长刘少尹，会同商会诸董，于新宫桥地方择购民地，先行试办”[5]。经巡警局提倡，早先已在熙春庙一带购地，准备建菜场的潘赤文等商会诸董正好顺水推舟，与警局商议后“决议仍在原处建筑小菜场”[6]。在菜场建筑的设计问题上，王丰镐力图模仿欧美的楼房样式，认为菜场“须筑楼房，以便分摆干菜、湿菜”，然而，商会诸董皆不以为然，坚持“以筑造平房为宜，且如筑造平房，则可由商会筹添款项五百元，否则不能赞成”，[7]警局根据现实情况，最后接受了商会的提议。1908年10月5日子时，清河坊菜场还举行了开工仪式，各直接参与者基本出席，包括上城警察局局长刘宗濂、吴记钱庄经手潘赤文、孔凤春香粉店经手徐子琳等人，[8]重要人物出席这样的仪式，显然表达了对菜场建设的重视。

除了湖墅和清河坊由警局与商会合办的新式菜场外，菜市桥附近也由余姓和王姓两位商人出资在头发巷内承办菜场，但巡警总局认为以上几处菜场还远远不够，其目标是“所有各

1 《小菜场办法未决》,《浙江日报》1908年8月21日第90号第1张第2版。
2 《奖励小菜场办法》,《浙江日报》1908年8月26日第95号第1张第3版。
3 《杭垣将设小菜场》,《新闻报》1908年8月19日第10版。
4 《创办小菜场》,《浙江日报》1908年8月17日第86号第1张第3版。
5 《小菜场办法未决》,《浙江日报》1908年8月21日第90号第1张第2版。
6 《严饬勘查菜场地址》,《时报》1906年10月18日第5版。
7 《小菜场办法未决》,《浙江日报》1908年8月21日第90号第1张第2版。
8 《举行小菜场开工礼》,《浙江日报》1908年10月6日第136号第1张第3版。

处热闹廛市，向有摊担挑列者，亦亟应一律设法度地建场”。9月下旬，巡警总局发布公告招商承办菜场，公告中直言“省城大街，菜市聚集之处摊担罗列，侵占街道，并由鱼虾腥水污秽物品抛弃，既有碍卫生，亦且大妨行路”，建筑菜场刻不容缓，但“省城地段广阔，官款有限，筹拨维艰”，故而希望“倘有商民人等，情愿备地出资建筑，则将择定地段呈报本总局勘准”，菜场应“于旧市附近觅地”，承办商人对菜场的建筑设计和收租章程有一定自主权，须将相关材料“详细开折送局核夺”。[1] 虽然有巡警总局的大力提倡，但一般商民承办菜场的热情并不高。到1908年底，除了之前已确定建设的几所菜场以外，似乎只有荐桥街一带有商人愿意承办菜场，至11月初荐桥街菜场才择定基址并“禀请警局出示晓谕”[2]。

当时杭城商民对于承办菜场犹豫不决，一则没有这样的传统惯例，二则与拱墅菜场开业后面临的诸多困难存在着直接的关系。湖墅的四所菜场原本定于1908年8月27日（旧历八月初一日）开业，但摊贩们对菜场并不买账，直到开业日也没有人去申请摊位，摊贩们照旧在街头摆摊叫卖，菜场的开业时间不得已延迟到8月31日。到了31日，情况依旧，湖墅警局开始坐不住了，先派巡逻警员劝谕摊贩入菜场营业，摊贩置之不理，警局局长汪子性不得不亲自上街对摊贩们宣讲菜场新政策，但摊贩们仍旧顽固到底，“均以不愿入菜场对”，对警局提出的“果不愿入菜场，此地亦不得再摆”的要求，摊贩们也都满口答应，“倏时间纷纷各鸟兽散”。[3] 几天后，巡警们却发现商贩们把摆摊改成了肩挑，“上午暂摆于酱园茶馆门首，一遇警局往查，即挑之他往”，上海《时报》刊登的一则新闻生动地描绘了摊贩与巡警间的紧张关系，“有鱼贩不遵迁入菜场，在某酱园门内歇担出售，该处警局书办某甲执鞭驱之，讵贩夫吐词挺撞，某甲遽将该担踢翻，声欲捉去纠治，事为旁观不平”，后经某酱园商董出面排解，此事才平息，警局对此感到“办理颇形棘手”，与城北商会商议后，通知各店铺“门首不准摊户暂摆菜摊，违则鸣警驱逐”，但此项规定仍难产生效果，摊贩依旧不肯迁入菜场。[4]

摊贩对进入湖墅菜场百般抵制，除了囿于传统的交易方式，菜场昂贵的摊租也是主要的原因。湖墅菜场本来议定“暂不取费，俟办有成效，酌收租金”[5]，但对外发布的菜场管理规

1 《巡警局示谕居民招商承办小菜场》，《杭州白话报》1908年9月25日第831号第3页；《招商承办小菜场》，《申报》1908年9月27日第12版。
2 《中三段小菜场基址已定》，《浙江日报》1908年11月5日第174号第1张第3版。
3 《小菜场之难办》，《浙江日报》1908年9月1日第101号第1张第3版。
4 《小菜场难办再志》，《浙江日报》1908年9月7日第107号第1张第3版；《浙省办理小菜场之为难》，《时报》1908年10月5日第5版。
5 《创办小菜场》，《浙江日报》1908年8月17日第86号第1张第3版。

章中则改成了“开办之初……酌定每天几文”，至于具体租金数额，《浙江日报》的报道称“各摊户误以每日租钱须五十文起码”，警局局长向摊贩解释“实则定章，仅十文起码，五十文为最多数”，《时报》记者对警局的解释并不买账，称菜场“并不构造房屋，仅仅搭用棚厂，地既狭小又复异常黝暗，所谓湫溢嚣尘不可以居者……又苛定输纳租赁经费，其高等鱼肉铺贩每日输钱五十文，次则售卖蔬果各担输二十文，又其下妇竖等提携零星各物求售者亦输十六文”。湖墅警局与城北商会无计可施，只得“大开”一处菜场，实则向摊贩免费开放或摊位租金极低，加上警局继续巡逻取缔街头摊担，原本抵制的摊贩才“遵章均在小菜场内摆设”，湖墅警局才算挽回了一些颜面。[1] 至于其他几处菜场，摊贩在警局与商会的压力下仍不愿搬入，如夹城巷菜场，因“房屋不宜，各摊户要求另觅”，警局不得不另寻空地建菜场。[2]

摊贩对湖墅菜场的抵制虽然暂时被警局和城北商会压了下来，但由摊贩发起的抵制清河坊菜场风潮却影响巨大。清河坊菜场建筑样式为平房，地址在熙春桥旁，菜场的各项工程建设尚属顺利，至 1909 年初（戊申年腊月）清河坊菜场已完工，共有朝东五开间平房一所和朝南三开间平房一所。[3] 虽然这个菜场建筑并未有特色，但已经异于传统的菜场形式了。与湖墅菜场的规定基本相同，清河坊菜场建成后定于 1909 年 2 月 6 日前清河坊一带摊贩须迁入菜场内，新规定实行之初摊贩倒还配合，但不过三天，摊贩们便受不了“场内限于地位，不能如向日之可任意摆设，并须日输捐钱六十文”，对此“大不满意”，纷纷退离菜场回到街头摆摊。2 月 12 日，一位不明就里的乡民因在清河坊街头摆摊被当差的巡逻警员暴打了一顿，众摊贩皆气愤不平，几位胆子大、脑子活络的摊贩提议全行业从 2 月 15 日起“歇业数日，以示挟制”，得到了摊贩们的集体响应。[4]15 日清晨，原本聚集在清河坊街头的各式摊担不见了踪影，大批摊贩成群结队前往警察局门口抗议示威，不少摊贩还把菜摊摆在了警局门口，众人一致要求警局取消剥削摊贩的菜场，不达目的不罢休。警局对此束手无策，如果武力镇压，则摊贩人多势众，恐酿成暴动给革命党以可乘之机，因而，想了结此次风潮，只有对摊贩做出让步，但具体程度又很难拿捏，故此次风潮拖延许久。当时上海《申报》报道称，其为“小菜场之风潮大起”[5]。警局总办王丰镐察觉势头不对，只得向承办菜场的绅商施

1 《浙省办理小菜场之为难》，《时报》1908 年 10 月 5 日第 5 版；《小菜场难办三志》，《浙江日报》1908 年 9 月 8 日第 108 号第 1 张第 3 版。

2 《小菜场难办情形四志》，《浙江日报》1908 年 9 月 16 日第 116 号第 1 张第 3 版。

3 《小菜场落成》，《戊申全年画报》第 33 册，1909 年，第 21 页。

4 《菜摊罢市要挟》，《申报》1909 年 2 月 14 日第 12 版；《杭垣小菜场之风潮》，《时报》1909 年 2 月 18 日第 5 版。

5 《论苏州小菜场之风潮》，《申报》1909 年 3 月 2 日第 3 版。

压，规定摊租“暂行从缓”征收，“俟各处菜场成立再行定价，一律征收”，[1]以此来平息事件。

显然，一般商民承办菜场更多的是以营利为目标，清河坊菜场风潮则直接指向菜场的高额摊租，警局不得不指示菜场摊租征收“暂行从缓”，可以想见经此风波，商民承办菜场的意愿受到了很大打击，原本警局与商会合办菜场的前景也迅速消失。1910 年，巡警道颁布的《管理菜场规则》中已不见“商会”“承办”等任何相关字样，从菜场建设、摊位报名、出具愿书、缴纳租费、领取执照到日常管理等各个环节都是警察局独自承担。[2]

二、市政革新：菜场新格局的形成

辛亥革命以后，杭州新的城市政府的重要建设任务是顺应时代潮流，大力发展工商业。在清代旗营被拆除以后，市政府决定在原地盘上建设“新市场”，与此同时，杭州开始建造新马路、公园以及其他市政设施，并取得了显著的成就。然而，与市民生活密切相关的菜场建设在最初却并无进展，摊贩依然在闹市街头摆摊叫卖，十多年间街头菜市的状况依然如旧。

在 1913—1915 年间，杭州的菜场建设仍由警厅负责，虽然常有警厅计划建筑菜场的消息传出，但往往是雷声大雨点小。1913 年末，有消息说警厅正与浙路公司筹商，计划在火车城站附近建筑菜场，“招匠承包，场之四周均辟马路，以利交通”[3]，但到了 1916 年，城站菜场的建设仍停留在计划上，最后还是不了了之。[4]在杭城中心区域的荐桥，街头摊贩日常聚集，有碍交通与环境卫生。1914 年 4 月，警厅计划在荐桥附近的茅廊巷修建菜场，但一直没有动静。至 1915 年夏，警察厅厅长夏超又提议修建“荐桥马路菜场”，因为经费不足，“拟在该处商店征收租金一月以资集腋”，附近店家自然是怨声载道。[5]在建设荐桥菜场的过程中，又因强占民地引发一场官民纠纷。1916 年，谢氏族人将警察厅告到了省长吕公望处，称省会警察厅事先未与谢氏族人谈妥，便以低价收买的方式强占荐桥街谢氏宗祠，建筑菜场，谢氏族人“纪念之处……仅余后方数尺之地，环以泥墙朽木，瓦砾充塞于中”，谢氏族人气愤不

1 《令杭州市工务局：呈一件呈请演教寺小菜场系私人建筑照旧给月租四元》，《杭州市政月刊》1928 年 9 月 30 日，第 87—88 页。
2 《巡警道杨详定管理菜场规则》，《浙江官报》1910 年 3 月 22 日，第 53 页。
3 《城站拟设小菜场》，《时报》1913 年 12 月 5 日第 9 版。
4 《城站建筑菜场消息》，《时报》1916 年 2 月 25 日第 6 版。
5 《杭州快信》，《时报》1915 年 7 月 30 日第 3 版。

平，省长吕公望为此事训令警察厅厅长夏超“转催省会警察厅迅予处理妥洽”。[1] 经过诸多波折，荐桥菜场算是投入使用了，但时人称该菜场“规模狭隘，不敷应用，以致各种菜担，拥挤不堪，纷然杂陈于市街之左右两旁，行人熙来攘往，嗟叹不便”，不但未能缓解街头菜市的拥挤与污秽，反而恶化了原有局面。[2] 凡此可见，由警局独自建设菜场，不但面临资金短缺和建设计划拖延不决的问题，而且警局的粗暴行事方式对社会造成了不小的负面影响，为数不多的菜场也根本不敷应用，离街头菜市治理的目标还很远。

1927 年，杭州市国民政府成立，杭州菜场建设开始进入一个新的阶段。与清末官民共商共建的情况有很大的不同，市政机关开始主导公共菜场的建设。首先，省城警察厅经改组以后，先是改称杭州市公安局，隶属新成立的杭州市政府，经费也由市政府统一拨发。1930 年，杭州市公安局又改称浙江省会公安局，直隶于浙江省政府民政厅，经费改由省政府核定预算，按月由财政厅发放。[3] 其次，杭州市财政局成立，由曾留学美国哥伦比亚大学的经济学家程远帆任局长，财政局隶属于杭州市政府，全市财政经整顿后，先由市行政会议决，采用统支统收办法，所有原由省会警察厅等机关征收的捐税和各项公款公产，其性质属于市者，均划交市财政局接办，市政府所属各机关的经费“一律由市政府支领发给”[4]。菜场建设及管理转由市政府下属的工务局负责，1935 年后菜场又交由市政府卫生科接办。[5] 由此，菜场建设成为杭州市政的重要一部分。新任市长邵元冲在《告杭州市民书》中将“小贩之摊筐塞路，无指定之小菜场”列为杭州的城市痼疾之一，并将“小菜场即宜设置”定为应立即举办的八项市政要务之一。[6]

1927 年 8 月，《市政周刊》刊出一篇题为《添设杭州市小菜场》的文章，详细介绍了杭城建设菜场的计划，文中称：杭城原有的菜场“贩卖者无一人入场，致场内空虚阒寂，而沿街上，各类菜担自由叫唤兜售”，并提议“所有小菜场均宜改建于该市之里街，以避行者之冲撞，城内则南自大学士牌楼一路起，清河坊，官巷口，众安桥，孩儿巷，小学前，仁和仓桥等处；东则新宫桥，望江门直街，石牌楼，横河桥，东街，以及菜市桥，联桥；西则藩司

---

1 《浙江省长公署训令第八百六十号》，《浙江公报》1916 年 10 月 22 日，第 14—15 页。

2 《添设杭州市小菜场》，《市政周刊》1927 年 8 月 27 日，第 4—5 页。

3 杭州市公安局编：《杭州公安大事记（1850—2002）》，2003 年，浙江图书馆藏，第 18—21 页；杭州市档案馆编：《民国时期杭州市政府档案史料汇编》，1990 年，浙江图书馆藏，第 74 页。

4 《市财政局组织成立》，《杭州民国日报》1927 年 6 月 10 日第 2 张第 7 版；铁道部财务司调查科编：《京粤支线浙江段杭州市县经济调查报告书》，第 164 页；《六局之领费手续》，《浙江商报》1927 年 8 月 8 日新闻第 2 版。

5 杭州市档案馆编：《民国时期杭州市政府档案史料汇编》，第 200 页。

6 《邵市长告杭州市民书》，《杭州民国日报》1927 年 6 月 10 日第 2 张第 8 版。

前，闹市口等处……未曾建筑者，亟宜觅相当之地，兴工建筑……建筑务使宽宏高敞，既要合居者行者之卫生，又要不妨碍公众之交通，此为建筑小菜场唯一之要途也”。[1] 新的菜场建设目标是解决主要道路的交通和卫生问题，也是市政建设的重要目的。

1927 年，新成立的市政府工务局着手建设茅廊巷菜场，这是工务局最早兴建的菜场。在此之前，位于荐桥街与新民路之间的茅廊巷已有一个菜场，但规模狭小，基本无人问津。然而，官巷口至荐桥街一带是杭城的闹市区，人流密集，不但沿街众多的摊贩阻塞交通，而且也难以保障街道卫生。于是，工务局启动了茅廊巷菜场工程。菜场地基大部分原本是民屋，到 6 月中旬大部分已经拆除，菜场的工程建设由工务局面向社会招标。[2] 据 1927 年 7 月 25 日《申报》报道：“茅廊巷小菜场圈地已久，未曾建筑，现杭州市工务局决于该地先行兴建两层菜场一所。”[3] 在当时，这样的公共建筑属于新式建筑，在杭州两层以上的楼房实属少见，11 月，茅廊巷菜场已建成开市。[4] 此菜场呈圆形、多边、伞状，这样的建筑通透、采光通风效果好、摊位数量设置多、摊位利于交易买卖；在其后几十年里依然保持这种形状；场内中央是蔬菜摊位，周边面巷处为各类店家，如西边有糕团店、烧饼油条店，东边有酱油店，北边有煎饺馄饨店。大量店家的存在，使菜场人气集聚，遂成为一个非常活跃的城市公共空间。另外，与茅廊巷菜场建设同步，一些相关的市政工程也随之启动。1927 年，茅廊巷与金钱巷改建为碎石马路。[5]1928 年，丰禾巷至茅廊巷的道路也计划改建成马路。[6] 这些道路的改造提升了茅廊巷菜场社区的交通条件，也提升了菜场的区域地位。

同一时期，工务局还主持新建了位于新市场龙翔桥一带的菜场。与茅廊巷菜场稍有不同，龙翔桥菜场建于延龄大马路旁，菜场外还专门修筑了人行道以方便市民。1928 年 3 月，龙翔桥菜场建成开市。[7] 至 1937 年前后，龙翔桥菜场内摊位数目已超过 100 个，是杭城内四大菜场（另外三个是茅廊巷、所巷口和柏枝巷菜场）之一。[8] 龙翔桥一带是杭州新式住宅的集中地，后来著名的思鑫坊便邻近龙翔桥菜场。[9] 虽然多数新式住宅的建造年份早于龙翔桥

---

1 《添设杭州市小菜场》，《市政周刊》1927 年 8 月 27 日，第 4—5 页。

2 《建筑小菜场之近讯》，《杭州民国日报》1927 年 6 月 17 日第 2 张第 7 版。

3 《杭州快信》，《申报》1927 年 7 月 25 日第 6 版。

4 杭州市第二商业局编：《杭州第二商业志》，杭州：杭州出版社，1996 年，第 5 页。

5 《历年新建之马路》，《申报》1931 年 3 月 11 日第 28 版。

6 《杭州市政府工务局招工投标通告》，《申报》1928 年 10 月 7 日第 6 版。

7 《为兴修龙翔桥小菜场旁人行路及翻修东坡路等处在临事业费内开支超出预算请示遵由》，《杭州市政月刊》1928 年 1 月 31 日，第 16—17 页。

8 杭州市档案馆编：《民国时期杭州市政府档案史料汇编》，第 201 页。

9 《思鑫坊 1913—2013——石库门的百年兴衰》，《杭州日报》2013 年 8 月 11 日第 6 版。

菜场，但不可否认的是，龙翔桥菜场的兴建为附近的新式住宅社区带来了更多的活力。

这一时期菜场与之前的菜场有很大不同，完全可以称之为“公共菜场”，主要是这些菜场的建设费用是由公共财政支出的。这一阶段，杭州工务局在经费中列支了菜场建设的费用，不过这些经费须由市政府批准，并呈请省政府通过后方可动用，龙翔桥菜场建设共花费“洋三千七百六十二元五角六分”，由工务局于所存临时事业费内支出。[1]与龙翔桥菜场建设的巨额费用相比，该菜场所征收的摊租可以说是微乎其微的。1928年4月，龙翔桥菜场半个月的摊位租金总计才“银二十八元二角”，5月“一户计银四角，共计银二十八元”，平均每个摊位一天的租金不到二分。[2]由此可见，当时新建的菜场不仅建设费用由市政当局承担，日常的运营维护费用也大部分由市财政补贴。

在其后的时间里，市政当局还特别重视增建和扩建市立菜场，所谓“市立菜场”实质就是公共菜场，完全由政府投资、建设、运行和管理。1931年前后，市政当局新建位于菜市桥附近的柏枝巷菜场。柏枝巷菜场采用的建筑形式仍为木架结构的平房，建筑总花费约3 500元。[3]但是，这个菜场命运多舛。在1934年8月份，这个菜场发生了一次突发事故，菜场建筑突然倒塌，造成1死10余人受伤的惨剧。1935年，柏枝巷菜场再次重建，可容纳70余个摊位。[4]除此以外，工务局开始扩建茅廊巷菜场。经过几年的运营，茅廊巷菜场影响力不断扩大，消费人群众多，摊位明显不足，扩建菜场以容纳更多摊贩成为必要。1932年，茅廊巷西首新菜场建筑完工并向市内摊贩招租。[5]1934年6月，凤山门菜场建成开市，凤山门菜场的摊位租金分为“甲、乙、丙三等，甲等每月二元，乙等一元二角，丙等八角”，且“自开市日起三个月内，租金减半征收”。[6]另外，到1937年为止，新建的菜场还有所巷口和章家桥两处，但具体建筑年份不详。

至此，杭州市政府的菜场建设取得了相当大的成就，各菜场不仅规模有了很大的扩张，营业种类渐趋丰富，而且菜场格局获得了真正的发展。到1937年，杭州市区共有菜场13处，摊位数达867个，其中市立菜场6处，共647个摊位，其他则为市商合办或官督商办

1 《呈省政府：为龙翔桥临时小菜场建筑费请准于临时事业费内动支由》，《杭州市政月刊》1927年12月30日，第34页。
2 《发工务局呈解龙翔桥小菜场四五月份摊位租金由》，《杭州市政月刊》1928年9月30日，第77—78页。
3 《呈一件据呈送建筑柏枝巷菜场估计图表应准照办仍仰将预算数核议复夺由》，《杭州市政月刊》1931年7月20日，第29—30页。
4 《呈报重建柏枝巷及城隍牌楼菜场两处应需建筑费，拟在二十四年度本府预备费项下开支，检送图单，请鉴核备案由》，《杭州市政月刊》1935年11月30日，第25页。
5 《建筑茅廊巷小菜场》，《杭州市政月刊》1932年4月30日，第2—3页。
6 《布告凤山门菜场开市日期及租金等级由》，《杭州市政月刊》1934年7月31日，第15页。

菜场。菜场内的摊位类别除了蔬菜和鲜鱼外，其他的食品如鲜肉、海鲜、豆制品等也先后进入，打破了原有小菜场主要销售蔬菜的格局。在表1中，我们可以看到1937年杭州各菜场摊位类别及数目，杭州比较大的几个菜场摊位众多，销售产品丰富。茅廊巷菜场摊位196个，龙翔桥菜场106个，所巷口菜场135个，柏枝巷菜场108个，章家桥菜场62个，这是当时杭城的四大菜场。其中，最大的茅廊巷菜场总共有196个摊位，蔬菜和鲜鱼摊分别为68个和49个，包括猪牛羊肉在内的鲜肉摊有18个，豆腐和豆芽摊也有18个，另外，还有盐腌摊、海味摊、鸡鸭摊等，菜场的经营范围开始走向多元化。在这些菜场中，虽然也有几个规模较小的菜场，但菜场的发展趋势是非常明显的。

表1　1937年杭州各菜场摊位类别及数目

（单位：个）

菜场性质	菜场名称	摊位类别及数目										
		鲜肉	鲜鱼	盐腌	海味	鸡鸭	鲜蛋	豆制品	蔬菜	水果	其他	合计
市立	茅廊巷	18	49	11	5	13	8	18	68	0	6	196
	龙翔桥	11	25	4	2	4	3	9	46	0	2	106
	凤山门	1	0	2	0	0	0	2	29	0	6	40
	所巷口	5	30	11	1	1	3	11	62	0	11	135
	章家桥	2	24	5	0	0	2	7	16	1	5	62
	柏枝巷	5	30	6	3	5	1	9	39	0	10	108
市商合办	上仓桥	0	8	0	0	0	0	1	10	0	2	21
官督商办	河坊街	1	15	0	0	0	0	0	14	0	0	30
	昭庆寺	0	2	1	0	0	1	1	13	0	0	18
	新民街	2	6	2	0	0	0	2	18	0	0	30
	拱宸桥	2	5	2	0	1	0	7	11	0	3	31
	清潮寺	3	12	0	0	0	0	2	23	0	0	40
	望江门	1	6	1	0	0	0	0	42	0	0	50

※ 资料来源：杭州市档案馆编：《民国时期杭州市政府档案史料汇编》，第201页。

在表1中，我们也可以看到，杭州市立菜场的发展状况明显要好于市商合办、官督商办性质的菜场，各市立菜场不仅摊位数量更多，而且摊位类别也更丰富。例如，同样处于闹市区的官督商办河坊街菜场的经营状况明显劣于茅廊巷菜场，河坊街菜场仅有鲜肉、鲜鱼、蔬菜三类摊位，摊位总数也仅有30个。在此，可以得出一个结论，公共菜场由于建筑环境和管理规范，更容易获得杭城居民的认同，发展潜力也更大。

三、菜场规则：治理与规范

在清末杭州，市政革新已经涉及街道交通、环境卫生、蔬菜食品交易等问题。1908 年，湖墅警局与城北商会就“湖墅街道狭窄，加以菜摊林立，不便行人”问题，提出在城北武林门外的湖墅新建菜场，以规范摊贩行为和环境秩序，其中，双方共同制定并在开业前对外公布了二十条菜场管理规章，内容包括营业时间、摊位管理、卫生条例、处罚标准等条款。具体的菜场管理规章如下：

第一条：本会为改良街道便利交通起见，特就湖墅设立小菜场四处，先行试办，所有街上之食物菜摊一律迁入场中。

第二条：自菜场设立后，除肩挑叫卖及夜间八时至十一时外，无论何项物件不得于街旁设摊待售，即肩挑者亦只准随挑随卖，不准停留。

第三条：菜场夏秋上午六时进场，下午四时出场，春冬上午七时进场，下午三时出场，以便撤去排列器具，扫除清洁。

第四条：各摊入场应限定地位，每摊以四尺宽、五尺深为度（裁尺算），地位、号数拈阄而定，不致强占、乱摆，抢夺优胜之摊场。

第五条：场间每日派定巡警四名，以资弹压，各摊入场后，无论买卖人等，一切均听该警指挥，而该警如有不法行为，准予指明报局究办。

第六条：各摊普通地位横四尺、深五尺，如有特别宽展，占地较多，租费亦应增加。

第七条：菜场设立时，各摊应预先报名，如欲认租者，须出愿书于分局或商会，当书明出愿人之姓名、住址及占地位之尺数、租金之多贪、食物之种类，经分局或商会许可后，始准入场营业。

第八条：自得许可之日起，如三个月之内或不设摊或即歇业，为许可之期限已满，即无效果，当准别人来此设摊（原租者不得有异言，倘有特别事故，不在此列）。

第九条：各摊入场须先查实姓名，再行拈阄，坐定位置，不得先来先摆，致起纷争。

第十条：各摊入场后，所陈各物务必整齐，不得东倒西歪，其无用之空蓆等件更须另置僻地，不许随意乱去，致碍同场及买主者之自由权。

第十一条：场内所售各物须听买主自便，不准强行兜揽，取厌于人。

第十二条：猪肉咸鲞等摊原为场中所应有，惟现在房屋狭小，恐形拥挤，故拟暂缓迁入，俟筹有的款，起造合式房屋，再行扩充。

第十三条：场中所列各凳等件不准移动，如有损坏须照价赔偿。

第十四条：卖菜者如有剥落或削去之皮与壳皆须另蔀装置，出场时带出场外，不准乱行抛掷。

第十五条：场外不准横立桥马及其余非场内之物件，为交通之妨害。

第十六条：如鱼肠等秽污之物品，须以相当之容器密闭之，不可使其发散臭气。

第十七条：自死牲畜及动植物已经腐败、食之有伤卫生者不准入场。

第十八条：场内巡警见有前十六、十七二条之物品，当即止其买卖，长受可命其设弃。

第十九条：菜场房屋系赁租而来，不能不略收租费，以资津贴，惟开办之初，定价极廉，如肩挑一担占地四尺者，酌定每天几文，占地较多临时酌议。

第二十条：犯第二条、第四条、第九条、第十一条、第十四条、第十五条时，其营业者处以五十文以上二元以下之罚科。[1]

湖墅菜场的管理规章看起来已经较为完备，首先明确菜贩不能随意设摊，第二条有“自菜场设立后，除肩挑叫卖及夜间八时至十一时外，无论何项物件不得于街旁设摊待售，即肩挑者亦只准随挑随卖，不准停留”，这是对于流动摊贩的强制管理，目的是通过菜场方式改变原有的街巷摊贩交易状况。其次，对菜场内交易时间、摊位大小、摊位承租、公平交易、卫生要求、处罚金额等做了详细说明，并规定猪肉、咸鲞等摊“拟暂缓迁入”，反映当时菜场仍设施不足，无法准允进入买卖。1910年颁布的《巡警道杨详定管理菜场规则》规定“场内止准摆列菜摊及鱼虾各摊，此外之鲜肉、腌鲞、豆腐、果品、糖糕等类不准入场”[2]。这些规定一方面说明在当时街头菜市格局中摊贩主要是蔬菜摊和淡水鱼摊，鲜肉、水果等则以店铺经营为主，其他的相关资料也可以印证当时杭州的这种街头菜市格局，[3]另一方面也说明警局和商会兴办菜场似乎只在于整治道路交通堵塞，对菜场本身的发展却没有系统规划。

---

1 《湖墅试办小菜场简单》，《浙江日报》1908年8月26日第95号第2张第3版。

2 《巡警道杨详定管理菜场规则》，《浙江官报》1910年3月22日，第53页。

3 相关资料如下：杭州市档案馆编：《民国时期杭州市政府档案史料汇编》，第202—204页；杭州商业志编纂委员会编：《杭州商业志》，杭州：浙江大学出版社，1996年，第193、207—208页；杭州师范大学民国浙江史研究中心选编：《民国浙江史料辑刊第一辑》第6册，北京：国家图书馆出版社，2008年，第596—598、615页。

辛亥革命以后，特别是南京国民政府成立以后，现代国家的管理职能开始发挥作用，特别是一些受过西方教育或影响的人士出任市政管理人员，明显地采用了西方城市的管理方法。杭州也一样，针对流动摊贩带来的问题，1929年末的一份省会公安局的呈文说道："本市区内摊贩触目皆是，如荐桥街一带地当冲要，行人繁多，而食物摊贩栉比林立，以致污秽遍地，妨碍卫生交通，虽茅廊巷小菜场早经建设，无如日久玩生，形同虚设。其他如新宫桥直街、联桥直街等处凡是交通繁盛地点，莫非摊贩麇集场所"，认为对街头摊贩应该"切实取缔，其就近有小菜场者务必勒令各小贩一律迁入场内，如就近尚未设置菜场地点，应迅速规划成立"。[1]

事实也是，杭州新成立的市政府除了建设菜场以外，也加强了对城市流动摊贩的管理。1928年，先后设立两批共十处公共摊所，公共摊所的位置由工务局与公安局"会同派员觅得"，第一批共四处，1928年7月经市长陈屺怀批准照办，包括杭州火车站附近的"羊市街小城隍庙前空地"、"望江门直街演教寺基地"、"新民路前小菜场基地"（即茅廊巷菜场外空地）、"南星桥大街左侯庙"。[2] 第二批共六处，位置集中在城北一带，包括"艮山门穴城内官地""艮山门外三官庙""灵隐头山门内旷地""武林门直街马塍庙""武林门外夹城巷内晏公庙"和"拱宸桥东面沿河空地"。[3] 根据1929年4月由市长周象贤签发的《杭州市公共摊所管理规则》，公共摊所与菜场管理类似，只是对申请的摊贩放宽了要求而已。设置公共摊所虽然简单易行，暂时避开了主要的交通干道，且大多在旧菜市附近，与菜场一起对整顿市容和缓解交通拥堵起了一定作用，但是，该措施实施一段时间以后，市政当局内部对其缓解交通拥堵的实际作用出现了不少质疑的声音，一方面是公共摊所规模有限，摊贩经常会溢出所在范围，殃及周边；另一方面，公共摊所的卫生状况堪忧。

在传统的城市生活中，农业社会所带来的流动摊贩交易习惯，小规模，不讲规范，不计成本，苟且营生。对于城市管理者来说，流动摊贩的管理是一个非常棘手的社会问题。1936年4月，为整治"各种摊贩，每多沿途停摆，既妨市容，又碍交通"的情况，杭州市政府卫生科在人流密集的荐桥街设立第一公共摊贩场，共有摊位64个，每月租金分四等，分别为1元、9角、8角和7角。卫生科又"令知公安局选择市容交通两无妨碍之处，指定为临时摊贩营业场所，树以标示木牌，另制登记证一种，免费发给摊担营业人，随时佩戴，以身稽

1 《据公安局呈请转饬工务局重建清河坊小菜场仰祈察核由》，《杭州市政月刊》1930年1月20日，第39—40页。
2 《呈一件会呈指定羊市街小城隍庙前空地等处为公共摊所由》，《杭州市政月刊》1928年8月31日，第40页。
3 《呈一件会呈艮山门穴城内官地等六处堪作公共摊所请示由》，《杭州市政月刊》1928年10月31日，第57页。

查”。[1] 至 1937 年，临时摊贩营业所中已登记的摊户达 1 511 户，摊贩所在地点遍布杭州城区，除了各街巷、菜场及其周围，不少店铺门内也成了摊贩摆摊的指定地点，摊贩以售卖蔬菜为主，水果次之，摊贩较多的营业所包括闹市口、城隍牌楼、火把弄、百狮池、长生桥河下、茅廊巷、小学前、三圣巷等处。[2] 临时摊贩营业所作为菜场的补充，基本覆盖了整个杭州城区，其范围是很大的。

与此同时，杭州市政当局从一开始就对公共菜场做了相应的制度设计，以规范菜场的交易和管理。1928 年 9 月，杭州市政府制定了《杭州市小菜场管理规则》，由杭州市市长陈屺怀签发施行。此规则的目标是以租约方式进行管理，摊位按分类进行营业，不卫生之物不得在场内销售，保持摊位的卫生，摊户必须身体健康，领取执照合法经营。这个规则非常详细，涉及菜场管理的方方面面，具体如下：

第一条：本规则凡在杭州市小菜场营业者均须遵守。

第二条：凡承租小菜场摊位者，须向市政府工务局领取声明书，照式填写，送经核准，订立租约，转请市政府发给营业执照，并由工务局加给铜牌，铜牌须缴押费二角。

第三条：租约须觅市内殷实商铺盖章担保。

第四条：承租者在原填声明书内事项有变更者，须报明工务局备查。

第五条：小菜场摊位分甲、乙、丙、丁四种。

第六条：小菜场摊位类别如左：猪肉类、羊肉类、牛肉类、鲜鱼类、水族类、蔬菜类、豆腐类、盐腌类、鲜蛋类、鸡鸭类、海味类、生果类、调和类、野味类、点心类、钱摊类，以上各类之外如认为事实上需要，宜另设摊位者，由工务局随时指定之。

第七条：小菜场内每类摊位数目及其租金由工务局拟请市政府核准。

第八条：摊位租金须于上月末日以前向市政府财政局缴纳之。

第九条：摊位租期以一年为有效期，期满后执照作废，铜牌缴回，如欲续租者须向工务局重订租约。

第十条：承租摊位时期在上半月者，其第一个月租金须缴全月，在下半月者得缴半月，均于承租时一次缴足。

第十一条：承租者如欲退租，须于十日前向工务局声明，并于撤去摊位时缴销执照

1 杭州市档案馆编：《民国时期杭州市政府档案史料汇编》，第 202 页。

2 杭州市档案馆编：《民国时期杭州市政府档案史料汇编》，第 203—204 页。

及铜牌。

第十二条：承租者缴销执照及铜牌时，其本月份租金概不发还。

第十三条：营业执照或铜牌如有遗失，须依照本规则第二条、第三条之规定补领。

第十四条：承租者不得将摊位转租或让与他人营业。

第十五条：承租者摆设摊担不得逾越规定地位之外。

第十六条：场内摊位均系分类营业，承租者不得中途变换或掺售他物。

第十七条：场内摊位均有一定地点，承租者一经工务局指定，不得私自迁移或与其他承租人互换。

第十八条：凡病死陈腐及一切易碍卫生之食物不得在场内贩卖。

第十九条：各摊位垃圾秽物各须随时清除，并不得任意于场内外余地。

第二十条：未领营业执照之一切商贩不得在场内外余地摆设摊担或逗留。

第二十一条：凡在场内营业者不得有争殴喧吵及强卖硬拙等情事。

第二十二条：摊户遇工务局小菜场管理人员及取缔警查验铜牌及吊验执照时应即交阅，并须服从指导。

第二十三条：凡摊户有左列各款之一者不得在场内营业：

一、患传染病者。

二、有神经病者。

三、酗酒滋事者。

第二十四条：各摊位木架，承租者须照工务局定式制造。

第二十五条：各类摊位所用之秤须照杭州市商业上通行之秤。

第二十六条：小菜场营业时间，每年四月至九月，上午五时起至下午四时止，十月至三月，上午六时起至下午三时止。

第二十七条：凡违反本规则者，依左列各款由公安局处罚之：

一、违反第四条、第十五条至第十七条、第十九条至第二十二条、第二十六条者，处三元以下三角以上之罚金。

二、违反第八条者，除追缴原租外，过期在五日以内，罚加一成；过期在十日以内，罚加二成；过期在十日以外，即将该摊位执照及铜牌吊销。如承租者有避匿情事，财政局得向担保人责偿。

三、违反第十一条者仍须缴纳下月租金。

四、违反第十三条者处罚金三元。

五、违反第十四条、第十八条、第二十三条、第二十五条者，处罚金三元并吊销执照及铜牌。

六、违反第二十四条者处罚金三元，仍须照式制造。

第二十八条：本规则由市政府公布施行。[1]

与 1908 年的菜场管理规章相比，1929 年的菜场管理规则已经有了几点明显的变化：一是没有规定街头菜摊等应一律迁入菜场中，实际情况也是不可能让所有的菜摊都进入室内菜场交易；二是取消了对菜场内摊贩类别的限制，各类农副产品均可入场，且在规定各类之外，“如认为事实上需要，宜另设摊位者，由工务局随时指定之”，这反映了市政当局兴办菜场的目标除了治理道路交通拥堵和环境卫生以外，也已关注菜场自身的发展；三是菜场的管理职责更加规范，清末的菜场管理除了菜场承租书提交有商会参与外，其他如收租、处罚、日常管理等均由警局负责，但至 1929 年菜场规则，管理职责更加明晰，菜场的规划、建设和管理分别由几个部门负责，具体管理分为菜场摊位申请、管理、交租三部分，摊位申请由工务局负责，有意愿申请摊位的商贩必须与工务局签订租约，菜场日常管理主要由工务局承担，警察局参与部分管理，摊位租金的缴纳则另由市财政局负责，以达到财政局统筹全市财政的目的。

市政机关虽然对菜场进行了直接管理，但是由菜场引发的问题依然不少，菜场周围的居民经常发出抱怨的声音。1929 年，茅廊巷菜场附近的居民不堪忍受菜场每天倾倒的垃圾和污水，因无人清扫，恶臭难闻，特别在炎热的夏天，这种情况更甚，附近 120 家居民联名写信给时任浙江省民政厅厅长的朱家骅，信中称新成立的公共卫生会向居民收取清洁捐后，“对于道路清洁即多敷衍塞责，而于小菜场倾弃污水尤置若罔闻”，致使菜场附近“臭气熏蒸，人皆掩鼻而过”。朱家骅对此事十分重视，专门令杭州市市长周象贤“即行派员查察，如系事实，急应取缔，并饬公安局转令该管区署对于清道夫之勤务随时注意”。[2] 可见，菜场管理仍存在一些比较严重的问题，当然更为严峻的问题是，当时的菜场和公共摊所的数量仍然偏少，不能解决市区主要道路上的街头菜市问题，这样既妨碍交通，又影响市容和卫生。

针对新菜场建设的需要，杭州市政府就菜场增建、扩建及公共摊所设置和管理等问题做出了相应的调整。1930 年 6 月，市政府颁布了《杭州市商人承办小菜场暂行规则》，鼓励商

1 《杭州市小菜场管理规则》，《杭州市政月刊》1928 年 10 月 31 日，第 15—17 页。

2 《浙江省政府民政厅训令第一一七三四号》，《浙江民政月刊》1929 年 8 月 20 日，第 151—152 页。

人承办菜场，在这个暂行规则里，对申请手续、摊位安排、日常管理和租金等做了更为具体和严格的规定，详细内容见以下：

第一条：本规则凡商人志愿投资在杭州市区内承办小菜场者应一律遵守之。

第二条：凡商人志愿承办本市区内小菜场者，应依照后开各项呈请杭州市政府工务局核准行之：

一、姓名，籍贯，年岁，职业，住址。

二、资本银数。

三、志愿承办地点。

四、建筑菜场图样，蓝图二份。

五、建筑菜场估计书二份。

六、拟定摊位数目。

七、拟定摊位每月租金。

八、每月收支预算。

九、殷实铺保。

第三条：凡商人承办小菜场，无论集资或独资承办时，应有代表一人负担完全责任。

第四条：承办小菜场地基如系租赁者，其租赁年限至少须与承办小菜场年限相同并须呈报工务局。

第五条：商人承办小菜场，应先将建筑详细图样及建筑承揽等项具呈工务局审查合格后，该商遵照建筑。完工后须经工务局验明，取具保固单，给予营业执照。

第六条：承办小菜场之期限暂定十年，期满后得由工务局按照当时价值公平估计，收归市有。

第七条：菜场内摊位数目及其尺度、摊租应由该承办商人具呈工务局核准之，不得擅自变更。

第八条：商办菜场每年春秋二季应由承办商人雇工将各部修葺一次，至阴沟、窨井至少每月疏浚一次，并应雇佣夫役按日冲扫清洁，以重卫生。

第九条：商人承办菜场，一经认定承办未届期满，不得无故中途停办，如因意外事故本人不能继续承办时，得申明理由具呈工务局，另行招商承办。

第十条：商人承办菜场，承办期内如系办理不善，屡经告诫仍不整顿时，得由工务局接收整理，其价须俟核定之期满后，按照估值归偿。

第十一条：商办菜场自开办时起三年内免纳摊位捐税，第四年起市政府财政局得酌量其营业状况征收摊位捐，其最高捐率按照摊位租金不得超过百分之十。

第十二条：商人承办菜场除应遵守本规则外，并须遵守杭州市建筑取缔规则及杭州小菜场管理规则办理。

第十三条：本规则如有未尽事宜，得随时修改之。

第十四条：本规则由市政府公布施行。[1]

与此前的规定相比，1930年规定对商人承办菜场的要求更加严格，市政机关对商办菜场管理的介入也更深。例如，申请过程中除应提交建筑图样、收租章程外，还须提交菜场的每月收支预算并须有殷实商铺作担保。在第八条中，加强了有关卫生整治的条文："商办菜场每年春秋二季应由承办商人雇工将各部修葺一次，至阴沟、窨井至少每月疏浚一次，并应雇佣夫役按日冲扫清洁，以重卫生。"另外，承办菜场的期限"暂定十年"，期满后菜场应收归市有，且如果中途承办商人经营不善，市政府也有权接收菜场。这样的规定，明显地反映了市政机关对于菜场的控制与影响。

结语：问题与缺憾

作为近代城市的公共空间，菜场模式是一种舶来品，最初在上海空间有限的公共租界里出现。在我国的大多数城市中，虽然随着外来理念的渗入，特别在清末新政以后，城市管理者希望通过市政改革改变原有城市街巷的混乱无序、交通拥堵和环境肮脏等城市问题，但是，这样的革新是曲折而缓慢的。

杭州菜场新政虽然起步于1908年，由警局与商会合力推进菜场建设，但这种方式并未取得成功。1909年，杭州菜场风潮以后，商人纷纷撤出投资兴办菜场，菜场创建便陷于停顿。南京国民政府成立以后，杭州市政府大力改革，以西方的市政观念推进城市建设，菜场被列为八项市政要务之一。经过1927—1937年的10年努力，杭州菜场形式得以改进，有些菜场建筑达到了那个阶段的新高峰，成为杭州最具影响力的公共空间。同时，菜场管理也趋

1 《杭州市商人承办小菜场暂行规则》,《杭州市政月刊》1930年7月20日，第19—20页。

于规范化，在一定程度上改善了卫生状况，缓解了主要道路的交通，改进了市容市貌。可惜的是，自1937年至抗战胜利，长期的战争使杭州各菜场及公共摊贩所几乎全部荒废，原有菜场“均在战时被人改建住屋”，杭州各闹市街头又恢复摊贩林立的局面。[1] 在特殊的战争年代，市政革新中断，更何况菜场的维系。

然而，就菜场的公共空间营造而言，在那一时期，杭州仅仅开启了现代城市公共空间的新一页，并未完成其历史使命。在我国的大多数城市，公共菜场并未像国外一些国家那样，真正地成为一个现代城市的重要公共空间。例如，英国伦敦的斯皮特尔菲尔兹市场（Spitalfields Market）是有名的市中心菜场，早在17世纪30年代就获得了特许产品交易的执照，几经更新复建，至19世纪末建成了维多利亚式的建筑、市场交易大厅和广场，构建了一个充满活力的公共空间，时至今日，我们依然能够感受到其历史文化的积淀和特殊魅力。与之比较，我国近代城市除了衙门、寺庙和宗祠这样的公共建筑以外，有特色的菜场极其罕见。在杭州城市演进的过程中，公共菜场虽然曾经是一种具有纪念意义的建筑，但在不断的城市更新过程中，像茅廊巷菜场和龙翔桥菜场这样一类城市公共空间，原有的格局、建筑和形式几乎荡然无存，虽然有历史可以追忆，但永远地失去了这些公共空间的原真性，这是非常遗憾的话题。

---

1 杭州市档案馆编：《民国时期杭州市政府档案史料汇编》，第423页；《请市政府恢复各区原有菜场，并择添建案》，《杭州市参议会第一届第一二次大会会刊》1946年12月，第135页。

近世京都的商家史料

杉森 哲也*

【内容摘要】本文并非单纯地列举一些商家史料的具体事例和模式，而是在注意商家所在的城市——近世京都的都市性质的同时，针对商家史料的基本性质和存在形态进行探讨。但即便我们常说的“商家”，也包括非常多的职业。同时由于其所从事的职业不同，在其特性、经营规模、经营方针以及时代变迁等方面也都表现出不同。多种多样的商家的存在，也决定了商家史料的多种多样。本文将会在理解如此多种多样的商家史料的存在的基础上，探讨何为近世的商家史料。此外，还会试图探讨京都的商家史料具有何种特征。

本文具体由以下章节构成。

开 篇

一 商家史料的特征

二 近世的京都

三 近世京都的商家

四 京都商家的类型

五 京都商家史料的特征

六 《柏原家文书》概要

结 语

第一章，我会讨论近世商家史料的一般形态和赋予近世特征的“家”的问题。第二章，着重叙述古代以来有着悠久历史的京都，在进入近世以后呈现何种特征。第三章，探讨近世京都的商家受着何种制约，并最终拥有何种特征。第四章意在归纳京都商家的类型。这样通过第一章到第四章的探讨，在第五章，我会论述京都商家史料的特征。第六章则以《柏原家文书》为例，具体看一下商家史料的特征。

通过本文的探讨，我们得到以下成果。①商家史料应该作为商家的家族史料来探讨，而

* 杉森 哲也（杉森 哲也），放送大学教养学部教授。

不应该只是将其看作商家经营的史料。②商家的家业，受其所在城市所制约。③现存的商家史料，基本上都是经营规模大、历史久远的商家所遗留下来的史料。
【关键词】近世京都，商家史料，家，柏原家文书

近世京都の商家史料

杉森 哲也

【論文要旨】本稿では、商家史料の具体的な事例や様式などを取り上げるのではなく、商家史料の基本的な性格やあり方について、商家が所在した場である近世京都という都市の性格に着目しながら検討することを基本的な課題とする。ただし一口に商家と言っても、非常に多くの職種があり、職種による特性、経営規模、経営方針、時代による差異など、実に多様である。商家が多様である以上、その史料である商家史料が多様であるのは、当然のことであるといえよう。本稿では、商家史料が多様であることを理解した上で、近世における商家史料とは何か、さらに京都という都市に所在する商家史料の特徴とは何かという問題について、検討することを試みたい。

本稿の構成は、下記のようなものとなっている。

はじめに

一、商家史料の特質

二、京都の歴史における近世

三、近世京都の商家

四、京都の商家の類型

五、京都の商家史料の特徴

六、「柏原家文書」の概要

おわりに

一では、近世における商家史料のあり方一般について、近世という時代を特徴づける家という問題から論じる。次に二では、古代以来の歴史を有する京都という都市にとって近

世という時代がどのようなものであるのか、すなわち近世京都という都市がどのような特徴を有するのかについて述べる。そして三では、前節で見た近世京都という都市に所在する商家は、どのような規定を受け、その結果としてどのような特徴を有しているのかについて考える。さらに四では、京都の商家の類型を提示する。こうした一から四までの検討を経て、五では、京都の商家史料の特徴について論じる。そして六では、一つの事例として「柏原家文書」を取り上げ、具体的な商家史料のあり方を見る。

本稿における検討の結果、①商家史料は商家の家史料として捉えるべきであり、単に経営史料として捉えるのは適切ではないこと、②商家の家業は、所在する都市の性格に規定されること、③現存する商家史料は、経営規模が大きく経営が永続した商家のものであること、などの点が明らかとなった。

【キーワード】近世京都、商家史料、家、柏原家文書

はじめに

本稿では、商家史料の具体的な文書や様式などを取り上げるのではなく、商家史料の基本的な性格やあり方について、商家が所在した場である近世京都という都市の性格に着目しながら検討することを基本的な課題とする。

まず最初に、近世における商家史料のあり方一般について述べる。次いで、近世京都という都市の性格と、そこで展開した商家のあり方、さらにそれを反映した史料のあり方について検討する。ただし、一口に商家と言っても、非常に多くの職種があり、職種による特性、経営規模、経営方針、時代による差異など、実に多様である。本稿では、近世における商家史料とは何か、さらに京都という都市に所在する商家史料の特徴について検討することを試みたい。また具体的な事例として「柏原家文書」を取り上げ、その特徴などについて紹介することとしたい。

一、商家史料の特質

商家史料という場合、一般に商家の経営史料と捉えられることが多いように思われる。

しかし、商家史料について考える前提として、まず商業を営む家の史料であることを確認しておく必要がある。ここでいう家とは、尾藤正英が「血縁上の家族と同一ではなく、養子や奉公人など非血縁者を包括しつつ、「家業」としての職業を営み、そのために必要な「家産」すなわち財産を所有する主体としての、日本に独特ともいうべき社会組織の単位である。」[1]と定義したものである。日本の近世は、この家を単位とする小経営を社会的な基盤とする時代であり、これは商家に限られるものではない。支配身分である武士をはじめ、被支配身分である農民・商人・職人など、近世社会を構成する諸身分は基本的に家を単位として存在していたのであり、史料のあり方も規定しているのである。すなわち商家史料とは、商業を営む家の史料であり、商家で日々作成・保管され、長年にわたり蓄積されて来た史料なのである。この家の問題は、外国史との比較をする上で、非常に重要な点であることを指摘しておきたい。

それでは商業を営む家の史料である商家史料とは、具体的にどのような内容の史料で構成されているのだろうか。おおよそ次のようにまとめることができると考えられる。

① 家の運営の史料

系図、冠婚葬祭などに関するもの。当主の日記や蔵書なども含む。

② 家業の経営の史料

経営帳簿など経営に関するもの。

③ 仲間の史料

同業仲間に所属する一員として、仲間運営に関するもの。

④ 町の史料

居住する町の住民として、町運営に関するもの。

商家史料は、必ずしも①～④が全て揃っているわけではない。逆に現存する商家史料は、これらが全て揃っていることの方が希である。その理由として、所在する都市の性格、職種、経営規模、時代など、様々な要素によって規定されることが挙げられる。本稿では、このうち商家が所在する都市の性格という点について、京都を事例として検討を行いたい。

1　尾藤正英『江戸時代とはなにか―日本史上の近世と近代―』岩波書店、1992年、はじめに14―15頁。

二、京都の歴史における近世

京都は、延暦十三年（794）の平安京遷都以来、1 200年余の歴史を有する都市である。とりわけ古代から近世に至る前近代において、一貫して天皇と朝廷が所在し、国家の中枢的機能を担い続けて来たことが最大の特徴であるといえよう。それゆえ京都の歴史は、日本の歴史の動向と密接な関連のもとに展開することになる。古代においては律令国家の衰退に伴う都城の変質、中世においては武家政権の登場と商工業の発展による新たな都市としての展開というおよそ800年の長い歴史を経て、近世へと至るのである。

近世の京都は、15世紀後期の応仁・文明の乱による荒廃からの復興後に形成された町並みを直接の母胎とし、16世紀末の豊臣秀吉による大規模な都市改造を経て、17世紀前期の徳川政権下で成立した。江戸・大坂とともに三都と呼ばれる幕府の直轄都市であり、大名領国の中心都市である城下町とは規模を異にする巨大都市であった。例えば人口規模は、江戸が約100万人、京都・大坂が30～40万人である。全国最大の領国を有する加賀藩の城下町・金沢が約10万人であったのと比較すると、その規模の大きさがわけるであろう。これら三都の所在地が、近代には東京府（1943年に東京都となる）・京都府・大阪府の三府となり、現代に至っているのである。

江戸・京都・大坂の三都は、幕藩制国家において卓越した巨大都市であり、それぞれ固有の機能を有していた。一般に、江戸は幕府が所在し将軍と武家が居住する政治・消費都市、京都は朝廷が所在し天皇と公家が居住する歴史と伝統を誇る文化都市、大坂は年貢米や専売品が集積される商業都市、というような位置づけがなされている。もちろんこうした理解は決して誤りではないが、やや一面的である。とりわけ京都については、文化的・政治的側面が強調されるのに対して、経済的側面の評価が見落されがちであることを指摘しておきたい。京都は近世日本最大の手工業都市であり、それと密接に関連して商業も発展していたことに注目する必要がある。

『毛吹草』[1]は、正保二年（1645）に刊行された貞門俳諧の俳書であるが、17世紀初頭頃の諸国名産が書き上げられており、当時の産業を全国的に概観することができる貴重な史料として知られている。これには農水産物から手工業製品に及ぶ諸国名産約1 800種類のうち、約300種類が京都（洛中）の名産として挙げられている。この種類の豊

1　松江重頼『毛吹草』岩波文庫、1943年。

富さは他の都市の追随を許さない圧倒的なものであるとともに、何よりもその大部分が手工業製品であることが注目される。京都は、近世において卓越した手工業都市であった。

現代において京都の「伝統産業」とされているものは、いずれも当時の手工業である。中世以来の技術を受け継いでいるものも多く、特に高級品の生産においては他の産地の追随を許さなかった。最も典型的なものは、朝廷をはじめ幕府・大名の儀礼や贈答において極めて重要な商品であった呉服である。こうした需要に応えうる高級品の生産技術を有していたのは、京都の都市内の機業地である西陣に限られていた。そしてこれに伴い、生糸などの原材料および製品である絹織物を扱う多様で複雑な流通が展開し、商業も発展していた。すなわち京都は、近世において全国の中心的な商工業都市という側面も有していたのである。このため近世京都の人口の多くが商工業の従事者によって占められるとともに、都市空間の多くの部分も町人地、すなわち町が展開する地域が占めることになったのである。さらに都市社会の中では、居住する町とは別に、職種別の仲間が形成されていたことも指摘しておかなくてはならない。商人や職人は、町に居住する町共同体の構成員という側面と、仲間に所属する仲間構成員という側面も有していたのである。

三、近世京都の商家

近世京都の商家の多くは、前節で述べた近世京都という都市の性格に大きく規定されている。幕藩制国家は、畿内を不可欠の存在とする存立構造を有していた。幕府は京都と大坂を直轄都市としたが、各藩にとってこの両都市は不可欠の存在であった。各藩は大坂で年貢米や特産品を販売して換金し、それを用いて京都で武器・呉服・奢侈品などの手工業製品を購入することが必要であった。領内の城下町において、年貢米を換金し必要な手工業製品を購入することは、不可能であったからである。[1]

特に重要な手工業製品は、呉服である。呉服は単なる絹織物の衣料ではなく、幕府や朝廷において儀礼や贈答に用いられる極めて重要な物品であった。また各藩においては、幕

1　山口啓二「秋田藩成立期の藩財政」『社会経済史学』24巻2号、1958年。のちに同著『幕藩制成立史の研究』校倉書房、1974年、に所収。

府や大名間の儀礼や贈答に加えて、藩主とその家族の衣料としての需要もあった。京都の都市内の機業地である西陣は、こうした全国レベルの高級呉服の需要を一手に引き受けていたのである。そして生糸などの原材料および製品である絹織物を扱う多様で複雑な流通が展開していた。ここで注目すべきは、西陣で生産された呉服の流通を扱う呉服商の存在である。京都の呉服商は、西陣で生産される高級呉服を日本全国に流通させる役割を担っており、京都を代表する商家であると評価することができる。京都で呉服を扱う商人としては、近世初期には大名の呉服を独占的に扱う呉服所[1]、次いで18世紀以降は三井を筆頭とする新しい商人が登場するのである。

こうした呉服に見られる構図は、奢侈品など多くの手工業製品においてもほぼ同様であった。京都の商業の特質として、日本一の手工業品生産を前提として、大消費者としての幕府・大名と朝廷・公家の存在、大消費地としての江戸の存在と密接に関連していることを指摘しておきたい。そしてこの点が、京都商人の経営の特質を規定していると考えられるのである。

四、京都の商家の類型

近世の商家は、その経営規模によって、①超大店、②大店、③表店、④裏店などに分類することができる。この他に店舗を有しない商人として振売が存在するが、一般的には商家の範囲には含まれないだろう。ここでは経営規模とは異なる指標として経営の指向という点を基にして、京都の商家の類型化を試みたい。

まず第一類型は、経営規模の拡大を強く指向し、日本最大の消費地である江戸に進出する商家で、いわゆる「江戸店持京商人」である。典型は越後屋三井家であり、経営規模は超大店ということになる。ただしこの類型の商家は、必ずしも超大店に限られるわけではなく、大店の中にも同様に江戸に進出しているものが存在する。具体的な事例としては、木綿・漆器・紙などを扱った柏屋柏原家などが挙げられる。この類型の商家は、京都で営業全体の管理と商品の仕入れを行い、江戸で商品の販売をして収益を上げているのである。

1　杉森哲也「呉服所と京都—秋田藩を事例として—」『年報都市史研究』7号、1999年。

次に第二類型は、江戸には進出せず、あくまでも京都の中で経営を拡大することを指向する商人である。この類型の商家は、経営規模としては大店と表店に相当し、京都の商家のうち上層を占めていた。営業の形態としては、問屋が多いと考えられる。具体的な事例としては、呉服を扱う誉田屋庄兵衛家、法衣を扱う千切屋与三右衛門家などが挙げられる。この類型の商家は、京都で商品の仕入れを行い、京都で商品の販売をして収益を上げている。さらにその特徴として、分家・別家を数多く輩出し、誉田屋一統[1]や千切屋一統[2]という商家同族団を形成して経営を拡大していることを指摘することができる。こうした形での経営の拡大は、本家の売り上げや利益の拡大に必ずしも直結するものではない。しかし、同族団を通して、信用の相互保全、経営の相互扶助などが行われ、結果として家業の隆盛による家の永続が計られたのである。近世の商家にとって最も重要なことは、利益の最大限の追求ではなく、家の永続であった。現代の資本主義における商業経営とは、この点において基本的に価値観が異なることに留意する必要がある。近世の商家においては、家業の利益の追及は目的ではなく、あくまでも家業を永続させるための手段であったことを強調しておきたい。

最後に第三類型は、京都で小売を行う商家である。この類型の商家は、経営規模としては表店と裏店に相当し、京都の商家の大多数を占めていた。一般に経営基盤は脆弱であり、経営の巧拙だけでなく、当主の健康状態や火災などの被災によって没落する可能性を常に抱えていたのである。この類型の商家は、家業の隆盛による家の永続は容易なことではなく、浮沈を繰り返していたものと考えられる。

五、京都の商家史料の特徴

京都の商家史料は、前節で見た京都の商家のあり方に、大きく規定されている。現存する商家史料としては、第一類型と第二類型の商家のものが大部分である。第一類型の代表として挙げられるのは、三井の史料である。その厖大な史料は、公益財団法人三井文庫で

1　杉森哲也「商家同族団と町—京都冷泉町・誉田屋一統を事例として—」『年報都市史研究』5号、1997年。のちに同著『近世京都の都市と社会』東京大学出版会、2008年、に所収。

2　足立政男『千吉商店の歴史と経営—近世京都室町における商業経営—』千吉商店、1957年。

保管され、「三井家記録文書」として閲覧に供されている。[1]また筆者が史料調査に参加した事例として、柏屋柏原家の「柏原家文書」がある。現在も調査継続中であるが、厖大な史料が存在することが確認されている。柏原家は「江戸店持京商人」として京都で営業全体の管理を行っており、その結果として京都の本店に厖大な史料が蓄積されたのである。「柏原家文書」については、次節で改めて取り上げることとする。さらに第二類型では、千切屋一統の千切屋吉兵衛家の「千吉西村家文書」[2]などを挙げることができる。

これらの商家に共通しているのは、家業がかなりの規模に拡大しており、その結果として文書を用いた営業と管理が必須であったことである。日々の営業の過程で多くの文書が作成・保管され、それらが長年にわたり蓄積された結果、厖大な商家文書が形成されたのである。

さらにこれらの商家の共通点として、何よりも家が継続したことを挙げなくてはならないだろう。またその前提として、順調な家業の継続という条件が存在したことも指摘しておきたい。家業が順調に継続し、その結果として家が継続することにより、ようやく商家史料が残されるのである。逆に言えば、現存する史料の背後には、家業が失敗し家が退転した結果、廃棄されたり散逸した商家史料が厖大に存在すると考えられるのである。

第三類型の商家では、日々の営業の過程で文書が作成・保管されること自体が少なく、それらが長年にわたって蓄積される必然性もほとんどなかった。さらに経営基盤が脆弱なため家業の隆盛による家の永続は容易なことではなく、結果的に文書が残されることは極めて希であったと考えられるのである。

六、「柏原家文書」の概要

本節では、具体的な事例として「柏原家文書」を取り上げ、その概要を紹介することとしたい。柏原家は、第四節で述べた京都の商家の類型では、第一類型に相当する商家である。三井越後屋のような超大店ではないが、かなりの規模の大店である。その家史料である「柏原家文書」は、すでに1960年代から国文学研究資料館史料館、京都市史編纂所な

1　三井の経営と史料の概要については、三井文庫編『三井事業史』本篇1、資料篇1・2（三井文庫、1973～1980年）、三井文庫編『史料が語る三井のあゆみ—越後屋から三井財閥—』（吉川弘文館、2015年）を参照。

2　京都府立京都学・歴彩館所蔵。

どによる調査が行われ、林玲子氏[1]、賀川隆行氏[2]による研究がある。2012年からは筆者も参加する柏原家文書研究会による再調査が開始され、新たに多くの史料が見出されている。2018年に調査報告書[3]が刊行されており、間もなく全点目録が完成する予定である。ただし、同会による調査は継続中であり、この調査報告書は2017年度末時点での中間まとめということになる。

柏原家は、京都・洛東の西橘町（現・京都市東山区問屋町通り五条下ル三丁目）に本店を構え、太物・漆器・紙などの店を江戸に持つ「江戸店持京商人」である。京都の本店は、営業全体の管理と商品の仕入れを行う機能を有し、当主とその家族の住居を兼ねていた。江戸店は扱う商品毎に分かれており、木綿の本町店（本町四丁目）、漆器の塗物店（通一丁目）、紙の紙店（新両替町四丁目）の3店が存在した。各店には支配人が配置され、実際の経営に当たっていた。江戸の各店の支配人からは、京都の本店に対し、経営状況を定期的に報告するともに、江戸で起きた様々な出来事を随時報告している。こうした経営体制の下、柏原家では、京都の本店に文書が集積され、保管されて来たのである。

2017年度末時点で把握されている「柏原家文書」の全体像は、調査報告書のI–1「現状記録調査と史料解題」[4]にまとめて示されている。これを第1節で述べた商家史料の構成という観点から捉え直すと、①家の運営の史料、②家業の経営の史料が大部分を占めており、③仲間の史料、④町の史料は、ほとんど含まれていないという特徴を指摘することができる。③と④については、今後の調査で見出される可能性はあるものの、分量は決して多いものではないと推測される。その理由としては、現存史料で柏原家の活動を見る限り、仲間運営や町運営に積極的に関わっているとは考えにくいからである。

「柏原家文書」の内容については、調査報告書のI–2「研究ノート　柏原家とその周辺」、I–3「史料研究ノート　柏原家文書を読む」を参照していただきたい。ここに掲載されている各論考では、個別史料を取り上げて、具体的かつ優れた分析が行われている。[5]それら

1　林玲子「木綿問屋柏屋史料」『流通経済論集』1巻1号、1966年。

2　賀川隆行「元禄・寛政期の江戸呉服木綿問屋柏屋孫左衛門店の経営」『三井文庫論叢』38号、2004年、同「近世後期の江戸呉服木綿問屋柏屋孫左衛門店の経営」『三井文庫論叢』43号、2009年、同「江戸呉服木綿問屋柏屋孫左衛門店京都店の経営」『三井文庫論叢』46号、2012年。

3　柏原家文書研究会編『京都西橘町　柏原家文書と建築』柏原家文書研究会、2018年。

4　内容は、杉森哲也「現状記録調査の概要」、小松愛子「各単位の概要」からなる。

5　各論考のテーマは省略し、執筆者名のみを掲載順に以下に掲げる。杉森哲也、齊藤紘子、寺内由佳、西坂靖、小松愛子、吉田伸之、神田由築、中尾俊介、髙橋元貴、岩本葉子、海原亮の各氏。

によって、「柏原家文書」という商家史料の特質の一端が、かなり明確にされたと評価することができよう。

おわりに

本稿では、商家史料の基本的な性格やあり方について、商家が所在した場である近世京都という都市の性格に着目しながら、検討を行って来た。その結果、①商家史料は商家の家史料として捉えるべきであり、単に経営史料として捉えるのは適切ではないこと、②商家の家業は、所在する都市の性格に規定されること、③現存する商家史料は、経営規模が大きく経営が永続した商家のものであること、が明らかとなった。今後は、商家史料の個別事例分析を積み重ねることによって、さらにその特質や具体的なあり方が明らかになってくるものと考えられる。

大坂藏屋敷与渡海限制

——以近世前期的德岛藩为例

町田 哲 *

【内容摘要】针对近世各藩在大坂所设的藏屋敷，本报告在以下几个方面获得了很大研究进展。①它不仅是藩的年贡米贩卖设施，②同时还有利于都市社会中大坂町奉行所的广域行政（司法权限）的实现，以及③以藏屋敷为磁极的社会关系。本报告意在关注藏屋敷作为藩领与大坂之节点的功能的同时，对人的移动和统治进行考察。

作为下层宗教者之修行方式的四国遍路，在民众中获得普及是在17世纪后期。发挥导游书作用的，是大坂寺岛的道心者真念所著的《四国遍礼道指南》(1687年刊)。该书记载了遍路由来、各札所本尊、巡礼方法等，由此劝诱众人进行四国遍路。例如，他说“从大坂去四国遍路的话，在前往阿波国的时候，只要到大坂江戸堀三丁目的阿波屋勘左卫门，付船银2钱便可渡海”。当时，从大坂前往西日本各地的船，根据目的地，规定了不同的出发地点和船家，前往阿波的出发地是田边屋桥（现在的土佐堀常安桥），船家为阿波屋(《难波雀》，1679年)。

根据《道指南》的记载，似乎只要到船家那里便可自由渡海。但是，查看德岛藩方面（阿波、淡路）的史料，情况与此有所不同。在德岛藩，由于天主教禁令，17世纪中叶在对藩领民进行宗教调查（不过，只对现有户主进行登记）的同时，为防止天主教流入领内，开始对其他藩领来的往来人员和流民进行限制。

作为德岛藩方面的课题，从大坂来的渡海人（商人和四国遍路）尤为突出。1657年，该藩就已经规定各类商人和四国遍路若从大坂前来阿波，必须向大坂藏屋敷的留守居（江户时代各大名设在大坂藏屋敷的官职）提交申请，获得阿波入国和通行许可的“切手”(通行证)。渐而，留守居还担心渡海人一旦发生问题，会将责任转嫁到自己身上，最晚在1687年，改为在开具“切手”的时候，需要承包商阿波屋勘左卫门和缄屋弥三右卫门的身份保证。事实

* 町田 哲（町田 哲），鸣门教育大学学校教育学部副教授。

上，到了1696年，为了应对渡海人在阿波发生问题，徳島藩让承包商的代理人常驻徳岛，让他们担负一切责任。

这样，17世纪后期调整形成的通过大坂藏屋敷留守居“切手”和承包商进行的渡海统制，一直持续到以往来“手形”（票据）作为通行保证并实现普及的18世纪后期为止。

【关键词】大坂，藏屋敷，船宿，四国遍路，藩

大坂蔵屋敷と渡海統制

—近世前期の徳島藩と四国遍路—

町田 哲

【論文要旨】近世大坂に各藩が設置した蔵屋敷については、①藩の年貢米販売の施設という機能のみならず、②都市社会大坂町奉行所の広域行政—司法権限の実現、あるいは③蔵屋敷を磁極とする社会的関係といった側面が解明され、大きく研究が進展してきた。本報告では、藩領と大坂との結節点である蔵屋敷の機能の一つとして、人の移動と統制について考察する。

下級宗教者たちの修行であった四国遍路が、民衆に広まったのは17世紀後半という。そのガイドブックの役割を果たしたのが、大坂寺島の道心者・真念が記した『四国偏礼道指南』(1687年刊）である。この本は、遍路の由来、各札所の本尊、巡礼方法を記し、多くの人々を四国遍路に誘った。例えば、「大坂から四国遍路のために阿波国へ渡る際には、大坂江戸堀三丁目の阿波屋勘左衛門の所に行けば、船賃銀2匁で渡海できる」とある。当時、大坂から西日本各地への船は、行き先ごとに出発地点と船宿が定まっており、阿波行きは田辺屋橋（現土佐堀・常安橋）で、船宿が阿波屋であった（『難波すゞめ』1679年)。

『道指南』の記載からは、船宿に行きさえすれば自由に渡海できるかのようにみえる。しかし徳島藩側（阿波・淡路）の史料をみると事情は異なる。徳島藩では、キリシタン禁令をうけ、17世紀中頃には①藩領民の宗門改（ただし当主のみ登録）と同時に、②キリシ

タンの領内流入を防ぐため、他領からの往還人・牢人者を統制していたからである。

とりわけ藩側が課題としたのが、大坂からの渡海人（商人と四国遍路）である。すでに1657年に藩は、諸商人と四国遍路が大坂から阿波に来る場合には、大坂蔵屋敷留守居まで願い出て、阿波入国・通行を許可する「切手」の発行をうけることを義務化している。さらに留守居は、渡海人に問題が発生した場合、自らに責任が転嫁されることを恐れ、遅くとも1687年には、「切手」発行に、請人阿波屋勘左衛門と綿屋弥三右衛門の身元保証を必要とする方法に変更した。事実、1696年になると藩は、阿波で渡海人に問題が発生した場合への対処として、請人の手代を徳島に常駐させ、一切の責任を取らせている。

こうして、17世紀後半に整えられた大坂蔵屋敷留守居「切手」と請人による渡海統制は、往来手形による通行保証が一般化する18世紀後半まで存続していくことになる。

【キーワード】大坂、蔵屋敷、船宿、四国遍路、藩

はじめに

近世大坂に各藩が設置した蔵屋敷については、塚田孝氏によって、①藩の年貢米販売の施設という機能のみならず、②都市社会大坂町奉行所の広域行政—司法権限の実現、あるいは③蔵屋敷を磁極とする社会的関係といった側面の解明が提起されて以降、大きく研究が進展してきた。[1]森下徹氏は、町人地に存在した蔵屋敷の空間的特徴とそれに相即的な社会的諸関係（社会＝空間構造）を、武家地に所在した江戸藩邸との比較の観点から解明した。例えば、蔵屋敷には、本体部分と貸家部分からなる二重構造が存在し、そこに出入する町人との関係や仲仕との関係などが利権を伴いつつ展開したことが明らかとなった。[2]さらに氏は、17世紀後半の蔵屋敷成立期を検討し、その成立の背景に蔵米の管理・売却方法の変更があったことを指摘している（蔵元による委託販売から、藩側の直接管理と蔵元による入札編成へ）。[3]

本稿では、こうした都市社会史の視点からの成果をふまえつつ、近世前期における徳島

1　塚田孝『近世の都市社会史—大坂を中心に—』青木書店、1996年、同『近世大坂の都市社会史』吉川弘文館、2006年など。

2　森下徹『近世都市の労働社会』吉川弘文館、2014年など。

3　森下徹「萩藩大坂蔵屋敷の成立」塚田孝編『身分的周縁の皮革史—法と社会の視点から—』清文堂出版、2010年。

藩の蔵屋敷を検討したい。しかし、徳島藩の場合、近世前期の蔵屋敷や大坂町人との関係を直接示す史料は、極めて限定されていることから、同様の分析は今のところできない。その一方で、大坂から阿波国への渡海人の統制については、大坂蔵屋敷留守居と国元とのやりとりを示す史料が若干ながら残されている。そこで本稿では、藩領と大坂との結節点に存立した蔵屋敷の一機能である、人の移動と統制について考察したい。

なお、徳島藩の蔵屋敷に関する検討は、関係史料の少なさもあってほとんど無い。近年刊行された植松清志『大坂蔵屋敷の建築史的研究』[1]がほぼ唯一の先行研究である。植松氏は、文化期頃に作成された徳島藩大坂蔵屋敷図の分析を中心に、その空間構成の特徴を明らかにしている。

一方、大坂から四国への渡海方法については、四国遍路研究でしばしば注目されてきた。[2]しかし、そこでは『四国辺路道指南』などの案内記の記述に依拠している結果、その視野に限定され、渡海に際して蔵屋敷が重要な役割を果たしていた点が見落とされている。

そこで本稿では、17 世紀後半から 18 世紀前半の徳島藩側の史料を丁寧にみていくことで、渡海方法をめぐる蔵屋敷と国元との関係、あるいは蔵屋敷に出入し渡海手形発行に大きく関わった請人＝船宿（大坂町人）との関係やその展開を解明したい。あわせて渡海人に含まれる四国遍路に対する藩の動向についても注目する。

一、17 世紀後半の蔵屋敷と諸機能

（一）徳島藩大坂蔵屋敷の立地

徳島藩大坂蔵屋敷の所在がもっとも早く確認できるのは、明暦元年（1655）の「大坂三郷町絵図」[3]である。この段階では、徳島藩大坂屋敷は立売堀の北側（宍喰屋橋北東）と江戸堀三丁目（あわ橋南側）に所在した。その後、延宝七年（1679）の『難波雀』によると、江戸堀三丁目に大坂「屋敷」が、また中之島に「蔵屋敷」がそれぞれ置かれてい

1　植松清志『大坂蔵屋敷の建築史的研究』思文閣出版、2015 年。

2　例えば近藤喜博『四国遍路研究』三弥井書店、1982 年、193—194 頁。

3　大阪市立大学大学院文学研究科都市文化研究センター・大阪歴史博物館編『明暦元年大坂三郷町絵図』大阪市立大学大学院文学研究科都市文化研究センター、2008 年。

る（表 1)。さらに、貞享四年（1687)「新撰増補摂州大坂大絵図〈林吉永版〉」[1] でも、3 つの屋敷を確認することができる。江戸堀三丁目（江戸堀川南側・阿波橋南詰東）は『難波雀』の記載と一致するが、白子町（土佐堀川南側・田辺屋橋南詰東の松平長門守の一つ東側)、立売堀宍喰屋橋北側の北西側にも「松平阿波守」がみえる。このうち立売堀の屋敷は、明暦元年「大坂三郷町絵図」にみる屋敷の一つ西側のブロックに相当する。最終的には、元禄四年（1691）に中之島常安裏町に屋敷が完成している。[2]

以上から明らかなのは、第一に 17 世紀後半の徳島藩蔵屋敷は、役宅となる「屋敷」部分と、蔵を中心とする「蔵屋敷」(狭義）とが別々に存在していた点である。そして、役宅に相当する江戸堀三丁目屋敷が、元禄四年に中之島に移転することで、以後、中之島蔵屋敷が中心となっていくのである。第二に注目されるのは、徳島藩の大坂蔵屋敷は、17 世紀後半には複数（常時 2 ～ 3 ヶ所）存在していた点である。各蔵屋敷のそれぞれの機能については判断材料がなく、残念ながら今後の課題とせざるを得ない。すでに萩藩の事例では、17 世紀中頃までは複数の屋敷が併存し、その管理は蔵元＝町人に委ねられ、主要には蔵として利用されており、藩邸としての側面はこれらに埋没していたことが明らかとなっている。[3] 徳島藩の場合もそれと共通する側面があった可能性のみを指摘しておきたい。[4]

（二）蔵屋敷の機能

17 世紀における徳島藩蔵屋敷の機能を網羅的にうかがえる史料はほとんどない。大坂蔵屋敷留守居の坂崎五郎兵衛が国元に提出した 2 点（A 全 6 条、B 全 13 条）の窺書に対し

1　大阪歴史博物館所蔵（複製絵図を利用)。なお、元禄九年（1696)「新選増補大坂大絵図」(国立国会図書館デジタルコレクション、書誌 ID000003282290、http://dl.ndl.go.jp/info:ndljp/pid/2542266、2018 年 11 月 13 日閲覧）でも、貞享四年と同じ場所に 3 ヶ所蔵屋敷を確認できる。しかし元禄四年に設置されたはずの中之島屋敷については記載がない。元禄九年絵図には「貞享三年春以降、川々御普請や御屋敷（蔵屋敷)・町屋に変更があるので、すべて調査した上で発行した」旨が記載されているが、徳島藩蔵屋敷については貞享絵図からの変更が反映されていなかったものと考えられる。

2『徳島県史料第一巻阿淡年表秘録』徳島県、1964 年。延宝六年（1678）作成と推定される「大坂中之島図」でも、徳島藩の蔵屋敷は中之島には存在しない（八木滋「『大坂中之島図』―蔵屋敷関係資料―」『大阪歴史博物館研究紀要』3、2004 年 10 月)。

3　前掲森下徹「萩藩大坂蔵屋敷の成立」。

4　ただし、萩藩が 17 世紀中頃に 1 ヶ所に統合されたのに対して、徳島藩の場合、その統合が遅い点は大きな相違である。ちなみに延宝七年『難波すずめ』で屋敷と蔵屋敷が別に掲載されている藩、あるいは複数の屋敷がある藩は、徳島藩以外に、伊達遠江守（伊予・宇和島藩)、木下淡路守（備中・足森藩）のみである。

て、寛文三年（1663）正月に国元から返答した申付書[1]が、ほぼ唯一の史料である。ここから、当時の留守居が何を課題としていたのか、その一端を読み取ることができる。

第一は、大坂から国元である阿波へ渡る者に対する、渡海切手の発行である（A 4・5条）。これについては比較的関連資料もあることから、後述する。

第二は、役船賦課についてである（A3 条、B2・7 ～ 9 条）。役船とは、徳島藩領である阿波・淡路から大坂にやってきた商船に対して、藩の御用のために（運送の）役を賦課するというものである。すでに明暦三年（1657）に、役船賦課に不公平がないようにすることや、給知からの商船にも役船を賦課することが国元から指示されており[2]、役船賦課は大坂蔵屋敷の重要な機能の一つとなっていた。寛文三年のこの史料では、特に留守居側が次の点を提案し、国元からの了承をうけている。具体的には、商船が大坂に到着した際には蔵屋敷に報告させ、帳面に登録することや（B7 条）[3]、阿波・淡路の船印を立てない商船に対して過料として銀 1 枚を出させること（B8 条）など、いずれも役船賦課を忌避しようとする商船をいかに把握・統制するかという点に関心が注がれている。

第三は、徳島藩に課せられた公儀役への対応である。この時、木津川口の穢多崎番所付近にあった大石を除去することが、徳島藩に対し命じられていた。しかし大石の除去には費用がかかり、さらに置き場所に対する「地子」が必要となることから、留守居は国元に問い合わせたのである（B1 条）。国元からは、石の置き場については、町奉行に伺いを立て、地賃の不要な場所に命じてもらうか、一時的にしかるべき土地を借りること、また石を除去する際には国元の御用人に相談することを、指示している。公儀役のための現地での対応と、国元との連絡も留守居に課せられた重要な役割であったのだろう。

第四は、蔵屋敷と藩用船の管理である。寛文三年段階に中心となった屋敷は、おそらく江戸堀三丁目の屋敷とみてよいだろう。留守居は、屋敷前に繋留していた藩の「御船」について、干潮時に急ぎの御用に対応できないため、周辺の「屋敷方」に 1 艘ずつ預けている状態を報告した上で、これは大名に似付かわしくない措置だとしている（B6 条）。これ

1　藩法研究会編『藩法集 3　徳島藩』創文社、1962 年、文書番号 2559、965—967 頁（以下『藩法集』2559 の如く略記する）。

2　『藩法集』2558、965 頁。万治元年（1658）にも阿波・淡路両国の船は、江戸・大坂だけでなく諸国に到着する際に、船印をたてることを命じている（『藩法集』1895、681—682 頁）。

3　同月に家老賀嶋主水が出した「覚」によれば、商船が上坂した際、留守居に報告・登録したのち、逗留中は留守居の指示があり次第、御用を担うこと、また御屋敷の火事の際には駆けつけることが命じられている（『藩法集』2160、788—789 頁）。

に対し国元からの返事は、「御船」を置く場所は従来通り、というつれないものであったが、ふさわしい屋敷地を探し報告することもあわせて指示している。藩用船を係留しうるだけの条件を備えた屋敷地を町人地の中からリサーチすることも、留守居の役割だったことがわかる。同時に、大坂屋敷は町人地に立地するが故に、その場所は代替可能と捉えられていた点がうかがえる。いずれも17世紀後半の段階だからこその特徴として注目される。このほか留守居は、八反帆の御関船を上坂させてほしいこと（B11条）、屋敷前に船道具の納屋を設置すること（B12条）、大坂で使う4枚帆小早船の建造を安宅役所に命じてほしいこと（B13条）もあわせて要求し、認められている。

また、前述のように、徳島藩の大坂屋敷は複数存在したが、当該期には立売堀と農人橋付近にも蔵屋敷があった（B4条）。農人橋屋敷は、絵図や案内記類には現れない屋敷である。立売堀の屋敷とは、宍喰屋橋橋詰（前掲）の屋敷のことであろうか。留守居は、間口3間半の農人橋屋敷地の売却を提案したが、国元からきたのは「売却は不要」との返事だった（B10条）。ここで興味深いのは、この立売堀屋敷と農人橋屋敷の名代＝家守の存在である（B4条）。町内に問題が発生した時などには、名代として「屋敷留守居之者」(留守居役の意味ではなく、家守としての存在）が町の会合に参加することになっていた。しかし、藩が「御扶持」を与えている名代が、もし他の町人に連座して籠舎に命じられた場合、（藩にとって）不都合となることを蔵屋敷留守居は心配している。扶持人が罰せられることで藩にもその悪影響が及ぶことを恐れたのであろう。これに対する国元からの返事は、「御扶持」が問題であるならば、以後は「御合力米」とすればよいといういわば名目替の暫定措置にすぎなかった。それだけ名代＝家守とは容易に否定できない存在だったのである。

第五は、蔵屋敷に出入する町人への対応である。従来、2人の「大坂両替師」に任せきりだった蔵米の「米代銀包」について、自ら「銀見」すること（A1条)、三郷惣年寄の一人で立売堀を開削した宍喰屋次郎右衛門や、徳島藩と関係の深い商人である西村太郎兵衛（蔵屋敷名代）・阿波屋九郎右衛門（同蔵元）・塩屋甚兵衛が、これまで年頭の祝儀を飛脚で納めていたことを廃止させること（B5条）などを求め、いずれも認可されている。

こうしてみると、蔵米に関する内容はA1条の一ヶ条にすぎず、この史料における留守居の関心は、大坂からの渡海人統制、公儀役負担への対応、藩用のための役船の徴発、蔵屋敷の維持管理にあった。また、出入町人とは関係を維持しつつも、一方では藩に対して悪影響が及ぶことを予防することを意識していた。そうした中で、留守居の機能とは、かかる機能全般を常に国元からの判断を仰ぎながら遂行することにあったといえよう。

二、四国遍路の渡海とその統制—真念『四国偏礼道指南』から—

ところで、17世紀後半の大坂から四国への渡海方法について、よく知られた史料として真念『四国辺路道指南』(貞享四年〈1687〉十一月大坂久太郎町心斎橋筋本屋平兵衛刊、以下『道指南』と略す)がある。大坂・寺島の道心者であった真念は、四国遍路を10数回巡礼したとも伝えられる。篤信者からの寄進をもとに遍路のための道標を四国各地に造立し、『道指南』のみならず、『四国偏礼禮功徳記』(元禄二年〈1689〉)を出版し、さらには高野山の学僧寂本が記した四国遍路案内書『四国偏礼霊場記』(同年刊)に協力した人物として、四国遍路研究では著名な存在である。[1] 中でも『道指南』は、四国遍路と弘法大師空海との関係を述べるとともに、遍路の持ち物や、札所の本尊・詠歌、そして行程を示した版本で、多くの民衆を四国遍路に誘う役割を果たした書物で、近世の間でも少なくとも6回は改版され続けていく。また、四国遍路が巡礼する88ヶ所の札所(寺社)と、その番号との一致が初めて確認できる史料として、四国遍路研究では注目されてきた。

『道指南』によると、大坂から阿波徳島への渡海方法は、次のようになっていた。

> 一、摂州大坂より阿州徳嶋へ渡海の時は、江戸堀阿波屋勘左衛門方にて渡り様次第可相尋之、白銀弐匁、徳島まで船賃、但、海上三拾八里
> 一、同所より讃州丸亀へ渡海の時ハ、立売堀丸亀屋又右衛門・同藤兵衛かたにて渡り様可相尋之、白銀弐匁、丸亀まで船賃、但、海上五拾里
> 右は大坂より両所へ渡海の次第、かくのごとくなり、但他国よりハ其所々にて渡海の次第可相尋

阿波国徳島と讃岐国丸亀への渡海方法が併記され、徳島に行くには、江戸堀の阿波屋勘左衛門のところに行き、船賃白銀2匁を支払えば、渡海できるとのみ記されている。表2によれば、阿波屋勘左衛門は「切手支配」と称され、19世紀までその役割を果たし続けて

1　近藤喜博編『四国霊場記集別冊』(勉誠社、1974年)、白木利幸「宥辨真念と四国遍路」(『日本研究』〈国際日本文化研究センター〉21、2000年3月)、稲田道彦『四国偏礼道指南』(美巧社、2013年)、長谷川賢二「弘法大師信仰・巡り・霊場ネットワーク—四国遍路の歴史をめぐって—」(徳島編『四国遍路展』四国遍路展徳島実行委員会、2014年)、大石雅章「四国遍路と弘法大師信仰」(『四国遍路と世界の巡礼』1、2016年3月)、武田和昭『四国へんろの歴史—四国辺路から四国遍路へ—』(美巧社、2016年)など。

いく。では、阿波屋勘左衛門とはどのような存在だったのだろうか。

まず、阿波屋勘左衛門の名は、『難波雀』(表 1) では「船切手出シ」として確認できる。その居所は、徳島藩屋敷が江戸堀三丁目にあった時期は同町に存在しているように、蔵屋敷と隣接していた。もっとも、蔵屋敷が 17 世紀後半に中之島常安裏町に移る頃は、新地堀江橋の下、と一見すると離れた場所になる。しかし、『道指南』(表 2) では、中之島や、中之島常安橋の筋のちょうど北側にあたる玉江橋にも店をもっていることから、蔵屋敷と近接する地域を拠点としていたことがうかがえる。

また、案内記の「諸国船之居場」(表 3) には、「阿波船　田辺屋橋左右／船宿阿わや勘左衛門」とある。阿波屋は阿波行きの船宿であり、船切手の発行に関わる存在であった。なお、田辺屋橋は中之島から土佐堀川に架かる橋だが、一つ南側の通りにあたる江戸堀三丁目には徳島藩屋敷が存在していた。

このように阿波屋は、徳島藩の大坂蔵屋敷と近接する地域に店を構えていた船宿=「船切手出シ」であった。[1] ちなみに表 3 では、西日本各地への「船之居場」も示した。各藩や港に対して特定の船宿が設定されていることが窺える。また蔵屋敷の立地を参照すると、「船之居場」と蔵屋敷とは同じ町か近接する町である場合が多い。しかも一番下の欄にあるように、その他の「渡海舟」は各蔵屋敷の前に着くとある。少なくとも 17 世紀後半段階の大坂では、蔵屋敷、船宿、そして渡海船が出る場所が近接していたことが確認できよう。蔵屋敷のもつ渡海統制や役船賦課という機能には、船宿=「船切手出シ」という存在が不可欠であった点が想定できる。

そこで想起されるのが、寛永二十一年 (1644) 七月に「西国方諸大名蔵元之侍共」らが提出した手形や、慶安元年 (1648) 六月五日にこれを再確認するための内容である。[2] 武家奉公人の 10 年年季を厳守させる目的で、大坂から西国への年季中の武家奉公人の抱下し禁止を命じられたことへの対応である。具体的には、①年季奉公人を抱え下す場合には蔵屋敷の役人に断らせること、②奉公人本人だけでなく請人についても蔵屋敷役人がチェックし、③もし背く者がいればすぐに報告すること、の 3 点を遵守する手形となっている。この史料は、塚田孝氏が、蔵屋敷には大坂町奉行所の都市行政あるいは広域の行政—

1　このほか真念『四国徧礼功徳記』(前掲) の下巻「刊行助縁」者 10 名の一人として、「大坂堂島堀江橋詰阿波屋勘左衛門」の名が確認できる。

2 『大阪市史』三、11—12 頁および 26—27 頁。

司法を支える役割もあったことを指摘した際に、根拠とした史料である。[1]また森下氏も、これに対応して、大坂の抱下者に対して西国諸藩が「大坂町奉行と連携しつつ領民の移動を管理する体制を強め」たという重要な指摘をしている。[2]

今回、これに付け加えたいのは、船宿の役割である。上記手形や町触では、船頭・加子が年季奉公人を船に乗せて西国へ下ろうとする場合には、船宿が蔵屋敷に申告し、蔵屋敷より「蔵元衆之手形」(渡海切手)を受け取った上で下すことが義務づけられている。蔵屋敷による大坂からの渡海統制は、町奉行所との連携のもと、船宿と密接な関係に基づいて実現していたのである。

では、渡海統制を行う西国各藩にとっては、蔵屋敷—船宿による統制とはどのような意味があったのだろうか。この点を、ひきつづき徳島藩を事例に具体的に検討したい。

三、徳島藩における渡海統制

(一)キリシタン禁令の中で

徳島藩側の史料において、領外からの渡海人に対する統制が初めて確認できるのは、17世紀半ばである。

慶安元年十一月二十三日、徳島藩家老5名は町奉行寺沢式部に対して、次のような「覚」[3]を町触として下すことを命じた。1条目では、幕府からたびたび触れられているキリシタン禁令にのっとり、領内(この場合は町方)でキリシタンの発見や密告を推奨している。その上で2条目では、町内のキリシタンを当該の町から報告しないうちに他町からの密告で露顕した場合、キリシタンを住まわせていた町屋敷所有者(「宿」)はもちろん、町の年寄役や「行」(あるき)も処罰の対象となることを命じている。また、事情によってはその「宿」の組中の責任も問われている。いわゆる「島原・天草一揆」から11年経ったこの段階においてもなお、キリシタンの潜伏・流入が課題として問題化していたのである。こうして徳島藩が町内のキリシタン取締徹底を、町の責任として迫ったのが、この

---

1 前掲塚田孝『近世の都市社会史』57—60頁。

2 前掲森下徹『近世都市の労働社会』補論1「大坂町触にみる抱下し者」92—95頁。

3 『藩法集』560、178頁。

「覚」の中核的な内容といえよう。

したがって以下の箇条では、1・2条目の市中でのキリシタン摘発とのセットで、市中にこれから流入する者の町人地における管理・統制が具体的に述べられている。町屋敷での宿泊規制の一環として、往還人への宿貸し（3条）や、請人のない他国からの浪人への宿貸し（4条）をそれぞれ禁止し、請人のいる浪人の場合でも町内に居住させる場合には、町の年寄役に届出て了承を得ることを義務づけている（5条）。

一方、6・7条目では、海からの通行（流入）の統制を命じている。海からの通行は、番所（「御番」）が基本的に担うが、市中の川船通行については各町がよく注意し、大船や不審船があればこれを検査し、寺沢および奉行に報告することを義務づけている（6条）。また、阿波国か他国かを問わず、入国許可の「手形」がない者を他国から船に乗せてくることを禁じている。2ヶ条では、船と人間の両面からの取締が目指されていることになろう。

ところでこの「覚」の末尾には、「右条々幷禁制書之通可相守者也」とされている。つまり、以上の7ヶ条が「右条々」に該当し、「禁制書」に相当するのが次の「禁制」[1]である。ここには、「他国ゟ来辺路人」をはじめ、すべて「他国からの」との条件がついた医者・職人・「諸芸之師匠執行人」・出家・博労・伯楽・行人・山伏・座頭・鉦敲・猿引・木偶坊廻し（人形廻し）・博士・巫女・乞食・胡弓引・綾織・虚無僧といった諸芸能者や乞食が掲げられている。まずは、こうした他国から藩領内に流入してくる宗教者や芸能者そして乞食といった「乞食＝勧進」層[2]を藩側が危険視していたことが読み取れよう。ただし、一見すると領内に入ることすべて禁じているように見えるが、前の「覚」とセットであることを考えれば、「覚」の3条目の「往還人」に該当する彼らを、町屋敷に滞在させることを禁じたものと理解できる。[3]逆に「手形」があれば（身元確かな者として）入国すること自体は可能であったと考えられる。

こうして、①市中におけるキリシタンの摘発・排除と同時に、②禁制にあがる存在や、往還人あるいは浪人の中にキリシタンが混在している可能性を前提として、他国からの流

---

1 『藩法集』561、178—179頁。

2 吉田伸之「寺社・神社と身分的周縁」吉田伸之編『身分的周縁と近世社会6　寺社をささえる人びと』吉川弘文館、2007年。

3 後掲明暦三年（1657）七月の「覚」『藩法集』2557では、四国遍路が阿波にやってくる際に「手形」を大坂蔵屋敷留守居・坂崎五郎兵衛に発行することが、従前通りに認められていることをふまえれば、慶安元年時点でも「手形」を持つ遍路が阿波に入ってくることは許されており、ただ市中に滞在することが許されていなかったものと理解できよう。

入者の統制とが、一体的に進められようとしていた。③その統制には、市中での摘発・取締は各町が責任を持つ形がとられたが、④その基準は、「請人」や「手形」の有無に依拠していた。のちの18世紀後半以降のような、往来手形の有無によって遍路か他国無切手胡乱者かを区別するあり方[1]とは異なり、往来手形が未成立なこの段階においては、他国者を統制する際、藩独自の入国許可を意味する「手形」を必要とする体制がとられていたことが確認できよう。

徳島藩では、キリシタン禁令をうけ、領民に対する宗門改がすでに寛永十六年（1639）に開始され、明暦期には統一的な様式（他領とは異なり当主のみの登録）が整備されている。[2]こうした中、領内でのキリシタン改めと対になる形で、領外からのキリシタン流入の防御が、藩にとって重要課題となっていた。こうした中で出されたのが、慶安元年の「覚」だったのである。したがって、この時期の渡海統制の特徴を一言でいえば、「キリシタン禁令の一環としての渡海統制」だったといえよう。

では、具体的に「手形」による統制とはどのように機能したのだろうか。

（二）蔵屋敷留守居による切手発行

明暦三年七月二十七日、国元より大坂蔵屋敷留守居の坂崎五郎兵衛に対し、次のような指示が出された。[3]諸商人と四国遍路が、大坂から阿波に赴く際の「切手」について、大坂蔵屋敷留守居の坂崎五郎兵衛に伺いを提出してきたならば、これまで通り（「有来通」）坂崎が手形を発行すること、という内容である。大坂から阿波への通行には、大坂蔵屋敷留守居の許可を示す「切手」が必要だったのである。ここでの「切手」こそが、慶安元年の史料でみた渡海「手形」(別の史料では「渡海之切手」「川口切手」とも）である。

寛文三年（1663）になると、留守居の坂崎は、国元に対して次のような内容を含む6ヶ条の窺書（A）を提出し、国元からは、留守居の主張を認め、従来通り（「有来通」）とすることが命じられている（前述）。この記述から考えて、この直前に制度変更案が留守居に伝えられ、それに対して留守居が意見した可能性が高いと考えられる。その2条目で

1　拙稿「近世後期阿波における『他国無切手・胡乱者』統制と四国遍路」『部落問題研究』193、2010年6月、および拙稿「遍路をめぐる三つの肖像」『部落問題研究』226、2018年8月。

2　板東英雄「徳島藩におけるキリシタン禁制政策の展開」(「キリシタン禁制の展開—徳島藩を素材として—」『鳴門史学』1、1987年3月初出、のち板東『四国におけるキリシタン禁制政策の展開—徳島藩を中心として—』私家版、2011年所収)。

3『藩法集』2557、965頁。

は、大坂の諸商人が阿波に渡る場合、「川口切手幷居切手」(阿波における川口番所の通行許可と、領内での滞在許可）を発行しなければ、阿波の各川口番所を通過することができないという原則をまず述べている。しかし、もし不届者や問題が露顕した場合には、留守居の不吟味が問われることとなり、そうなると切手を発行することができなくなる、と主張している。留守居は、あくまで留守居が切手を発行するという基本を維持しつつも、同時に留守居の不吟味が問わるような事態を避けることを求めているのである。同様に4・5条目でも、身元を確認できない者や四国遍路の者に対して、留守居が「渡海之切手」を発行することはできない、と留守居側は主張している。留守居としては、身元確認の最前線に立つことに伴う責任の観点から、留守居による渡海切手発行の堅持を主張するのであるが、諸商人や証拠無き者や四国遍路に対して切手を発行することには抵抗感を示しているのである。[1]

大坂留守居による渡海切手の発行は、このように17世紀半ばすぎには導入され、定着していく。[2]しかし、17世紀半ばのこの段階では、船宿あるいは「船切手出シ」の阿波屋勘左衛門の名は出てこない。では、蔵屋敷留守居による渡海切手の発行と、船宿による船切手発行とは、どのような関わりがあるのだろうか。

（三）蔵屋敷留守居と請人

阿波屋勘左衛門の名が初めて確認できるのは、延宝七年（1679)『難波雀』であるが(前掲表1)、徳島藩側の渡海統制関係史料に現れるのはさらに下り、『阿淡御条目』に記載された貞享四年（1687）七月二十八日の文書である。[3]以下、渡海人のうち、その扱い方

1 どうやらこの直前に、家老側は留守居に対し、阿波に下る商人に対して川口・居切手の発行を不要とすること、あるいは身元の証拠無き者や四国遍路に対しても渡海切手を留守居が発行するという方針を伝えたものと考えられる。場合によっては、こうした国元と留守居とのやりとりをうけて、後述する「請人」の設定が目指された可能性も考えられよう。

2 寛文九年（1669）五月三日には、徳島城下への海からの入口・津田川口番所と、讃岐国からの入口・大坂口番所のそれぞれの通過に対し、身分ごとに異なる通行証明が必要な点を示している(『徳島県史料第二巻阿淡御条目』徳島県、1967年、文書番号101・102、498—499頁)。例えばその中で、津田川口においては、「一、大坂ゟ罷下人之儀ハ、御国・他国者共ニ、坂崎五郎兵衛手形ニ而、如先規可通事」として、大坂留守居による手形発行が、通行の条件として定着している。

3 前掲『徳島県史料第二巻阿淡御条目』史料番号100、494—495頁。同書の解題によれば、阿淡御条目とは、徳島藩が享保十六年（1731）頃までに出した法令等全233ヶ条を、藩が組織的に集成した書である。なお、役船統制に阿波屋・緘屋が関わっていたことを示す史料としては、貞享元年（1684）十一月二十四日の「覚」(国文学研究資料館所蔵蜂須賀家文書「御仕置御家老え相窺御書付ヲ以仰渡候郡所記録」[27A285-1])がある。

が問題視されていた四国遍路に関する内容が多くなる。

まず問題になっているは、他国からやってきた遍路のうち、同行者の一人が、病気や用事で領内に留まらざるをえない場合など、別行動を取る必要が生じた場合である。藩が他国からやってきた遍路に対して発行した遍路手形（居切手）とは、複数人に対しても一枚しか発行されないものであったため、①別行動をとる場合に他国に行く者と、藩領内に残る者のいずれが手形を携帯するのか、あるいは②無手形であるにもかかわらず川口からの「出切手」を町奉行・郡奉行として発行できるかどうか等、[1]その都度、仕置家老長谷川主計に伺いを立てるケースが発生していた。そのため今回、郡奉行速水助七は、「病人にせよ、用事がある者にせよ、遍路は共に待ち、それから遍路を廻り、（阿波から上方に）一緒に戻るようにすること」、あわせてその旨を、「大坂蔵屋敷で切手を発行する留守居山岡平右衛門から、阿波に渡ろうとする遍路らに対し事前に厳しく命じるように、国元から山岡に指示してはどうか」と提案している。つまり、郡奉行側は、同行者の別行動は一切許さず、つねに一体に手形を付帯している状態を堅持すること、それを留守居が渡海切手を発行する際に遍路に示すことを求めたのである。

これをうけ、家老側は六月二十一日、留守居にこの提案を伝えた。留守居からの返答は、次のような内容であった。①遍路に対しては、寺請状と請人からの証文を留守居に提出させた上で、手形を発行している。②請人からの証文には、「四国のいずれで同行者が病死したとしても、同行の者が処理し、四国の村々の庄屋・五人組や村人には迷惑をかけないこと、また宗門のことはもちろん、何か問題が生じた場合には、請人が解決にあたる」という内容が記されている。③しかし、寺持の出家（僧侶）以外は俗人の男女が大半で、その9割は困窮した人びと（「町人・土民」）で、なかには奥州や九州からやってきている者がいる。彼らは旅費も持たずに、遍路中はあちこちで乞食（托鉢）をして廻っているので、提案のように片方の同行者を待たせるとしても、旅費が足らずに困るであろう。④このように、既に厳しく申し付けているのであるから、御上の意向に背くようなことがあれば、それは請人の不届きとせざるをない。⑤（大坂の請人を介さずに直接）大坂の与力や、諸大名の蔵屋敷留守居より（手形発行を）依頼されることもあるが、それは稀で、[2]

1　津田川口より藩領外に出る男性の場合、家中・諸士家来や浪人、さらには他国よりきた使者・飛脚については、郡奉行より「手形」を、市中（城下町人）については町奉行より「切手」を発行することになっていた（貞享四年〈1687〉四月「覚」『藩法集』1918、688—689頁）。

2　前掲『徳島県史料第二巻阿淡御条目』史料番号100、496頁。

大半は他国者も阿波の町人・百姓も、大坂から阿波に行く場合、請状を提出を命じられている綿屋弥三右衛門や阿波屋勘左衛門から、請状の提出うけ、留守居が手形を発行している。それは、全体の97%～98%に相当する。⑥もし遍路に問題が発生し、(責任をとらせて）請状を提出する者を交替させたとしても、結局同様である。ましてや与力や他の留守居から依頼された遍路人については、問題が発生したとしても私（留守居）より厳しくいうことはできない。⑦そもそもこ渡海統制は、天下の大法であるキリシタン宗門や走人などが渡海人に紛れることがないようにするための措置である。今回のように改めを厳しくして、以前から続く遍路修行に指し障りが生じるようであれば、かえって問題である。⑧したがって、阿波にやって来た遍路が（阿波から大坂に戻るために）津田川口に出切手を願い出てきたならば、従来通り、吟味した上で、家老に窺いをたて、(許可されたならば）大坂に発たせ、大坂で請人に引き渡せば事は済むはずである。もう一度ご意見を窺いたいので、ご判断をお知らせいただきたい。

この留守居からの書状について、七月十日家老長谷川主計は、会所で郡奉行に直接見せた上で、「このように念入に大坂で取り締まっているので、以後、問題のある死者が発生した場合でも、家老への伺いは必要ない。郡奉行より留守居へ、阿波での事情を書面に記し、遍路人は船頭に委ね大坂に返すように」と命じた。そこで今回の一件についても、郡奉行から留守居に書面を送ることになった。

こうして、郡奉行側の提案したような留守居による取締強化は、すでに実施済みであることから、大坂を経由して入国してきた遍路に問題が発生した場合には、むしろ郡奉行から家老への逐一の伺いを省略し、その事情を記す書面を郡奉行から留守居に送り、本人も大坂に戻すということで解決した。郡奉行と留守居との間で手続きをめぐる課題が、こうしたやりとりを経て最終的に解消しているのである。

さて、以上の内容から、次の点が注目されよう。

第一は、大坂蔵屋敷留守居と請人阿波屋勘左衛門・綿屋弥三右衛門との関係である。留守居が遍路に対して阿波への渡海手形を発行する際には、寺請状だけでなく、阿波屋と綿屋が「請人」となった「請状」をとっていたことが注目される（前述①②)。阿波屋・綿屋は、単なる船宿なのではなく、遍路をはじめとする旅人の身元保証機能を有していたのである。これが『難波雀』に記される「船切手出シ」の内実であった。

第二に、阿波屋・綿屋は、旅人の「請人」である以上、当該の旅人に問題が発生した場合に、請状の記載内容にしたがって、責任をもって対処する必要があったことも特筆される（②④⑧）。こうした請人の設置された時期は不明であるが、寛文三年（1663）の史料までは請人については一切ふれられていないことから、寛文三年以降、「船切手出シ」が確認できる『難波雀』が刊行された延宝七年（1679）までの間のことと想定しておきたい。

こうした請人の設置は、寛文三年の史料で留守居が懸念していた、遍路に問題が発生した場合に問われる（手形発行者としての留守居の）責任を回避する方法として、留守居にとっても都合がよかったものと考えられる。一方の遍路にとってみれば、船宿である阿波屋・紙屋に行き彼らに頼みさえすれば、請人になってくれる親類・知人がいなくとも、それも、わざわざ蔵屋敷に申請することなく渡海手形を発行してもらえるという利便性を有していた。[1]そして阿波屋・紙屋にとってみれば、船宿として渡海人から船賃・宿泊賃を取るだけでなく、渡海人の請人となり、蔵屋敷に請状を提出するという手続を自ら担当することで、阿波への渡海人を独占し、彼らから（たとえ一人一人からは僅かであったとしても）手数料を恒常的に徴収することができるというメリットがあったものと考えられよう。渡海切手の発行のための請人（身元保証）という機能をつとめることが、私的利害の追求という側面をも有していたのである。そうした点で、船宿による「請人」機能は、大坂の家請人仲間の機能[2]とも共通する側面を有していたのではなかろうか。

もっとも、同時に請人は、困窮人や問題が発生した場合には、請人として対処しなければならないというリスクも抱えていた。後述するように遍路には困窮した場合も多いことから、この請人対応の比重は請人にとって少なからざる負担になっていくものと考えられる。

第三は、留守居からみた遍路の実態についてである。おそらく、ここで描かれている内容は、請人2人からの情報をもとにしているのであろうが、留守居が郡奉行側に反論するために選択された情報とはいえ、当該期の遍路の実態が不明である中にあって、極めて貴重な情報である。

まずは、大坂から渡海する遍路のうち9割が「貧賤之町人・土民」であるという点が注

1　こうした徳島藩側の史料に記され、現実に機能していた渡海切手発行と請人機能について、同年に刊行された真念『道指南』では、一切書かれていない点に留意しておきたい。『道指南』は、あくまで大坂から四国に渡る遍路を対象に記述したものであり、請人に依頼さえすれば渡海切手が発行されたからである。旅人の眼からすると、渡海をめぐる機能は請人に集約されていたことになろう。

2　西村和江「近世大坂三郷家請人仲間について」塚田孝・吉田伸之『近世大坂の都市空間と社会構造』山川出版社、2001年。

目される。もちろん、僧侶（「寺持之出家」）や道心なども存在したが、『道指南』刊行（同年 11 月）以前から町人・百姓らが大半を占めていたのである。『道指南』以降に一般民衆に広がったと説かれることが多いが、『道指南』の刊行は遍路人数の拡大をもたらしたものであったとしても、その担い手の変容は、それ以前から進んでいたことになろう。ついで注目されるのは、これらの困窮した遍路の多くは、路銀をほとんど持たず、四国を「乞食」しながら廻っているとする点である。留守居側はその行為を単なる「乞食」とみなしているが、遍路は本来的に、家々を托鉢してまわる「乞食行」という修行形態を有しており、単なる乞食と区別しがたい側面があったことには留意がいる。[1] とはいえ、「乞食」行為をしながらの四国遍路が、17 世紀後半の段階から大半をしめていたという事実は、この史料によって初めて判明する点として特筆されよう。

（四）藩領内での遍路への対応と大坂請人

請人による請状提出と、それをもとに大坂蔵屋敷留守居が渡海切手を交付するという方法での渡海統制は、その後も続いていく。[2] ただ、貞享四年（1687）の史料にもあったように、徳島藩では領内での遍路の行き倒れや問題について、対応を迫られる状況が生まれていた。[3] こうした中、元禄九年（1696）七月には阿波屋・緘屋による請人更新を機に、大坂からの渡海統制を強化する方策が現れる。[4] 国元から大坂蔵屋敷留守居仁尾六郎左衛門に伝えられたその内容は、あくまで阿波屋・緘屋側からの願いをうけてという形をとっ

1　前掲大石雅章「四国遍路と弘法大師信仰」。

2　表 2 によれば、遅くとも 18 世紀半ばには、阿波屋のさらに下に「下改人」が存在している。また、身元を証明する人がいれば、宗旨手形を生玉新蔵院や西高津自性院が発行している。往来手形が普及していく中で、渡海切手と往来手形がともに必要になっていったことが想定できる。下改人とは、「切手・寺請・船ともらちあき申候」とあるのように、こうした一切を仲介する存在であろう。詳しくは今後の課題とせざるをえない。

3　公儀による元禄元年（1688）の法令である。「生類あわれみ」の観点から、病牛馬の生き捨ての禁止、病気の旅人・参詣人の強制的な「宿送り」（追放）の禁止、宿場での病人の保護、病死人の処置（検死・埋葬）を規定したこの法令をうけ、諸藩では様々な対応を迫られることになった。以上については、柴田純『江戸のパスポート―旅の不安はどう解消されたか―』（吉川弘文館、2016 年）が詳しい。徳島藩では、体系的な触は出されていないが、個別の事案を契機に対応が示されていく。例えば、元禄三年（1690）に、伊予から徳島藩領の阿波国海部郡奥浦にやってきて亡くなった浄光への対応についてである（『藩法集』2232、810 頁）。生前の浄光が「悪病」のため、家の中に入れて養生させることができなかったことから、村人らは小屋掛し、看病する者をつけていた。この行為に対し、藩中枢部は、病人と看病人に対し、1 日あたり 1 人扶持（通常は 5 合）を与えることを郡奉行に指示した。もっとも既に浄光は死去しているので、その分は彼を養った者に与えることになった。あわせて、以後、他国からやってきた遍路が病気で村に 10 日以上滞留した場合には、日数に応じて遍路 1 人に 1 人扶持を与えるように指示している。

4　『藩法集』2564、968—969 頁。

ている点に留意がいるが、その内容は「大坂ゟ渡海之節切手」のなかでも、諸国から阿波へ行く四国遍路に対する対応が中心となっている点に特色がある。[1]

第一に、今回、阿波屋・緘屋は、阿波側に両者の手代を置き、遍路に「異事」が発生した場合には、その者を藩が請人手代に引き渡し、諸問題の解決については阿波屋・緘屋が担うことが命じられている（第1条)。つまり大坂から渡海した遍路については、請人である阿波屋・緘屋が、その一切について責任を持つことになったのである。その上で、阿波国内での対応としては、請人の手代が、「遍路人万端手代請持」つことが明確に示されている（第3条)。具体的には、身元確かな手代に遍路の監督を担わせること、遍路に問題が発生した場合には藩よりその手代に引き渡すのが基本だが、公儀役人などへの報告が必要な場合には、阿波の奉行所（町・郡）から大坂蔵屋敷留守居に連絡する場合があること等が指示されている。なお、本文末では、例え手代による不届であったとしても不埒なことがあれば、すぐに「切手役」(請人のこと）を辞めさせる、としている。

第二に注目されるのは、あわせて大坂での四国遍路取締の強化を命じている点である(第2条)。その際、「四国遍路とは以前から続く行為なので、渡海を差し止めることはないが、公儀から禁じられたキリシタンや、所々の不届者や身元不確かな者が、遍路の姿をかりて（入国しようとする者が）いないかどうか、厳しく改めた上で渡海切手を指出すこと」としている。ここでも基本的にキリシタン統制の一環としての渡海統制という側面が存続しつつも、徳島藩領内への身元不確かな者の入国を取り締まろうとする藩側の意図

1 ところで、上記3ヶ条が示された七月十日以前に、実はすでに国元から大坂蔵屋敷留守居にもう1ヶ条を加えた4ヶ条が示されていた。(最終的な2条目と3条目との間にあった）条文については、蔵屋敷留守居からの問い合わせをうけ、七月十日の指示では除外されたのである。その内容とは、①阿波・淡路から上方に行った者で、「戻り手形」を持たない者が、阿波屋・緘屋に渡海切手の発行を願い出る者がいても、許可してはならないこと、②また、問題がない者であれば、(阿波屋・緘屋ではなく）直接蔵屋敷に申出れば渡海を申付ること、③切手は発行せずとも、申出てきた者に不審な点があり国元に連絡すべき点があれば、請人2人のもとにその身柄を確保した上で、すぐに留守居に報告すること、というものであった。しかし留守居側は、このうちの①と②について、従来のあり方を示して、疑問を呈した。従来、国元からの町人百姓がやってきた場合も、請人2人が「下請人」(ここでは留守居の切手発行に対する下請人という意味で、実質的には請人を意味する）となり、蔵屋敷に手形を提出した上で、留守居が切手を発行してきた。これに対して今回の指示では、「戻切手」を阿波より持参するかのように読めるが本当か、という疑問である。これをうけ、国元家老らが町奉行津田覚兵衛に問い合わせたところ、その返事は、①'町人が大坂に行く場合に戻切手を発行している事実はないこと、また②'上方から戻る場合は、阿波屋・緘屋に切手銭を提出し、両人が留守居に手形を提出し、留守居から津田川口入切手を発行してもらい、国元に戻っていたというものであった。したがって、この箇条は削除されたのである。以上の内容からは、蔵屋敷に身元を保証する機能は存在しなかったこと、また国元からの町人・百姓が上坂した際の復路通行にも、請人による「手形」(請状）とそれに基づく留守居が発行する「切手」(渡海切手＝川口入切手）が不可欠だったことが確認できる。

を、明確に読みとることができよう。一方で、前半部の記載からは、藩としては遍路を危険視するものの、これをむげに否定することもできない状況にあったことがうかがえ、興味深い。[1]

さて、18 世紀前半になると、徳島城下に阿波屋・緘屋の「請持之辺路宿」を確認することができる。阿波にやってきた遍路が市中で病気となった場合の、町奉行の対応方法を示した正徳五年（1715）十一月頃の史料である。[2]

まず、他国からやってきた四国遍路のうち、阿波屋・緘屋が「請持」の場合は、大坂留守居手形を持参しているのが基本だとしている。一方、留守居手形をもたない四国遍路・六十六部が、市中や寺で病気の際は、各町から町奉行に報告するので、その際には町奉行が同心を当該の町に派遣して吟味することになっている。このことは、逆に、留守居手形を持つ遍路等の場合は、各町から連絡をうけた阿波屋・緘屋の「請持之辺路宿」(後述）がその対応にあたることが前提となっていることを意味する。

ついで問題となるのが、吟味をした結果、当該の他国遍路らが往来手形を持っていた場合である。この場合、まずは阿波屋・緘屋請持の遍路宿南大工町桜屋金蔵に引き渡し、医療・養生をさせることになっている。①治れば遍路修行を継続できるが、②治癒できず、本人が国元への帰国を希望する場合には、国境まで「あをだ」に載せ、乞食（非人組織構成員）に担がせ、その方角の国境まで送還する。その際には、送還を証明する「見届候趣手形」を国境の番所役人に発行してもらうこと、送還費用は町方御用銀から供出することが定められている。③さらに当該の遍路が死去した場合には、吟味内容を町奉行から家老に報告した上で、その下知をうけ、往来手形には大抵の場合、「修行の途中で死去した場合には、その地に葬ってほしい」旨の決まり文句があるので、その文言通り、城下の実相寺に土葬し、所持品等も寺に与えること、としている。

ここで第一に注目されるのは、大坂の阿波屋勘左衛門・緘屋弥三右衛門請持の遍路宿が実在していた点である。ただし、元禄九年の段階では両者が各手代を徳島城下に置くことが求められていたが、実際には手代ではなく、城下の特定の遍路宿・桜屋金蔵が、両者の現地対応担当として機能していたのである。しかも、桜屋が対応する対象は、(阿波屋・緘屋が請人となった）留守居手形を持つ場合だけでなく、往来手形を持つ者全般にま

1　翌 8 月 9 日には、以上の内容が、家老から国奉行・町奉行に示されている（『藩法集』1923、692—693 頁）。
2『徳島県部落史関係史料集第 1 集』6『蜂須賀家文書』、5 頁。

で拡大している。こうして大坂の請人との関係を持つ特定の遍路宿が、城下での病気遍路などへの対応にあたったのである。

第二に注目したいのは、往来手形を持つ場合の対応が、具体的に示されている点である。これまでの渡海統制の基軸は留守居手形の発行にあった。しかし、18 世紀前半には、[1] 留守居手形を持たずに「往来手形」のみを携帯する遍路が増加し、それにともなって、往来手形のみを所持する者に対する手続きの整備が求められているのである。その対応は、留守居手形による統制に準ずる形が基本である。しかし、宿送希望者への対応や、往来手形の記載文言による死者の現地埋葬という新たな要素が加わっている。大坂—徳島藩領という個別ルートの藩統制を凌駕する形で、往来手形が効力を発揮しているとみてよいのではなかろうか。[2]

こうして、以後、大坂からの渡海人は、①大坂留守居切手を所持するのが基本であるが、②四国遍路や六十六部廻国行者等の修行者だけは、往来手形のみの所持でも入国・廻在が可能となるという、取締の方向性が定置され、18 世紀後半に存続していくのである。[3]

---

1 同じ史料の続く部分には、次のような記載がある。従来、遍路が病死した場合には、(町奉行から)①国元家老に伺いを立て、大坂留守居に報告し、②請人の請状がある(「大坂町人請合之印形」)場合には、その請人に引き渡していた。その後、正徳五年十一月に遍路人が市中で病死した際、町奉行が国元家老に伺いをたてたところ、「往来手形」に「(死去した際には)其所ニおゐて取置可被下」と書かれている場合、留守居への連絡は不要で、所持品と往来手形等は実相寺に預けよという指示があった。この正徳五年の事例以来、本文のような対応を取ることにようになったという。以上の経緯は18 世紀初頭までに、往来手形の普及が普及してきていたことを示している。往来手形の場合には、大坂蔵屋敷留守居への報告(ひいては国元への連絡)が不要となり、手続きも簡略化されたのである。

2 このほか、宝永五年(1708)六月に出された次のような「達」が注目される(『藩法集』2271·『阿淡御条目』100)。徳島城下町周縁の二軒屋町の年寄・五人組が、郡奉行笹部に対し、諸国からの四国遍路については市中に宿があるが、廻国行者は借りることができないため、往還に荷物をおきそれが横領されることが発生していることを申し出た。そこで笹部は他の郡奉行と相談の上、修行者に宿を貸さなければ「修行之道断絶」になってしまうので、以後「国本之庄屋」か「大坂之宿主」による「往来手形」があれば一夜の市中宿泊を許可することを家老山田織部に提案し、これが認可された、という内容である。ここでは、すでに往来手形を持っていれば四国遍路でも市中の宿に宿泊が可能であったこと、廻国行者などの修行者も遍路に準じて往来手形さえあれば宿借が可能となった点が注目される。往来手形の携帯が宿泊保証の拡大につながっているのである。なお、「大坂之宿主」による「往来手形」とは、留守居発行の渡海切手のことではなく、17 頁註 2 にみたような、請人やその下改人を介して、生玉新蔵院・西高津自性院のような寺院が発行したものであろう。

3 安永二年(1773)に町奉行・郡奉行が家老に対して、他国者の統制のあり方を網羅的に報告した文書でも、こうした渡海人一般の統制と、遍路修行人の例外的統制という二重基準が示されている(『藩法集』2002、730—732 頁、前掲拙稿「近世後期阿波における『他国無切手・胡乱者』統制と四国遍路」)。

おわりに

以上、17 世紀後半における徳島藩蔵屋敷の諸機能を入口としながら、蔵屋敷による渡海統制の展開を明らかにした。大坂町奉行所との連携のもとで、蔵屋敷による大坂からの西国への渡海統制は、17 世紀半ばから確認できる。しかもその統制は蔵屋敷と船宿と密接な関係に基づいて実現していた。遍路への案内書『道指南』の記載からは、まるで船宿に行き渡航賃さえ納入すれば、大坂から自由に阿波国に渡海できるかのようにみえる。しかしそれはあくまで渡航者側からの視野に限定されており、実際には、〈大坂蔵屋敷—船宿〉による渡海統制が厳然と存在していたのである。その展開を徳島藩を事例に仮説的にまとめると、次のようになろう。

① 大坂からの渡海に対する藩側の統制は、17 世紀中頃、キリシタン統制の一環として開始された。その方法とは、蔵屋敷留守居が渡海する者に「切手」(渡海許可証) を発行するというもので、遅くとも明暦三年（1657）には実現していた。しかし、当初の渡海統制は蔵屋敷留守居単独によるもので、渡海人に問題が発生した場合に、渡海を許可した留守居がその責任を問われる危険性があったことから、留守居側はその改善策を求めていた。

② そこで登場するのが、「請人」の設置である。留守居による切手発行はそのまま維持しつつ、請人が渡海人の身元保証を請け負せることで、藩は、渡海人に生じる問題の一切を請人の責任に帰すことができた。「請人」設置の開始の明確な時期は不明であるが、『難波雀』(延宝七年〈1679〉に 2 人の名が確認できることから、おそくともそれまでには設置されていたとみられる。請人には、阿波屋勘左衛門と綿屋弥三右衛門の 2 人が就いた。このうち阿波屋は、もともと阿波行きの「船宿」で、17 世紀後半の蔵屋敷の移転に際しても常に蔵屋敷に付随してその付近に店を構える存在であった。つまり徳島藩は、大坂町奉行との連携のもとで存在した〈大坂蔵屋敷—船宿〉による渡海統制体制を踏襲しつつ、船宿に新たに「請人」機能を持たせたのである。

③「請人」は、阿波行き旅人の請人としてその身元を保証し、蔵屋敷留守居に渡海切手発行を「手形」で申請する。これをうけ留守居が渡海切手を発行する。請人にとってみれば、阿波行きの旅人の身元を保証しこれを統制する見返りに、渡海旅人の船便を独占することで、手形申請手数料や船賃等と確保することができるメリットが存在した。一方の、旅人にとってみれば、「請人」にいくばくかの料金を払い依頼さえすれば渡海切手を確保できるというメリットが存在した。なお、旅人からは、直接「請人」に願いさえすれば

渡海切手が発行されるようにみえることから、請人のことを、『難波雀』では「船切手出シ」、『道指南』でも「切手支配」とまるで請人が切手を発行するかのように記され、蔵屋敷留守居の渡海切手が必要であることは一切記されることはなかった。それだけ「請人」には、渡海切手の請人、船宿、渡海をめぐる機能が一手に集中していたのである。

④ 一方、17 世紀後半になると渡海旅人の中でも、四国遍路の数が増大していったとみられる。とくに藩側は、遍路をかたる者の中に、キリシタンのみならず、不届者や身元不確かな者が含まれていないかどうかに神経を尖らせていき、遍路対応がクローズアップされていく。こうした中、そもそも「請人」には、渡海旅人に問題が発生した場合にはその責任を負う義務も付随していたがために、徳島藩領内での遍路対応が求められることになった。元禄九年（1696）の請人更新時に、大坂からの渡海遍路に問題（病気等）が発生した場合の対応のために、手代の者を徳島藩領内に派遣することを藩から命じられたのである。実際には、請人は手代を派遣するのではなく、徳島市中の特定の旅宿（「辺路宿」「徧礼宿」「徳島宿」ともいう）と何らかの契約関係を交わした上で、その任にあたらせた。

⑤ こうした船切手発行による大坂からの渡海統制が徹底される一方で、17 世紀後半以降、往来手形の普及に伴い新たな対応が必要となっていく。とりわけ遍路の場合、往来手形を所持していれば、必ずしも渡海切手をもたずとも領内の通行が保証されていくという方向性が見られるようになる。往来手形は、藩単位の渡海統制の枠をこえて通行保証を実現するがゆえに、遍路に対しては、渡海人一般と区別する形での統制へと変容していくのである。

ところで、17 世紀後半の案内記（『難波雀』など）では、出入町人として名代・蔵元・掛屋・用聞等とならんで「船切手出シ」が掲げられている。以上の徳島藩における事例では、「船切手出シ」とは、蔵屋敷による渡海切手発行に関与し、渡海人の身元を保証しかつ船宿でもある「請人」を指していたわけだが、徳島藩以外に「船切手出シ」が確認できる備後福山藩・筑前福岡藩・播磨姫路藩・豊前中津藩等でも、渡海切手発行に深く関与した存在と推測される。もちろん他の藩では、渡海人に四国遍路を多数含む徳島藩とは異なる独自の様相もあろう。こうした点も含めて、蔵屋敷と「船切手出シ」（船宿）との関係を今後再検討していくことを課題としておきたい。

表１　大坂案内記類にみる徳島藩蔵屋敷

	案内記 ／出版年	屋敷	蔵屋敷	留守居	名代	蔵本	銀	船切手出シ	
a	難波雀 1679年(延宝7)3月	江戸堀三丁目 南側	土佐堀	槙嶋茂兵衛	阿波座太郎助	北浜一丁目 阿波屋九郎右衛門	–	過書町 緘屋 弥三右衛門	江戸堀三丁目 阿波屋勘左衛門
b	古今芦分鶴大全 1681年(延宝9)頃	江戸堀三丁目 南側	土佐堀	山岡平右衛門	立売堀北側三丁目 泉屋作兵衛 農人橋ざはと丁 阿波屋権左衛門 阿波座太郎助	北浜一丁目 阿波屋九郎右衛門 高麗橋一丁目 新屋九右衛門	–	過書町 緘屋 弥三右衛門	江戸堀三丁目 阿波屋勘左衛門
c	難波丸 1696年(元禄9)4月	大坂中ノ島常 安裏町	–	福岡十五左衛 門	阿波座太郎助橋 阿波屋太郎兵衛	籠屋町五丁目 阿波屋九郎右衛門	（掛屋） 三谷八右衛門 天王寺屋五兵衛	過書町 緘屋 弥三右衛門	新地堀江橋ノ下 阿波屋勘左衛門 淡路切手出シ 四つ橋淡路屋六 太夫
d	改正増補難波丸綱目 1801年(享和元)	常安町	–	岩田勘作	阿波町 阿波屋太郎助	籠屋町 山本九郎右衛門 用達南米屋町 泉屋弥兵衛	–	–	–

典拠：abc塩村耕編『古版大阪案内記集成影印篇』（和泉書院、1999年）、
d早稲田大学図書館古典籍総合データベース（http://www.wul.waseda.ac.jp/kotenseki/html/ru04/ru04_00520/index.html 2018.11.13閲覧）
案内記上のひらがな記載は、適宜漢字に直した。

表２『四国辺路道指南』および『四国徧礼道指南増補大成』にみる切手支配

出典		出版年代	切手支配		下改人	宗	徧礼宿
道指南	A	貞享4年 (1687)	江戸堀 阿波屋勘左衛門				
	B	貞享4年以降 （再版）※	堂島玉江橋 阿波屋勘左衛門		四ツ橋炭屋町 油屋善左衛門※※ 同町阿波屋十兵衛※※	#	徳島内町 魚棚橋屋喜右衛門
同・増補大成	C	明和4年 (1767)	中之島 阿波屋勘左衛門	福島 松高屋孫右衛門	長堀南側四つ橋少し東平右衛門町 油屋善左衛門*	##	徳島宿 しら屋久兵衛
	D	文化12年 (1815)	同上	同上	同上**	##	
	E	天保7年 (1836)	同上	同上	同上**	##	
	F	年紀なし	同上	同上	西横堀炭屋町毛綿橋少シ北、 油屋善左衛門 西横堀吉野屋町堀江橋少シ北、 加賀屋吉兵衛		

典拠　Ａ近藤喜博編『四国霊場記集別冊』（勉誠社、1974年）赤木文庫本、
Ｂ稲田道彦『四国徧礼道指南』（美巧社、2013年）稲田道彦氏所蔵本、
Ｃ前掲『四国霊場記集別冊』岩村武勇氏所蔵本（Ａに併載）、
Ｄ鳴門教育大学所蔵本、Ｅ徳島県立博物館所蔵本、
Ｆ前掲『四国遍路記集別冊』無年刊記本（Ａに併載）
宗…宗旨手形の記載　#「宗旨手形ハ明の人あれハ、生玉新蔵院ゟ被出、礼物ハいらず」
##「宗旨手形ハ証明の人あれバ、西高津自性院ゟ出ル」
*「油屋方ニ而切手・寺請・船ともらちあき申候、相尋へし、海上三十八里、船ちん共」
**「油屋方ニ而切手・寺請・船ともらちあき申候、相尋へし、海上三十八里、舟ちん四匁」
※「貞享の板磨滅して文字不分明により、今復、梓をあらたむるもの也」
※※「右阿波屋勘左衛門同前ニ切手出シ申候」

表3 『難波すゞめ』にみる「諸国船之居場」

種類	居場	船宿		参考 蔵屋敷地名
上荷茶船	淀屋橋より肥後橋の間			
新三十石船	東横堀・西横堀			
かし御座船	天満堀川・西横堀			
神崎船	八間屋の左右			
尼崎船	雑魚場・西国ばし		／	土佐堀田辺屋橋 (常安橋)
兵庫渡海船	雑魚場	阿波屋新九郎 備後屋沼右衛門 六間屋次郎兵衛 □屋七左衛門		
播磨　飾磨津船	今橋の左右			
播磨　明石船	雑魚場		／	中之島西信町
備前　岡山船	淀屋橋左右		＝	中之島築島町
備中　玉島船	比丘尼橋前・越中橋左右	中国屋平兵衛		
備後 鞆・福山・尾道船	栴檀の木橋より淀屋橋の間		＝	福:中之島肥後橋詰
阿波船	田辺屋橋左右	阿波屋勘左衛門	＝	江戸堀3丁目南側
淡路　須本船	四ツ橋の南	淡路屋六太夫		
讃岐　高松船	北浜十三人町の浜	讃岐屋六兵衛	／	下中之島常安裏町
讃岐　丸亀船	立売堀西	丸亀屋又右衛門	／	中之島越中殿橋詰
伊予　松山船	淀屋橋左右	松山屋五郎兵衛	＝	上中之島比丘尼橋
伊予 大洲・宇和島船	肥後橋の左右		＝	大:中之島久保島町 宇:江戸堀2丁目北側けんさい町へ抜ル
土佐船	長堀の西		＝	長堀白髪町
安芸　広島	田辺屋橋の下	小間物屋一左衛門	＝	中之島常安裏町
筑前船	北浜四町目の浜西		＝	中之島白子嶋町
小倉・下関船	筑前橋の西		＝	下中之島豊前座
肥後船	越中橋の左右		＝	下中之島越中橋
諸国塩船	九条嶋			
諸国魚船	雑魚場			
「其外諸方ノ渡海舟その屋敷々々の前ニ着」			＝	

典拠:塩村耕編『古版大阪案内記集成影印篇』(和泉書院、1999年)
凡例:「＝」…「船之居場」と蔵屋敷が、同じ町もしくは近接する場合、「／」… 離れている場合

从黄道婆信仰看开埠前的上海城市社会

王　健*

【内容摘要】“黄道婆崇拜”是上海历史上最为重要的地方信仰之一。它最初产生于元末明初，在此后的数百年中影响一直不是很大。道光六年（1826），江南漕粮海运事件后，上海地区部分绅商联合申文请求将黄道婆列入国家祀典，这是它在上海地区真正获得广泛重视的转折点。但是，根据牛津大学所藏《募捐黄婆祠捐疏》，该次请祀却因为江苏学政辛从益的阻挠而作罢，之后直至道光十年，黄道婆才得以进入祀典。参与道光六年请祀事件的地方人士都与漕粮海运都有着千丝万缕的联系，进一步的考察表明，这批地方人士在鸦片战争前的上海地方社会中扮演了重要的角色，在社会经济变迁的背景下，绅、商合流的趋势非常明显，而黄道婆正是可以将他们联合在一起的黏结剂。
【关键词】上海，黄道婆，民间信仰，城市社会，漕粮海运

「黄道婆信仰」から見るアヘン戦争前の上海都市社会

王　健

【論文要旨】「黄道婆信仰」は上海歴史の中で最も重要な地方信仰の一つである。この信仰は最初に元末明初に生まれたが、しかしその後の数百年の中で信仰の影響はさほど大きいとは言えない。道光六年（1826）、江南「漕糧海運」事件の後、上海における一部の紳士・商人は連合して「黄道婆信仰」を国家祭祀にすることを請願した。このことは「黄道

＊　王健，上海社会科学院历史研究所副研究员。

婆信仰」が上海で広める契機となったと言える。ところで、オックスフォード大学所蔵の『募捐黄婆祠捐疏』によれば、道光六年の請願は江蘇学政辛従益氏の反対によって挫折し、その後道光十年にようやく認められ、国家祭祀に入ることができた。しかし一方で、道光六年の請願に参与した紳士・商人は皆「漕糧海運」に何らかの関わりを持ち、アヘン戦争前の上海地方社会に重要な役割を果たしたと考えられる。上海の社会経済の変遷の中で、紳士と商人の合流傾向が徐々に目立つになり、「黄道婆信仰」は彼らを結合させる接着剤だと言えよう。

【キーワード】上海、黄道婆、民間信仰、都市社会、漕糧海運

一、黄道婆崇拜的历史及道光六年请祀事件

众所周知，黄道婆信仰是上海历史上最为重要的地方信仰之一，根据元末陶宗仪和王逢的记载，[1]元末时黄道婆最先将海南一带的棉种和纺织技术带入乌泥泾，繁荣了地方经济，因此在她逝世后，乌泥泾当地士人“感恩洒泣”而共葬之，并为其立祠，以志纪念。

明清时期，随着棉业在江南经济发展中的重要性日益提高，黄道婆似乎也逐渐受到官方和部分士人的关注。比如明代成化年间，上海知县刘琬便曾主持复建乌泥泾黄道婆祠。[2]清初，亦有上海本地士人在乌泥泾寻访黄母祠故址的记载。[3]而到了乾隆年间，常熟人王应奎在《柳南随笔》中更提出鉴于“棉之为用，可以御寒，可以生暖，盖老少贵贱无不赖之，其衣被天下后世，为功殆过于蚕桑”，所以在乌泥泾引入棉种的黄道婆应该“尸而祝之，社而稷之，与先蚕同列祀典”。[4]不过，这样的想法在当时还远未付诸实践，而民间对黄道婆的崇祀与士人理想更是似乎相去稍远，比如明代胡芳《咏黄道婆祠》一诗中便曾提到当时黄道婆祠乏人祭祀的场景：“黄婆古庙秋复春，不见年年祭祀人”。[5]

---

1 参见（元）陶宗仪:《南村辍耕录》卷二十四，收入《元明史料笔记丛刊》，北京：中华书局，1959年；（元）王逢：《梧溪集》卷三《黄道婆祠并序》，收入《景印文渊阁四库全书》第1218册，台北：台湾商务印书馆，1986年。

2 参见弘治《上海县志》之《祠祀志》，收入《上海府县旧志丛书·上海县卷》，上海：上海古籍出版社，2015年。

3 清初高不骞《乌泾夜寻黄母祠故址》诗云：“吉贝蛮方物，分栽此地多，织成资赤子，取法自黄婆，报本祠安在，称功石可磨，听莺桥畔月，犹照玉人梭。”（清）高不骞:《商榷集》卷三，收入《清代诗文集汇编》第200册，上海：上海古籍出版社，2010年。

4 参见（清）王应奎:《柳南随笔》卷一，收入《清代史料笔记》，北京：中华书局，1997年。

5 参见万历《上海县志》，收入《上海府县旧志丛书·上海县卷》，上海：上海古籍出版社，2015年。

事实上，在元末以后的数百年中，乌泥泾黄道婆祠屡废屡兴，影响范围并不是很大，[1]目前所见有数的几次修建除了成化年间的那一次，其余均是在乌泥泾本地士绅，主要是龙华张氏的主导下进行的。[2]

乾嘉年间，有记载说当时上海城内渡鹤楼西梅溪弄也出现了所谓黄道婆祠，据说“邑中力于纺织者，常年四月中为黄道婆诞辰，相率报赛”[3]。但根据乾嘉年间上海人褚华在《沪城备考》一书中的描述，该祠中所奉神像“如二十余女子，群呼之黄娘娘”，因此也有可能并非黄道婆。[4]而嘉庆《上海县志》直接就说该祠实为黄姑庵，所供奉的神灵为织女。[5]后来王韬在《瀛壖杂志》中也据此认为“先棉与黄姑，当别为二矣”[6]。

此外，当时在上海以外的吴县也出现了奉祀黄道婆的祠庙，但根据当地人叶廷琯的观察，香火似乎并不旺盛：“闻（吴县）长桥北有祠，地甚逼仄，岁时遇各乡幼女学纺织，间往拜祷，余则绝无人过谒者，年久祠宇倾圮，香火阒寂。”[7]

黄道婆信仰在上海地区真正获得广泛重视的转折点是在清道光六年（1826），而且与江苏巡抚陶澍等人组织的漕粮海运密切相关。

当年由于运河阻塞，江苏巡抚陶澍在上海主持漕粮海运，获得极大成功，一百五十余万石漕粮经海路，历时不到两月即抵运天津塘沽口，漕米无所损失，史称“为都下所未见，中

1 陶宗仪在元末明初时已经提到了当时的黄道婆祠建而复毁，“无人为之复建，黄道婆之名，日渐泯灭无闻”的情况。（元）陶宗仪：《辍耕录》卷二十四。

2 其中主要的几次修建包括：第一次是明代万历年间的修建。当时张之象有感于“道婆祠业已颓废，鞠为灌莽”，因此将其“迁于听莺桥畔，舍地两亩，其右为南北周行，集里中尝所称仗义者若凡若干人共图兴复，经始方旬，而焕然改饰”。参见（明）张之象：《听莺桥重立黄道婆祠记》，同治《上海县志》，收入《上海府县旧志丛书·上海县卷》，上海：上海古籍出版社，2015年。第二次是天启六年（1626）张所望的移建。当时由张之象改建的黄道婆祠“不三十年，已化为榛莽”，因此所望“即宁国寺之西偏，附建一祠”，“属寺僧董其役，就能仁之精蓝，作报功之福地”。参见（明）张所望：《移建黄道婆祠记》，同治《上海县志》。第三次是雍正八年（1730）张氏后人张君洪的重建，当时张君洪“捐地首倡，距故址不数武，里中好义者共襄厥事，老僧征沅董其役，庙貌复如故矣”。参见（清）陆瀛龄：《重建黄母祠匾额题跋》。

3 参见乾隆四十九年（1784）金应枃所撰《上海城内黄道婆别祠记》。

4 （清）褚华：《沪城备考》之《核实》，收入《上海史文献资料丛刊》第1辑，上海：上海交通大学出版社，2018年，第244页。

5 嘉庆《上海县志》卷九，收入《上海府县旧志丛书·上海县卷》，上海：上海古籍出版社，2015年。

6 （清）王韬：《瀛壖杂志》卷二，收入《近代中国史料丛刊》第39辑，台北：文海出版社，1973年。

7 （清）叶廷琯：《楙花庵诗》附录，收入《丛书集成新编》第73册，台北：新文丰出版公司，1985年。笔者颇怀疑黄道婆信仰在江南普通民众中始终扎根不深，如在黄道婆早已列入祀典的1887年，葛元煦在《沪游杂记》中提及了上海的两座黄婆庵，“一在杨家桥，为老庵，一在胡家桥南，为新庵。庵祀黄婆，塑老妪像，向来香火最盛，每届秋成，演戏酬神。近则屋宇萧条，香烟久替，为木棉生计者竟至数典忘祖，不可解也”。（清）葛元煦：《沪游杂记》卷一，上海：上海书店出版社，2006年，第24页。

外庆悦"[1]，这是清代漕运史上的一件大事。参与这次海运的沙船均来自上海及其周边地区，据称其中大号沙船就有一千五百六十二艘，对上海而言，其实也是清代中期以来江南经济中心逐渐转移至上海的一次大展示和大预演。

此次事件后，上海士民进一步饮水思源，将海运的成功归功于作为地方神灵的黄道婆，认为"沙船之集上海，实缘布市，海壖产布，厥本黄婆"，所以黄道婆的功绩，已经远远超出"生养吾民"的范畴，而是有功于国家社稷，是"海运功臣"，于是部分地方人士联合申文上疏，请求将黄道婆列入国家祀典，由官方加以祭祀，以示庄崇。[2]

但根据当年包世臣所撰《上海县新建黄婆专祠碑》的记载，这次请封最终却因"上官指驳，格于入告"而功败垂成。此后直至道光十年（1830）再次提出申请时，才得偿所愿。但关于道光六年请祀事件的具体过程，由于史料不足征，因此至今无从考据。

图 1 《募建黄婆祠捐疏》

笔者最近在牛津大学博德利图书馆获睹《募建黄婆祠捐疏》一种（图 1），[3] 陋见所及，应是至今为止黄道婆研究者所未曾寓目之史料。该书的主要内容包括清道光六年上海士民联名请求将黄道婆列入国家祀典的申文、从知县到督抚等各级官员关于此事的文移辩驳，以及地方士民的再次回应等，有助于我们进一步厘清该次请祀事件的前因后果及其相关问题。

二、江苏学政辛从益的质疑

由《募建黄婆祠捐疏》可知，道光六年上海士民联名呼吁将黄道婆祠列入祀典的请求得到了从江苏巡抚陶澍到上海知县许榕皋等大部分地方官员的支持，主要持不同意见者为时任江苏学政的辛从益，他提出了以下三点质疑：

首先，他认为无法确认黄道婆是否上海本地人。因为根据《辍耕录》的记载，只是说

1 （清）包世臣：《齐民四术》卷五《新建黄道婆专祠碑文》，收入《包世臣全集》，合肥：黄山书社，2014 年，第 328 页。

2 （清）包世臣：《齐民四术》卷五《新建黄道婆专祠碑文》，第 329 页。

3 该书现藏于牛津大学博德利图书馆的特藏部韦斯顿图书馆（Weston Library）。该书具体来源不明，笔者初步推测，可能是由 19 世纪来华的传教士带至英伦。

“国初有一妪自崖州来，教以纺织之具云”，并没有明确说她就是上海人。如果严格根据当时国家祀典的规定，非本地出生者是不宜列入官方祭祀系统的。

其次，当时棉花生产不仅盛行于南方，在北方亦“皆有此种，特为茂盛”，似乎很难与黄道婆联系起来。

最后，他认为当时往来于上海的海船，主要从事洋货贸易，其中只有部分船只“贩运木棉”，因此将黄道婆称为“海运功臣”，有言过其实之嫌。

辛从益的质疑有部分的合理性，尤其是关于黄道婆籍贯的问题，直至今天仍然是聚讼纷纭。但他的后两点质疑理由实则却正反映了当时清朝一般地方官员对社会经济发展现实的不了解与某种程度上的隔膜。

因为正如后来上海官绅的回应所言，明清以降，北方虽然已经比较普遍地种植棉花，但是却“不能为布”，“皆有南方织成贩运”，所以“北土吉贝贱而布贵，南方反是”，而黄道婆的功绩不仅仅在引入棉种，更在教人纺绩，由此形成了南北之间的经济交流。

另外，辛从益认为云集于上海的海船主要从事洋货贸易的说法也并不全面。事实上，从乾隆后期至嘉庆初，受益于太仓浏河港淤塞等原因，上海正逐渐取代稍北的浏河，成为南北洋贸易中心，发展成了全国最大的棉布和饼豆市场，东北豆货南来、江南棉布北往成为一种常态，大量的沙船因此而集聚于上海，正是这些适合航行于北洋的沙船后来成了漕粮海运的主力，也是在这一意义上，上海士民认为将黄道婆视为“海运功臣”并不为过。

还值得注意的是，道光六年前后，由于江南漕粮征收过程中存在严重的“浮收”问题，苏州、松江一带征收一石漕粮往往会多收四五斗，甚至六七斗，作为漕粮运输的补贴，由此引起地方士人的反弹，发生所谓“告漕”“闹漕”事件，被地方官府弹压。针对类似事件，辛从益作为学政，认为应该约束地方官员的权力，维护士子利益，因此与主张严惩的江苏巡抚陶澍产生龃龉。[1] 而黄道婆的请祀得到了陶澍的支持，[2] 所以辛从益的阻挠也不排除存在某种意气之争。

此外，还有一点值得指出的是，当时一般的地方官员与士绅对所谓海运还是抱有一种本能的排斥，道光六年，上海地方士人在第一次请祀黄道婆失败后，“以为不足称成功盛德”，

1 关于陶、辛二人因漕弊问题而交恶的情形，可参见赵思渊：《从“包漕”到“告漕”：道光初年漕弊整顿进程中苏松士绅力量的演化》，《清史研究》2011 年第 3 期。

2 陶澍在《戊子二月望夜上海吾园观灯》一诗中曾特别提到了“上海棉布之利起于黄道婆，……顷为建祠，即在吾园之右”（参见氏著《陶文毅公全集》卷六十三诗集，收入《清代诗文集汇编》第 529 册，上海：上海古籍出版社，2010 年）。

请包世臣为新建成的黄道婆专祠撰写碑记，"以讯将来"。包氏在碑记中就委婉地指出，当时李林松等以所谓"海运功臣"为理由请求将黄道婆列入祀典是有问题的，因为"国家承平二百年，徒以河事多故，偶举海运，著绩也犹暂"，言下之意，海运对国家而言，只是一时权宜之计，所以即使黄道婆确实有功于此次海运，那也是过眼云烟，意义并不是很大。

因此他认为正确的策略是应该将黄道婆视为棉业"主祀之神"，因为"棉布之利百蚕丝"，"举先棉之祀，舍黄婆其谁与归"，而当时江南地区之所以能够在繁重的赋役下仍然得以发展，"凡所取给，悉出机杼，以此程黄婆之功，其攸关国计盈虚者，较之海运，奚啻什伯而已哉"。[1]

同样在道光六年为黄道婆祠撰写记文的太仓人钱宝琛在碑记中也把黄道婆和先农、先蚕并列，认为黄道婆在当时虽然还未名正言顺地列入祀典，但"贤有司岁时修治之，亦庶几朝廷重农报本之意也"[2]。可见，他同样是将海运与黄道婆相割裂开来，主要将后者作为传统农业神灵来看待的。

三、黄道婆入祀的推动者

《募建黄婆祠捐疏》最有价值的地方还在于让我们得以确认道光六年推动黄道婆进入祀典者究竟有哪些人。因为道光十年毛岳生在《上海县黄婆祠记》中曾经提到，道光六年，最初上书推动黄道婆入祀者有十四人，其姓名均载于碑阴。[3]但由于历年久远，碑碣无存，因此关于这些人的姓名和身份，至今无从查考。

而根据《募建黄婆祠捐疏》的记载，当时联名具禀者分别为"户部员外郎李林松、刑部主事张惇训、光禄寺典簿李筠嘉、太常寺博士李钟元、都察院经历毛振勋、贡生候选教谕瞿应绍、诏举孝廉方正举人杨城书、布政司经历李心泰、布政司经历朱增慎、布政司经历王揆、廪生莫树堉、廪生郁松年、监生徐渭仁、生员陈瓒"等十四人。

以上十四人中除陈瓒外，其余生平事迹大致可考，通过考察这些人的身份及其相互之间

1 （清）包世臣：《齐民四术》卷五《新建黄道婆专祠碑文》，第329页。

2 （清）钱宝琛：《存素堂文集》卷一《上海县重建黄婆祠碑记》，收入《清代诗文集汇编》第550册，上海：上海古籍出版社，2010年。

3 （清）毛岳生：《休复居诗文集》卷四《上海县黄婆祠记》，收入《清代诗文集汇编》第570册，上海：上海古籍出版社，2010年。

的关系，不仅有利于我们理解黄道婆请祀的背景，更可以帮助我们进一步认识当时的上海城市社会特质。

总体而言，这些联名具禀者可以分为三类。第一类是比较典型的地方士绅，包括李林松、张惇训、瞿应绍、杨城书、莫树堉、徐渭仁、王撰等。这些人大多出身正途，有着进士、举人或者国子生的身份，[1]但同时对地方经济社会的发展也有着敏锐的见解和较深的介入。比如李林松为乾隆六十年（1795）进士，嘉庆《上海县志》主纂，[2]他在道光六年以前就曾经向当时的苏松太粮道汤藩提出了开放海禁，雇募船只以行海运的建议。[3]再如王撰为国子生，但却"熟悉洋情"，在道光六年的海运中"力任其事""效劳尤著"，事后得到了陶澍的大力赞赏。[4]

第二类是出身于商人家庭的地方士绅，包括李筠嘉、李钟元、李心泰等。其中李心泰曾祖李长禄、祖父李士达均为商人，"为贾楚越间，家日以饶"，李钟元的曾祖李泓也曾在苏州阊门一带经商，"重然诺"。[5]李筠嘉则是清代上海著名的藏书家，其先世也同样经营商业，所以累积了很多资产，能够供他搜罗珍本秘笈。[6]考虑到明清时期上海社会经济发展的特点，他们先人所从事的很可能就是棉布贸易。比如与李筠嘉等同时代的褚华在《木棉谱》中就曾提到其家族从六世祖开始便从事棉布贸易，"秦晋布商皆主于家"，"其利甚厚"，由此富甲一方，[7]或可以为佐证。

第三类则是直接从事棉布贸易的海商、沙船商，其代表者为毛振勋、朱增慎和郁松年。陶澍在道光六年海运事竣后的上疏中特别提到了毛振勋和朱增慎二人，指出他们在海运之

1 其中李林松为乾隆六十年举人，"联捷成进士，观政户部"，"后迁员外郎督漕"；张惇训为"嘉庆十九年进士，授刑部主事"；瞿应绍为廪贡生；杨城书为乾隆五十七年举人，"道光初元举孝廉方正"；莫树堉为道光十四年岁贡；徐渭仁为监生；王撰为国子生。参见同治《上海县志》卷二十一、卷二十二等。

2 参见同治《上海县志》卷二十一。

3 李林松在《答粮道汤价人藩书》中就曾指出"海运官办，言之娓娓可听，行之则利一而弊百"，相反募运则是"言之似骇听闻，而行之必有裨益"，因此应该"弛粮米出海之禁，请之饬谕江浙闽广督抚，于凡商之出海贸易者，谕令幢载米石至天津交仓收贮"。参见氏著《易园集》文集卷一，道光十八年（1838）刊本。

4 参见（清）陶澍：《沙船加装米石折子》附件二片，《陶云汀先生奏疏》卷十二，收入《续修四库全书》第498—499册，上海：上海古籍出版社，1995年。

5 参见同治《上海县志》卷二十一。

6 参见同治《上海县志》卷二十一。民国时期胡怀琛亦言：李筠嘉的"先世原是经营商业的，而且是拥有很多的资产"（参见氏著《上海藏书家李筠嘉传》，《学术世界》二卷一期，1936年）。民国《李氏族谱》附《方太夫人遗言·先世轶事》亦言，上海城内李氏迁自张江栅，后"因歇浦左右时有族人往来，乃自建码头于浦西大东门外，称李家码头"，由此可见其家族经济实力之雄厚。

7 参见（清）褚华：《木棉谱》，收入张剑光主编：《上海史文献资料丛刊》第一辑，上海：上海交通大学出版社，2018年，第319—320页。

初便“将自置沙船承运米二万余石，并将应领水脚银八千余两捐出充公”，由此使其他商人“踊跃承揽”，“洵属能知大义”，因此他对二人都大加赞赏。[1] 而朱增慎和郁松年本人便出身于嘉道间上海著名的船商家族，其中朱家开设沙船商号“朱和盛”，有“朱半天”之称，郁家开设“郁森盛”号，当时民间谣谚称郁家为上海“城中首富”，“多号多船又多屋”。[2]

可见，这些人都与道光六年的漕粮海运有着千丝万缕的联系。另外，值得进一步指出的是，他们之间在平时就以各种形式保持着较为密切的联系。比如李林松主纂嘉庆《上海县志》时，便曾邀请张惇训、莫树堉、徐渭仁、李筠嘉、李心泰等人参与编纂。[3] 此外，他们还通过诗酒文会来维持相互之间的联系，当时上海县城内由李筠嘉所修筑的吾园在嘉道间便是此类活动的中心之一，比如嘉庆癸酉（十九年）修纂《上海县志》期间，李筠嘉便曾召集同人聚于园中，“供张周至”[4]。由李氏主编的《春雪集》一书汇集了上海地方士绅在吾园内集会时的诗歌唱和之作，其中便包括了李林松、瞿应绍、莫树堉、郁松年等人的诗作。[5] 所以，后来在道光六年以吾园之半辟为黄道婆祠并不是偶然的，而他们将黄道婆视为“海运功臣”，进而联名请求将其列入祀典的申文或者也曾经在这个园子里进行过商拟，也是可以想见的。

四、上海地方绅、商的合流

更值得进一步指出的是，这样一个以地方士绅和商人为主的社会群体事实上在当时的上海地方社会运行中扮演了非常重要的角色。比如嘉庆二十五年（1820），朝廷疏浚吴淞江，由各地县令甄选地方人士担任董事，负责相关事务，当时上海县有董事四人，分别为陈焕、李心泰、李筠嘉和朱增慎。[6] 其中后三者的身份上文已有所考释，而陈焕同样也是当时上海县内著名的商人，并乐为善举。[7] 民国《李氏族谱》亦言，李筠嘉“干于事，邑中有大典礼、大徭役，地方长官咸就决焉”。在道光三年左右江南大水灾后的地方赈济活动中，这一群体也非常活跃，朱增慎、毛振勋等人“义捐尤多”，是地方赈济活动的积极参与者。[8]

1 参见（清）陶澍：《海运案内急公商埠，请加奖励折子（附清单）》，收入《陶云汀先生奏疏》卷十五。
2 上海社会科学院史料研究所编：《上海小刀会起义史料汇编》，上海：上海人民出版社，1980 年，第 48 页。
3 参见嘉庆《上海县志》纂修题名，收入《上海府县旧志丛书·上海县卷》，上海：上海古籍出版社，2015 年。
4 同治《上海县志》卷二十一。
5 参见（清）李筠嘉编：《春雪集》，同治元年（1862）刻本。
6 参见《江南重浚吴淞江碑》，收入《上海碑刻资料集》，上海：上海人民出版社，1980 年，第 175 页。
7 参见同治《上海县志》卷二十一。
8 （清）陶澍：《海运案内急公商埠，请加奖励折子（附清单）》，收入《陶云汀先生奏疏》卷十五。

此外，嘉道间上海城内最为重要的一些慈善机构也和这一群体有着密切的关系。比如李心泰的祖父李士达便是上海育婴堂的创建者之一，而李心泰本人则参与了另一个慈善机构——同仁堂的创建。[1] 根据道光十一年（1831）的《上海同仁堂征信录》记载，当时李心泰和陈焕任该堂司总，瞿应绍负责赡给老人，郁松年之兄郁彭年负责施棺，与朱增慎为同族的朱增沂和朱增惠亦分别执掌义冢和赡给老人之事。[2] 道光十二年，朱增慎等还曾因为“沙船日盛，水手等人在船病故，或因工作失足伤亡”，无人收埋，所以在吴淞口设益善堂。[3] 此外，直至道光二十二年（1842），英军逼近上海县城时，上海县令刘光斗与城内绅商计议守城策略，据时人乔重禧在《夷难日记》中记载，当时参与商议的有上海城内所谓大董八人，分别为瞿应绍、曹洪集、金树涛、沈希辙、朱增慎、朱增惠、郁松年和徐渭仁等。[4]

可见，鸦片战争前，地方士绅和沙船商人在某种程度上正共同主导着上海城市社会的发展，这种新型的绅、商结合的方式跟传统时代是迥然有别的，也是当时整体社会风气转变的突出表现。

根据有关学者的统计，清代松江、上海地区的科举状况逊于周边，何炳棣先生便认为其中的重要原因是乾嘉以后，随着上海成为全国最大的港口，大部分人力资源都被转投入了经济领域。[5] 即使是那些曾经金榜题名者，也纷纷弃古文而趋经济，比如那位领衔禀请将黄道婆列入官方祀典的李林松，在其晚年便认为八股时文乃至古文、经学皆不足言，“学者终当求实用也”[6]，这样的认识应该是绅、商合流的思想基础。

当然，造成这一局面的根本原因还是乾嘉以降上海地区商品经济的快速发展，而以沙船为媒介的棉布贸易正是其中的重要内容。黄道婆作为一个信仰符号，或许可以被视为能够将不同的绅、商群体联合在一起的黏结剂。

（本文主体内容曾以《黄道婆信仰在上海的转折》为题发表于《文汇学人》2019年2月1日。）

1 参见同治《上海县志》卷二十一。

2 参见上海历史博物馆藏道光十一年《上海同仁堂征信录》，转引自［日］夫马进：《中国善会善堂史研究》，伍跃等译，北京：商务印书馆，2005年，第603页。

3 民国《上海县续志》卷二《建置上》，收入《上海府县旧志丛书·上海县卷》，上海：上海古籍出版社，2015年。

4 参见（清）乔重禧：《夷难日记》，收入中国科学院上海历史研究所筹备委员会编：《鸦片战争末期英军在长江下游的侵略罪行》，上海：上海人民出版社，1958年。

5 何炳棣：《明清社会史论》，徐泓译，台北：联经出版事业公司，2013年，第24—25页。

6 （清）汪能肃：《李心庵先生传》，收入（清）李林松：《易园集·文集》卷首。

理想与现实之间：国民政府时期武进县的地方建设事业（1927—1937）

叶　舟*

【内容摘要】南京国民政府成立后，国民党为巩固政权，积极发挥现代政府的行政职能，逐步取代传统的士绅和民间社会组织，全面介入到地方建设的各项事业中。随着现代管理体制逐渐健全，加上部分主政者的努力，20世纪30年代武进县的近代地方建设取得了一定成效。但是由于种种原因，政府并不能把足够的精力放在建设事业上，再加上时局的变化，武进县的近代建设其实进行得举步维艰。

【关键词】国民政府，武进县，建设局，地方建设，城市发展

理想と現実の間：国民政府期における武進県の地方建設事業（1927—1937）

葉　舟

【論文要旨】南京国民政府が成立した後、国民党は政権を固めるため、近代政府の行政機能を積極的に生かし、徐々に伝統の郷紳と民間の社会組織を代替し、地方建設の各事業に全面的に介入したのである。1930年代に武進県の近代地方建設が近代管理システムの完善化と一部の為政者の努力により、一定の成果を上げた。しかしながら、種々な要素によ

* 叶舟，上海社会科学院历史研究所副研究员。

り、政府が建設事業に全力を注ぐことが出来ず、また時局の変化も加わり、武進県における近代建設の歩みは厳しい困難に直面せざるを得ないのである。

【キーワード】国民政府、武進県、建設局、地方建設、都市発展

民国政府成立后的1912年1月，江苏临时省议会修正“暂行地方制”，要求各地“无论旧称为州、为厅、为县，一律称县，各设一县民政长，同城州县均裁并为一”[1]。根据这一规定，旧常州府被废，同时并阳湖县入武进县，当时的武进县地理范围即相当于今天的江苏省常州市区。1927年军阀混战的结束为整个中国的经济发展提供了一个良好的契机，作为苏南经济重镇的武进县，其工业化进程也呈现出前所未有的兴旺局面，进入了一个黄金时代。据统计，1928年，武进县工商资本总额仅171.7万元，其中纱厂、染织厂的资本总额仅34万元，加上色白布业资本12万元。仅仅4年之后的1932年常州棉纺、棉织、毛巾、面粉、碾米、榨油、机器制造等8个主要工业部门的资本总额已经达到500余万元，而仅纱厂、棉织厂资本便达400余万元，占了80%。除机器制造业外，其余7个行业的工人人数为9 188人，其中纺织业工人为6 983人，约占76%。[2]由此，整个武进县的经济结构和功能发生了变化，从一个传统社会的漕运城市逐渐转变为以纺织业为主导产业的轻工业城市。而随着城市经济发展，对地方建设也必然提出了新的要求。也正是在这一时期，国民政府积极发挥现代政府的行政职能，逐步取代传统的士绅和民间社会组织，全面介入地方建设的各项事业中，管理体制逐步健全，武进县的城市建设也取得了一定成效。本文便尝试讨论这一时期，武进县地方建设发展的成败得失。

一、管理体制的建立：从地方自治到政府主导

常州近代城市管理体制是伴随着晚清的地方自治开始形成的。宣统元年，1909年7月17日，成立武阳镇乡筹备自治公所（次年成立武阳城厢议事会、董事会），下设武阳城厢地方自治区公所，为非官办机构，负责管理和筹划城市建设。民国成立后，旧常州府被废，阳

1 江苏省行政公署内务司:《江苏省内务行政报告书》上编，江苏省行政公署，1914年，第61—64页。
2 实业部国际贸易局编:《中国实业志·江苏省》第八编，1933年。

湖县被并入武进县，武阳城厢议事会、董事会便改称武进市城厢议事会、董事会，武阳城厢地方自治区公所改称武进市自治区公所（简称市公所）。1915 年，又成立武进市公益事务所（仍沿称市公所），仍为民办公益性质的机构，经费在地方税捐内支付，主持城区街道、桥梁整修等公益事务。[1]1926 年 4 月，武进县府设实业科，8 月 1 日成立实业局，掌管各类建设事务，庄启（仲希）被委为实业局局长，[2] 这是政府第一次开始尝试参与到城市建设中。而常州城市建设真正从地方自治进入到政府主导时期则是在国民政府成立之后。

（一）制度化安排：县政府与建设局

1927 年 4 月，南京国民政府成立。6 月 1 日，中央政治会议第一〇〇次会议议决，各县一律采用县长制。[3]9 月，江苏省民政厅颁发《县政府组织条例》，县公署改设县政府，新旧县政机构完成交替。此后，国民政府设立了一系列的制度措施，建立健全县级行政体系。1928 年 9 月，国民政府公布《县组织法》[4]；11 月，颁布《县政府办事通则》[5]。1929 年，又重颁《县组织法》[6] 及《县组织法施行法》[7]。1930 年 7 月，又再次修正了《县组织法》[8]，江苏省 1933 年 2 月还颁布《县政府组织通则》[9]。这些法规和制度均以 1929 年《县组织法》的立法精神为根本，共同构成了指导国民政府县级行政的基本制度安排和行动部署。

根据《县组织法》，县政府"于省政府指挥监督下，处理全县行政，监督地方自治事务"。县政府设县长、秘书及各科，并设公安、教育、财政、建设等局。县府及各局为县自治的执行机关。县政府设县政会议，由县长、秘书、科长与各局局长组成，负责审议县预算决算、县公债、县公产处分、县公共事业之经营管理，以及县长交议的其他事项。在建设方面，《县组织法》规定建设局掌土地、农矿、森林、水利、道路、桥梁、工程、劳工、公营业等事项及其他公共事业。[10]1927 年 5 月，江苏省建设厅成立。6 月 27 日，省府第 13 次政

1 参见武进市公益事务所编：《第一届武进市董事会报告书》，收入《民国文献类编》政治卷第 191 册，北京：国家图书馆出版社，2015 年。

2 《庄仲希委实业局长》，《申报》1926 年 7 月 28 日第 3 张第 9 版。

3 韩信夫、姜克夫：《中华民国史大事记》第四卷（1925—1927），北京：中华书局，2011 年，第 2725 页。

4 《国府将公布县组织法》，《申报》1928 年 9 月 13 日第 3 张第 10 版。

5 《内部函送县政府办事通则》，《江苏省政府公报》1928 年第 59 期，第 11—13 页。

6 《国民政府重颁县组织法》，《江苏省政府公报》1929 年第 169 期，第 2—6 页。

7 《国府令发县组织法施行法》，《江苏省政府公报》1928 年第 263 期，第 2—4 页。

8 《修正县组织法等条文》，《江苏省政府公报》1928 年第 500 期，第 2—4 页。

9 《呈复核办江苏县政府组织通则经过情形》，《内政公报》1933 年第 12 期，第 20—23 页。

10 《立法院通过县组织法》，《申报》1928 年 5 月 13 日第 3 张第 9 版。

务会议明确各县设立建设局，作为建设厅的隶属机构，“商同县长”办理全县建设事业。[1]按规定，建设局局长由省厅“考试”产生。局设总务、技术二科，由技术员及事务员若干人组成。根据《申报》的报道，当时规定，对原有实业局局长用考询法，对于建设局局长则用考试法。7 月 1 日各县原实业局局长赴宁报到，7 月 1—10 日为考询时期，考试则于 7 月 16 日举行。[2]1927 年 9 月 25 日，著名建设专家庄启就任武进县建设局局长。10 月 24 日武进县建设局正式成立，同时撤销实业局及水利研究会。江苏省政府还专门制定了《各县建设局规程》《各县建设局组织规程》《各县建设局办事条例》等一系列的规章制度。[3]之后又分别于 1928 年和 1929 年，相继修正《修正县建设局组织条例》[4]。1930 年 7 月，又修正《各县建设局组织规程》[5]。1934 年 2 月，又再次颁布《县建设局组织规程》[6]。此外，为体现集思广益的精神和经济公开的原则，另设建设讨论会、建设事业工程委员会、建设事业经济保管委员会等机构。建设讨论会由县长、县建设局、县党部，与建设事业有关系的法定机关如公安、财政等及农工商各团体的代表组成，负责建议关于地方一切建设事业。建设事业工程委员会受建设局局长的指挥监督，管理或任举办某种建设事业，并研求改进实施方针。其委员由相关各市乡行政局局长推举硕学通才、资深望生者，由建设局局长聘任，此外各有关市乡行政局局长亦可以被推举为委员。建设事业经济保管委员会则以力谋建设事业经济之公开及保管，并辅助建设局局长监督用途为主旨，由乡望素孚、富有经验者推举，由建设局局长聘任。[7]

1927 年制定的《各县建设局规程》中所规定的县建设局职能非常庞杂，除建设方面，如修治全县道路航路等一切交通事务，办理市乡各项公共建设事项、县立各建设机关之筹备管理及视察指导事项、县市乡建设经费之筹集支配及编制预决算事项、全县建设事业之统计及建议事项等，还兼办全县土地经界、改良农村组织、全县农田水利之计划及工程、农工商矿各业之发展及承转注册等其他事项。[8]此后从 1927 年至 1933 年，包括武进县建设局在内的江苏省各县建设局隶属和职能经历了几次调整。1929 年，建设局行政隶属关系由省下放

1 《各县建设局规程》，《江苏省政府公报》1927 年第 1 期，第 52—53 页。
2 《苏建设厅考试实业局长》，《申报》1927 年 7 月 10 日第 2 张第 7 版。
3 《武进年鉴》第二回，武进建设局 1928 年铅印本。
4 《修正县建设局组织条例》，《江苏省政府公报》1928 年第 58 期，第 39—40 页；《江苏省县建设局组织条例》，《江苏省政府公报》1929 年第 142 期，第 5—6 页。
5 《县建设局组织规程备案》，《江苏省政府公报》1930 年第 511 期，第 11 页。
6 《通过县建设局组织规程》，《江苏月报》1934 年第 1 卷第 5 期，第 1 页。
7 《武进年鉴》第二回《法令》，第 15—16 页。
8 《武进年鉴》第二回《法令》，第 1—2 页。

至县，将县建设局改为县政府直辖机构，建设局局长承省建设厅厅长及县长命令综理局务。[1]其次，建设局职掌范围也有多次调整，1928年删除了农林、工商等事项[2]及土地管理职能，“将兼管之农林蚕桑各场所，及苗圃等划归县政府第二科接收”，以明系统。[3]1930年，明确县建设局“掌理水利、道路、桥梁、工程、劳工、公共营业及其他公共事业”[4]。1931年7月，江苏分划道路交通建设职责和管理权限。全省道路被划分为国道、省道、县道、乡道和市镇街道等五种；除国道、省道外，县道由建设厅督饬各县建设局筹款建筑，必要时，得呈请省款补助；乡道和市镇街道由各该县人民团体，呈县转厅“核准建筑之”，经费自筹，必要时，得经省厅批准由县补助；县乡市镇街道的路基、路面、桥梁、涵洞暨其他一切附着物的保养和管理，由各县建设局办理。[5]此后建设局虽随着时局的变化屡有兴废，但武进的建设进入一个全新的政府主导时期已经不可逆转。

（二）经费保障

民国成立之后，县级财政支出的财政原则仍然沿袭清制，即瞿同祖先生所谓“每一类支出由一项确定的税费来源去满足；特别资金被特别指定给政府的每一特定用途”[6]。国民政府成立之初，各省虽然设立了财政厅，但县级政府和部门大多处于自收自支状况，财政收入常缺乏稳定的财源。政府只能通过巧立名目，以征收附加税及地方性捐税作为其主要的收入来源。如1927年，武进县财政收入为316 989元，其中大致包括如下四项：一是田赋相关收入。田赋是以土地的纯收入为税源，而课于土地的永续收益的特别税，[7]分正税和附加税两部分。田赋正税属于中央。南京国民政府成立之前，县政府主要通过征收田赋附加税和带征等方式，获得一部分收益，其中1926年的田赋附税为149 071元，地丁带征二分亩捐为61 680元。二是杂税相关收入，包括契税附税9 570元、屠宰附税15 625元及牙税1 000元等三种，另有官契纸附收教育捐2 700元。三是杂捐收入。征收杂捐，地方有决定权，当年杂捐收入为21 336元。四是其他收入，包括县有田房公产等租金收入4 078元，学费等事业收入19 494元，违警罚金2 760元、滞纳罚金2 115元等。这一部分收入划归到实业局的只

1 《江苏省建设局组织条例》，《江苏省政府公报》1929年第142期，第5—6页。
2 《修正县建设局组织条例》，《江苏省政府公报》1928年第58期，第39—40页。
3 《建设局兼管之农林蚕桑场所归县政府接收》，《江苏省政府公报》1928年第63期，第32—33页。
4 《江苏省各县建设局组织规程》，《江苏省政府公报》1930年第491期，第9—10页。
5 《苏省道路修治章程》，《江苏省政府公报》1931年第814期，第8页。
6 瞿同祖：《清代地方政府》，范忠信等译，北京：法律出版社，2003年，第47页。
7 财政部总务司：《第二次全国财政会议汇编》，1934年，第107页。

有 5 920 元，只能用于平时的日常办公和日常开支，如果想要进行市政建设，还需要开拓另外的经费来源。[1] 如江苏省第二次实业行政会议中，各县提议征实业特捐，经大会议决，在牙契税屠宰税项下带征，指明牙帖每张带征一元，契价每百元带征一元，猪每口带征一角，羊每口带征八分，后于 1927 年 11 月更名为"建设特捐"。1927 年 11 月，江苏省第四十五次会议议决，本年冬漕折价，应随时值每石加征二元，后经无锡县建设局局长提议，规定提出五角，留充地方经费，其中三成为建设事业费。此外，1927 年 5 月，又经吴县建设局提议，将忙漕征收费余款充建设经费。[2]1927 年武进建设局经费为 18 870 元，其中行政费为 5 589 元，事业费为 14 281 元，较之以前有明显的提高。[3]

不久，中央政治会议公布国家与地方收入暂行划分标准，明定中央与地方收支权限，将田赋、契税、牙税、当税、商税、船捐、房捐、屠宰捐及渔业税等项，划归地方收入，具体分配由省市城镇乡各级地方团体自定。[4] 将田赋改归地方，这是田赋制度史上的一次重大改革，此后省财政的收支来源得以基本确定。1928 年 12 月，全国第一次民政会议又提议整理各县财政，确定其收入来源。[5]1929 年 5 月，国民政府颁布《县政府经费支发办法》，规定各县经费由省库支给，额度由省依据财政状况、事务繁简，分等核定，县长得就经征款项内，以虚领虚解方式留支，具体分配比例由省核定。[6] 但是该《办法》仅解决了县行政费的来源问题，县事业费仍旧需要"临时筹措经费，或巧立附加名目，或为募缘式之捐输"，"一事一捐，不捐即不能办事"，"既以坠政府之威言，复以增民众之怨嗟"。[7]1929 年，江苏省各县规定"屠宰认商按照认额四分之一带征建设特捐"，便引起了肉业公所的不满，认为"循此以往，每设一局即须另增一捐，非特肉商不能维持营业，地方民众亦闻而却步"。[8]

1934 年 11 月，立法院通过《财政收支系统法原则》，初定中央、省与市县分成比例。[9]1935 年 7 月，国民政府公布《财政收支系统法》，将财政收支分中央、省、市和县（市）四级，并详定各级政府财政收支种类，[10] 进一步厘清了中央与省、省与县之间的收支范围。至

1 《武进县财政状况调查表》，《江苏财政公报》1927 年第 1 期，第 17 页。
2 《建设局事务摘要》，《武进年鉴》第二回《邑政》，第 73—74 页。
3 《暂定十六年度地方预算》，《武进年鉴》第二回《邑政》，第 3 页。
4 《划分国家地方收入暂行办法》，《江苏省政府公报》1927 年第 3 期，第 31—35 页。
5 《内政部第一期民政会议纪要》，台北：文海出版社，1989 年，第 83—85 页。
6 《县政府经费支发办法》，《江苏省政府公报》1929 年第 159 期，第 2 页。
7 财政部总务司：《第二次全国财政会议汇编》，1934 年，第 264—266 页。
8 《官商争持之建设特捐》，《申报》1929 年 9 月 26 日第 3 张第 10 版。
9 《财政收支系统法原则草案案审查报告》，《立法院公报》1934 年第 64 期，第 71—75 页。
10 《财政收支系统法》，《立法院公报》1935 年第 72 期，第 369—392 页。

此，地方财政收支方始有法定基础和稳定来源。

从现有的资料看，自1934年度起，建设费成为江苏省最大的支出项目，并保持增长的态势，其中1934年建设费为8 452 431元，占全省总支出金额的31.15%；至1935年度建设费增长至10 312 676元，占全省总支出金额的比例达到了37.59%。[1]随着整个江苏省财政情况的好转及建设经费的增长，武进县的建设经费方面有了明显的改善。1930年7月，行政经费列入地方预算开支，1934年省建设厅规定各县建设局每月行政经费为600—1 000元。此外还有建设特捐、筑路亩捐、水利特捐等。随着国民党政权经济的加强，建设经费基本上得以保持一定的增长。由于资金渠道增多，投资规模相应扩大，万元以上的工程逐渐增多，尤其修筑公路工程均需投资一二十万元，疏浚河道每次也需数万元，修建一座桥也需耗资数千至万余元。在城区街道拓建方面，1927年修改县直街石路、甘棠桥、惠民桥、大浮桥、小浮桥工程所费为4 085元，资金全数来自捐款。[2]而至1932年博爱路（含博爱桥、博爱门）工程费为13 000元，1933年修建东西横街支出10 700元。[3]而县道的经费则更加巨大，庄启曾计划建筑14条县道，共长551里，合计预算为1 103 000元，加上桥梁等，总计在200万元以上。[4]如宜兴至常州的宜常道建筑经费预算为108 656元，其经费来源包括冬漕加价10 000元，呈请省政府划拨忙漕旧欠，发行筑路公债，征收长途汽车公司车捐，筹划亩捐等。[5]对于这种大工程，武进县尝试在筑路的同时组建长途汽车公司，筑路经费除公款外，或由私人捐助，由县政府或建设局召集关系团体确定。除私人捐款声明不愿收回本息者，其所应得利息概作公积外，余款均于盈余项下，与汽车公司股一律起息。[6]如武进至泰兴线全长45里，阔约4丈，支线9里，建筑经费预算为72 640元，其中测量费600元，开沟筑路费44 100元，汽车购置费17 700元，车站建筑费19 000元，另有事务费（即监工薪俸）1 620元与预备费（即购买沿路民田费用）14 156元。预计通车后每年收入87 965元，扣除各种成本开支，可盈余39 393元。[7]

---

1 陈果夫编：《江苏省政述要》之《财政编》，台北：文海出版社，1983年，第4页。

2 《武进市行政局公布修改县直街石路、甘棠桥、惠民桥、大浮桥、小浮桥收支清账》，《武进年鉴》第二回《邑政》，第42页。

3 常州城市建设志编纂委员会：《常州城市建设志》，北京：中国建筑工业出版社，1993年，第448页。

4 石颜也：《武进筑路之整个计划》，《申报》1928年6月9日本埠增刊第9版。

5 程行之：《宜常县道之积极进行》，《申报》1928年3月10日本埠增刊第7版。

6 庄君：《武进水陆交通之亟宜改善》，《武进年鉴》第二回《言论》，第26页。

7 石颜也：《武进长途汽车路之泰兴线》，《申报》1928年6月23日本埠增刊第9—10版。

二、重要人物的作用：顾树森与庄启主导下的地方建设

1927 年 6 月 27 日，著名学者顾树森接替巢镜深出任武进县县长，尝试“好人政治”，将他在欧洲学到的经验用于地方施政上。就在他就职前数日，本地著名学者徐震出任公安局局长，9 月，留英回国的建设专家庄启出任建设局局长，这几位都堪称是一时之选，此时，常州城市建设似乎前途一片光明。

（一）顾树森的短暂革新

顾树森（1886—1967），字荫亭，上海嘉定人，著名教育家。早年任职中华书局，发起成立中华职业教育社，并任中华职业学校首任校长。1922 年辞去校长职务，以国际联合会中国代表团秘书的身份奉命赴欧洲各国考察职业教育及合作社事业。1925 年，顾树森回国后开始极力推广丹麦农业合作制度，并考虑在一小块地方进行试验，以在取得成功后在全国范围内推广开来。他本打算在故乡嘉定县试办农民信用合作社，但最终以缺乏经济基础而告终。到了 1927 年 3、4 月间，北伐革命节节胜利，顾树森希望各县地方事业得以有建设机会，便向江苏省政府当局提出要用故乡嘉定一县来做试验。但省政府当局考虑到回避制度，便任命其为武进县县长。顾树森任武进知县一共只有 164 天，时间固然短暂，却做了大量的开创性的工作。不过当初胡适曾向他预言，“可惜中国时局，常常变动，大家做事，都不免五日京兆，恐怕不能使你的试验有结果罢”，最终他的尝试也如胡适预言般只能草草收场。[1]

8 月 16 日，顾树森根据国民党所谓“训政时期”的规划，制定了为期四年的《武进县训政时期设施计划大纲》，提及了整理财政、建设农村、改良警察、丈量土地、调查户口、改良司法、规划交通等方面的设想，并制定了四年的分期规划。这既是他在就职仪式上提出的施政纲要的细化，更是常州历史上第一部现代化的长期发展规划。其中在建设方面，确定第一年规划市乡应筑路线预备，分别先后；第二年开始建筑县道，开浚河流；至第四年全面完成。[2]

同时，他根据这一设施计划大纲，并结合自己的旨趣，开始了一系列的工作。根据《武进年鉴》的大事记记录，包括以下的内容：8 月 19 日，拟定武进试办村制计划；8 月 20 日，拟定县政府行政统计规程；8 月 21 日，拟定县政府收支款项改用新式簿记；8 月 23 日，拟定农民合作社章程；8 月 27 日，拟定农民信用合作社章程；等等。

1　顾树森：《一百四十四天的县长生活》之一，《生活周刊》1928 年第 3 卷第 12 期。

2　顾树森：《武进训政时期设施计划大纲》，1927 年铅印本。

9月25日，庄启被任命为建设局局长之后，顾树森与其通力合作，举办建设讨论会，着手对武进县的建设发展进行讨论。[1]根据《申报》和《武进年鉴》的记载，10月31日的建设讨论会由顾树森和庄启主持，由商会、农民协会和总工会等各团体参与，讨论内容包括：（1）市乡划界问题案，议决武进市与附近乡区以环城河道为界，照武进新市计划图下墨线分之，线内为市线，外为乡，乡界插花飞地及分段大体依照实业局提议，详细办法由各关系乡筹划之。（2）交通问题案，议决水利问题，暂时保留中山门外关河与护城河中间尖城沟，由建设局测量，制造预算，设法开通，各乡首镇于11月1日市乡行政筹备员联合会议议决之。县道章程及武进长途汽车公司招股章程当于行政筹备员会议时议决后，油印分发武进汽车公司。宜兴线适用最短线计95里20丈，扬子线改名泰兴线，照实业局原定计划行之。无锡线由经过各乡筹捐兴筑，由建设局规划指导。（3）育蚕制种所问题，议决由县政府建设局继续请省政府拨用本年茧捐余款开办育蚕制种所。（4）农村信用合作社案，议决先从宣传及指导入手。（5）本年冬漕加征二元，应留在本地，充地方本案经费案，议决先由各公团联名电请上峰照准。（6）建设讨论会章程，议决由建设局起稿，下次开会提出讨论。[2]

但是下次会议已经没有顾树森的身影，仅仅几天后，江苏省政府会议便决议由崇明县县长郑里铎接替顾树森，出任武进县县长。这个决定引起了舆论大哗，《申报》便报道："武邑县长顾树森自莅任以来，能廉洁奉公，迭经民厅传令嘉奖，不意昨日沪报所载，苏省政府会议议决调郑里铎为武进县县长，当经县党部致电省政府请其收回成命，又电致省党部，请其转咨省政府，准予收回成命，各团体总工会、商会、市政维持会等亦一致电省挽留。"[3]但其实顾树森是得罪了常州地方势力，受到了排挤，因此这次挽留活动并没有得到江苏省府的任何回应。11月20日，郑里铎正式到任，顾树森的164天的县长实验就此结束。从今天的角度看，顾树森的很多想法和做法有脱离他所处的时代，过于理想化之嫌，但是不可否认，他的努力可以让后人了解当年知识分子参与中国地方行政改革努力的尝试，对今天中国的地方行政管理也有一定的启示。

（二）庄启与武进的地方建设事业

庄启（1882—1960），字中希，出身于常州最著名的望族，其兄庄俞曾任商务印书馆总务处处长。他早年就读于上海震旦学院，旋被公费派往比利时列日大学孟德菲电学院留学，

---

1 《建设局事务摘要》,《武进年鉴》第二回《邑政》，第77—78页。

2 《建设讨论会》,《申报》1927年11月3日第3张第10版。

3 《各公团挽留顾县长》,《申报》1927年11月5日第3张第10版。

获工程师学位。1912 年，在双桂坊创办武进电话公司，任经理，开常州电话事业之先河。后任江苏省立工业专科学校教务长。“一战”结束后，北京政府鉴于他熟悉欧洲情况，派遣其出席巴黎和会，并任国际联盟中国部秘书。1921 年回国后，先后在南京电话局、武进电气厂等机构任工程师。[1]庄启出身名门，根基深厚，兼具专业知识，确实是主导常州城市建设的最佳人选。

1928 年庄启在《武进年鉴》中专门撰写了《计划中的新武进》一文，该文骄傲地宣称：

> 武进一县的地位，可夸口一声，是江南北工商业之重心。北达长江，最近处距武进市陆行不及三十里，水道为孟河、德胜河、澡港河三流……南面临着太湖，距戚墅堰横林，仅四十余里。马迹山林木之秀美，及其居民之古朴，实江南之桃源。渡江则靖江泰兴各县，江北鱼盐之利可收；渡湖则杭州、湖州各埠，吴越本属一家。西北之金坛，西南之溧阳，东北之江阴，向以武进为门户。沪宁铁路，自东向西，武进适居其中。故曰武进者，江南北商业之重心。为武进人者，应思如何当此重心。[2]

之后庄启根据建设局的职能，在土地经界、武进交通、市乡建筑、农村组织、经济发展及自身机关建设等六方面做出展望和设想。其在城市建设方面的工作主要做了几个部分。

一是城市建设和规划。庄启莅任伊始，便组织建设讨论会，以期集思广益，推进武进的建设。除前述第一次会议外，第二、三、四次会议均由庄启主持，其中第二次会议举行于 1927 年 12 月 5 日，讨论成立县道委员会，通过了建设讨论会章程，并决议通过了驿道直达丹阳拟改筑丹阳路案、开辟新闸新村案、开浚德胜河案、无锡路建筑预算案、开浚白荡湖至小南门外运河止并轮船客票加征二成案等几个议案。第三次会议举行于 1928 年 1 月 8 日，除了继续讨论建设讨论会章程，还决议通过了业佃佃力筑路办法及金坛路改为溧阳路等议案。第四次会议举行于 1928 年 4 月 6 日，通过了各路权利支配案、推广县道路线案、开浚白荡湖至小南门运河案、开浚关河于城河间之夹城沟筹措经费案等。[3]此外经庄启提议，江苏省各县建设局局长联合会也于 1927 年 11 月 24 日召开，成立江苏建设局联合会。[4]

---

1 刘文彬：《本邑建设先驱：庄启》，《常州地方志通讯》1987 年第 3 期。

2 庄启：《计划中的新武进》，《武进年鉴》第二回《言论》，第 1 页。

3 《建设局事务摘要》，《武进年鉴》第二回《邑政》，第 78—80 页。

4 《苏各县建设局长联席会议》，《申报》1927 年 12 月 1 日第 3 张第 9 版。

二是街道拓展。1928年，市建设局据原定章程，参酌现时情形，订出《改良市区街道办法》共14条，除原有将全市街道分为三等的规定之外，还新增了凡修理沿街房屋者，必须报告市政局会同警区丈勘，向公安局请领工程执照等规定。[1]1931年，又提出市街宽度章程应否改革案，将市街阔度章程照建设局原定计划加阔一米。[2]

三是公路建设。在《计划中的新武进》和《设施计划大纲》中，庄启和顾树森都提及了以发展交通为重点的城市建设计划。虽然铁路很早就通车到了常州，但由于无锡邻近上海的地理优势得到了凸显，再加上常州的经济中心区域在城西和城南，车站在小北门外，地处相对偏僻，道路不通畅，铁路与经济中心区域无法得到衔接，其推动经济发展的加速效应便无法得到体现。庄启认为，当时的武进交通，除了铁路之外乏善可陈，水道淤塞，陆路窄狭，入冬而后，乡居者足不得至城市，货至车站分送亦苦无力。[3]发挥铁路的优势，发展城市经济，重要的一条便是发展交通。因此，针对这一情况，建设局和县政府提出了相应的交通规划。

首先，在城内先筑内外环两条马路，均沿河筑路，并设置相应的停车场等设施。其次，当时武进三十六个市乡，以武进市为总汇，其余三十五乡，每乡各定一首镇，规划首镇与城市环路之间的交通，最初庄启确定为11条县道，包括无锡路（自环城路至戚墅堰，入无锡，长32里）、丹阳路（自环城路至奔牛，入丹阳，长36里）、宜兴路（自环城路至寨桥，入宜兴，长63里）、通江路（自奔牛至荫沙，长40里）、通湖路（自湖塘至漕桥，长47里）、金坛路（自环城路至夏溪，入金坛，长45里）、江阴路（自环城路至焦溪，入江阴，长39里）、泰兴路（自环城路至魏村，长45里）、溧阳路（自环城路至湟里、张村，入溧阳，长56里）、马迹山路（自戚墅堰至雪堰桥、太湖）、靖江路（自环城路至圩塘不莲，长40里），后来庄启与六县建设局筹划为苏浙皖公路，又增加了扬中路（自荫沙至江边，长7里）、扬子路（自江阴至丹阳，中经圩塘、魏村、小河，长37里）、小孟路（自小河至孟河，长10里），以此建成以市区为中心，通达各乡及无锡、丹阳、宜兴、溧阳、金坛等周边地区的交通网络。[4]

四是水利建设。1926年，常州县议员黄星海提出开浚运河一案，大致曰："本邑水道以运河为干线，清季开浚至戚墅堰为止。现在戚墅堰至五马河身十余里，两岸堆积泥土，中建

---

1 《改良市区街道办法》，《武进年鉴》第二回《邑政》，第41页。

2 常州城市建设志编纂委员会：《常州城市建设志》，第52页。

3 庄启：《计划中的新武进》，《武进年鉴》第二回《言论》，第2页。

4 石颜也：《武进筑路之整个计划》，《申报》1928年6月9日本埠增刊第9版。

仅存一槽，不特农田水利大有妨碍，即各镇商业亦胥受影响，非急开浚，难资补救。”[1]为开浚运河，由武进县建设局担保，武进县财政局向永孚银号、同德庄、武进电气厂、振康源庄借款7.5万元。[2]1926年秋冬之季，为开浚德胜河，发起筹备规划，借款4万元。后因北伐战争，工程暂告停止。庄启出任武进县建设局局长之后，确定了孟河（奔牛至莳沙，42里）、德胜河（长江至连江桥，38里）、澡港河（运河西门外街至龙虎塘，46里）、北塘河（焦溪至澡港河青莲墩，35里）、徒阳运河（丹阳至无锡，72里）、南运河（运河西门外街至宜兴，50里）、鹤溪河（南洞子河至宜兴，63里）、采菱港兴隆河（运河白家桥至宜兴，53里）的疏浚规划。1928年3月，武进县县长呈请省建设厅拨款以重启工程。[3]1928年2月开始疏浚德胜河，于6月1日竣工。[4]1929—1931年，武进县建设局又开浚久患淤塞的孟河，由奔牛至莳沙，长42里，工程费约18万元。[5]1928年2月，经江苏省建设厅批准募集商捐，全长5.7里的关河疏浚工程也开始举行，首期于4月30日开工疏浚。[6]1930年春，又开始疏浚关河罗武桥至新丰桥段，于翌年1月开坝通航。1931年1月，开始疏浚京杭运河武进段，至7月，除常州城东西两段外均告完成。

如后人评价所言，庄启所主持的建设局，人杂事繁，百端待举，庄启为谋财政公开，定事权统一，对于每项较大的建设工程，均成立该工程的委员会，从而保证各项建设的顺利完成。为筹集建设资金，设法鼓励私人捐资。他首先带头，同时又调动一切力量，如他曾为建筑县道，开设长途汽车公司专门带领各市乡代表赴沪，与常州旅沪同乡会联合举行说明动员会，以招徕投资，[7]令一时为建设捐资者颇众。凡独资建桥者以其名命桥，独资筑路者，上报省府给予嘉奖，遂有“椿庭”“琢初”“润之”“世丰”“广成”等桥行世。对于大规模的建设工程，实行“业饭佃力”法，即业主出饭食，佃户出劳力，并在修筑武丹路中推行。庄启作风踏实，经常徒步视察建设工地，如视察丹阳路怀北段，赴德胜河工地视察时，黎明即起，全程步行。庄启因性格刚直，不善逢迎，曾遭国民党县党部的攻讦，庄启声称“志在做事，不在倒官”[8]，具文请辞。后省建设厅查无实据，令其与溧水县建设局局长对调，[9]庄不就，遂于

1 《常州县议员提议开浚运河》,《河海周报》1926年第6期，第9—10页。
2 《武进借款浚运进行情形》,《江苏省政府公报》1931年第657期，第13—14页。
3 《武进县请拨阔浚德胜河费》,《江苏省政府公报》1928年第24期，第27页。
4 庄启:《开浚德胜河工程局成立会演说》,《武进年鉴》第二回《言论》，第38页。
5 《孟河开浚计划书》,《武进年鉴》第二回《地理》，第85页。
6 《关河开浚史》,《武进年鉴》第二回《地理》，第79页。
7 《常州旅沪同乡公鉴》,《申报》1928年3月30日第2张第5版。
8 《建设局长呈请辞职》,《申报》1931年7月21日第3张第10版。
9 《调动建设局长》,《申报》1931年7月25日第3张第12版。

1931年8月办完移交，详情公之于报，各类项目一清二楚，时人莫不赞其廉洁奉公，并指责捏词控告之徒。[1]

结　语

庄启离开武进建设局之后，武进的城市建设依然继续向前推进。1934年初，武进县政府第153次县政会议通过《东北、西南新市区规划》。这也是常州最早具有分区性质的规划。所谓东北新市区，指城之东北，东门直街以北至北门关河路附近。该处为火车站入城要道，自开辟博爱门、敷设博爱路后，建筑物日益增多。西南新市区，指城之西南，怀德桥南向东，包括南门木匠街至南新运河两岸。该规划规定了街道位置及宽度、公用水井、公厕、消防以至公园等地点。[2]1936年10月，县府又拟具《拓宽街道办法》，规定大街、府直街、北后街、局前街、县横街、车行道8米，人行道每边2米；路面铺弹石片，人行道铺黄砖或水泥。[3]1936年12月，在1935年清凉寺附近已建一段环城马路的基础上，县长侯厚宗令第一区继续兴建起自德安桥、东接武青路、衔接武宜路的环城马路。[4]至此，常州城区初步形成路网，南北向干道有西郊怀德路，城中心南北大街和广化街，城东新丰街和今和平路，东西向干道有关河路和东西横街、博爱路以及今西大街、东大街至政成桥一线，并与对外公路相通。至1937年，常州地区已建成通车的对外公路也有六条，即武丹路（常州—丹阳）、武宜路（常州—漕桥）、武青路（常州—青阳）、镇澄路（常州—孟河）、溧武路（常州—卜弋桥）、锡宜线（雪堰—漕桥）。至抗战前，常州已成为京沪铁路中心点，东毗无锡，西邻丹阳，南通宜兴，北滨江阴。境内有京沪铁路、运河，纵横东西，有镇澄公路，通镇江、江阴，溧武路通金坛、溧水，还有商办之武青段通青阳，武宜路通漕桥，衔接江南汽车公路而直达宜兴，常州也因此奠定了其在苏南交通运输上的枢纽地位。抗战期间，道路和桥梁多受毁坏，但战争结束之后，城市建设重新又开始进入正轨。1945年后，武进县政府制定《整理市区街道暂行规则》，规定街道、里巷、住宅区、绝巷的道路宽度。[5]1949年4月，市区道路

1　刘文彬：《本邑建设先驱：庄启》，《常州地方志通讯》1987年第3期。
2　《规划新市区两处》，《申报》1933年12月27日第2张第8版。
3　《闸市决拓宽街道》，《申报》1936年10月31日第3张第12版。
4　《常州兴筑环城马路》，《申报》1936年12月25日第2张第8版。
5　常州市地方志纂委员会编：《常州市志》第一册，中国社会科学出版社，1995年，第477页。

总长 58.2 公里，面积 26.4 万平方米。[1]

随着建设事业的进展，常州的城市面貌开始发生变化，城市中开始出现大片的工业区、仓库区和商业区、居住区，社区的自然划分开始明显起来，原来作为府县邑的单一的功能格局已经开始改变。一些街道向城墙外扩展，旧有的城墙格局已经基本打破。城市布局在清代的基础上也发生了一定的变化。城西地区由于水陆交通便利，早在清代就形成了批发转口市场，米市、豆市集中于此，而新马路和怀德桥的建成，西瀛门的新开，使得此处的批发业更加繁荣，船帮也集中于此。而城内的河南厢西瀛里在明清时期的繁荣也得到了延续和发展，南大街更成为全城最为整洁宽阔也是最为热闹的商业街区。于定一曾称：常州城内诸街以千秋坊口至青云坊口之大街为最盛，房屋之租赁价格亦以此处为最贵。[2] 除了怀德路一带机器厂较为集中外，大部分工业区集中到了城外，其中 80% 的工厂设在运河沿岸。城西原来便是手工业中心，近代以来更成为机器、碾米、油饼业的集中区域。北门火车站附近由于交通便利也成为部分工厂集中的地方，如恒丰面粉厂便设于此。纺织工业则集中到东南东下塘一带。

1927 年之后，常州地方建设由自治阶段转向政府主导，便是中国现代国家政权形成与强化的结果，这也成为常州现代管理体制建设的开端。有着政府的权威做保障，再加上相对稳定的财力支持，城市建设也随之开始进入规范、有序的新阶段。国民政府成立后，特别是 1929 年《县组织法》颁布之后，县级行政体制迎来重大变革，规划了较为严密的治理体系和架构，制定了较为清晰的建设计划和路径。根据 1913 年《各县知事公署暂行办事章程》规定，县知事公署的职能共计 16 项。而至 1929 年《县组织法》颁布后，县政府的职能增加到 25 项以上。从权能的角度来看，县政府已俨然成为缩小版的省政府。基层行政机关的全能主义倾向在此时已初露端倪。1928 年《武进年鉴》中曾开列有各干河开浚的相关文件统计，其中仅开浚德胜河收发公文便有 1 000 余件，这些文件可以说包括建设局日常工作的全部方面，从进度的快慢，到经费的进出，前后对照，一目了然，不仅是借以建立恪尽职守的工作态度，也反映上级的督察机制，使其行政职能的运转如严密控制下的庞大的机器群，循规蹈矩，年复一年。正是在这一套看来烦琐却要求极严、进展缓慢的城建施工和行政管理职能机构的运作过程中，开始体现近代城市管理规范、有序的特点，同时也反映了当时国民党对地方控制力的加强。

1　常州市地方志纂委员会编:《常州市志》第一册，第 511 页。

2　于定一:《延爽集》卷一《取缔惠民桥平易坊摆设摊贩感言》，1931 年铅印本。

与此相关的是，地方自治组织和其他社会团体逐步从一些传统的社会公共领域中退出。社会自治组织的逐步萎缩，促成了公共事务主导权向政府手中转移，并最终成为政府功能的一个组成部分。如建设局成立伊始，便奉建设厅训令，会同县长调查权限冲突机关。1927年12月，又奉建设厅通令，将原有负责河道疏浚管理的水利研究会裁撤。然而水利研究会以保管数万水利经费为由，拒不裁撤，延宕一年有余，方才于1928年底移交建设局接管。[1] 又如，根据建设厅通令，要求由各县建设局办理轮船登记，与航业公会利益冲突，也引起争论。[2]

但是从另一方面看，20世纪20—30年代的国民党政府并没有把精力集中在城市建设方面，城市发展仍然只是本地的事，没有得到充分的支持，全省也没有统一的规划，需要各县由下而上的推动。1927年，庄启促成六县县道联席会议，以推动通江公路的实施。[3] 六县建设局局长曾在无锡开会，规划了涉及三省十九个县的苏浙皖公路建设计划，"自武进、无锡、宜兴、江阴而达靖江、泰兴，更由泰兴至泰县、兴化、宝应、淮安、涟水、灌云、东海，一面由宜兴至长兴，经达广德，全路计长一千余里，需费预计约160万元，将来再由广德沿太湖直达杭州"[4]，但省建设厅的答复只是先各就本县范围以内策励进行，并没有任何支持政策。又如由于经费有限，常州本地整修干道和干河都是采用路权招商投资和业饭佃力筑路法，即路线两旁田主出钱，佃户出力，只吃饭不给钱的义务劳动法。这除了有国家权力推进之外，和自治时期的经费筹措办法没有什么两样。实际上在1930年度，江苏财政便亏短770万元，到了1931年度更是亏短1 000余万元，政府预算支出"超过实收、实支一倍以上"，江苏财政在形式上"已无法收支平衡"。[5] 所以1931年省建设厅便征用了武进县筑路亩捐的一半，使得通江路、镇澄路、溧武线、武焦路等计划中的干道或是缓建或是废筑。而1931年和1934年相继暴发的大水灾和大旱灾，更是让地方财政雪上加霜。为应对困境，1932年，江苏省实施行政机关改组，各县府及各局经费照七成支拨。[6]1933年，实施裁局设科，各县公安、财政、建设、教育等四局，原则上一律撤销。[7]1933年3月1日，武进县建设局奉令裁撤，所有事业由县政府设技术室办理，人员均由建设局职员改委。[8] 虽然建设局之后又重

1 《建设局事务摘要》,《武进年鉴》第二回《邑政》，第62页。

2 《交部取消县局轮登记》,《申报》1929年11月7日第4张第14版。

3 《六县建设局长集议筑路》,《申报》1927年12月15日第3张第10版。

4 《建筑苏浙皖公路之发起》,《申报》1928年1月30日第3张第9版。

5 王树槐：《北伐成功后江苏省财政的革新（1927—1937）》，收入《中国近代现代史论集第二十五编：建国十年》，台湾商务印书馆，1986年，第371—376页。

6 《各县府及各局经费支发七成》,《江苏省政府公报》1932年第984期，第4页。

7 《呈复核办江苏县政府组织通则经过情形》,《内政公报》1933年第12期，第20—23页。

8 《县府派员接收建设局》,《申报》1933年3月3日第3张第10版。

新恢复，但是如此的折腾当然极大地影响了地方建设。

更重要的是时局的变化也打乱了原先的计划。以交通为例，1937 年，武进基本已经建成了与邻县之间的公路交通运输网络，初步打破了本地区城乡之间的封闭状态，但这个网络系统还没有充分发挥其应有的作用时，抗日战争已经爆发。1928 年，庄启在《计划中的新武进》中曾梦想用十年时间完成一个现代版的《武进赋》，来讴歌武进地方建设事业的伟大变化，这个时候，他又怎么能想到十年之后代替《武进赋》的却是隆隆的炮声呢。

上海、大阪等城市的细部研究

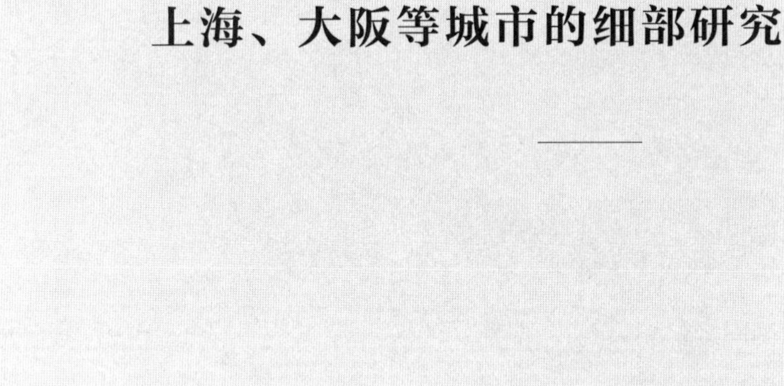

近代上海城市内部的构造：石库门街区形成与演变的考察

马学强 *

【内容摘要】“石库门”是近代上海极具特色的住宅建筑，是中西合璧的产物。从一幢幢建筑的营造，到一个个街区的出现，石库门在近代上海城市的形成与扩展过程中有着重要的地位，相当数量的上海居民就生活在石库门这类里弄住宅之中。无论是公共租界、法租界，还是华界，石库门成为近代上海街区构造的基本形态。石库门是如何兴起的？规划者是谁？营造者是谁？居住者又是谁？围绕这些“石库门之问”，本文从三方面进行解读：一、石库门在上海的出现，对早期建筑与早期街区的解析。二、石库门在租界与华界的各自演变，从“造房子”到“造街史”的视角剖析城市的内部结构与肌理。三、置于更长的时段，依循近代上海发展的脉络，将百年石库门变迁与上海城市更新结合起来考察。

【关键词】近代上海，石库门，街区构造，城市肌理

近代上海における都市内部の構造に関する研究：石庫門街区の形成と発展を中心に

馬学強

【論文要旨】石庫門は近代上海における極めて独特な住宅建築であり、中国要素と西洋要

* 马学强，上海社会科学院历史研究所研究员。

素の融合の産物である。個々の建築の営造から、数え切れない街区の出現まで、石庫門は近代上海都市の形成と発展過程の中で重要な位置を示していた。数多くの上海市民はこのような石庫門住宅の中で生活を営んでいた。共同租界・フランス租界にせよ、あるいは華界にせよ、石庫門は近代上海における街区構造の基本な形態であることは疑いない。その中で石庫門は如何に作り出したか、どういう人が石庫門を企画し、営造したのか、また誰が石庫門に住んでいたのか、これらの疑問に向かって、本論文は以下の三つの方面から迫りたいと考えている。第一、上海で石庫門の興起、その早期建築と早期街区について解明する。第二、租界と華界での石庫門建築の発展と変遷の分析を通して、「街区史作り」の視点から都市の内部構造と肌理を把握する。第三、更に長いスパンの中で、近代上海の発展の脈絡に従って、百年に渡る石庫門の変遷と上海都市の発展を結合して総合的に考察する。

【キーワード】近代上海、石庫門、街区構造、都市肌理

石库门作为近代上海兴起的住宅，以及伴随上海的城市化、近代化进程而形成的一个个石库门街区，上海人的生活与石库门关系非常密切。石库门最早出现在什么时候，为什么这种建筑在当时的公共租界、法租界乃至华界会大量涌现，谁在规划石库门，又是谁在营造石库门，石库门早期居民的主要来源，以及在过去的百年中石库门里的居住人群又发生了怎样的变化？凡此种种，围绕“石库门之问”，需要解答的疑惑很多。

一、石库门之问：早期石库门建筑与石库门街区

有关石库门的来源，众说纷纭，但围绕石库门出现的背景似乎争论不大，人们普遍认同这样的说法，这就是早期租界中华人房屋建筑的起源问题：1853 年初，住居租界内之华民仅 500 人。但在 1853 年中，以太平军势力展至长江流域，而其他势力也在趁势活动，以致上海附近的形势极为纷扰，一些华民于是避居租界。1853 年 9 月 7 日，小刀会攻陷上海县城，附近各地之中国官厅所有威权完全扫地。租界之道路码头委员会，在 1854 年 7 月 11 日外侨大会所提交之常年报告书内，曾就当时租界内外侨所遭遇的情况记载如下：

> 县城既陷，多数无家可归之难民，突拥入吾侨居住区域之内，乃建造易坏而又危险

之房屋多所，以安置若辈之一部分。然租界内因此而增加火患之危险。使大宗混杂之华民与吾侪杂居，昼则见其拥挤于街道，将污秽之物抛掷途中，入夜则沿街喧呼酣歌，扰人安睡。屡被惊怖。倘吾侪为恻隐之心所迫，而许其继续居住，则为吾人自身之健康舒适，以及租界内之良好秩序起见，必须筹设一种使其就范之切实办法。多数难民，有不能在陆地上觅获栖身之所，而因此居于小舟之中者。此项小舟，停泊于黄浦江滨，常聚集于码头之旁，为货船及输运小船之重大障碍。又有一部分之难民，聚集于外滩之南端，及其附近之通衢，或设货摊，或竖棚架，以售卖物品，而招引多数游手好闲之辈，以致途为之塞，并使其他之交通，几为断绝。[1]

大批前来避难的华人拥入租界，一方面是因为租界比较安全，“租界内之外侨人数不多，即使认为应加以禁阻之为合法，势亦有所不能。故华民之拥入租界，当时第一视为无可避免之事。且据上文所引述之报告表示，当日之外侨，尚有一种感觉，即在附近各地恢复安宁以前，倘试将避难华民驱逐，未免有违人道，惟一方面目睹多数漫无纪律之难民住居租界。而一方面又无应付新形势之方法，外侨对此，乃极感困难”[2]。让大量华民进入本来是“华洋分居”的租界，此固然有出于形势危急下租界当局应对的果断与无奈，但这种情形的出现，也有外侨基于危机下出现“商机”的考虑，所以，“就商业方面而言，一部分外侨，对于此种新发展，绝不见其可憎，亦甚明显。缘外侨地产业主，迅知将土地租与难民，或建房屋供其居住，为有利可图之举”[3]。其具体情形，有一位叫周浩泉（早年就读于交通大学）的石库门营造者后来有一段论述较有说服力：

1853 年，上海城内小刀会兴起，城厢内外有钱人家纷纷迁居租界，尤其集中于英租界。当时由于租界住房缺少，无法容纳，英国商人就趁机谋利，大批搭盖木板房屋，主要建筑材料采取进口的洋松和福建的杉木。这样造法不但成本较低，并且建筑期限也较短，不消二三个月就可完工出租。更由于租界土地有限，英国商人为了多造房屋多收租金起见，**就采用了伦敦住宅的毗连排列形式**。上海房地产业的经营，实开始于此时。[4]

1 工部局华文处译述：《费唐法官研究上海公共租界情形报告书》第 1 卷，1931 年刊印，第 57 页。

2 工部局华文处译述：《费唐法官研究上海公共租界情形报告书》第 1 卷，第 58 页。

3 工部局华文处译述：《费唐法官研究上海公共租界情形报告书》第 1 卷，第 58 页。

4 周浩泉：《上海石库门房屋史话》，上海市档案馆藏，卷宗号 C48-2-2368-305。注：此文当时注为工商界人士对外宣传稿。

文中特别提到这一时期的房屋建造“采用了伦敦住宅的毗连排列形式”。1854 年间，在租界避难的华民，总数在 2 万人以上。这些人怎么居住的？“除道路码头委员会所提及之最穷困一部分，系栖身于小舟，或完全为暂时性质之建筑物外，其余之避难华民，有能厚出租金，以租用为若辈而建筑之房屋者，约略估计，1854 年 7 月间，租界内有华式房屋八百所。”这类称为华式房屋或中式住宅的，实乃译法上的不同，在英文中均为“Chinese House”，其中的一些后来演化为被称为“石库门”的住宅。

关于石库门的出现，有一个问题首先需要厘清，从早期为避难的华民提供的住宅，到后来文献中正式称为“石库门”的住宅，相互之间有何联系？这也涉及近代上海城市早期的街区形制。自英、法租界辟设以后，沿外滩一带开始出现的建筑，被称为“殖民式建筑”[1]。受小刀会起事、太平天国运动以及中国政局变化的影响，大量华人进入租界，“华洋分居”也被“华洋杂居”所替代，街区的格局与风貌随之变化，“于是租界本专为外侨居住而设之原始观念，乃首先以租界外之情势纷扰，以及内战方烈而被改变”[2]。由此，中西交融在租界的市政中得到反映，“中外居民方面，均发生一种新意向与新感应，而使租界之性质，永久根本更改。1854 年修改地产章程时，即承认此种新情势，禁止为华人建屋，以及禁止华人间互相租赁之条例，在修改草案之中，已无立足之地”[3]。从理念变化到章程修改，从制度设计到实践运作，租界面貌又有了“新意向”与“新感应”，在居住方面最明显的表现就是石库门住宅的成批兴起。

19 世纪的五六十年代，是租界里弄住宅建造的初始阶段。咸丰三年（1853），小刀会起义爆发，上海县城内的一些华人逃入租界，突破了有关“华洋分居”的禁令。这一时期租界内华人数量约从 500 人增加到 2 万人。在租界的外国人最初将空余的库房、马棚等出租给难民，随后建造结构简单的木屋出租。紧接着，到 19 世纪五六十年代，当太平军与清军在江南激战，大批难民涌向上海，上海成为一个巨大的避难城，上海租界内华人猛增到十几万人。就在短短的几年间，租界建造起大量房屋，1860 年租界内已有以里为名的木板式里弄住宅 8 740 幢，形成上海里弄街坊的雏形。至 1865 年，租界内外国住房计 382 幢，中国住房

---

1 从建筑学上说，建筑风格即指建筑设计中在内容和外貌方面所反映的特征，主要在于建筑的平面布局、形态构成、艺术处理和手法运用等方面所显示的意境。建筑风格受到时代的政治、社会、经济、建筑材料和建筑技术等的制约以及建筑设计思想、观点和艺术素养等的影响而有所不同。上海开埠以后，从租界开始，其建筑风格与传统中国的建筑迥异，以外滩建筑群为代表，一些人冠之以“殖民地建筑”或“殖民式建筑”，尽管这样的表述有些笼统、模糊，但大致指的是这些建筑风格是欧美式的或者深受欧美建筑影响。

2 工部局华文处译述：《费唐法官研究上海公共租界情形报告书》第 1 卷，第 58—59 页。

3 工部局华文处译述：《费唐法官研究上海公共租界情形报告书》第 1 卷，第 59 页。

计 17 556 幢，其中在法租界 5 065 幢，在英美租界 12 491 幢。[1] 华人避难时期建造的那些易坏而又危险的房屋，随着战争的平息，出现了几种情形：其一，早年搭建的木板房住宅比较简陋，卫生条件差，且易发生火灾，这些问题一直困扰着租界当局，需要重建。其二，人口的变动，因战乱前来避难的那一部分人群并没有全部留在租界，随着局势的稳定，他们中相当多数的人又离开了租界。然而，另一方面，又有新的一批人来到租界，这些人为什么来租界，出于许多考虑，或营生，或避难，或就读，背景与目的各不相同，大量向上海迁移。为适应新人群的居住需要，租界方面也要改变住宅，从建材到样式，并需要新的街区规划。“但不久因为租界人烟稠密，这种木板房屋的建筑时常引成火灾，**既不符合商人的造屋利益，也不适应高等居户的需要条件，因此石库门房屋就应运而生。**”[2]1869 年以后，木板里弄房屋因极易燃烧而被租界当局逐步拆除，取而代之的是砖木结构立帖式的石库门里弄住宅，呈现出不同于租界初建时期的街区样态。

下面，我们从文献层面围绕早期石库门的几个议题予以梳理与分析。

（一）关于石库门的名称

一些人曾把石库门与“绞房子”“石箍门”等联系起来。我们觉得，与其毫无依据、漫无边际地解读，还不如直接从文献入手，寻找有价值的线索。为此，我们就“石库门文献”进行了系统整理，试图从文献中找到有关石库门的早期记载。[3] 在租界出现以前，无论从土地契约文书、房地产资料，还是地方志书、文集笔记中，都很少查阅到“石库门”这一叫法。我们曾花费很长时间在上海老城厢及周边市镇寻找有关“石库门”的相关资料与线索，但很遗憾，上海本地有“石库门”这一称呼出现是很晚的事情。

我们转而在租界早期经营房地产的外国公司（洋行）如老沙逊洋行、公平洋行等文献中去寻觅线索。这些洋行涉及早期华式住宅建造，留存了一些外文资料，其中英文记载为“Chinese House”，在对译的中文里被称为什么，这非常关键。这里，还是要感谢申报馆的创立者。《申报》自 1872 年创办以来，无意中保留了一些石库门的早期记录，下为一段《启事》：

1　李必樟编译：《上海近代贸易经济发展概况（1854—1898 年英国驻上海领事贸易报告汇编）》，上海：上海社会科学院出版社，1993 年，第 238—239 页。

2　周浩泉：《上海石库门房屋史话》。

3　2008 年，我们开始启动“石库门文献的搜集与整理”项目，从土地房产、户籍档案、报纸杂志、地籍图纸等原始资料中系统整理石库门文献，参见马学强主编：《上海石库门珍贵文献选辑》，北京：商务印书馆，2018 年。

走失女子一名，年十五岁，身穿金银布衫裤，足着红布鞋，头挽双鱼髻，耳带秋叶。倘有知渠下落者，请即送信至公阳里第一石库门内，面述仔细，定当厚谢。失主谨启。[1]

明确提到位于公阳里的住宅为“石库门”。1872年，此距“华洋分居”禁令解除、开始大规模营造中式住宅只有数年。“石库门”名称很特别，显然与在租界的外国人最初将空余的“库房”出租给难民这一特殊情形有关。而营造者是谁？就是那些从事房地产的洋行。将《申报》的记载与洋行外文档案对照，就会发现，“Chinese House”在19世纪70年代已被译成“石库门”。《申报》创立后不久，老沙逊洋行就开始刊登广告：“本行今新造市房一所，在宁波路兴仁里西首朝南，石库门六幢，每幢计六楼六底两厢房，后连披屋三间，井俱全。准于明年二月中旬可能完工，其租价格外公道，倘欲先为租定者，请至本行经租账房面议可也。特此布闻。”[2] 这家洋行已在预售石库门住宅，时间是同治十一年（1872）年底。经过一年多的建造，兴仁里的石库门住宅竣工，老沙逊洋行又通过经租账房发出通告：“今有宁波路兴仁里西首朝南石库门，内计一进六楼六底两厢房，后达披屋三间，水井俱全，合意者请至本账房面议。特此布闻。”[3]

另一家从事营造的公平洋行，随后也有将石库门房屋用于出租：“本行在盆汤衖东首朝南门面楼房，前后两进，每进五楼五底，后连披屋五间，水井俱全。又敦睦里朝南门面一所，计四楼四底两厢房，厨房、水井俱全。又石路中朝南门面前后两进，每进五楼五底，后连披屋五间，水井俱全。其租价亦甚便宜。另有在本行后首新造石库门六幢，每幢二楼三底两厢房，厨房、水井俱全。如合意者，请至本行经租账房面议可也。特此布闻。”[4] 盆汤衖一带的石库门为公平洋行所有。

更值得关注的是公共租界的《上海工部局年报》(《工部局公报》)[5] 和法租界的《上海公

1 《申报》1872年5月11日第7章（张，后以“版”称之，下同）。

2 《申报》1872年12月27日第5版。

3 《申报》1874年1月14日第6版。

4 《申报》1873年6月26日第4版。

5 《上海工部局年报》，全称《上海公共租界工部局年报》，1861年创刊，原为《字林西报》和《北华捷报》的附刊，每年一册，直至1943年止，由北华捷报社（后由字林西报社）印刷。早期年报登载驻沪领事团会议记录，纳税外侨会会议记录，工部局董事会会议记录，工部局布告，工部局财政、税收、上诉委员会、警备委员会、工务委员会年度报告及工部局年度预、决算表，以来往函件、表格等形式记载公共租界和工部局的重要事项。1869年后，年报备有索引，便于使用者查阅。随着工部局行政机构的增多，年报形式逐渐规范，以登载纳税外侨年会记录，与工部局订有特许合约的各公用事业公司年度报告及工部局各行政机构年度工作报告、财务预决算为主。从1930年起，按年出版中文年报，根据英文年报摘要翻译，1934年后为全译本。1941年9月，日本东京株式会社生活社曾发行1940年年报的日文版。太平洋战争爆发后，1941、1942年的年报，由“上海市政研究会事务局满铁上海事务所”翻译成日文出版。《工部局公报》，1908年1月初版，直至1943年。由《字林西报》社印刷，每周一期，逢周五出版。1930年10月8日起，工部局华文处将英文版翻译成中文定期出版，由纳税华人会代为分送。

董局年报》(《上海法公董局公报》)[1]中的相关记载。1930年10月8日起，工部局华文处将英文版翻译成华文定期出版，于是有了中、英文版，经对照发现，很多地方出现的“Chinese House”，就被译为“石库门”。法租界《上海公董局年报》(公报)从1931年3月9日起，也出版中文版。经对照，也是如此。此摘录几段信息，其中有一段是1931年7月27日《上海法公董局公报》的记载：

发给营造执照案（节选）

丙、工务委员会报告。照得下开请领营造执照各案。核其所呈图样。与本局章程尚属相符。拟均准发执照。以利建设。

二、辣斐德路地册九〇六二号地主。**请准起造石库门楼房四幢**。[2]

此前，一般根据法文译为“中式房屋”，而自中文版发行，均明确注明为“石库门”。此后，这样的记载更多：

发给营造执照案（节选）

甲、工务委员会报告。自前次该会开会以后。续有接到下开请领营造执照各案。军警改回委员长。核准照发。请予备案。

一、普恩济世路地册第八五七八号C地主。请准起造三层楼石库门房屋九幢。

四、迈尔西爱路地册第五六五四号地主。请准起造二层楼石库门住宅三幢。

五、徐家汇路地册第一三七一二号地主。请准起造二层楼石库门房屋六幢。

七、蒲石路地册第六〇一六号第六〇一八号A地主。请准起造三层楼石库门房屋六十幢。又汽车间八间。

乙、下开营造执照。公务委员会委员长。以所呈图样不全。未予照准。康悌路地册第三一三八号E地主。请准起造二层楼石库门房屋四幢。又过街楼一间。

丙、工务委员会。查得下列请领营造执照各案。核其所呈图样。与本局章程尚属

1 《上海公董局年报》1870年初版，至1942年停刊。法文，每年一期，登载公董局年度预算、决算，公董局董事会及各委员会会议记录。详细记载公董局人事、财税、警务、工务、卫生、工程招发标等重大事项的决策讨论经过及结果。《公董局公报》1910年初版，至1942年停刊，由公董局印刷所承印，每两周出版一期，登载法总领事署令、公董局通告、公董局董事会会议记录。从1931年3月9日起，出版中文版。

2 《上海法公董局公报》1931年7月27日。

相符。

拟均准照。以利建设。

二、麦琪路地册第一二〇七五号C地主。请准起造二层楼石库门房屋三幢。[1]

从准许起造到具体营造，于是，一幢幢石库门住宅出现，一个个石库门街区成形。20世纪二三十年代，为上海建造石库门的高峰期。

日本学者很早就开始研究近代上海的里弄住宅，在他们的论著中，曾将“里弄住宅”根据局部建筑风格不同进行了更细致的划分：分为三类：

1. 各户前面有高高的院墙和门，里面有相当于院子即“天井”的空间——称之为“石库门”或者“库门式”。

2. 院墙特别低的建筑——称之为“矮墙式”。

3. 没有院墙和门，直接入户的建筑——称之为“广东式”或者“东洋房”（店铺住宅属于该类）。[2]

颇有意味的是，他们已注意到：“**此等‘里弄住宅’中最有代表性的就是‘库门式’住宅，**其前面院墙高达2.50—3.00 m左右，形成了一栋住宅的正面，被称为石库门的正门位于各户的中央，配有戒备森严的门扉。”[3]日本学者对石库门的描述，突出了“库门式”的概念。

从中外文献有关早期石库门的记载，我们得出几点结论：1. 石库门称呼的出现，始于19世纪六七十年代，此后称为“石库门”的这类建筑也逐渐在上海的租界、华界甚至中国其他口岸城市扩散开去。2. 石库门住宅，起初是为了适应中国人在租界居住的需求，称为“中式房屋”或“华式住宅”。上海租界，某种程度上说，也是近代中国城市的起源，深受西方影响，从“殖民地建筑”的出现到“石库门住宅”的兴起，不仅仅体现在建筑样式变化上，更与房屋营造、街区规划、市政建设、城市管理联系在一起，背后涉及城市街区构造的复杂“体系”，凸显的是上海通商开埠以后城市住宅所发生的深刻变化。而石库门作为“中西合璧”的建筑符号，极具象征性。

---

1 《上海法公董局公报》1931年8月10日。

2 ［日］佐藤武夫、武基雄：《近代中国住宅散见》（调查报告），原收入《建筑学会论文集》第28号，1943年2月，第127—133页，此文经张智慧博士翻译，收入马学强主编：《上海石库门珍贵文献选辑》，第204—209页。

3 马学强主编：《上海石库门珍贵文献选辑》，第207页。

（二）关于租界早期的建筑与街区的解析

自通商开埠以来，上海快速成长，体现在城市各个区块的景观与空间上都发生了眼花缭乱的变化。“四围马路各争开，英法花旗杂处来。怅触当年丛冢地，一时都变作楼台。”[1]这是《上海洋场竹枝词》中的一段，形象地表达了近代上海城市的发展：各处马路开辟，多少楼台兴筑，景观大异。无论是租界抑或华界，在各自的城市构造上，石库门建筑的营造，石库门街区的形成，颇具特色。

有关早期石库门建筑与街区的形成，我们曾以公共租界南京东路一带的街区为例，结合房地产开发、市政建设、城市管理，围绕建筑样态、空间布局、街区功能做过细致深入分析。限于篇幅，我们这里不做详细展开。[2]石库门对近代上海早期城市形态的塑造，值得深入探究。

二、石库门街区的样本与样态

近代上海是一个集合城市，具体分为三大区域，均受治于各自分离而彼此独立的三个机构，这几个机构“又按照其自有之特殊法规而行使职权”[3]。这三区分别是公共租界、法租界、华界，也被称为“三界”。华界中又分南市、闸北，形成了所谓的“三界四方”格局，实行不同的市政制度。此三界四方都是“按照新时代方式而发展之都市区域”[4]，在不同的界域内，都有各自的行政机构，实行不同的管理办法，涉及具体建筑物的营造，也有不同的规定。建筑风格、居住方式的差异，很大程度上又与人口结构有关。近代上海，中外人士集聚，超过千人的侨民分别来自美国、英国、法国、德意志、日本、俄罗斯、葡萄牙等，所以，有了这样的说法：“各国人民之侨居一处而团聚一起如上海者，世无其匹，故世界各国未有一国自称本国人民未曾侨居上海者。”[5]英、美、法、俄、日等国侨民纷至沓来。在这个新兴的巨大城市之中，更多的还是来自中国国内的民众，江、浙、闽、粤、皖等地人口大量涌入，五方杂处，熙熙攘攘。从1843年上海开埠，到20世纪20年代，上海城市规模快速扩大，人口

1 葛其龙：《前后洋泾竹枝词》，选自顾柄权编著：《上海洋场竹枝词》，上海：上海书店出版社，1996年，第356页。

2 可参见马学强主编：《上海城市之心：南京东路街区百年变迁》，上海：上海社会科学院出版社，2017年，第135—144页。

3 工部局华文处译述：《费唐法官研究上海公共租界情形报告书》第1卷，第二编，第25页。

4 工部局华文处译述：《费唐法官研究上海公共租界情形报告书》第1卷，第二编，第28—29页。

5 *The Little Blue Book of Shanghai*（《上海小蓝本》），1931年刊印，第19页。

数量急剧上升：

公共租界人中约70万人（西人23 000人，日人100 200人），而法租界内华人有167 000名，西人3 200名。在工巡捐局管辖之地，华人约20万，总而计之，人口约100万，现今每岁加增在百分之四有另，公共租界之房屋约65 500所（洋房4 000所亦在其内），今上海之房屋，在10万以上。[1]

另据1930年的统计，公共租界有华民971 397人，外侨36 471人；法租界有华民434 885人，外侨12 335人；华界有华民1 516 092人，外侨9 470人；中外人口总计2 980 650人。[2]巨大的人口增量带来极大的住房需求，大量的西式、中式房屋拔地而起，成片成批的里弄住宅出现，成为来沪人员的寓居之所。在1920年公共租界的房屋统计中，房屋总约65 500所，其中洋房为4 000所。换言之，90%以上是为了满足华人居住的房屋，而其中石库门类型的建筑又占据很大比例。

关于近代上海里弄住宅尤其是石库门建筑的演变，1946年《申报》曾有一段类似“总结性”的记载：

上海住屋，最普通的是里弄，此从中国旧式房屋演进而来的。旧式建筑，都是几间连成一列，小的三间，大的五间七间，宫殿一列多至十三间。上海房屋，即就旧式修改，客厅、卧室、厨房、天井，应有尽有，又有单独的门，可以进出。自成单元最早的建筑，大都是两幢或三幢，连成单元，所谓“石库门”者是。至于单幢，平民所居，大都在交通较为不便的地带。还有一种前面没有天井的广式房子，又称为“东洋房子”的，也不很受人欢迎。

其后逐渐进步，里弄住宅，也更变为新颖了。高度由二层增为三层。除水电外，又有卫生设备。内部构造更趋洋化，外观有英国式、法国式、西班牙式、立体式等等讲究。这种新式房屋所在地点，随市区之扩充而转移，环境较清静，租金也较昂贵。[3]

《申报》从1872年开始出现“石库门”的相关信息，其记载具有即时性，反映那个时代“当

1 ［英］海德生辑：《上海港口大全》译件，上海浚浦总局，1921年刊印，第65—66页。
2 *The Little Blue Book of Shanghai*（《上海小蓝本》），1931年刊印，第19页。
3 《申报》1946年10月21日第6版。

下”的现象与问题。之所以我们称之为具有“总结性”的，是基于这样的事实：受战争等因素影响，到了20世纪40年代，上海已经很少建造石库门了。此后人们谈论石库门的营造，都成为“过去式”。国内外有不少专家学者陆续研究近代上海里弄住宅的发展情况，其中提到：“（上海）里弄建筑有老式石库门、广式房屋、新式石库门、新式里弄、花园里弄和公寓里弄建筑等几种类型。”[1] 也有学者归纳为：“早期石库门里弄、后期石库门里弄、新式里弄、花园里弄和公寓里弄五种类型，在平面布局、单元布局、结构与材料及风格特征等方面表现出清晰的演变过程。”[2] 无论叫老式、新式，还是称早期、后期，“石库门”在上海里弄住宅演变中具有重要地位。20世纪五六十年代以来，来自建筑、规划等领域的研究人员，以同济大学为代表的几代学人，陈从周、章明、王绍周、陈志敏、郑时龄、阮仪三、常青、伍江等围绕石库门建筑演变的各个领域进行大量探讨，成果丰硕。[3] 但结合近代上海城市的形成与发展，石库门不仅仅作为建筑类型存在，更是与街区、社区广泛联系。石库门作为研究上海街区构造、城市扩展的重要环节，实为研究上海史的一把“钥匙”。目前，我们的研究团队正通过不同类型的石库门街区展开分析。

这里，以公共租界、法租界的几个石库门街区的形成与演变为脉络，将其作为“样本”与“样态”，考察其空间的多重构成，从景观变化入手，围绕“造路史”“造街史”展开，分析空间变化背后的推动力量与主导因素，寻找其中的“权利人”，包括街区的规划者、土地的所有者、房屋的建造者、实际的居住者等，在时间、空间与居住人群的联系与变化中揭示近代上海城市内部的复杂构成与功能特点。

（一）公共租界的斯文里街区

斯文里，为上海后期石库门里弄住宅中规模最大的里弄之一。该街区坐落于苏州南路以南，新闸路以北，大田路（大通路）两侧。该处原有广肇山庄等地产与建筑。在上海开埠前后，这里零星分布着一些村落，附近有一条叫“寺浜”的河流经过。一些会馆公所在这里置地，还有大王庙等宗教建筑。作为移民城市的象征，各地人来到上海，集聚在苏州河两岸，建立起各种会馆公所。其中，广肇山庄（广肇公所）、江宁公所、平江公所等在这一带拥有不少田地。在研究近代上海的文献资料中，“道契”档案值得重视。在多份道契中，我们找到了这一带早期租地的线索。如英册道契7358号，该号道契于宣统三年（1911）给出，涉

1　陈从周、章明主编：《上海近代建筑史稿》，上海：上海三联书店，1988年，第160—165页。
2　参见郑时龄：《上海近代建筑风格》，上海：上海教育出版社，1999年，第146—151页。
3　具体参见马学强主编：《上海石库门珍贵文献选辑》，附录3《主要征引文献目录》。

及的地块：位于上海县二十七保十图，土名新闸。另如美册道契 625 号，具体记载：外商美查（Major）租业户位治窝，地 16.708 亩，北吴淞江，南大路，东英商怡和洋行地，西广肇山庄地一块。查此契地从奥册 24 号过来，坐落上邑二十七保十图念字圩，土名新闸，大王庙之西。光绪十八年（1892）五月初三给租地地契 625 号。从道契上反映，早在光绪十七年（1891）之前，外国人即已开始在这一带租地，地价每亩在银 400—750 两。随着 1899 年公共租界的扩张，斯文里地区属于新扩张的公共租界范围。1914 年英籍犹太人向广肇山庄业主购得基地。

从外国人在这一带租地，到街区的最终成形，斯文里的建造经历了一个过程，我们可以通过对几幅地图的解读了解其中的详情。图 1 为 1917 年上海公共租界西区及闸北分图（局部）：

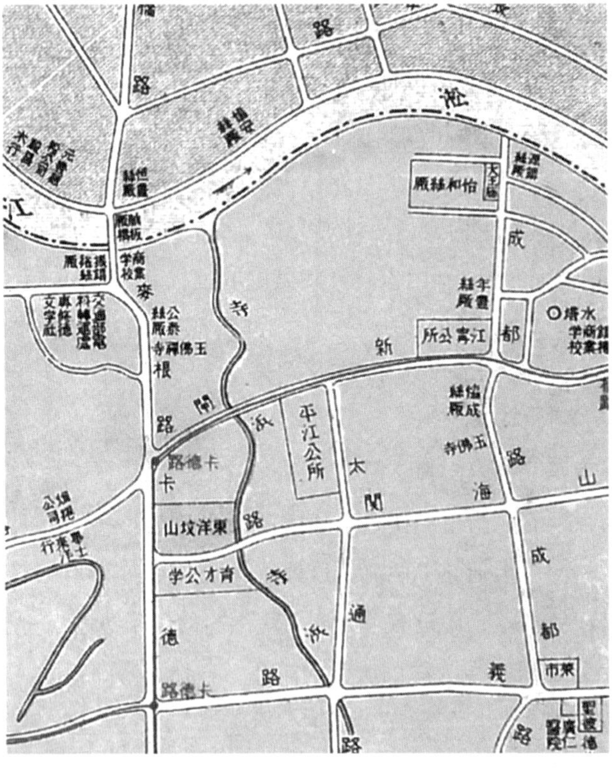

图 1　1917 年上海公共租界西区及闸北分图（局部）

在 20 世纪初，这里设立了一批丝厂，与江南内地的丝绸业发展有着密切联系，沿吴淞江（苏州河）而来，到了上海，从丝栈到丝厂，从集散到加工，江南丝绸等销往世界各地。随着大量移民的涌入，苏州河沿岸也开始建造住宅区。

到了20世纪20年代，陆续建成砖木结构建筑，计有二三层楼石库门里弄住宅39幢，706个单元。分东、西两部分，其中东斯文里21幢，388个单元；西斯文里18幢，318个单元，建造时间稍早（现已拆除）。建成后的斯文里，可参见图2，斯文里街区地籍图；图3，斯文里所在街区图，选自《上海市行号路图录》（上册）第五十七图[1]；图4，斯文里一带，选自《袖珍上海里弄分区精图》第八图[2]。805、806、807、809等地块均属于斯文里街区。

这一带的街区主要由斯文里、养和里、怡和里、聚宝坊等组成。这一时期苏州河沿岸的产业结构也发生了一些变化，早期主要为丝厂，后来经营多元化，棉纺、面粉、造纸等工厂大量出现，与此相关的金融业也发展起来。苏州河路沿岸，沿西而来，依次为经济部第十厂金星造纸厂、福新第七面粉厂，过大通路为上海市工务局机料处、上海银行第一仓库等。在福新第七面粉厂与东斯文里之间，主要是仓库、栈房，有隆茂栈房、裕商仓库、福新第七面粉厂仓库等。大通路、新闸路、成都北路一带沿街，主要是各种商店、商铺。街区内设有一些小工厂、作坊。

斯文里街区的形成和演变，一方面与公共租界的扩张有关，但在街区的成形中，明显可以看到“市场”的因素，工商业有着强大的推动力量，所以，居住人群也以工商业者居多，这在我们开展的户籍调查中得到充分体现。在苏州河沿岸，大量新街区的出现，与斯文街区形成的逻辑相一致，或相符合。我们曾就这一带街区的人群来源进行系统调研，在有关部门的大力支持下，查阅了大量户籍档案，发现这些街区的移民就是从江浙一带导入的。

（二）法租界的梅兰坊等街区

黄陂南路596弄1—57号，其地原属法公董局地册第2082号，详见图5，这一带街区的地籍平面图。[3]

1924年，始建造石库门里弄住宅，砖混结构三层楼，约1930年完工。[4]以当时业主吴

1 鲍士英测绘，顾怀冰等编辑：《上海市行号路图录》（上册），上海：福利营业股份有限公司，1947年。

2 葛石卿等编纂绘制：《袖珍上海里弄分区精图》，上海：国光舆地社，1946年。

3 *CONSEIL D'ADMINISTRATION MUNICIPALE DE LA CONCESSION FRANÇAISE CHANG-HAI PLAN CADASTRAL*（《法租界城市委员会管理地籍平面图》）。

4 据自1947年开始绘制的《上海市行号路图录》中标注，梅兰坊有1—58号。梅兰坊建筑布局总体保持原样，当也有部分房屋是1949年以后陆续增建的。至于梅兰坊的建造时间，文献上的记载各不相同，有的说是1924年，也有些记载是1930年，在相关房地产契约上又笼统说是二三十年代建造，这可能是始建与竣工时间存在的差异导致记载的不同。其实，不少建筑遇到了类似情况，尤其是规模较大、建造周期较长的建筑群。

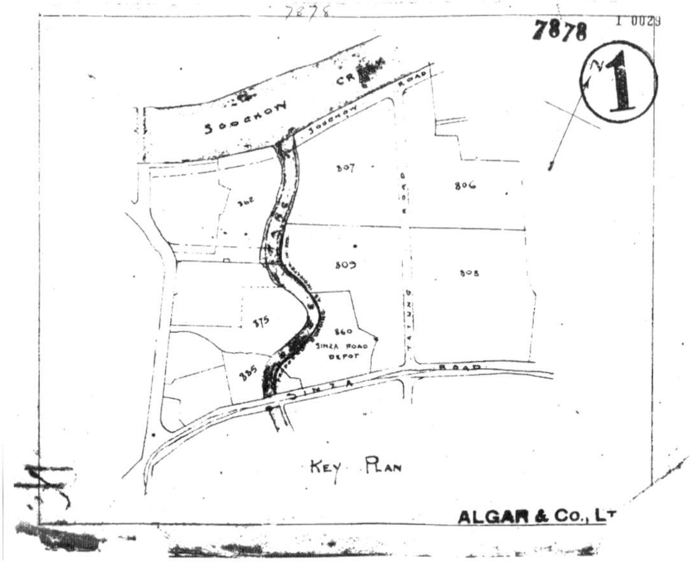

图 2　斯文里街区地籍图

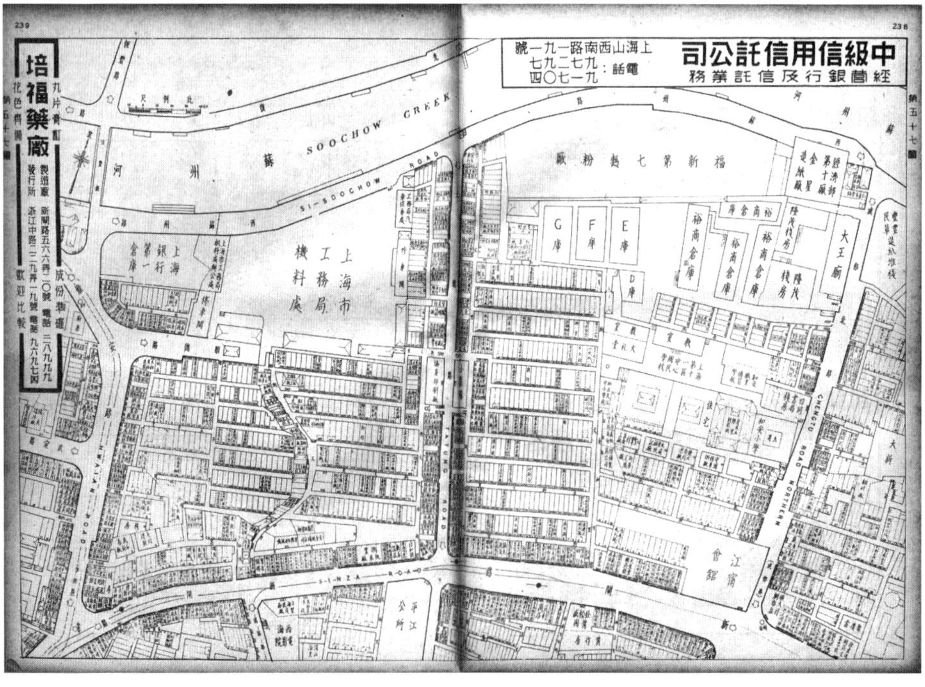

图 3　斯文里所在街区图，选自《上海市行号路图录》（上册）第五十七图

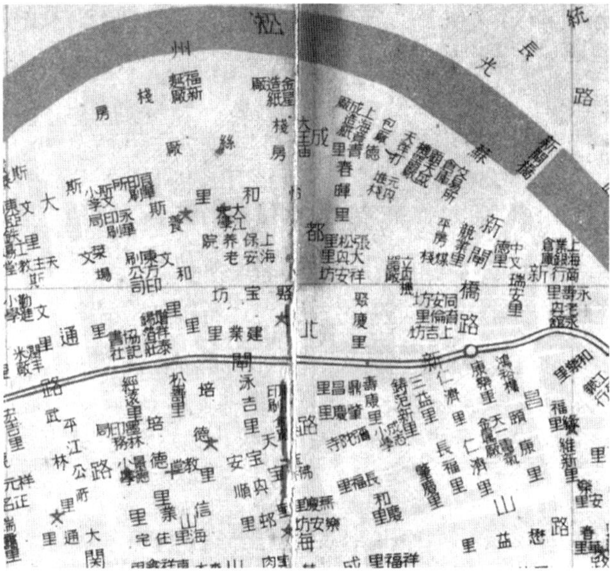

图 4　斯文里一带，选自《袖珍上海里弄分区精图》第八图

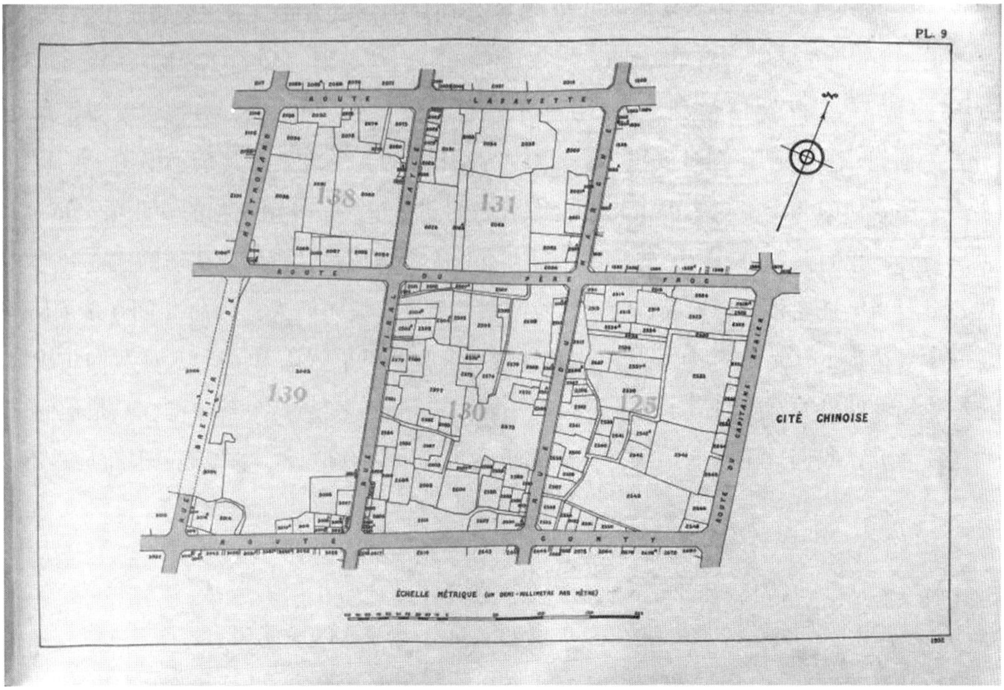

图 5　黄陂南路一带街区的地籍平面图

梅溪、吴似兰名字中各取一字命名。各幢房屋的建筑面积不等，一般在150平方米左右。北立面为清水红砖外墙，有外凸壁柱式烟道。南立面为水泥墙面，石库门构图为简化的古典样式，红漆木窗，门窗上方作弧券，下有水泥仿石窗台。室内底层客厅拼花地砖，天花有线脚装饰。后期石库门里弄住宅的特点，保持了早期石库门的原有形式，而逐渐采用混凝土结构与使用新颖材料，在建造规模上也普遍扩大，总体布局上呈现明显的总弄、支弄格局，建筑排列更加有序。2005年梅兰坊被列为上海市优秀历史建筑。

在梅兰坊数十幢的房产调查中，经常可以读到“吴似兰”的名字，他是梅兰坊原业主之一。据1949年11月的调查：吴似兰，男，42岁，籍贯江苏，职业为商人，自己住在梅兰坊3号。[1] 梅兰坊的经营模式在当时颇具典型性。依照法租界当局对这一区域规划的相关规定，一些业主获得了土地的使用权（一般从道契转划而来），建造房屋，成为房屋的业主，而后或租赁，或出售，于是，这一幢幢房子就有了实际的使用者、居住者，业主们从中攫取高额利润。

梅兰坊是如此，这一区域内的景安里、志成坊等的情形也大致相同（图6）。济南路185弄的景安里，是一个叫王智荣的宁波鄞县人，“拿下了景安里的土地，就建造了这里的石库门房子”[2]。这块地约0.7亩，从英册道契6055号地划出，由英商爱尔德公司转出，其四至：东至英册道契4990号地，南至英册道契8771号地，西至英册道契6077号地，北至英册道契6055号地。[3] 王智荣13岁到上海，从小工做起，后来成为营造商，有钱了就盖了景安里的房子。他们一家自己住在景安里18号，建筑面积169.4平方米，其余房屋用于出租，面积要小一些。他的儿子王自本娶了当时上海著名的“帆布大王”项莲荪的女儿项美贞。[4] 说来也是巧合，我们在采访王智荣的后人之后去不远处的志成坊，得知志成坊的建造者与景安里的建造者当年是老相识。志成坊的建造者叫蔡性豪，宁波镇海人，1928年间在肇周路126弄1—34号花费1万元自造34幢房屋。蔡性豪与王智荣很早就认识，所以，“我们志成坊就是仿造他们景安里的石库门房子造的，格局一模一样，同一个营造厂建造的，只是他们造得比我们要考究，我们这里没有雕刻，他们那里就讲究了，有地板、木雕等。但布局差不多，

1　相关房地产档案摘录，据1949年11月9日调查。

2　据王庭栋（王自本长子）口述，马学强整理，2013年12月24日，济南路185弄景安里18号。

3　相关房地产契约文书摘录。

4　《宁波旅沪同乡会第六届征求会纪念册》（1928年）上有王智荣、项莲荪的名字；另据1925年上海总商会档案，项莲荪（学惠），时年40岁，浙江鄞县人，（创办）华成机织帆布厂，与实业家荣宗敬、穆藕初等同为上海总商会会员。1927年连任上海总商会会员。

前后有两个天井，也有过街楼（街沿房）”[1]。与王家一样，蔡家自己住在志成坊 30 号，272 平方米，余下的房子全部租给房客，“如 34 号就租给我婆婆的哥哥，这位舅舅从老家来，姐姐就让他住了，他成了二房东”[2]。但是，三四十年代时局的搅动，打乱了原业主的预想，无论是梅兰坊，还是景安里、志成坊等，业主们把房屋出租后，其间的实际居住者又屡屡变动，二房东们也可以随意处置房产，如蔡家的一位亲戚，他自己搬到了其他地方，把房屋又顶给了高家，蔡家也没有办法，“我们虽是业主，但有名无实，后来租金都收不上了。蔡家孩子多，其实不怎么富裕”[3]。到了 1948—1949 年间，有些里弄住宅的产权人干脆把没有租赁的房屋出售出去。1949 年 10 月，吴似兰就把梅兰坊 11 号三层单间房屋，以总价人民币 420 万元整（其中地价 100 万元，定着物 320 万元）过户给一位姓杨的人（中华人民共和国成立后被划为资产阶级）。杨家于是成为这幢房屋新的产权所有人。围绕这些里弄住宅的建造者、所有者、使用者、居住者，他们之间构成了复杂的权属关系。

图 6　梅兰坊一带街区图，选自《上海市行号路图录》（下册）第四十六图[4]

1　叶芳英（蔡性豪长媳）口述，马学强整理，2008 年 5 月 21 日，志成坊 30 号。

2　据叶芳英口述。另，查证有关档案：蔡性豪，1888 年生，宁波镇海人，原有祖传房屋 20 幢。1928 年间，在肇周路 126/1—34 共自造 34 幢房屋，依靠房租为生。1939 年业主去世，1940 年法院判决其长子蔡德生继承房产，代表其兄弟 10 人。

3　叶芳英口述，马学强整理，2008 年 5 月 21 日，志成坊 30 号。

4　选自鲍士英测绘，顾怀冰等编辑：《上海市行号路图录》（下册），上海：福利营业股份有限公司，1949 年。

梅兰坊四周多为住宅区，毗邻梅兰坊的是振华里等。经过多年的经营，该街区配套比较完善，周边有学校，如对面有崇实小学（黄陂南路 591 号），合肥路上有振华小学，不远处是震旦大学；分布着各种商店，有永安堂国药号、天成泰药行，有米号、成衣铺、典当行等；在黄陂南路、合肥路的转角处有嵩山卫生事务所，附近的诊所也较多；从黄陂南路拐到复兴路口，就有辣斐大戏院，那边的菜馆、酒家更多了。在梅兰坊内，就有福和长药行、杭州广大药行、宋云涛律师所、关华泰律师所、张忍安诊所等，门口有万源祥，梅兰坊一带的街区逐渐成熟。

（三）位于华、洋之间的天成里、薛华坊等街区

天成里与薛华坊（图 7），分属不同的里弄住宅区，天成里位于贾西义路（今泰康路）248 弄，而薛华坊位于薛华立路（今建国中路）155 弄，之所以把它们联系在一起，主要基于两点考虑：（1）彼此贯通，从建国中路穿过这两个住宅区，可到达泰康路，其间街坊相通，里弄相接。（2）更重要的是以天成里—薛华坊为中心，这一带的街区呈现出比梅兰坊、万宜坊更复杂的情形，突出的一点就是这里的居民里弄住宅与工厂、作坊相互混杂，居民住宅区内外分布着大量的小工厂、小作坊。现在，这里已经成为海内外颇具名声的“田子坊”。

天成里，为旧式里弄住宅，砖木结构，多为二层，开间单双兼有，有数十幢，共有 47 个号，建造于 1927 年前后。里弄曲折，其中不少里弄房子用于开设工厂、作坊，如 11—13 号为文谊笔厂，42 号为华昌机器厂，等等。此外，34 号为乐善于堂，30 号为天成小学。[1]

薛华坊，位于今建国中路 155 弄 2—18 号，为新式里弄，混合结构，三层计 17 幢，建筑面积 2 430 平方米，于 1930 年建造。[2] 今建国中路 155 弄 35 号的 4 幢房子，位于薛华坊内的长留邨，当时的门牌为 21—24 号。1941 年 11 月，经营绸业的宁波商人葛祖镐从孙斯馨手中购得这 4 幢房子，为新式里弄，计三层楼三间二厢房一宅，二层楼二间一厢房一宅，广式单间楼房两宅。[3] 长留邨 25 号为远东面包公司，不远处为远东面包饼干厂，在薛华坊内也开设了多家小作坊。

天成里—薛华坊周围还有平原邨、志成坊（与肇周路上的志成坊同名）、和平里、发达

1　参见相关房地产档案及《上海市行号路图录》（下册）。

2　参见相关房地产档案。

3　建国中路 155 弄 35 号的 4 幢房子，坐落在法租界薛华立路第 155 弄，法册道契第 1070 号，即法公董局地册第 A5158 号基地 6 分 6 厘 9 毫连同该地上建筑物，当时的门牌为第 21—24 号。葛祖镐，浙江宁波人，1925 年来上海，在北京路泰源永绸庄学业，学徒期满为职员，长期经营绸业，后开设春和永呢绒店，雇用职工 16 人。

里等，这些住宅均建造于二三十年代。其中的平原邨，位于泰康路 274 弄，东接天成里，北邻薛华坊，为旧式里弄建筑，砖木结构，建造于 1929 年，每幢房屋的建筑面积多在 70—80 平方米之间（78 平方米较多）。天成里的东、南面集中了各种各样的中小企业，东面的泰顺路 210 弄有大中工业社、天然味精厂（附一大晒场）、海华制革厂（附一晒场）、永明瓶盖厂、合丰帽厂，再往东就是亚美化学股份有限公司、康福织造厂、久华绸厂等；南边过了泰康路，企业更多，如唐寅记切纸厂、福华烟草公司、乾康酱栈、上海铅笔厂、美泰化学工业厂等，再过去就是华界了。这当然是 1949 年以前的格局，此后有所变化，如泰康路 210 弄 2 号，为大中制针厂；泰康路 210 弄 6 号，为上海华美无线电厂；泰康路 210 弄 7 号是公私合营大明胶布制品厂；泰康路 210 弄 12—23 号，则为仁记。

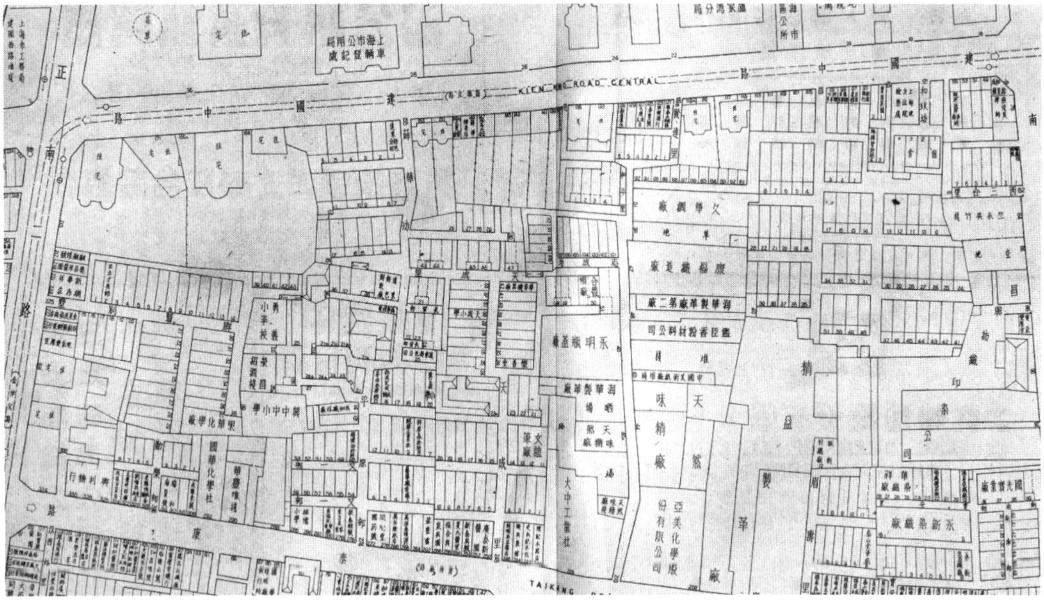

图 7　天成里、薛华坊一带街区图，选自《上海市行号路图录》（下册）第五十九图

从生活设施的分布来看，薛华坊一带相对较少，靠建国中路口仅有二三家小店，而天成里的弄堂口（靠泰康路）可谓热闹，从东而西，依次有陈记木器店、史永记木作、顺兴菜馆、钱顺兴豆腐店、广泰新、新泰兴号、夏氏酱室、张合兴、盈丰当、万源泰烧酒行、万兴烟纸店、同心堂国药号、东方美容室，这些店铺大多与里弄居民的日常生活有关。薛华坊、天成里，与平原邨、志成坊等彼此相通，一些生活设施、公共建筑可以是共享的，这一街区的格局与氛围也就在这样的发展中有意无意之间自然地形成了。

三、从建筑到街区：石库门研究的路径与方法

我们曾以“石库门文献”为专题，从六个方面对石库门的形成、演变做过较为系统梳理与研究，分别为：（1）《申报》中有关石库门的记载；（2）“营造”石库门；（3）“图”解石库门；（4）房地与户籍档案中的石库门；（5）文人笔下的石库门；（6）石库门人家（口述资料）等，总计文字五六十万、图片二百五十多幅。[1] 这是就文献角度而言的，然而，结合上海城市的发展，从上海城市的构造视角，又该如何考察石库门？

近年来，随着城市史研究的不断深入，国内外不少专家学者开始关注城市内部的构造，也涉及一些理论探讨。从城市的空间来说，首先要讨论它的形态与结构。城市形态，有广义与狭义之分，广义的城市形态，主要由物质形态和非物质形态两部分组成；狭义的城市形态，是指城市实体所表现出来的具体的空间物质形态，主要包括城市的空间结构和城市的外部形态两个层面的内容。[2] 具体深入到城市的内部，城市就是由大大小小的具有不同功能的社区所构成的，作为构成一座城市组成细胞的社区研究，对城市史的研究具有重要的理论价值。在城市史特别是社区研究中，美国芝加哥学派的相关探讨无疑是值得重视的。早在美国城市时代正式来临之时，芝加哥大学针对“城市”的学科研究也开始起步，这所大学的社会学系逐渐开展了针对城市生活的研究：“在那里，罗伯特·E. 帕克（Robert E. Park）和厄内斯特·W. 伯吉斯（Ernest W. Burgess）培养了一批学者，用的是将城市人民和居住的环境关联起来，非常类似于生物学家检测植物和动物与它们生存环境的互动的方法。因此芝加哥学派的城市研究方法被称为人类生态学。”[3] 芝加哥学派社会学家认为，他们能通过研究城市的“不同自然区域”，即他们所认定的中心区、贫民窟、少数民族住宅区、郊区和艺术家群落等人们适应城市环境而构建起来的各类社区来理解城市混乱的根源，为了研究这些社区，他们开始“收集相关的数据——比如数值、特性、地理分布、比例、访谈等类似形式的数据”，“这些数据又强化了一个普遍理论即住宅社区已经成为个体和群体在城市生活的核心所在，这些社区是人们向城市社会转型的关键所在”。[4] 借鉴芝加哥学派的研究路径，在城市史研究

1　马学强主编：《上海石库门珍贵文献选辑》。

2　陈泳：《城市空间：形态、类型与意义——苏州古城结构形态演化研究》，东南大学出版社，2006 年，第 2 页。

3　［美］霍华德·丘达柯夫（Howard P. Chudacoff）、朱迪丝·史密斯（Judith E. Smith）、彼得·鲍德温（Peter C. Baldwin）：《美国城市社会的演变》（第 7 版），熊茜超、郭旲天译，上海：上海社会科学院出版社，2016 年，第 189—190 页。

4　［美］霍华德·丘达柯夫、朱迪丝·史密斯、彼得·鲍德温：《美国城市社会的演变》（第 7 版），第 190 页。

中，需要引入社区的概念。[1]之后，城市社区研究愈来愈多地受到大家的重视。此外，街道、街区作为城区的组成部分，在一些城市史的研究中，一直也把“街道史”“造街史”等列入其重点来探讨，因为这是城市建造的基础。

最近几年，我们以上海城市发展为脉络，陆续撰写了多部关于街区变迁的研究专书。围绕街区、社区及城市内部的形态结构，系统论述一些街区的形成与变迁，揭示其内在的功能特点，从中彰显这些街区特有的文化内涵。[2]

从作为住宅的出现，到街区的形成，石库门深刻影响着近代上海城市内部的构造。如何推进石库门的研究，我们在研究思路与路径选择上，应该做一些探讨。

首先，重视石库门街区的“构图”与“空间”研究。以往对石库门街区的研究，主要依据文献档案数据，利用文字予以探讨者居多，而涉及“图”的运用较少。但要深入考察石库门街区的形成与演变、空间的延伸，文字的表述终究有其局限性。须知，一个个石库门街区的形成与铺展，有许多的维度，可以通过平面，也可以通过立体，其构图也异常复杂，只有通过对各种空间构图的解析，其内部结构与功能特点才能充分显示出来。另一方面，有关近代上海石库门街区的档案资料浩如烟海，仅仅利用所阅读的文字资料去描述，去解读，得到的只是一个局部，一个侧面，易于“碎片化”，缺少整体性的认识。

接下来的问题是，有哪些地图、有多少图像可以反映石库门的空间变迁与内部结构？盘整已有的石库门图像资源，这是最基础也是最重要的工作。在上海市有关部门的大力支持与协助下，经过多年的寻访查阅，目前我们已掌握了一些石库门街区的图像资料，主要包括几个部分：自然地理方面的地图（地形图等）；政区地图；城市规划图；城市交通图；街区地面道路图、地下管线网图等市政建设工程图；租界、华界地籍图册；行号路图录；街区图；石库门建筑设计图（平面图、立面图等）、部分石库门建筑的实际示意图；石库门街区所在的保甲管辖区域图；等等。可以利用这些图像，梳理石库门街区的变迁脉络，整体与局部兼

1　较早提出“社区”概念的是近代德国社会思想家 F. 滕尼斯（F. Tönnies）。滕尼斯在其成名作《共同体与社会》（*Community and Society*）中认为其本义是指有着相同价值取向、人口同质性较强的社会共同体，体现着一种亲密无间、守望相助、服从权威且具有共同信仰和共同风俗习惯的人际关系。关于城市社区的基本特点，作为美国芝加哥学派中心人物的罗伯特·E. 帕克曾做了这样的归纳：一是有按区域组织起来的人口；二是这些人口不同程度地与他们赖以生息的土地有着密切的联系；三是生活在社区中的每一个人都处于一种相互依赖的互动关系。

2　马学强参与主编的有：《千年龙华——上海西南一个区域的变迁》（上海：学林出版社，2006 年）；《上海卢湾城区史》（上海：上海辞书出版社，2010 年）、《阅读思南公馆》（上海：上海人民出版社，2012 年）、《近代上海城市的特殊记忆：法租界会审公廨与警务处旧址研究》（上海：上海人民出版社，2015 年）、《上海的城南旧事》（上海：上海社会科学院出版社，2015 年）、《上海城市之心：南京东路街区百年变迁》（上海：上海人民出版社，2017 年）、《近代上海都市的重要人文遗产：中心城区里弄建筑的静安样本考证》（待刊）等。

顾，既直观又形象。

有了这些图像资源，如何研究石库门街区的变迁？我们以为，应该注意三个结合：（1）文字与图片的结合；（2）整体与细部的结合；（3）平面与空间的结合。其中，将图文结合起来，进行有效的解读非常关键。就石库门街区的演变而言，借助已有的图片资料，可将其与道契、地籍册、地租册、城建档案、房产档案、户籍档案以及相关的社会调查、口述资料相结合，从中可以探讨石库门街区的空间变化与内部结构。

新城市社会学研究者认为区域的尺度概念，“是理解城市生长的最佳方式”[1]。就石库门街区而言，居民们在这个街区的范围内，工作、购物、求医、去宗教场所，以及在多样化的场所从事社会活动，此外，还要考虑子女的就学，凡此都在一个日益扩张的街区范围内。以往的城市史研究都已涉及这个论题，但由于种种原因，还没有具体、深入地展开。近年来，学术界围绕近代上海城市的形成与扩展过程进行了多方面探讨，有学者建议：要通过逐条街道与尽可能逐所房屋的研究，从地块到房屋，“当然更重要的还有在这城市里活动着的人，他们的每天生活更是建构城市面貌的重要素材”，借助于GIS技术等，考察城市景观的形成，复原城市空间的构成，再现活生生的社会场景。[2]也有研究者认为可以利用道路层面的历史档案资料，“以道路、下水道等基础设施的空间复原为基础，来复原建成区的空间扩展，并根据相关的地块和建筑的资料，对此进行校正”[3]。这些都为研究石库门街区空间变迁提供了一种新的视角与研究路径。

其次，关注石库门街区的“权利人”问题。城市的主体是人，城市人是一个流动着的生命集合体。在一定区域内人群的集聚过程中造就了特有的人口结构、社会环境、生活形态乃至民情风俗。近年来，城市史研究中一个令人注目的现象是注重城市内部区域、人口、结构、功能、生活形态、街区特色等的剖析。要深入了解石库门，必然涉及内部的多种多样“权利人”，包括石库门（里弄）街区的规划者、建造者、管理者，以及石库门住宅本身的设计者、营造者、所有者、使用者，等等，他们在不同时期构成了复杂的权属关系。对于这些权属的掌握，是需要阅读地籍、户籍、房地产、城建等档案以及包括各种地方志书、文集笔记、报纸杂志、社会调查、口述史料等在内的文献资料的。事实上，历史时期出现的那些石

---

1 ［美］马克·戈特迪纳（Mark Gottdiner）、雷·哈奇森（Ray Hutchison）：《新城市社会学》（第三版），黄怡译，上海：上海译文出版社，2011年，第1页。

2 周振鹤：《城外城——晚清上海繁华地域的变迁》，收入《“都市繁华——1 500年来的东亚城市生活史”国际学术研讨会论文集》（下集），复旦大学主办会议论文集。

3 牟振宇：《从苇荻渔歌到东方巴黎：近代上海法租界城市化空间过程研究》，上海：上海书店出版社，2012年，第29页。

库门街区，无论从空间的哪一种维度来说，都是与权利有关的，而这个权利是由多个层次、不同人群构成的，彼此组合在一起。这涉及多种多样的“权利人”：街区的规划者、管理者；街区内土地房产的所有者、使用者；街道、马路及各类建筑的承建（近代称“营造”）者，他们在不同时期构成了复杂的权属关系。不同的“权利人”才是上海石库门空间的实际构造者。围绕着这些权属关系，街区内部构造的复杂性才得以揭示。

最后，城市更新视域中的石库门人文遗产保护。石库门是近代上海都市的建筑式样，也是世界民居的一种特殊类型，属于具有“唯一性”的宝贵文化遗产。同时，上海石库门的历史价值突出，文化内涵丰富，是近代上海文化的典型代表，与中国传统民居文化、近代市民生活以及中国革命发展历程息息相关。近年来，出于对城市人文遗产保护的现实需要，人们逐渐意识到石库门建筑与街区对于当今上海的价值与意义。作为国际化大都市，上海要保持自身记忆，拓展自身特色，增强其多样性，加强石库门的保护已成为当务之急，刻不容缓，尤其要注意保护石库门这些“传统街巷的肌理”，留存石库门街区的历史风貌。在这样的视域中，有两个问题需要关注。

其一，石库门街区本身需要新陈代谢。作为历史街区，上海的石库门具有动态性、复杂性、多样性和时空连续性的特征，是一个有机体，而这个有机体需要新陈代谢。同其他城市生命体一样，石库门也面临着新与旧、新生与消亡、被保留与被淘汰的选择，伴随着上海城市的发展，需要形成自己的调节机制。

就石库门建筑样式而言，自 20 世纪三四十年代以后基本停止建造。留存以来的那些石库门，随着时间的流逝，从物理形态上已逐渐陈旧老化，不少也无法再保持原有的功能，所以，石库门本身需要更新。1949 年以后，在上海城市建设中，针对石库门这类建筑与街区，很长一段时期使用的是“旧区改造”这一方式。所谓旧区改造，是指局部或整体地、有步骤地改造和更新老石库门的物质生活环境，以便根本改善其劳动、生活服务和休息等条件。旧区改造的内容包括：改造街区规划结构，在其行政界限范围内，实行用地分区和城区用地的规划分区；更新、调整街区布局；更新或完善街区道路系统；改善居住环境并组织大规模的公共服务设施建设，把旧街坊改造成完整的居住区。但也是在这种“旧区改造”的背景下，特别是 20 世纪 90 年代以来，随着上海城市进程的加快，大量石库门街区被以各种理由拆除，一些街区虽未拆毁，但破坏严重，处境堪忧。近年来，有关部门变换思维，逐渐采用城市更新理论。从简单的“旧区改造”到系统的“城市更新”，其背景与模式都发生了很大的变化，石库门研究也应该回应这种变化，并从学理上与实践中，为上海城市更新做出贡献。

其二，尊重石库门街区的历史空间。一座城市在其发展过程中，形成了自己各个时期的空间布局，这是过去的积淀、现在的建构共同作用的产物。一座城市的空间布局，渊源于其自生自发的历史发展，是历史与现在合力的结果。上海作为一座历史文化名城，留存着大量历史街区与特色风貌区，其中的石库门街区（风貌区）尤其引人注目。这些历史空间应该得到充分的尊重。一座富有内涵的城市，历史空间应该占据相当重要的地位。

关于石库门建筑与街区的保护，要特别注意它形成的功能、特点，传统街巷的内在肌理，以及深层的社会文化生活。所以，在保护历史建筑的同时，还要保护其周围的环境、历史风貌，尤其是对于石库门街区、地段、景点以及独特的人文环境，包括居民的社会生活形态、管理方式，要注意保护其整体的环境。总之，研究上海石库门，必须与城市人文遗产研究相结合，必须与城市历史空间保护相结合，在“城市更新”的视域中，赋予其新的内容、新的内涵。

19世纪90年代至20世纪30年代大阪市的町与町内团体

佐贺 朝*

【内容摘要】本文意在探讨19世纪90年代至20世纪40年代的大阪，在近世的町组织解体后出现的类似于联合团体、有志团体的町内会的形成与特征。在此过程中，还会注意其与东京、京都等其他城市的比较。

塚田孝与饭田直树的研究显示，在19世纪80—90年代的大阪，近世以来的町人（地主）有着限制町内土地买卖的习惯。但在90年代以后，与京都不同，近世以来的东京和大阪的町完成了解体。北嶋奈绪子的研究表明，19世纪90年代至20世纪10年代，在南区东南边缘部分的内安堂寺町二丁目，于甲午战争、日俄战争时期出现了两个并没有由全体居民参加的有志团体。他们不仅援助出征士兵，还承担町内各类公共事务以及推荐选举时的候选人。到了20世纪10年代，町内还出现了推荐哪一个团体为町代表的论争。19世纪90年代以后的大阪市内，自然形成的代表町内的团体不复存在，町内往往同时存在着很多有志团体。在有的町内众多团体中的一个会成为町内代表。

本文主要通过以下事例进行探讨。①大阪市社会部调查的“谷町区域”的10个町的事例；②记载于战时的《西区史》中的20个团体的事例。从这些事例我们发现一个共通的特点，即19世纪90年代至20世纪30年代，旧市区的町内有志联合团体的形成呈现良性状态，同时还出现了一个町内很多团体并存的状况。另外，通过对①的分析可以了解到，带有联合性质的町内会的形成状况与组织率往往和旧市区边缘部分很高的社会流动性有关。通过对②的分析可以看到，这些团体虽然大多以一个町为范围，但其具体情况却很复杂。有的向战时町会的转变，也有的经历了解散，还有很多持续保持共生。

1938年，大阪市的所有町内诞生了全域全组织、全户参加型的战时町会，既存町内团体被迫解散。1940年后，战时町会被作为配给制度的运营单位所利用，成为统一组织居民的重要手段。同时，作为弥补物资不足的手段，市民中也出现了利用町会的倾向。因此，继承了

* 佐贺 朝（佐賀 朝），大阪市立大学大学院文学研究科教授。

战时町会的组织，在战后更改名字后依然以行政辅助团体的姿态出现，并逐渐构成了大阪市政保守地盘的基础。
【关键词】近世的町，具有亲睦会性质的町内会，学区，战时町会，社会流动性

1890～1930年代の大阪における町と町内団体

佐賀 朝

【論文要旨】本報告では、1890～1940年代の大阪において、近世的な町の解体後に現れた親睦団体的・有志団体的な町内会の形成の実態とその特徴について検討する。その際、東京や京都など、他都市との比較にも留意したい。

塚田孝や飯田直樹によると1880～90年代の大阪では、近世以来の家持（地主）が町内の土地売買を規制する慣行があった。しかし、京都とは異なり、90年代以降、東京や大阪では近世的な町は解体した。北嶋奈緒子が検討した1890～1910年代の南区東南周縁部の内安堂寺町二丁目では、日清・日露戦争時に結成された有志団体が、出征軍人援護をはじめ町内の公的業務や選挙時の候補者推薦活動を担っており、全戸を組織していない両団体が併存し、1910年代半ばには、どちらを町内の代表組織とするかの議論もあった。1890年代以降の大阪市域では、即自的に町内を代表する団体がなくなり、複数の有志的町内団体が併存し、そうした団体の一つが町内を代表する場合もあったのである。

報告では、こうした親睦会的町内会の実例を①大阪市社会部が調査した「谷町方面」の10か町の事例、②戦時中の『西区史』に記述された20団体の事例から検討する。両者からは共通して、1890～1930年代ごろに旧市街の町内で有志による親睦会的町内会の結成が進み、多くの団体が併存していた状況が読み取れる。他方、①からは、親睦会的町内会の結成状況や組織率は、旧市街周縁部の社会的流動性の高さと関係していた点を、②からは、これら団体の多くは町域を範囲としたものの、かなり多様な実態があり、戦時町会への移行も、多くは解散したが併存する場合もあるなど、複雑であることが読み取れる。

大阪市では、1938年に、全域組織・全戸加入型の戦時町会が、市域すべての町・丁目で

結成され、既存の町内団体のほとんどは解散した。戦時町会は、1940年以降、配給制度の運用単位とされ、住民を画一的に組織する手段となった。しかし、市民も不足する生活物資の獲得手段として町会を利用する動きを見せた。そのため大阪市では、戦時町会を継承する組織が、戦後も名前を変えながら行政補助団体として持続し、長らく大阪市政の保守的地盤を構成したのである。

【キーワード】近世の町、親睦会的町内会、学区、戦時町会、社会的流動性

はじめに

本報告では、東京・京都との比較も念頭に置きながら、近現代の大都市大阪における町と町内団体（町会や町内会と呼ばれた）の歴史的展開とその特徴を検討する。

近現代の東京・京都・大阪の三都をはじめとする都市の町や町内社会、町内団体に関する研究は長い歴史を持つが、報告では、1880年代以降、近世的な町共同体の解体に伴い、大阪の旧市街地で結成が進んだ親睦団体・有志団体としての特徴を持つ町内会の実態を明らかにし、その特徴と歴史的意義について考えたい。高岡裕之は、地方都市を主な対象とする「町総代制度」に関する研究[1]において、①1889年の市制・町村制の施行前後に近世的な町共同体が行政機能を失ったのを機に、いくつかの地方都市で町総代制度が導入され始めたこと、②1900～10年代になり都市化による社会変動が進むと、新設の都市も含めて同制度はその役割を大きく変え、1918年の米騒動を転換点として、新しい社会的行政機能や市民代表機能を持つ都市の統合装置へと変化すること、を指摘した。また、大阪府が米騒動後に創設した大阪府方面委員制度を論じた大森実[2]は、大阪市の旧市街周縁部から新市域に及ぶ地域で、1910年代初めから親睦団体的な町内会の結成が進んだ事実に注目し、大都市周辺部における新しい住民秩序形成の動きとして評価した。

本報告では、こうした研究に学び、1910年代における社会的流動化と町内会の簇生の関係について、主として巨大都市大阪の地域社会の動向に即して検討を加える。その際、東京や京都における町や町内団体との共通点や相違点にも言及したい。

1　高岡裕之「町総代制度論」都市史研究会『年報都市史研究』3号、1995年。

2　大森実「都市社会事業成立期の中間層と民本主義―大阪府方面委員制度の成立をめぐって―」『ヒストリア』97号、1982年。

一、前　史
—1880 年代における町の解体と親睦団体的町内会の形成—

日本近世の町は、家持と呼ばれた町人身分である地主の団体であり、財産と営業の共同保全をはかる組織として存在した。[1]町式目と呼ばれる独自の法を持ち、そこには町内の土地売買に際して家持すべての同意を必要とするなど、土地売買を規制する条項が盛り込まれた。こうした土地売買規制は、国法レベルでは 1870 年代の地租改正による近代的土地・租税制度の成立によって否定された。

従来、不明であった近代大阪の町について、塚田孝氏は、1881 年の大宝寺町東之丁の「町内申合規則書」を紹介し、同年の時点で家持による町が、町内の不動産売買に制約を加えていた事実を指摘した。[2]また飯田直樹氏は、1880 ～ 90 年代のいくつかの町に残された土地売買関係史料から、この時期にも町が町内の土地売買を把握し、それに同意を与えていたことを明らかにした。[3]

こうした町は、その後、どうなったのであろうか。京都市では、近世以来の町が家持（地主）の共同組織として長期にわたり存続し、1920 ～ 30 年代でも、地主によって町運営が独占されている事例も見られた。[4]これに対して大阪市では、世紀転換期には、町内の地主全体を組織する町共同体は解体に向かったと見られる。

この点について重要な事例を提供するのが、北嶋奈緒子の研究[5]である。北嶋が分析した南区桃園学区の内安堂寺町二丁目の事例では、1894 ～ 95 年の日清戦争時に町内で結成された有志団体「愛親会」や、同じく 1904 ～ 05 年の日露戦争時に結成された有志団体「誠友会」が、いずれも出征軍人の援護を担う一方、町内全般の公的業務や選挙時の候補者推薦活動を展開していた事実がわかる。両団体は併存した時期もあるうえ、誠友会は 1910 年代までに再結成・再々結成を経験し、1910 年代半ばには両団体のどちらを、町内の代表組織とするかが議論になった。以上から、1890 年代以降、大阪市の旧市街では、近

1　吉田伸之『近世都市社会の身分構造』東京大学出版会、1998 年、などを参照。

2　塚田孝「近代大阪への展開をみる一視点」同著『都市社会史の視点と構想—法・社会・文化—』清文堂出版、2015 年、初出は 2009 年。

3　飯田直樹「明治前期大阪における家屋敷売買と町による規制」『大阪歴史博物館研究紀要』13 号、2015 年。

4　藤井正太「近代京都の町共同体に関する基礎的考察—西陣・妙蓮寺前町を素材に—」『部落問題研究』191 号、2009 年。

5　北嶋奈緒子「明治期大阪の有志的町内団体—内安堂寺町二丁目を事例として—」仁木宏ほか編『文学研究科叢書 9　東アジア都市における集団とネットワーク—伝統都市から近現代都市への文化的転回—』清文堂出版、2016 年。

世の町のように即自的に町内を代表する団体が不在となり、複数の有志的町内団体が併存し、そうした団体の一つが町内を代表する場合もあったことが分かる。

南区の東南周縁部に位置した桃園学区は、のちの1936年に大阪都市協会が調査し、『大大阪年鑑』に掲載した町内団体一覧[1]によれば、多くの町で複数の町内団体が乱立していたことが確認できる。しかも、同様の傾向は、程度の差はあるが、旧市街・新市域を問わず、大阪市全域で見られた。一つの町内に複数の有志団体・親睦団体である町内会が併存するケースは、大阪市では、かなり一般的だったのである。こうした状況は、どのようにして形成されたのだろうか。以下では、それを検討しよう。

二、親睦会的町内会の地域的具体相（1）
—東区「谷町方面」の町内会—

以下では、1920～40年代の史料で確認できる、町内団体の設立時期・経緯や活動内容などに関する二つの史料から、大阪市内の親睦会的町内会の地域的実態を明らかにしたい。

まず、大阪市社会部報告95号『谷町方面における居住者の生活状況』[2]に記載された親睦会的町内会に関する情報を検討する。同報告は、大阪市社会部が1920～30年代に実施した地域的調査の一つで、これらの調査で大阪市は1897年の第一次市域拡張もしくは1925年の第二次市域拡張で大阪市に編入されたエリアに属し社会的流動性の高い、労働者や都市下層世帯の集住地区をその対象とした。しかし、そうした中で谷町方面の10か町は、旧市街に属し、所得階層も比較的高く、印刷業者や洋服商など自営業者の多い地区として、やや異色であった。こうした地区調査で大阪市は、共通して対象地の町内会の結成状況も整理しており、流動的な社会状況の中から地域的共同性が形成される可能性を読み取ろうと努めていたと考えられる。

表1は、谷町方面の10か町における町内会を書き上げた同報告の記述を一覧に整理し、1936年に大阪都市協会が大阪市全域における町内団体を調査した『大大阪年鑑』所載の町

1 「各町内会と代表者氏名」小川市太郎『昭和十二年版大大阪年鑑』大阪都市協会、1936年。大阪都市協会が1935～36年に調査したものと見られる。

2 大阪市社会部『谷町方面における居住者の生活状況』社会部報告95号、1929年。

内会一覧の情報と照合した結果を加えたものである。この表から以下の点が読み取れる。

第一に、谷町方面では1929年の時点で、基本的に1町に1町内会が存在したことがわかる。明らかに特定長屋の借家人の親睦団体であるNo. 2や12を除けば、この調査の対象となった10か町に1つずつの組織が見出せるからである。なお、『大大阪年鑑』が対象とした1936年時点でもこの表の右端に示したように、10か町には合計9つの町会の存在が確認でき、この地区は、昭和期を通して、ほぼ1町1町会の状況だったことが分かる。

第二に、各団体の町内世帯数に占める団体会員数の割合（組織率）を見ると、大半は50%以下であり、1町1町内会であるにもかかわらず、町内団体が各町内の全戸を組織するにはほど遠かったことが分かる。ただし、こうした中にあって、No. 6の一農会やNo. 8の信義会、No. 9の粉河会などは組織率が70%～80%に達していたことも確認できる。

第三に、「町内会」の創立時期を見ると、多くが1910年代以降に創立されたものであることが分かる。したがって1930年代に一町一町会の形を取っている地域であっても、当該地域の町会組織が伝統的な性格を引き継いでいるとは限らないと言えよう。

第四に、創立時期と組織率の関係に注目すると、明治期に創立されたNo. 1の厚親会やNo. 5の親有会、No. 7の藤江会の3つのうち、厚親会と藤江会は組織率が低く、早い時期に創立した町内組織はその後の住民の流入により、むしろ町内ではごく一部の住民の組織になっていった様子が窺える。ここに、1910年代になって、組織率の高い町内組織が結成されていく要因も示唆されているのではないか。逆に、組織率の高いNo. 6・8・9の創立時期は、不明のNo. 8を除くと1910年代であることも、その点を裏書きしていると言える。

第五に、「町内会」の活動内容に注目すると、町内の慶弔に関わるものも少なくないが、基本的には構成員の親睦のために春・秋2回の宴会・親睦会を開催するなどの親睦団体としての性格が濃厚であったことが分かる。

第六に、1929年の「町内会」と1936年の『大大阪年鑑』所載の町内会一覧とを照合すると（右端の欄を参照）、1936年時点でも、ほぼ一町一町会という特徴は持続している様子が窺え、多くの団体の存続が確認できる。その中にはNo. 5の親有会やNo. 7の藤江会など、明治期に創立された組織も含まれている点が注目されよう。しかし、他方で、明治期に創立されたNo. 1の厚親会の存在が確認できなくなり、二つの洋服商によると見られる二団体の存在だけが確認できる谷町四丁目の例や、町内団体の存在自体が確認できない内久宝寺三丁目や十二軒町など、1930年代にも町内組織の状況はかなり流動し、変化していたことも読み取れる。なお、No. 2や12のような借家人の親睦団体は、『大大阪年鑑』では、調査対象から外されていた可能性が高いだろう。

第七に、以上の状況の社会的背景を考える上で注目されるのは、同じ社会部報告における次のようなデータである。同調査には、住民の現住所に居住してきた期間ごとに分類した世帯数の集計が掲載されている。それによると、10か町の現住期間が判明する住民1747世帯のうち、現住期間10年未満の世帯はじつに905世帯と全体の52%にも及び、10～19年が435世帯（25%）、20～29年が219世帯（13%）、30～39年が105世帯（6%）、40～49年が34世帯（2%）、50年以上が49世帯（3%）であった。すなわち、谷町地域という旧市域のやや周縁に位置するこの地域では、1910～20年代に住民の流動性がひじょうに高かったことが分かるのである。社会部報告の中では、同時期に調査対象とした大阪市の旧市周縁部や新市域に属する鶴橋・中本方面、下寺町方面、西野田方面、泉尾・三軒家方面などと比較して、谷町方面の持ち家率の高さ（と言っても10%にすぎないが）や「当地区居住者はひじょうに土着性に富んでおり、地区は旧市街の中でも旧市街らしさを持っている」と強調している。しかし、この地域に大阪市立東市民館が建てられ、セツルメント事業を展開していたことにも象徴されているように、船場のような都心部とは明らかに異なる流動的な社会状況を、上記のデータからは、むしろ読み取るべきだと言えよう。

じつは、1936年の『大大阪年鑑』所載の町内会一覧を分析すると、学区（10か町ていどを範囲とする小学校設置負担区）ごとに、一町一町会の特徴を持つ学区と、多数の町内団体が乱立し偏在する学区の両方があったことが読み取れる。しかし、本章で見た谷町方面のケースで見ると、旧市街の一町一町内会の特徴を持つ地域であっても、即座に伝統的な町の存続傾向が強いとは言えないことが分かる。その一方で、1936年時点でも、なお明治時代以来の町内組織が一定数は存続していたことが確実である点も注目される。

他方で、京都市では、近世以来の家持（地主）を主体とする町内組織が明治以降も強固に持続する傾向が濃厚であったが、大阪の状況は、これと比較すると、かなり異なっていた点が確認でき、この点がより重要と言えよう。

まとめると、大阪の町内組織は、一部に伝統的な性格を引き継ぐものを含みながらも、全体としては住民の流入や流動という社会的状況に伴って、1890～1920年代に多くの新しい団体を創出させながら、変貌を続けたと言えよう。しかも、1936年の町内会一覧からは、旧市街周縁部に位置するいくつかの学区で、町内団体の乱立・偏在という状況が見られた（西区の堀江学区、南区の桃園学区など）。「谷町方面」は一町一町内会であるため、乱立・偏在とは言えないが、これらの学区と同様に、東区の周縁部に位置しており、町内会の組織率には地域社会の流動的状況が表れていたと言えよう。こうして、一町一町内会か、乱立・偏在か、という違いを含みながらも、大阪市の旧市域の周縁部の流動的あり方とこれら親睦会的町内会の存在には関連があったと考えられよう。

三、親睦会的町内会の地域的具体相（2）
—『西区史』記載の町内会—

次に、アジア太平洋戦争期にあたる1943年に刊行された『西区史』第一巻[1]に記載された同区内における親睦団体的町内会の事例を取りあげてその実態を検討し、あわせて戦時町内会との関係やそれへの移行状況についても見よう。

表2は、『西区史』に記述された区内の親睦団体的町内会20団体の名称や設立年月、結成経緯や活動内容、戦時町内会結成時の状況などについて整理し、前述した1936年の『大大阪年鑑』の町内会一覧との照合結果も加えたものである。この表2からは以下のような諸点が読み取れる。

第一に、西区史が記述する20団体の履歴が分かる点が重要である（このうち15例は『大大阪年鑑』所載の町内会一覧でもその名を確認できる）。まず、①設立年について見ると、明治期が7、大正期が10、昭和期も3あり、大正期に結成されたものが多いことが分かる。この点は、「谷町方面」の場合とも共通する。次に、②構成員について見ると、記載自体が加入世帯数ではないと考えられるNo. 19を例外とすれば、基本的には、いずれも有志団体であり、数十名程度の規模である点が共通しているため、町内の全世帯を網羅した団体ではないものが多いと想定される。また、③活動内容も「谷町方面」の場合と同様、会員の親睦を図るための春・秋の「地方状況視察」や懇親会の開催、慶弔時の支援などであったことが分かる。ただし、No. 7の靭中一会のように、市電の電停設置運動のような、地域利害に関わる運動を展開した事例も含まれる点が注目される。

第二に、町内会を結成した有志や会の範域が2か町にまたがる場合（No. 3・4・6・

1　西区史編纂委員会『西区史』第一巻、西区役所、1943年。

15・19・20）が多数含まれており、一つの町内の一部を区域として町内会を結成している場合（No. 17・18）のほか、町域を範囲とはしていない地域団体（No. 19・20）も見受けられる点が注目される。なお、以上のうちNo. 17の昭和会とNo. 18の親睦会は、阿波座下一丁目を槌橋筋の以東・以西で二分して設立されているが、同町は近世においては槌橋筋の東が権右衛門町、西が日向町に分かれていたため、近世の町境に沿って区分した東西の各町域（ただし東側は「電車道」〈四つ橋筋〉としているので、近世の町域をすべて含む訳ではない）を範囲として町内会が分立していたことになる。

いずれにしても、『大大阪年鑑』所載の町内会一覧の情報よりも実際の町内会の範囲は錯綜しており、複雑であったことになる。このことは、先に述べた同一町内における町内会の乱立や偏在というだけでなく、町内会の範囲自体が各時点での町域と一致するとは限らないこと、また、近世以来の町境を含むいくつかの線引きによって区域が画されるなど、ひじょうに錯綜していた状況を示していると言えよう。

第三に、親睦会的町内会から戦時町会への移行状況が窺えることである。多くの町内会が、1937年戦争開戦後（No. 20）や、同38年4月の大阪市による全市を対象とした町会整備（No. 4・6・11）に伴い解散し、共有金も清算あるいは新町会に引き継いだことが分かる。一方、1940年12月まで存続した事例（No. 19）や、1941年12月のアジア太平洋戦争開戦まで存続した事例（No. 2）があるほか、1943年の時点でまだ存続と記載されているNo. 12・13の事例など、戦時町会への移行状況もかなり区々であることが注目される。

以上のように、『西区史』記載の町内会事例を検討すると、これまで本報告で述べてきた1880～1920年代に旧市街で徐々に結成が広がった親睦団体的町内会の歴史的性格が窺える。すなわち、①これらの町内会は親睦団体としての性格を基本としながら、各時点での町域を主たる範域として有志によって設立されたが、②そうした動きは、1930年前後まで継続したこと、③実際にはその範域も町域とは一致するとは限らず、町域より大きい場合や小さい場合もあるなど錯綜していたこと、また、④こうした親睦団体的町内会は、1938年4月の大阪市による戦時町会の結成を機に多くが解散したが、一部は戦時町会と併存しながら存続する場合もあったこと、などが明らかである。

以上、本報告では大阪市社会部報告と西区史による同時代史的記述を手がかりに、1880～1920年代に大阪市内で結成が進んだ親睦会的町内会の地域的実態について見てきた。具体的には、「谷町方面」の事例からは、親睦会的町内会の結成状況や組織率は、旧市街周縁部の社会的流動性の高さと関係していると考えられる点を指摘した。『西区史』の記述からは、戦時町会への移行も、従来の想定より複雑であることが窺えた。

四、その後の展望—戦時町会体制から戦後へ—

東京市で1920年代に行政による町内会の組織化が進んだのとは対照的に、前章までに述べたように、大阪市においては、いくつかの試みはあったものの、一町一町会を原則とした町会組織の整備は進まず、親睦団体的町内会が乱立・偏在する状態が再生産され、それは1930年前後まで続いた。

結果として、大阪市において、東京市のように全域組織・全戸加入型の町内団体が整備されたのは、戦争が開始された翌年である1938年のことであった。この年の4月、大阪市は総力戦に伴う国民精神総動員運動の実践網として、大阪市全域で「町会」整備を断行した。一挙に、市域すべての町・丁目に「町会」(東京などでは「町内会」という呼称が一般的だったが、大阪市では「町会」と呼んだ）が結成され、既存の有志的・親睦会的な町内団体は、基本的には解散させられ、新町会に引き継がれたとされる。[1]

戦時下には、町会と、そのさらに下位に組織された隣保班（のちの隣組）が戦時行政の下請け的補助団体としての役割を増大させ、大阪市民を抑圧的に支配する枠組となったが、町会・隣組は、1940年以降、配給制度運用の単位とされたため、市民は、この組織を離れては生活・生存が成り立たない状況に追い込まれた。しかし、他方で、市民は、不足する生活物資の獲得手段として、これら組織を利用して食糧品の産地買い付けに奔走するなど、町会を実質的に生活協同体化しようとする動きも見られた。[2]戦時町会はファッショ的統制組織であったが、市民はこれを生活や生存のための団体として捉え返し、そこに意味を付与した側面があったと言えよう。

こうした経過をたどり、大阪市においては、戦時町会の枠組を継承する町内会組織が、

1　三輪泰史「解説」大阪市史料調査会『大阪市史史料25輯　戦時下の民衆生活—九郎右衛門町会回覧板—』大阪市史編纂所、1989年。

2『大阪朝日新聞』1940年9月18日、同1941年6月10日の記事などによると、大阪市内の町会が、この時期に進んだ物資不足のもとで、食糧や燃料などの産地買い付けに奔走している状況が読み取れる。しかし、1941年6月までには、こうした町会の産地買い付け行為は禁止された。

第二次大戦後、GHQによる禁止命令により一旦解散するが、その後も「日本赤十字社奉仕団」や「地域振興会」「振興町会」などと名前を変えながら、大阪市の行政補助団体として長らく持続し、通学区域としてのまとまりを維持した学区とともに、大阪市政の保守的な地盤を構成することになるのである。[1]

おわりに

以上、本報告での検討をふまえ、他都市との違いにも留意しながら、近代の大阪市における町・町内団体と学区の歴史についてまとめると、以下のような諸点が指摘できる。

第一に、近世的な町は1880年代には解体し、大阪市旧市街の町内には全域組織・全戸加入を必ずしも原則としない有志団体・親睦団体が多くの町で複数併存する形となった。こうしたあり方は、家持（地主）団体としての町組織が長らく持続した京都市とは対照的で、1910年代までの大阪の動向は、同様に町が解体し、新たな町内団体の結成が進んだ東京市に近い展開を示したと言えよう。[2]

第二に、1880年代から結成が進んだ大阪市の親睦団体的町内会は、都市への人口流入増加により社会的流動性が高まった1910年代に結成のピークを迎え、そうした動きは1930年前後まで続いた。1880～90年代よりも、1910年代に結成された団体の方が住民組織率が高い傾向もあったとはいえ、全体としては、町内全域の組織化にはほど遠く、有志団体としての性格を持ち、旧市街でも人口流入の激しかった地域ほど、組織率の低さや乱立・偏在傾向が目立った。そのため、現代的な都市政策を推進するための行政補助団体としては、そうした限界を克服することが、大阪市による都市行政上の課題となったのである。

第三に、1920年代以降、行政補助団体としての町内会整備が各都市で進められ、東京市ではこの段階で全域組織・全戸加入型の町内会が整備された。[3]しかし、大阪市では、そ

1　吉原直樹『戦後改革と地域住民組織—占領下の都市町内会—』ミネルヴァ書房、1989年。
2　竹中英紀「町内会体制と都市社会構造—東京市1920～1943年—」東京市政調査会『大都市行政の改革と理念—その歴史的展開』日本評論社、1993年。
3　大岡聡「東京の都市空間と民衆生活—19世紀末～20世紀初頭の「町」住民組織—」中野隆生編『都市空間と民衆　日本とフランス』山川出版社、2006年。

れが成功せず、1938年になって、ようやく全域組織・全戸加入型の町会が一気に結成され、従来の有志団体・懇親会的な町内団体は基本的に解散させられた。大阪市の町内会整備は、総力戦期までズレ込んだのである。なお、京都では近世以来の家持（地主）による町が1930年代まで強固に存続し、そのため、逆に借家人も含めた戦時町内会の整備が難航したと見られる。「公同組合」と呼ばれた町の戦時町内会への編成替えは1940年までズレ込み、大阪よりもさらに遅れた。[1]

第四に、戦時期に整備された町会は、戦後においても、大阪市の保守的政治基盤として長く機能した。戦時体制を経て、大阪市内の町・丁目が、近世的な家持団体としての町とは異なる行政補助団体として見直され、再定置されたのである。

以上のように、本報告では、近代大阪の町・町内団体と学区の展開について考察を加えた。近現代における町内社会の実態を、巨大都市大阪の社会構造の一環として解明するという課題は、現代大阪の区政再編問題を歴史的に考える上でも重要な課題だと考える。

表1 「谷町方面」10か町の町内会（1929年）

No.	町内会名	創立年月	会員数	町内世帯数比	会費月額(円)	所在地	目的及び事業概要	幹事任期・改選方法	『大大阪年鑑』(1936)との照合結果		
									存否	町会名	会長氏名
1	厚親会	1909年	60	19%	1.00	谷町4丁目	同住者の親睦、春秋2回の宴会	年1回選挙	×	振洋会	井上政次郎
2	竹林共楽会	1924年5月	90	28%	0.50	谷町4丁目ノ2	借家人間の親睦、会員の慶弔をなし残金ある時年1回宴会または旅行	年1回交替	×	洋商会	松本一郎
3	誠心会	1922年	100	53%	1.00	谷町5丁目	町内同住者の親睦、春秋2回の宴会、会員の慶弔	年1回交替	○	誠進会	岩田喜右衛門
4	両一親睦会	1918年	60	54%	1.00	両替町1丁目	町内の親睦、春秋2回の宴会または旅行	年1回改選	○	親睦会	植野千吉
5	親有会	1896年	60	49%	1.00	農人橋1丁目	町内の親睦、年2回の宴会、3年目ごとに1回1泊旅行	年1回改選	○	親友会	白井亀太郎
6	一農会	1913年	83	80%	1.00	南農人橋1丁目	町内の親睦、春秋2回懇親会、春季1泊旅行	年1回改選	◎	一農会	奥山栄次郎
7	藤江会	1900年	50	27%	1.00	和泉町1丁目	町内の慶弔、幹事の意向により近傍旅行	—	◎	藤江会	林堅三郎
8	信義会	—	80	73%	1.00	内久宝寺3丁目	町内の親睦、春秋1回または2回宴会	年1回交替	×	—	—
9	粉河会	1923年	150	81%	1.00	粉河町	町内の親睦、春秋2回宴会	—	○	粉川会	上田浅次郎
10	神崎会	1919年	130	53%	1.00	神崎町	町内の親睦、春秋2回宴会	年1回交替	△	神友会	戸田豊吉
11	十二軒町会	1923年	80	36%	1.00	十二軒町	町内の親睦、春秋2回親睦会	—	×	—	—
12	親典会	1928年8月	10	4%	1.00	十二軒町	長屋借家人の親睦慶弔	—	×	—	—

備考：大阪市社会部『谷町方面に於ける居住者の生活状況』（社会部報告95号、1929年）38－39頁、及び大阪都市協会『大大阪年鑑』（1936年）により作成。
存否欄は、所在町・名称とも一致したものを◎、名称の用字などに違いがあるものを○、継承性の判断困難なものを△、明らかに別団体であるか同町内に町会組織の存在が確認できないものを×とした。

1 京都市市政史編纂委員会『京都市政史』第4巻、京都市、2003年。

表 2 『西区史』(1943 年)記載の町内会

No.	町内会名	所在地	創立年月	会員数	設立経緯と活動の概要、解散・存続状況など (「現在」とあるのは1943年)	『大大阪年鑑』(1936)との照合結果		
						存否	町会名	会長氏名
1	赤提灯 (組合)	長堀側問屋橋 北詰町筋	1911年 5月	—	・現在より150年前の桃園天皇期(宝暦年間)以来の組合は数度の興廃を重ねて明治23年9月の大火により中絶したが、同31年5月再興して現在に至る。 ・明治44年5月16日に、中・南の両組合対立克服のため宝塚の壽楼で赤提灯組合を組織した。 ・従来より橋北において対立してきた両組合の「情意投合」を実現し「敬神親睦」を趣旨として組合規約を定め、それに従い組合員は「自彊と砕励の誠」を持ち、趣旨の貫徹を期する。 ・赤提灯という名前は、宝暦年間の難波神社の夏祭礼に際して問屋筋で暴風雨により大破した渡御の行列に対して、町内の提灯屋が「白張に紅殻を塗りて寄進」し無事、行列を先導したのを濫觴として町内に赤提灯を有し、難波神社に重用されるところとなったことに因む。	×		
2	江一会	江戸堀上通1丁目	1916年 5月	休会時 約80名	・大正5年、江戸堀上通1丁目の有志が「会員相互の親睦と福利増進」のため創設。「地方の情況を視察し所在の神社仏閣へ参拝し敬神崇祖の念を涵養し後懇親会を開催」するのが恒例であった。 ・昭和16年12月、時局の重大性により「平和恢復まで休会」と決定し、会費残金も会員に均等配分した。	◎	江一会	元山助市
3	江親会	江戸堀南通1丁目 ・2丁目	1915年 2月	約60名余	・大正4年、江戸堀南通1丁目・2丁目の東部有志により組織されたもの。 ・会費は毎月1円とし、毎年1～2回、地方情況視察と神社仏閣参拝を行い一同会食、各自懇親を深めるとともに町内に関する種々の相談事も話し合う機会としていた。 ・「時局柄本会は平和恢復迄休会」となった〔時期は不明だがNo.2の江一会と同じヵ〕。	◎	江親会	濱田栄蔵
4	江北会	江戸堀北通3丁目 ・土佐堀通3丁目	1913年 11月	創設当時 64名 1943年 約86名	・大正2年、江戸堀北通3丁目の有志が結成したが、土佐堀通3丁目の有志入会が続出したため大正4年、同町の会員を(再)募集し、会則の一部を変更して両町の居住者は他町に転居した場合も希望者は会員として待遇することとした。 ・主たる事業は、大正天皇の大礼時に屋台行列を催したほか、会員相互の親睦を図るため春秋2回の懇談会を開催。会員とその家族の慶弔に関すること。 ・大正4年からは両町の撒水を実施、昭和5年から江戸堀衛生組合に移管した。 ・敬神崇祖のため、春秋2回の懇親会では御陵・神社仏閣を参拝。 ・「思想善導の為」敬老会を開催、70歳以上の住民に記念品を贈呈し、善行者・節婦・忠僕を表彰。 ・在来軍隊の宿泊時には訪問・慰労を行い、防空訓練にも従事している。 ・昭和12年8月、日中戦争に際して第四師団を訪問し陸軍に150円を、海軍にも150円を献納。 ・昭和16〔12ヵ〕年9月、日中戦争終結まで会費徴収の停止を決議、昭和13年4月、新町会に繰越金430円余を引き継ぎ、江北会創設以来の現存者に記念品を贈呈し、剰余金で粗宴を開き、解散した。	◎	江北会	川喜田定太郎
5	土五会	土佐堀通5丁目	1913年	約40名	・大正2年、土佐堀通5丁目一円の有志が結成した。 ・町会員の親睦を図る目的で春秋2回の会合をなし、特に秋季には会員の家族が揃って郊外に出かけ、心身の鍛練をなす。	◎	土五会	中村雄三
6	江西会	江戸堀南通4丁目 ・5丁目	1907年 前後	—	・明治40年前後に結成された当時は両町の区域だったが、のちに5丁目の区域で独立。 ・事業は会員相互の親睦及び旅行、心身の鍛練。 ・昭和13年4月に新たに組織された町会に「会同」した。	◎	江西会	
7	靭中一会	靭中通1丁目	1925年 6月	結成時 59名	・大正14年、靭中通1丁目一円の有志59名が結成。 ・大正15年、会長森本嘉兵衛ほか数氏の発起により靭中通電車停留所設置運動を計画、会員有力者植木治郎兵衛の費用負担による尽力もあり、昭和2年、電停の設置を得た。 ・会員相互の親睦を兼ねて地方視察の旅行を、宝塚、京都、堺、生駒、江州、伊勢参宮、宮島廻り、淡路洲本、別府温泉、伊豆下田、山口県長門峡などで実施した。	◎	靭中一会	植木弘次郎
8	親友会	靭下通2丁目	1919年 7月		・大正8年、靭下通2丁目の有志が、会員の親睦と隣保共助精神高揚のため組織。 ・春秋2回の地方状況視察を兼ねた旅行を実施、一同会食も。	◎	親友会	宮口松次郎
9	千秋会	千秋橋以南	1921年 ごろ		・大正10年ごろ、千秋橋以南に居住する有志が結成。 ・会員相互の親睦・懇親を目的とする。	×		
10	親橋波会	新難波橋・上之橋間	1926年		・昭和元年、新難波橋・上之橋間に居住する有志が結成。 ・会員相互の親睦・懇親を目的とする。	×		
11	互友会	靭南通5丁目	1924年 3月		・大正13年、靭南通5丁目の有志により結成。 ・会員家庭の慶弔時の奉仕、春秋2回の地方見学を実施していたが、〔昭和13年ヵ〕現町会結成と同時に住吉大社に参拝し、解散式を実施、残余金100円で慰問袋を調製し軍に贈った。	◎	互友会	宗岡源助
12	親続会	阿波座上通1丁目	1902年 4月	約80名	・明治35年、阿波座上通1丁目の有志により結成。 ・町内の親睦と一致協力を目的とし、奉祝あるいは神社祭礼に際して幕・提灯の調製・奉納に協力し、春秋2回の総会を開催し、慶弔諸費の報告をなす。 事業は新町会に継承したが、現在もなお存続している。	○	親族会	木村卯之助
13	共親会	阿波座下通2丁目	1883年 4月	65名	・明治16年、阿波座下通2丁目一円の有志が結成。 ・事業は無いが会員和合協力一致をなし、現在も存続。	○	共進会	為井鶴松
14	誠友会	阿波座上通2丁目	1894～95 年ごろ		・明治27～28年ごろ、阿波座上通2丁目の有志により結成。 ・特筆すべき事業なし。	◎	誠友会	橋本利政
15	心和会	阿波座中通1丁目 ・2丁目	1900年 4月	48	・明治33年、阿波座中通1丁目・2丁目の有志により創設。 ・会員一定額の月掛け会費により春秋2回の親睦会を開催。	◎	心和会	浅野喜助
16	神馬会	阿波座下通1丁目	1908年	18名	・明治41年、阿波座下通1丁目の有志が創設。 ・毎年7月21日、難波神社の祭礼時に会員一同奉仕する。	×		
17	昭和会	阿波座下通1丁目 (樋橋筋以東電車道迄)	1927年 1月	結成時 約20名	・昭和2年、阿波座下通1丁目の樋橋筋以東電車道迄の住民を会員として結成したが、昭和16年12月末に解散した。	◎	昭和会	美崎作市
18	親睦会	阿波座下通1丁目 (樋橋筋以西)	1929年 9月	45名	・昭和4年、阿波座下通1丁目の樋橋筋以西の住民で組織。 ・町内一同の親睦を目的とし、春秋2回の親睦会を開催、会員中に不幸などある際には幹事は万事を手伝い会員一同が会葬。	◎	親睦会	金川秀三
19	薩阿町内会	薩摩堀北之町・ 阿波堀通5丁目	「約30年 以前」 (1913年)	〔ママ〕 1500名	・薩摩堀北之町・阿波堀通5丁目の四面を堀川に囲まれた地区を範囲とし、創立は未詳だが「約三十年以前」(大正2年以前)だという。 ・事業は会員相互の冠婚葬祭などの手助け、春秋2回の顔合わせを兼ねた慰安の催しを常例とする。 ・昭和15年12月の町会整備の命により両町分離して新町会を結成した。	○	薩阿会	川畑清蔵
20	薩阿共交会	薩摩堀北之町・ 阿波堀通5丁目	1916年 2月	56名	・大正5年、薩摩堀北之町・阿波堀通5丁目の有志により結成。 ・町内親睦を図るのが目的。 ・昭和12年、新町会の組織に伴い、会費残額(銀行預金)450円を残して休会した。	×		

備考:西区役所『西区史』第一巻(1943年)489－497頁、及び大阪都市協会『大大阪年鑑』(1936年)により作成。
存否欄は、所在町・名称とも一致したものを◎、名称の用字などに違いがあるものを○、同一性の判断困難なものを△、明らかに別団体であるか1936年には同一町内に町会組織の存在が確認できないものを×とした。

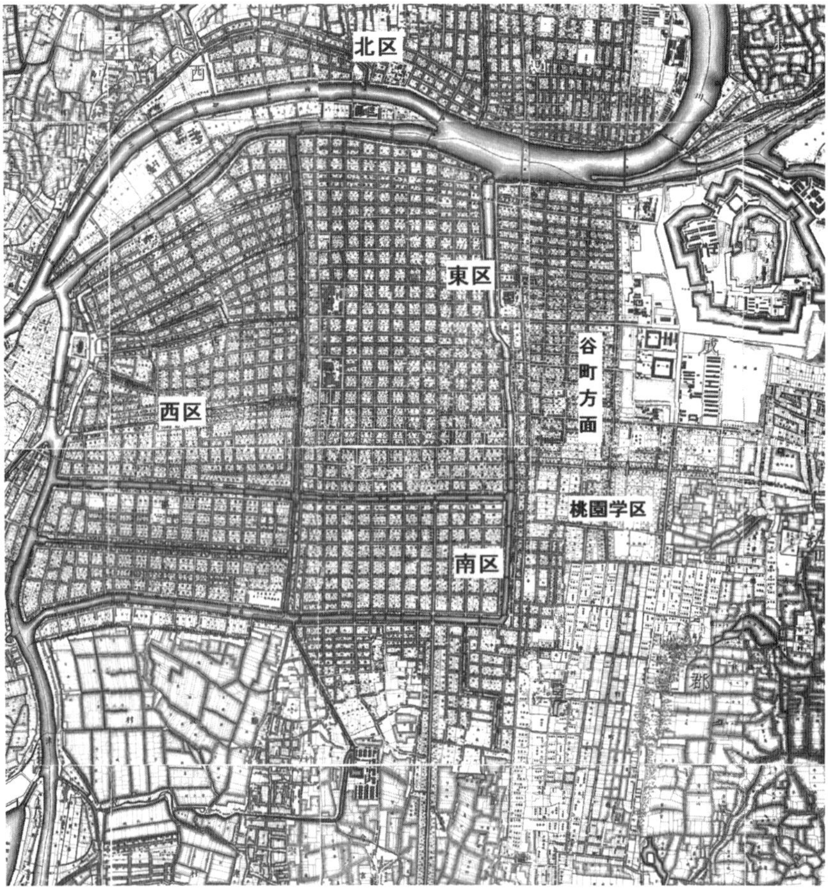

图 1　大阪市街中心部（1886 年「大阪実測図」より）

英国海道测量局所绘黄浦江实测地图初探（1840—1911）

牟振宇 *

【内容摘要】黄浦江及与其相连接的长江口内外水道，是我国近代航运史上最为重要的航线之一，也是鸦片战争以来英、法等西方列强重点测绘的水域，留存的近代地图资料较为丰富，但目前地图学界对此类地图缺乏整理与研究。本文对英国海道局所绘黄浦江实测地图进行了系统整理与研究，发现这些地图属英版海图系列，在上海地图史上占有重要的地位。从内容上看，这些地图可分为长江口地图、黄浦江全图（吴淞口至淀山湖）、黄浦江下游地图（吴淞口至上海船厂）、港口地图和吴淞内外沙专题地图等不同的谱系；从版本上看，它们以套图为主要形式，即选取一幅重要地图作为母本，其他版本则是根据新测数据或内容进行多次更正和修补的。这些地图是使用西方现代技术测绘的，制作考究，符合规范，精度颇高，具有不可估量的史料价值。

【关键词】英国海军部海道测量局，黄浦江，英版海图

英国水路部作成黄浦江実測図の初步的探究（1840—1911）

牟振宇

【論文要旨】黄浦江及びそれにつながっている長江の河口付近の水系は中国近代水上運送の重要航路である。アヘン戦争以降、英・仏を代表とした西洋列強は黄浦江水域を重点に測

* 牟振宇，上海社会科学院历史研究所副研究员。

量し実測図を作成していた。そのため、黄浦江に関する近代地図史料はより数多く残されたが、地図研究学界がそちらに対する整理と研究は不足している。本論文は英国水路局が作成した黄浦江の実測図資料群を整理・研究した結果、これらの地図は英国版海図だと知り、上海の地図史研究上に重要な位置を占めていると考えられる。内容からみると、この地図資料群を「黄浦江全図（呉淞口から淀山湖まで）」「黄浦江下流地図（呉淞口から上海船廠）」「港地図」と「呉淞内外沙特集地図」などに分けられる。また地図の形式からみると、本地図資料群は一つ重要な地図を「母本」として選択し、他の図面は新しい測定データまたは内容を何度も修正・補修されたものとしてある。黄浦江実測図群は西洋式測量法に基づいて作成されたもので、精度がかなり高いし、史料としての価値も非常に高いと思われる。
【キーワード】英国海軍水路部、黄浦江、英国版海図

英国海军部海道测量局（Hydrographic Office of the Admiralty，下文简称英国海道局）是为英国皇家海军和国防机构提供水文和海洋地理空间数据的机构。该机构创建于1795年，海军部的首任水文师是由英王乔治三世任命的亚历山大·达尔林普尔（Alexander Dalrymple，1737—1808）。18世纪以来，英国海道局为英帝国资本主义海外殖民扩张保驾护航，不仅开辟了多条重要的航线，而且编绘了大量精准的航道、水文地图，成为当时全球水文测量行业的权威。至1825年，由该机构编制并销售的水文地图和海岸景观图达736幅。为了打开中国市场，早在1807年，英国人就偷偷测绘了广东沿岸的港湾。此后，英国侵略者又趁战争之机，几乎打到哪里测到哪里。在第一次鸦片战争期间，英军测量了舟山附近海域、黄浦江和长江口航道。鸦片战争之后的70年间，英国凭借不平等条约获得的特权，更加肆无忌惮，自南而北，自沿海至内河进行了全面的测量，腐败的清政府听之任之。英国海道局根据测量的数据编制了各种比例尺的中国航海图和内河航道图，几乎覆盖我国全部海域，其中又以广东沿海、香港附近、长江流域及山东半岛的地图数量最多，约占总数的60%。地图编绘时间自19世纪10年代开始，至20世纪10年代，跨越了一个多世纪。据统计，晚清英国海道局出版的凡涉及我国沿海和内河的各种比例尺的航海图和江河航道图，按图号总计164幅。[1]

1　汪家君：《近代历史海图研究》，北京：测绘出版社，1992年，第40—41页。

黄浦江是进出上海港的重要航道，黄浦江实测地图在英版中国海图中占有重要的地位，但目前学界尚无对黄浦江的历史实测地图进行系统梳理。近几十年来出版的地图，如《上海港航行图集》[1]、《上海港海图集》[2]，仅反映某一年份黄浦江航道状况，不能反映黄浦江的历史全貌。“虚拟上海”网站[3]和《上海城市地图集成》[4]作为近年来系统收集上海城市地图的集大成者，已包含了不少黄浦江实测地图，有一些来自英国海道局馆藏的黄浦江水文和航道地图，其中绝大部分是英国海道局测绘的。研究时段，对于上限1840年，以目前所知最早的地图为准，下限截至1911年，是因为1912年以后问世的黄浦江实测地图，并非出自英国海道局，而是由上海浚浦工程总局测绘。故本文将1911年作为研究下限。鉴于此，笔者对英国海道局所绘黄浦江实测地图进行系统的收集和梳理，并重点从地图测绘、地图版本和地图内容等方面，详述黄浦江地图的谱系流变，以期对当前的黄浦江研究有所助益。

一、英军海道局测绘黄浦江地图的基本情况

根据1842年中英《南京条约》，上海于1843年开埠，凭借着优越的交通区位和广阔而肥沃的长江流域腹地，不到十年就取代广州成为中国之大门，“凡至中国者，以上海为主要入口”，并在之后近一个世纪的时间里，一直是近代中国港口体系的桥头堡、中外航运网络的枢纽。黄浦江是上海的母亲河，“其通畅与否，直接影响于上海商业”，甚至攸关上海之兴废，故自开埠以来，英国海道局出于保障航运安全的考虑，采用了西方先进的测量技术，对黄浦江进行了大量的勘察和测量工作，在此基础上绘制了大量的黄浦江地图。

英军测量黄浦江的历史要追溯到第一次鸦片战争期间。早在1840年6月，即鸦片战争爆发不久，英国海军即派出以“康威号”（*Conway*）为首的一个分遣舰队，在长江口及附近海道勘测。[5]战舰康威号舰长是贝休恩舰长（Captain R. D. Bethune）。他于1815年加入英国海军，1836年成为战舰“康威号”舰长，1839年到达孟买，参加远征军来到中国。鸦片战争时负责舰队的交通运输，英军北上舟山时，即由其率“康威号”为远征军领航。在第一次

1 交通部上海海上安全监督局：《上海港航行图集》，内部资料，1990年3月。

2 上海海事局编著：《上海港海图集》，北京：中华地图出版社、中华地图学社，2012年。

3 “虚拟上海”网站（www.virtualshanghai.net）由法国著名的汉学家安克强（Christian Henriot）创建，是目前收集上海历史地图最早最全面的网站。

4 孙逊、钟翀主编：《上海城市地图集成》，上海：上海书画出版社，2017年。

5 茅伯科主编：《上海港史（古、近代部分）》，北京：人民交通出版社，1990年，第104页。

定海之战时，由贝休恩舰长率汽船“阿特兰特号”（*Atalanta*）测量水道。

但贝休恩并非水文专员，又缺乏准确的海图和地理知识，故其领航舰队驶入舟山港后，导致大部分船只搁浅，旗舰“麦尔威厘号”（*Melville*）几乎报废。[1] 为此，英军不得不请来海道局的水文人员哥林森上尉（Lieut Collinson R. N.）。哥林森，1823 年加入英军，1828 年为见习军官，在南美洲和中美洲海域测量水道，鸦片战争爆发后，晋升上尉，成为第一个来华的水文人员，1841 年 7 月和 1842 年初，哥林森仔细勘测舟山及其附近地区，并将成果刊登于《中国丛报》，包括 66 处岛屿、海岸、港口、水道的英文地名、经纬度位置和具体的航道指南等，在此基础上绘制了《舟山，定海港》等海图。定海之战后，英军派贝休恩率“康威号”以及英国舰队进入长江口，一直上溯至崇明岛以西，沿着长江水道进行了详细的勘测。[2] 这次勘测的成果之一就是绘制了编号为 1257 的海图：《中国东海岸，扬子江，从舟山群岛至黄海湾，1840 年》。1841 年 6 月 18 日英国海军部海道测量局出版。

1842 年 6 月 17 日，英国海军在进攻上海期间，由中将巴加（William Parker）指挥的军舰和郭富（Henry Gough）率领的远征军乘“复仇女神号”（*Nemesis*）和“麦都萨号”（*Medusa*）对黄浦江进行了第一次探测，并绘制了编号为 1454 的黄浦江地图。[3] 这是目前所见第一幅以吴淞江（即当时的黄浦江）命名的黄浦江实测地图。[4] 开莱特（Henry Kellett）和哥林森是英军入侵上海时负责导航和测量黄浦江的两名干将，他们不再利用测量船或汽船引领舰队前进，而采用安放附标的办法标志航线。开莱特，1822 年加入英国海军，1835 年作为卑路祚（Edward Belcher）[5] 的副手一同来到中国。这两位水文员是鸦片战争期间测量中国沿海内河的主要成员。1842 年 6 月 19 日上海陷落，20 日，开莱特由上海出发，乘汽船继续向黄浦江上游探测，寻找前往苏州的水道。苏州为当时江南的经济中心，也是英军垂涎已久的目标。但开莱特沿黄浦江抵达青浦泖湖时，水道变浅，导致此次航行失败。英国海道局根据二人勘测的数据编绘了从吴淞江至淀山湖的黄浦江全图，这是目前所见第一次由英国人绘制的黄浦江实测全图。

---

1 王涛：《天险变通途：鸦片战争时期英军在中国沿海的水文调查》，《近代史研究》2017 年第 4 期。

2 王涛：《天险变通途：鸦片战争时期英军在中国沿海的水文调查》，《近代史研究》2017 年第 4 期。

3 [英] 麦克莱伦：《上海故事——从开埠到对外贸易》，刘雪琴译，收入 [美] 朗格等：《上海故事》，高俊等译，北京：生活·读书·新知三联书店，2017 年，第 68 页。

4 《上海测绘志》（上海社会科学院出版社，1999 年）指出，清道光二十二年（1842），由英国编制出版的《徐六泾至海》图是长江口最早的正规海图。但本文认为，该图即文中所指此图，绘制时间应是 1840 年。

5 卑路祚，于 1812 年加入英国海军，1825 年参加太平洋和白令海峡考察队工作，1830 年以后在北非北海岸和西海岸、美洲西海岸勘测，经验丰富，1837 年指挥“硫磺号”（*Sulphur*），在太平洋海域执行任务，1840 年来华。

鸦片战争结束后，按照中英《南京条约》规定英军应退出上海，但英国并未履行这一协议。英国海道局的测量队，继续在中国沿海及上海从事海道和内河勘测工作，明目张胆地侵犯中国主权，自然也不会放过对黄浦江的测量工作。特别是第二次鸦片战争期间，英国的驻沪军队于 1858 年对黄浦江下游自吴淞口至江南制造局河段进行了一次更加全面的测量，并绘制了日后影响深远编号为 1601 号的黄浦江实测地图。但关于这次测绘的相关文献记载颇少，根据地图上的信息，测量者是琼·华尔军官（Commander John Ward R. N.），测量船为“亚克托安号”（*Actaeon*）和“鸽子号”（*Dove*），测绘时间是 1858 年。1860—1863 年，太平军进攻上海期间，英法以“保护”上海安全为由，组成盟军，至 5 月，开始在上海布防，而且还派测量队对上海及周边地区进行实地勘测，这些勘测结果成为当时《盟军保护下的上海及周边地区地图，1862—1863 年》（“Plan of the district around Shanghai under the protection of the Allied Forces, 1862-63”）[1] 等多幅军用地图的重要数据来源。1869 年之后，中国海关署成立，黄浦江的测量大权就落到了中国海关署海关税务司手里，他们成立了巡工司，专门从事测量事宜。故之后的黄浦江水深数据均来自海关署巡工司的测量，但英国海道局仍掌握着绘制地图的权利。直到 1905 年，浚浦工程总局成立，并设立专门的测量科之后，才改由浚浦工程总局绘制。从问世的地图来看，虽然 1905 年之后仍有部分英国海道局改版的地图继续刊行，但 1912 年之后，除了上海港口地图和区域地图外，黄浦江航道实测地图多系浚浦工程总局或上海港务局测绘。

二、英国海道局所绘黄浦江地图版本谱系

英国海道局所绘黄浦江实测地图存在明显的谱系特征，即以一幅重要的地图为母本，其他版本是根据新测数据进行修改、改订或改版而成的。与母本相比，其他版本，除了对变化较大且位置紧要的航道进行重绘外，其余河段仅更新其等深线以及河深数据，陆上信息除了沿河段的码头、货栈或仓库等港区部分稍有变化外，其余大部分保持不变。根据资料来源和地图制式的不同，1840—1911 年间的英版黄浦江实测地图可分为如下几大谱系，详述如下：

---

1 https://www.virtualshanghai.net/Maps/Source ?ID=569［2018-7-1］.

（一）编号为1257的中国沿海地图

“China, East Coast, Sheet V, from the Kwesan Islands to Whang-Ho gulf, the Yang-tse Kiang”(《中国东海岸，从舟山群岛到黄海湾，扬子江，1840年》). 编号SEC. XIII（1257）。现藏于大英图书馆。

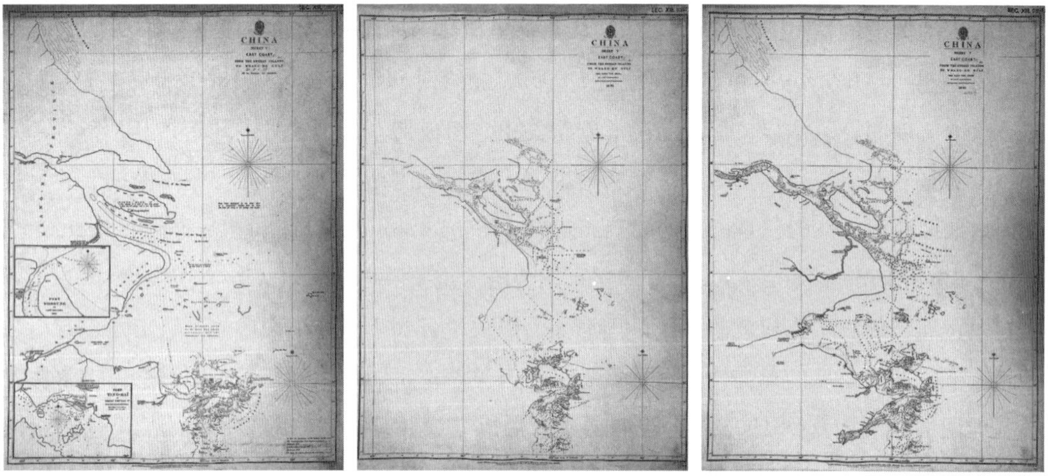

图1 《中国东海岸，从舟山群岛到黄海湾，扬子江，1840年》(三版)

该地图是目前所见第一幅英国海道局测绘的中国长江口地图（图1），其范围南起舟山群岛北至今长江以北的黄海湾（今连云港一带），主要反映舟山群岛、崇明岛、长江航道（上至江阴县）以及黄浦江等中国沿海航道状况。该系列虽非黄浦江专题地图，但该系列中已包含了吴淞口、黄浦江航道，部分地图涉及黄浦江测量，故本文将其列入讨论。该地图有三个不同的版本，绘图时间前后不一，内容上不同版本略有差异，最后一幅地图往往是几次测量结果的汇总，这是早期英国海道局绘制地图的一个重要特点。具体而言：

第一版，主图名一致，但图名下注文——舟山以北的诸多岛屿，具体位置及水深数据不详，说明这一地区尚未经过实测。故地图上仅标注了舟山群岛附近、长江口以南航道的水深数据，但长江口南航道的水深数据付之阙如。该版图中附图两幅，其一名为《吴淞港，1832年》(“Port Woosung, 1832” by Capt. Thos. Rees)。图中标注了吴淞口附近航道及其水深，以及海防要塞、吴淞镇等信息，并指出1833年1月在吴淞村附近有1 300艘船只，而在上海县城附近黄浦江上有2 000艘船。这些数据来自Capt. Thos. Rees的勘测。1832年东印度公司派出以林赛（H. H. Lindsay）为总管、郭士立（August Gutzlaff）为翻译的“阿美士德号”（*Amherst*）勘测队对黄浦江进行过测量，这些数据应该就是这次测量的结果。由地图上所载的测量者“Capt. Thos. Rees”，推测是这次测量的一名军官。另一幅地图即哥林森绘制的《舟山，定海港》。根据图底的注文可知，该版地图由英国海道局出版于 1840 年 1 月 10 日。

第二版，虽然图名等信息未变，但图名下表明了资料来源：“THE YANG-TSE KIANG BY CAPT. R. D. DETHUNER.N. CHUSAN & c. BY LIEUT COLLINSON R. N.”即扬子江河段由贝休恩船长勘测，舟山及附近岛屿由哥林森测量。与第一版相比，这一版地图增加了长江口南航道的详细水深数据，可断定该地图是在长江口实测之后绘制的。但该地图上除了吴淞口外标注了一点信息外，并没有黄浦江的任何数据。另外，第一版中的图中附图也略去了。根据图底的注文可知，该地图由英国海道局出版于 1841 年 6 月 18 日。

第三版，图名图注等信息均与第二版相同，舟山、长江口的内容和信息也与第二版相同，唯一增加的内容是黄浦江自吴淞口至淀山湖的全部航道信息，并在部分重要位置上标注了水深数据。实际上，1840 年 7 月英军攻占舟山定海后并未进攻上海，而选择直接北上，故黄浦江水深应取自其他的数据。又根据图底的注文可知，该地图由英国海道局于 1841 年 6 月 18 日刊行，新增水深数据及其他新内容，时间截至 1843 年 1 月。不难推断，第三版新增的黄浦江的数据，应该来自 1842 年开莱特和哥林森的实测。可见，这个版本应该汇总了之前多次测量的结果。

（二）编号为 1454 的黄浦江实测地图

“China, Woosung River, from the Tien Shan Lake to Shanghai and Woosung, 1842”（《中国，吴淞江，自淀山湖至上海及吴淞口，1842 年》), by Comm. Kellett & Collinson. 比例尺（根据地图比例尺换算）约 1 : 72 913。编号 SEC. XIII（1454）。现藏于大英图书馆。

该地图以吴淞江命名，却是目前所见第一幅反映黄浦江全部航道的实测地图，涵盖了自吴淞口至淀山湖的黄浦江全部河段，水体部分标注了低潮水位时的水深数据（单位为英寻），来自 1842 年开莱特和哥林森实际勘测的数据。地图包括主图和两幅附图（图 2），分别绘制了黄浦江的三个河段，主图部分是吴淞口至上海县城河段，绘制最详，说明该河段的极端重要性。上海县城以上至淀山湖分成两个河段，以附图形式置于图两侧。

英国海道局所藏的另一幅黄浦江全图（图 2），与该地图存在着继承关系，因为这幅地图上黄浦江航道及水深的数据，同样来自 1842 年开莱特和哥林森的勘测。该地图编号为 D8973，由英国海道局于 1843 年 7 月 7 日出版，之后 1857、1859、1861 年修正。可见，也是在同一母本上经过了多次改版修订而成。

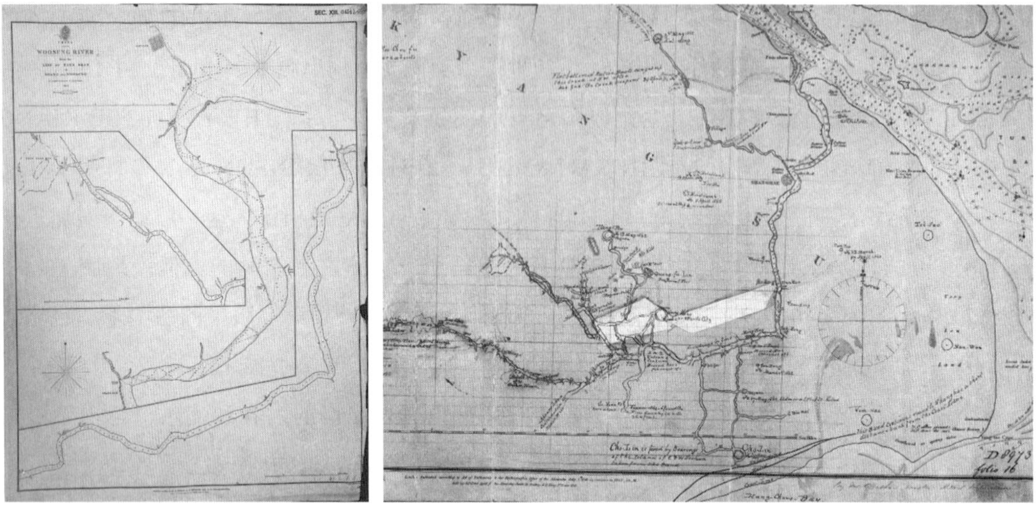

图 2 《吴淞江，从淀山湖至吴淞口，1842 年》

（三）编号为 1601 的地图

“China, Woosung River, surveyed By Capt. H. Kellett C. B. & R. Collinson C. B., 1842”. 图幅 65 厘米 ×101 厘米，编号 1601。现藏于英国海道局。

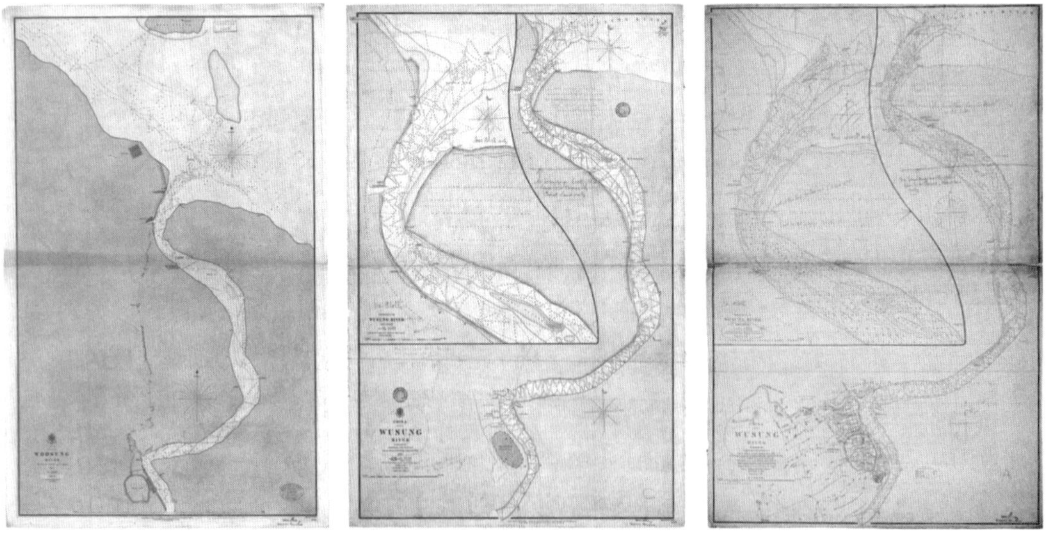

图 3　编号为 1601 的黄浦江地图

这是目前所见首幅表现黄浦江自江南船厂至吴淞口的下游河段的地图（图 3），展现的也是连接上海和吴淞口最重要的一段航道。之后，由英国海道局出版的编号为1601的黄浦江地图，均限于此河段范围。1842年版本是目前所见该系列中最早的版本，系“根据英国海军部海道测量局议会法案于1844年6月11日在伦敦出版”的，地图编号为OCB 1601 A1。从数据来源看，也是根据编号1454的地图修订的，只是选取了黄浦江下游河段。但水深数据明显增多，且绘制了等深线。由此推断，该版地图应是增添了战争结束后的实测数据，甚至来自更晚的测量数据。图上的另一段文字也可佐证：吴淞内沙西岸，“根据1849年‘艾斯皮格号’（*Espiegle*）船长加伍德（Garwood）的说法，在低水位时一块仅2英寻深的浅滩，延伸到右岸”；河中另一标水深7英尺的位置注明，“1852年‘蝾螈号’（*Salamander*）在此搁浅”，说明该图不早于1852年。大英图书馆还收藏了该地图的法文版《吴淞江地图》（“Plan de la Riviere de Woosung”），图注表明该地图是1850年由法国海军部（Dépôt General de la Marine）据此1842年英文版编绘，所有的水深数据全部被换算为法国计量单位法尺（pied），图上还附录了英米、英寻和法尺之间的换算表。

之后一直至1905年浚浦工程总局成立之前，所有问世的黄浦江地图基本均是该版的修订版，所以1601号地图成为19世纪末20世纪初最重要的黄浦江实测地图。其中最重要的一个修订版是1858年地图，英国海道局的编号为OCB 1601 B1。该地图的图名为《中国，吴淞江，来自琼·华尔军官和“亚克托安号”和“鸽子号”测量船的军官们的测量，1858年》（“China, Wusung River, surveyed by Commander John Ward R. N. and officers of H. M. Ship *Actaeon* and *Dove*, 1858”）。图幅为69厘米×115厘米，比例尺为1∶7 220，1859年10月25日由英国海军部海道测量局出版。该地图分为主图和附图两部分，主图为吴淞口至江南造船厂河段，比例尺为1∶7 220，附图为吴淞口（Entrance of Wusung River），比例尺为1∶4 100。两图的水体部分均填充了等深线和详尽的水深数据，表示黄浦江河床地貌特征和航道状况。

编号为1601的地图影响颇大，其中1858年以后至1865年间就有以下几种修订版：

1. “China, Wusung River, surveyed by Commander John Ward R. N. and officers of H. M. Ship Actaeon and Dove, 1858”. 图幅68厘米×101厘米，比例尺1∶24 700—1∶12 350，彩色本，英国海道局编号OCB 1601 B2。现藏于英国海道局和大英图书馆。该地图以1858年地图为母本，先后经“1861年，1862年1月，1863年6月和1865年3月”四次订正。图注还指出：吴淞口从老鹳嘴（Pheasant Point）到陈家咀（Round Pt）河段，1862年由“燕子号”（*Swallow*）船长怀尔兹（E. Wilds）重测。上海县城及租界部分，来自1861年法国绘制的地图，城郊部分来自1860—1861年英国皇家工程师的测量。

2. “Costa Oriental de China, Plano Del Rio de Wousong Entre el Yang-Tze-Kiang Y Shanghai, Levantadoen 1858 por el Commandante J. Ward Y Los oficiales de el Ac Teon Y el dowe de la marina real inglesa, Corregido hasta Marzo 1865（1865年修正）. Direction de Hidrografia, Madrid, 1878”. 现藏于大英图书馆。该地图为1858年地图的西班牙语修订版，采用了1865年3月的实测数据。附图部分为吴淞口附近河段（Plano del fondeadero de wousong），1860年由海道局工程师（Ingeniero Hydrografo）马楠（L. Manen）测绘，并采用了最新的测量数据。通过对比图上的水深数据和沙洲的形状可知，该版本是1865年英文版的翻译本。

3. “China, Wusung or Wongpu River, from surveys by Captain R. H. Napier R. N. and the officers of H. M. S. *Magpie*, 1879-80 and Commander J. Ward, R. N. and the officers of H. M. S. *Actaeon*, 1858”. 比例尺为1∶14 700。1881年2月25日由英国海道局出版。现藏于大英图书馆。

4. “China, Wusung River or Hwangpu, 1887, surveyed by A. M. Bisbee, Coast Inspector, I. M. Customs Service, assisted by R. Braun”. 比例尺为1∶19 400。图注：原版由英国海道局于1889年2月28日出版，本图为1895年修订版。现藏于大英图书馆。该地图是以1858年地图为母本，采用了1879—1880年的海军实测数据。其中小东门（East Gate）至浦东砖厂（Brick Factory）河段的数据，源自1866年S. A. 维吉耶（S. A. Viguier）和J. M. 霍克利（J. M. Hockly）的测量。吴淞口河段数据来自1879—1880年间内皮尔（R. H. Napier R. N.）船长的实测数据。

5. “China, Wusung River or Hwangpu, 1887-97, surveyed by A. M. Bisbee, Coast Inspector, I. M. Customs Service, assisted by W. F. Tyler and H. C. Muller”. 比例尺为1:19 400。图注：原版由英国海道局于1889年2月28日出版，之后经1895年11月、1898年8月修正。现藏于大英图书馆。可见，该地图是以1889年出版的黄浦江地图为母本。之后出版的1887—1901年黄浦江实测地图包含9幅地图，也是以1889年地图为母本，由海关巡工司毕士壁（A. M. Bisbee）调查勘测，经英国海道局编绘而成的套图。以下第6、7、8、9幅地图，均是1889年地图的修正版。

6. “China, Wusung River or Hwangpu, 1887-1901, surveyed by A. M. Bisbee, Coast Inspector, I. M. Customs Service, assisted by R. Braun, W. F. Tyler and H. C. Muller”. 比例尺为1∶19 400。图注：原版由英国海道局于1889年2月28日出版，之后历1895年11月、1898年8月、1902年2月、1903年5月修正。现藏于大英图书馆。详见图4。

7. “China, Wusung River or Hwangpu, 1887-1901-4, surveyed by A. M. Bisbee, Coast

Inspector, I. M. Customs Service, assisted by R. Braun, W. F. Tyler and H. C. Muller”. 比例尺为 1∶19 400。图注：原版由英国海道局于 1889 年 2 月 28 日出版，之后历 1895 年 11 月、1898 年 8 月、1902 年 2 月、1903 年 5 月、1905 年 5 月修正。现藏于大英图书馆。

8. “China, Wusung River or Hwangpu, 1887-1901-5, surveyed by A. M. Bisbee, Coast Inspector, I. M. Customs Service, assisted by R. Braun, W. F. Tyler and H. C. Muller”. 比例尺为 1∶19 400。图注：原版由英国海道局于 1889 年 2 月 28 日出版，之后历 1895 年 11 月、1898 年 8 月、1902 年 2 月、1903 年 5 月、1905 年 5 月、1906 年 1 月修正。现藏于大英图书馆。

9. “China, Wusung River or Hwangpu, 1887-1901-6, surveyed by A. M. Bisbee, Coast Inspector, I. M. Customs Service, assisted by R. Braun, W. F. Tyler and H. C. Muller”. 比例尺为 1∶19 400。图注：原版由英国海道局于 1889 年 2 月 28 日出版，之后历 1895 年 11 月、1898 年 8 月、1902 年 2 月、1903 年 5 月、1905 年 5 月、1906 年 1 月、1907 年 11 月和 1908 年 10 月修正。现藏于大英图书馆。

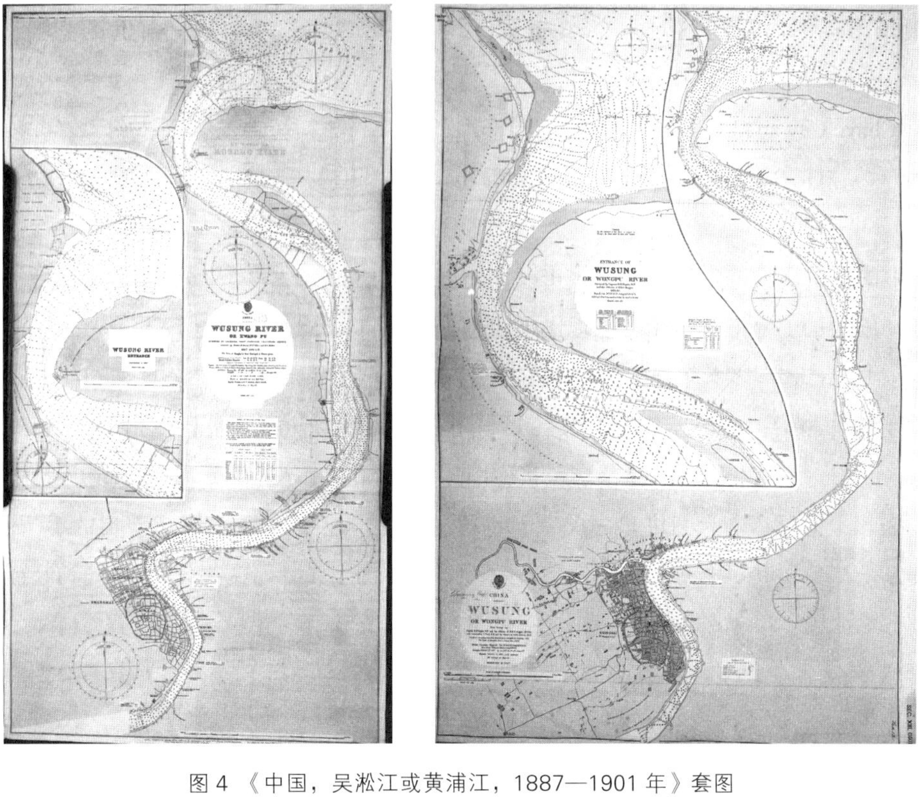

图 4 《中国，吴淞江或黄浦江，1887—1901 年》套图

（四）编号为 OCB 389 的黄浦江港口地图

1868 年之前，黄浦江地图的测量和编绘均由英国海道局负责，但 1868 年中国海关署成立以后，英版黄浦江地图改由海务处测量，英国海道局编绘。中国海关署海务处成立于清同治七年（1868），隶属总税务司，下设巡工司（Harbour Master，也称为河伯司）。同治八年（1869），为管理方便，海关总税务司赫德将我国东部沿海分南、中、北三段，北段以烟台为总部，中段以上海为总部，南段以福州为总部，每段派驻一个海事巡查司负责该段的航运、导航和测量事宜，并定期编绘航道图。[1]1871 年海务处裁撤，其职掌由税务司、总工程师和巡工司负责。1881 年，设立海务巡工司，由美国人毕士璧担任，主要负责调配职员、海务行政、灯塔设计与测量事宜。毕士璧（1841—1901）最初为南段驻福州海关负责人，后升任第一任巡工司，负责监管向外国船舶开放的整个海域。其中测量并记录黄浦江航道的水深作为其重要职务，受到特别的重视。特别是吴淞内沙一段航道，因位置紧要，水深数据是每日一记。这些数据会定期在报纸上公布。海关海务处通常还将这些实测数据送往英国海道局，再由英国海道局编绘出版。此类的港口地图，英国海道局编号为 OCB 389，目前所见 1840—1911 年间问世的主要有以下几种：

1. “China, City and Environs of Shanghai, 1862”. 图幅 51 厘米 ×68 厘米，比例尺为 1∶24 000。地图编号为：OCB 389-B201。1862 年 4 月 16 日由英国海道局于伦敦出版。现藏于英国海道局。

该地图虽命名为《中国，上海城市及周边地区，1862 年》，但却是目前所见第一幅由英国海道局编绘的上海港口地图。该地图河流部分，来自 1858 年华尔（F. T. Ward）的实测数据，也就是 1858 年编号为 1601 号地图的数据来源；英美租界部分，来自 1860—1861 年英国皇家工程师测量；法租界部分，来自 1861 年法国地图，全图由英国海道局鲍威尔（E. J. Powell）编绘。可见，该地图是一个拼接地图。据德国学者叶凯蒂（C. V. Yeh）研究，该地图主要表现上海城区与上海港口之关系，将黄浦江置于地图中央，“以超现实的手法浪漫化了黄浦江的形象及其对上海的重要性”，体现了西人在上海的目的，“黄浦江是通商航线，是海运商务的命脉”。[2] 这种制图方式被之后的港口地图所沿用。

---

1 茅柏科主编：《上海港史（古、近代部分）》，第 171 页。

2 ［德］叶凯蒂：《从十九世纪上海地图看对城市未来定义的争夺战》，收入《中国学术》第 3 期，北京：商务印书馆，2000 年，第 88—121 页。

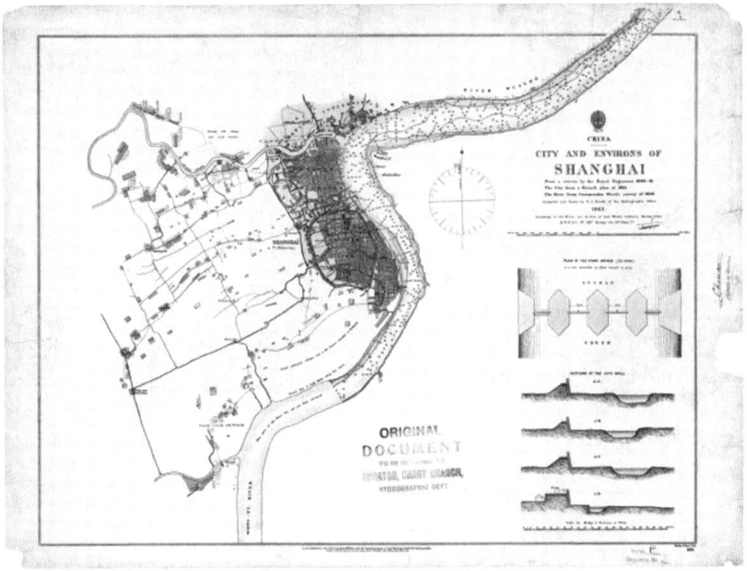

图 5 《中国，上海城区及周边地区，1862 年》

2. “China East Coast, Wusung River, Shanghai Harbour, survey by S. A. Viguier and J. M. Hockly, Harbour Master, 1866”. 图幅 67 厘米 ×101 厘米，比例尺为 1:6 100。英国海道局编号 OCB 389-C102。现藏于英国海道局。

这是目前所见第一幅根据海关海务处测量数据绘制并以上海港命名的港口地图。维吉耶和霍克利是负责测量的两位海关巡工司。该地图主要表现上海租界港口及其附近黄浦江航道状况，对于黄浦江两岸的码头及其设施表现尤详，部分码头和重要洋行标注了英文名称，但覆盖范围仅限于港区，即十六铺码头至杨树浦一带，而其他河段则略而不绘。

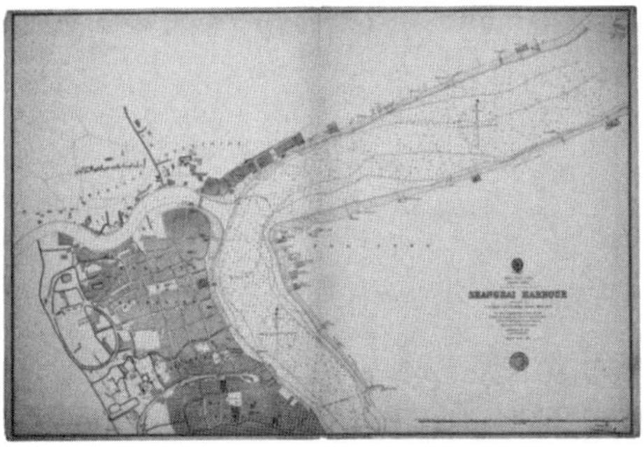

1866 年

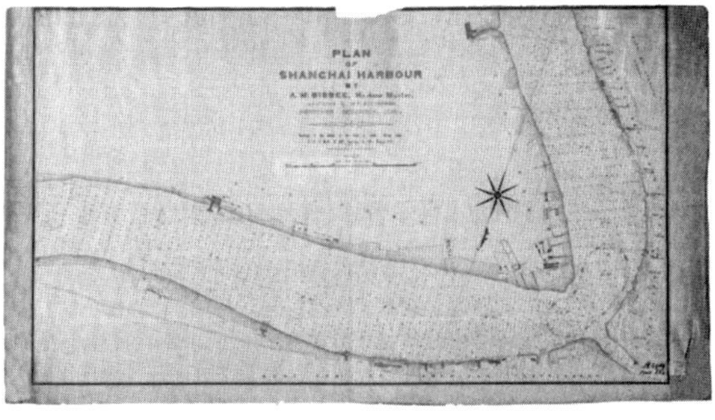

1875 年

图 6 上海港口地图系列（一）

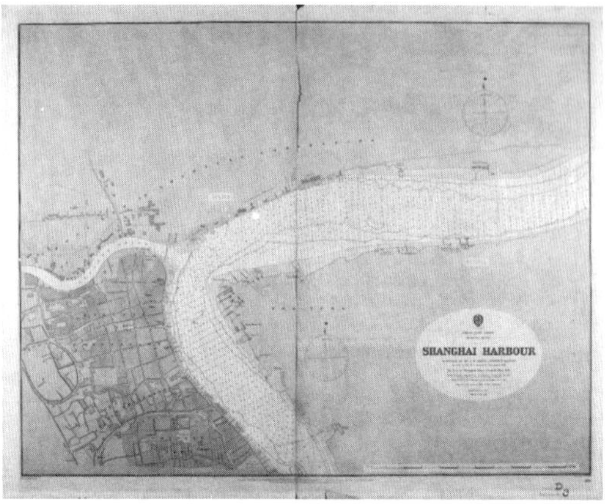

1877 年

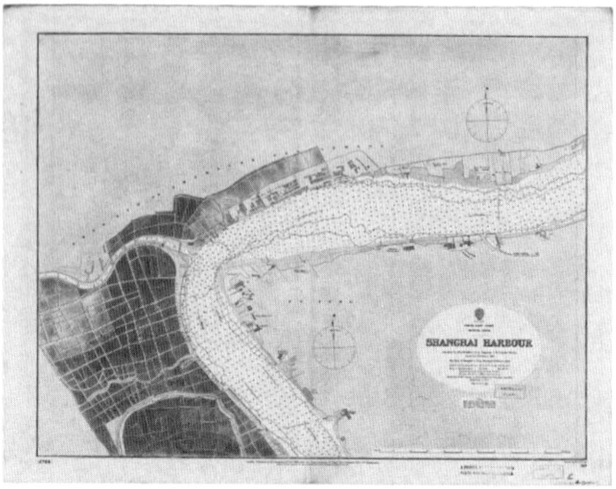

1887 年

图 6　上海港口地图系列（二）

3. “Plan of Shanghai Harbour, by A. M. Bisbee, Harbor Master, assisted by W. F. Stevenson, surveyed December 1875, soundings in feet reduced to low water at lowest spring tides, H. W. F. & C. I^{h}. 30^{m}., Spring rise 10 f^{t}. neaps 7 f^{t}.”. 图幅 65 厘米 ×83 厘米，比例尺为 1∶6 013，英国航道局编号：OCB 389-D2（图上另一编号为 A4909）。现藏于英国海道局。

该地图来自巡工司毕士壁的勘测，主要是反映法租界和公共租界河段的黄浦江航道状况以及码头、重要建筑物等地物。笔者所见，由他勘测数据绘制的上海港口图，还有以下几种：

4. “China East Coast, Wusung River, Shanghai Harbour, surveyed by Mr. A. M. Bisbee, Habour Master, assisted by Mr. W. F. Stevenson, December 1875”. 比例尺为 1∶6 013，1877 年 7 月 12 日由英国海道局出版。现藏于英国海道局。

5. “China East Coast, Wusung River, Shanghai Harbour, surveyed by Mr. A. M. Bisbee, Coast Inspector I. M. Customs Services, assisted by Mr. B. Braun, 1887”. 图幅 70 厘米 ×90 厘米，比例尺为 1∶7 217，1889 年由英国海道局出版。现藏于英国海道局。

从绘图内容和表现手法来看，以上两幅上海港口图是以 1866 年和 1875 年地图为母本根据新测数据修订而成。有关港区范围，1886 年颁布了《上海口理船厅章程》，其中第一条规定，“凡洋船停泊界限以东门外由河口起为上段，至祥生船厂东边为下段”[1]。可见，上海港口图以洋船停泊区为范围。

6. “China East Coast, Wusung River, Shanghai Harbour, surveyed by Mr. A. M. Bisbee,

1　茅柏科主编：《上海港史（古、近代部分）》，第 239 页。

Coast Inspector, I. M. Customs Service, assisted by Mr. M. C. Muller, 1894, assisted by Mr. B. C. Muller I. M. Customs Services, 1906-07". 图幅 71 厘米 ×115 厘米，比例尺为 1:7 220。图注：原版出版于 1900 年 2 月，后于 1905 年 3 月、1908 年 4 月两次修订。现藏于英国海道局。

该地图数据来源于巡工司毕士璧等人 1905 年和 1908 年的两次勘测。分主图和附图，其中祥生船厂至十六铺的主要港区河段作为主图，而其他港区作为附图，这种制图方式成为日后上海港口地图的另一重要范式。

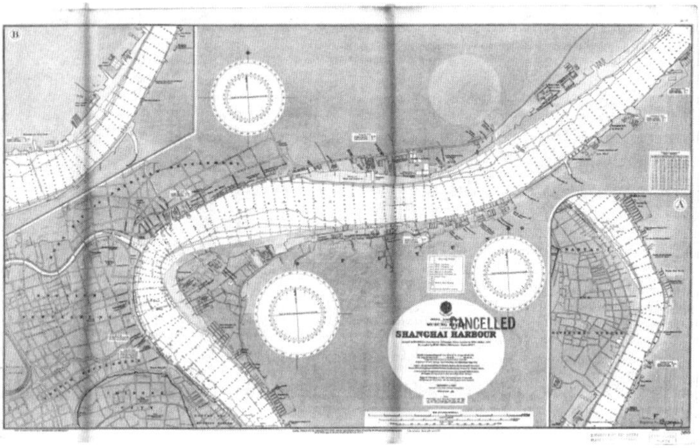

图 7　上海港地图（1906—1907 年）

（五）吴淞内外沙专题地图

黄浦江作为一条潮汐性河流，从长江口带来的泥沙在潮汐的作用下进入黄浦江，在黄浦江下游沉淀，长此以往形成了江心洲，即高桥沙，成为黄浦江航道的主要屏障。特别是苏伊士运河开通以来，来上海的轮船吨位越来越大，受吴淞江内外沙影响，进出上海港日益困难。黄浦江吴淞内外航道问题，一度成为 19 世纪末上海发展的重要议题。但当时面临内忧外患的清政府却天真地认为吴淞内外沙是阻碍外国舰队进入上海的自然屏障，将问题一拖再拖。为了说服清政府治理黄浦江，这一时期出现了吴淞内外沙的专题地图，主要有以下几种：

1. "China, East Coast, Wusung or Wongpu River, Inner Bar（内沙）, H. M. S. Magpie, May 1879, Approx. H. W. F & C. O^{h}. 48^{m}., Spring S12f^{t}." 比例尺为 1∶7 291，编号 A6438。Hydrographic Department, Admiralty, original May 15, 1893. 1893 年 5 月 15 日由英国海道局刊行。现藏于英国海道局。

2. "China, Entrance of Wusung or Wongpu River, H. M. S. Mapie, March 1880, H. W. F & C.

O^{h}. 25^{m}., Spring rise 12.5 f^{t}. Nps 8.5 f^{t}., Nps range 5.5 f^{t}., Magnetic Variation in 1880. 2.16”. 比例尺为 1∶3 645，彩色本，编号 A6865。1893 年 5 月 15 日由英国海道局刊行。现藏于英国海道局。

这是目前所见首幅吴淞口内外沙的单幅实测图，范围自老鹤嘴到高桥沙以南河段，其水深数据极为详尽，高桥沙河段标注了沙洲、浅滩和暗沙的边线等信息，是了解这一时间吴淞口内沙、高桥沙以及附近航道状况的弥足珍贵的史料。

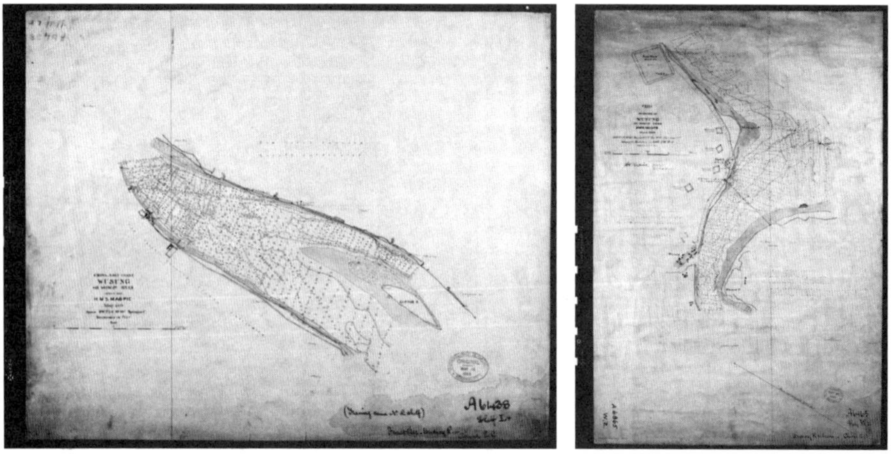

图 8　吴淞口内沙、外沙实测图

吴淞口外沙地图两种：一种是“Woosung River Entrance（吴淞口）, Outer Bar（外沙）, survey made in 1901, sounding in feet, reduced to low water of spring tide”；另一种是“Woosung River Entrance（吴淞口）, Outer Bar（外沙）, survey made in 1904, sounding in feet, reduced to low water of spring tide”。[1]

以上内容主要概述了黄浦江地图的几个重要版本，以及不同版本之间的谱系演变，下文将进一步分析黄浦江地图呈现怎样的特征。

三、英国海道局实测的黄浦江地图的基本特征

早期英国海道局测绘的黄浦江地图，属于英版海图系列。该系列是按照英国海道局的规

1　中国海关总署办公室编：《中国旧海关史料（1859—1948）》第 37 册，1903 年海关报告插图 No. 37-6，北京：京华出版社，中国第二历史档案馆藏。

范编绘的，并根据更新的数据，不断对母本地图进行改版和更新。英版海图系列具有很强的规范性，以 1601 号地图为例，通常具有如下特征：

（一）图题

1. 均有英国海道局的徽章，位于图例的上方。

2. 图名：徽章的下方一般有“CHINA”，之后为正题：“Wusung River”（或写作“Woosung River”），在早期的英版海图中通常将自上海县城至吴淞口的黄浦江称为吴淞江，这是西方人的误解。后来西方人意识到错了，在 1879—1880 年的地图上，采用了“吴淞江”或“黄浦江”（Wusung or Wongpu River）之名，看来仍未搞清楚黄浦江与吴淞江的关系。

3. 资料来源：正题之后标注测量人员或船只的姓名和测量时间，如“surveyed by Commander John Ward R. N. and officers of H. M. Ships *Actaeon* and *Dove*, 1858”。

4. 测图控制点和经纬度。早期的英版黄浦江实测地图采用了独立平面坐标系，在图题中有一个点作为该图控制点，1858 年地图采用了英国领事馆的经纬度：Shanghai British Consulate Flagstaff（31° 14′ 42″ N, 121° 28′ 55″ E）。

5. 潮汐资料：H. W. F. & C. I^{h}. 40^{m}., Springs rise 10 f^{t}., Neaps 7 f^{t}., Neaps range 4 f^{t}., variation in 1859，表示 1859 年黄浦江深度基准面起算的平均大潮高潮位（大潮升）10 英尺，深度基准面起算的平均小潮高潮位（小潮升）7 英尺，高低潮落差 4 英尺。笔者注意到 1879—1880 年黄浦江地图上，附图为吴淞内外沙地图，附有 2 个潮信表，包含了 12 个月份平均大潮升和平均小潮升的数据。

6. 深度基准面和水深的单位。在 1840—1842 年黄浦江地图上采用了英寻（fathom）作为水深单位，而 1601 号地图则采用了英尺：“soundings in feet”。之后所有的黄浦江地图均采用了英尺作为标准单位。

7. 制图投影和比例尺。制图投影一般采用了墨卡托投影。至于比例尺，早期的 1257 号地图并没有比例尺，之后的地图均有比例尺，有些地图，如 1601 号地图，主图和附图均采用了不同的比例尺，并分数字比例尺和线段式两种表示方式，其中主图比例尺：“natural scale：1/8 200”。

（二）河道部分

河段是黄浦江地图的最主要部分，内容颇为丰富，主要有：

1. 水深及等深线。水深数据标注在河面上，其中浅滩、江心洲和锚地等危险河段，还用文字或图例做了明显的标注。水深数据标注的位置，即表示所在地点的水深数据。汪家君指出，水深值由深度基准面起算。早期英版海图以英寻为单位，在两个相邻的英寻值之间，插入 1/4、1/2 和 3/4 英寻三个分数。后期英版航海图英寻与英尺混用，以 11 英寻为分界值，水深在 11 英寻以上，以 1 英寻为最小单位，英寻值为水深值；水深在 11 英寻以下，以英尺为单位，水深值用大号数字及其右下角的小号数字组成，大号数字为英寻，小号为英尺，小数点为英尺数。等深线以 1、2、3、4、5、6、10、20、50 和 100 英寻的深度勾绘，其中 6 英寻和 10 英寻的等深线最重要。[1]

就黄浦江实测地图而言，1840—1842 年符合以上英版海图的基本特征，即以英寻为单位，相邻英寻值之间的插值也符合。1858 年开始使用了英尺单位。等深线分为 1 英尺、5 英尺和 10 英尺三种，之后又增加了 20 英尺、30 英尺的等深线。

2. 河床地质，用缩写字母记在水深数字的下方：m，泥；s，沙；g，砾；cl，粘土；st，石；sh，贝壳等。这字母在 1858 年及以后的地图上均有显示，其中吴淞内沙以 m 为主，吴淞外沙则有 m、s、st 等，反映了河床底质的差异。

3. 航行障碍物，如浅滩、江心洲、沉船等，在地图上，通过字母、等深线和不同图例标示清楚。如沉船，除了立体图像外，还用文字“wreck”标示；黄浦江最大的江心洲，用字母标出了“Gough I”，即高桥沙，内沙（Inner Bar）和外沙（Outer Bar）也以文字和等深线标注在地图上。

4. 助航设备，如灯船、灯浮标和浮标等物，用符合规范的符号或缩写字母注明。在吴淞口之外，用字母标出了灯光的颜色，船灯用字母和立体图表示。

5. 航道和锚地，在黄浦江地图上，只有在港口地图上用虚线标示出了航道，其他黄浦江地图并无专门的航道标志。

（三）陆地部分

在英版黄浦江地图上，陆部十分简略，远不能与河部相比，主要表现与河流直接相关的沿岸地区和与河流相关的内容，主要有以下方面：

1. 沿岸的地物。主要是码头、货栈、仓库、桥梁、港区、居民点、城镇和支流、堤坝等，特别是在港口地图上，表现尤详。

2. 城区部分。主要拼接了其他地图，特别是编号 1601 的套图，无论是 1858 年，还是

1　汪家君：《近代历史海图研究》，第 57 页。

1906 年，城区部分完全一致，后面问世的地图不能反映当时的城区状况。

3. 岸线和干出滩。这是河陆的交界线，用等深线和点状表示浅滩地。

4. 图廓及其外部注记。图廓，用粗、细直接结合绘法，起着装饰作用。图廓外的底部标注了出版信息，包括出版时间、地点、部门、销售机构、改图时间、版本等信息。图廓右下角标注地图编号。

5. 其他：

（1）文字说明。内容颇广，黄浦江地图上添注的内容，主要是潮汐变化的内容，除了潮汐表外，还标注有大潮位和小潮位以及 12 个月的潮位变化等信息，也有一些内容标注是哪一年新添加的。

（2）罗经方向圈。分真北方位图和磁北针，圆心重合绘在一起，分别标出真北和磁北以及分度的圆周，同时注记方位圈的磁差及其年差。

结　语

本文以英国海道局所绘黄浦江地图为例，从版本、内容等方面，进行了详细的论述，可以看出，这些黄浦江实测地图具有以下特征：

第一，从内容上看，英版黄浦江实测地图，可分为长江口或太湖流域图、黄浦江全图（吴淞口至淀山湖）、黄浦江下游地图（吴淞口至上海船厂）、上海港地图（码头部分）和吴淞内外沙等专题地图。1868 年之前，地图数据来源于英国海道局的实测，1868 年之后，地图数据来源于海关署海务处的测量。

第二，从版本上看，英版黄浦江实测地图，以套图为主。一般有多个版本，并选取重要版本为母本，之后根据新添内容和新测数据，不断进行更正和修补，故 1840—1911 年间问世的黄浦江地图颇多，但母本地图仅几幅而已。

第三，规范。英版黄浦江实测地图，是由英国海道局编绘的，地图制式、地图内容和地图绘法等方面，均符合国际规范。所有的测量均采用了现代的测量技术，具有传统河流水系地图无法比拟的精度。

因此，这些黄浦江地图弥足宝贵，无论是推动上海水系研究、黄浦江航道研究、水文研究、港口研究等方面研究，还是拓展上海史的研究领域，均具有不可估量的史学价值。

岩国藩大坂藏屋敷的设立与都市社会

森下　彻*

【内容摘要】出于出售年贡米与和大坂町奉行保持联系的目的，西日本的诸藩都在大坂设立了自己的藏屋敷。其中有的是在町人地购买的房产。这种情况下，作为该房产的名义上的持有者，各藩都会设置一位被称作“名代”的町人。

荻藩的支藩岩国藩于1676年从藏元町人的手中购入了藏屋敷。藏元是指那些参与年贡米出售的大坂町人。在17世纪后期，尤其是从藏元町人那里购买藏屋敷，这其中究竟包含了怎样的理由？

对于岩国藩来说，比起出售年贡米，通过贩卖纸张而获得的利润更为重要。17世纪40年代，岩国藩最初通过委托一些町人在大坂出售纸张，但这种方式显然不够稳定。在此之后的17世纪70年代，岩国藩就将这种方式转换为以藏元町人的家为据点的贩卖方式。将具体事务全权委托给藏元的同时，让其在藩的官员监督下将纸张出售给纸仲买（贩卖纸张的商人团体，拥有大批购买纸张并将其卖给零售小商人的特权）。也就是从这个时期开始，岩国藩的纸张出口量开始大幅增长，最终其收益竟多出年贡米的几倍。而岩国藩将实质上作为藏屋敷一直使用的藏元町人的房产购买下来的时间点也正是在这个时候。不仅如此，岩国藩还一并购入了其周边房产。这不仅使得房产的持有面积达到了以前的1.5倍以上，还同时可以储存更多的纸张。由此我们可以看到，购买藏屋敷实际上与藩的纸张贩卖有着密切的联系。

1701年，岩国藩还购买了藏屋敷旁边的赤穗藩的房产。在这个交易过程中，仲仕（搬运工人）发挥了巨大作用。在赤穗藩的存在消失以后，当时的名代（和藏元为同一人）在岩国藩的指示下，命令仲仕去向当时的赤穗藩仲仕打听相关情况，并提出购买意向。负责纸张与年贡米搬运工作的仲仕不仅专门受雇于藏屋敷，同时还有着超越藏屋敷的关系网。岩国藩正是利用了仲仕的这一点来进行交易谈判的。

* 森下　彻（森下　徹），山口大学教育学部教授。

岩国藩的藏屋敷的设立与扩大，是建立在其一直以来与大坂的城市社会所形成的联系之上的。这个特征从其将藏屋敷设立在町人地这一点上看尤为显著。

【关键词】藏屋敷，藏元，问屋，仲仕

岩国藩大坂蔵屋敷の設置と都市社会

森下 徹

【論文要旨】西日本を中心とする諸藩は、年貢米の換金や大坂町奉行との連絡のため、大坂に蔵屋敷を設置した。町人地で家屋敷を購入したものであり、名義上の持ち主として名代と呼ばれる町人を置いている。

萩藩の支藩である岩国藩が、蔵屋敷を蔵元町人から購入したのは1676年のことであった。蔵元とは年貢米などの販売に関わった大坂町人である。17世紀後半になって、しかも蔵元から購入したのは、どのような事情によるのだろうか。

岩国藩にとって、年貢米以上に重要だったのは紙販売による収益だった。1640年代、大坂で販売を始めた当初は、複数の町人に委託販売させていたものの、必ずしも安定してはいなかった。その後1670年代には、蔵元町人宅を拠点にした販売方法に切り替えている。実務は蔵元に担当させつつ、藩の役人の監督下で紙仲買に販売したものである。またそのころから大坂への移出額は増加しており、やがて収益も年貢米販売の数倍にも及ぶようになる。それまでも事実上は蔵屋敷として使っていた蔵元の屋敷を買い取ったのは、ちょうどそのころのことだった。あわせて、隣接の家屋敷も購入したので、面積は1.5倍ほどに拡大し、たくさんの紙を収納できるようになった。蔵屋敷の購入が紙の販売と密接に関係していたことがわかる。

さらに1701年には、隣接する赤穂藩の屋敷を買い取ることになる。その経緯で注目されるのは、仲仕が果たした役割である。赤穂藩断絶直後、岩国藩の指示を受けた名代（蔵元と同一人物）は、仲仕に命じて赤穂藩の仲仕に状況を尋ねさせたし、購入希望もその仲仕を使って申し入れさせた。蔵屋敷専属として年貢米や紙などの搬入・搬出にあたった仲仕は、同時に蔵屋敷を越えた関係を有していたらしい。それに依拠して購入折衝を行ったのである。

このように、蔵屋敷の設置・拡大は、それまであった大坂市中との関係のうえに実現していたわけである。そのことは、町人地におかれた大坂の蔵屋敷において顕著に見いだせる特徴だと思う。

【キーワード】蔵屋敷、蔵元、問屋、仲仕

はじめに

岩国藩は、慶長五年（1600）の関ケ原合戦後できた萩藩の支藩であり、周防東部を領国とした。17 世紀半ばで石高 65 000 石ほどである。なお対外的には、部分的に藩として処遇されながらも、領主吉川家は萩藩毛利家の陪臣とみなされるという特異な位置にあったが、ここでは岩国藩と呼んでおく。

元禄十年（1697）ごろのものとされる「難波丸」をみると、「吉川内蔵之介殿　六万石　防州岩国」として、中ノ島常安町に蔵屋敷があり、留守居は井上六右衛門、名代は塩屋新兵衛、蔵本（蔵元）も塩屋新兵衛と記載されている。[1]

じつはこの蔵屋敷を購入したのは延宝四年（1676）のことである。蔵元塩屋宗貞（新兵衛父）から岩国藩に対し、表口 12 間 4 尺・裏行 32 間 1 尺の家屋敷を蔵屋敷として差し上げる旨の証文が作成され、あわせて代銀 100 貫を受け取ったとの手形が添えられている。[2] 塩屋新兵衛は、「難波丸」では「御屋敷うらの丁」に居所が

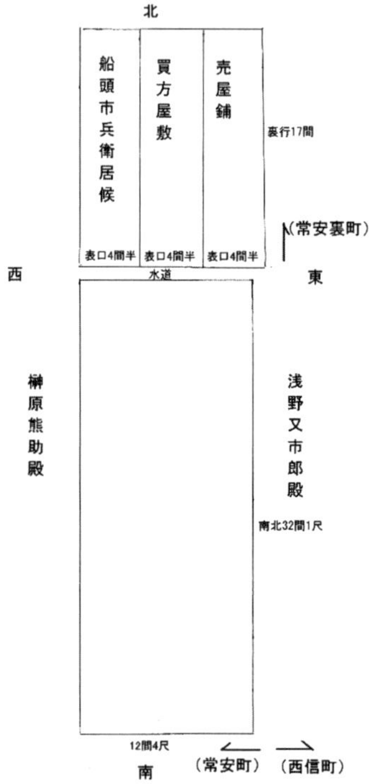

図１　元禄十二年ごろの岩国藩蔵屋敷（岩国徴古館 18-707「大坂屋敷購入に関する書類」より作成）

1　大阪市立中央図書館蔵「摂津国大坂鑑難波丸」。

2　岩国徴古館蔵 18-708「大坂屋敷購入に関する書類」。

あると書かれており、売却後もそのまま近くに居住していたようである。このように、藩が成立した時点ではなく17世紀後半になって、しかも蔵元から購入したのは、いかなる事情によるのだろうか。

なお、元禄十二年（1699）の作成と思われる絵図によると、南北に細長い形をしていた。[1] 延宝四年（1676）に買い取った部分は、南側が土佐堀川に面し、東は播磨赤穂藩浅野家の蔵屋敷（西信町）、西は越後村上藩榊原家の蔵屋敷にそれぞれ接している。ちなみに土佐堀川の向かいには萩藩の蔵屋敷があった。また水道を挟んだ北側には表口4間半・裏行17間、面積76.5坪ずつの家屋敷が3軒並んでいる。ここは常安裏町にあたる。これらも蔵屋敷に組み込んでゆくし、さらに後には東隣の赤穂屋敷も買い取ることになる。

以下では岩国藩がこの図に描かれた家屋敷を順次購入し、蔵屋敷として拡張してゆく経緯をみてゆくことにしよう。

一、表屋敷の購入

延宝四年（1676）に購入した面積約400坪の部分を、以下では表屋敷と呼ぶことにする。この購入にさきだって、塩屋の手代を岩国に招いて相談している。そこで手代が申し出たのは、塩屋宗貞の家計が苦しいので、大坂中之島にある家屋敷を代銀100貫目で差し上げ、名代は倅の九郎兵衛（新兵衛と同一人物と思われる）としてほしいということだった。ただし「難波丸」にも書かれていたように、宗貞は裏屋敷に居住したいといっている。また後でも述べるが、国元から送られてくる紙の販売を担当する「紙支配」について、ひきつづき塩屋が勤め、買い手からの口銭を受け取りたいとも要請していた。[2]

塩屋宗貞は、それまでも蔵元として岩国藩と関係をもつものだった。その居住する屋敷を蔵屋敷として買い上げたのである。なお職役（国元にいる家老）は書状のなかで、「大坂ニて御蔵無之候てハ如何敷候間」、宗貞の屋敷を買い取ることになったと記している。[3] これに従えば、岩国藩はこのときはじめて蔵屋敷をもったことになる。たしかに明暦元年

1　岩国徴古館蔵18-707「大坂屋敷購入に関する書類」。
2　岩国徴古館蔵18-706「大坂屋敷購入に関する書類」。
3　岩国徴古館蔵18-706「大坂屋敷購入に関する書類」。

（1655）の大坂絵図では、蔵屋敷がある場所は常安町の「町家」と書かれるだけである。[1] もっとも同じ書状には、「先年も内証逼迫之時分家屋敷被召上、一人被差上置候ハヽ、宗貞儀ハ裏之方ニ小家なと作り居可申なと申たる儀も有之たる様ニ覚申候」と、先年も宗貞の家計が苦しいときに、屋敷を買い上げたことがあったとも書かれている。これは「御先代」のことだったというから、藩主が交代した寛文三年（1663）以前のこととなる。別に、寛文七年（1667）に「大坂御蔵屋敷始まる」として、家臣 1 人に足軽 1 人をはじめ奉公人等も含めて 30 人が詰めたとの記録もある。[2] 塩屋の屋敷を一時的に買い上げることは、それまでも何度かおこなわれていたのかもしれない。

また、延宝四年（1676）に購入したとき、家 3 軒・御座敷 1 軒・御風呂屋 1 軒・御銀蔵 1 軒・御蔵 3 軒がすでにあり、これらを「御蔵屋敷同前差上申所実正也」と塩屋宗貞が申し出ていた。[3] 蔵のうち 2 棟は、梁行 2 間半・桁行 9 間、梁行 4 間・桁行 6 間という大きなものであり、蔵物の収納も可能だったろう。座敷以下に「御」という敬称を付けている点からしても、これ以前から塩屋の屋敷は事実上の蔵屋敷として使用されていたらしい。そうだとすれば、なぜあらためて買い取る必要があったのだろうか。紹介した史料では家計の苦しい塩屋からの要請によるものだとしていたが、蔵元の救済がはたして真の動機だったのだろうか。

そこで延宝四年（1676）に至るまでの塩屋の屋敷と岩国藩との関係について、紙の専売を通してみてゆくことにしよう。

二、紙専売と蔵元町人

岩国藩の財政収入のなかで紙は大きな比重を占めた。17 世紀末から 18 世紀初めにおいて、大坂での販売高は 12 000 丸から 15 000 丸にのぼり、享保元年（1716）の例だと、売上代銀 2 091 貫、利益 1 405 貫だったとされる。[4] 他方で年貢米収入は、18 世紀初頭の 3 ケ

1　大阪市立大学大学院文学研究科都市文化研究センター・大阪歴史博物館編『大阪歴史博物館所蔵　明暦元年大坂三郷町絵図』大阪市立大学大学院文学研究科都市文化研究センター、2008 年。

2 『岩邑年代記　1』岩国徴古館、1984 年、98 頁。

3　岩国徴古館蔵 18-708「大坂屋敷購入に関する書類」。

4　桂芳樹『岩国藩財政史の研究』岩国徴古館、1986 年、304 頁。

年平均で13 212石であり、これから家臣へ知行分の年貢や切米などを支払ったから、実際に販売できた米は3 850石＝代銀288貫余にとどまっている。[1] このころの藩財政において、年貢米よりも紙専売による収益が大きく上回っていた。

なお冒頭で紹介した「難波丸」では岩国藩蔵屋敷について、「国紙数種大分上ル、米穀不登」とも記されていた。[2] もちろん年貢米を全く販売しなかったのではないはずだが、紙の販売が相当に多かったことがやはりわかる。

こうした紙の専売を始めたのは寛永十七年（1640）のことだった。[3] 萩藩からの助言もえて、領内で生産された紙をあらたに大坂で販売するようにしたものである。そこでまずおこなったことは、大坂における「紙座」の選定であり、萩藩の蔵元町人でもあった百足屋彦左衛門と、淀屋善右衛門の2人を「紙座」に任命している。これは問屋ともいいかえられるものだった。そして、この年大坂に送った紙については、翌年五月に役人を派遣してこれら「紙座」のもとで清算させ、代銀を国元へ取り帰らせていた。

つづいて寛永十八年（1641）暮には、京都の町人が1人で「紙座」を請け負いたいと申し出た。しかし岩国藩は1人では不安だとして、百足屋・淀屋を加えた3人に請け負わせようとした。ただし、販売見込み額である銀100貫をあらかじめ支払わせ、算用のさいに清算することを条件としてであった。しかしそうした前銀の支払いに百足屋が難色を示し、相談がまとまらないうちに、この年の紙が大坂へ届くことになった。そこで送られた紙は「大坂塩屋所」の蔵で保管し、岩国から役人や町人を派遣して「蔵売」することになる。もっとも売り切れなかったので、あらためて探した問屋3人に70貫の前銀を支払わせ引き受けさせた。

このように紙専売を始めたころには、「紙座」と呼ばれる問屋を通した販売が一般的だった。1年ごとに清算のうえで代銀を岩国藩が受け取るものであり、問屋への委託販売だったと考えられる。ただし前銀の支払いを求めたように、確実に販売できるとは限らなかったため、複数に分散して担当させていた。じっさい、寛永二十年（1643）、二十一年（1644）には紙の売却が進まず、問屋3人が「紙座」を辞退、やむをえず国元で「御蔵売」している。委託販売は不安定なものだった。

また、「紙座」が決まらないときは、塩屋九郎兵衛の屋敷で岩国藩の役人も関与して

1　桂芳樹『岩国藩財政史の研究』岩国徴古館、1986年、306頁。
2　大阪市立中央図書館蔵「摂津国大坂鑑難波丸」。
3　以下紙専売については、岩国徴古館蔵V322-1「証記抜萃抜書」、V322-4「証記抜萃抜書」による。

「蔵売」することもあった。あるいは「紙座」による販売においても、代銀受け取りのため岩国から役人が派遣されており、その滞在先は塩屋の屋敷だったのだろう。すでにこのころから、岩国藩は塩屋と関係をもっており、ときにその屋敷が事実上の蔵屋敷として使われることもあったようである。

その後、慶安元年（1648）と寛文八年（1668）に萩藩から、支藩である周防徳山藩も含めた3藩での共同販売の相談を受けた。「此表江国々より上り候紙も多候、併御国内より之紙大段之儀ニて、残ハ纔之由」、すなわち大坂で販売される紙は、周防からのものが大半を占めている。したがって「此紙を売手之心次第ニ成候は、京・大坂・境之紙買共ハ殊之外此中とハ目を附替可申物音由候」というように、3藩が協定すれば、京・大坂・堺の紙屋に対して価格を主導できるというのが萩藩からの提案理由だった。ただしこれに対しては、「爰許之紙は先年より出入仕候京・大坂其外町人共江心付分ニ掛ケ銀申付遣候故」と、前銀（「掛銀」）を支払わせた委託販売を続けていることを理由に断っている。

ところが「寛文十三年之暮より塩屋宗貞方ニて如前々直売ニ被仰付候」として、寛文十三年（1673）からは塩屋宗是方での「直売」になったと記録されている。そして延宝四年（1676）の蔵屋敷購入のさい、塩屋側が「紙支配」の地位と口銭取得の継続を求めていたように、「直売」のもとで塩屋は「紙支配」として位置付けられることとなった。前銀（「掛銀」）をとって「紙座」に委託販売させる方法に代わって、「紙支配」による「直売」が定着していったのである。しかも「萩紙も寛文十三年より直売ニ相成之由」とも記録されるように、萩藩と歩調を合わせたものであり、協同販売の提案が形をかえて実現したもののようにも思える。

そのあり方について、留守居配下として派遣されていた紙方役に対する、天和三年（1683）の職務規定から考えておこう。

まず、「紙上着之時、両人間壱人罷出、塩屋方江請取候員数極之所へ印判突候事」として、蔵屋敷に紙が着いたら塩屋が受け取り、紙方役のうち1人がそれを確認することを定めている。

また、「紙直立ハ不及申、紙割符之儀も時々半兵衛（大坂留守居）へ問合之上、割符仕候事」と、「紙直立」・「紙割符」のさいには、留守居の承諾をえることになっていた。このうち「直立」とは、販売価格を決定することをいったのだろう。一方の「割符」については、「紙屋江割符之時は不及申、壱丸ニても紙出候時、両人間壱人罷出相究、蔵出ノ員数極之所印判突候事」「紙割符之外、紙屋又ハ脇々江も一円遣間敷候」などの箇条から、紙屋（仲買）へ紙を渡すことだとわかるが、「割符」との表現からは、複数の紙屋へ配分するものだったと思われる。つまり複数の紙屋との間で統一した販売価格を決め、その額で紙屋たちに配分するという販売方法だったらしい。

なお「紙代塩屋方ゟ取集申事候条、集之銀子毎晩沙汰仕、時々御銀蔵へ納可被申候」ともあるから、紙屋から販売代銀を受け取るのは塩屋であり、紙方役は毎晩、塩屋からそれを受け取っていた。塩屋は売却にさいして岩国藩と紙屋との間に立つものだった。

このように、価格の決定をはじめとする紙屋への販売を「紙支配」に担当させたものの、それに任せきりではなく、藩の役人の監督下でおこなわせるのが「直売」だった。そのさい、後の時期の販売方法をふまえても、個々の紙屋と交渉して売却したのではなく、統一した価格を「直立」によって決め、それに基づいて紙屋たちに配分し渡していたと考えられる。

すなわち中期以降の諸藩の例だと、紙屋は大坂ばかりか京都、堺まで含めた20数組の紙屋仲間を作り、それら全体が、蔵屋敷ごとに協定価格を決め（「直組」）、一括購入している。紙屋仲間の側では配分額があらかじめ決まっており、その割合にしたがって紙を受け取った。「紙支配」は、蔵屋敷と紙屋仲間との間で、そうした販売を仲介したのであり、両者から口銭を得ていた。[1] 17世紀末における紙屋の側の組織のあり方については不明ながら、大坂・京都・堺の紙屋へ販売していたことは先の事例からもわかる。すでにこのころから、「紙支配」を介して紙屋全体と協議した統一価格によって販売されていたものであろう。

なお販売額をみると、寛永十八年（1641）の例では銀100貫目ほどだったし、承応二年（1653）の販売利益も銀86貫に過ぎなった。[2] 享保元年（1716）の売上代銀2 091貫からは断然少額であり、したがって大坂への移出額は17世紀後半にかけて急速に増加していたことになる。そうして販売額が増加し、紙屋との取引が恒常化するなかで、一括販売の方法が取られたものといえる。岩国藩からすれば、萩藩とも連携することで、一定の価格を維持できると判断したのだろう。

このように、蔵元の屋敷を買い取って恒常的な蔵屋敷としたのは、岩国藩にとって最も主要な蔵物だった紙が、「紙支配」でもあった蔵元の屋敷を拠点とした販売に切り替わる時期に、ちょうどあたっていたのだった。

1　森下徹「大坂での紙専売と売支配」吉田伸之編『流通と幕藩権力』山川出版社、2004年。

2　桂芳樹『岩国藩財政史の研究』岩国徴古館、1986年、298頁。

三、裏屋敷の買い添え

はたしてこのときには、屋敷の拡張も同時に図られていた。表屋敷の裏には、水道を挟んでならぶ、表4間半ずつの家屋敷3軒、あわせて約230坪があった。これについては、元禄十二年（1699）に、売主塩屋新兵衛（宗貞倅）が岩国藩（家老配下の手子）に宛てた売券状が作成されている。表口13間半の家屋敷を銀15貫目で岩国藩の蔵屋敷として売却するとしたものである。[1] これに従えば、表屋敷購入から少し後になって、蔵屋敷は北方にかけおよそ1.5倍拡張したことになる。

ただしこの部分を購入した事情はやや複雑である。3軒並ぶ家屋敷をそれぞれ西屋敷・中屋敷・東屋敷と呼んでおこう。うち、西屋敷は、延宝四年（1676）に表屋敷を代銀100貫で購入したとき、それに添えて受け取っていた。[2] 塩屋宗貞がそれ以前に購入していたものを、表屋敷とともに岩国藩に売却したのである。ただし売券状は表屋敷の400坪分についてだけ作成されたから、売券状を伴わない「御預け」の状態にあるものだった。ここには船頭を住まわせている。おそらくは岩国藩直属のものだったのだろう。

また中屋敷は、妙慶というものから、やはり同じときに代銀3貫目で購入していた。ただし表向きは塩屋宗貞が買い取ったことにして、売券状も作成されていた。[3] 証文のうえでは塩屋の屋敷でありながら、実際には岩国藩のものとなっていたのである。

さらに先の図面では売屋敷と書き込まれた東屋敷は、延宝五年（1677）に塩屋善兵衛が購入したものだった。この善兵衛と塩屋宗貞との関係はよくわからないが、関係者であろう。ゆくゆくは3軒とも蔵屋敷に組み込もうとする目論見によって、岩国藩が代金2貫500目を提供していたから、塩屋善兵衛が購入したというのは名義上のことだった。そして売券状は天和二年（1682）に、塩屋九郎兵衛（宗貞倅。述べたように新兵衛と同一人物と思われる）名で作成されていた。その後、善兵衛が貞享元年（1684）に死去したので、約束どおり岩国藩がもらい受け、蔵屋敷の一部として使っていたのである。ここは備前蔵（岡山藩屋敷）の中仕久兵衛に、月5匁の家賃で借家させていた。[4]

このように3軒とも、岩国藩が代金を支払って購入していたものでありながら、塩屋宗貞・新兵衛（九郎兵衛）父子の名義となっていた。ところが元禄十二年（1699）になって、

1　岩国徴古館蔵18-708「大坂屋敷購入に関する書類」。
2　岩国徴古館蔵18-708「大坂屋敷購入に関する書類」。
3　岩国徴古館蔵18-708「大坂屋敷購入に関する書類」。
4　岩国徴古館蔵18-707「大坂屋敷購入に関する書類」。

あらためて岩国藩を当事者とする売券状に作り替える措置をとった。それは、塩屋新兵衛が「当役仕ものニ候得は、万一無調法も有之時は屋敷被召上なとゝ御座候へハ如何鋪ニ付而、去々年（元禄十二年）御蔵屋鋪と公儀御帳面御直させ被成候」[1]という事情によるものだった。ここで「当役」というのは町年寄をさすと考えられる。[2]なぜこのような心配をしたのか、わかりにくい面もあるが、職務上の不都合から屋敷を取り上げられることを恐れて、町奉行所に申告して水帳を書き替えてもらい、正式に岩国藩名義にするためだった。[3]

このように元禄十二年（1699）の売券状があるといっても、実際にその時点で売買がなされたものではなく、代銀15貫というのも近隣での売買例から定めた架空の金額にすぎなかった（ただし町に対しては、この時点であらためて歩一銀などを納入している）。これら3つの家屋敷は、表屋敷の購入とほぼ同時、延宝四年（1676）から五年（1677）にかけて、蔵元塩屋との関係に基づいて実質的な蔵屋敷となっていたのである。つまり表屋敷の購入は、これら裏屋敷の拡張と一体でおこなわれたわけであり、先に述べたように紙の販売方法が変化し、かつその量が急増していたことと関係していたとみなせるだろう。

四、赤穂屋敷の買い添え

その後、元禄十四年（1701）には、東に隣接する赤穂藩の蔵屋敷を購入している。表口7間・裏行30間の210坪の部分と、その裏に続く間口8間半ほどの部分とだった。これによって、もとの表屋敷は2倍以上に拡大されたことになる。今回は、これまでのような蔵元の家屋敷の購入ではなく、あらたに買い求めたものである。どのようにして購入が実現したのか、その経緯をかいつまんで紹介しておこう。

1　岩国徴古館蔵18-707「大坂屋敷購入に関する書類」。

2　塩屋新兵衛が名代でなくなると、「新兵衛事居屋敷無之候てハ、年寄役不相成之由」という問題が起きる。そこで塩屋三右衛門というものが購入している屋敷の名代を新兵衛とする措置を同時におこなった。これによって「当役も相成儀之由」だと記録されている。岩国徴古館蔵18-707「大坂屋敷購入に関する書類」。

3　売券の宛所については、職役宛、職役配下の御手子3人宛、大坂留守居宛のうちいずれがよいか塩屋新兵衛に相談したところ、「世間並ケ様之証文御蔵屋鋪御留守居」宛にすることが多いと教示されている（岩国徴古館蔵18-707「大坂屋敷購入に関する書類」）。ただし実際に作成された証文では御手子3人と留守居とを宛所にしている。また同日付けで、常安町の月行司および丁代は塩屋新兵衛に宛て、塩屋新兵衛屋敷が「吉川勝助様御蔵屋敷ニ御買方」になったことにともない、町内への出銀や祝儀を受け取った旨の覚書を作成している（岩国徴古館蔵18-708「大坂屋敷購入に関する書類」）。藩の役人名を宛所とする売買証文を作成し、それによって水帳も藩の名義とすることは、このころには一般的だったのだろうか。

購入のきっかけは同年三月十四日、江戸城内で赤穂藩主が起こした刃傷事件、いわゆる赤穂事件だった。この事件の直後、岩国藩の大坂留守居が購入に向けて動き出している。[1] まず塩屋新兵衛に指示して、他からの購入希望はないかどうか、確認させた。はたして1、2の照会があったことがわかると、やはり塩屋新兵衛に塩屋自身の居所として購入したい旨、赤穂藩の大坂留守居に申し入れさせた。

これに対し、赤穂屋敷からも幸いのことだとの返事を得た。そこで三月二十一日に、国元に了解をとるべく大坂留守居から連絡をした。つまり、国元からの正式の許可を得る前に、大坂留守居が主導して内々での交渉を進めていたわけである。しかも事件後、きわめて短時間での対応だった。そして四月六日になって国元からの承諾の回答が届くことになる。

ところがこの回答が届くまでの間に、大坂留守居は「屋敷奉行」小河神五右衛門のもとへ赴いて、購入のことを「内証」に申し入れ、その了解もとっていた。別のところでは「地奉行」とも書かれるので、大坂町奉行所の地方役のことかと思われる。そのうえ、屋敷の売主である赤穂屋敷名代と、所属する町の年寄とで連れだって町奉行所へ出向き、売却に必要な手続きをする手はずまで整えていた。国元へは事後承諾で済ませようとしていた。それほど急いだのは、直接には他藩からの競望があるとみたからであろうが、前提として、紙の取り扱い量が増加するなか、蔵屋敷拡張が必要との判断が岩国藩の側にあったはずである。

ところがそのときになって、赤穂屋敷留守居から塩屋新兵衛へ知らされたのは、「天満の針屋喜太郎というものが赤穂藩に多額の貸し付けをしており、取り立てのかわりに赤穂屋敷を受け取りたいと言っている。申し訳ないが売買の約束はなかったことにしてほしい」とのことだった。これに対し岩国藩留守居は再び塩屋新兵衛に命じ、「破約にしたのでは町内に対し面目がなくなってしまう。ついては針屋喜太郎にいったんは渡しておき、そのうえで今後売却を希望するさい、まずは塩屋新兵衛に打診をする、との証文を針屋から出させてほしい。そうすれば町内への顔も立つ」と申し入れさせた。こうして「内証」の取り引きをいったん破約としたうえで、あらためて針屋から銀57貫目で購入することになったのだった。

このように、留守居が主導し迅速な対応をとったことで、取り潰しとなった赤穂屋敷の購入に成功したものである。ここから確認できるのは、蔵屋敷拡張のために岩国藩が買い

1　以下赤穂屋敷の購入の経緯は、「大坂屋敷購入に関する書類」(岩国徴古館蔵 18-707)による。

入れるものでありながら、交渉過程では塩屋新兵衛の屋敷と称し、折衝にも塩屋にあたらせていたことである。このことからは、蔵屋敷の売買交渉は直接には藩ではなく名代がおこなうものだったとも思える。ところが折衝相手は名代ではなく赤穂藩留守居だったから、断絶後の蔵屋敷を買い取ることが憚られたため、岩国藩が当事者になろうとしなかったのかもしれない。蔵屋敷の名義が町人の名代であり、購入にさいしても町の一員として披露目などの手続きをふんだことはよく知られているが、購入の過程においても、このように名代が表に立つのが一般的だったのかどうか、他の事例もふまえて判断する必要がある。

さらにここで注目したいのは、購入のさい、その塩屋の配下として仲仕が一定の働きをしていたことである。

たとえば購入の手続き後、針屋喜太郎から屋敷を受け取ったのは、売券状作成と同じ日だった。このとき受け取りに向かったのは、塩屋新兵衛と「御屋敷之甚左衛門」なるもの、および仲仕 3 人である。そして当面のこととして、上仲仕 1 人、下仲仕 2 人が夜番として配置された。この段階ですでに蔵屋敷専属の仲仕がおり、しかも上仲仕・下仲仕に二重化していたことがわかる。これら仲仕は、もちろん紙などの蔵物の搬入・搬出が主な役割だったはずだが、それにとどまらず、蔵屋敷が必要とするさまざまな用途にも使役されていた。奉公人の代わりを勤めたともいえる。

また赤穂事件の直後、他からの申し出があるかどうか確認を求められた塩屋新兵衛は、「中仕ノ太郎兵衛を以、彼方中仕迄ちと聞合為仕候」とあるように、仲仕を使って赤穂屋敷の仲仕へ様子を尋ねさせていた。太郎兵衛は、屋敷受け取りに向かった 3 人の仲仕の 1 人でもある。このように売買希望の状況を、直接には岩国屋敷の仲仕と赤穂屋敷の仲仕との間で探らせていたことからは、蔵屋敷を越えてあった仲仕同士の関係をうかがうことができよう。そのうえで、赤穂藩の留守居に購入希望の意思を伝えたのもこの太郎兵衛だった。蔵屋敷間の連絡係も勤めたことになる。

なお先にみたように、裏屋敷 3 軒のうち東屋敷には備前蔵の仲仕が借家していた。備前蔵は、やや離れた築島町にあったから、必ずしも所属の蔵屋敷に接して居住していたのではない。また他の蔵屋敷の例によれば、近世後期には所属の蔵屋敷に住むことが増えるようだが、それでも屋敷内部ではなく隣接する長屋に借家することが多く、その点では蔵屋敷にとって外部のものでありつづけた。そのことには、他の仲仕やあるいは上荷船などとの関係のなかで、年貢米などの搬送も実現できていたことが関係していると思われる。新規の蔵屋敷の購入は、こうした仲仕のもつ社会関係に依拠して実現していたのである。

おわりに

岩国藩は大坂蔵屋敷を17世紀後半に設置、以後、18世紀前半にかけて隣接の家屋敷・蔵屋敷を買い取ることで規模を拡大していった。[1]その背景には、年貢米以上に重要な蔵物だった紙販売との関係があった。すなわち問屋への委託販売から、蔵屋敷を拠点とした販売に切り替わり、さらに大坂への移出高が大幅に増加していたことが、蔵屋敷の設置、拡大の契機になったと考えられる。他藩と比べて購入時期が遅いのも、そうした紙販売のあり方に規定されたものだった。[2]ただし、それ以前から蔵元の屋敷を事実上の蔵屋敷として使用していた。そうした関係が先行してあったから、蔵屋敷の設置は蔵元の屋敷の転用としてなされることになった。

なお萩藩では、17世紀半ばまで年貢米は蔵元に委託販売させていた。そして蔵元の屋敷をそのまま蔵屋敷として使用したり、あるいは蔵元がもつ別の屋敷に隣接して蔵屋敷を購入したうえで、蔵元に管理させたりしていた。やはり蔵元の屋敷の延長に蔵屋敷があった。ところが年貢米販売が蔵元の手による入札売りに切り替わったころ、万治元年（1658）に、岩国屋敷の川向いにあらたに蔵屋敷を購入し、以後ここを使用することになる。[3]当初は蔵元の屋敷と蔵屋敷とが一体だったこと、蔵物の販売方法への切り替えが、蔵屋敷購入（萩藩のばあいは移転）のきっかけだったことは共通している。

こうした岩国藩や萩藩の例からすると、蔵屋敷の設置が、年貢米・紙の販売を委ねた蔵元町人との関係に規定される場合があったことになる。またあらたに購入するさいには、仲仕同士の関係に依拠することもあった。すでに市中で取り結んでいたさまざまな社会関係のなかで、蔵屋敷の設置も実現できたということである。そうしたことは、江戸の藩邸以上に、町人地におかれた大坂の蔵屋敷において顕著にみいだせる特徴だと思う。

---

1 享保十五年（1730）には、赤穂藩屋敷のさらに東に接していた播磨林田藩建部家屋敷、間口3間半・裏行32間を購入している（岩国徴古館蔵18-709「大坂屋敷購入に関する書類」）。

2 蔵屋敷の機能の一つに大坂町奉行所との連絡があったはずである。蔵屋敷が常設される以前には、蔵元塩屋を介していたのか、あるいは本藩である萩藩がその機能を代行していたのだろうか。その具体相は不詳である。

3 森下徹「萩藩大坂屋敷の成立」塚田孝編『身分的周縁の比較史』清文堂出版、2010年。

近世后期摄津、丹波的寒天生产与大坂

后藤 雅知 *

【内容摘要】寒天最初是在伏见开始生产的，据说始于17世纪中叶。其后，天明年间，寒天制法传播到摄津北部村落（北摄地域），一直到幕末时期为止，该地成为最大的寒天产地。在那里，以各地的天草为原材料，生产国内贩卖用的角寒天和通过长崎出口的细寒天。作为生产者的北摄寒天制造者，在宽政年间之后，试图结成同业行会，但未获得公认。希望结成同业行会的背景是原材料天草供给量的减少和价格的高涨。

文化十一年（1814），在大坂三町人之一的尼崎又右卫门领导下，会所得以创立，生产出口用寒天的60家同业行会首次获得公认，由幕令周知全国。由此，生产细寒天用的天草经由尼崎会所进行调度，而生产出来的寒天也通过尼崎会所的认可之后被运往长崎。但是，这些天草并不适用于生产国内使用的角寒天，其原材料的调度和贩卖均未受到统制。尼崎会所的统制遍及包括角寒天在内的所有天草和寒天，那是文政四年（1821）的事了，还是由幕令周知全国。于是，天草的流通在全国范围内得以统制。

但是，寒天的生产未必仅限于北摄地域，各地的小规模寒天生产依然继续，随之而来的是生产角寒天所用的高品质天草愈加稀少，天草价格高涨。此外，许多可以采摘天草的藩领（纪州藩和宇和岛藩），在尝试于自己的藩领生产寒天，并限制向藩领外运送天草等，尼崎会所对天草流通的掌控并未发挥充分的功用。于是，在同业行会解散之后，丹波的寒天制作兴起，纪州藩和宇和岛藩的天草被使用于此，这对天草的流通和寒天的生产结构也带来了巨大的变化。

【关键词】寒天，天草，细寒天，角寒天，北摄地区，纪州藩，尼崎又右卫门，尼崎寒天会所

* 后藤 雅知（後藤 雅知），立教大学文学部教授。

近世後期における摂津・丹波の寒天生産と大坂

後藤　雅知

【論文要旨】寒天が最初に伏見で生産され始めたのは、17 世紀の中頃と考えられる。その後、天明年間に寒天の製法が摂津北部の村々（北摂地域）に伝わったとされ、幕末期に至るまで、この地が最大の寒天生産地となった。ここでは各地の天草を原料として、国内販売用の角寒天と長崎から輸出する細寒天とが生産された。生産者である北摂寒天製作人は、寛政年間以降、株仲間の結成を目指したようだが、公認はされなかった。株仲間を指向した背景には、原料となる天草の供給量の減少や価格の高騰があったと考えられる。

そして文化十一年（1814)、大坂三町人の一人である尼崎又右衛門のもとに会所を設立し、輸出用寒天を生産する 60 株の仲間が初めて公認され、幕令で周知された。これによって細寒天用の天草は尼崎会所を経由して調達され、また生産された寒天も尼崎会所の了解のもと長崎に輸送されることになった。しかし国内用角寒天には適用されず、その原料調達、販売は統制されなかった。尼崎会所による統制が角寒天も含めたすべての天草・寒天に及んだのは、文政四年（1821）のことで、やはり幕令によって周知された。こうして天草流通は全国レベルで統制されることになった。

しかし寒天生産は必ずしも北摂地域に限定されず、各地での小規模な寒天生産は継続したと考えられ、それに伴い角寒天用の高品質な天草の希少化が進行して、天草値段は高騰した。また多くの天草が採捕できる藩領（紀州藩や宇和島藩）では、自領での寒天生産を試みて、領外への天草移出を制限するなど、尼崎会所による天草の流通把握は十分に機能しなかった。そして株仲間解散期以降、新たに丹波の寒天製作が勃興し、紀州藩や宇和島藩の天草がここで利用されることで、天草の流通、寒天の生産構造も大きく変容することになった。

【キーワード】寒天、天草、細寒天、角寒天、北摂地域、紀州藩、尼崎又右衛門、尼崎寒天会所

はじめに

寒天は心太が偶然凍結したことで、伏見で発明されたとされる。その後、天明年間にはその生産方法が北摂地域に伝えられ、ここが近世を通じて最大の生産地となった。本報告は、こうした寒天の生産に必要な天草の流通のあり方をおおまかに把握することで、今後の検討課題などを浮き彫りにするきっかけとしたい。

寒天は天草やエゴ草などを原料として生産された。白く晒した天草などを釜で炊き、その煮汁を冷やして固めて心太にし、これを夜間には凍結させて、昼間に融解させることを繰り返し、乾燥させることで寒天とした。心太が夜間には凍結し、昼間には融解しうる気候に適した場所でしか生産できなかったのである。北摂地域や隣接する丹波国はこうした環境に適していたのであろう。

また寒天は、安永・天明年間以降、長崎から中国に輸出される海産物の一つともなった。輸出用の寒天は細寒天と呼ばれる糸状のものであったのに対し、国内販売用の寒天は角寒天という棒状の寒天であった。角寒天の生産には細寒天よりも品質の良い天草が必要であり、寒天の生産量の増加に伴い、高品質の天草の需要が高まり、その値段も上昇したと思われる。主たる原料となる天草は、大坂の寒天問屋によって買い集められ、北摂寒天製作人に渡された。次に触れるように、各地で採捕された天草は、基本的には大坂に集荷される構造になっていたのである。以下、野村豊『寒天の歴史地理学研究』(大阪府経済部水産課、1951 年) および小林茂『北摂地域における寒天マニュの展開』(高槻市教育委員会、1959 年) に依拠しながら、19 世紀前半における寒天生産の基礎的な構造を検討しておきたい。

一、天草集荷の統制

(一) 文化十一年 (1814) の統制

長崎から輸出される寒天の品質が区々であることから「売買混雑に及ぶ」ので、北摂寒天製作人三四名が株仲間を結成したいと大坂町奉行所に歎願したのは、寛政十年 (1798) 二月のことであった (野村豊『寒天資料の研究』大阪府寒天水産加工業協同組合、1950 年、二二六号文書、以下「寒天」○号と略す)。しかしこれは認可されず、寒天製作人は、文化十年から大坂三町人の尼崎又右衛門と交渉を繰り返し、これを踏まえた尼崎から大坂町奉行所への歎願が認められる形で、尼崎寒天会所の設立と同時に、北摂寒天製作人仲間 60 株が認可された。当時の寒天製作人は 80 名であったと考えられるが、株数は長崎から輸出される寒天の数量に応じて 60 株とされた。これは、1 株を寒天 3 000 斤焚とすると、3 000 斤＝ 100 丸の 60 倍、6 000 丸を輸出したことから、60 株が必要となるという計算であった。したがって寒天製作人の全員が 1 株ずつを所持したわけではなかった。もちろん株は売買可能であったので、各製作人の株数は変化する場合があった。

では文化十一年七月に出された幕令（「寒天」三四八号）をみておこう。ここには、①近年長崎に送付される寒天の量が増加し輸出しきれない、②それによって寒天製作人も損銀が多い、③昨年は寒天製作を休む事態にも至った、④それ以来北摂寒天製作人 80 名で生産高を取り決めた、⑤寒天製作人の人数を町奉行所で取り調べるので、新規に寒天製作を始める者は製作人仲間や尼崎寒天会所と相談するように、という内容が記される。株仲間となる寒天製作人 80 名は「摂州嶋上・嶋下両郡其の外右最寄り」と記されるので、北摂地域から離れた遠隔地の製作人は仲間組織の対象外となっていることが読みとれる。そもそもこの触れは摂河泉播を対象に出されたものと考えられ、その他の寒天製作人は想定されていない。またこの株立は、輸出用細寒天に限定された仲間であり、国内販売用の角寒天は対象外となっていた。すなわち角寒天用の天草は寒天製作人が自由にどこからでも買い取ることが可能で、また製品である角寒天の販売先も自由に選択できた。

この幕令の箇条では尼崎寒天会所と寒天製作人仲間との関係は読み取れないが、文化十年からの交渉過程を記した史料によれば、以下の通りである。製作された寒天は大坂に回送され、寒天製作人惣代や尼崎寒天会所の支配人らが立ち会った上で「改印」などを施して、長崎に回送する。長崎で受け取った代銀は、会所で諸経費を差し引き、製作人らに支払われる。支払は 4 割は三月に、残りは十月に行う。また製作人からの寒天の買い取り値段は、30 斤＝ 1 丸が銀 50 匁と決まっていた。文化十年の仕法書によれば、原料となる天草＝干藻 1 000 貫目で寒天 50 丸を生産することになっており、そのときの寒天製作人の収入は 50 匁× 50 丸＝ 2 500 匁、支出は総計 2 448.71 匁［内訳：干藻代 650 匁（26.5%）・運賃 200 匁（8.2%）・人件費 683 匁（27.9%）・薪炭費 377.1 匁（15.4%）・年貢代銀 80 匁（3.3%）・道具損料 200 匁（8.2%）・前貸利息 138.61 匁（5.7%）・諸雑費 120 匁（4.9%）］と仮定され、51.29 匁の利益が得られる計算となっていた（小林茂前掲著書表5)。なお天草は大坂の寒天問屋である大根屋小兵衛と長崎屋平右衛門の二家から提供されることになっていた（「寒天」六号)。このうち大根屋小兵衛は、天明五年（1785）から伊豆産天草を一手に集荷したとされ、寛政期以降は北摂寒天製作人に寒天の原料となる原藻を前貸的に提供する寒天仕入問屋として富を集積し、会所設立以降は輸出用細寒天の取引で安定的な収益を得たとされる。[1] 以上のように原料の天草も大坂を経由し、また生産された寒天も大坂を経由して長崎に回送される体制が構築されたのである。

（二）文政四年（1821）の統制

文政四年にもまた幕令が出され、角寒天用の天草集荷も大坂のみで取り扱うことが命じられた。これによって全国の沿岸で採捕されるすべての天草に対して、大坂回送という制約が原則的には課されたことになる。まずは幕令（「寒天」三五〇号）をみておこう。

【史料1】

文政四辛巳年

十月　長崎廻ニ相成候寒天之儀ハ是迄之通、其外世上食用之角寒天并干藻之儀、是亦尼崎又右衛門へ一手取締申付候事

右之通文化十一戌年七月摂河泉播へ触置候所、寒天制作之元草ニ相成候干藻之儀年々出方相減、右長崎廻し之外此上食用ニ相成候角寒天制作ニも右干藻を用ひ候儀、元〆無之ニ付自然と長崎廻し寒天之元草ニ相響制作方差支候ニ付、右角寒天之向も又右衛門一手ニ取〆いたし度段相願候ニ付取調候所、右角寒天之儀ハ去ル戌年制作方相極候八十人之内ニ而制作、右之外ニは取扱候もの無之旨ニ而、則右之内角寒天制作仕来候者共へ応対之上年々干藻有高之内ニ而長崎廻し相成候寒天と世上食用角寒天と之分量を分ケ向後制作いたし候積、制作人共へも又右衛門申談候旨同人申立候、向後角寒天之儀も新規ニ制作望之者ハ是迄制作仕来候者共申談、又右衛門へ相対之上差支ニ不相成様いたし制作相始、自然長崎廻し寒天制作仕来候ものゝ外角寒天是迄制作いたし候ものも有之候ハヽ是又又右衛門へ申談差加り候様可致候

1　中川すがね『大坂両替商の金融と社会』清文堂出版、2003年。

一、右元草之儀浦々ニ而取上候干藻年々出方相減、九ケ年已前酉年之頃と去辰年冬元直段四双倍程之高直ニ相成、右ハ浦方ニ而取上候干藻払底計之訳ニは無之、右筋合相心得候もの又ハ他国引合之商ひ仕来候ものゝ内、利潤を考浦々へ相廻り不相応ニ直段申立糶買いたし買持居候事ニも可有之哉、素々干藻之儀ハ自然と磯辺へ打寄候を干立候迄之手数ニ而嵩高之品なから何之無造作取入取（置）候候（衍）ニ付、元付格別高直ニ可相当訳ハ勿論浦方ニ而高利を可貪筈も無之、全買取之者共之内直組之仕方不正路之筋も有之故格別ニ直段引上候儀ニも可有之、於浦々干藻買取候上ニ而積込運送等之訳（諸）雑費を加へ元付相応之利分を懸ケ売渡候儀之（は）其程合も可有之、一体食用ニ可成角寒天之儀長崎表へ廻候寒天同様之場所ニ而制作仕来候上は寒天元草ニ可成干藻外向へ散乱可致筋も無之儀ニ付、干藻之儀も又右衛門へ一手ニ取〆承届候間、当表ハ勿論浦々ニ而干藻持囲ひ所持居候もの有之候ハヽ早々売渡方之儀又右衛門へ引合、元付直段ニ応相当之利分を加へ制作人共へ売渡、向後之儀も干藻取上候浦々之者より歟又ハ手を越買取候共直段格別ニ付上ケ糶買ケ間敷義無之様可致正路之取引可致候

右之通ニ付長崎廻し相成候寒天之儀ハ去ル戌七月相触候通相心得、世上食用之角寒天幷干藻之儀一手取〆いたし候段令承知候、此段再触之趣無違失相守可申候

巳十月

この幕令が出された背景は、輸出用寒天と同じ原料から生産される角寒天に何らの統制もないため（制限なく角寒天が生産・販売され、結果として）、輸出用細寒天に用いる天草が払底したことにある。すなわち当時の北摂寒天製作人は、国内販売用の角寒天製作を優先したこと、角寒天の販売は寒天製作人にとって大きな利潤をもたらしたことが想定されよう。そこで角寒天製作にも統制を加えることになったのである。

まず幕令の前半では、角寒天も細寒天製作人の内部で製作しているのだから、原料となる天草の分量をきっちりと分けた上で製作すること、それは尼崎寒天会所の統制のもとでの製作となることが明記される。そしてこれは北摂寒天製作人仲間と尼崎又右衛門との話し合いにもとづき決められたとある。同年八月に尼崎寒天会所と寒天製作人 71 人とで作成した申合（「寒天」二三六号）によれば、①干藻 10 万貫があったとすれば、そのうち輸出用細寒天に 85 000 貫、角寒天に残り 15 000 貫を振り分けること、②角寒天の利益の一部は寒天製作人 60 株全体に還元すること、③角寒天の販売先はこれまで通り自由とする

こと、④角寒天の製作は60株の株持製作人が行うが、実際に全員が角寒天製作に関与するには天草が不十分であるため、上品が製作できない場所での製作は差し控えて、場所柄の良いところのみで製作すること、が確認された。これによって角寒天の生産量は採捕される天草総量の15%に抑制されることが決められたのである。

文政五年や文政十年の議定(「寒天」二三八号・二三九号)をみると、①角寒天を製作したのは71人の製作人のうち20人に留まったこと、②前提として60株の製作人の内部では詳細は不明ながら、42.5株と17.5株との間に対立が生じたこと、③角寒天の販売先は、原則として文政十年以降は、金屋庄兵衛・大根屋与兵衛・天王寺屋治兵衛の3軒に限定されたこと、④ただしこの3人に断った上で、角寒天製作人仲間に1箇あたり銀5匁を支払えば外売りも可能であったこと、がわかる。

文政四年の幕令の後半では、干藻=天草値段高騰の原因が糴買などを行う買取商人にあるとし、天草の販売ルートも尼崎寒天会所の統制下に置くことを命じている。しかもその対象は全国の浦々に及ぶものであり、これによって原則的には、天草を採捕したものが寒天製作人に自由に販売することは禁止されたことになろう(実態としては禁止できないが)。ここに天草流通は大きな制約を被ることになった。

このあと、株仲間解散前の天保十二年(1841)九月に出された幕令(「寒天」三五一号)では、心太製作用の天草も含めてすべての天草は、輸出用寒天仕入問屋大根屋小兵衛と角寒天売捌問屋天王寺屋治兵衛とに販売するよう命じているのに、それがみだりになっていること、その原因は尼崎又右衛門の了解もなく、①最寄りや他国の角寒天製作人に天草が売却されていること、②夏の食用となる心太用に天草が売却されていること、にあると明記され、尼崎会所での一手取締を厳守するよう幕府は改めて命じた。角寒天向けの天草販売が容易には取り締まれなかったことが読みとれよう。

そして株仲間解散に伴い尼崎又右衛門による一手取締は廃止され、輸出用寒天は同人による「売上請負」となった。幕府としては又右衛門に輸出用細寒天の独占的な買上は命じるが、それは御用としての請負という位置づけになったといえよう。そして角寒天は「直段可成丈引下ケ、長崎廻差支不相成様いたし、文政四年已前之通制作人より勝手ニ売出可申」ことが命じられた(「寒天」三五二号)。天草総量の15%のみを角寒天とする生産量の上限規定が撤廃され、角寒天の販売先も自由になり、また角寒天用の天草売買も、これによって自由になったと考えられる。

二、天草集荷の請負と天草価格の高騰

天保期の北摂寒天製作人の家に残った帳簿（高槻市大蔵司古藤家文書）をみると、当時使われていた天草の産地がおおよそわかる。天保十年の帳簿では、伊豆・房州・熊野・伊勢・志摩の天草が、さらにそれ以降の帳簿では、他に能州や伊予の天草が利用されたこともわかる。寒天製作人仲間全体としていずれの天草を大量に利用したのかは明らかにできないが、大蔵司という村の寒天製作人である古藤家に残った帳簿からは、圧倒的に伊豆天草が利用されたことが読み取れる。伊豆天草は、当時もっとも良質な天草と評価されており、紀州藩が東伊豆の天草集荷を企図したほどであった。以下では天草の集荷に関して、房州の事例と伊豆の事例とを簡単にみておこう。

房州では外房の十六カ浦で天草が採捕された。幕領代官森覚蔵は生産量調査を行った後、文政十年（1827）から浦々に心太草運上を賦課し始めた。この運上金を上納したものに、十六カ浦の天草を集荷する権利を認めたのである。このように漁場での産物などを対象に運上金が賦課され、その上納を請け負う代わりに、その漁獲物の集荷権などを独占的に利用することを浦請と称したが、房州の天草にもこれが導入されたのである。

こうして文政十年から、大坂長堀玉造橋平野屋市五郎と房州洲崎村百姓唯四郎が年50両の運上金上納と引き替えに、安房郡洲崎浦・川名浦・伊戸浦・布良浦・根本浦・滝口村（砂取浦・川下浦）・朝夷郡白浜浦・乙浜浦・白間津浦・大川浦・千田浦・平磯浦・川口浦・忽戸浦・平館浦の十五カ村、十六カ浦の漁場を請け負うこととなった。両人は十六カ浦で水揚げされた天草を独占的に仲買から購入するようになったのである。

その後文政十三年からは江戸小舟町の乾物問屋である大坂屋藤兵衛・虎屋弥三郎による請負となり、これが天保十年（1839）まで継続し、翌年からは運上金が年76両に引き上げられる代わりに村請となった。村請は幕末・維新期まで継続したが、当初は江戸布海苔問屋丸屋重蔵・小川屋勘助らがその下請人となり、十六カ浦に運上金を納入する代わりに、天草を独占的に集荷する体制となった。さらに安政三年（1856）からは各村の仲買商人が下請人となったが、村への運上金納入が滞るなど、経営的に不安定であったため、万延元年（1860）頃を境に、江戸堀江町四丁目の乾物問屋榎並屋庄兵衛が下請人となり、一手に十六カ浦の天草を集荷するようになって維新期に至った。榎並屋庄兵衛が大坂西横堀京町堀一丁目原藻取扱問屋榎並屋庄左衛門の江戸店支配人であったことから、房州産の天

草は大坂へと回送され、寒天に加工されたことがわかる。[1]

次に東伊豆の一例を紹介しておこう。天保九年（1838）十月に紀州藩は、和歌山城下町人川俣屋新助を請負人として立て、沼津藩領の豆州白浜村と稲取村の天草運上入札に参加し、これを落札することに成功した。このときの紀州藩の請負金額は、下田町人でそれまで両浦の天草を浦請していた綿屋吉兵衛と落札を争ったため、白浜村が314両余、稲取村が1 062両余と高騰した。このあと紀州藩の現地請負人らが作成した見積もりでは、白浜村では一年間に10 000貫、稲取村では45 000貫（合計55 000貫）の天草が生産されると見込んで、この運上金額でも十分に利益が生じると考えていた。実際にはこれほどの量は生産できず、初年度から赤字となった。それでも膨大な天草が東伊豆の浦々で採捕されたことが読み取れる。なおこの請負は、沼津藩が天草集荷を請負に出すことを中止し、御手浦（直営浦）としたために、天保十四年一月で打ち切られることになった。[2]

房州天草、伊豆天草は、古藤家の寒天製作にとっては中核となる原料であったことがわかるが、その現地での集荷権を獲得する浦請金額が高騰することは、そのまま原料である天草値段の高騰につながった。尼崎寒天会所による買い取り値段が決まっている輸出用細寒天の製作は、寒天製作人仲間にとっては利益が少ない生業となったことは容易に推測できよう。

三、紀州藩による寒天製作

天草が多量に採捕された紀州では、文政四年の統制によって大坂の寒天問屋を通じた天草取引に限定されたことで、天草を自由に販売できないことになったと思われる。これによって藩領によっては、寒天の国産化、すなわち領内産の天草を利用した寒天生産が拡大したのではないかと考えられる。その一例としてここでは御三家の一つである紀州藩の動向を取り上げておきたい。

紀州藩が寒天をいつから国産化しようとしたのか明らかに出来ないが、すでに文化十三年（1816）には領内で生産された寒天を、三井家を通じて長崎に売却できないか打診し

1　後藤雅知「心太草の集荷と浦請」『千葉県史研究』11号別冊・近世特集号・房総の近世2、2003年。
2　後藤雅知「紀州藩の天草集荷請負人」斎藤善之編『身分的周縁と近世社会2　海と川に生きる』吉川弘文館、2007年。

た。しかし三井家は「右品（寒天）之儀ハ於大坂寒天座御取立被為在、右座方より長崎諸色屋へ差送り候儀ニ在之、尤右之訳先達而座方仕方之儀承り合セ候所、下職人家数九軒株之者□来、右家々より一ト焚六千斤と相定、九軒ニ而惣高五万四千斤也、此分三十斤入一箇り代四十六匁と相立、座へ売上候由ニ在之、其余過斤出来候分ハ格別下直ならては、相納り不申との趣ニ承り申候」、したがって利益が出ないので見送るべきだと返答した。文化十年の仕法書と比較すると、1 釜の生産量が 6 000 斤と 2 倍になっていることや 30 斤入 1 箇が 46 匁になっているなど、いくつか違いがみられるが、その理由は不明である。いずれにせよ、尼崎寒天会所から北摂寒天製作人に配分した輸出用寒天に加えて、さらに長崎に回送しても、長崎会所がより安価な金額でしか購入しないので、紀州藩が十分な利益を得ることは困難であったと考えられる。にもかかわらず、紀州藩が輸出用細寒天を領内で生産し続けたのは、領内で採捕された天草をそのまま大坂に回送するよりも、寒天に加工してわずかでも利益を得ることを選択したのではないかと考えられる。こうしたことは他の藩領でも行われた可能性がある。たとえば、宇和島藩領でも天草は多量に採捕されたと想定されるが、幕末期には宇和島藩も領内で寒天を生産したことが最近では明らかとなっている。[1] 生産を開始した時期などは不明だが、領内産物である天草から利潤を得ることを目指したことは明らかであろう。

先述したとおり、紀州藩はこのあと天保十年から伊豆産の天草を入手することになったが、その目的は天保十年十月の次の史料から知られる。

【史料 2】

（前略）紀州様御領分熊野・長嶋・日高浦々ニ生立候心太艸を以、是迄細寒天製作厚御世話被為　在、長崎表江御差向之処、元来艸姓合不宜、寒天ニ仕上下品与御直段不引合ニ付、水野出羽守様（沼津藩主）御領分豆州加茂郡稲取・白浜両浦産心太艸御差加御製作御試させ候処、寒天出来方至而宜、御国益ニも相成候由ニ而、稲取・白浜心太艸当亥年より丑年迄三ケ年若山川俣屋新助名前を以御請負（後略）

ここから、①紀州藩は熊野など領内で採捕された天草を利用して、天保十年以前から寒

1　愛媛県歴史文化博物館編『古地図で楽しむ伊予』風媒社、2018 年。

天を製作したこと、②この寒天は輸出用細寒天であったこと、③しかしその細寒天は品質が悪かったこと、④白浜・稲取村産の天草を加えて寒天を製作した結果、良質な寒天が製作できたこと、⑤白浜・稲取村天草の請負は、川俣屋新助を名目人として当初三カ年季であったこと、が読みとれる。紀州藩は良質な寒天の国産化を企図して、伊豆産天草を確保したのである。ここからも紀州藩が寒天の国産化を入念に進めたことが読みとれよう。[1]

一方で紀州藩は、大坂寒天問屋を通じて、伊豆産天草を北摂寒天製作人にも配分していた。古藤家に残された天保十年「干藻艸覚帳」(高槻市大蔵司古藤家文書一八三) によれば、この年、古藤家は大坂寒天問屋天王寺屋治兵衛経由で、十月二十二日、十一月朔日、十一月五日、十一月十二日の4回に分けて、合計903貫450目の伊豆産天草を紀州藩から入手している。これは他の天草とは別扱いで「紀州様御産物」と記されるので、尼崎寒天会所からの配分とは別立てであった可能性がある。また天王寺屋治兵衛が扱うのは国内用角寒天なので、はっきりとはわからないが、角寒天製作に用いられた可能性もある。「紀州様御産物」の伊豆産天草とはまさにこの年から浦請によって獲得した稲取・白浜産天草であったと考えられよう。

古藤家を含めて、11軒の寒天製作人にこの天草が天王寺屋経由で配分されているので、全体として1万貫近くの天草が北摂寒天製作人に配分されたと考えられる。それでも稲取・白浜村で採捕される天草の五分の一以下の量であり、伊豆産天草の多くは紀州藩領内での寒天製作に充てられたと考えてよかろう。

その翌年には、大坂の和泉屋源兵衛を通じて北摂寒天製作人に紀州藩の伊豆産天草などが渡され、寒天が製作されたことが次の史料からわかる。

【史料3】

取為替一札

一、紀州様御産物寒天艸御貸下ケニ付、右御直段之儀ハ豆州艸六部方・長嶋艸三部方両艸押込ニ而、来丑三月晦日限相対ヲ以、艸拾貫目ニ付四拾匁七分替、外ニ三分方訳合有之、此方へ請取可申約定ニ御座候、尤艸相渡高之儀ハ別帳面ヲ以来丑正月中相納候、製作白房寒天代銀ヲ以差引過不足勘定相立可申候、為後日取為替一札如件

1 後藤雅知「近世の漁業構造と周縁社会」『部落問題研究』181、2007年。

天保十一子十一月　　　　　　　　　　　　　　　和泉屋源兵衛（印）

摂州北在

寒天製作御惣代

道祖本　七右衛門殿

上音羽　仁兵衛殿

城山　　半兵衛殿

上野　　伊六殿

太田　　与兵衛殿

福井　　徳蔵殿

田中　　常右衛門殿

右の史料の宛先は、尼崎寒天会所の統制下で細寒天を製作した北摂寒天製作人仲間そのものであった。また差出人の和泉屋源兵衛は旧来の寒天問屋としては名前が見えないので、紀州藩が指定した専属の商人であったと推定される。紀州藩大坂蔵屋敷の出入町人などであったとも考えられる。和泉屋は紀州藩が集めた領内長島産の天草と伊豆産天草とを北摂寒天製作人に渡して、白房寒天（＝細寒天）を受け取り、その代銀で天草代銀勘定を行った。ここからは尼崎寒天会所の統制があったのか、その配分のうちにこの天草が含まれたのかはっきりとはわからないが、ここでも「紀州様御産物」と明記されるので、別立てであった可能性は否定できない。御三家の国産品ということで、尼崎寒天会所を経由しない天草流通、寒天製作が同時並行的に行われたものと推定しておきたい。

株仲間解散後の天保十四年になると、紀州藩は丹波国の寒天製作人に領内産の天草を貸し渡し、寒天を製作させるようになる。以後丹波寒天製作人仲間は株仲間解散期を通じて成長し、北摂寒天製作人仲間に比肩する集団となった。丹波国は大坂町奉行所の管轄外であったため、尼崎寒天会所の統制が及ばず、丹波での輸出用細寒天の製作は拡大を続けたのである。

株仲間解散期の天保十五年には、大坂堂島の江戸屋善右衛門という人物を口次として、「加州御産物」の能州エゴ草が古藤家に渡されている（天保十五年「干藻艸并諸入用覚帳」古藤家文書一八五）。寒天の販売先は寒天問屋である大根屋小十郎であったが、これも紀州藩と同様の手法なのではないかと思われる。また弘化二年（1845）には、「伊予晒艸」40箇が大根屋小兵衛経由で北摂寒天製作人に渡され、古藤家はこれを19.5株で割合ったうちの1株分12貫420目を受け取っている（弘化二年「干藻艸并諸入用覚帳」古藤家文書一八八）。宇和島藩領内の天草が大坂に回送された可能性もあろう。文政四年（1821）令による統制下では大坂に回送されなかった天草が、こうした藩領には存在したと考えられ、その実態を検討していくことが今後の課題となろう。

むすびにかえて

本報告は、これまでの先行研究に依拠しつつ、天草流通、寒天製作の概要を示したに過ぎない。尼崎寒天会所による輸出用細寒天製作への統制の面がこれまで強調されてきた感があるが、天草の実際の流通は、じつはもっと多様であった可能性がある。各藩の国産品として天草が大坂に回送されていたことを今回は確認し、これらが北摂地域における寒天製作の構造の中でどのような位置を占めたのか、寒天製作の実態などを改めて検討することで今後明らかにしたいと考えている。

大坂渡边村的村落结构

三田 智子 *

【内容摘要】位于近世都市大坂南侧的渡边村，贯穿整个近世，从事贱民（汉字或表记为“秽多”）身份所特有的职业（皮匠、仵作、刽子手），供职于大坂町奉行所，同时也是西日本一带皮革流通中巨大的贱民村。若关注村的固有形态，村内共有 6 个町，几乎所有村民皆从事皮革相关产业。人口极多，在 1713 年有 2 341 人，1859 年有 4 008 人，因而渡边村也是一个都市场域。

关于渡边村，尽管塚田孝教授已有研究成果（塚田孝:《大坂渡边村》，收入氏著《近世的都市社会史》，青木書店，1996 年），但本报告认为有必要对渡边村的整体性重新进行全面解析，意在明确包括村内下层的村落结构。具体地说，以 19 世纪为中心，在明确①各町所拥有的“年寄”（町制）与有势力的皮革批发商—皮革关联产业（手工艺）的职业结构之后，探讨上述这些村内的②空间结构和③围绕着真宗寺院之动向中所占据的位置。

结论大致有以下五点：①在渡边村，以与西日本诸藩单独交易的有势力的皮革批发商为金字塔峰，村内有从事皮革加工的作坊主、工匠层，还存在着许多被估计为承揽转包的下层。②从 18 世纪后期开始，有势力的皮革批发商担任渡边村的“年寄”。③渡边村工艺作坊向村外的扩大，到了 19 世纪以后变得显著，但批发商层与手工艺作坊主层的扩张范围存在差异。④渡边村内，一方面各町存在着许多租户，另一方面批发商层在多个町拥有宅第，手工艺作坊主层也拥有次等规模的宅第。⑤众所周知，贱民村有着热诚的真宗信仰，但西本愿寺经常向渡边村要求上缴大笔钱款，围绕着如何应对这一问题，村内渐渐出现对立。虽然许多村内下层起来反抗，在有势力的皮革批发商中也出现了对西本愿寺持否定态度的或者采取单独行动的人，但这未必在村内阶层中形成分化。

【关键词】贱民，皮革，町制，村内寺院，边缘

---

* 三田 智子（三田 智子），就实大学人文科学部讲师。

大坂渡辺村の村落構造

三田 智子

【論文要旨】近世都市・大坂の南側に位置した渡辺村は、近世を通じてかわた身分に特有の役（皮役・死体片付役・行刑役）を大坂町奉行所のもとで務めるとともに、西日本一帯の皮革流通の中心でもあった巨大なかわた村である。村のあり方に目を向けると、村内部には6つの町が存在し、村人のほとんどが皮革関連業に携わっていた。人口は1713年に2 341人、1859年に4 008人と極めて多く、渡辺村は都市的な場でもあった。

渡辺村については、すでに塚田孝氏による成果があるが（塚田孝「大坂渡辺村」、同『近世の都市社会史』青木書店、1996年）、本報告では改めて渡辺村の全体性を包括的に解明すべく、村内の下層を含めた村落構造を把握することを目指す。具体的には19世紀を中心に、①各町におかれた年寄（町制）と、有力皮問屋—皮革関連業（細工）という生業構造を確認した上で、これらが村内の②空間構造や、③真宗寺院をめぐる動向において、どのような位置を占めるのかを検討する。

結論は、およそ以下の五点である。①渡辺村では、西日本諸藩と一手取引を行うような有力皮問屋を頂点に、村内には皮革加工を行う親方・職人層がおり、さらにその下職であると想定される下層が多数存在する。② 18世紀後期から、渡辺村の年寄は有力皮問屋層が務めるようになる。③渡辺村では、村外への細工場拡大が19世紀以降顕著となるが、問屋層と細工親方層では拡大する箇所に差がみられる。④渡辺村内では、各町に多数の借家人が存在する一方で、問屋層は複数町に掛屋敷を所持し、細工親方層もこれに次ぐ規模の屋敷を所持したようである。⑤かわた村における熱心な真宗信仰は周知の事実であるが、西本願寺は渡辺村に多額の上納金を恒常的に要求しており、これへの対応をめぐり、村内では対立が慢性化していた。村内下層の多くが反発していたようだが、有力皮問屋の中にも西本願寺に否定的な姿勢を持つ者や独自の動きを見せる者がおり、必ずしも村内階層で区分されるものではない。

【キーワード】かわた（えた）、皮革、町制、村内寺院、周縁

はじめに—渡辺村研究の現在—

近世都市・大坂の南側に位置した渡辺村は、近世を通じてかわた（えた）身分に特有の役を大坂町奉行所のもとで務めるとともに、西日本一帯の皮革流通の中心地でもあった、巨大なかわた村である。そのため、同村が担った役や、皮革流通、また都市大坂との関係性に注目する視点から、これまで研究が積み重ねられている［中西 1959、盛田 1970、塚田 1994・1996 など］。

こうした研究成果をもとに、渡辺村の全体性を包括的に解明しようとする際に重要となるのは、村落構造の側面からの捉え直しである。このような視角からの研究としては、塚田孝氏による一連の成果が到達点として挙げられる［塚田 1994・1996］。本報告では、この成果に学びながらも、課題として残されている村内の下層を含めた村落構造を把握することを目指したい。具体的には 19 世紀を中心に、①渡辺村内の各町におかれた年寄（村制）と、有力皮問屋—皮革関連業（細工）という生業構造を確認した上で、②渡辺村の空間構造と家持や細工場所持人などの諸関係の関連を確認し、さらに③化政期から天保期を中心に村内の寺をめぐる事件について検討する。近年西本願寺が所蔵する「諸国記」のうち、渡辺村に関連する部分がまとまって翻刻・刊行された［「浪速部落の歴史」編纂委員会編 2005］。その内容は村落構造を解明するうえで非常に示唆的である。渡辺村の都市的要素とこれらを合わせて検討することで、新たな渡辺村のあり方に迫りたい。

一、渡辺村の村制と生業

渡辺村の淵源は、淀川南岸に位置した座摩神社に奉仕するキヨメ集団であると考えられる。彼らは 16 世紀末から数度の移転を経て、宝永三年（1706）までに都市大坂の南側に位置する木津村の村領を分割され、居住することとなった。以後、移転することなく、幕末に至っている。

木津村の西側に移転した渡辺村内には、中之町・北之町・南之町・八軒町・新屋敷町・十軒町の 6 町が存在した。村役人は、当初は渡辺村全体で年寄が 2 人おり、遅くとも 18 世紀初頭以降には 2 家に固定された。しかし、天明五年（1785）以降は各町に 1 人ずつ、計 6 人の年寄がおかれるようになった。塚田氏はこの年寄 6 人制への移行に注目し、次の四点を指摘している。①これは村全体の「村の年寄」2人から、村内に存在した6町の「町の年寄」6人へという変化である、②旧来の年寄は渡辺村が担う諸役を差配することを主とし、諸営業を行う存在ではなかったが、新たな年寄は西国諸藩の皮革を一手に引き受ける有力皮問屋らである、③これは村の構造変容であり、その背景には、皮革業の発展による新興皮問屋の台頭があった、④村内の皮革業は、斃牛馬処理制—皮革関連業（細工）—流通構造（問屋）の三層構造であると想定できる、としている。

この指摘は、渡辺村の村落構造の変化を捉えたものとして、非常に重要である。渡辺村は近世を通じて公儀に対してかわた身分に特有の役を負担していた。その内容は、大坂城の太鼓張り替え（皮役）、公儀附属施設などでの死体片付役、そして行刑役である。行刑役については、摂津・河内各所で行われる場合にも出役した。年寄が差配する「諸役」とはこれらのことである。その一方で、渡辺村は耕地を有さず、村人のほとんどが皮革に関連する職業に就いていた。渡辺村の有力な皮問屋が、18世紀中期以降に西日本各藩を相手に領内の皮革の一手買い取りに乗り出すことも史料上確認できる点である。こうした皮革流通の中心地としてのあり方は、村内で皮革の細工業を成長させたものと思われ、渡辺村の人口は近世を通じて増加している（1713年に2 341人、1859年に4 008人）。周辺のかわた村の者が人別を移さずに渡辺村に多く居住していた徴証もあり、実数はより多かったものと思われる。こうした渡辺村の展開が、村制上においては年寄の変化という形で現れたのである。

二、19世紀渡辺村の空間構造

（一）渡辺村の拡大

渡辺村の村人は、移転完了直後から渡辺村の南北に位置する木津村畑地を買得し始め、宝暦四年（1755）には2町6反余に及んでいる。この畑地を渡辺村の村人は皮干場や細工場として利用したようだが、当初は細工を目的とした小家であったものが次第に建家となっていったようである。

また明和六年（1769）には、渡辺村の西側に七瀬新地が開発された。これは周辺の新田と同様に、町人身分の地主が支配人をおき経営するものであるが、下作百姓を確保できなかったため、同七年に渡辺村に細工を目的とした建家をおくことが認められた。七瀬新地は、その後地主により転売されていくが、渡辺村との関係は継続した。だが19世紀には木津村内に細工場が認められたため、幕末の七瀬新地はあまり利用されなかったようである。

一方、19 世紀に入ると木津村とは渡辺村の四面から広がる「建て出し」と、木津村領内での建家取り払いをめぐる対立が生じた。前者は文化三年（1806）に取り払いが町奉行所から命じられており、その後も繰り返されたようである。後者については、結局その流れを木津村が押しとどめることはできず、文化十三年には渡辺村北側の字堂面に細工場が、またさらに北側の字北島にもその後小屋建てが認められたようである。木津村や町奉行所が認めた名目は「細工を目的とする小家」であったが、次第に居所としての建家（あるいは細工場と居所が一体化した建家）となっていったため、天保期には七瀬新地も含めて一斉に取り払いが命じられるなど、問題は継続した。

以上の空間構造を図で確認しておこう。図 1（明治二年〈1869〉）で渡辺村の南北両側に位置する「木津村耕地穢多皮干場」が、天保期に「南北取払場所」とされた場所で、原則小屋建てが禁止された空間である。木津村内に移転して以来、村人が買得した土地に由来するものと思われる。北側の斜線部「穢多細工場」が字堂面細工場であり、この場所は細工を目的とする小家をおくことは認められた。さらにその北側が字北島と想定される。

このうち、字堂面細工場については天保十一年（1840）の所持者 34 名が、「南北取払場所」については天保十年の底地所持者と土地利用のあり方が判明する。南側の「取払場所」には 10 名の所持者が小家を 110、北側には 21 名の所持者が小家を 61 建てている。南北の小家は 2 間半× 2 間半程度で、所持者のなかには町の年寄を経験した者や有力な皮問屋が確認できる。こうした事実と、字堂面細工場と「南北取払場所」の所持者が一部しか重複しないことから、塚田氏は①「南北取払場所」に当時進出していたのは有力皮問屋である村内最上層部であり、これらの建家は彼らの掛屋敷である、②これに対し字堂面細工場の所持者は、皮革製品の細工を行う親方・商人層である、と想定している。

なお明治十九年（1886）大阪図の渡辺村部分（図 2）では、細工場や「南北取払場所」は町場化している。渡辺村の人口増加ともあいまって、19 世紀のこの付近は細工場や皮干場と居所が一体化しつつある空間であったと考えられる。

（二）村内部の具体相

1. 個別町の内部

渡辺村内部の様子については、断片的な情報しか得られない。一つは、宝暦八年

(1758) の八軒町の借家数である。この年、八軒町で借屋中の申合が作成されており、13の借家に52名の借家人が確認できる。ただし町内の家屋敷と家持の総数は不明である。

もう一つは、天保五年に作成された「米一件町内取締書」である。新屋敷町のものと思われるこの取締書では、家持16名に続いて、26の借家に222名の借家人が連印している。以上から、各町内において借家層が分厚く展開していたことは確実である。

2. 村全体について
—安政七年（1860)「役人村下屎受ケ所帳」より—

遅くとも19世紀には、渡辺村の下屎は西成郡にある五つのかわた村が独占的に汲み取っており、安政七年（1860）には5村16名が、明治元年（1868）には5村17名がその権利を有していた。下屎流通についても渡辺村は大坂市中と共通する都市性とともに、身分制的な性格を強く帯びていた、といえよう。このうち、安政七年に西成郡今北村内のかわた4名の汲み取り場所が判明する（表1)。ここから次の四点を指摘しておきたい。

まず、枕町・北島・井路川・新地という6町以外の表記に注目したい。枕町・北島・井路川には、村人の「居宅」がおかれている（No. 30 ～ 49)。この時点で6町以外に住居が相当数展開していたのである。字北島・枕町・井路川は、それぞれ明治五年に霧島町・野上町・藻刈町になり、渡辺村6町の北側に西から順に位置した（図2)。これは北側の「取払場所」と字堂面細工場、さらにその北側の字北島にあたる部分であろう。また北之町の大和屋又兵衛と新屋敷町の岸部屋三五郎の内訳に見られる新地は、七瀬新地であろう(No. 8・27)。こちらも借家がおかれていたと考えられる。

二つめとして、このうちの北島に特に注目したい。3ヶ所のうち、北島には最も多くの居宅がおかれている。また居住人数に比例する下屎請負額が高額な人物は、いずれも北島に借家を所持している（No. 1・12・13・30など)。こうした点から、3ヶ所は一律に展開したのではなく、6町の北側でも西側部分の宅地化が早く進んだものと思われる。

三つめは、6町の内部についてである。表1中で目をひくのは、北之町の大和屋又兵衛(No. 8) である。居町内に居宅と4ヶ所の掛屋敷、他町にも掛屋敷を複数所持し、惣右衛門の請負額は8両である。大和屋又兵衛は、天保十二年（1841）に北之町年寄として、また天保期から幕末まで徳浄寺門徒惣代として断続的に確認できる。また、太鼓屋又兵衛の一統である播磨屋源兵衛や、有力皮問屋である播磨屋五兵衛、吹田屋安兵衛なども突出している（No. 4・5・6・12・13)。村内有力者層である皮問屋は、一般的に複数町に掛屋敷を所持し、多くの借家人を抱えていたものと考えられる。

四つめは、皮革関連業との関わりである。西日本から渡辺村に送られる皮革の一部は、播磨国高木村に賃鞣しに出されていた。幕末に高木村惣兵衛に皮を送っていた人物が複数判明するが、表1中では新屋敷町の岸部屋吉五郎と日向屋音右衛門が一致する（No. 26・29)。なかでも岸部屋はかなり大量の皮を送っている。彼らも複数の家屋敷を所持してはいるが、経済的には皮問屋の下に位置づくものと考えられる。

以上から、渡辺村が当初の村域（6町）の外に拡大していく様子をみたが、その背景にはやはり皮革関連業の成長と人口増加問題を考えるべきである。住居そのものが不足し、「建て出し」が問題となっていたのである。「細工」を名目に許可を受けた場所に、細工場と住居が展開することは必然であった。字北島に居住する者たちは、皮革関連業の中下層ではないだろうか。また6町内や北島には、膨大な借家層も存在したのである。

三、19世紀の村内寺院をめぐる動き

（一）西本願寺と渡辺村内寺院の関係

渡辺村内には、幕末までに徳浄寺・正宣寺・順照寺・阿弥陀寺の4寺が開かれた(表2)。いずれも西本願寺派寺院であるが、「村の惣道場」という格を有したのは徳浄寺と正宣寺である。徳浄寺は「北之町惣道場」とも呼ばれるが、中之町を除く村内5町の旦那寺であった。これに対し、正宣寺が「中之町惣道場」である。残る2寺は、いずれも19世紀に開かれた。順照寺は文化十四年（1817）に木仏・寺号が認められ、当初は徳浄寺の境内にあって本尊を有する堂であったようである。阿弥陀寺は、万延元年（1860）以降に徳浄寺の看坊了忍が徳浄寺の自庵化を目論むも、檀家を二分する事態に陥り、最終的に180名の檀家をつれて明治元年に村内に開いた寺である。了忍は、実父で有力皮問屋の播磨屋（合坂）五兵衛から金銭支援を全面的に受け、阿弥陀寺は大坂津村御坊の出張所という異例の寺格を有した。以上の経緯からは、有力皮問屋が村内寺院に与えた影響の大きさが予想される。

さて、西本願寺所蔵の「諸国記」から、渡辺村と西本願寺の関係についてこれまでに指摘されており、本報告との関わりで重要であると考えられるのは次の六点である［左右田1995・2002]。①西本願寺はかわた村の寺院を「穢寺」と位置づけており、②名号など免

物類の下付時には一般の寺院に比べて5割増しの冥加を求めた、③その一方で西本願寺は渡辺村の2寺（徳浄寺・正宣寺）を、多額の懇志を上納できる寺と認識し、たびたび懇志上納や馳走を命じた、④こうした2寺の働きに対して、西本願寺は18世紀中期以降、より高位の免物や衣体を2寺に認めたが、⑤次第に他のかわた村寺院にも西本願寺が同様のものを認めたため、2寺やその門徒は西本願寺に不信感を抱くとともに、かわた村寺院のなかでも2寺が別格に位置づけられるように求めた、⑥2寺は門徒の経済力に依拠して懇志を負担したが、門徒のなかには家に仏壇も構えられないような困窮した者もいた。

以上からは、近世を通じて西本願寺と渡辺村2寺の間は、西本願寺から2寺への高位の免物・衣体の許可と、2寺による西本願寺への懇志上納が、基本的な関係である、と理解できよう。

（二）化政期から天保期の村内での異儀事件など

天保期頃までの「諸国記」には、免物や懇志をめぐる渡辺村と西本願寺とのやりとりに加え、村内で発生した複数の異儀事件の様子も明らかとなる。そこでは2寺の門徒のなかに、2寺の住持や西本願寺に対する強い反発が存在したことが読みとれる。村落構造を考える上では、この点がより重要である。そこで次にこれらの事例を見ておきたい。

化政期から天保期に村内で発生した異儀事件やその延長上にあると思われる村方騒動は、計5件である。

まず一件目は文化四年（1807）十月の河内国般若寺村誓願寺による異安心事件である。同年六月の段階で、徳浄寺の門徒内で対立が発生しており、門徒の一部が本山に上山する事態になっていた。同寺の門徒のうち8割が不帰依である、とする史料もある。さらに十月には、河内国誓願寺が渡辺村内で「私に御本山から横目役を仰せ付けられた。そのため門徒達の安心の心得違いがないかを糺す」などとして村内を騒がせた。注目されるのは、誓願寺を逗留させた徳浄寺門徒の岸部屋吉右衛門が、有力な皮問屋であること（誓願寺と親類であるとされる）、また誓願寺の倅が正宣寺の伴僧を務めていたことである。

続いて、文化五年十一月には播磨国前坂村周了が村内で不正の勧化を行った。周了は「本山より御修復上納銀取り立て」を命じられたとして、村内の在家で毎夜法談を行い、以前から2寺に不帰依であった門徒らは周了を尊信するようになったようである。また十二月には、2寺の住持と「周了帰依の門徒」らが法儀教諭のための使僧の派遣を西本願寺に願い、許可されている。門徒らが使僧の派遣を願う理由は不明であるが、本山使僧の前で自らの主張を展開したい、との思惑があったのではないかと考えておきたい。文化四年から五年にかけて、2 寺の住持と門徒の間には、厳しい対立が存在していたと考えられよう。

さらに、文政三年（1820）八月には三河国願徳寺新発意宗順が村内で三業法門を勧める事件が起きている。宗順を告発した順照寺には、他国者に法談を行わせことを理由に七日の遠慮が命じられている（宗順の処分は不明）。

また天保元年（1830）十一月には、「村内大混雑」と表現される事態に陥っている。文政十二年（1829）八月、徳浄寺は西本願寺への 200 両の上納を滞らせた。このため西本願寺は法儀引き立てと「御仕法取り集め」を目的に渡辺村に数回使僧を派遣している。そして天保元年十月に使僧が到着した時には、渡辺村は「村方大混雑難渋の段」に陥っていたのである。このため 2 寺と門徒惣代らは、使僧による法座の延期を願う一方で、西本願寺への上納は可能な限り集めて行う、としている。

天保十二年二月には、再び他国僧による異儀事件が発生している。新屋敷町池田屋藤五郎方に肥後国西光寺弟子の顕照が滞在し、異安心を勧めたのである。ここで注目されるのは池田屋藤五郎の言動である。池田屋は顕照の法談内容は不正ではなく、むしろ村内の 3 寺の方が不正の法儀である、などと強く主張している。また池田屋は顕照に縁戚の家を紹介し、近隣のかわた村でも顕照は説法を行っていたようである。

（三）異儀事件などが起こる構造的な背景

19 世紀初頭から、渡辺村内では徳浄寺・正宣寺において門徒の多くが不帰依であり、その対応に 2 寺が苦心していたこと、村外からの「不正」僧が入り込みやすい状況にあり、「不正」僧に不帰依門徒が感化されると村方騒動的な事態に陥ったようである。18 世紀末から西本願寺教団内では、教義をめぐる対立が発生しており、その余波は渡辺村内にも及んでいたのである（異安心・三業法門など）。ただし渡辺村内では、2 寺の住持への不帰依を増幅させる結果となった。多くの門徒が不帰依となる理由は、やはり西本願寺への「懇志」にあり、その取り集めを行う 2 寺に不満が向けられたものと思われる。だがその不満は、厚い信仰心と西本願寺への強い期待と表裏一体のものであると思われる。

この点について、天保十四年に常満寺（大坂南久太郎町）が西本願寺に提案した褒美は示唆的である。使僧として派遣された常満寺は、村内で住持らが非常に苦労していること、しかし自らが 2 夜法儀を行うと 10 両が集まったことを引き合いに、表 3 の褒美が西本願寺から下されれば、「倍の上納金がすぐに集まるだろう」と西本願寺に報告している。常満寺の提案は限界性をもつものだが、「この程度は報いて然るべきではないか」という西本願寺に対する批判も含まれているように思われる。

また、同年十月には2寺とその肝煎総代が、公儀による仏壇改めを理由に、村内の「平生極難困窮の者」で仏壇も構えられない門徒95軒（徳浄寺70軒・正宣寺25軒）に対し、村役人らが仏壇を買い求めて与えたので、その本尊を下付されたいと西本願寺に願っている。こうした動きは、西本願寺の慈悲を示すものとして、村内を抑えるために村役人や門徒総代らが必要だと判断したものと思われる。

表3からは、徳浄寺門徒の構造も部分的に読み取れる。尼講60人・重立ち世話方6人・中通り世話方12人は、門徒のなかでも徳浄寺住持を強く支える存在であろう。重立ち世話方には大和屋又兵衛が含まれている。だが有力皮問屋が徳浄寺に帰依しており、下層が不帰依という状況ではないようである。というのも誓願寺を逗留させた岸部屋吉右衛門は、天保十一年には久留米藩の革座と取り引きを行う皮問屋である。また池田屋藤五郎は新屋敷町の家持であることが確実である。岸部屋は村内最上層の皮問屋、池田屋も同等か皮革関連業の商人・親方層であると想定できる。寺をめぐる問題は、必ずしも村内階層で区分されるものではない、と想定しておきたい。これは、懇志の多くを皮問屋層が負担していたと想定されることと関連しよう。

また19世紀には太鼓屋又兵衛に代表される有力皮問屋層が、個人で冥加を納めて出仏壇や額を希望するという事例もみられるようになる。村や徳浄寺という枠組みを相対化する動きであるとともに、有力層の多様な動向として注目する必要があろう。

四、渡辺村の村落構造の特徴

19世紀の渡辺村の村落構造を他のかわた村と比較して考察する場合、①なぜ村外の僧が渡辺村に頻繁に入り込むのかという疑問と、②村方騒動的な状況を生じさせる原因が手掛かりとなる。かわた村である和泉国南王子村の場合、19世紀に村内に頻繁に入り込むのは、かわた村出身の無宿であり、勧化僧はほとんどみられない。村方騒動において寺が大きな争点となる点は共通するが、借財の返済方法や住持と村方の娘との縁組みの可否をめぐるものである。

まず①であるが、顕照はかわた村の徘徊を始めた契機を、6年前に二十四輩旧跡巡拝をしていた際に、かわた村に無銭で止宿し、法話をしたところ聴聞する者が集まったためだ、と述べている。また、天保五年には御影の許可を求めて上京した越後国西真寺新発意義諦が、路銀に困り、渡辺村に止宿している。義諦は渡辺村同行の世話で、無事に免物も許可されることとなった。ここから、かわた身分の者を比較的心安く滞在させる、というかわた村に共通する特質と、巨大なかわた村であり、宗派内でも特別な位置にあった渡辺村を頼って他国僧が来村する状況があったと想定される。ただし、他国僧が不意に来村する場合と、村内に引き込む者がいる場合を区別する必要がある。

②については、村内寺院が村方騒動の中心的な争点となる点に、かわた村における厚い真宗信仰という共通点をみておく必要がある。ただし異なる形態をとる要素として、渡辺村の場合は、有力皮問屋層の経済力を見越した西本願寺からの過度な要求と免物の下付というあり方を基礎に、これに応じて2寺をもり立てたい、という思いを含みながらも、西本願寺への反発が2寺の住持に直接むけられるように思われる。西本願寺との冥加・免物をめぐるやりとりは、妥協や決着が期待できるものではなく、渡辺村の規模が大きく村内下層が膨大であることや、宗派内でもかわた村の中で特別な位置にありたい、という思惑もあったため、対立は慢性化したのである。しかし村制や町制などこの他の要素も複雑に関連していることは言うまでもない。

以上から、渡辺村の村落構造はやはりかわた村としての特質に規定された側面が大きい。一方で渡辺村の様々な要素—皮問屋の存在とその経済力、西本願寺との関係、人口規模、村内の諸関係、村外とのネットワーク、かわた村間の宗派内での序列など—が、問題をより一層深刻化・複雑化させたものと考えられる。

おわりに

近代への見通しとして、1922年3月に水平社が創立される直前に真宗教団批判が展開したことを検討した鈴木良氏の成果にふれておく［鈴木1997］。鈴木氏は、水平社創立以前の大坂西浜部落（渡辺村）の地域支配構造は皮革関連業を基礎に真宗組織を利用したものであったこと、1921年4月に徳浄寺住職の加藤哲勝が西本願寺を公然と批判する一文を発表し、これが教団批判が全国化する一つの契機となったこと、また西浜部落では有力門徒を中心に加藤を支援するための哲勝会が組織され、本山と対立する姿勢をとったことを紹介している。しかし、その後有力門徒は水平社創立には賛同せず、水平活動に村内寺院を使用させなかった。これを村内青年組織などが打ち破ることによって、西浜の水平社が設立された、という筋道が示されている。

このような近代の状況は、大枠では本報告で明らかにした西本願寺と村内寺院、そして地域住民の矛盾を含んだ関係構造が歴史的前提となっていると思われる。もちろん時期的な差や、真宗組織を利用した村内支配がどの程度強固なものであったか、などは検討する余地があろう。幕末の阿弥陀寺分立にいたる対立とその決着も重要であるように思われる。これらについては次の課題としたい。

参考文献

[1] 左右田昌幸「部落寺院と真宗教団」大阪の部落史委員会編『新修大阪の部落史上巻』、1995 年。

[2] 左右田昌幸「『渡辺村真宗史』に向けての覚書」「浪速部落の歴史」編纂委員会編『太鼓・皮革の町—浪速部落の三〇〇年—』、2002 年。

[3] 鈴木良「真宗教団批判の展開—水平社創立をめぐって（その 6）—」『部落問題研究』139 号、1997 年（のち同『水平社創立の研究』部落問題研究所、2005 年所収）。

[4] 塚田孝「身分制の解体—大坂渡辺村＝西浜の事例から—」『歴史評論』527 号、1994 年（のち同『近世大坂の都市社会』吉川弘文館、2006 年所収。）

[5] 塚田孝「大坂渡辺村」同『近世の都市社会史—大阪を中心に—』青木書店、1996 年。

[6] 中西義雄「都市部落の生成と展開—摂津渡辺村の史的構造—」『部落問題研究』4 号、1959 年（のち『中西義雄部落問題著作集 1』部落問題研究所、1984 年所収）。

[7] 盛田嘉徳『摂津役人村文書』大阪市浪速同和教育推進協議会、1970 年。

[8]「浪速部落の歴史」編纂委員会編『史料集浪速部落の歴史』、2005 年。

（本報告は、『シリーズ三都　大坂』〈東大出版会、2019 年刊行予定〉に執筆した拙稿「渡辺村の 19 世紀」を簡略に紹介したものである。そのため詳しくは、拙稿を参照頂きたい。）

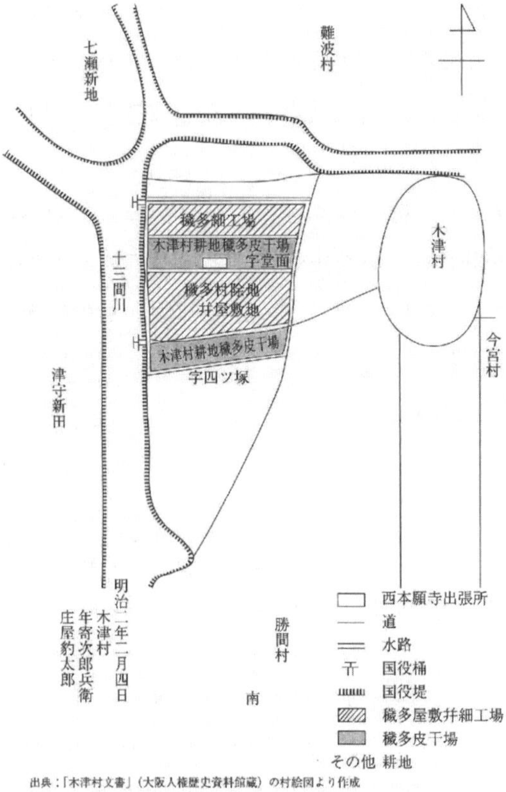

図1　明治二年渡辺村図（[塚田 1996] より）

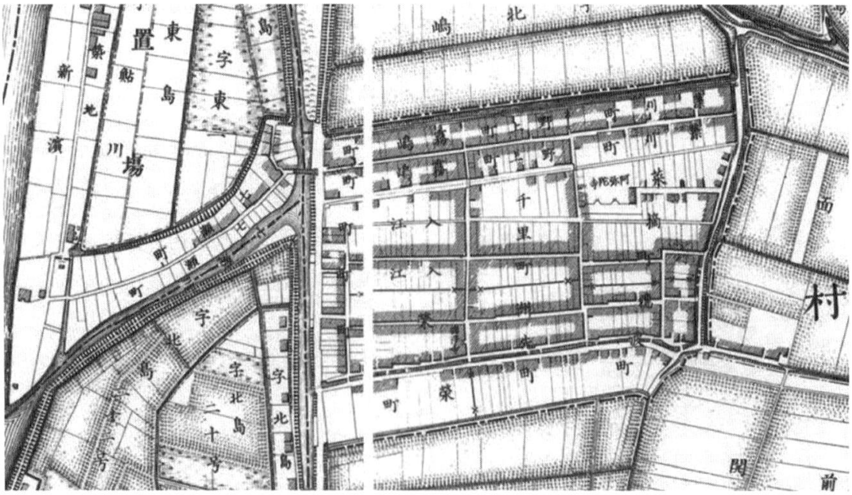

図2　明治十九年の渡辺村

表 1　西成郡今北村内かわた 4 名の渡辺村内の下屎汲取箇所（安政七年三月）

(No.)	肩書 (居所)	名前	内訳 (請入箇所)	請負額(金／銭)				請負人 (請主)
				両	歩	朱	文	
1	北之町	岸部屋周次郎	借家・北島1ヶ所	5				惣右衛門
2	北之町	住吉屋六兵衛	居宅		2			留治郎
3	北之町	太鼓屋藤兵衛	居宅			3	200	作右衛門
4	北之町	播磨屋源兵衛	居宅・北島・借家1ヶ所	1	3	2		留治郎
5	北之町	播磨屋五兵衛	居宅	1		2		留治郎
6	北之町	播磨屋五兵衛	借家・北之町1ヶ所	1		2		惣右衛門
7	北之町	大和屋吉兵衛	居宅・同町1ヶ所		2			惣右衛門
8	北之町	大和屋又兵衛	居宅・北之町4ヶ所・南之町1ヶ所・新地4ヶ所・十軒町1ヶ所	8				惣右衛門
9	南之町	明石屋佐吉 (佐兵衛を修正)	借家・北島1ヶ所		3			惣右衛門
10	南之町 (十軒町を修正)	池田屋源兵衛	居宅・南之町 ※1		1	2		作右衛門
11	南之町	池田屋伝兵衛	居宅			3		作右衛門
12	南之町	吹田屋安兵衛	居宅・北島1ヶ所・南之町1ヶ所	2	3			作右衛門
13	南之町	吹田屋安兵衛	借家・北島2ヶ所	2	2			惣右衛門
14	南之町	中屋喜兵衛	居宅			2		留治郎
15	南之町	中屋平兵衛	居宅		1	3		惣右衛門
16	南之町	難波屋新兵衛	居宅		1			留治郎
17	南之町	濱太	居宅・又1ヶ所 ※2		3	2		留治郎
18	十軒町	池田屋吉右衛門	居宅・井路川1ヶ所		2			作右衛門
19	十軒町	池茂	居宅		2	2		作右衛門
20	十軒町	播磨屋安太郎	居宅		1			留治郎
21	十軒町	風呂屋	居宅		2			惣右衛門 ※3
22	十軒町	生嶋屋善四郎	居宅		1	2		惣右衛門 ※3
23	(記載なし)	正専寺	居宅	1		2		惣右衛門
24	八軒町	大和屋勘左衛門	居宅		1			作右衛門
25	新屋敷町	岸部屋伊三郎	居宅・新屋敷1ヶ所	1	1	2		惣右衛門
26	新屋敷町	岸部屋吉五郎	居宅・北之町・北島	1	1	2		惣右衛門
27	新屋敷町	岸部屋三五郎	居宅・借家・新地2ヶ所	1	2	3		留治郎
28	新屋敷町	岸部屋又七	居宅・借家1ヶ所	1		2		惣右衛門 ※3
29	新屋敷町	日向屋音右衛門	居宅・新屋敷・八軒町	1	2	1		惣右衛門
30	枕町	難波屋六三郎	借家・北島6ヶ所	6	3			惣右衛門
31	枕町	住吉屋市兵衛	借家・北島2ヶ所	2				惣右衛門
32	北島	淡路屋勘兵衛	居宅		2	2		作右衛門
33	北島	池田屋常次郎	居宅		2			惣右衛門
34	北島	池田屋彦兵衛	居宅			3		作右衛門
35	北島	池田屋安兵衛	居宅		1	3		留治郎
36	北島	京屋庄次郎	居宅		1			作右衛門
37	北島	京屋豊吉	居宅		3	2		留治郎
30	北島	中喜	居宅		1	2		留治郎
39	北島	播磨屋吉兵衛	居宅・北島1ヶ所	1				作右衛門
40	北島	播磨屋三次郎	居宅		1			作右衛門
41	北島	八幡屋忠兵衛	居宅		1			作右衛門
42	北島	吉田屋藤兵衛	居宅		1			惣右衛門
43	(記載なし／北島カ)	明石屋佐七	居宅		1	2		作右衛門
44	(記載なし／北島カ)	岸部屋又兵衛	居宅			3		作右衛門
45	井路川	住吉屋六兵衛	隠居・居宅		1	2		留治郎
46	井路川	霍吉	居宅		1			留治郎
47	井路川	池田屋九兵衛	居宅		2	2		留治郎
48	井路川	(記載なし)	(記載なし)			3	200	作右衛門
49	南井路川	(記載なし)	(記載なし)			2		作右衛門
50	(記載なし)	(記載なし)	(記載なし)			3		作右衛門
51	(記載なし)	(記載なし)	(記載なし)			3		作右衛門
	合計			53	2	1	400	

No.1の場合、北之町に居宅をもつ岸部屋周治郎の借家・北島1ヶ所を、今北村の惣右衛門が年間金5両を周治郎に支払い、汲み取っていることになる。借家＝北島1ヶ所なのか、借家と北島1ヶ所が別なのかは未詳。また北之町の周治郎居宅は、今北村以外のかわたが汲み取っているものと考えられる。

※1　南之町という記載は、肩書きが十軒町段階のものではないかと思われる。

※2　居宅と又1ヶ所それぞれに請負額が設定されているが、ここでは合算した。

※3　惣右衛門は後筆で、史料作成時には作右衛門と思われる。

表２　渡辺村内の寺院

	開基年次	明治12年の門徒数
徳浄寺	慶長4年(1599)	2048人
正宣寺	慶長8年(1603)	1623人
順照寺	文化14年(1817)	500人※
阿弥陀寺	明治元年(1868)	624人

明治12年作成「寺院明細帳　南区」(大阪府公文書館蔵)より。順照寺は大正3年に同帳に加えられているため、門徒数も大正3年のものと考えられる。

表３　使僧常満寺が西本願寺に提案した徳浄寺と門徒への褒美（天保十四年三月）

対象	褒美
徳浄寺住持	金入りの輪袈裟 難しければ、御添え書の一行物
尼講の大将	ぼうし60、裏に「貴寺様へ御寄拜御印」
重の世話方大将6人(大又、竹田、戎、長明、伊作小、播熊)	御紋付の御盃
中通り世話方12人	安きかたぎぬ、裏に朱印
御賽銭拾い15人	安き数珠
余一統	松風1040枚

大又は大和屋又兵衛、播熊は播磨屋熊治郎と思われる。他は未詳。

从“住宅难”问题看20世纪初期上海日侨社区的形成

张智慧 *

【内容摘要】20世纪初期，随着上海日侨人数的持续增长，所面临的“住宅难”问题也日益突出。“一战”前夕上海日侨就提出了设立“土地建筑公司”的倡议，但因未得到日本政府的资金支持而遭受挫折。然而随着“一战”期间日本资本在中国的大举并进，上海日侨的不动产投资也大幅增长。其中最具代表性的就是东亚兴业株式会社在上海的不动产投资。东亚兴业株式会社上海分社在日本政府、大型银行、日本驻上海总领事馆、上海日侨团体的鼎力支持下，不仅为日侨个人和公司购买不动产提供贷款，而且积极从事上海的不动产投资，特别是在租界以外的北四川路，宝山县等地购买了大量土地。其投资满足了上海日侨的住宅需求，一定程度上解决了日侨直面的“住宅难”问题，提升了日侨在公共租界中的发言权，同时也推进了虹口一带上海日侨社区的形成。然而其过度膨胀，特别是在华界的大举投资触及了中国民众的切身利益和民族情绪，也成为30年代中日关系走向恶化的重要因素。

【关键词】“住宅难”问题，东亚兴业株式会社，上海，日侨社区，中日关系

「住宅難」問題から見る20世紀初期の上海日本人コミュニティの形成

張智慧

【論文要旨】20世紀初期、上海日本居留民の人数の増加に従って、直面する「住宅難」問

* 张智慧，上海大学文学院历史系副教授。

題も日々深刻になる一方である。第一次世界大戦前、上海日本居留民の中では日本人が経営する「土地建築会社」を作り、「住宅難」問題を解決しようとしたが、日本政府からの資金面の支援を得なかったことにより挫折したのである。しかしながら、第一次世界大戦中、日本資本が次々と中国に進出した背景で、上海日本居留民の土地投資も大幅に増加した。その中で最も代表的なものは東亜興業株式会社が上海での土地投資である。東亜興業株式会社上海支店は日本政府、大手銀行、上海日本総領事館、上海日本居留民団体などの支持を得て、居留民個人と日系会社の不動産投資に貸付をしていただけではなく、自らも積極的に上海の土地投資をしていた。特に租界外に位置する北四川路の周辺、宝山県のあたりに大量の土地を購入していた。東亜興業株式会社の上海土地投資は日本居留民の住宅難問題をある程度解決し、共同租界中での政治権力を高めていたのである。また虹口地帯の上海日本人コミュニティの形成をも促進したと言える。しかし一方で、東亜興業株式会社上海支店の過度的膨張、特に華界での大量な土地投資は中国民衆の切な利益にぶつかって、30年代に中日関係を悪化させた重要な要素であったと言えよう。
【キーワード】住宅難、東亜興業株式会社、上海、日本人コミュニティ、中日関係

上海这一不平等条约体制下发展起来的近代都市，它的快速发展和外来移民的大量涌入息息相关。这些外来移民不仅有全国各地的中国人，还包括来自多达60多个国家的外侨。这些外侨在上海组成了大大小小的诸多社区，其中以吴淞路、北四川路（今四川北路）为中心形成的日侨社区最为典型，而日侨社区的形成又在很大程度上取决于其居所问题的解决。20世纪初期，特别是“一战”期间上海日侨的人数持续增长，“住宅难”问题也日益突出。如何解决日侨的安居问题？如何推进日本在上海的不动产投资？围绕投资问题日本内部的交涉情况如何？以及不动产投资和日侨社区的形成又是何等关联？以上问题不仅是探讨上海日侨社会生活史的关键所在，同时也是研究近代上海城市社会史的重要内容。

对于战前上海的日侨社会研究，陈祖恩氏在其专著《寻访东洋人——近代上海的日本居留民（1868—1945）》《上海日侨社会生活史（1868—1945）》[1]中利用大量的采访资料、文献资料，从各个侧面展示了上海日侨的生活实态，解读了上海日侨社会的形成、发展及日侨

1 陈祖恩:《寻访东洋人——近代上海的日本居留民（1868—1945）》，上海：上海社会科学院出版社，2007年。《上海日侨社会生活史（1868—1945）》，上海：上海辞书出版社，2009年。

最后被遣返的历史过程。而在日本学界，高纲博文氏在其代表著作《“国际都市”上海中的日本人》[1]中把上海的日侨分为“会社派”精英层、“会社派”中间层、“土著派”一般民众层三个阶层，并对代表“会社派”的“居留民团”和代表“土著派”的“日本人各路联合会”之间的对立构造进行了详细分析。以上研究为我们了解日侨社会的发展概况提供了重要参考，但由于研究涉及面过广，所以很多问题都留下了进一步探讨的巨大空间。此外，笔者也将借鉴近来上海城市史研究的最新成果，[2]对日本在上海的不动产投资和上海日侨社区的形成进行细部研究。

本文[3]主要利用日本亚洲历史资料中心近来公开的系列日文档案资料，辅之以相关中文报刊与资料，通过探讨上海日侨直面的“住宅难”问题、为解决此问题日侨社会内部的动态、“一战”后日本东亚兴业株式会社上海分社的成立经纬，以及该公司在上海的不动产投资等问题，了解20世纪初期日本资本的不动产投资如何推进上海日侨社区的形成，以及投资背后的各种利益交织和深远影响。

一、上海日侨直面的“住宅难”问题

众所周知，战前的上海由公共租界、法租界以及被租界隔断的华界三部分构成，其中日本侨民主要聚居于公共租界的虹口地区，特别是吴淞路、北四川路一带。第一次世界大战后，随着日本企业在上海的增加和扩展，上海日侨的居住范围也不断向周边扩张，北至新公园（今鲁迅公园）一带，东至杨树浦一带。而日侨最早来到上海是在1870年前后。1871年，日本领事馆在上海设立，而19世纪70年代的日侨人数仅在100人左右。而后，历经了甲午战争、日俄战争、第一次世界大战，上海日侨人数呈现了不断增长的趋势，至1927年已超过25 000人，占据上海外侨人数之首。1937年“八一三事变”后，上海的日侨人数再次呈现了剧增现象，至1943年达到了10万余人（参见表1）。

人数不断增加的上海日侨首先要面对的就是在上海寻找安定住所。然而外来人口的不断涌入使上海的住房一直处于供不应求的状态，而供不应求又促使房主不断提高租金，造成了上海特有的“住宅难”问题。对此上海日侨更是深有体会，在“一战”前夕就出现了设

1 ［日］高纲博文：《“国際都市”上海のなかの日本人》，东京：研文出版，2009年。

2 马学强主编：《上海石库门珍贵文献选辑》，北京：商务印书馆，2018年。

3 本文的主体部分已在《史林》杂志投稿，本文是在投稿内容的基础上修改而成。

表 1 近代上海日侨人数的变迁

年度	人数	年度	人数	年度	人数
1870	7	1917	13 397	1930	24 207
1885	595	1918	13 880	1931	24 235
1893	866	1919	17 720	1932	26 724
1897	823	1920	14 520	1933	26 901
1901	1 518	1921	16 718	1934	26 810
1905	4 331	1922	17 620	1935	23 991
1907	6 268	1923	16 760	1936	23 613
1910	7 682	1924	17 918	1937	23 672
1912	7 717	1925	19 510	1938	34 676
1913	9 093	1926	20 594	1940	65 621
1914	11 138	1927	25 918	1942	92 676
1915	11 457	1928	26 541	1943	103 968
1916	11 172	1929	26 562	1945	72 654

※资料来源：陈祖恩：《上海日侨社会生活史（1868—1945）》，上海：上海辞书出版社，2009 年，第 531—533 页。

立“上海土地建筑公司”的呼声。1913 年 10 月 20 日，上海日侨代表高木陆郎写信给日本外务省通商局局长坂田重次郎，强调“目前在上海设立日本人经营的强有力的建筑公司是紧急之务”[1]，并在附加的说明材料及计划书中具体谈及了设立“上海土地建筑公司”的紧迫性和必要性，指出“上海日侨十有八九都在向西洋人和中国人房东支付高额的房租，同时又要忍受不适合日本人生活习俗的不自由的房间构造”。日侨每月支付的房租高达 3 万上海银元，一年 36 万上海银元全部进入了西洋人和中国人房东的腰包。高木陆郎强调，设立土地建筑公司就是为上海的日本人提供住处，同时不必再为高达 36 万的上海银元流入他人之手而担心。此外，高木在说明材料中提及上海的沙逊（洋行）及宁波人管理的不动产公司，制定了不把房屋租给日本人的规约，这些都造成了上海日侨的居住环境极为不安定。为此“在

1 〈高木陸郎から外務省通商局長坂田重次郎宛書簡〉、《6. 上海土地建物会社》、JACAR（アジア歴史資料センター）Ref. B10074083800、本邦会社関係雑件　第一巻（3-3-2-32_001）（外務省外交史料館）。

上海设立土地建筑公司不仅在对中发展上是甚为紧急之举，也是解决日本人住宅问题的最好办法”。

日侨代表高木陆郎除了写信呼吁设立由日本人自己经营的土地建筑公司外，还同时向日本外务省提交了更为具体的《上海土地建筑公司设立计划书》[1]及相关数据材料。其中计划书中对公司的营业项目、资本金、设立场所、出租房屋、购买土地及建筑计划、损益计算等都做出了详细规划。值得关注的是，计划书的附带材料中包括“在上海的各银行公司人员房租支付明细表（1913年8月目前）”[2]、“1912年12月末目前在留本邦人职业统计（驻上海总领事馆）”、“1912年12月末上海在留本邦人住所统计（驻上海总领事馆）”三个数据统计，从这些数据的分析中可以深入了解上海日侨的生活实状，特别是当时所直面的“住宅难”问题。

其中“驻上海各银行公司人员房租支付明细表”即为1913年8月上海日侨企业36家公司职员的房租明细。从该表的分析中可知有家庭者房租从10元以上到70元以上，分为6个等级，其中30元以上的为48户，最为突出。而单身者房租从5元以上到50元以上，同样分为6个等级，其中10元以上人数最多，为111人。然而值得关注的是，这36家上海日侨企业职员每月支付房租高达1万元，与之前高木陆郎的信中多次强调的上海日侨月付房租3万元相比，占比高达1/3。而从人数上看，有家庭者共164户，单身者262人，即使按照1户平均4人的比例计算，这1万元房租所覆盖的日侨人数也不超过1 000人，而当时上海日侨的总人数已超过9 000人。也就是说不到1/9的人口所支付的房租占比超过1/3，可以说日侨社会内部呈现出明显的不平衡性。而造成这种现象的主要原因是上海日侨大多是零散经营的中小商人。表2是这一时期的上海日侨职业统计，从表中不难发现日侨职业的多元、分散等特点，以及大量无法为职业命名的杂商、杂业的存在。

此外，根据日本驻上海总领事馆的统计，1912年12月末上海日侨（共1 516户，7 860人）住所分布如下所示[3]：公共租界东区：杨树浦路、梧州路、东有恒路、东百老汇路等处共130户，622人；公共租界北区：南浔路、文监师路、密勒路、吴淞路、靶子路、乍浦路等处共764户，4 190人；公共租界中区：汉口路、江西路、福州路等处共127户，417人；公共租界西区：静安寺路、山东路等处共63户，368人；法租界：洋泾浜、公馆银马路、宝昌路等处共59户，295人。值得关注的是，还有大量上海日侨居住在租界以外，特别是集中

1 〈上海土地建物会社設立目論見書〉、《6. 上海土地建物会社》、Ref. B10074083800。

2 〈在上海各銀行会社員家賃支払高明細表〉、《6. 上海土地建物会社》、Ref. B10074083800。

3 〈大正元年十二月末上海在留本邦人住所別　在上海総領事館〉、《6. 上海土地建物会社》、Ref. B10074083800。

表 2　1912 年 12 月末上海日侨职业统计（日本驻上海总领事馆）

职　业	户数	人口		合计	职　业	户数	人口		合计	职　业	户数	人口		合计
		男	女				男	女				男	女	
官吏	44	71	82	153	点心商	30	84	55	139	竞卖相关人员	6	23	9	32
官署雇员	3	9	10	19	陶漆器商	3	9	8	17	药类及卖药商	11	57	8	65
海关人员	4	11	4	15	金属商	1	7	6	13	畜牧及牛奶商	2	9	3	12
教师	12	39	28	67	金库商	1	1	1	2	人造石制造商	2	3	2	5
学生	2	304	4	308	罗纱商	1	6	1	7	人力车制造贩卖	2	10	6	16
实业练习生		5		5	和服商	7	12	22	34	玻璃器制造贩卖	11	53	14	67
医师	24	77	73	150	中介商	2	4	2	6	诸器械制造贩卖	2	3	3	6
接生婆	9	3	22	25	丝商	1	2		2	鞋制造贩卖	46	215	147	362
药剂师	1	1	1	2	钟表商	6	14	8	22	香皂制造贩卖	2	9	2	11
护士			4	4	化妆品商	2	7	4	11	帽子制造贩卖	17	49	17	66
律师	3	4	4	8	古董商	9	24	20	44	皮制造贩卖	13	35	28	63
代笔业	2	4	6	10	旧货商	11	25	27	52	纸箱制造业	3	9	5	14
翻译	2	5	7	12	酒酱油商	6	27	9	36	书籍文具商	3	12	5	17
报纸从业者	7	16	4	20	碳类商	12	24	12	36	牛骨及肥料商	3	5	5	10
杂志行业	2	6	2	8	米谷商	1	3	3	6	洋服裁缝业	14	56	29	85
神职	2	3	1	4	肉类商		1	1	2	涤物及洗张业	7	13	15	28
牧师	2	5	5	10	食品商	6	19	14	33	和洋洗涤业	7	15	14	29
僧侣	4	22	9	31	火腿商	3	7	2	9	女性梳头业	2	6	5	11
画工	9	22	14	36	咸菜商	2	4	2	6	金银手工业	11	54	30	84
银行人员	15	42	33	75	茶商	1	2	4	6	建筑承包业		1		1
商店人员	63	244	118	362	裁缝业	18	34	50	84	按摩针灸业	8	17	19	36
公司人员	165	630	419	1 049	木工业	21	64	40	104	杂货及卖药商	19	44	30	74
贸易商	28	102	17	119	泥瓦匠	1	2	1	3	舰船内贩卖商	20	70	57	127
海运业	2	12	1	13	榻榻米业	8	39	30	69	砂糖及鸡蛋商	4	13	7	20

（续表）

职业	户数	人口		合计	职业	户数	人口		合计	职业	户数	人口		合计
		男	女				男	女				男	女	
船员	11	30	38	68	理发业	45	202	97	299	额缘商	1	5	4	9
引水员	5	15	23	38	植木业	3	4	4	8	海产品商	1	5	1	6
建筑技师	3	9	11	20	涂漆业	3	23	14	37	电气机械商	1	4	2	6
电气技术师	1	2	1	3	缝箔业	2	6	4	10	□衣商	2	5	3	8
摄影师	13	39	28	67	铜版业	1	2	1	3	洋伞商	3	8	6	14
通关业	4	21	6	27	龟甲业	3	16	11	27	□商	1	1	1	2
杂货商	108	288	166	454	皮革业	5	12	3	15	棉花商	6	37	20	57
印刷业	17	43	48	91	制版业	5	13	4	17	三味线商		3		3
美术雕刻业	3	9	6	15	电气业	2	8	3	11	莫大小商	4	5		5
印刷用品商	1	1	2	3	借书业	1	1	2	3	豆腐□□□□商	4	15	8	23
兴信业	3	4	2	6	制棉业	3	11	5	16	铸物师	1	1	3	4
保险业	1	3	1	4	接骨业		1		1	插花教师	4	5	10	15
当铺	8	17	19	36	租车业	1	1	1	2	游艺师	5	9	12	21
制面业	1	2		2	澡堂	3	15	16	31	游戏场	1	5	1	6
纸商	1	3	4	7	皮革商	1	5	1	6	诸职工	2	22	6	28
厨师	8	25	30	55	游艺工	3	26	10	36	兴业师	1	3	4	7
旅馆	6	46	58	104	集体宿舍	4	5	11	16	甲种艺妓			86	86
餐馆	11	56	122	178	饮食店	28	64	91	155	乙种艺妓			35	35
贷席	3	13	26	39	帮间		1		1	被雇用人	31	52	66	118
杂商	31	64	58	122	杂业	104	167	185	352	被外国人雇用人	105	46	301	347
总计：户数 1 402；男 4 343；女 3 331；合计 7 674														

※ 资料来源：〈大正元年十二月末現在在留本邦人職業別　在上海総領事館〉、《6. 上海土地建物会社》、JACAR（アジア歴史資料センター）Ref. B10074083800。原“合计”中，部分数据错误，已在表中更正。

在与公共租界接壤的北四川路及宝山县境内，据日本总领事馆的统计可知，在租界外的吴淞路、北四川路、北河南路等处共375户，共1 968人。由此可见，当时约1/4的上海日侨居住在华界。

1913年11月5日，日本驻上海总领事有吉明写信给日本外务省通商局局长坂田重次郎，不仅提及前述高木陆郎的关于设立“上海土地建筑公司”的意见书，而且详细阐明了自己的观点。[1]有吉提到在上海“没有我等专属的居留地，鉴于我们没有稳固的地盘，所以我邦人要尽可能地拥有公共租界及法租界的土地和建筑，以此打下牢固基础，是甚为紧要事业”，表明了领事馆对此会大力支持。此外总领事有吉还特别提到有关上海日侨的住宅租借纠纷，指出随着日侨人数的不断增加，其中“无资力者”也有所增多，经常会出现上海房东向日本总领事馆要求垫付房租的情况，每月十多件，到年末甚至达到数十件。总领事有吉指出“为了维护本邦人的体面，领事馆尽可能采取了应对措施”，但还是出现了放置不管归国者，甚至出现了拒绝支付最后不得不采取司法程序的情形。他强调“最近上海的房东对中流及以下的本邦在留者完全失去了信用”，这也成为一些不动产公司制定“不租借给日本人”规约的重要原因。为了挽回日侨的体面同时解决诸多的“不便”，设立日本人管理的“上海土地建筑公司”是势在必行的。虽然日本外务省通商局之后也和正金银行对此进行了多次商议，但最终并未得以实现，而上海日侨所面临的“住宅难”问题却依旧存在。

二、东亚兴业株式会社在上海的不动产投资

1914年8月第一次世界大战爆发，元老井上馨致信首相大隈重信和元老山县有朋，强调大战对于日本来说是“大正新时代的天佑”良机，强调“在东洋必须要确立日本的权益”。“一战”期间日本资本大举进入中国，特别是以纺织业为中心，开启了对华投资的浪潮。在此背景下上海日侨的不动产投资也呈现了不断上升的倾向。表3是从1878年开始至“一战”结束，上海日侨拥有不动产的登记情况。其中从1912年开始不仅逐年有登记记录，而且到1920年末登记件数也有了大幅增长。

1 〈在上海総領事有吉明から外務省通商局長坂田重次郎宛書簡〉、《6. 上海土地建物会社》、Ref. B10074083800。

表3　上海日侨拥有不动产的登记统计

年　度	件数	登记号	年　度	件数	登记号
1878年末	1	到第1号	1915年末	14	到第214号
1887年末	9	到第10号	1916年末	30	到第244号
1897年末	4	到第14号	1917年末	54	到第298号
1907年末	82	到第96号	1918年末	52	到第350号
1912年末	79	到第175号	1919年末	67	到第417号
1913年末	12	到第187号	1920年末	102	到第519号
1914年末	13	到第200号			

※资料来源：〈第三、本邦人ノ所有地〉、《1.上海総領事館土地事務取扱手続ニ関スル件　自大正十年七月》、JACAR（アジア歴史資料センター）Ref. B12083462300、本邦人所有土地家屋関係雑件（B-3-12-1-197）（外務省外交史料館）。

与此同时，“一战”期间上海日侨人数的增长也颇为显著，至1918年末已达15 000人之多。1918年8月28日，日本驻上海总领事有吉明发电给外务大臣后藤新平，再次强调在上海发展日侨不动产的必要性，并积极要求日本政府为此提供低息资金贷款。[1]有吉感叹道“我居留民的人数虽列为各国人数之首，然而在租界中的势力不仅远不及英国人，甚至还甘拜美国人后尘”。与此同时总领事有吉也在信中强调随着日侨人数的增加，所面临的“住宅难”问题更为严峻。他指出虽然几年前为了增强日侨在公共租界中的发言权和解决住宅难问题，上海日侨中间已提出了设立“上海土地建筑公司”的计划和倡议，积极要求日本政府提供低息融资，然而这一计划“由于诸种原因不幸夭折”。有吉强调，现在解决日侨所面临的严峻住宅问题，已是当务之急，建议“与其设立公司专营土地和房屋，不如利用已有的公司、银行进行融资，从个人手中大量收购住宅和店铺更为有利”，而其首选目标就是东亚兴业株式会社[2]。有吉在信中特别指出“东亚兴业公司最近已经针对中国官民计划的经由租界郊外至吴淞的道路，签订了秘密投资的协议，日后将经营道路沿线上的土地和建筑。鉴于此关

1　〈在上海総領事有吉明から外務大臣後藤新平宛書簡〉、《9.上海ニ於テ邦人発展上不動産ニ低利資金供給ノ必要ニ関スル件　大正七年九月》、JACAR（アジア歴史資料センター）Ref. B11100069900、金融経済関係雑件　第二巻（B-3-4-2-40_002）（外務省外交史料館）。

2　东亚兴业株式会社是1909年由涩泽荣一提倡创立，是以中日经济开发为目的的国策会社。设立于东京麴町。资金为100万日圆。主要业务为调查、设计中国的铁路、土木、矿山、造船、电气等。日本兴业银行和三井、三菱、安田、住友等财阀为其大股东，对汉口水电、武昌电灯、江西南浔铁路等中国各地事业进行投资、向公共事业提供低息贷款、开展住宅建设等事业，在一段时间内是日资对中国投资的窗口。

系，利用该公司可谓最为便利”。由此可见，总领事有吉强调在上海进行不动产投资不仅是为了解决日侨的住宅难问题，更重要的是加强在公共租界中日本的地位。同时总领事有吉在电报中大力举荐东亚兴业株式会社也值得特别关注。

这一时期不仅日本总领事极力强调发展日侨不动产的迫切性，上海日侨团体也纷纷向日本政府请愿。其中1919年3月6日，上海日本人实业协会会长儿玉谦次向外务大臣内田康哉提出请愿书，[1] 请求日本政府提供低息贷款，使日侨在上海拥有土地和建筑，为将来的日侨发展提供保障。儿玉指出上海公共租界的最高行政机关是市参事会，拥有其会员选举权的票数在2 000左右，其中英国人因拥有巨额的不动产，所以占据1 200余票。而人数为英侨人数6倍的上海日侨仅仅拥有280票，“在上海市政上邦人实力的微弱”显而易见。另一方面儿玉强调上海日侨大部分属于“资金薄弱的中产阶级及其以下阶层”，在上海进行不动产投资不仅要考虑增强租界中日侨的发言权，同时也要顾及“邦人整体的平行发展”，示意在租界以外的廉价地带购买土地，解决日侨直面的“住宅难”问题。正是在日本总领事馆驻上海的大力举荐和上海日侨团体的鼎力支持下，1919年10月东亚兴业株式会社上海分社正式运营，主要从事上海的不动产投资、借贷、买卖和管理等。

1921年11月25日，日本驻上海总领事山崎馨一发电给外务大臣内田康哉，报告“东亚兴业株式会社有关上海借贷住宅、建筑土地购买的意见书”事宜，并转交了由东亚兴业株式会社上海分社所总结的题目为“上海的住宅难”的意见书。[2] 里面提到造成住宅难的重要原因就是人口的增加，特别是“一战”后上海外侨陆续返沪，加上大量俄国人的避难，还有战后各种工厂的新建都增加了上海的人口压力，也突出了住宅的供不应求问题。房东趁机提高房租，而租房人不仅要负担每月的房租，在租房之际还要承担高额的“顶费”。“对于大多数处于中下流阶层，生活状态与中国人、欧美人迥异的在留邦人来说尤感住宅难问题的严峻。”意见书指出“住宅难”问题虽说在“一战”前就已形成，但当前更为突出。东亚兴业株式会社在意见书中指出，该公司在得到日本大藏省的低息融资以来，“为中产阶级在留邦人稳定了营业和扩大了在工部局的选举权，对其购买不动产提供了融资；与此同时也为邦人建筑出租住宅，缓解邦人的住宅难问题”。此外，意见书还强调，虽然东亚兴业株式会社已经建成了数十所出租住宅，而且也购买了日本小学校附近的90多亩建筑土地，可以缓解“邦人的

1 〈一、低利資金供給ニ関スル請願ノ件〉、《9.上海ニ於テ邦人発展上不動産ニ低利資金供給ノ必要ニ関スル件　大正七年九月》、Ref. B11100069900。

2 〈上海ニ於ケル住宅難〉、《6.上海ニ於ケル貸住宅建築敷地買収ニ関スル在亜興業会社ノ意見書》、JACAR（アジア歴史資料センター）Ref. B12083476900、各国土地関係雑件（B-3-12-1-205）（外務省外交史料館）。

住宅难”，但还达不到救济目前之急的目的，强调要继续收购土地，扩大经营规模。

12月7日，时任东亚兴业株式会社社长的荒井贤太郎在发给外务省亚洲局局长芳泽谦吉的电报中详细介绍了该公司自成立以来在上海不动产投资的营业概要。具体情况如表4所示：

表4　东亚兴业株式会社的上海不动产投资状况（1921年11月末）

第一　贷款部分							
贷款对象	所在地	购买亩数（亩）	原贷款额（两）	回收额（两）	现存贷款额（两）	利率	期限
上海工商会社	华德路	16.682	20 000		20 000	6分5厘	1926年
白石六三郎	文路	4.351	200 000	5 600	194 400	同	1930年
东亚烟草会社	榆林路	4.916	17 200	5 800	11 400	同	1923年
佐佐木大助	胶州路	27.830	57 000	8 550	48 450	同	1925年
大南德之及	胶州路	13.770	34 000	3 400	30 600	同	1925年
角田芳太郎	文路	2.743	88 805		88 805	同	1928年
上海仓库会社	百老汇	7.438	72 000		72 000	同	1929年
同上第二次	百老汇	7.100	68 000		68 000	同	1927年
芦泽民治	海宁路	1.600	31 000		31 000	同	1929年
山口一成	文路	1.579	45 000		45 000	同	1926年
杉江及其他4人	海宁路	1.698	30 000	3 000	27 000	同	1929年
同仁会	施高塔	48.060	92 412		92 412	同	1922年
本间健儿	新加波	4.251	20 000		20 000	同	1925年
立川秀一	昆山路	1.621	24 000		24 000	同	1926年
合计		143.643	799 417	26 350	773 067		

第二　购入部分						
所在地	现存亩数（亩）	现投资额（两）	收入（两）	支出（两）	收益率	摘　　要
吴淞路	3.324	89 028	4 584	2 875	3分8厘	居住邦人30户
小沙渡路	6.580	39 855	1 507	1 367	7厘	居住邦人2户
黄罗路	5.275	77 397	3 628	2 209	3分7厘	14栋新房屋竣工
昆山路	7.165	124 025	4 030	2 170	3分	居住邦人91户
博物院路	2.555	130 000				中部枢要地区
北四川路	67.493	345 900				计划新建出租房屋
宝山县（一）	3.760	38 022				13栋新房屋竣工
宝山县（二）	29.418	41 744				购买约40亩之中
合计	125.570	885 971				

（续表）

第三　转让部分					
所在地	让渡亩数（亩）	价格（两）	转让年月	转让对象	摘　　要
四马路	2.487	150 000	1920 年 12 月	上海交易所	事务所 1 栋
吴淞路	1.621	34 482	1921 年 3 月	立川秀一	居住邦人 4 户
小沙渡路	2.670	22 000	1921 年 3 月	村上贞吉	居住邦人 1 户
合计	6.778	206 482			

第四　交涉中的部分						
件　　名	所在地	购买亩数（亩）	贷款或收购额（两）	利率	期限	摘　　要
顿宫宽一贷款	北四川路	4.193	5 500	6 分 5 厘		医院建筑及用地
扬子浦土地购买	扬子浦	约 48	9 600			新建出租屋目的
藤井及其他 14 人贷款	北四川路	1.681	1 800	6 分 5 厘	1926 年	邦人居住者 15 户
串户一郎贷款	韬朋路	5.896	1 000	同上	1927 年	生产牛奶牧场

※ 资料来源:〈上海不動産投資大正十年十一月末現在表〉、《6. 上海ニ於ケル貸住宅建築敷地買収ニ関スル在亜興業会社ノ意見書》、JACAR（アジア歴史資料センター）Ref. B12083476900。

营业概要中提到东亚兴业株式会社上海分社自 1919 年 10 月营业以来，两年间的投资总额为 1 891 870 两，当前的投资额达 1 659 038 两，共购买了 273 亩 3 分 2 厘 2 毫的土地及附属建筑物，使 220 多户上海日侨受益，为日侨增加了 10 余票市参事会的选举权。概要中还指出，该公司计划在收购的北四川路 67 亩的土地上建筑 153 户的住宅和店铺，具体内容可参照上表。此外从表中可知，其投资不仅包括对日侨个人和公司购买不动产的贷款业务，而且公司本身也积极从事上海的不动产投资。东亚兴业株式会社上海分社营业以来仅仅两年间，其投资规模不断扩大，特别在租界以外的北四川路、宝山县等地购买了大量土地。其投资的主要目的不仅是满足上海日侨的住宅需求和提升在租界中的发言权，而且也推进了上海日侨社区的形成。

三、日方围绕购买英籍犹太人埃兹拉地产的交涉

1922 年 3 月 23 日，东亚兴业株式会社上海分社在提交给日本驻上海总领事船津辰一郎的资料[1]中提到，最近英籍犹太人不动产商埃兹拉过世，其名下在虹口文路、西华德路、闵

1 〈東亜興業株式会社上海出張所から在上海総領事船津辰一郎宛書類〉、《6. 上海ニ於ケル貸住宅建築敷地買収ニ関スル在亜興業会社ノ意見書》、Ref. B12083476900。

行路、武昌路及密勒路的土地建筑要出售，其中包括西洋式建筑9所，中国式建筑189所。土地面积共20亩7分6厘5毫（其中丰阳馆：工部局地籍号1059，1亩7分3厘6毫；丰阳馆后面土地：工部局地籍号1061，3亩2分8厘1毫；从万岁馆到密勒路文路一带：工部局地籍号1053，10亩8分4厘；从虹口警察署到密勒路文路一带：工部局地籍号1067，4亩9分8毫）。对于以上不动产，东亚兴业株式会社上海分社强调丰阳馆和万岁馆位于西华德路电车通过之处，而其他的189所建筑又靠近虹口市场，附近大部分是日侨的店铺和住所，毋庸置疑将来会成为枢要之地，希望能借此机会全部买下。值得关注的是，资料中提及日本政府曾规定东亚兴业株式会社上海分社的不动产投资限制，即不能超过政府资金投入银260万两的1/3，而当时该公司的不动产投资已达89万两，刚刚超过日本政府规定的投资限额。而对于英籍犹太人埃兹拉的地产购买，东亚兴业株式会社上海分社提到“虽然会暂时超过该限度，但希望获得政府的谅解”。

对于上海分社提出的英籍犹太人埃兹拉地产购买事宜，日本驻上海总领事船津辰一郎表示了积极支持的立场。[1]3月29日，总领事船津专门致电外务大臣内田康哉，提到英籍犹太人埃兹拉出售的土地不仅包括丰阳馆和万岁馆等日系旅馆，而且处于虹口枢要之处，“特别有必要把其收于本邦人手中”。他指出虽然东亚兴业株式会社购买此土地会暂时超出日本政府对其规定的投资限额，但“如果错过此良机，该土地建筑将有可能永久转入他国人之手，将甚为遗憾”，因此请求日本政府的谅解，并追加提供120万两的收购资金。总领事船津希望外务大臣对此能给予特别的考虑。

值得关注的是，总领事船津还同时转交了东亚兴业株式会社总结的最新《上海不动产投资概况报告》[2]，与四个月前该公司总结的概况相比，营业规模又进一步扩大。其中针对日侨和日侨企业的不动产投资贷款增加至17件，贷款额增加到870 417两，购买面积达到156亩9分8厘4毫；公司所拥有的不动产也从四个月前的125亩5分7厘增加到152亩9分7厘；投资额从885 971两增加到899 622两。另外公司购买后又转让给上海日侨的不动产从6亩7分7厘8毫增加到12亩9分1厘8毫，金额从206 482两增至277 507两。以上是东亚兴业株式会社上海分社的最新投资概况，从数据中不仅可以了解其营业内容的三个支柱，更重要的是可以看出该公司营业规模不断扩大的状况。该公司在报告中还特别提到“其中已

1 〈在上海総領事船津辰一郎から外務大臣内田康哉宛書類〉、《6. 上海ニ於ケル貸住宅建築敷地買収ニ関スル在亜興業会社ノ意見書》、Ref. B12083476900。

2 〈上海不動産投資概況報告〉、《6. 上海ニ於ケル貸住宅建築敷地買収ニ関スル在亜興業会社ノ意見書》、Ref. B12083476900。

在文路、吴淞路、昆山路、北四川路为邦人解决住房204户，这一带属于二三流的商铺住宅，居住在此的所有邦人都是小商贩。邦人来上海之后多以此为据点，又因资薄，多年来一直受房东压迫，生活受到威胁。而如今在居住方面拂去不安，很欣慰已达到了本社投资之目的"；指出今后还计划在黄罗路、江湾路、北四川路等处建筑住宅，租借给上海日侨。另外在报告的最后还特别强调，东亚兴业株式会社的投资结果已使上海日侨拥有的公共租界参事会选举权增加了17票。

在东亚兴业株式会社上海分社以及日本驻上海总领事馆与日本外务省联系的同时，在东京的东亚兴业株式会社总部也在积极地与日本外务省交涉。其中1922年4月13日，东亚兴业株式会社的内田胜司发电给外务省亚洲局川越第三课长，并提交了外务省要求的前两次日本政府对上海不动产投资的融资材料[1]。包括1919年9月3日、1921年2月12日，日本大藏大臣下达给横滨正金银行的指令书，以及1919年9月20日、1921年2月15日正金银行和东亚兴业株式会社之间的契约书。内田胜司特别指出近日内将向外务省提交第三次申请政府融资的请愿书，而与此同时日本外务省也不断提出要求，让东亚兴业株式会社不断完善申请材料。1922年4月28日东亚兴业株式会社内田胜司再次发电给外务省，并提交了《上海不动产投资的由来》报告[2]，该报告与之前提交的投资概况报告内容相似，只是针对外务省的要求特别对公共租界的选举权问题进行了补充说明，唯一值得关注的是，在报告最后，强调"相信本公司经营的事业在对中经济政策上具有重大意义，而且本公司经营的事业在表面上完全是一个公司所为，不会引起其他列强的猜疑，相信这是推进邦人势力，增强对中经营上最有效的方法"。从该史料中不难看出，东亚兴业株式会社总部也在自负于为国家策略代言的有效性上。

4月25日，日本外务大臣内田康哉发电给日本驻上海总领事船津辰一郎，专门就东亚兴业株式会社的追加融资问题进行了指示和安排，[3]内田外务大臣首先提到，在调查相关资料时，发现外务省只存有1919年该公司第一次申请融资时的材料，并发现诸多矛盾之处，已经让东亚兴业株式会社总部负责人前来对质。另外，他特别指出，该公司的第二次申请并未经由外务省，而是直接向大藏省提出申请，并获得了第二轮融资。这也是外务省要求东亚兴

1 〈東亜興業株式会社内田勝司から外務省亜細亜局川越第三課長宛書類〉、《6.上海ニ於ケル貸住宅建築敷地買収ニ関スル在亜興業会社ノ意見書》、Ref. B12083476900。

2 〈東亜興業株式会社内田勝司から外務省亜細亜局川越第三課長宛書類〉、《6.上海ニ於ケル貸住宅建築敷地買収ニ関スル在亜興業会社ノ意見書》、Ref. B12083476900。

3 〈内田大臣から在上海船津総領事宛書類〉、《6.上海ニ於ケル貸住宅建築敷地買収ニ関スル在亜興業会社ノ意見書》、Ref. B12083476900。

业株式会社提交前两次日本政府对上海不动产投资融资材料的原因。特别值得关注的是，当内田外务大臣问起东亚兴业株式会社上海分社提及的有关不动产投资限制问题时，东亚兴业株式会社总社负责人回答说“本社从大藏省接受的命令中并没有此规定，这仅仅是本社向上海分社下达的命令而已”，并请求日本驻上海总领事馆以及外务省，暂时先不要向大藏省转交上海分社提交的申请书。之后内田外务大臣把东亚兴业株式会社总部有社长荒井贤太郎署名的申请书一同发给驻上海日本总领事船津辰一郎，要求在此基础上附上总领事的意见书，然后再正式提交申请。这里还需要特别指出的是，内田外务大臣在电文最后嘱咐总领事船津，提到大藏省要求东亚兴业株式会社每年要向正金银行提交两次关于资金具体运作的报告，指示总领事船津也要让东亚兴业株式会社上海分社向领事馆提交同样的报告，并复印一份提交给外务省。从以上不难看出，外务省不仅对东亚兴业株式会社在申请第二轮融资时未经由该省一事耿耿于怀，而且也表现出了外务省在处理该公司的第三轮融资申请时，急欲加强对其管制的姿态。

另外，对于东亚兴业株式会社总部强调的上海土地投资限制问题只是内部指令而已一事，之后无论是1922年4月28日，日本驻上海总领事船津辰一郎发给外务大臣内田康哉的意见书，还是4月13日东亚兴业株式会社总社有社长荒井贤太郎署名的申请材料中，都没有再提及投资限制事宜，而更多的是强调东亚兴业株式会社如何为上海日侨增强在租界内的发言权、如何解决日侨的住房难问题、如何在促进上海日侨社区形成上做出巨大贡献，希望外务省、大藏省尽快同意对该公司的第三轮融资。5月31日，外务大臣内田康哉发电给大藏大臣高桥是清，[1] 表明支持东亚兴业株式会社的第三轮融资申请。对此，6月7日大藏大臣高桥是清答复外务大臣内田康哉，[2] 提到大藏省已决定于5月27日，通过正金银行对东亚兴业株式会社追加融资200万日元。至此继1919年9月、1921年2月之后，该公司共从日本政府获得了三次融资，共600万日元，专门用于上海不动产的投资。然而，6月26日日本驻上海总领事船津辰一郎发给外务大臣内田康哉的电报[3] 中提到在接到日本大藏省同意融资的通知之前，埃兹拉所有的地产建筑等已经以105万两的价格卖给了香港富豪何启。总领事船津表示“遗憾至极”。虽然东亚兴业株式会社对英籍犹太人埃兹拉地产的投资并未成功，然而

1 〈内田大臣から高橋大蔵大臣宛書類〉、《6.上海ニ於ケル貸住宅建築敷地買収ニ関スル在亜興業会社ノ意見書》、Ref. B12083476900。

2 〈大蔵大臣高橋是清から外務大臣内田康哉宛書類〉、《6.上海ニ於ケル貸住宅建築敷地買収ニ関スル在亜興業会社ノ意見書》、Ref. B12083476900。

3 〈在上海総領事船津辰一郎から外務大臣内田康哉宛書類〉、《6.上海ニ於ケル貸住宅建築敷地買収ニ関スル在亜興業会社ノ意見書》、Ref. B12083476900。

围绕这一具体案例的日方内部交涉却意味深长，涉及日本驻上海总领事馆、日本外务省、日本大藏省、东亚兴业株式会社总部和上海分社、正金银行等机构的权力交错和背后博弈。只是复杂的交涉过程并没有成为东亚兴业株式会社对上海不动产继续投资的障碍，而是推进了该公司的进一步膨胀。

结　语

20世纪初期，由于人口的不断增加，上海“住宅难”问题日益突出。而对于绝大多数属于中下层的小商贩和零散经营者，固执特殊生活习惯的日侨来说，“住宅难”问题更为严峻。同时，不甘于在公共租界权力中的缺失，早在“一战”前夕，日侨中间就出现了建立“上海土地建筑公司”的呼声，然而最终并未实现。“一战”期间，随着日本资本大举进入中国，在上海进行不动产投资的紧迫性再次提上日程。东亚兴业株式会社上海分社就是在日本驻上海总领事馆的大力举荐和上海日侨团体的鼎力要求下，同时在日本政府的融资支持下积极推进日本在上海的不动产投资。不仅为上海日侨419户解决了“住宅难”问题，还为上海日侨在公共租界的选举权增加了17票，其投资推进了“一战”后上海日侨社区的形成，增强了日本在公共租界的发言权。

与此同时，从第三轮融资的申请过程中我们不仅可以看出日本驻上海总领事馆、日本外务省、日本大藏省、东亚兴业株式会社总部和上海分社、正金银行等机构的权力交错和背后博弈；而且能够从中发现复杂的交涉过程并没有成为东亚兴业株式会社对上海不动产继续投资的障碍，而是日本政府不断提供融资，推进了该公司的进一步膨胀。然而东亚兴业株式会社在短时期内的过度膨胀，特别是在华界的大举投资，反过来又推进了地价的上涨，造成新一轮的“住宅难”问题，同时也触及了中国民众的切身利益和民族情绪，成为20世纪30年代中日关系走向恶化的重要因素。

青年学者专场

文物考古视野下的上海港变迁

陈　凌*

【内容摘要】对历史时期的上海港迄今尚未进行系统的考古发掘工作，仅有零星的考古发掘资料披露。本文试图通过梳理相关的考古文物资料，结合碑刻、建筑等地面文物资料，同时参照相关文献记载，对历史时期上海港的变迁情况予以说明，以期获得相对明晰的认识。

【关键词】上海，港口，文献，文物，考古

文物考古視野下の上海港変遷

陳　凌

【論文要旨】今日まで歴史時期の上海港について系統的考古発掘を行ったとは言えない。幾つかの考古発掘の資料が披露されただけである。本研究では関連の考古文物資料を整理した上で、石碑、建築など地面文物資料を加え、また関係文献記載も参照しながら、歴史時期における上海港の変遷状況を明らかにしたいと考えている。本研究は以下の三つの内容を含まれている。第一は「滄海桑田」幾多変化した上海港。第二は「只言片语」零細に散乱した文物考古資料。第三は「一城烟火半東南」清朝の石碑と建築。

【キーワード】上海港、文献、文物、考古

* 陈凌，上海博物馆副研究馆员，上海大学历史系在读博士。

一、沧海桑田：几起几落的上海港

对历史时期上海港的认识不能局限在今天的上海地区，而是要将上海所在的长江口视为一个整体，对长江口各港的发展变迁进行总体考量。

（一）从青龙镇到上海镇

唐宋时期，长江口的主要港口设在青龙镇。北宋政和年间（1111—1117），在青龙镇设市舶机构，管理中外商船并对货物征税。“以今天的情况来看，它有点类似海关和港口管理机关，同时又具有对外贸易部门的职能。”[1] 但随着吴淞江的不断淤浅，航运贸易受到阻碍，青龙镇受到很大影响。早在南宋初期，位于吴淞江接海口附近的江湾镇，就有发展成新港的趋势。绍兴六年（1136），昆山知县张汉之上奏：“本县界东接吴松（淞）江，应有海道客旅兴贩物货，沿江湾浦边枕吴松（淞）大江，连接海洋大川，商贾舟船，多是稍入吴淞江，取江湾浦入秀州青龙镇。其江湾正系商贾经由冲要之地，其间有不到青龙地头收税，便于江湾浦路出卖，客旅得以偷瞒商税，不无走失课利。乞于江湾浦口置场，量收过税。”[2] 到了嘉定年间，位于长江口南岸的黄姚镇（今宝山县月浦附近，已坍没入水）又成了海舶辐辏之地。嘉定十三年（1220），设黄姚税场，“黄姚税场系二广、福建、温、台、明、越等郡大商海船辐辏之地，南擅澉浦、华亭、青龙、江湾牙客之利，北兼顾泾、双浜、王家桥、南大场、三槎浦、沙泾、沙头、掘浦、萧泾、新塘、薛港、陶港沿海之税，每月南货商税动以万计”[3]。直到宋代后期，青龙镇作为长江口主要港口的历史才基本结束，一个新的港口——上海镇由此兴起。

位于吴淞江南岸的上海，具有比其他诸港更为优越的地理位置。早在北宋熙宁年间，上海就已设务，名列秀州十七大酒务之一。“秀州：旧在城及青龙、华亭、魏塘、大盈、徐沙、石门、牛进、海盐、上海、赵屯、泖口、嵩子、广陈、州钱、崇德、汉盘十七务，岁十万四千九百五十二贯。熙宁十年（1077）祖额一十一万七千八百九贯七十三文，买扑一万五千八十一贯六百文。”[4] 伴随着青龙港的式微沉寂，上海开始取得贸易港口的地位，日渐繁荣。虽然上海镇和市舶分司的设置时间众说纷纭，但根据文献梳理，以“宋末说”最为

1 上海港史话编写组：《上海港史话》，上海：上海人民出版社，1979 年，第 3 页。

2 《宋会要辑稿》食货十七之三六，刘琳等校点，上海：上海古籍出版社，2014 年，第 11 册，第 6365 页。

3 《宋会要辑稿》食货十八之二九，第 11 册，第 6387—6388 页。

4 《宋会要辑稿》食货二〇之一三，第 11 册，第 6408 页。

可信，上限是《云间志》成书之年即绍熙四年（1193），下限则是董楷任监镇之年即咸淳三年（1267）。而且，很可能上海在设置市舶之前并未建镇，是为了要设置市舶才建镇的，因而监镇一职即由市舶兼领，也就是说，设镇和设市舶分司这两件事在上海实际上是一回事儿。[1] 这是上海因港而兴的历史明证。上海镇与青龙镇相距不过几十里，显然这两个港口的兴衰之间有一个新旧交替过程。在青龙镇尚处于主要港口地位时，由于经常淤塞，上海镇已经崭露头角了。几经反复之后，上海镇逐步取代了青龙镇的地位，成为长江口的主要港口。“上海故为镇，时风帆浪舶之上下，岛夷交广之涂所自出，为征商计吏鼎甲华腴之区。”[2]

入元以后，元朝政府在上海设立市舶司。至元十四年（1277），“立市舶司三于庆元、上海、澉浦，令福建安抚使杨发督之。每岁招集舶商，于蕃邦博易珠翠香货等物。及次年回帆，依例抽解，然后听其贸易”[3]。华亭升府（至元十四年，1277）、上海设县（至元二十九年，1292），都可谓是上海市舶司发展的结果。“元朝禁网疏阔，江南数郡顽民，率皆私造大船出海，交通琉球、日本、满剌、交趾诸蕃，往来贸易，悉由上海出入。地方赖以富饶，遂于至元二十九年，开设县治。”[4] 至元三十年（1293）时，全国共有泉州、上海、澉浦、温州、广东、杭州、庆元市舶司“凡七所”。但是此时吴淞江下游继续淤塞，严重影响航运贸易的开展。元大德二年（1298），上海、澉浦两市舶司被归并入庆元市舶提举司，直隶中书省。大德八年（1304）五月，中书省上奏：“吴江、松江实海口故道，潮水久淤，凡湮塞良田百有余里，况海运亦由是而出，宜于租户役万五千人浚治，岁免租人十五石，仍设行都水监以董其程。”[5] 行都水监任仁发率领民工开浚之后，自黄浦口到新洋江止，江面仅广二十五丈，深才一丈五尺，可知此前淤浅的严重程度。此时的上海港，可谓是每况愈下。

（二）从上海港到刘家港

于是，长江口主要港口的位置再一次发生变动，刘家港取代上海港的地位。刘家港位于长江口南岸，今江苏太仓境内。刘家港并不是单一的港口，按崇祯《太仓州志》卷七，刘家港也称刘家河、浏河，“在州城七十里，即娄江入海口，水面辽广”，刘家港被明确地界定为一条大河，区位是“刘家港北曰朱泾，西接太仓塘，东抵北漕漕，东南至天妃镇，长

---

1 谭其骧：《上海得名和建镇的年代问题》，《文汇报》1962 年 6 月 21 日。

2 嘉靖《上海县志》卷一《风俗》，收入《上海府县旧志丛书·上海县卷》，上海：上海古籍出版社，2015 年。

3 （明）宋濂等：《元史·食货二》之《市舶》，北京：中华书局，1975 年，第 2401 页。

4 《邑人顾从礼〈奏请筑城疏略〉》，（明）方岳贡修，（明）陈继儒纂：崇祯《松江府志》卷十九《城池》，收入《上海府县旧志丛书·松江府卷》，上海：上海古籍出版社，2011 年。

5 （明）宋濂等：《元史·成宗本纪四》，第 459 页。

五十里”，据此，刘家港沿岸的所有市镇应该都囊括在内，其中太仓港城便是一个重要口岸。[1]刘家港的兴起，主要得益于元代实行的海漕政策。“至元十九年（1282），伯颜追忆海道载宋图籍之事，以为海运可行，于是请于朝廷，命上海总管罗壁、朱清、张瑄等，造平底海船六十艘，运粮四万六千石，从海道至京师。”[2]于是，试行从江南港口出发，海运漕粮至京城，几经周折之后终于成功，故确定刘家港作为海上漕运的主要基地，并在上海建立粮仓。[3]当时，最成熟的海漕航路是：“从刘家港入海，至崇明州三沙放洋，向东行，入黑水大洋，取成山转西至刘家岛，又至登州沙门岛，于莱州大洋入界河。当舟行风信有时，自浙西至京师，不过旬日而已。”[4]而到天历二年（1329），由刘家港发出的海漕米粮达三百五十二万二千一百六十三石，可谓是空前绝后。

明朝前期，刘家港盛况不减当年。明洪武元年（1368），政府在太仓设立市舶司，七下西洋的郑和船队也以刘家港作为基地。然而，浏河口外的拦门沙，长达十余里，横亘其中，随潮隐现，严重阻碍船舶运输。与之相对应的则是因黄浦江的开浚工程而导致的上海港的再度兴起。永乐二年（1404）开范家浜接通大黄浦的工程完成后，淀湖之水自南而北经大黄浦入海。河道通畅，日夜冲刷，又加上不断开拓疏浚，江身日宽，最后将上海县城东侧的上海浦也吞并了，黄浦江成了太湖下游的主要泄水道。正德十六年（1521），李允嗣带领民工，自夏驾浦浚江改入浦之道，废弃吴淞江下游故道（即今上海市区虬江路一线），另外拓宽宋家港七十余里河道，引吴淞江水至陆家嘴与黄浦江会流，奠定了今日江浦的格局。从此吴淞江由干流变为支浦，而黄浦江则由支流变成干流，吴淞口实为黄浦口了。[5]

黄浦江逐步形成之后，长江口主要港口的位置第三次发生变动，上海港的地位再次上升。

（三）从刘家港回到上海港

在15世纪末和16世纪初，亦即黄浦江开拓后的一百多年，上海港的航运贸易就已相当发达，海商们“乘潮汐上下浦，射贵贱贸易，驶疾数十里如反复掌，又多能客贩湖襄、燕

1　马学强：《明清江南港市初探——兼论上海港兴起的优越条件及主导地位》，《华东师范大学学报（哲学社会科学版）》1993年第1期。

2（明）宋濂等：《元史·食货一》之《海运》，第2364页。

3　马学强：《上海通史·古代卷》，上海：上海人民出版社，1999年，第77页。

4（明）宋濂等：《元史·食货一》之《海运》，第2366页。

5　王文楚、金日寿：《鸦片战争以前上海港的形成与发展》，《历史教学问题》1981年第4期；邹逸麟、张修桂：《上海港的历史地理》，《自然杂志》1993年第3期。

赵、齐鲁之区，不数年可致巨产”[1]，说明当时已经与湖北、河北、山东等地有航运贸易关系。但是，在明代，上海屡屡遭到海寇的袭扰。“吾邑视奉、金、南为腹地，不知濒海诸邑外护铁板沙，船过搁浅，不能停泊，故捍海塘以外虽为贼匪出没之所，其实不能近岸。上海由吴淞口可以直达城下，国初倭寇来犯，窥探城内，较为便易。”[2]在明末传教士的眼中：“（徐）保禄的老家上海在南京省（南直隶），是一个不很重要的城市，被称为县或县城。它离南京皇城约为一百四十四意大利里，纬度二十九度，离东海不远，在朝鲜的这一边，并且因距日本列岛过近而为居民所不喜欢。顺风时乘船渡过海峡可在二十四小时之内到达日本。附近水域经常有海盗出没，因此维持有一支强大的驻军保护城市，还有一支舰队保卫海疆。本城的名字因位置靠海而得，‘上海’的意思就是靠近海上。”[3]因而，明朝政府实行比较严厉的海禁政策。“国朝以来，法令严明，沿海通番之家，悉皆诛窜，从此良民无敢私自出海。”[4]

清康熙二十四年（1685）解除海禁，设立江、浙、闽、粤四大海关，部分开放海区，准许海上贸易。初设江海关于华亭县漴阙，二十六年（1687）移驻上海县城宝带门（小东门）内。“上海之有榷关，始于康熙二十四年乙丑，关使者初至松，驻扎漴阙，后因公廨窄陋，移驻邑城。往来海舶，俱入黄浦编号，海外百货俱集，然皆运至吴门发贩，海邑之民，殊无甚利，惟邑商有愿行货海外者，较远人颇便。大概商于浙、闽及日本者居多。”[5]上海港区从此与吴淞江脱离关系，正式迁至黄浦江西岸。当时黄浦江江面宽阔，水道也深，在今吴淞口注入长江，港区深入内陆，具有良好的避风条件。[6]在江海关统辖的二十余个海口中，以大关所在的上海和大关以北一百五十里的太仓州镇洋县的浏河两处最为重要，而且规定有明确分工：北洋沙船收于浏河口而南洋鸟船收于上海大关。至乾隆年间，上海港已经相当繁荣，“凡远近贸迁皆由吴淞口进泊黄浦，城东门外舳舻相接，帆樯比栉”[7]。而此时的浏河口已是强弩之末，浏河本身的淤塞和浏河口拦门沙的隆起，使浏河镇日渐衰落，在乾隆五十四、五年间（1789—1790），浏河镇上的贩商字号大部分已经迁往上海，仅余下寥寥几家。

得益于北洋沙船向上海的转移，上海港在嘉道年间南北海舟鳞次，各路商贾云集，终

1 （明）钱福：《后序》，（明）郭经修，（明）唐锦纂：弘治《上海志》，收入《上海府县旧志丛书·上海县卷》，上海：上海古籍出版社，2015年。

2 （清）王大同等修，（清）李林松等纂：嘉庆《上海县志》卷二《水利》，收入《上海府县旧志丛书·上海县卷》，上海：上海古籍出版社，2015年。

3 ［意］利玛窦等：《利玛窦中国札记》，何高济等译，北京：中华书局，1983年，第597—598页。

4 《邑人顾从礼〈奏请筑城疏略〉》，（明）方岳贡修，（明）陈继儒纂：崇祯《松江府志》卷十九《城池》。

5 （清）叶梦珠：《阅世编》卷三《建设》，北京：中华书局，2007年，第92—93页。

6 邹逸麟、张修桂：《上海港的历史地理》，《自然杂志》1993年第3期。上海港史话编写组：《上海港史话》，第7页。

7 （清）李文耀修，（清）谈起行、（清）叶承纂：乾隆《上海县志》序言，收入《中国地方志集成·善本方志辑》第1编第1册，南京：凤凰出版社，2014年。

于发展成为江南的第一大港。包世臣作于嘉庆九年（1804）的《海运南漕议》中提及："沙船聚于上海，约三千五六百号。其船大者载官斛三千石，小者千五六百石。船主皆崇明、通州、海门、南汇、宝山、上海土著之富民。每造一船须银七八千两，其多者至一主有船四五十号，故名曰船商。自康熙二十四年开海禁，关东豆麦每年至上海者千余万石，而布茶各南货至山东、直隶、关东者，亦由沙船载而北行。……上海人往关东、天津，一岁三四至，水线风信，熟如指掌。关东、天津之信，由海船到者无虚日，此不得以古人之已事为说也。"[1] 这里提到了沙船，"沙船以崇明沙而得名，太仓、松江、通州、海门皆有"[2]。沙船的最大特点就是平底、吃水浅，从元代海运漕粮开始在长江口地区兴起，明代嘉靖年间御倭时曾被用作兵船，清代沙船业迅速发展，至乾嘉时期已经成为上海地区经济的一大支柱。沙船是既能适应海洋（水浅沙多的北洋航线）又能适应内河两种不同航行环境的船舶。[3]

随着沙船业的发展，在船上工作的耆老、舵工、水工等船员迅速增加。大号沙船有舵工、水手三十余人，小号沙船也有十五六人。平均以二十人计算，聚居上海港的船员，也有六七万人。港口码头上，还有装卸货物的箩夫、扛夫，也有一二万人，再加上来自全国的商贩、牙人，上海港运输贸易的昌盛与上海县城市的繁荣可见一斑。[4]

清代的上海港，除短期开放过对外贸易外，大部分只限于国内埠际贸易，没有发展成具有近代意义的国际性港口。[5] 但是随着长江流域的经济发展，特别是长江三角洲地区日渐成为全国最为富庶的地区，南北沿海各港对长江流域商品的需求量不断增加，因而在步入近代之前，上海已经在长江三角洲确立了它不可动摇的港口地位。就国内贸易而言，当时的上海港已远在广州之上。[6]

二、只言片语：零星散落的文物考古资料

学界对历史时期的上海港迄今尚未进行系统的考古发掘工作，仅有零星的考古发掘资料披露。在此，本文对这些资料进行较为详尽的梳理，以期对上海港区的变迁能有所裨益（图 1）。

---

1 （清）包世臣《中衢一勺·海运南漕议》，收入《中国近代思想家文库·包世臣卷》，北京：中国人民大学出版社，2013 年，第 81 页。

2 （清）赵廷健等修，（清）韩彦曾等纂：乾隆《崇明县志》卷十九《艺文志》，收入《上海府县旧志丛书·崇明县卷》，上海：上海古籍出版社，2011 年。

3 ［日］松浦章：《清代上海沙船航运业史研究》，杨蕾译，南京：江苏人民出版社，2012 年，第 23 页。

4 唐振常：《上海史》，上海：上海人民出版社，1989 年，第 95—103 页。

5 邹逸麟、张修桂：《上海港的历史地理》，《自然杂志》1993 年第 3 期。

6 张忠民：《清前期上海港发展演变新探》，《中国经济史研究》1987 年第 3 期。

（一）浦东川杨河唐代独木舟形木船[1]

1979年上海浦东川杨河开挖工程中，在位于唐代捍海塘以东约1公里处发现了一条独木舟形木船，深距地标4.6米，船头、尾部残缺，舷侧板散落，残长14.5米，残宽0.8米，由独木挖凿而成的船底和舷侧板构成（图2-1至图2-2）。

这条船估计原来长度可达18米左右，而干舷高度仅26厘米。按照这样的结构，其载重量只能达到2吨左右。船底板是由三段楠木、樟木独木内侧分别刳空、搭接而成，并用木榫加固。中段的独木无论是制造方法还是现有形态都与独木舟相同，只是刳空深度较浅。所用独木料大小与1958年江苏武进奄城出土的长11米、宽90厘米的独木舟近似。川杨河古船的这种独特结构，代表了从独木舟向木板船演变过程中的一种船式，在中国造船史上具有重要意义。

古船出土在唐代海岸线外侧，从河岸剖面看，这里土质较纯，地层土色无明显界线，大体上分为三层，古船深埋于最下一层青灰细沙土层中，当地俗称“铁板沙”，这类土有弹性而无黏性，是海滩细沙堆积的结果，这说明它当时用于沿海航行。

古船上发现1枚“开元通宝”，船底板经碳14测定年代距今1260±95年，相当于初唐。船的结构与1975年山东雷州湾出土的一艘隋代的舫有相似之处，因此发掘者认为川杨河古船可能制造于隋代，而唐代时仍然使用，可能是沿海打鱼船或散货船。

（二）嘉定封浜河宋代沙船[2]

1978年2月，上海嘉定封浜河工程施工中在地下5米处出土宋代木船一艘，船上装有砖瓦。除船体中段以后部分残断缺失外，其余可修复完整（图3-1至图3-3）。

该船为小方形船头，平底，具有沙船的典型特点。船残长6.23米，最宽处1.8米，现尚存6舱7道隔舱板。根据各舱的宽度，估计这条船应该有9舱，全长约10米。据船工推算，此船装载量约为5吨。

船舱内发现的砖瓦遗存与上海宋墓壁砖材料相似，米黄釉瓷碗属于江西吉州窑产品，铁锅与铁刀等也具有宋代特征。[3]发掘者推测这应该是一艘典型的南宋单桅平底沙船。

封浜河沙船的出土地点在今天的吴淞江北岸以北1 380米处，其北还有780米宽的流沙

1　王正书：《川扬河古船发掘简报》，《文物》1983年第7期。

2　倪文俊：《嘉定封浜宋船发掘简报》，《文物》1979年第12期。

3　吴春明：《环中国海沉船——古代帆船、船技与船货》，南昌：江西高校出版社，2003年，第12—13页。

层，说明宋代吴淞江北岸在今天的江岸以北约 2 160 米处，而此船是沉没在当时的吴淞江水道。

（三）南汇大治河宋代沙船[1]

1978 年 12 月，在上海南汇大治河开挖过程中发现了一艘木船。西距钦公塘（旧称里护塘）约 1 000 米，位于地下 4 米深处的青灰色泥土层中。出土时整艘船呈水平状置沙土中，船口向上，头西尾东（图 4）。

船体保存有船底、舷侧板、舱梁等。残长 16.2 米，估计全长可达 18 米，残宽 2.4 米，载重量应不低于 16 吨。平底，船底结构由前、中、后三段木板构成，三段之间用榫卯搭接的方法相连。

整条船分为 9 舱，其中头舱最长，残长 2.9 米，船尾破坏严重，舵皆无存。船身上半部已缺，原貌无法了解，但从整个船体看，船身窄而长，隔舱多，船板结实，用榫合加铁钉钉合，并用油灰填塞封闭，表面涂有桐油，同嘉定封浜河宋代沙船形制基本相同，也是一条宋代的单桅平底沙船，用于近海运输。

（四）奉贤四团运载瓷器毁船[2]

1977 年 12 月下旬，上海奉贤在兴修三团港水利工程中，在距今天的海岸线 10 公里、距宋代海岸线遗迹里护塘外约 400 米处，发现了 1 000 余件瓷器，集中堆积在一个约 60 平方米的椭圆坑内，主要是青瓷碗、盘等器物。出土时，大部分瓷碗碗口朝上，有些碗底下面发现柳条形的编织物痕迹，原来可能是装碗的箩筐。碗用稻草捆扎，每扎 10 件，附着在许多瓷碗上，淤土上还保留着稻草捆扎的痕迹。碗敞口，圈足，灰白胎，施豆青色釉，有的闪黄发亮，有的灰暗，为典型的宋代瓷器。距瓷器堆放点北面不远，发现铁锅、砂陶钵等炊具，又在北距里护塘、南距宋瓷堆积各 200 米处，发现木船残件，底板残长 9.84 米，宽 0.25 米，厚 0.06 米。种种迹象表明，这处遗迹极有可能是一艘宋代木船，从浙南闽北的瓷器产地装运瓷器来沪，至此遭遇不测，船毁物存（图 5）。

1 季曙行：《上海南汇县大治河古船发掘简报》，收入《上海博物馆集刊》（四），上海：上海古籍出版社，1987 年，第 175—176 页。

2 何继英：《上海考古出土古船》，《航海》2016 年第 3 期。

（五）明代沙船明器[1]

1960年10月，在上海市区中山北路、和田路交界处发现了明兵部职方清吏司员外郎赠尚宝丞严贞度家族墓，在其中一座随葬有《大明万历二十四年岁次丙申大统历》（1596）的墓内，出土了一套木质明器，数量多达59件，其中有一件木船明器，长38厘米，宽9.5厘米，高22厘米，方头方梢，平底，多舱，舱顶盖有篾篷，是典型的沙船样式。严氏家族墓群是在1960年征用土地进行平整时被发现的，因未经正式考古发掘清理，所以随葬品损坏严重（图6）。

（六）南汇海滨元代单爪铁锚[2]

1975年上海南汇东海农场二十八连附近开河时，于地下4米深处出土了一件锈蚀严重的铁锚，重24斤，造型别致，柄端有一直径4厘米的圆孔，孔内残留棕绳须。柄与爪是单独制成后再锻铸在一起的，夹角25度，夹角内填铁，其外有铁箍一道，以加固柄与爪的牢固结合。

我国历史上，明代的锚开始具备近代锚的特征，而南汇出土的这件铁锚与明代的四爪锚相比，不但爪少，而且力臂短，结构上显得原始，因此它是早于四爪锚的一种系船工具。这件单爪铁锚，出土地点在南汇里护塘外侧10余公里，而根据在里护塘内外侧发现较多的宋元遗物，还出土了一艘宋代木船等推测，这件铁锚有可能来自一艘元代晚期近海停泊的船只，因系绳断裂而遗留在此。

（七）长江口Ⅱ号沉船[3]

长江口Ⅱ号沉船位于长江口海域崇明区横沙岛东侧水域，经2016、2017年两个年度的重点调查，基本确认沉船全长29米，宽7米，木质，船尾、桅杆和船舱保存状况良好。出水木质船体构件的木材检测结果显示，船木既有东南亚出产的婆罗双属木材，也有国内产的杉木和水杉；出水青瓷罐外形特殊，一体成形，顶部有两个孔，与国内已经发现的瓷器有明显不同，有专家认为是东南亚地区居民日常使用的瓷器。通过分析出水瓷器的形制，结合热释光和放射性碳测年结果，初步认为Ⅱ号沉船是清代中期与东南亚关系密切的重要沉船。它是国内已发现木质沉船中较大的一艘。

---

1 何继英：《上海明墓》，北京：文物出版社，2009年，第69页。

2 王正书：《上海南汇海滨出土铁锚》，《文物》1981年第6期。

3 翟杨、赵荦：《上海近年来水下考古工作的进展与收获》，收入《“丝路和弦：全球化视野下的中国航海历史与文化”国际学术研讨会论文》，2018年8月。

（八）金山清代船舫遗址[1]

2016 年 3 月，在上海金山朱泾镇待泾村发现一处半湮没遗存，遗存位于蔡家溇河浜边，地表竖立着 7 根石柱，地下结构被河水淹没。经考古勘探和研究分析，确认为清代中晚期船舫遗存（图 7-1 至图 7-2）。“船舫”的意思是专门停船的棚子。

金山船舫主体结构由棚顶、石柱、石驳岸和木桩四部分构成。发掘过程中，发现了倒塌在河道里的一根石柱，这表明原来石柱共 8 根，呈南北两排对称分布。石柱之间构成东西长 10.35 米、南北宽 4.75 米的舫室，室内可以泊船。每根石柱顶部凿出燕尾榫，用以承架木梁，说明舫室上部原本有棚顶，为船舶遮阳挡雨。

北排石柱竖立在石驳岸上，被石驳岸抵夹，结构牢固。南排石柱直接打到河道淤泥中，旁栽木桩加固。沿北驳岸东侧砌 10 级台阶，组成单落水式河埠，供居民汲水、洗衣。最上层条石表面凿刻出直径约 20 厘米的圆圈，圈内穿牛鼻孔，用以拴系停在舫室内的船舶。这种条石被称为缆船石，是富有江南水乡特色的文化符号。

金山船舫所在的朱泾镇水陆交通发达，境内有掘石港、秀州塘、胥浦塘、泖港环绕，地理位置优越，地处水陆交通要冲。

以上是迄今所见已经公布的所有相关文物考古资料，这些资料能提供我们认识的新角度，但其数量、分布等情况还远达不到描述上海港区变迁的需要，所以只能期待新的文物考古工作的进展和突破。

三、一城烟火半东南：清代的碑刻与建筑

一般认为，入清之后，延至开海之初，因长期的海禁和清初的迁海，沿海贸易极度萧条，海船“舵工水手久无其人”[2]。虽然开海之前的情况与之后的不能相比，但是开海之前的上海港的情况却有其他材料可以证明，那就是上海地区有据可查的最早的同乡组织，成立于清顺治十一年（1654）的关山东公所。关山东公所由旅沪关东、山东商人创建，而他们正是清初通过海上航行来到上海，将山东以及辽东的大豆、花生、食油、豆饼运入上海，再把上海的棉花、棉布、粮食运回北方。由于食油、豆饼在上海的销路很好，从山东、辽东而来

1 翟杨：《金山船舫——江南文化的印记》，收入《门泊东吴万里船：上海金山船舫遗址出土文物》，上海：上海书画出版社，2018 年。

2 范金民：《清代前期上海的航业船商》，《安徽史学》2011 年第 2 期。

上海的商人日益增多，并最终成立同乡组织。关山东公所成立后不久，就出资购买土地建义冢，这也是外帮商人团体在上海地区设立的第一个义冢。“溯自山东茔义田之设，肇于国初顺治年内，合关东、山东两帮，集资于上海县城西置五十余亩，以为葬埋公地。旧有碑已断，不知因何磨灭，至于今四至边界犹存。恐日久湮没，爰公议再立碑，以垂不朽云。”[1]于是道光五年（1825）七月，重新立碑志之。据考证，其位置应在今自忠路近重庆南路一带。[2]

海禁开放后，素以航海著称的泉州、漳州的海船也纷纷驶入上海。乾隆初期，泉州府之同安县和漳州府的龙溪、海澄县的船商联合在上海组织成立了泉漳会馆。会馆是同业酬神和议事的场所，因为泉漳会馆尊天后为航海保佑神，所以会馆的主建筑是天后殿，因而这个会馆也被叫作“天后宫”，是清代上海县城外最宏伟的建筑。泉漳会馆在黄浦江边修建了一个会馆专用码头，并修了一条会馆与码头相接的马路，称“泉漳会馆街”，后来称“会馆弄”。此外还有京江公所、浙绍公所、徽宁会馆、潮州会馆、漳州会馆、四明公所、浙宁会馆、江镇公所、祝其公所、建汀会馆、山西会馆、潮惠会馆、江西会馆等同乡组织先后在上海成立。

而建于康熙五十四年（1715）的商船会馆，则是上海现存时代最早的会馆公所建筑（图8-1至图8-2）。位于上海老城厢小南门外黄浦江边会馆街和会馆码头街的交界处。“吾邑商船会馆，崇奉天后圣母，其大殿戏台创建于康熙五十四年，洎乾隆二十九年，重加修葺。添造南北两厅，祀福山太尉褚大神于北厅，祀成山骠骑将军滕大神于南厅。嘉庆十九年，锡金同人铸钟鼎，崇明同人建两面看楼。后于道光二十四年，众号商建造拜厅、钟鼓楼及后厅内台等所，盖极缔造之巨观矣。于是会馆事务，悉归号商管理。”[3]可见，康熙开海之后的二三十年内，上海的沙船商就得到了很大的发展，很快就成为当时社会的首富和新贵。

据统计，在上海开埠之前，县境内已有三十八处会馆公所，主要集中在老城厢地区。道光初年，豫园日渐倾颓，上海知县通令沪上各大会所出资承修，于是园中建筑大多由同业公所占据：老君殿的铁业公所、群玉楼的鲜花业公所、湖心亭的青蓝业公所、清芬堂的旧花业公所、萃秀堂的豆业公所、飞丹阁的帽业公所、点春堂的糖业公所、香雪堂的猪业公所、四美轩的刻字业公所、乐圃廊的酒馆业公所、绮藻堂的布业公所、鲁班殿的石匠业公所、三葳

1 《关山东公所义冢地四至碑》，收入上海博物馆图书资料室编：《上海碑刻资料选辑》，上海：上海人民出版社，1980年，第194页。

2 潘君祥、段炼、陈汉鸿：《上海会馆公所史话》，上海：上海人民出版社，2011年，第16—18页。

3 《重修商船会馆碑》，收入上海博物馆图书资料室编：《上海碑刻资料选辑》，第196页。

堂的西式女成衣业公所、凝晖阁的鞋业公所、挹爽楼的乡柴行公所、可乐轩的沙柴行公所、船舫厅的银楼业公所、内院的钱业公所，等等。[1]

上海经济之繁荣富庶、人员之聚拢往来、港口之兴盛发展，由此完全可以想见。

开埠前的上海港区，主要在大、小东门和大、小南门外沿黄浦江的弧形圈内，即今南起南码头、北至十六铺这一地段。特别是大东门外船舶最多，是港内最繁忙的区域。当时，港内一切装卸、驳运活动全部集中在南码头、董家渡和十六铺一带，这里全长二三公里，有十多处石砌的踏步式码头，一般只有内河小船和驳船才能靠泊，吃水较深的海船都以二船一组或三船一组停在黄浦江江心，用驳船靠近卸货。

虽然文物考古资料的零碎发现，对探讨历史时期的上海港区变迁并不能起到决定性的作用，但仍然是不可忽视的重要资料。将文献记载、考古发现、碑刻建筑等多种资料融会使用，有助于我们获得更明晰的认识。当然，期待能有更多的相关考古资料被发现与披露。

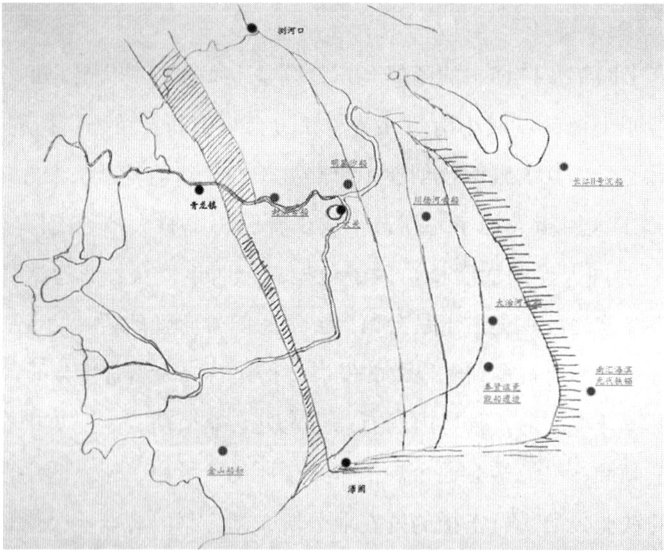

图 1　上海港区及相关考古出土资料分布图

1　潘君祥、段炼、陈汉鸿：《上海会馆公所史话》，第 9—16 页。

图 2-1　浦东川杨河唐代独木舟形木船出土场景

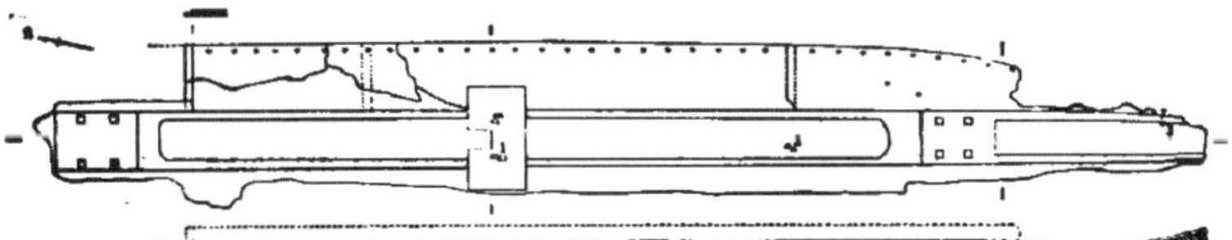

图 2-2　浦东川杨河唐代独木舟形木船平面、纵剖面图

图 3-1　嘉定封浜河宋代沙船出土场景

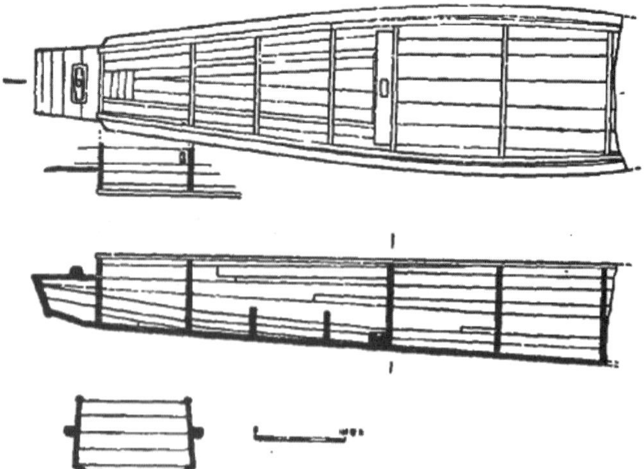

图 3-2　嘉定封浜河宋代沙船平面、纵剖面、横剖面图

图 3-3　嘉定封浜河宋代沙船复原图

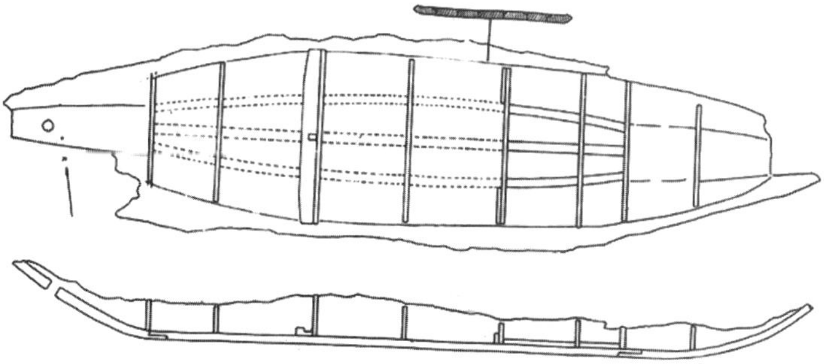

图 4　南汇大治河宋代沙船平面、剖面图

图5　奉贤四团运载瓷器毁船遗物

图6　明严贞度家族墓出土沙船明器

图 7-1　金山船舫遗址

图 7-2　金山船舫遗址俯视图

图 8-1　商船会馆老照片

图 8-2　商船会馆现状

堀江新地的社会结构

吉元　加奈美 *

【内容摘要】近世大坂的都市形成，经由17世纪中叶的堀川及其周边土地的开发而形成基本城市骨架，并经过17世纪末至18世纪中叶的都市边缘新地开发而得以完成。塚田孝教授在一系列的研究中，阐明了由开发方法之差异所决定的各个新地之特征；但是，未遑在此成果之上对新地的内部结构进行进一步的分析。因此，本报告意图通过分析位于堀江新地的御池通五丁目的房主及其房产的具体情况，深化对堀江新地这一地区的特质的理解。

笔者为了考察堀江新地的社会结构，对御池通五丁目的家持（房主）与家屋敷（宅邸）的变迁进行分析，对开发以来的堀江新地之发展做了以下推测。最初阶段的堀江新地，受开发特征所决定，作为出租投资对象的特征比较浓厚，御池通五丁目在开发之初，出租的宅邸亦所占过半。但是，到了18世纪中叶之后，居付家持（自住房主）逐渐增加并安定下来，至19世纪则更为显著。而且，新的自住房主多是在町内长期定居的表借屋人（租借面向大街土地建房的人）。

可以肯定，这种动向的背景是获得稳定经营的租屋人的成长。但是，发现也有一些人成为自住房主之后，过不多久就搬走，所以，如果仅仅把租屋人购买宅邸的行为单纯地评价为租屋人的经济成长，我觉得是不够充分的。

因此，本报告关注到御池通五丁目的许多宅邸被抵押，对其利用状况进行详细分析。具体地说，就是对偿还方法和利率等产权抵押的基本情况进行确认，在此基础上，阐明作为抵押方的房主町人与质权人双方眼中的产权抵押所拥有的意义。然后，考察在产权抵押分析中所看到的御池通五丁目家持町人与町共同体的状态。

通过这样的分析，本报告从家持町人的具体情况阐明御池通五丁目的内部结构，加深对堀江新地特征的理解。此次通过详细探讨产权抵押的情况，显示了对产权抵押的考察，对于

* 吉元　加奈美（吉元　加奈美），日本学术振兴会特别研究员（PD）。

分析大坂都市社会结构具有重要的意义。

【关键词】堀江新地，町，房产抵押，家持町人和房产

堀江新地の社会構造

吉元 加奈美

【論文要旨】近世大坂の都市形成は、17 世紀半ばまでの堀川の造成と宅地開発によって基本的な都市の枠組みがほぼ完成し、17 世紀末～ 18 世紀半ばにかけて行われた都市周縁部の新地開発によって外縁部に拡大した。塚田孝氏は一連の研究のなかで、開発方法の差異が規定する、各新地のもつ特徴を明らかにした。しかし、その成果を踏まえた新地の内部構造分析は進められていない。それを踏まえて本報告では、堀江新地に位置する御池通五丁目の家持と家屋敷のあり様を分析することで、堀江新地の特質の理解を深化させることを目指す。

報告者は、堀江新地の社会構造を考察するために、御池通五丁目の家持と家屋敷の変遷を分析して、開発以来の堀江新地の展開を以下のように見通した。出発段階の堀江新地は、開発の特質に規定されて不在家持の資本の投下先としての性格が色濃く、御池通五丁目でも開発当初は不在家持の家屋敷が過半を占めた。しかし、18 世紀半ば以降、徐々に居付家持の増加と定着が進み、19 世紀にはより顕著となる。そして、新たな居付家持の多くは、町内に長く定着した表借屋人であった。

こうした動向の背景に、安定した経営を行うことができた借屋人の成長があることは間違いない。しかし、居付家持となったあと、程なくして退転する者も見られ、借屋人の家屋敷買得を単純に借屋人の経済的成長として評価するだけでは、不十分であると考える。

そこで本報告では、御池通五丁目の家屋敷の多くが家質に差し入れられていることに注目し、その利用状況を詳しく分析する。具体的には、返済方法や利率など、家質の基本的なあり方を確認した上で、質置主である家持町人と質取主の双方にとっての、家質のもつ意味合いを明らかにする。その上で、家質の分析から窺えた、御池通五丁目の家持町人と

町共同体のあり様を考察する。

こうした分析を通して、家持町人の具体相から御池通五丁目の内部構造を明らかにし、堀江新地の特質の理解を深める。また家質のあり様を詳細に検討することによって、大坂の都市社会構造を分析する上で、家質の考察が重要な意味をもつことを示す。

【キーワード】堀江新地、町、家質、家持町人と家屋敷

一、本報告の目的

本報告は、近世巨大都市大坂の形成過程と全体構造を考察する上で重要な要素である新地について、都市の西南部に位置する堀江新地を対象に、その社会構造の特徴を分析するものである。

大坂の形成過程について内田九州男氏は、17世紀半ばまでの堀川の造成と宅地開発によってほぼ基本的な都市の枠組みが完成し、17世紀末～18世紀半ばに行われた新地開発によって外縁部に拡大していく、と整理した。[1]その後、塚田孝氏によって新地についての研究が進められ、それぞれの開発における開発目的や方法の差異と特徴が、各新地固有の特質を生じさせる基本的条件であることを明らかにした。[2]しかし、その成果を踏まえた新地の内部構造分析は進められていない。

以上の研究状況を踏まえて、報告者は大坂の都市周縁部である新地の社会構造を明らかにすることを目標とする。今回は、その一環として、堀江新地の社会構造分析を行う。具体的には、堀江新地に位置する御池通五丁目の家持と家屋敷のあり様を分析することで、堀江新地の特質の理解を深化させる。

二、堀江新地の開発

堀江新地は、四方を堀川に囲まれた堀江地域の中心に堀江川を開削し、その南北を宅地

1　内田九州男「都市建設と町の開発」高橋康夫・吉田伸之編『日本都市史入門Ⅱ　町』東京大学出版会、1990年。
2　塚田孝『近世大坂の都市社会』第Ⅱ部第一章、補論、第二章、吉川弘文館、2006年。

造成したもので、元禄十一年（1698）に開発された（図 1)。[1] 堀江川は、大阪湾に流れ込む木津川と西横堀川を繋いでおり、大坂の水運機能を向上させるための開発であった。また、この開発では、道頓堀南岸の幸町、安治川河口付近の富嶋・古川も宅地化された。このように、同時期に大規模な宅地開発が行われ、堀江・幸町・富嶋・古川で合計 33 町が成立した。これらは「堀江 33 町」と一括して扱われた。

開発は幕府主導で行われた。幕府は開発のために投下した資金を回収するために、堀江新地の家持町人に課した地代金を、できるだけ高額にしたいと考えていた。そのために大坂町奉行は、堀江新地を茶屋の営業許可地とし、堀江新地内のみで用いることができる茶屋株を発行した。この株は、堀江新地の特定の町や人物に与えられたものではなく、堀江新地の家持町人総体で共有するものとされた。つまり、堀江新地を茶屋の権利付きの土地とすることで、地代金を引き上げようとしたのである。茶屋以外にも、煮売屋・湯屋なども営業が認められ、茶屋株と同様に家持町人総有の株が赦免された。

堀江新地の家屋敷は入札で家持町人に割り渡され、より高額の地代金上納を約束した者が家持町人になることができた。そのため、開発当初の堀江新地の家持町人は富裕な者が多くを占めた。また、彼らの大半は他町・他国居住の者であった。自身の居所としてではなく、家屋敷経営や自身の経営の拠点として、堀江新地の家屋敷を買得したのである。つまり、出発段階の堀江新地は、富裕な家持町人の資本投下先であったと評価できよう。

三、堀江新地の特徴ー家持町人と家屋敷の変遷からー

先述した堀江新地の開発方法を踏まえて、堀江 33 町のなかの 1 つの町に即して、開発以降の展開を見通してみたい。具体的な事例として取り上げるのは、堀江川より北側に位置する御池通五丁目である。なお、堀江川には面していない（図 1)。御池通五丁目は 6 つのブロックで成り立っており、東西にはしる中央の道路が町のメーンストリートである。町の西北部のブロックは土佐藩蔵屋敷（御池通五丁目・六丁目、白髪町に敷地が広がっていた）の一部分である（図 2)。

出発段階の御池通五丁目の家持と家屋敷のあり様を見ると、家屋敷は土佐藩蔵屋敷を除

1　第二節の叙述は塚田孝『近世大坂の都市社会』に依拠したものである。

いて16軒で、そのうち5軒が20間四方（約36m四方）のかなり大規模なものであった。また、町内持の家屋敷はそのうちの6軒にすぎず、かつ大規模な家屋敷はすべて他町持であった。

他町居住の家持町人の渡世を確認すると、有力な両替商、薬種中買、問屋商などであり、同族の者で一統を形成する大店も見られた。つまり、御池通五丁目でも、富裕な他町居住の家持町人が所持する家屋敷が数多く存在したのである。こうした特徴は、先述した堀江新地の開発のあり方によって規定されたものであり、御池通五丁目以外の町々でも共通の動向が見られたものと思われる。また、享保二十年（1735）段階で400軒もの膨大な借屋軒数が確認できた。これは、他町持の家屋敷が町内の多くを占め、それらが借屋経営に用いられていたことの表れである。

このあとの経過を見ると、18世紀半ば以降、町内に居住する家持町人が増加する。そのなかには、何世代かに亘って家持であり続ける者も一定数確認でき、安定した経営を行う者の定着が見られた。こうした新たな家持町人たちの多くは、もともとの御池通五丁目の借屋人であった。つまり、町内に定着した借屋人の一部が経済的成長を遂げ、自身の家屋敷を所持する事例が複数確認できたのである。また、町内に掛屋敷を所持する者も見られた。

居付家持は基本的に自身の居宅や店舗、土蔵として家屋敷を利用したため、それぞれの家屋敷に占める借屋の割合は低くなった。なかには、必要に応じて家屋敷を細分化して買得する事例も見られ、居付家持の生活と営業のためだけに利用される家屋敷が増加した。

このような居付家持の増加と家屋敷の細分化という傾向は、19世紀以降一層顕著になった。化政期には家屋敷は21軒となり、そのうち大体16、7軒の家屋敷が町内持であった。借屋軒数の推移も見ておくと、文化五年（1808）で約300軒、その後漸減し、文久期には200軒を切る。このことからも、居付家持の増加に伴って借屋経営に用いられる家屋敷が減少したことが窺えよう。居付家持が徐々に増加する傾向は、同じく堀江新地に位置する北堀江五丁目でも見られた。このことから、このような町の展開は堀江新地に共通するものであると想定される。

以上のように、御池通五丁目の場合は18世紀半ば、特に19世紀以降になって、居付家持の定着と増加が進んだ。開発の方法に規定されて、開発当初の堀江新地では他町・他国持の家屋敷が過半を占めたが、徐々に町内に定着する居付家持が増加したのである。これは、富裕な町人の資本投下先となったために、居付家持の共同体として出発する条件を欠いていた、堀江新地の町々固有の展開と評価できるだろう。

居付家持が増加する背景に、安定した経営を行うことができた借屋人の成長があることは既に述べた。その一方で、居付家持となったあと程なくして退転する者も一定程度確認でき、借屋人の家屋敷買得を単純に借屋人の経済的成長として評価するだけでは不十分であると考える。そこで、御池通五丁目の家屋敷の多くが家質に差し入れられていることに注目し、その利用状況から家持町人の具体相に迫り、御池通五丁目の内部構造を考察したい。また、居付家持の掛屋敷買得も、ほとんどが退転した居付家持が手放した家屋敷を買得した事例であった。この背景にある事情についても、家質の利用状況を踏まえて検討する。

四、御池通五丁目における家質の分析

御池通五丁目では、家質の利用状況を整理した帳面が作成されており、18 世紀半ば以降のものが残されている。まず、そこからわかる家質の基本的なあり様について整理する。

御池通五丁目の場合は、家屋敷の買得資金や商売上の資金融通のために、家質がかなり広範に利用されており、家屋敷のほとんどが質入されていた。これは、質置主である家持町人にとって、家質はまとまった資金を得られる身近な金融手段であったことを示している。また、証文上は元利ともに 1 年以内に返済する契約であるが、実際は月々の利足（年利換算で元銀の 4% ～ 5% 程度）のみを支払い、家質契約を継続することが大半であった。このように、利率も比較的低利であり、かつ返済方法も融通が利くことも、家質が家持町人に広範に利用された理由のひとつであろう。

御池通五丁目において特に注目されるのは、町内の借屋人が家屋敷を買得する際に、町内の者が家質で資金を融通する事例が複数確認できたことである。たとえば、寛政十一年（1799）に、借屋人であった薩摩屋金兵衛が居宅を銀 18 貫目で買得した際には、当時の町年寄である高岡屋勘右衛門が質取主となり、その家屋敷を担保として、銀 15 貫目を薩摩屋に融通した。そして、薩摩屋は文化四年（1807）に借用銀を全て返済した。質取主である高岡屋は、薩摩屋の家屋敷買得を援助したと思われ、同様の事例は数多く見られた。町年寄以外にも、御池通五丁目の家持町人（町内居住・他町居住の両方）が質取主として確認でき、ごくわずかな事例ではあるが、長期間定着した借屋人が質取主であることも見ら

れた。なお、家屋敷買得時以外においては、他町居住で質置主との特定の関係（親類や知人）をもたない者が質取主であることが多かった。

以上から、町内に長く定着した表借屋人のうち一定程度の経済的成長を遂げた者が、家質の融資を受けうる社会的信用を得て、家屋敷の買得資金を用立てて家持町人となることができたと考えられる。そして、御池通五丁目の場合は、五丁目の家持町人たちが質取主として銀を融通し、町内の借屋人が家持町人となる際に援助することが幅広く見られた。

しかし、家質の利用状況を整理すると、家質銀を完済できた者はかなり少なく、買得してから売却するまで家屋敷を家質に差し入れたままである事例が極めて多い。つまり、家屋敷を手放すまでの間、月々の利足銀を支払い続けた家持町人が大半だったのである。経済的に完済が可能であれば、先述の薩摩屋のように返済したと考えられることから、返済しない質置主は、完済が難しく、利足銀を支払い続けざるを得なかった零細な家持町人であったと考えられる。あるいは、経営体としては脆弱な者であっても、町内の借屋人であるために家持町人の援助を受けることができ、家屋敷を買得できた者も含まれていたのかもしれない。

つぎに、利足銀の支払いが滞った事例から、家質と家屋敷の価格の関係を考えたい。取り上げるのは、安永九年（1780）に居付家持となった佐渡屋治右衛門である（図 2)。彼は、文化期半ばまでは順調に家質銀を返済していたが、文化末年から利足銀を滞らせるようになった。一旦は銀 4 貫 500 目程度まで減額していた返済銀は、文化十二年（1815）に銀 12 貫目、文政六年（1823）には銀 24 貫目にまで膨れ上がった。この段階で、佐渡屋は利足銀の支払いもままならない状況に陥っていたと考えられる。

返済が滞った場合，証文上の契約では、担保としていた家屋敷を質流れとして質取主に渡すことで、借銀を償却することになっていた。しかし、町内の同規模の家屋敷の価格からは、佐渡屋の家屋敷の価格はせいぜい銀 10 貫目程度であると考えられ、家屋敷の価値と返済銀額は到底見合っていない。家屋敷を受け取っても質取主は損することになろう。

最終的にこの家屋敷は、佐渡屋の隣の家屋敷に居住する墨屋和平が文政八年（1825）に銀 26 貫目で買得した（図 2)。これによって佐渡屋は質取主への返済をすることができ、質取主は元銀と滞った利足銀の両方を現銀で回収することができた。このように、ほとんどの質取主は、担保である家屋敷を受け取ることよりも現銀を得ることを志向しており、たとえ一旦は家屋敷を受け取っても、すぐに第三者に返済銀相当額で売払うことが多々見られた。

ここで家屋敷の価格に注目すると、銀10貫目程度であっただろうものが、倍以上の銀26貫目となっている。つまり、家質は家屋敷を担保とした借銀であるため、家持町人が家質銀の返済を滞らせると、そのぶん家屋敷の価格は引き上がるのである。佐渡屋の場合ほど極端ではないものの、家質銀の返済が焦げ付いたことにより、家屋敷の価格が上昇する事例はよく見られた。

つぎに、ここまで価格が高騰した家屋敷を買得した墨屋和平に注目したい。墨屋は墨筆渡世を営む者で、町内に借屋人として長く定着し、享和二年（1802）に家持町人となった。その後も経営は順調だったようで、享和二年の居宅買得時に借りた家質銀も文化五年（1808）に返済している。そして、文政七年（1824）には町年寄に就任した。つまり、町年寄であり、安定した経営を行う居付家持である墨屋が、町内の者の負債によって価格が高騰した家屋敷を掛屋敷として買得したのである。墨屋は買得と同時に掛屋敷を銀15貫目で家質に差し入れており、家屋敷買得額の銀26貫目のうち、銀11貫目は私財から用立て、残りは家質による借銀で賄ったことがわかる。

同様の事例は他にも確認でき、家屋敷の買い手が見つからない場合は、質置主の親類縁者が買い取るか、墨屋同様に経営が安定した居付家持が掛屋敷として買得した。また、個人が買い取ることが難しい場合は、共有屋敷として町中で買得した。家質の滞納によって家屋敷の価格が高騰した場合であっても、何とかして家屋敷を買い取り、質取主へ返済したのである。このように居付家持の掛屋敷の買得は家持町人の経済的成長を表すように思われるが、個々の家屋敷のあり様を具体的に検討することで、そうした単純な評価では不十分であることがわかるだろう。

しかし墨屋にとって、この負担はかなり大きかったようである。天保二年（1831）には居宅も家質に差し入れ、完済することはなかった。そして、安政二年（1855）には掛屋敷を、文久三年（1863）には居宅をも手放してしまう。墨屋は安定した経営を行っていたにも関わらず、佐渡屋の家屋敷を購入したあと程なくして、居宅を借銀の担保にせざるを得なくなったのである。[1]

ここで、墨屋が佐渡屋の家屋敷を買得した理由について、もう少し考えてみたい。佐渡

1　墨屋のその後を辿ると、嘉永五年（1852）以降、名前人の和平・悴和助をはじめ、立て続けに家族4人が病気になったために経営が一気に傾いた。文久三年には借屋人として御池通五丁目で確認できるが、元治元年（1864）には残された家族も全員欠落して行方不明となった。もちろん、佐渡屋の家屋敷買得は、墨屋の逼塞・欠落の直接的な原因ではないが、ここまで過酷な状況に陥った条件の1つとは言えるのではないだろうか。

屋の家屋敷は墨屋の居宅に隣接していることから、居宅や店舗の拡張を目的に買得した可能性もあるだろう。しかし、たとえそうであったとしても、家屋敷の価格は相場の倍以上にまで高騰していたのであり、純粋に自身の経営拡大や利益のためだけに買得したとは考え難いのではないだろうか。

ここでは、可能性のひとつとして、家持不在の家屋敷を放置しないために買得したと想定しておきたい。近世の町は家屋敷を所持する家持町人の共同体であり、家屋敷の所有者である町人が町運営の主体である。そして、町々に課せられている役負担（公役銀や三郷運営にかかる経費）は、町内の家持町人それぞれに負担額が決められており、また堀江新地の家屋敷に課せられている地代金も、町単位で家持町人から集金し、上納した。つまり、家持不在の家屋敷を放置することは、町運営の担い手が欠ける、また、その家屋敷に掛る役銀・地代金を負担する責任者が不明瞭になるという二重の意味で、町共同体にとって不都合な事態なのである。だからこそ、こうした事態を解決するために、買い手が付かない家屋敷が発生した場合には、居付家持のなかでも町年寄や経済的に負担しうる者が、ないしは町中で買得したと考えられないだろうか。

こうしてみると、質取主からすれば、家屋敷を担保とする家質は、利足銀収入を得られる上に、たとえ返済が滞っても、町の対応によって現銀の回収が見込める、安全な資本の投下先であったと言える。家質が広範に利用される背景には、質取主にとっても有用性があり、その利潤を見込んで銀を融通する者が多く存在したことが窺えよう。

五、まとめと今後の課題

最後に、御池通五丁目の家持と家屋敷の展開と併せてまとめておきたい。

御池通五丁目では、18 世紀半ば以降、居付家持の定着が進んだが、そのなかには町内に長く定着した借屋人が多く見られた。彼らの多くは順調な経営の末に経済的成長を遂げ、家持町人となったと考えられるが、家質の利用状況を見ると、多くの者が月々の利足銀のみを支払っており、完済することがない者が大半であった。ここからは、御池通五丁目には小規模な経営を行う家持町人が多くを占めたことが窺えよう。

彼らのなかには不安定で零細な者も一定程度含まれていたと思われる。また、経営が安定していた者でも、何らかの事情で経営が行き詰まることもあった。そうした事情で利足銀の返済が滞り、家質での返済銀が膨れ上がることで、担保である家屋敷の価格も返済銀相当額まで高騰した。あまりにも家屋敷の価値と返済銀の差が大きくなれば、質取主は借銀の担保として家屋敷を受け取ろうとはせず、現銀で返済するために家屋敷を返済銀相当で売却しようにも、こうした場合、買い手を見付けることは容易ではなかった。質置主の親類縁者で買い取ることができなければ、居付家持か町中が買得した。家質に頼る居付家持が多い御池通五丁目では、こうした事態に直面することも複数回見られた。最終的に町内の者が買取らざるを得なくなる背景には、御池通五丁目周辺の一帯が、都市の周縁部に位置する場末である上に、堀川に面しているわけでもないという立地条件の悪さから、余計に買い手が付きにくいという事情もあったのであろう。

こうして見ると、経営規模が小さい居付家持を多く含む御池通五丁目においては、できるだけ安定して家屋敷所持を継続しうる者が家持町人となり、町人の共同体としてのあり様を維持すること自体が、町の課題となりえたのではないだろうか。報告のなかで、借屋人の家屋敷買得時に町内の者が質取主となる事例を紹介した。これは、家屋敷買得を望む町内の借屋人への助成であるとともに、借屋人であっても経営を安定させて長く定着する者について、彼らに居付家持として定着してほしいと考えた町中が、家屋敷買得を後押ししたことの表れであるかもしれない。

これから検討を進める必要があるが、御池通五丁目で見られたような家質のあり方は、開発のあり方が規定する固有の条件を共有する堀江新地の町々では、ある程度共通して見られたことが想定される。一方で、町方中心部においては、堀江新地とは異なる家質の利用のあり方も見られたと考えられる。同じ大坂という都市であっても、その内部の地域社会のあり様は多様である。それぞれの地域における家質の利用状況を詳細に分析し、町中や家持町人にとって家屋敷や家質がもつ意味を明らかにした上で比較・検討することは、大坂内部の多様な社会あり様を考察する上でも重要な意味をもつのではないだろうか。

また、家質の質取主が、投下した元銀と収入となる利足銀を現銀で得ようとする志向をもつことを明らかにしたが、こうした質取主の動向からは、不動産として家屋敷を所有・集積するのとはまた異なる意味で、家屋敷が資本の投下対象となっていたことを示している。家質の実態の分析は、家屋敷がもつ資産としての価値が、都市社会においてどのような表れ方をするかを考える上でも、重要な課題であると言える。

今後は、以上の課題を念頭に置きながらも、さらに堀江新地の社会構造の分析を進め、都市大坂の周縁部について理解を深めていきたい。

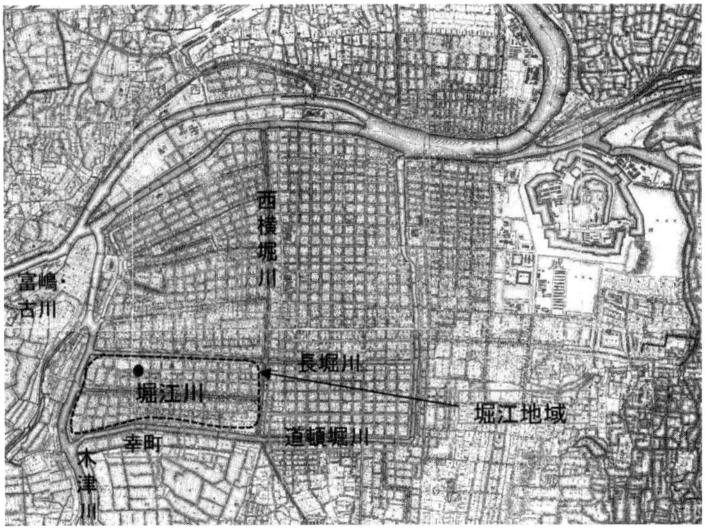

●は御池通五丁目の位置。出典は内務省地理局「大阪実測図」
明治十九年製板（『大阪市史附図、1912 年）。

図 1　堀江新地の位置と御池通五丁目

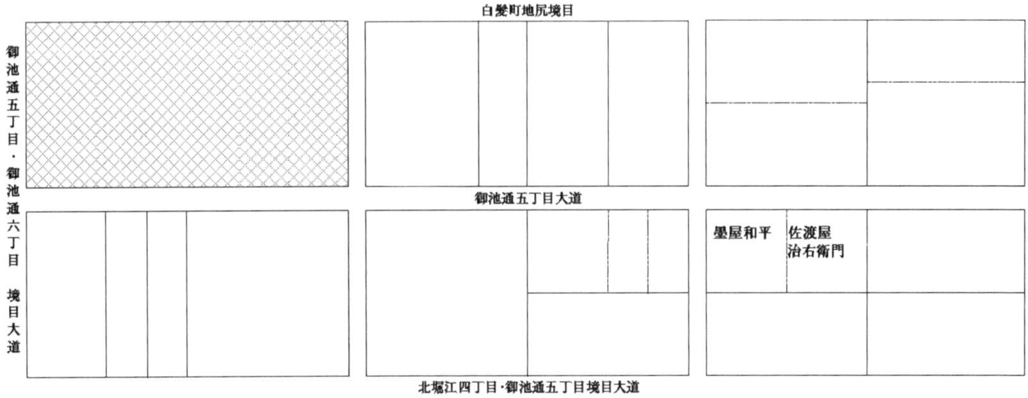

御池通五丁目水帳絵図（宝暦三年·安永七年・寛政十年・文化十二年・文政八年）をもとに作成。

図 2　18 世紀半ば～ 19 世紀の御池通五丁目

近世后期道修町三丁目的运营结构

——以御用住宿处为素材

吴伟华 *

【内容摘要】道修町三丁目位于大坂船场区域的北部，是一个以东西向的道修町路为中心南北向房屋林立的典型两侧町。近世的道修町一丁目、二丁目和三丁目的居民主要是属于被称为“药种中买仲间”这一集团的商人。药种中买仲间成立于享保七年（1722），他们主要是通过从问屋（批发商）和产地进口各种药草，在对其进行分类后，贩卖到全国各地。药种中买仲间的很多成员在进入明治时代以后，都成了制药公司，这也是现在在道修町可以看到很多制药公司的原因。

从18世纪中期开始，包括道修町三丁目在内的北船场区域的很多町都会负责提供每年八月更迭的大番众（负责守卫大坂城的武士集团，隶属于大番组织，一个大番众由54人组成）的御用住宿处以及以被幕府派往长崎的官员（勘定所的支配勘定和普请）为中心的临时御用住宿处。因为大坂市内的町不得不承担这些责任，所以通过研究御用住宿处可以有效了解町的运营结构。特别是作为北船场区域的一员，道修町三丁目保存了很多町内居民提供御用住宿处时的资料。不仅如此，该町内还保留了大量土地账本、户籍账本以及各种祈愿书的备份。通过对这些史料的分析，我相信也可以更加具体地了解当时町的运营结构。因此，本文主要以道修町三丁目为素材，在分析町内御用住宿处的情况之后，尝试阐述当时町内具体的运营结构。

18世纪中期以来，道修町三丁目的町人们，不仅制定了每年八月提供大番众的御用住宿处的顺序，同时还制定了由町所能支出的补助金上限和该补助金的募集方式。御用住宿处主要有两种，一种是住在町内的町人自己的住宅，另一种是町内町人们共同拥有的房产——町会所。第二种主要是在町内有房产但是本人住在道修町三丁目外或者大坂市外，以及本人虽住在町内但住宅过于狭窄无法用作住宿处的情况下才被选择的。但是，很

* 吴伟华，大阪市立大学大学院文学研究科后期博士课程在读，日本学术振兴会特别研究员（DC1）。

多町人都不愿意提供自己的住宅。因此，町会所的使用率变得越来越高。到了19世纪中期，町会所作为主要的住宿场所一直得到利用。之所以会出现这样的情况，一个是当时御用住宿处的负担过重，还有一个可能就是以药种中买仲间为主体的住在町内的町人一直不愿负担御用住宿处的运营。从18—19世纪的町内社会结构来看，当时以药种中买仲间为主体的住在町内的町人比例明显高于住在道修町三丁目外或者大坂市外的。此外，道修町三丁目曾经针对町内的出纳管理设立了年番一职，但能够担任年番的必须是在町内居住十年以上的町人，也就是说，在町内常年居住的町人很可能成为町运营的主体。此外，19世纪时提供町会所作为御用住宿处时，实际上从事各种实质工作的是当时受雇于町人的町代和杂役。也就是说，担当御用住宿处运营的町人只是一个名目上的存在，真正完成这项工作的则是当时的町代们。我们由此可以得出以下结论：町人们负责制定提供御用住宿处的基本方法和经费，町代们承担实质工作。这种双重结构可以看作当时町内运营机构的一个特征。

【关键词】城市大坂，道修町三丁目，御用住宿处，町内运营

近世後期における道修町三丁目の運営構造について

—御用宿を素材に—

呉偉華

【論文要旨】道修町三丁目は大坂の船場地域の北部にあって、東西に走る道修町通りを挟んで形成された両側町である。一丁目～三丁目には、薬種を問屋や産地から仕入れ、品質に応じて小分けし、各地に売り捌くことを生業としていた薬種中買仲間（享保七年に成立）に所属する営業者が集住していた。彼らの多くは、明治以降に製薬会社に転換したため、現在も道修町周辺には製薬会社が多い。

18世紀半ばから、道修町三丁目をはじめ、北船場地域の町々は毎年の八月に交代する大番衆の御用宿と長崎下りの幕府役人（勘定所の支配勘定と普請役）を中心とする臨時御用宿を勤める主体となった。大坂市中の町々が宿の担い手となるので、個別町の運営構造

の解明にとって御用宿は非常によい検討対象である。特に北船場地域の町として、道修町三丁目には御用宿を勤めた際の詳細を記した史料が数多く残されている。それだけではなく、水帳・人別帳・願書の控など近世の町のあり様を示す史料も数多くある。これらの史料を分析することで、道修町三丁目の町内構造を具体的に把握することが実現できるように思われる。したがって、本報告では、近世後期の道修町三丁目を対象にして、御用宿を勤める際の実態を明らかにしたうえで、町の具体的なあり方と運営構造の特徴について論じる。

18 世紀半ば、道修町三丁目の町人たちは、毎年の八月に交代する大番衆の御用宿を勤める順番を決めたうえで、町が支出する費用の上限とその徴収方法も決めた。御用宿には、町人の自宅で勤める場合と町会所で勤める場合の二種類があったが、後者は、他町持・他国持や、自宅が狭く宿として提供できない居付家持に限られた。しかし、自宅の提供を嫌う家持が多く、町会所を用いることが常態化した。19 世紀半ばになっても、町会所が主要な宿泊場所として用いられ続けた。こうした経過の背景には、御用宿の負担の大きさや、薬種中買仲間を中心とする居付家持がそれを忌避した事実があったと考えられる。18 世紀から 19 世紀までの町内の社会構造から、当時、薬種中買仲間を主体とする居付町人は町内持・他町持・他国持の町人より町内において、高い割合を占めていた。また、町内の諸入用を管理する年番の設置について、10 年以上の定住という条件が存在した。すなわち、同町では高い定住率を示した居付町人が町内運営の主体であった。

また、19 世紀に町会所で勤められた大番衆の御用宿についても、実質的に担ったのは町代や下役人たちであった。つまり、御用宿の宿主とされた町人はあくまで名目的な存在であり、御用宿の実質的な担い手は町代たちであった。このように、近世後期の御用宿は、その基本的な方法や経費などを決める町人たちと、宿泊提供の実務を担う町代たちが複合的に担った。こうした複合的な運営構造は、道修町三丁目の町内運営の特徴と言えよう。

【キーワード】都市大坂、道修町三丁目、御用宿、町運営

はじめに

1970 年代後半から 80 年代半ばにおいて、大坂の個別町を対象とした代表的な研究が

いくつか存在する。乾宏巳氏は、船場地域（道修町三丁目・平野町三丁目）・島之内地域（菊屋町・木挽町南之丁）・外縁部地域（御池通五・六丁目）の三つの地域の町の人口動態、つまり家持・借屋人の数とその変化、移動の様子を検討している。[1] これらの個別町を分析する中で、町人自治の担い手について、町式目や町の経費、住民構成の分析から論じている。[2] その結論は、近世初期から 18 世紀前半、19 世紀という三つの時代区分において、「町人自治」の担い手は家持町人＝家役負担者から家持町人＝貸家業者、さらに居町家主・家守を担い手とする商業経営者仲間に変質した、というものである。また、同じく町共同体の担い手のあり方を検討した内田九州男氏は、近世初期の三津寺町を中心に、住民構成や町式目・町入用の分析を行っている。[3] 乾氏と内田氏の研究の問題点は、以下のようにまとめられよう。

① 人別帳の記載と町式目の内容分析が中心になっている。人別帳の記載に注目し、町の人口動態を把握する際に、家持人・借屋人の町全体における比率の推移しか示されず、階層的な把握に留まっている。また、町式目の内容は説明されているが、町内運営の実態は明確になっていない。

② 個別町の運営について、町共同体の運営主体は誰であるかについて、門閥町人から家持町人全体、さらに借屋人を含むものまでという指摘に留まり、個別町の運営構造は明らかにされていない。

90 年代以降、江戸・京都の都市史研究の展開 [4] を受け、大坂の都市社会構造が多方面（市場社会と流通構造〈株仲間〉・遊郭社会・芝居地社会・非人や勧進者などの周縁的社会集団・かわた町村）から解明されてきた。しかし、大坂の都市史研究は、京都や江戸での研究展開に刺激を受けて進められたこともあり、個別町そのものの研究は十分行われない

---

1 乾宏巳「大坂町人社会の構造」津田秀夫編『近世国家の展開』塙書房、1980 年。

2 乾宏巳「近世都市の支配と町人自治」『日本史研究』211 号、1980 年。

3 内田九州男「近世初期の町と町人」『ヒストリア』109 号、1985 年。

4 1980 年代、朝尾直弘氏は、京都や堺等における町に関する研究を通じて、近世の町が「身分的資本の単位」としての「地縁的・職業的身分共同体」であると規定しなおした（朝尾直弘「近世の身分制と賤民」『部落問題研究』68 号、1981 年）。近世都市の住民生活の基礎組織として「町」を措定した朝尾直弘氏の研究は、1980 年代以降の都市史研究の発展の契機となった。同時期に吉田伸之氏は、江戸を対象とする研究を進め、個別町研究の重要性を指摘するだけではなく、町の細胞たる町屋敷（大坂では家屋敷）とそこでの家持と借屋人の諸関係や、それらを包摂する社会的諸関係に着目して近世の都市社会を理解するという都市史研究の新しい方法をも提起した（1970 年代後半から 1980 年代の吉田伸之氏の研究成果として、同著『近世巨大都市の社会構造』東京大学出版会、1991 年、同『近世都市社会の身分構造』東京大学出版会、1998 年がある）。

ままに、諸側面からの複合構造が解明されているという問題点が存在する。[1]

こうした個別町の研究が少ない現状においては、1990年以降、船場の南にある北久宝寺三丁目や三津寺町、堀江新地にある御池通五・六丁目に関する新しい研究がある。[2]しかしながら、これらの地域と比べると、北船場の中心部については、従来からの乾氏の研究が代表となる。そのほかに、深井甚三氏が道修町三丁目を対象にして、人別帳や町式目の分析を通じて、町人の職分や町の運営に携わる町年寄、年番のあり様を紹介している。[3]後述するように、18世紀半ばから、この地域の町々は毎年の八月に交代する大坂城の守衛に当たる大番衆の御用宿と長崎下りの幕府役人（勘定所の支配勘定と普請役）を中心とする臨時御用宿を勤める主体となった。御用宿を通じて、幕府支配における都市大坂の位置づけや武士集団と町人社会との関係を考えることも可能であるが、個別町が宿の担い手となるので、個別町の運営構造の解明にとっても御用宿は非常に良い検討対象である。

また、北船場地域の町として、道修町三丁目には御用宿を勤めた際の詳細を記した史料が数多く残されている。それだけではなく、水帳、人別帳、各口上書・願書の控など近世の町のあり様を示す史料も数多くある。これらの史料を分析することで、個別町の運営構造と社会＝空間構造を統一的に把握することが実現できるように思われる。したがって、本報告では、近世後期の道修町三丁目を対象にして、御用宿を勤める際の実態を明らかにしたうえで、町の具体的なあり方と運営構造の特徴について論じる。

1　90年代以降の大坂の都市史研究の成果について、塚田孝・吉田伸之編『近世大坂の都市空間と社会構造』(山川出版社、2001年)、塚田孝編『大坂における都市の発展と構造』(山川出版社、2004年)、井上徹・塚田孝編『東アジア近世都市における社会的結合』(清文堂出版、2005年)、塚田孝『近世大坂の都市社会』(吉川弘文館、2006年)、塚田孝編『近世大坂の法と社会』(清文堂出版、2007年)、塚田孝編『身分的周縁の比較史—法と社会の視点から—』(清文堂出版、2010年)、塚田孝・佐賀朝・八木滋編『近世身分社会の比較史—法と社会の視点から—』(清文堂出版、2014年)、塚田孝『都市社会史の視点と構想—法・社会・文化—』(清文堂出版、2015年)。また、90年代と2000年代の都市大坂研究における成果と課題について、八木滋「近世大坂研究の現状と課題」(塚田孝・吉田伸之編『近世大坂の都市空間と社会構造』所収)、同「今後の近世大坂研究の課題を考える」(塚田孝・佐賀朝・八木滋編『近世身分社会の比較史—法と社会の視点から—』所収)が参考となる。

2　井戸田史子「宝暦〜天明期における大坂の町と職業集団の構造」『ヒストリア』155号、1997年。上畑治司「近世初期の三津寺町」『大坂の歴史』53号、1995年。塚田孝「都市の周縁に生きる——七世紀の大坂・三津寺町—」塚田孝編『身分的周縁と近世社会4　都市の周縁に生きる』吉川弘文館、2006年、のち同著『都市社会史の視点と構想』清文堂出版、2015年。安部圭助「近世初期三津寺町における借屋の展開」塚田孝編『近世大坂の法と社会』清文堂出版、2007年。吉元加奈美「近世大坂における茶屋の考察—堀江地域を素材に—」『部落問題研究』211号、2015年。

3　深井甚三「近世中期、大坂船場の町の動向」中部よし子編『大坂と周辺諸都市の研究』清文堂出版、1994年。

一、道修町三丁目における大番衆の宿勤めの実態

道修町三丁目は大坂の船場地域の北部にあって、東西に走る道修町通りを挟んで形成された両側町である。享保七年（1722）には和薬改会所設立を契機に薬種中買仲間が成立し、道修町一丁目～三丁目に集住するようになった。[1]彼らの多くは、明治以降に製薬会社に転換したため、現在も道修町周辺には製薬会社が多い。

宝暦七年（1757）、西町奉行櫻井丹後守は、大坂城代へ伺ったうえで、大番衆の宿について、従来の船場地域の19町に加えて、17町を増宿として命じた。これ以降、幕末まで、船場地域の36町が組合町として東・西大番衆二組の内の一組の宿を勤めることになった。道修町三丁目は増宿として命じられた17町の中に含まれている。[2]道修町三丁目文書の中には、大番衆の宿を勤める際の順番帳が二冊残されている。一つは天明六年（1786）七月の「御番衆御宿順番之定」[3]、もう一つは嘉永元年（1848）八月の「御番衆御宿順番帳」[4]である。また、「御番衆御宿順番帳」に記されている文政六年（1823）九月の書付の冒頭には「前書相認候通天明六午年七月相改、鬮順を以文政六未八月迄相勤申候処、一順勤済候ニ付、此度新帳面相改」と書かれていることから、道修町三丁目が文政六年九月にも一冊の大番衆御用宿の順番帳を作成したと思われるが、その原本は確認できていない。したがって、本節では天明六年と嘉永元年の帳面を中心に道修町三丁目における大番衆の御用宿勤めの実態を見ていきたい。

（一）天明六年「御番衆御宿順番之定」

「御番衆御宿順番之定」は二つの部分からなっている。前半は順番帳が作成された経緯や町内における今後の勤め方を箇条書きの形で記している。後半は鬮取による順番（1番から28番）に書き上げられており、下部に宿主となる町人あるいは家守・代判の名前、上部に町内に宿泊した当時の大番衆の情報（大番衆が所属する組の大番頭の名前・召し連れ人の人数・到着の日付と城入りの日付・町内における宿泊場所）が記載されている。下部の家屋敷の名前人や家主が変わるたびに、張紙がなされる。上部について、同じ宿主が

---

1 薬種中買仲間について、渡辺祥子『近世大坂薬種の取引構造と社会集団』（清文堂出版、2006年）が参考となる。
2 「御番衆御宿順番帳」道修町三丁目文書 No. 328-292-204。
3 道修町三丁目文書 No. 328-134。
4 「御番衆御宿順番帳」道修町三丁目文書 No. 328-292-204。

違う年の大番衆の御用宿を勤めることになると、その度に張紙をしている。

次の史料1は前半部分の全文を引用したものである。

【史料1】

一、大御番衆様御宿、宝暦八寅年八月ゟ町内相勤候ニ付、則住宅之分鬮取之上、順番相極候得共、間数無之不相勤候分は相除ヶ、相勤り候分を以、順番ニ相勤候上、其後は住宅ニ而不相勤分、於会所相勤、住宅之分相済候上、安永六酉年八月ゟ他町持幷町内持家守順番ニ是又於会所相勤来候処、去巳八月銭屋与左衛門家守近江屋十右衛門ニ而一統相済候ニ付、此度惣分鬮取相改候処、鳥飼屋忠兵衛・近江屋忠右衛門・近江屋仁兵衛右三軒は、去巳年迄之内、二軒宿相当候節、弐度宛相勤申候ニ付、鬮取相除キ置、此度順番之末ニ相加置候事

一、以来御宿諸入用銀、此度一統相談之上、三百目ニ限相極、御宿主共惣顔割弐拾六ニ割符いたし差出可申候、尤右銀高ゟ入用相増候共、其余は一切出銀無之間、御宿主銘々右銀高ニ而、年々無滞相勤可申候、併自然無拠故障等有之、臨時入用相増嵩、御宿主難儀有之候節は、一統寄合之上及相談可申事

（張紙）
右御宿入用之儀、寛政九巳年十月一統相談之上、以来町中ゟ銀五枚会釈致シ、其余入用之儀ハ、御宿主ゟ取斗可申候、依之右会釈銀ハ御宿主除ヶ、残り顔割ニ可致事

但、御宿札掛ケ候上、御不着之節ハ余内銀壱枚可相渡事

一、右御宿、組合三拾六町之内ニ而、御人数多候節、増御宿順番相定有之候ニ付、丁内右増宿相当り候節は、右鬮取を以相勤候方ゟ御増宿相勤可申事

一、於会所相勤候節、破損等有之、普請仕候歟、不寄何事聊之儀ニ而も、以来一統見改相談之上、普請幷道具等相調可申事

右之通、一統相談仕致承知、則鬮取之上、左之通順番相定候処相違無之候、勿論名前人幷家主相替候共、右鬮順ニ御宿急度無相違相勤可申候、仍而印形、如件

天明六丙午年七月

その内容から分かるのは、第一に、大番衆の宿について、道修町三丁目の勤め方は町人たちが順番に勤める形であったことである。宝暦八年に、道修町三丁目が初めて大番衆の宿を

勤めることとなった際には、まず、町内の居宅に住んでいる町人たち（「住宅之分」）が順番に勤めた。そして、住宅の分が一順した後に、他町持と町内持の家守が順番に宿を勤めた。天明六年に至って、他町持や町内持も含めて、町人全員が鬮取をする形で順番を決めた。

第二に、寛政九年（1797）の張紙の内容から、宿の入用銀について、同年十月に最初の諸入用銀を300目から会釈銀5枚まで減少したが、町人たちが顔割りで差し出すという集め方は変わっていないことである。しかし、天明年間に決まった銀300目の集め方は「御宿主共惣顔割」(宿主を含めて顔割をすること）であったが、寛政九年には、宿主を除いての顔割りに変わった。顔割は、役数が多いか少ないかに関係なく、町人の人頭別に徴収することである。さらに、宿札を掛けた上で、宿を勤めることとなるので、実際には、大番衆が不着となっても、宿を勤めた手当として余内銀1枚を町から宿主に渡すことが決められた。

ここから注意したいのは、大番衆の宿は、まず、町内の自宅に住んでいる町人から順に勤めたが、安永六年（1777）からは他町持や町内持の家守が勤めた、という点である。大番衆の宿を勤める基準は町内の家屋敷を単位としていたが、他町持や町内持といった家屋敷を所持する町人の居宅ではない場合であっても当人、もしくは家守が宿を勤めなければならないのである。また、「住宅之分」であっても、「間数無之不相勤候分」(「住宅ニ而不相勤分」）は実際に町会所で宿を勤めた点にも注目したい。なお、一条目には「鳥飼屋忠兵衛・近江屋忠右衛門・近江屋仁兵衛の三軒は、去年までに二軒宿にあたり、それぞれ二回ずつ勤めているので、今回は鬮取から除き、順番の最後に付け加える」、三条目には道修町三丁目が二軒宿などの増宿にあたる時に、今回取り決めた鬮取の順番をもって増宿を勤めることと書いてあるので、それの裏返しとして、天明二年に何かの基準に基づいて鳥飼屋忠兵衛の3人が二軒宿に指定されたと言える。

（二）文政七年「申合書」

以上、天明六年およびそれ以降の町内の勤め方を確認してきた。次に、19世紀に入ってからのあり様を見ていきたい。

先述したように、文政六年（1823）にも道修町三丁目の町人たちが大番衆御用宿の順番帳を作成したが、その原本は不明のままである。そのため、文政七年に町人たちが申し合わせて作成した町式目である「申合書」[1]の内容をまず確認したい。文政七年八月に、道修町三丁

1 「申合書」大阪市立大学都市問題研究『史料から読む近世大坂“試行版Ⅱ”』、2012年。

目の町人 22 人・家守 4 人（うち会所屋敷家守 1 人）が申し合わせたうえで作った「申合書」は、全部で 37 条に及ぶ長文のものであり、三ヶ条御法度月次判形、町人家守の自身番から借屋の貸し付け、奉公人の召し抱えなどまで、町の運営を決める基本的な規則となっている。そのうち、道修町三丁目が勤める大番衆の宿に関する箇条は以下のようになる。

【史料 2】

一、御番衆御宿一件

但、右町内順番ニ致、其当人江町内ゟ為余内銀五枚相渡、右割方宿主を除町中顔割、且又御宿札懸候上御不着之節ハ為余内銀壱枚相渡申候事、尤右勤方之儀は其当人直々会所江詰切ニ致、万事不益相成不申様取計可致事、右之余町内ゟ余内差出不申候事

大番衆の宿について、町内で順番に勤める。また、余内銀の出し方について、天明六年と寛政九年の取り決めが継承されている。なお、御用宿の勤め方については、宿主が直接会所へ詰めて勤めるとされている。

ここから注目されるのは、大番衆の宿は、町人が順番に勤めるが、実際には居宅で勤めるだけでなく、会所で宿を勤める町人もいたことが注目される。天明六年の「御番衆御宿順番之定」では、会所で勤めることが確認できるが、それは狭い居宅や町内持・他町持の場合に限られている。原則として町人の居宅で勤めることが前提とされたはずである。しかし、文政七年の「申合書」は、「当人直々会所江詰切ニ致」とあり、居宅で勤める場合について触れていないのが興味深い。実際のあり方を詳しく知ることはできないが、文政の段階においては、おそらく会所勤めが主要な勤め方になっており、それを反映した文言であると考えられる。すなわち、大番衆の宿に関しては、18 世紀末から 19 世紀初めの段階で、宿主である町人が会所で勤めることが主流となっていたと推測できる。

（三）嘉永元年「御番衆御宿順番帳」

次に、嘉永元年（1848）に町内が作成した「御番衆御宿順番帳」の内容を見よう。「御番衆御宿順番帳」は主に二つの部分から成っており、帳面の前半は大番衆の宿を命じられた宝暦七年（1757）以降の様々な定書や取り決めの控えである。後半部分は町人たちの名前が鬮の順番で書かれている上に、当該町人が勤めた大番衆の情報が記載されている。後

半の鬮順の記載仕法は天明六年の「御番衆御宿順番之定」と同じである。また、前半部分は、さらに二つの性格が異なる部分に分けられる。まず、①船場36町組合の成立と勤め方に関するもので、宝暦年間の触の写しと安永三年（1774）、天明二年（1782）の覚書がある。次に②大番衆の宿の勤め方についての道修町三丁目内での申合せである。

まず、史料3として②に含まれている文政六年と嘉永元年の記載を引用する。

【史料3】

（前略）

一、前書相認候通、天明六午年七月相改鬮順を以文政六未八月迄相勤申候処、一順勤済候ニ付、此度新帳面相改、下地相勤来候年数夫々相記置、已後書順番猶亦無懈怠相勤可申候、尤近年郷中取締有之別而倹約相守候御時節柄ニ付、可成丈雑費不相掛様可致候、尤不敬之取斗ハ決而仕間敷候、且亦会釈銀五枚并不着之節銀壱枚差出候義、此度減少も可致処、宅勤之衆中取繕等も有之難渋ニ付、町人家守一同申合会釈銀是迄之通取斗候事

右定之通急度相守銘々無懈怠相勤可申候、仍而銘々連印仕置候処、如件

文政六未年九月

（中略）

覚

一、前書文政六未年九月相改候帳面書順を以同七申年ゟ嘉永元申年迄弐十五ヶ年之間相用御宿相勤来候処、町人入替候并ニ宅勤之町人借屋住ニ相成、亦は他町持等ニ相成、帳面難見分ニ付、是迄書記シ有之候訳書記置、此度新帳面ニ相改申候、左候得共順番之義ハ已前之通無相違候、尤先規之通書順を以相勤可申候事、

但、宅勤之丁人年々相減、後々差支候様可相成候故、住宅丁人之義ハ少々間　狭ニ候共、間取為操合宅ニ而相勤候様仕度候事

右之通急度相守、銘々無懈怠相勤可申候、仍而銘々連印仕置候処、如件

附、休番鬮之節は、住宅丁人会所勤之事、但、順番之節名前人病気又は忌中其外御公辺懸り有之歟、無拠差支等有之候節、其年之順番之者、次順番之方え及頼談順番操替貰、御宿之差支ニ不相成候様急度取斗可仕候事

嘉永元戊申年八月

（後略）

天明六年に決まった鬮順で町人たちが一順をして御用宿を勤めたので、文政六年には、新しい帳面が改められた。下地に町人が宿を勤めてきた年数を記し、これから順番通りで懈怠なく勤めるよう定められている。また、近年は特に倹約をするべき時節柄でもあるため、できるだけ雑費がかからないようにし、会釈銀についても、減額すべきであるが、宅勤めの町人は居宅の修理などもあるので、減額しないこととされている。

宅勤めの町人たちの出費を考慮したうえで、会釈銀を減らさないことから、宅勤めの場合は、自宅を宿として提供せざるをえないので、多大な出費が伴うことが読み取れる。前述のように、翌年（文政七年）の「申合書」では、会所勤が主流の勤め方であることが窺えたが、御用宿を居宅で勤める町人もある程度いたことが確認でき、興味深い。

嘉永元年の箇条には今回の帳面を作成した経緯や勤め方が記されている。帳面を改めた理由は、文政六年に改めた帳面の書順をもって、嘉永元年まで町人たちが宿を勤めてきたが、町人が入れ替わったり、以前は宅勤めをしていた町人が借屋住みや他町持町人になって、帳面の見分けが難しくなったので、これまで書き記した訳書を記し置き、新しい帳面に改める、とある。順番については、文政六年に改めた帳面の書順がそのまま継承されている。但し書では、宅勤めの町人が年々減っており、後々差支えになるので、住宅町人は少々居宅が狭くても都合をつけて自分の居宅で勤めるようにすることが記されている。末尾の付けたりでは、休番の町人はもし鬮に当たったら（二軒宿を勤めることになる場合は)、住宅町人でも会所で勤め、都合が悪い場合は、次の順番の者に替わってもらうように頼み、宿の差支えにならないようにすることも記されている。宅勤めの町人が減少していく中で、間狭の居宅に住んでいる町人としても、できるだけ自宅で御用宿を勤めることが求められている点に注目しておきたい。

文政七年の「申合書」の内容を念頭において、ここから注目されるのは、会所勤めと宅勤めの関係である。大番衆の宿は基本的に町人が自宅で勤めることとされ、道修町三丁目においても、宝暦八年に宿を初めて勤めた際には住宅町人が自宅で順番で勤めていた。しかしその時から、住宅が狭い町人の場合は会所勤めとされていた。「申合書」からは、会所勤めが主流となったことが窺えるが、嘉永の段階では、居宅が間狭であっても、なるべく宅勤めをするようにしてほしいとあることから、嘉永元年には本来の宅勤めを基本とするあり方に戻そうとする動きが読み取れるのではないだろうか。

二、会所勤めと宅勤め

次に、嘉永元年以降の宿の勤め方から、会所勤めと宅勤めの関係を検討する。

嘉永元年「御番衆御宿順番帳」の後半部分は天明六年「御番衆御宿順番之定」と同様の形式で、町人たちの名前が鬮の順番で書かれている。表1は当帳面の後半の書順番を整理したものである。宿主は家屋敷の所持者であり、その家屋敷の表口の間数は文政八年（1825）の「道修町三丁目水帳」[1]と安政三年（1856）の「道修町三丁目水帳」を参考にして加えたものである。日付は大番衆の宿を勤めた日付である。なお、家屋敷の名前人が変更された日付は、宿主の欄に記した。家屋敷状況の欄に書いてある町内持・他町持・他国持・町人住宅は、御用宿を勤めた年の家屋敷の所有状況を示しているものである。そのうち、⑦、⑯、㉖、㉘の状況は不明である。また、水帳からは㉗の近江屋新兵衛の家屋敷状況が確認できないが、慶応二年（1866）四月[2]に勤めた遠山三太夫の宿は宅勤めと書かれていることから、当時の家屋敷状況は町人住宅であったと考えられる。㉓について、元治元年（1864）に宿を勤めたのは福嶋屋伊右衛門であると思われるが、宅勤めとなっていることから、当時の家屋敷状況は町人住宅であると推測できる。

表1から以下の点を指摘できる。

（1）順番は全部で28番である。嘉永元年㉗の近江屋新兵衛は慶応二年に遠山三太夫の宿を勤めたことから、当帳面は少なくとも慶応二年まで用いられたことが分かる。㉕、㉖、㉘の町人は大番衆の宿を勤めていなかったので、慶応二年まで、道修町三丁目の町人たちは計25回の宿を勤めたのでる。

（2）嘉永二年には、①の近江屋新兵衛代判万助と③の吉川屋吉之助代判藤兵衛が宿を勤めたが、嘉永三年には、⑥の近江屋忠右衛門が宿を勤めた。②の塩野屋やす代判佐兵衛が順番で勤めなかった理由が分からないが、このように必ず当初決まった順番通りに勤めていたわけではなかった。

（3）嘉永二年から慶応二年まで、慶応元年を除いて、道修町三丁目は毎年大番衆の宿を勤めていた。しかし、25回の中で、大番衆の不着が計11回ある。それを示すのが

1　道修町三丁目文書 No. 328-278。文政八年の「道修町三丁目水帳」の中に、一番新しい張紙は安政三年となっているので、安政三年までの情報が確認できる。

2「慶応二寅年四月宅勤」とあるように、四月に大番衆の宿を勤めることになったが、詳しい内容が不明である。

表 1–1 である。表 1–1 によると、文久元年（1861）から 3 年連続で大番衆の不着があった。元治元年には、二つの大番衆の宿も共に不着となったことが分かる。不着となる理由は分からないが、これは相当大きな割合を占めている。また、備考欄を見れば分かるように、安政五年までの 4 回は「御不着」と書いてあるが、万延元年（1860）から元治元年までの間は、大番衆の不着についても、宿札を掛けたので、宿を勤めたことになると書かれている。

（4）町年寄紙屋忠助が鬮順に入っていないことから、少なくとも、文政六年の段階から、町年寄は宿を勤める役から除かれていることが推測できる。[1]

次に、表 1 から近世後期に、道修町三丁目が大番衆の宿を勤める際の会所勤めと宅勤めの関係に注目したい。まず、会所勤めと宅勤めの割合を示すため、表 1–2 を作成した。表 1–2 を見ると、嘉永二年から慶応二年まで計 25 回の御宿を勤めた中で、宿泊場所が明らかでない元治元年㉔の近江屋五郎兵衛を除いて、会所勤めと宅勤めがそれぞれ 12 回ずつあったことが分かる。注目すべきは、宿泊場所が確認できる 10 回の不着の中で、8 回は宅勤めとなっている点である。

さらに詳しく検討するため、宿を勤める際に、町人が所有する家屋敷が町内持であるか、他町持であるかを表 1–3 にまとめた。ここから指摘できるのは、第一に、会所勤めをしたのは、嘉永三年、安政元年[2]、同二年、同四年の 4 回を除くと、全て町内持・他町持・他国持の町人であったことが分かる。これは前述した他町持・町内持の場合は、家守が代わりに町会所で宿を勤めることになっていたことと照応する。また、安政元年と同四年の家屋敷の状況が確認できないが、住宅町人が会所で宿を勤めたのは嘉永三年の⑥の近江屋忠右衛門と安政二年の⑧の近江屋宗八だけであった。しかも、住宅町人の近江屋宗八の時は会所勤めだったが、大番衆は不着であった。[3]

第二に、安政元年の宿を勤めた⑦大和屋吉兵衛の家屋敷の状況は分からないが、嘉永二年、嘉永五年、安政三年、安政五年、文久元年、文久三年に二軒宿を勤めたケースでは、

1　天明六年「御番衆御宿順番之定」の順番について、古い張紙の内容が確認できないため、町人の変遷を追うことができないと指摘したが、一番新しい張紙の内容を確認したところ、やはり町年寄が鬮取に加わっていなかったことが分かる。つまり、天明の段階から、町年寄がすでに大番衆の御宿を勤める役から除かれた可能性が高いと思われる。

2　嘉永七年十一月に安政元年に改元。

3　元治元年には、二軒宿も勤めたと思うが、㉔の近江屋五郎兵衛が宿を勤める際に、大番衆の宿泊場所が確認できないため、勤め方が不明である。

他町持、町内持、他国持と町人住宅という組み合わせになっていた。

以上の注目点をまとめると、会所勤めと宅勤めの両方が存在しているが、会所勤は町内持・他町持である場合の従来からのやり方が継承される一方、宅勤めは住宅町人が実際に宿を勤めたというよりは、不着に結果することがほとんどであったと推定されるのである。

道修町三丁目は宝暦八年（1758）八月から毎年、大番衆の宿を勤めるようになった。当初、住宅町人が宿を勤めるのが一般的であったが、住宅町人の居宅が狭いことや住宅町人の負担を解消するため、町会所を利用するようになった。18世紀半ば以降、会所勤めと宅勤めの二種類の宿勤めが町内に定着した。町会所が宿として利用できたのは、広い座敷を有するなどの宿泊ができる条件がそろっているためであったと考えられる。道修町三丁目の大番衆の宿の勤め方について、19世紀に入ってから大きな変化が見られた。文政六年（1823）に新しい順番帳を改める時には、「宅勤之衆中取り繕等も有之」るように、宅勤めをする町人の難渋が示されていた。そのためか、文政七年に作成された「申合書」では、「其当人直々会所江詰切ニ致」すようにとあり、町人たちは会所で宿を勤めることが基本となっていたことが窺える。一方、嘉永元年になって、「宅勤之丁人年々相減、後々差支候様可相成候故、住宅丁人之義ハ少々間狭ニ候共間取為操合宅ニ而相勤候様」と宅勤めを復活させようとする町内の動きが見られた。

嘉永元年の順番帳では、嘉永二年から慶応二年までの町内における宿勤めの状況が分かる。そこでは、一見すると宅勤めと会所勤めがバランスよく確認でき、町内における宅勤めが復活したようにも見える。しかし、表1からは、文政六年の鬮順が踏襲されてはいるが、毎回順番通りに勤めるわけではなく、また、大番衆が不着となる場合には住宅町人の順番とされており、宅勤めの勤め方は実際には行われていなかったと思われる。つまり嘉永元年以降にも、町人たちは依然として自宅で宿を勤めることを極力回避しようとしており、会所勤めが実際はメインとなるようにしていたと考えられるのである。

前述のように、会所勤めは原則として町内持・他町持・他国持あるいは自宅を宿として提供するのが難しい場合の勤め方であり、住宅町人より町内持・他町持などの負担が重かったように思われるが、果たして本当にそうだったのか、次節で検討したい。

三、近世後期の道修町三丁目の運営構造について

ここまで、道修町三丁目における大番衆の宿の勤め方について、順番帳や町式目を分析することで、基本であった住宅町人による宅勤めが負担の重さなどにより徐々に減り、会所勤がメインの勤め方となったことを明らかにしてきた。本節では天保三年（1832）の大番衆小宮山金次郎の事例を検討することで、会所勤の実態を明らかにする。そのうえで、近世後期における道修町三丁目の運営構造を示したい。

天保三年八月九日～一四日に、大番衆小宮山金次郎上下6人（本人、用人1人、侍1人、槍持1人、仲間衆2人）が道修町三丁目の町会所に泊まった。宿主は近江屋新兵衛代判宗助であった。[1]

その際の記録として3冊の帳面（「大御番衆御宿一件留」「御宿諸入用控」「献立控」）[2]が残っている。「大御番衆御宿一件留」は、大番衆が道修町三丁目に泊まっていた間の動向などを詳細に記録したものであり、「御宿諸入用控」は御用宿を勤めた際の諸入用と人足賃金を記したものである。「献立控」は小宮山金次郎が到着した当日から出発した朝までの食事の献立を記したものである。

「大御番衆御宿一件留」は主に二つの内容からなっている。それは、①大番衆の到着と出発に際して、宿主の「近江屋新兵衛代判宗助病気ニ付代三郎助」と町年寄の紙屋忠助が連印で町奉行に提出した口上書の写し[3]と②大番衆が到着する直前から町内に泊まっている間の動向を記したものである。

表2は②の中身をまとめたものである。ここからは、小宮山金次郎の毎日の動きについて、時間・場所・出かけた理由まで詳細に窺うことができ、特に深夜2時に一度目が覚めた点まで記録されているのが興味深い。そして、注意したいのは、こうした詳細な記録が残されている理由である。記録の最後に「町々殿様御逗留中之日記を封書ニ致差上候様被仰聞」と書かれている。つまり、大番衆が町内に逗留している間の日記を封書で提出するよう宿割支配町から命じられていたからである。提出先は明記されていないが、宿割役人

1　文政八年の水帳の記載によると、天保三年の時点で近江屋新兵衛は町内持であることが分かる。

2　道修町三丁目文書 No. 328-292-92。

3　天保三年八月九日に大御番衆小宮山金次郎一行の到着に際して、それを報告するため、宿主の近江屋新兵衛代判宗助の代わりとして三郎助と町年寄の紙屋忠助が連名で西町奉行所の当番所へ提出したものの写しと同月十四日に一行の出発に際して同じく三郎助と町年寄が西町奉行所の当番所へ提出したものの写しが含まれている。

からの指示を宿割支配町が受けている可能性が大きいと思われる。[1]言い換えれば、こうした記録を作成するのが義務付けられていたのである。

次に、「御宿諸入用控」を見る。この帳面は内容として三つに分かれており、表3・4・5はそれぞれをまとめたものである。一つめは、大番衆の宿を勤めるに際して、米・油から薪炭・紙・掃除道具などの物資を調達する費用であり（表3）。二つめはの人足賃金や蒲団の借り賃、出迎えに行った時の大屋形船賃である（表4）。三つめは下役人をはじめとする7人への謝金である（表5）。

表3は費用使途を道具類の購入費。食材費・その他の人足賃に分類した。これを見ると、費用は銭と銀に分けられ、合計で銭4貫821文と銀91匁4分5厘を要したことが分かる。また、食材費の内容に注目すると、米2升、饅頭20個とあるが、これは大番衆6人の7泊8日分を網羅したものではないことは明らかである。「献立控」で確認できる品目がこの帳面に記されていないことから、「御宿諸入用控」はごく一部を記したものに過ぎないことが窺えよう。そして、おそらく「御宿諸入用控」に記されている道具類の購入費や人足賃についても同様である。言い換えれば、「御宿諸入用控」は宿を勤める際にかかった総費用の一部分を記したものである。

表4からは、掃除の時に雇った人足への人足賃、下役人の増五郎と妻のいと、安兵衛と妻のお幸、下役の手代り栄助、垣外番の十介、会所下女たちへの8日分の飯料、夜番の人足賃金、大屋形船の借り賃や蒲団の借り賃を確認することができる。

表5に整理した謝金額の記載の前には、次のような記載がある。

【史料4】

一、奥へ籠ル　　下役

安兵衛義、痔病ニ付、御案内度毎栄介罷（出脱ヵ）候付、同骨折強候付、心付

一、奥へ籠ル　　垣外番

重介義会所屋敷井水不宜処、当年ハ別而水悪候付、向ひ裏水而已多遣ひ、其度毎重介召連其外同人手先の兵蔵と申もの折々召仕候ニ付、心付

1　八月上旬に大番衆が来坂する前に、宿割（宿の配分を行うこと）が行われており、宿割をする役人の宿を勤め、また支配（＝配分）を担当した町は宿割支配町と呼ばれている。船場36町組合の宿割支配町は高麗橋筋の三町（高麗橋一丁目〜三丁目）である（道修町三丁目文書 No. 328-292-8、道修町三丁目文書 No. 328-292-127）。

ここからは、下役の安兵衛が病気であるため、栄介に案内役を代行させており、その謝金を支払ったこと、会所屋敷の井水の調子が悪いため、屋敷向いの裏の水をよく利用したが、その際に召し使った垣外番の十介と弟子の兵蔵へ謝金を支払ったことが確認できる。このほかにも表5からは、町内の他の下役人に謝金を支払ったことが判明するが、詳しい理由は書かれていない。

注目したいのは、表3・4・5の諸入用を合わせると、合計銭14貫678文、銀125匁5厘となり、大番衆の宿を勤める際に町内から宿主に渡される銀5枚よりも高額になっている点である。先に指摘した「御宿諸入用控」に記載されている費用の事実と合わせて考えると、諸入用と町内から受け取る銀5枚との差額はさらに大きくなるであろう。この町内からの銀5枚を超えた支出は、宿主が負担したことは前述したが、こうした一連の記録からは宿主に相当な負担を強いたことが推定されるのである。なお、町から銀5枚以上の支出がなされたかどうかについては検討する余地があるが、この点は今後の課題としたい。

これまで、小宮山金次郎の事例を通じて、会所勤めの実態を見てきた。最後に、それをまとめたうえで、町内の運営構造の特質を示す。

まず、町代とそのもとで働く下役人については、下役の手代り栄助は、宿札を取りに行くことに始まり、八軒屋浜まで大番衆を迎えに行ったり、大番衆の案内をするまで多くの役割を果たした。また下役人を始め、その家族・垣外番・会所下女も大番衆の宿を勤める際に重要な役割を果たしたのである。つまり、大番衆の宿を勤める上で、重要な役割を担うことになった町代[1]は、日常的に召し使っていた町内の下役人とともに宿の仕事を勤めたのであり、したがって、町会所が大番衆の宿になった際には、町代や町内の下役人が実質的な担い手となっていたのである。

一方、宿主である町人は宿を勤める際、あくまで表向きの存在であったと思われる。実際の状況が分からないが、帳面の記録を見る限り、近江屋新兵衛は宿割役人が見分する際や大番衆を出迎えに行った際に史料上に現れたことが窺えるにすぎない。また、大番衆が到着と出発に際して、差出人として印を捺したことも分かる。これ以上、帳面から近江屋

1　宿割りをする際に、宿割役人の指示に従って支配役を担ったのは支配宿割町の町代であった。また、天明二年（1782）以降、宿割支配町の町代のうち、それぞれ1人ずつ当番で勤め、ほかの組合町々の町代が順番で2人ずつ当番町町代の差添えとして仕事を分担することになった。つまり、御用宿を勤める際に、町代が実質的な役割を果たしたと言える（道修町三丁目文書 No. 328-292-8、道修町三丁目文書 No. 328-292-127）。

新兵衛の記録は見つからない。

したがって、御用宿の勤め方から、近世後期においては、宿勤めの基本的な方法や諸入用の集め方などの大枠を決める町人レベルの申し合わせと実質的にそれを担う町代レベルの働きが複合的に存在していることが推測できる。こうした複合的な運営構造は道修町三丁目の町内運営の特徴であり、近世後期の大坂の個別町の特徴ともいえよう。

おわりに

これまで、道修町三丁目を素材にして、町内における大番衆の御用宿の勤め方を見てきた。本章の最後に、こうした勤め方を通じて見えてきた道修町三丁目の運営構造の特徴に触れておきたい。

大番衆の宿における会所勤めと宅勤めは、それぞれ町内持・他町持・他国持の町人が会所で勤める方式、および住宅町人が自宅で勤める方式を意味している。しかし、嘉永元年の順番帳から、大番衆が不着となる場合には住宅町人の順番とされており、宅勤めの勤め方は実際には部分的にしか行われていなかった。また、会所勤めの場合では、町代と下役人が実質的な担い手となっていたのである。

なお、嘉永元年に、宅勤めの原則の復活を求める動きがあったが、その負担の重さから、実質的な宅勤めはその後になっても部分的にしか見られなかった。宅勤めの負担は大きく、それはできるだけ避けたいというのが、町人各人の本音だったのであろう。

18 世紀末から 19 世紀までの道修町三丁目では、薬種中買仲間を主体とする居付町人の割合が高いと考えられるが、こうした町内の主体を構成する居付町人と少数の他町持・他国持町人との関係は興味深い。町内運営はこうした社会的関係から大きな影響を受けているのではなかろうか。町内持の町人を含めて、町内における社会的諸関係を具体的に解明することを今後の課題にしたい。

表 1　道修町三丁目における大番衆の御用宿勤めの実態（嘉永元年以降）

順番	宿主	日付	家屋敷状況	家屋敷表口（間,尺）	宿泊場所（勤め方）	大御番衆	備考
①	近江屋新兵衛 **近江屋新兵衛代判万助** **近江屋しと代判万助（嘉永4年4月）** **近江屋新兵衛（安政2年4月）**	嘉永2年	町内持	7間1尺	会所勤	大御番頭大岡紀伊様御組御番衆 森七郎兵衛様御上下六人	八月七日夕日ゟ御迎、同九日夜九ッ時御内着、同十二日暁七ッ時前御城入 御茶料三百疋被下候
②	塩野屋やす代判佐兵衛 **塩野屋藤次郎家守塩野屋藤兵衛（嘉永3年2月）** **家守塩野屋清助（安政3年10月）**	嘉永4年	町内持	11間半	会所勤	大御番衆頭九鬼式部少輔様組御番衆 中根鑑五郎様	御不着
③	吉川屋吉之助代判藤兵衛 **掛ヶ屋敷福嶋屋伊右衛門（嘉永7年9月）**	嘉永2年	町人住宅	4間2寸	宅勤	大御番頭大岡紀伊様御組御番衆 石巻庄兵衛様御上下五人	八月七日夕ゟ御迎、同九日夜九ッ時御内着、同十二日暁七ッ時前御入城 御茶料金弐百疋被下置候
④	榎並屋六兵衛 **井筒屋藤重郎代判丹波屋与兵衛榎並屋六兵衛（嘉永4年5月）**	嘉永5年	他国持	2間半1寸	会所勤	大御番頭加納備中守様御組御番衆 岡部六三郎様御上下六人	八月十日夕御内着、同十四日朝御城入 御茶料金百疋被下置候
⑤	小西屋木兵衛 **小西屋喜兵衛（嘉永3年9月）**	嘉永7年	町人住宅	9間6寸	宅勤	大御番頭室賀英作守様御組御番衆 松平藤次郎様	御不着
⑥	近江屋忠右衛門	嘉永3年	町人住宅	5間半	会所勤	大御番頭土岐丹波守様御組 長井保次郎様御上下四人	八月十二日夕御内着、尤十一日ゟ御迎ニ出候、同十六日朝御城入、 御茶料金百疋外ニ百疋御心付被下候
⑦	鍵屋卯兵衛 **大和屋吉兵衛（嘉永5年3月）**	嘉永7年	—	3間2尺	会所勤	大御番頭室賀英作守様御組御番衆 武藤清右衛門様御上下八人	八月六日夜御内着、同九日暁七ッ時御城入
⑧	近江屋宗八	安政2年	町人住宅	3間1尺	会所勤	大御番頭稲葉兵部少輔様御組御番衆 植村左近様	御不着
⑨	小西季助 **小西喜助（嘉永7年3月）** **小西しな代判利兵衛（安政3年3月）**	嘉永5年	町人住宅	5間8寸	宅勤	大御番頭加納備中守様御組御番衆 森川満吉様御上下五人	八月九日夜御内着、同十三日朝御城入 御茶料金百疋被下置候
⑩	大和屋清兵衛	嘉永6年	町人住宅	5間半4寸	宅勤	大御番頭近藤石見守様御組御番衆 小笠原恒志郎様御上下四人	八月五日夜御内着、同八日朝御城入 御茶料金百疋被下候
⑪	大和屋新右衛門代判吉兵衛 **大和屋新右衛門** **掛ヶ屋敷田辺屋利兵衛（嘉永7年7月）** **田辺屋五兵衛（安政2年6月）**	安政5年	町人住宅	4間半	宅勤	大御番頭近藤遠江守様御組御番衆 戸田今治郎様	御不着
⑫	居宅大和屋伊兵衛	安政3年	町人住宅	9間9寸	宅勤	大御番頭松平伊豫守様御組御番衆 松平源十郎様御上下六人	八月七日御内着、同十日御城入 御茶料金百五拾疋被下候事
⑬	近江屋安五郎 **掛ヶ屋敷近江屋しと代判万助（嘉永4年7月）** **代判替り近江屋しと代判仁兵衛（安政2年4月）**	安政3年	他町持	4間3寸	会所勤	大御番頭松平伊豫守様御組御番衆 本間四郎右衛門様御上下五人	八月八日御内着、同十一日御入城 御茶料金百疋被下置候事
⑭	近江屋亀五郎 **掛ヶ屋敷福嶋屋伊右衛門（嘉永4年5月）**	安政5年	町内持	4間半	会所勤	大御番頭近藤遠江守様御組御番衆 木曽金之丞様御上下四人	八月十五日着、同十九日御城入 御茶料百疋被下置候
⑮	塩野屋藤兵衛 **塩野屋しと代判清助（嘉永7年10月）** **塩野屋■圭代判清助**	万延元年	町人住宅	3間2尺	宅勤	大御番頭内田主殿様御組御番衆 永井八十郎様	八月六日御不着之旨申来候、宿札御渡候後御不着申参候ニ付、相勤候義ハ相成
⑯	掛ヶ屋敷近江屋長兵衛代判藤七 **掛ヶ屋敷近江屋長兵衛（嘉永7年1月）**	安政4年	—	10間2尺	会所勤	大御番頭林肥後守様御組御番衆 松平邦之助様御上下	八月日御内着、同御城入 御茶料弐百疋被下候事
⑰	掛ヶ屋敷分大和屋重兵衛	文久3年	町内持	8間	会所勤	大御番頭大岡越前守様御組御番衆 竹本繁右衛門様	八月六日御内着、八月七日御着断、同月十日御城入
⑱	備前屋武兵衛代判重助 **大和屋伊兵衛** **大和屋重次郎**	文久3年	町人住宅	2間半3尺	宅勤	大御番頭大岡越前守様御組御番衆 原田鐘太郎様	八月六日夕御不着之旨、尤御宿札相渡候上御不着相成ニ付、御宿相勤候事ニ成候
⑲	近江屋喜助代判宗八	文久元年	他町持	6間2尺	会所勤	松平因幡守様御組御番衆 多門■之助様御上下四人	八月十四日朝六ッ時御内着、十五日御着断、十八日寅上刻御城入 御茶料弐百疋、別段御食付弐朱
⑳	小西屋与兵衛	安政6年	町内持	2間半	会所勤	大御番頭土岐丹波守様御組御番衆 川上慎五郎様御上下五人	八月十七日昼七ッ時御着、同廿一日朝御城入 御茶料百疋
㉑	居宅大和屋重兵衛	文久元年	町人住宅	6間1寸	宅勤	松平因幡守様御組御番衆 原田熊太郎様御上下	御宿札御渡し候上、八月十五日前日御不着之旨申来候、御宿札相渡し候後、御不着ニ而御勤相■候分ニ成候
㉒	大根屋小兵衛家守伏見屋太右衛門 **塩野屋吉兵衛（嘉永1年12月）**	文久2年	町人住宅	10間	宅勤	溝口讃岐守様御組 窪田正蔵様	八月朔日夕方ゟ御迎ニ罷出候處、二日七ッ時頃御組頭御着船之上、窪田様御不着之旨被仰聞候、御宿札渡し御迎ニ出候後、不着ニ而御宿相勤候分ニ成
㉓	備前屋清兵衛代判九郎兵衛 **掛ヶ屋敷大和屋伊兵衛** **掛ヶ屋敷大和屋重兵衛** **福嶋屋伊右衛門**	元治元年	町人住宅	3間2尺	宅勤	奥野忠兵衛様	御宿札相渡候上、八月五日前日御不着之旨申来候ニ付、御宿相勤候分ニ成
㉔	近江屋五郎兵衛	元治元年	町内持	6間半2尺	—	小笠原内蔵之進様	八月六日酉上刻御着、同月九日卯上刻御出立被遊候
㉕	伏見屋清八	—	町人住宅	2間半	—	—	
㉖	田中屋正助代判直助	—	—	—	—	—	
㉗	近江屋新兵衛	慶応2年4月	町人住宅	—	宅勤	遠山三太夫様	御不着
㉘	小西屋喜兵衛	—	—	9間	—	—	

※「宿主」欄：細字は嘉永元年順番帳作成時の町人名。太字は名前変更時の張紙の情報とその日付。
※「日付」欄：宿を勤めた年代。
※「宿泊場所（勤め方）」欄：宿泊場所によって勤め方が分かれている基準である、会所勤と宅勤とした。
※網掛け部分は大番衆が不着となる際の状況を示す。
※順番帳では慶応元（1865）年の記録がない。
出典：「嘉永元戊申年八月改之　御番衆御宿順番帳」（道修町三丁目文書 No. 328-292-204）
「文政八年道修町三丁目水帳」「安政三年道修町三丁目水帳」（道修町三丁目文書 No. 328-278）

表 1-1　不着の事例

日付	大御番衆	備考
嘉永4年（1851）	大御番衆頭九鬼式部少輔様組御番衆 中根鑑五郎様	御不着
嘉永7年（1854）	大御番頭室賀英作守様御組御番衆 松平藤次郎様	御不着
安政2年（1855）	大御番頭稲葉兵部少輔様御組御番衆 植村左近様	御不着
安政5年（1858）	大御番頭近藤遠江守様御組御番衆 戸田今治郎様	御不着
万延元年（1860）	大御番頭内田主殿様御組御番衆 永井八十郎様	八月六日御不着之旨申来候、宿札御渡候後御不着申参候ニ付、相勤候義ハ相成
文久元年（1861）	松平因幡守様御組御番衆 原田熊太郎様御上下	御宿札御渡し候上、八月十五日前日御不着之旨申来候、御宿札相渡し候後、御不着ニ而御勤相■候分ニ成候
文久2年（1862）	溝口讃岐守様御組 窪田正蔵様	八月朔日夕方ゟ御迎ニ罷出候處、二日七ッ時頃御組頭御着船之上、窪田様御不着之旨被仰聞候、御宿札渡し御迎ニ出候後、不着ニ而御宿相勤候分ニ成
文久3年（1863）	大御番頭大岡越前守様御組御番衆 原田鐘太郎様	八月六日夕御不着之旨、尤御宿札相渡候上御不着相成ニ付、御宿相勤候事ニ成候
元治元年（1864）	奥野忠兵衛様	御宿札相渡候上、八月五日前日御不着之旨申来候ニ付、御宿相勤候分ニ成
慶応2年（1866）	遠山三太夫様	御不着

表 1-2　大番衆御用宿の勤め方

年代順	宿泊場所（勤め方）	
嘉永2年	会所勤	宅勤
嘉永3年	会所勤	
嘉永4年	会所勤（不着）	
嘉永5年	会所勤	宅勤
嘉永6年		宅勤
安政元年	会所勤	宅勤（不着）
安政2年	会所勤（不着）	
安政3年	会所勤	宅勤
安政4年	会所勤	
安政5年	会所勤	宅勤（不着）
安政6年	会所勤	
万延元年		宅勤（不着）
文久元年	会所勤	宅勤（不着）
文久2年		宅勤（不着）
文久3年	会所勤	宅勤（不着）
元治元年		宅勤（不着）
慶応元年		
慶応2年		宅勤（不着）

※網掛け部分は会所勤めと宅勤めが同時に行われたことを示す。

表 1-3　家屋敷状況

年代順	宿泊場所（勤め方）	家屋敷
嘉永2年	会所勤	町内持
	宅勤	町人住宅
嘉永3年	会所勤	町人住宅
嘉永4年	会所勤（不着）	町内持
嘉永5年	会所勤	他国持
	宅勤	町人住宅
嘉永6年	宅勤	町人住宅
安政元年	会所勤	—
	宅勤（不着）	町人住宅
安政2年	会所勤（不着）	町人住宅
安政3年	会所勤	他町持
	宅勤	町人住宅
安政4年	会所勤	—
安政5年	会所勤	町内持
	宅勤（不着）	町人住宅
安政6年	会所勤	町内持
万延元年	宅勤（不着）	町人住宅
文久元年	会所勤	他町持
	宅勤（不着）	町人住宅
文久2年	宅勤（不着）	町人住宅
文久3年	会所勤	町内持
	宅勤（不着）	町人住宅
元治元年	宅勤（不着）	町人住宅
	—	町内持
慶応元年	—	—
慶応2年	宅勤（不着）	町人住宅

※網掛け部分は町人住宅を示す。

表 2　小宮山金次郎と町内の動き（天保三年八月七日～十四日）

	日時				備考
町内	8月7日	午後6時	宿札をもらう	「御宿割両殿様御越御見分相済印形御取り被成候上、淡路町弐丁目於会所御宿札御渡被成候事」	「宿主袴羽織ニ而御出迎」下役安兵衛
町内	8月8日		八軒屋浜まで迎えに行く	「御迎宿主ゟ三人外ニ下役手代り栄助大屋形舟ニ而八軒屋浜江罷出候事」	「道修町弐丁目壱軒宿ニ付同舟候事」
小宮山金次郎	8月8日	午後2時	小宮山金次郎上下六人が内着		
小宮山金次郎	8月8日	午後6時	出かける	田代主馬の旅宿（本天満町大黒屋市兵衛）三浦太一郎の旅宿（上人町絆屋鍵太郎代判藤兵衛）	
小宮山金次郎	8月8日	午後12時	宿に戻る		
小宮山金次郎	8月9日	午前9時		「御目覚、御朝飯、夫ゟ髪月代」	
小宮山金次郎	8月9日	午前11時	出かける	「御一同（本天満町田代主馬様・淡路町弐丁目中根平右衛門様・四軒町築山伊右衛門様・平野町弐丁目大井彦五郎様・尼崎町壱丁目志村鋭之助様・北浜壱丁目西山六郎兵衛様・今橋壱丁目上田三左衛門様）御同道ニ而天満天神宮江御参詣」	「御案内下役手代り栄介」
小宮山金次郎	8月9日	昼12時	宿に戻る		
小宮山金次郎	8月9日	午後2時	再び出かける	「御番頭松平長門守様御旅宿へ御出、尤も久宝寺橋筋谷町西」	
小宮山金次郎	8月9日	午後4時	宿に戻る	「御着御酒御膳等差出候」	
小宮山金次郎	8月10日	午前10時	出かける	「備後町四丁目加藤平左衛門様江御出、夫ゟ安土町弐丁目松前鉄五郎様、平町三丁目加藤助右衛門様、呉服町青木八十兵衛様、尼崎町弐丁目松田重三郎様、今橋弐丁目佐久間利太夫様、高麗橋壱丁目松浦善三郎様、高麗橋三丁目山上三郎兵衛様、本天満町前田十左衛門様」	
小宮山金次郎	8月10日	午後1時	宿に戻り、再び出かける	「御中飯猶亦即刻御仲間中之内御廻り」	「御中飯後者御案内無之」
小宮山金次郎	8月10日	午後4時	宿に戻る	「御帰り之上直様風呂御入御休足之上御夕飯差上候」	
小宮山金次郎	8月11日	午前10時	出かける	「御仲間御旅宿へ御出」	
小宮山金次郎	8月11日	昼12時	宿に戻る ほかの大番衆が挨拶のため訪問	「中飯御帰り御休足候處、御仲間様■■御出候處、小雨雷鳴出し交り後小雨斗り、御一統御噺候事」	
小宮山金次郎	8月11日	午後3時	訪問者と一緒に出かける	「右都合六人様御連ニ而御仲間廻り被遊、同夜五ッ時御帰宿被遊候事」	
小宮山金次郎	8月11日	午後7時	宿に戻る		
小宮山金次郎	8月12日	午前7時	出かける	「高麗橋一丁目松浦善三郎様へ」	
小宮山金次郎	8月12日	午後2時	宿に戻り、再び出かける	「帰り之上御湯御仕度被成候上、平野町弐丁目大井彦五郎様へ御出」	
小宮山金次郎	8月12日	午後8時	宿に戻る	「御帰り、御寝間入候」	
小宮山金次郎	8月13日	午前8時	出かける	「大井彦五郎様へ御出」「夫ゟいさり松御蔵御奉行御金御奉行へ中根様三浦様■川様逢見様■御同道御出」	
小宮山金次郎	8月13日	昼12時	宿に戻る		
小宮山金次郎	8月13日	夜		「同夜御出立御酒差上候處、前同様少召上被成、大片付候後、御書受状御認、御荷物取仕■に御差図被遊」	
小宮山金次郎	8月13日	午後10時		「御寝間入候」	
小宮山金次郎	8月14日	午前2時		「御目覚」	
小宮山金次郎	8月14日	午前4時		「御仕度相済、即刻御出立候」	

出典：「天保三辰八年大御番衆御宿一件留　会所勤　御宿主近江屋新兵衛代判宗助」（道修町三丁目文書 No. 328-292-92）

表 3　天保三年八月「御宿諸入用控」(前半)

道具類

品目	(銭)	品目	(銀)
藁草履7足・■箒・蜀黍箒・小箒	170文	あ■と美濃20枚	1匁4分
竹箒3本	55文	片折3折	2匁2分5厘
杓4本	122文	大半紙巻3本	4分4厘
上半紙3折	75文	美濃紙7帖	10匁8分5厘
水引27わ	54文	土佐薪4俵	20匁
のし包箸紙大杉原10枚	20文	枯木薪3掛	14匁7分
硫黄・焚付・切炭	104文	大杉原半状	8分4厘
焚付・切炭	60文	小杉原半状	6分
墨2丁	150文	三好巻1本	6分
筆3本	60文	■内2枚	2分
杉角大箸・杉楊枝丈	30文		
かわらけ4組	68文		
土瓶2つ	250文		
路地下駄	100文		
あ■草履	36文		
茶袋1・布巾毛綿3・布袋1	108文		
焼塩みかき楊枝	22文		
火口灯心	20文		
手拭3筋	300文		
手桶1・桶1・手盥1	420文		
ささら1・切わ■1・片手桶・しゅろ■・荒神箒	120文		
焚せ■2本	100文		
土のかき■5つ	10文		
下駄3足	169文		
■らき20■■	50文		
川水5荷	65文		
丹後の縄代	22文		
かんてきのすな	15文		
草鞋2足	26文		
半紙4折	100文		
美濃紙20枚	80文		
弐階蚊帳の吊り手	64文		
掃除の節米1升まで炊き	107文		
合計	3貫152文	合計	50匁8分8厘

食材など

品目	(銭)	品目	(銀)
酒5合	85文	菓子取合	3匁5分
米2升	214文	一森茶1斤2分5銖	6匁2分2厘
煮しめ	250文	油5升5合	17匁6分
のり	20文	上茶2歩	1匁6分
糠	10文	干かます10枚	1匁2分
饅頭20・白玉20	164文	そば代	3匁
醤油1升	104文		
絹こし豆腐3丁	36文		
浅草のり2枚	32文		
わさび1本	24文		
大根1本	6文		
合計	945文	合計	32匁2分2厘

その他

品目	(銭)	品目	(銀)
風呂貸り賃	700文	表具屋一人半手間	6匁4分5厘
同4人へ風呂銭遣し	24文		
合計	724文	合計	6匁4分6厘

出典:「天保三辰年八月御番衆小宮山金次郎様御上下六人御宿諸入用控」(道修町三丁目文書 No. 328-292-92)

表 4　天保三年八月「御宿諸入用控」(後半)

支出	内容	備考
400文	掃除の節、雇人足1人	■屋太助
1貫101文	船賃	680文:8月7日七ッ時より 680文:8月8日七ッ時より 158文:炭代 〆1貫518文〔一417文(弐丁目より)〕
1貫124文	蒲団借り賃	仲間衆方:大1状1夜25文➡3状6日分=372文 小1状1夜15文➡3状6日分=184文 御用人并御侍衆方:大1状1夜35文➡2状分=372文 小1状1夜15文➡2状分=184文
33匁6分	1人前106分宛飯料	増五郎・いと・下女・安兵衛・お幸・栄助・十介 8月7日より14日まで8日分
1貫	惣中へ■作料	これ割七ツ一人分
1貫332文	「下役代り夜番一夜ニ壱人四拾文宛、両人と下役は三日宛、但一夜二人宛」	—

出典:表3に同じ

表 5　天保三年八月「御宿諸入用控」(後半続き)

名前	謝金	合計
増五郎	金1歩3朱	金1歩3朱
いと	1貫文	4貫900文
安兵衛	1貫200文	
栄助	1貫文	
お幸	600文	
十介	800文	
下女とみ	300文	

出典:表3に同じ

从寺庙聚落到“城西首镇”：清代上海法华镇“原生型”城市化研究

胡　端*

【内容摘要】清乾嘉年间，上海县城西面“以寺而名”的法华镇通过整合“附邑独近”的地理区位、水陆交通枢要地位、棉布业产销中心、行政机构的强有力保障等多方位优势条件，成长为“凡县附郭者，宜以此为首”的“城西首镇”，形成与县邑城市社会本质上相似、水平上接近的高级聚落形态。这种依靠“市镇—乡村”间互动共生的内动力向城市形态演进的路径与模式，可称为“原生型”城市化。这种城市化既有明清江南地区鲜明的地域特色，又具有一般意义上的“发生学”内涵，它是近代以前江南市镇城市化较为普遍的发育肌理，展现了传统农耕文明自我调适和转型的内在机制。

【关键词】乾嘉时期，法华镇，城西首镇，“原生型”城市化

寺集落から“城西首鎮”へ：清代上海法華鎮の“原生型”都市化研究

胡　端

【論文要旨】清の乾隆・嘉慶時期に、上海県の西側にある「お寺により有名になる」法華鎮は、「都市に近い」位置、水陸交通の枢要、綿布業の産販センター、行政機構の強力な

* 胡端，上海交通大学档案馆（党史校史研究室）助理研究员。

保障など多方面的な優勢条件を持っており、「都市に近い県の中で、これを一番の模範になすべき」と言われるほど「城西首鎮」になっていた。法華鎮は都市社会の特徴に相似し、発展レベルが近い高級な集落形態になったのである。このように、「鎮—村」のインタラクティブによる共生の内在原動力で都市形態へ発展する方法と模式は、「原生型」都市化だと呼ばれている。このような都市化は、明清時代の江南地域における鮮明な地域特徴を具現し、一般的な意義の「発生学」の内実もある。それは近代以前の江南における市鎮の都市化への普遍的な成長メカニズムであり、伝統的な農耕文化が自己調整と転換を行う内在的メカニズムを具現するものである。

【キーワード】乾嘉時期、法華鎮、城西首鎮、「原生型」都市化

无论是依循学术史的内在路径，抑或出于现实探讨的需要，对“城市化”问题的关注一向是江南市镇研究中的重要课题之一。尽管对于市镇到底属于农村范畴还是城市范畴，学界意见不一，颇多争议，但不可否认的是，从“城市化”的视角或运用“近代化”的范式分析江南市镇发展路径的学者颇不乏人。[1]综览这些研究，无不将市镇型为主的城市化视为明清时期江南城市发展的主导形态。赵冈、陈学文、王卫平、陈国灿、乔志强、陈亚平等不少学者甚至将明清时期大量市镇的勃兴视为江南地区农村城市化过程的主要形式与近世中国城市化的发展方向，[2]并将这种市镇型城市化总结为自然演进的“原生型”城市化。[3]

与“城郭化”时代行政机能主导城市发展机制不同的是，这种“原生型”城市化以商业机能为标准，是建立在以小农家庭为主的手工业和农产品商品化发展的基础上的，是中国古

1 如赵冈认为，以江南市镇为代表的非传统市镇的发展是中国自宋以来都市化过程的主要方式，与欧洲中世纪或近世的城市化过程相比较，也是独具一格的，找不到类似或平行的例证。参见赵冈：《中国城市发展史论集》，北京：新星出版社，2006年，第193页。刘石吉亦指出明清江南专业市镇的繁庶在许多方面都超过了传统行政中心的县城甚至府城，此种商业机能凌驾行政机能的转变现象，正可说明中国近代都市化过程中“城”与“镇”的渐次分化，以及“非行政机能”的渐次强化。樊树志虽将市镇视为“城乡间的中介和过渡地区”，但也认为从某种意义上讲，传统农业社会的历史也就是乡村不断城市化的过程，明清时期江南地区大批市镇的形成过程，就是一个乡村的城市化过程。王瑞成认为，宋代直至明清时期，在以手工业和农村商品经济为内容的商业化条件下，中国城市化走了一条独特的市镇化道路。以上参见任放：《二十世纪明清市镇经济研究》，《历史研究》2001年第5期。

2 参见陈学文：《略论明清江南城市化》，陈国灿：《关于古代江南城市化的几个问题》，均收入梅新林、陈国灿主编：《江南城市化进程与文化转型研究》，杭州：浙江大学出版社，2005年，第8、45页；王卫平：《明清江南地区的城市化及其局限》，收入氏著《中日地方志与江南区域史研究》，苏州：苏州大学出版社，2014年，第161页。

3 隗瀛涛主编：《中国近代不同类型城市综合研究》，成都：四川大学出版社，1998年，第9页；乔志强、陈亚平：《江南市镇原生型城市化及其近代际遇》，《山西大学学报（哲学社会科学版）》1994年第4期。

代城市化从“城郭化”时代步入“市镇化”时期的特定形态。对于这种有特定历史背景的城市化类型，江南区域史研究的学者虽早已有所关注，但多以源自西方经验的“城市化”理论进行阐释，较少从本土“发生学”的意义上来解读；且既有的成果多止于通论性的研究，论述视角失之于宏观，缺乏个案研究的实证支撑，难免对江南市镇“原生型”城市化的生成、发育与演化逻辑缺乏丰满与立体的理解。

本文所考察的清乾嘉年间上海法华镇，是众多江南市镇“原生型”城市化的一个典型个案。通过解析法华镇如何由沪西李漎泾沿岸地界一个普通的乡村集贸聚落演变为一座非农人口集中、街区空间完备、商业贸易繁荣、社会结构多元的“城西首镇”，将有助于我们深入厘清近代以前江南市镇城市化的发育肌理、发展路径以及内里结构的同质化特征。

一、因河而育、缘寺成巷：法华成镇之前的聚落史

有关明中叶以降市镇日趋普及原因的讨论，一向是江南市镇研究中的重要话题之一。陈晓燕、包伟民曾将市镇出现的直接原因归纳为农村聚落因商品经济发达所促成、官吏世家聚居和从军镇演化而来三种类型。[1]然而，明代中叶并非市镇形成的逻辑起点。如果完全不了解“成镇”之前更早的聚落形态，则很难厘清市镇作为一种新兴聚落层级是如何选址并取得相对于周边聚落的区位优势的。[2]因此，追溯乡村聚落在“成镇”之前的早期历史，对于理解市镇的起源，不失为一种有益的尝试。

关于明清江南市镇起源的研究，学界流行两个著名观点：“因水而生”与“因寺成镇”。前者以王家范论述为先：“这里的市镇与水有着不解之缘，它们往往位于河网平原的某一区域中心或枢纽点上，镇环四流，河流横贯镇市，商店、民居多傍水而立，因水成衢，因水成市。市河内船只穿梭往来，这些纵横交错的大小河流，犹如人的血管，靠着它输送血液，保证营养供应。”[3]后者为魏嵩山较早指出：“以寺成市，因庙成镇，是太湖流域市镇发展的又一特点。随着佛寺的兴建，宗教活动吸引了人口的聚集，从而促进了商品交换的发展。通观太湖流域市镇的兴起，其中有相当数量无不与寺院宗教活动有关。”[4]追溯法华乡村聚落成镇之前的早期历史，可以发现它兼具河、寺之利，这在明代以前上海地区各类聚落的自然区位条

1　陈晓燕、包伟民：《江南市镇——传统历史文化聚焦》，上海：同济大学出版社，2003年，第20页。

2　吴滔：《从“因寺名镇”到“因寺成镇”——南翔镇“三大古刹”的布局与聚落历史》，《历史研究》2012年第1期。

3　王家范：《明清江南市镇结构及历史价值初探》，《华东师范大学学报（哲学社会科学版）》1984年第1期。

4　魏嵩山：《太湖流域开发探源》，南昌：江西教育出版社，1993年，第224页。

件中并不多见。

与早期法华聚落的孕育有着地缘关系的河道，是位于吴淞江下游以南、蒲汇塘以北、新泾以东、沸井浜（今静安寺）以西的水网。境内襟浦带江，大小河道主要有吴淞江、肇嘉浜、蒲汇塘、李漎泾、东上澳塘、西上澳塘、西芦浦、丁浦、诸安浜、曹家浜，吴冲泾、路云浜、庄家浜、陆家浜、盛溇、白洋、新沟浜、菖蒲泾、长漏沟、包泾、吉家迎潮浜等二十多条，堪称名副其实的“水乡”。这些交互汇集的大小水路因农田灌溉、排水之用而挖掘于各处，呈乙字、丁字和十字形状，[1]“治或不善，非壅塞则横流矣”[2]。其中，以吴淞江南岸的一条支河——李漎泾对法华聚落的形塑尤为相关。嘉庆《法华镇志》曾谓：“蒲汇塘环其东南，吴淞江缭其西北，两水潮汐会于李漎泾，渊渟气聚，蔚为名区。”[3]

李漎泾[4]，旧名李崇泾、漎溪，东南通蒲汇塘、肇嘉浜，西北达吴淞江，蜿蜒曲折，长达5公里余。其周边的支脉水系也多与之相合流：西北段合新泾之水注吴淞江，东南接丁浦、三泾之水而连西芦浦，西南通东、西上澳浦与唐子泾，南出日晖港以达黄浦，既是吴淞江通至肇嘉浜及蒲汇塘间的捷径，又是贯通吴淞江和黄浦的一条孔道。[5]嘉庆《法华镇志》在描述肇嘉浜、蒲汇塘、黄浦、李漎泾的交连互通关系时，指明了坐居其间的法华聚落对这四条河道的地理依赖。

> 肇嘉浜东连黄浦，南接蒲汇塘，西通李漎泾，为法华抵邑舟行故道。以北中段久淤，今往来必由大浦，道纡折而时有风涛之险矣。其南段尚通，引蒲汇塘水，直贯李漎泾，法华攸赖焉。[6]

再从李漎泾对外通勤功能来看，自宋元以来，它已成为上海县城至西乡以及远去太湖流域的水路枢纽。从李漎泾到吴淞江，上可至太湖、苏州，下可达嘉定县，还与宝山县内的水路相连，然后通过上海县城北境，流入黄浦江；从李漎泾至肇嘉浜，往西经过蒲汇塘，可到

---

1 ［日］高桥孝助：《上海都市化的扩大与周边农村——1920年前的上海县法华乡》，收入《上海研究论丛》第8辑，上海：上海社会科学院出版社，1993年，第62页。

2 嘉庆《法华镇志》卷二《水利》，嘉庆十九年（1814）钞本。

3 嘉庆《法华镇志》卷一《沿革》。

4 关于李漎泾的由来，乾嘉以前上海地区的方志中均不可考，但据李漎泾又名“法华港”“法华浜”可知，此河大概在北宋年间于该地兴建法华禅寺时就已存在，及至清乾嘉年间法华成镇之后才正式见诸县志、镇志的记载。

5 祝鹏：《上海市地理沿革》，上海：学林出版社，1989年，第68—69页；褚绍唐：《上海历史地理》，上海：华东师范大学出版社，1996年，第85页。

6 嘉庆《法华镇志》卷二《水利》。

达虹桥镇、七宝镇、新桥镇，进而入松江府华亭县境；从李漎泾向东，则可直接进入上海县城，亦注入黄浦江。因对外连通周边一些重要的市镇以及上海、松江、苏州等府县城市，李漎泾地理位置十分显要，遂有“论东南水利，吴淞为要；论一方水利，李漎泾为先”[1]的说法。

与“因河而育”相伴随的是法华聚落的发展一直与佛寺庙宇纠缠不清，其中年代最久远的法华寺更是成为当地人构建聚落历史的“晴雨表”。据镇志记载，法华禅寺由僧慧竺山建于北宋开宝三年（970），寺址位于“邑治之西一十八里”[2]的李漎泾北岸（今长宁区法华镇路525号）。寺名“法华”二字取自《妙法莲华经》，蕴含“佛法精妙、华丽如莲”之意。自落成以来，元末明初是法华寺发展史上最为关键的时代之一。元至大初年，“云翁庆禅师大振之，为兹山中兴之祖。赵文敏公壻、海道千户费雄佐之甚力，首建大雄殿，赵公书额，普应国师中峰和尚三过其寺”[3]，一度使法华寺达到了僧人数百、寺田数十顷的中等聚落规模。不过，正因为僧侣云集，寺产大拓，法华寺很快又招致地方官府重徭艰役的摊派，陷入寺废僧散之厄。明洪武初年，僧人善达悟出“田多则寺废，无产则寺兴”[4]的定律，“乃以寺田数十顷，悉与佃户”[5]，法华寺果然重新迎来复兴，“屋废者复修，僧散者复集，甍摧栋挠者易以坚木，万瓦鳞集，四檐云飞”[6]。及洪武二十四年（1391），朱元璋整顿全国佛教之时，法华禅寺声名鹊起，被立为“四方禅林”。入清后，屡经修复扩建，至乾隆十一年（1746）立碑时，寺基田已逾五十亩，形制规模蔚为大观。

除法华寺外，明代以降的法华境内还建有其他大小庙宇达二十余座之多，[7]如观音寺、韦庆庵、翠竹庵、三泾庙、应瑞庙、逢场庙、观音堂、周太守庙等。再者，以李漎泾南北两岸的法华寺、观音寺为“坐标”，四周不远处又密集地分布着沪上名重一时的宝刹。如在东北四里处东芦浦的东西两侧矗立着静安寺和报恩寺，南面坐落着淡井庙；在西北六里左右的真如镇上又建有真如寺；在西南六里处的虹桥市上又筑有安国讲寺；在东南九里的龙华镇上又耸立着龙华寺。凡此种种，奠定了法华成市成镇之前以寺庙为主导的聚落发展格局。

然而，寺庙固然参与或见证了法华聚落不断形塑的历史进程，但是否就可认定它是形成

1　嘉庆《法华镇志》卷二《水利》。
2　嘉庆《法华镇志》卷五《寺观》。
3　嘉庆《法华镇志》卷五《寺观》。
4　嘉庆《法华镇志》卷五《寺观》。
5　嘉庆《法华镇志》卷五《寺观》。
6　柴志光、潘明权主编：《上海佛教碑刻文献集》，上海：上海古籍出版社，2004年，第110页。
7　姜梁主编：《长宁区志》，上海：上海社会科学院出版社，1999年，第1211页。

市镇的主导力量呢？遍览相关志籍，只有“因寺名镇”之说，如“法华之名，昉乎寺。如龙华、真如、七宝，皆因古刹得名”[1]，但却无发现直接显示“因寺成镇”的史料。对此，学者吴滔曾通过解析历史上嘉定南翔镇和南翔寺唇齿相依、因果建构的关系，深刻指出：“探索市镇的缘起、动力和性质等问题，应在充分了解传统市场运作机制的前提下，在具体的制度环境中理解经济现象。若是不假思索地以‘文化驱动力’或‘宗教驱动力’等概念去想象和解释传统时代市场的发育形态，就难免会导致削足适履的简单化错误。”[2]此番论断对理解法华成市成镇的肌理亦颇为适用。

纵观法华早期的历史，在商业聚落未正式形成之前，无论法华古刹修建得如何宏伟铺张，其区位优势亦无法充分展现。不过，作为重要的朝圣节点，由法华寺香客集聚而生的“香市”，对散居于李漎泾沿岸地界的乡民确有强劲的吸纳效应。每当庙会期间，乡民常携自家出产的农副产品、手工织品来两寺附近贸易，“换牛、置农器”[3]，寺中的廊庑常成为商旅歇脚之所。这种乡村定期市的“集期”与“庙会”周期时间上的耦合，演变到后来，开始呈现出“常市”“日市”的形态；与此相对应的是所谓的“缘寺成巷”，即大量香客、商民以法华寺为中心，沿李漎泾南北两岸置地造宅，租房设店，最终形成“法华巷”这一新兴商业聚落之雏形。

作为正式见诸文献记载的乡村集市，“法华市”之名首次出现于康熙二十二年（1683）刊刻的《上海县志》之中，为上海县十六个“新增市镇”之一：马桥市、颛桥市、杜家行市、六灶镇、张江栅市、引翔港市、陆家行市、梅源市、洋泾市、漕河泾镇、朱家行市、曹家行市、华泾市、法华市、虹桥市、沈庄市。[4]至乾隆十五年（1750）《上海县志》中，“法华市”再度升级为“法华镇”，在“（高昌乡）二十八保五六图，县西十二里，以法华寺名”[5]，为上海县八镇之一，其余七镇为闵行镇、马桥镇、北桥镇、吴会镇、乌泥泾镇、龙华镇、漕河泾镇。[6]这意味着乾隆年间的法华镇商业繁庶程度已臻大成，不仅在乡村聚落内部发挥出了显著的“中央性”[7]机能，而且按施坚雅关于地方市场层级结构的划分标准，已成为沟通上海县城与西郊村落之间的“中间集镇”。

---

1 嘉庆《法华镇志》卷一《沿革》。
2 吴滔：《从“因寺名镇”到“因寺成镇”——南翔镇“三大古刹”的布局与聚落历史》，《历史研究》2012 年第 1 期。
3 嘉庆《法华镇志》卷二《风俗》。
4 康熙《上海县志》卷一《镇市》，康熙二十二年（1683）刊本。
5 嘉庆《上海县志》卷一《镇市》，嘉庆十九年（1814）刻本。
6 乾隆《上海县志》卷一《疆域·镇市》，乾隆十五年（1750）刻本。
7 刘石吉：《明清时代江南市镇研究》，北京：中国社会科学出版社，1987 年，第 71 页。

二、“城西首镇”地位的形成

乾隆十五年（1750）法华镇形成之后，因“以附邑独近，为冠盖之冲”[1]的地缘优势以及“桑麻接壤，烟户万家”[2]的物产与人口规模，很快在上海县城西郊的市镇网络体系中脱颖而出。至嘉庆年间，法华镇百货充盈，“陆驰川载，衔尾接踵”[3]，“凡县附郭者，宜以此为首”[4]，成为名副其实的“城西首镇”[5]。这种四周县郭众星拱月式的区域中心地位的形成，是法华镇颇具普通县城规模与气象的明证，其背后必有得天独厚的优势条件以为支撑，必有市镇共通的发育肌理以为演化逻辑。

（一）近沪融苏：城西市镇体系与江南市场层级中的法华镇

在明清上海县四郊的市镇网络中，尽管法华镇的兴起远迟于吴淞江与黄浦江沿岸的青龙镇、吴会镇、龙华镇、漕河泾镇等，但由于法华镇距离上海县颇近，自成镇之始便为“冠盖之冲”。“邑之南如漕河泾、朱家行、华泾，西南如闵行镇，远六七十里，近亦二十余里。东如洋泾，东北如高家行，限以黄浦，非舟不达。惟法华去邑西十二里，陆路可通，为往来孔道。”[6]这种毗邻县城的地理区位优势显然有利于增强法华镇与上海城厢之间的经济文化联系，是其后来居上的一个重要因素。另一方面，法华镇自乾隆年间肇兴以来，地域范围开始逐渐明晰，由于其“四至八到”的范围是根据“至有名市集而止”[7]的标准而圈定的，因此，这些“四至八到”恰好与位于中心的法华镇构成了沪西地区的市镇网络。

> 东至宅前三里距；西至北新泾九里距；南至蒲汇塘六里距；北至吴淞江曹家渡泛三里距；东南至龙华镇九里距；西南至虹桥市六里距；东北至吴淞江六里距；西北至真如镇六里距；东北抵上海县城十三里。[8]

1 嘉庆《法华镇志》卷一《沿革》。
2 民国《法华乡志》卷一《沿革》，民国十一年（1922）铅印本。
3 民国《法华乡志》卷二《津梁》。
4 民国《法华乡志》卷一《沿革》。
5 民国《法华乡志》序五。
6 嘉庆《法华镇志》卷一《沿革》。
7 嘉庆《法华镇志》卷首《凡例》。
8 嘉庆《法华镇志》卷一《里至》。

为更直观地展示嘉庆年间法华镇在上海西郊市镇网络中的区位格局，特将上述文献记载结合嘉庆十九年（1814）《上海县志》中的《镇市》条目以及所附的“上海县全境图”，绘制出法华镇在沪西一带市镇网络中的大致示意图如下：

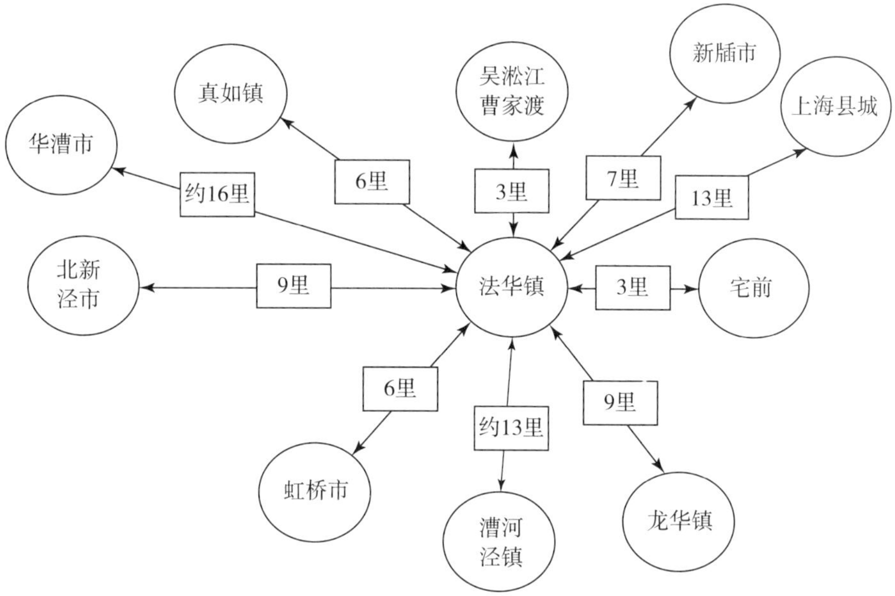

图 1　嘉庆十九年（1814）法华镇在沪西市镇网络中的区位示意图[1]

从市镇网络图中可以看出，法华镇与周边其他市镇的间距普遍较短，平均为 8.5 里，最短的只有 3 里，最长的不过 16 里。大多数学者在论及明清时期长江流域市镇的间距时，多将之作为判断区域内市镇经济发达与否的重要指标之一。一般认为明代及清前期市镇间距为 10—13 公里（即 20—26 里）左右的地区为商品贸易繁盛的地区。[2] 樊树志则通过梳理明清时期长江三角洲的市镇网络，得出镇与镇的间距以 12—36 里为较常见的模式。他认为这并非人为设定，而是经济发展的自然结果，因为大凡市镇的生成发展几乎都扎根于四周的“乡脚”。[3] 从这些乡民交换商品的便利考虑，镇区的“四至”规模不能超出他们的“利益区域线”，即该地区居民外出购销商品时基于利益考虑所愿意到达的最远的地区的界

1　图片来源：据嘉庆《法华镇志》卷一《里至》，嘉庆《上海县志》卷一《疆域·图说》、卷一《疆域·镇市》共同绘制而成。

2　陈锋主编：《明清以来长江流域社会发展史论》，武汉：武汉大学出版社，2005 年，第 212 页。

3　樊树志：《江南市镇：传统的变革》，上海：复旦大学出版社，2005 年，第 198 页。

限。[1]须知，在近代新式交通方式尚未出现的传统时代，经济距离（即将地理距离换算成运输成本）是制约一个地区商品贸易发展水平的关键因素之一。对于法华镇所在的江南水网地带来说，主要的出行工具是木制摇橹小船，农家去市镇购销商品，往返时间不可能过长，均选择在早晨从各乡村开船来镇，及时赶上早市或中市，中午完市后便驾船回村。法华镇四周多半保持在8.5里的市镇密度分布，应该说在整个江南市镇体系中都是比较少见的。间距越小，分布越密，越有利于缩短乡民们往返村镇所耗费的时间，则商品与劳务的流动频率自然大大提高，那么该地区的商品经济则越趋发达。

优越的地理区位固然是法华镇赫然崛起的先决条件，但如果缺乏一流便捷的水路交通的配合，则其所处的“要津孔道”的区位优势势必难以发挥。如前所述，李漎泾是法华聚落的“黄金水道”，该河在流经法华核心镇区时，被称为“法华市河”[2]，而法华镇也刚好坐落于该河的中心点，当地镇民“通舟楫、资饮料、灌田畴”[3]，咸赖于斯。乾嘉之际，河面上的船舶商贾往来辐辏，物资运输繁忙，由江浙内陆运往上海城厢的粮谷蔬菜、南北果品、副食品及燃料等，绝大部分依赖中小型船只通过该河出进，以省却经黄浦江转十六铺码头之远道往返。正是凭借此河，法华镇成为沪西地区客货中转枢纽之一。

值得注意的是，乾嘉年间的法华镇虽处于上海县城西郊市镇网络系统之中，但就其垂直序列的市场层级而言，并不是以上海县城而是以当时江南一流“都会”苏州府为高级经济中心地。这可从康熙年间法华李氏家族的贸迁路线窥见一斑。据《法华李氏宗谱》称，康熙十八年（1679），李氏家族第四世韬文公李泓，正式率族由上海邑城阙上迁至法华西镇[4]诚和里。迁居法华后，李泓选择以“懋迁起家”。“公初设肆小药铺，后改布业，贾吴阊。”[5]这条史料尽管简短，但却十分关键。它触及这样一个问题：当时的法华镇“东北抵上海县城十三里；西抵松江府城陆九十里，水六十三里；西抵江苏省城陆二百七十里，水二百四十里”[6]，为何李泓不选择距离较近的上海县或松江府作为行商之地，而宁愿行路二百多里，远至苏州阊门经营布业？

笔者认为，这并非偶然。学界研究表明，明中叶松江府的棉纺织业冠绝江南，甚至成为

1　单强:《近代江南乡镇市场研究》,《近代史研究》1998年第6期。

2　嘉庆《法华镇志》卷二《水利》。

3　民国《法华乡志》卷二《水利》。

4　据笔者前文考述，法华成镇于乾隆十五年（1750），康熙十八年（1679）的法华尚未成市成镇，应无法华西镇、东镇之说，此处疑似民国时期《法华李氏宗谱》的修撰者未详考县镇旧志的记载而造成的讹误。

5　李鸿翥等纂:《法华李氏宗谱》，卷一《李氏族谱序》，民国八年（1919）木活字本。

6　嘉庆《法华镇志》卷一《里至》。

全国名副其实的棉纺织业中心。但到了清前期，苏州府城因布号集中，已逐渐取代松江府的地位，成为整个江南地区棉业集散、加工的中心城市。[1]清代的阊门一带更是苏州府万商云集、繁华盖世的商业街区。而由法华向北顺沿李漎泾六里便至吴淞江，然后一路搭乘舟楫回溯至上游的苏州阊门，水路总里程虽有二百四十里，但两地水运往来，交通十分便捷，如此或可解释法华李氏“舍近求远”的贸迁路线。而这条路线也暗示了法华镇所在的上海县城西郊尤其是濒临吴淞江的市镇体系在清代是以苏州为中心的贸易腹地与市场子系统，其所受到的来自上海县城的经济辐射力远不及苏州府城，这也与相关学者采用施坚雅的集市体系理论来分析江南地区市场层级的结论颇相吻合。王卫平曾指出，明清时期江南区域市场包括了若干个子系统，各围绕着一个中心都市，即在西北部的以南京为中心的地区市场系统，在东南部的以杭州为中心的地区市场系统，中间则是以苏州为中心的地区市场系统。[2]三者的地位与经济辐射力强弱不一，尤以苏州的覆盖面最为广泛，而上海一直是作为从属于苏州的外港发挥作用，[3]其市镇网络所属的环太湖流域正是苏州辐射圈最为核心的组成部分。

（二）产棉、织布、贸易自成一系：“城西首镇”的经济支柱

明清时期，或者说至少明代中叶以后，上海地区新兴市镇大量勃兴，社会生产力大幅跃升，一个关键因素就在于棉花种植的广泛普及与棉纺织业的巨大发展。诚如上海县人叶梦珠所言：“吾邑地产木棉，行于浙西诸郡，纺绩成布，衣被天下。”[4]邑人褚华《木棉谱》中亦称：“上海擅木棉之利垂六百余年……明清两代布则北鬻秦晋。”[5]以地理分布大体言之，“地产木棉，民擅纺织”的乡村聚落基本上限于古冈身以东的滨海地带。这是由于近海易淹，远海灌溉困难，种稻不易；另一方面，冈身以东均是沙壤，土粗而松，且“地形高亢，支港为潮泥所壅，水田绝少，仅宜木棉”[6]。而位于上海县东北角高昌乡二十八保的法华镇就是一处典型的滨海濒江、田多高壤、宜植木棉之地。

嘉庆《法华镇志》云：“法华田皆沙土，尤宜木棉”[7]，“镇壤地褊小，咸植木棉”[8]。法华木

1 陈忠平：《明清时期江南市镇的布号与布庄》，《江淮论坛》1986年第5期。

2 王卫平：《论明清时期江南地区的市场体系》，《中国社会经济史研究》1998年第4期。

3 戴鞍钢：《近代上海与长江三角洲——以航运网络为中心》，收入复旦大学历史地理研究中心编：《港口—腹地和中国现代化进程》，济南：齐鲁书社，2005年，第100页。

4 （清）叶梦珠：《阅世编》卷七《食货四》，上海：上海古籍出版社，1981年，第156页。

5 （清）褚华：《木棉谱》，《上海掌故丛书》第1集，上海通社民国二十四年（1935）刊印本，第13页。

6 嘉庆《松江府志·图经》、卷五《风俗》，嘉庆二十三年（1818）刻本。

7 嘉庆《法华镇志》卷三《土产》。

8 嘉庆《法华镇志》卷三《土产》。

棉虽然自产，但种植技艺则缘自上海县西南二十六里、地处二十六保的乌泥泾镇（今上海市华泾镇北、长桥镇南，龙华乡东湾村一带）。此镇乃是元代纺织技术革新家黄道婆的故乡，如果将明清时期的松江府看作“衣被天下”的棉纺织业中心，那么乌泥泾镇就是这个中心的策源地。[1]当乌泥泾镇的“棉花革命”发祥之后，很快便成燎原之势，影响范围不断扩大，大体呈现出“由乌泥泾镇推广至上海县、松江府全境，再传入嘉定、太仓、苏州一带的轨迹”[2]。后人追忆这一推广过程，留下了片断的记载，例如郑光祖说，黄道婆“以广中治木棉之法，教当地轧弹纺织，久之，三百里内外悉司其事”[3]，明白无误地指出棉花种植与棉纺织业由乌泥泾镇向三百里内外的传播幅度。距离乌泥泾镇区区十八里的法华镇自然也在其“辐射圈”之内。嘉庆《法华镇志》中明确交代了乡民种棉织布之由来：

木棉，本名吉贝。府志云：宋时，乡人始传其种于乌泥泾镇，今乡多种之。

布，元元贞间，有黄道婆者，自崖州来，居乌泥泾。始教制捍弹纺织之具，今所在习之。[4]

以本地丰足的木棉原料与精湛的纺织技艺，法华四乡农暇之日，家家户户机声轧轧，一片繁忙景象。乡妇以三脚车纺纱，“能者日得一斤”[5]。纱纺成后，须经过浆纱的工序，浆必须由细白好面调成，不可太熟，熟则纱色黑；不可太生，生则纱不紧。在糊盆浸过一夜，乘晓露未晞时阴干，然后以竹帚扫刷，称为刷纱，上布机织成布匹，称为刷布，质地精良。[6]法华镇四乡就多产刷布，据民国《法华乡志》所载，刷布又有长、短两种：“长曰东稀；短曰西稀。”[7]无论东稀还是西稀，都属于疏而阔的一种，并非狭而短的小布。这可从乾嘉年间上海县人褚华所著《木棉谱》中得出判断：“凡布密而狭短者为小布，松江谓之扣布；疏而阔者为稀布，产邑中。”[8]而提及明清以来上海县的稀布，又公认以“龙华稀、七宝稀最驰名”[9]。

1 樊树志:《江南市镇：传统的变革》，第 310 页。
2 樊树志:《江南市镇：传统的变革》，第 310 页。
3 （清）郑光祖:《一斑录・杂述一》，道光二十五年（1845）刊本。
4 嘉庆《法华镇志》卷三《土产》。
5 嘉庆《法华镇志》卷二《风俗》。
6 嘉庆《松江府志》卷六《疆域志・物产》。
7 民国《法华乡志》卷二《风俗》。
8 （清）褚华:《木棉谱》，第 13 页。
9 民国《法华乡志》卷三《土产》。

其中，龙华专尚稀布，阔一尺二寸，长二丈许，其布上浆薄，且细腻爽滑，“布之精者为尖，有龙华尖、七宝尖名目”[1]。法华稀虽也“阔一尺二寸，长二丈许”[2]，但论其名气，恐怕在当时上海地区诸多稀布品种中要略逊于龙华稀与七宝稀。

然而，真正支撑法华镇市面繁荣并为“城西首镇”地位的构建奠定雄厚经济基础的，并非劳动密集型的棉花种植业与棉纺织业，而是基于产棉织布所形成的棉织品贸易集散地的功能。嘉道间上海人杨光辅的《淞南乐府》中有诗句描绘了吴淞江下游南岸的棉布业市镇（包括新泾镇、法华镇、上海县小东门等地）在天色未明之际，棉花、刷布纷纷上市交易的场景，诗曰：

淞南好，耕织不辞劳。刷布经车沿街走，收花灯竹插檐高，辛苦利如毛。[3]

就法华镇的布市贸易而言，最驰名的稀布“声价重罗纨”[4]，不仅深受三吴地区牙行商贾的青睐，更是吸引大量远方客商前来收购。该镇文人彭汉英有一首《木棉谣》描述了法华镇上万商贾捆载棉布的盛况：“当窗萦拂丝万千，织成布匹可易钱，销售直与茧同然，万商贾捆载不计船。”[5]此处的“万商”身份为何？来自何处？值得考究。上海人叶梦珠所著的《阅世篇》中指出明清时期西北的秦晋布商是上海棉布业市镇的常客，其中又以陕西商人为重。不过，不同品类的布种对应的销售去向又不可一概而论，该书对辖境内所产主要织布的阔狭、长短乃至销售去向都做了明确的交代，[6]但却唯独没有介绍稀布一类的销路。嘉庆《法华镇志》引乡人徐献忠的《布赋序》，称：“布之佳者，曰尖布者、曰皮布；长者曰套段，短者曰小布，阔者曰希布。希之长者，有双连。又有紫花布，专行闽广。本色者，各省行之。”[7]由此可知，未经染踹的本色稀布行销范围极广，遍及全国各省。但经过深加工的紫花布，则专行福建、广东沿海。吴贵芳主编的《上海风物志》则持不同的观点，认为上海西南各乡所

1 （清）张春华：《沪城岁事衢歌》，收入《上海掌故丛书》第1集，第943页。

2 民国《法华乡志》卷三《土产》。

3 （清）杨光辅：《淞南乐府》，北京：中华书局，1991年，第12页。

4 嘉庆《法华镇志》卷二《风俗》。

5 嘉庆《法华镇志》卷三《土产》。

6 据《阅世篇》卷七《食货》记载：“棉花布，吾邑所产，已有三等，而松城之飞花、尤墩、眉织不与焉。上阔尖细者，曰标布，出于三林塘者为最精，周浦次之，邑城为下，俱走秦、晋、京边诸路……其较标布稍狭而长者曰中机，走湖广、江西、两广诸路，价与标布等……更有最狭者曰小布，阔不过尺余，长不过十六尺，单行于江西之饶州等处。”参见（清）叶梦珠：《阅世篇》卷七《食货》，第157—158页。

7 嘉庆《法华镇志》卷三《土产》。

产的东稀与西稀兴起于清代中叶以后，此两种专销南方以及南洋群岛和东北地方。[1]可以推测的是，南方闽广地区尤其是南洋销路的形成，很可能与明末兴起的“太平洋丝绸之路”[2]息息相关。

从北鬻秦晋，到南销闽广，再到南洋，清代的法华镇通过棉纺织品的集散贸易打通了海内外市场，吸引了大量携重资而来的外地布商，他们多采取两种方式：一是“各省布商先发银于庄（布行），徐收其布”[3]；二是布商携带资金到各市镇直接向布行购买布匹现货，“白银动以数万计，多或数十万两，少亦以万计”[4]，为镇上的布庄、牙行带来了丰盈的利润，而“使驿之所奔辏，商旅之所贸迁”[5]的盛况更是直接促成了法华镇的繁荣市面与“强镇”地位。

（三）商业机能之外的行政机能：吴淞巡检司的设置

作为介于县城与村落之间的具有相对独立性的商业实体，明清时期的江南市镇商业机能的发达确有超过作为传统行政中心的县城，甚至府城。这一观点在江南市镇史研究中多已被证实，毋庸赘言。然而，这并不意味着行政机能应该摒弃于市镇研究的范畴之外，相反，它应该是考察市镇市场运行、社会管理、治理结构的重要议题。“市镇统于州、县，例无设官”[6]，行政管理体系的设置，在江南众多专业市镇上并非普遍现象，一般是针对那些经济枢要、规模宏大、位置特殊的“强镇”而设。因此，关注行政机能是否发达，是探讨“强镇”地位的题中之义。

据张海英对明清江南市镇行政管理的研究，其管理模式有不同形式与类型，总体而言，以设立常驻机构、派驻“特派官员”[7]为主。其中，作为县级以下基层行政管理组织，巡检司对江南市镇发展的影响至关重要。乾嘉年间的法华镇就有所谓的“吴淞巡检司”之设。

早在乾隆九年（1744）法华即将成镇以前，原驻于吴淞江北咸水渡、“旧与黄浦司分管城乡图保之半”[8]的吴淞巡检司就移至法华，建官署于法华寺东。巡辖范围以法华镇为主干，包括环绕市镇的乡村，“自城厢外至北新泾，自吴淞江北至大木桥、徐家汇以及浦东洋泾等

1 吴贵芳主编：《上海风物志》，上海：上海文化出版社，1982年，第208页。
2 张海英：《明清江南商品流通与市场体系》，上海：华东师范大学出版社，2002年，第172—262页。
3 康熙《紫堤村志》卷二《风俗》，康熙五十七年（1718）本。
4 （清）叶梦珠：《阅世编》卷七《食货五》，第506页。
5 民国《法华乡志》卷二《津梁》。
6 嘉庆《南翔镇志》卷四《职官》，嘉庆十二年（1807）寻乐草堂刊刻。
7 张海英：《关注明清政府对江南基层社会的管理——以江南市镇为视角》，收入王家范主编：《明清江南史研究三十年（1978—2008）》，上海：上海古籍出版社，2010年，第306页。
8 嘉庆《法华镇志》卷三《兵防》。

处”[1]。就其性质而言，巡检司带有比较浓厚的军事色彩，“乡镇之防，巡检司之职也，故曰分防、曰巡檄，役亦曰弓兵”[2]，其任务是“主缉捕盗贼，盘诘奸伪”[3]，“察奸顽而捕私邪，使境内民安”[4]。

据嘉庆《法华镇志》记载，吴淞巡检司自移驻法华之后，正值法华市面日益繁荣，市镇规模不断扩大，治安隐患日增之际。自乾隆九年（1744）以迄嘉庆十五年（1810），吴淞巡检司共历巡司官三十三任，“历简贤员，勤于职事，匪徒远迹，地方攸赖焉”[5]，起到了稽查匪患、维持治安的良好效果，为法华镇得以长期维持稳定有序的社会环境提供了坚实的保障。

三、法华镇“原生型”城市化的内涵

据乔志强等人的研究，江南市镇“原生型”城市化是随着地区社会经济发展，以工商业为主的非农行业和大量人口向城镇集中，城镇数目增多，规模扩大，城镇人口在总人口中的比重逐渐增多而出现的一种自然演进的城市化趋势。这种城市化是建立在商业贸易和商品化农业、手工业基础之上，在大中城市市场带动下萌生起来的。[6]此论虽较准确地揭示了城市化的发育肌理，但在城市化内涵阐述上主要侧重于市镇非农产业与人口的集聚，未免有以偏概全之嫌。尽管这种“原生型”城市化不同于西方工业文明时代的城市化模式，无法尽用标准化、精细化的数据指标进行评判，但还是存在一些基本的考量依据，诸如街市空间与景观形态、经济结构、社会构成等以为参照。乾嘉年间的法华镇就在上述方面呈现出了渐异于乡村、趋同于城市的显著内涵。

（一）“一河二街型”的水乡街市结构与空间景观

在自然环境与人文要素的交互作用下，由街（河）道、桥梁、坊巷、寺庙、园林、宅第等要素所构成的有利于工商业发展的市镇街市结构与空间景观，是“原生型”城市化的一个基本特征。樊树志曾研究过市镇与河道的空间组合类型，将江南水乡市镇的空间格局大致概

1 嘉庆《法华镇志》卷三《兵防》。
2 嘉庆《法华镇志》卷三《兵防》。
3 （清）张廷玉等：《明史》卷七五 志第五十一，北京：中华书局，2000 年，第 1235 页。
4 张德信、毛佩琦主编：《洪武御制全书》，合肥：黄山书社，1995 年，第 841 页。
5 嘉庆《法华镇志》卷三《兵防》。
6 乔志强、陈亚平：《江南市镇原生型城市化及其近代际遇》，《山西大学学报（哲学社会科学版）》1994 年第 4 期。

括为“一河二街型”“丁字港型”和“十字港型”三种。[1]其中，“一河二街型”在江南地区相对多见。所谓“一河二街型”，即一条河流横穿镇中，河流两旁是市街店肆，结构比较简单，规模相对较小，从一二里至三四里不等。[2]从布局形态来看，通常被称为“前街后河”。乾嘉时期的法华镇大体上就归属于此类空间格局。

在法华镇境内四通八达的支流水系中，真正影响镇区形制、街市走向的水道当属李漎泾。李漎泾由吴淞江下游流经法华北境时发育而来，西北—东南，是李漎泾的基本流向，沿着这条市河，法华镇的民宅商肆便在两岸纷纷构筑，形成一条东西长约三里的市街，靠南面一排的店面后门由于直临李漎泾，都称之为河房，“居民皆面李漎泾而居”[3]。这种“倚河设市、夹岸为街”的形制特点正是“一河二街型”市镇的典型表现。

与其他水乡市镇仅仅傍水而建略有不同的是，寺庙在法华镇商业街区格局中起着标识性的作用。全镇以法华寺为中心点，呈东西两侧对称式发展，寺东为东镇，寺西为西镇。在这种“街以庙分”的格局中，原本与商业机能相分离的行政机能也被植入，这就是建于法华寺东侧的吴淞巡检司署衙。“乾隆九年，建官署于法华寺东。里人以田四亩易寺基，堂三楹，为理事之所；二堂五楹，又进为内宅；堂东西庑为吏舍，东偏为土地祠。”[4]庙宇之所在，同时又承载着官方弘教化民的功能。“每月朔望，请本学教谕至法华寺，讲读圣谕，耆士率听，转相告诫，村野胥化。”[5]可以说，法华寺从单纯的宗教圣地延伸为商业、政治、文教等复合功能的叠加统一之处，是法华镇聚落形态不断升级，城市功能日益完备的体现。

街中有巷、巷中有院的高密度建筑群是市镇财富聚集增长的物质表征，也是与普通乡村迥异的城市人文景观。据嘉庆《法华镇志》记载，法华东、西两镇的街巷有：诚和里、永延天庆栅、曹家栅、侯家街、孙家街、崇明沙、瓦屑墩、西浜湾、南池沿、王家宅等。其中，法华李氏家族就蛰居于西镇的诚和里，其他诸如侯家街、孙家街、王家宅等都是镇上乡绅名宦的栖身之处。分布于此的私人宅第、园林比比皆是，或濒河而建，或僻处深巷，高墙厚垣，自成胜境。法华东镇拥有东园（又名“漎溪园”）、嘉荫堂、易安楼（俗称“陆家旗竿”，后名“啸园”）、望梅处、露凝深处、静深书屋、醉墨舫、双芝仙馆等，除了易安楼属于陆思诚家族外，其余全都归属于李氏家族；法华西镇则有北园（一名“丛桂园”）、长春圃、香花草堂、

1　樊树志：《江南市镇：传统的变革》，第189页。
2　王卫平：《明清时期江南城市史研究：以苏州为中心》，北京：人民出版社，1999年，第104页。
3　嘉庆《法华镇志》卷一《沿革》。
4　嘉庆《法华镇志》卷二《官署》。
5　嘉庆《法华镇志》卷二《风俗》。

天香书屋、徧远斋、研露斋、得树楼（又名“棣鄂堂”）、广誉堂等，相比东镇来说，西镇街巷不仅仅为李氏一族独尊，王锺家族、张德基家族以及其他族姓的士绅都占有一席之地。

作为典型的江南水乡城镇，法华镇还有两个极具城市特质的元素，那就是桥梁与城隍庙。嘉庆年间，法华中心镇区及环绕四周的村落共有33座桥梁，单属于法华镇的就有种德桥、香花桥、钱家木桥、西庙桥、车桥、东槽坊桥、西槽坊桥、众安桥、通龙桥、盛溇桥、木构桥、护淞桥、陆家石桥、同善桥、草庵桥等16座，[1] 占到总数的48.5%之多。但尽管如此，桥梁还是不敷使用。“法华，冲要地也……其所患者，桥梁之未果耳。”[2] 及光绪年间，境内的桥梁数量升至56座；[3] 至民国年间，桥梁总数跃升为158座之多。[4] 其中，跨李漎泾的桥梁总共有26座，而仅就流经法华镇区段内近2公里长的李漎泾来说，就有12座木桥建于其上，法华东镇和西镇各重建了7座和5座木桥，即每隔不到170米的地方便设一座木桥。[5] 这种高密度的桥梁分布既是法华镇城市化地域空间规模扩张的间接反映，也极大地完善了市镇内外的商品、劳务、人员频繁流通的机能，成为反映市面盛衰枯荣的“晴雨表”。

另一处特别的景观即是城隍庙。据嘉庆《法华镇志》记载，法华东镇翠竹庵、三泾庙、东蓬场庙、陈泾庙四处曾供奉城隍神。如东蓬场庙，旧名遗贤庵，在原址遗贤渡。明万历间，里人周尚义筑屋三楹，为闸夫守望栖身之所。闸废建桥后，屋改为庵，仍名遗贤。“清康熙间，里人募捐，改建东、西两厅，山门、廊庑，供城隍神。”[6] 众所周知，城隍是古代城市的主管神，只有城市才可以建造城隍庙。[7] 法华镇建有四处供奉城隍的庙庵，说明人们在思想观念上已经确立了它的城市地位，不再将之看成普通的乡集市场。

（二）“棉花革命”[8]：经济结构的“非农化”转型

经济结构的“非农化”变革通常被视为城市化的重要判定指标之一，而对明清时期上海地区的市镇而言，由棉花种植的普及与棉纺织业的兴起所导致的农业经济结构与农家经营的革命性变化，对研究市镇的城市化、工业化颇具意义。因为从人类的历史发展经验来看，近

---

1 嘉庆《法华镇志》卷二《津梁》。

2 民国《法华乡志》卷二《津梁》。

3 光绪《法华镇志》卷二《津梁》，光绪三十三年（1907）抄本。

4 民国《法华乡志》卷二《津梁》。

5 ［日］高桥孝助：《上海都市化的扩大与周边农村——1920年前的上海县法华乡》，第63页。

6 民国《法华乡志》卷七《寺观》。

7 乔志强、陈亚平：《江南市镇原生型城市化及其近代际遇》，《山西大学学报（哲学社会科学版）》1994年第4期。

8 美国加利福尼亚大学黄宗智教授在《长江三角洲小农家庭与乡村发展》一书中指出：1350—1850年间长江三角洲在围绕“棉花革命”的过程中，经历了相当程度的商品化。参见该书中译本，北京：中华书局，1992年，第4页。

代的工业革命和工业化正是从棉纺织业发端的。[1] 作为上海地区棉布业市镇的典型代表之一，法华镇就经历了这种由“棉花革命”所引发的经济结构的“非农化”转型。

明清时期，法华镇新兴而起的棉花种植业与棉纺织业引发了两方面的变革。一是所谓的“棉作压倒稻作”。嘉庆《法华镇志》云：“法华田皆沙土，尤宜木棉，种者居七八”[2]，“镇壤地褊小，咸植木棉，工纺织以易粟，此产之最著者”[3]。也就是说，在法华四周村落的种植结构中，棉花作为大宗物产被列为首位，五谷之一的粟尚属其次。这与明末清初太仓人吴伟业在《木棉吟序》中的“嘉定、太仓、上海境，俱三分宜稻、七分宜木棉”[4] 描述大致相符。

另一方面，法华四乡农家通过对棉花的深加工，使之成为棉产品，以满足市场需求为目的，出现了棉产品经营的商品化、市场化趋向，所谓“夜纱旦成布，鸡鸣市头集”[5]。市集交换所得的货币收益，极为可观，不仅可用于向官府完税纳赋，这就是“躬耕之家，织布以易银，易银以输赋”[6]，而且已成为农家的主要经济来源。当地人说“田家输官偿息外”，“其衣食全赖此”，[7]“贫民竭一日之力，赡八口而有余”[8]。也就是农家的支出及生计的维持，完全仰仗棉花种植业与棉纺织业。这种“以织助耕”，不同于传统小农经济的“男耕女织”，它已被商品经济所渗透，以市场需求为导向，而且成为农家的主业。

对这种传统农业结构中“主副易位”的现象，江南史学界评价甚高，除“棉花革命”之外，还有学者称之为“早期工业化”。指的是近代工业化之前的工业发展，使得工业在经济中所占地位日益重要，甚至超过农业所占的地位。由于这种工业发展发生在一般所说的工业化（即以工业革命为开端的近代工业化）之前，因此又被称为“工业化前的工业化”。[9] 值得注意的是，何以此处可以称之为“工业”？原因在于这些棉纺织品多是农家手工织机上生产出来的，是乡村工业的产品，而农家纺纱织布业又带动了染布业、踹布业的发展，这也是乡村工业的一部分。[10] 从“城市化的内涵始于工业化”这层意义上来说，乾嘉时期法华镇经济结构的“非农化”转型是城市化的重要内涵。

---

1 李伏明：《制度、伦理与经济发展——明清上海地区社会经济研究（1500—1840）》，北京：中国文史出版社，2005年，第53页。

2 嘉庆《法华镇志》卷三《土产》。

3 嘉庆《法华镇志》卷三《土产》。

4 （清）吴伟业：《梅村家藏稿》卷十《木棉吟》，转引自谢国桢选编：《明代社会经济史料选编（下）》，福州：福建人民出版社，2004年，第272页。

5 嘉庆《法华镇志》卷二《风俗》。

6 康熙《嘉定县志》卷四《风俗》，康熙十二年（1673）刻本。

7 万历《上海县志》卷一《风俗》，万历十六年（1588）刻本。

8 （清）秦立纂：《淞南志》卷二《风俗》，曾抗美等标点，上海：上海社会科学院出版社，2005年。

9 李伯重：《江南的早期工业化（1550—1850年）》，北京：社会科学文献出版社，2000年，第2页。

10 樊树志：《江南市镇：传统的变革》，第21页。

（三）社会构成的异动：工商业者与雇佣劳动力群体的出现

施坚雅曾将前近代中国城市以“行政的”和“经济的”两种阶层结构来划分不同层级的中心地，并指出中心地城市对周围腹地所起的中心机能（和经济机能相同的政治机能、文化机能、社会机能）不断吸引各种各样的人为了各种目的来到中心城市，“爬上中心地层级以利用这些机会的人，所走的路不外乎两条：他们不是在经济中心地利用商业机会，就是在行政中心地利用读书做官的机会”[1]。其中，工商业者以及为工商业发展提供雇佣劳动力的人群纷纷涌向经济中心地，是独异于乡村聚落的社会现象，也是判定某个经济中心地是否已显示出“城市化”趋势的重要依据之一。

首先是工商业者。乾嘉时期法华镇的商人虽然还只是传统意义上的行商坐贾，但他们却是提高市镇工商业发展水平，推动市镇城市度提高的重要人群，法华镇的市河、市街、市房、市桥等就是由这些商人的贸易集散活动形成的。法华镇的商人主要分为以下三类：

第一类是携重金前来进行棉布交易的外地客商。所谓“无数浮梁商贾舶，东西风顺翦江来”[2]、“万商捆载不计船”。前文已有考证，“万商”来自国内外各地，以南方闽广地区、南洋商人为特色，这是法华棉布业“外向型”发展的力证。第二类是在法华本地从事商品交换的商贩。其中，既有资本比较充沛、开设店铺门面的坐贾，如“三和尚者，王姓，身长有膂力，业腐肆于东镇”[3]，又如徐光启的祖父徐绪，“字西溪，性和厚，与物无竞。尝坐面肆中，逐什一之利”[4]。也有一些财力微薄，只能游走于镇、村之间的货担郎，如“瞿桂官，三泾人，幼孤，奉母极孝，日以担糖为业。得钱即市酒肉供母，自食糠粃恒不饱”[5]。可以想见，这种货担郎，或是四乡兼业的农民，或是破产的手工业者。第三类是从法华贸迁外地的行商。值得注意的是，他们中有不少来自镇上诗书传家的著姓望族；如法华李氏家族第四世祖李泓，“公初设肆小药铺，后改布业，贾吴閶”[6]；陆氏家族的陆云龙，“上海县法华镇人。性至孝，遇亲忌日必涕泣。尝贾于豫，贷某金归”[7]；还如王氏家族的王智纯，“上海县法华镇人，字粹儒，监生……家中落，弃儒服贾。寓吴时，有负千金者，适会资由纯手，主计者以

1 ［美］施坚雅：《中华帝国晚期的城市》，叶光庭等译，陈桥驿校，北京：中华书局，2000 年，第 642 页。
2 民国《法华乡志》卷一《沿革》。
3 嘉庆《法华镇志》卷八《遗事》。
4 民国《法华乡志》卷五《通德》。
5 民国《法华乡志》卷五《独行》。
6 李鸿翥等纂：《法华李氏宗谱》卷一《李氏族谱序》。
7 民国《法华乡志》卷五《独行》。

为幸”[1]。行商所特有的流动性与开放性特点，在一定程度上改变了法华传统农业聚落单一、固定的职业结构。尤其是业儒者转而服贾的现象，是拘守“耕读”传统的小农社会少有的价值取向，某种程度上是法华镇市民社会逐渐形成的风向标。

除了商人之外，还能在社会结构中体现法华镇城市化内涵的就是脚夫、流丐等雇佣劳动力群体。与其他社会阶层的来源不同，这一群体的出现缘起于法华镇四乡剩余劳动力的转移。前已述及，乾嘉之际，法华镇四乡的农家生产日益卷入商品化、市场化的趋势，乡民纺织所得到的收益主要取决于市场上棉花、棉布的价格。而“棉贵富农，棉贱伤农”的市场机制，必然促使农村家庭产生贫富分化。嘉道时期乡人陆旦华有诗为证：

> 棉价日以昂，布价日以贱；一匹初织成，双手苦欲颤。所赢能几何，莫饱一日馔；抱布出门来，恓惶泪如线……贫家十八九，富家十二三；贫家甚矣惫，富家亦足患。弱贷而强索，虎视常眈眈。[2]

所谓“半拟偿私债，半拟输官赋”[3]，即在高利贷与官府两相强压之下，许多耕织之家不仅“寸丝寸缕不上身”，而且纷纷破产，出现了“布机卖却卖儿童”[4]的悲惨遭遇。于是，不少农村劳动力被迫从土地中、织机上脱离出来，转而流入市镇，只能以受雇为廉价劳动力作为谋生手段。这种劳动力的转移正是城市化的一个重要的内在肌理。

当这些破产的农村劳动力流徙至法华镇上时，一般有两种归宿：一是彻底沦为危害社会稳定的流丐群体。如“嘉庆七年冬，流丐结队数百，为患乡里。男女俱精悍善斗，担中阴蓄兵器，所过处畜产为空。诸安浜盛姓有鸭一池，尽为所攫，而不敢问”[5]。二是镇上沿河码头因棉布业集散所催生出来的货物搬运业，为这些劳动力提供了就业机会，称之为“脚夫”。

脚夫是明清江南地区凭借体力专门从事中、短途商货搬运以及民间嫁娶丧葬等诸多杠抬事宜而获取报酬的职业阶层。他们一般都会结成帮会性质的同业组织——“脚行”。脚行各自立有帮口，划定势力范围，凡在本行范围之内的搬运装卸业务，皆不许他人染指，具有很强的封闭性和排他性。领头者称为“行头”或者“脚头”，下面的搬运工人则称为“脚夫”。在一些较大的市镇埠岸，由于货物吞吐量极大，大多同时存在数个互相竞争的脚行。嘉庆年间

1 民国《法华乡志》卷五《独行》。
2 民国《法华乡志》卷三《荒政》。
3 民国《法华乡志》卷三《土产》。
4 民国《法华乡志》卷三《土产》。
5 民国《法华乡志》卷八《遗事》。

的法华镇就同时具备三个脚行，他们不仅在搬运商品时把持居奇，肆行勒索，而且还扰乱民众日常生活，危及地方社会的治安。

> 镇有脚行三，诚和里者谓中行，口东西各有一。其间强而黠者为脚头，凡运商货，脚头争昂其值而朘其余；遇吉凶事则论地段把持勒措。稍弗遂欲，即恃强生事，屡禁不止。[1]

脚夫搬运本来是商品流通中不可缺少的组成部分，不仅满足了市场流通和内河航运的需要，而且还为从土地中分离出来的小农提供了就业机会，对于社会经济的成长无疑有积极作用。但另一方面，脚夫搬运业以地方豪强为靠山，互划地盘，要挟商民，勒索超额脚价，说明它们与商贾之间往往在平等的经济契约关系外还带有某种强制性的超经济关系色彩。[2]近代上海开埠后，这些市镇上的脚夫将是未来城市社会中无产阶级的重要来源之一。

（四）法华镇"原生型"城市化的特征与局限

众所公认，城市化的概念和相关理论是随着近代工业化浪潮的兴起而出现的，并日益为人们所广泛接受。但城市化作为一种社会现象，并不是工业革命以来所特有的，而是在此前就早已存在。这就要回到城市化的本原意义进行探讨。所谓城市化的本义，是指人类城市发展到一定阶段，开始摆脱乡村的束缚或对乡村的依赖，开始独立于乡村，并相互形成一个城市体系，产生可持续发展的机制，进入持续发展状态，最终取代乡村成为人类活动的主要场所和人类社会发展的中心这一过程，[3]也就是马克思所说的"乡村城市化"。这种"乡村城市化"在中国古代真正出现，并非在行政权力主导城乡的"城郭时代"，而是源于宋代以降商业机能发达的市镇的广泛兴起，至明清时期的江南地区表现得尤为突出，确切地说是以市镇为核心的农村城市化。

本文所考察的法华镇"原生型"城市化，就其实质而言，就是法华成为"城西首镇"之后向城市形态转变，以及它所引发的四周农村经济、社会、文化等结构上的变革。由于这种变革过程是以农村内部自身经济、社会结构异动为中心的，城市文明的扩散和影响只提供了外部环境和动力，所以称之为"原生型"，大体允当。与一般的城市化相比，这种"原生型"城市化同样具备聚合性与扩散性两个关键特征。如工商业人口、雇佣劳动力、名园、私人宅

---

1 嘉庆《法华镇志》卷二《风俗》。

2 张忠民：《上海：从开发走向开放（1368—1842）》，昆明：云南人民出版社，1990年，第285页。

3 王瑞成：《近世转型时期的城市化——中国城市史学基本问题初探》，《史学理论研究》1996年第4期。

第、城隍庙等带有城市特质的元素在乾嘉年间大量聚集于法华镇；而以法华镇为核心的棉纺织品经济圈又扩散到国内外市场，等等。不同的是，由这种“聚散之道”引起的城乡互动是相对均衡、和谐的，并不是城市社会在农村地区的简单复制，也不是城市取代乡村导致城乡差异的消失，而是农村社会基于自身特点形成与城市文明本质上相似、水平上接近的发展形态，是城乡之间在彼此整合的基础上走向一体的过程。[1]这种城乡之间的整合能力，对法华镇来说，包括水陆交通优势地位的构建、中间市场与高级中心地之间的沟通、由“棉花革命”引起的经济结构与社会结构的转型等，这些充分体现了明清江南市镇所代表的传统农耕文明深具自我调适和转型能力的内在机制。

不过，也正是由于这种“原生型”城市化主要凭借的是农村自身内生的变革动力，亦不可避免地产生了特定的局限性。这可从嘉庆《法华镇志》卷二《风俗》的记载中看出一些端倪：“法华人物朴茂，不事雕饰。士尚气节，农勤耕织，商贾务本安分，向称仁里。家居必具衣冠，亲友朝暮见必拱揖……士重廉耻，读书不与外事……女子守内雅洁，虽佳节无游寺烧香之风。”[2]从这段描述中可知，与法华镇在许多重要方面呈现十足的城市气象迥异的是，作为感应城市化最为敏锐的生活方式与社会风尚却仍袭“乡土之旧”，尚耕勤织，崇俭务朴，重诗敦礼，士风不染浮靡之气，呈现一派安详、稳定、保守的乡土气息。

在物质表征、内里结构与社会习尚上出现城市化的“割裂”现象，说明城市化的水平层次偏低，辐射能力较弱，是一种并不彻底与全面的城市化。而究其原因，笔者较为认同黄宗智所说的与“棉花革命”并未导致向“资本主义转化”有关。明清江南地区的“棉花革命”并不是由追求利润和资本积累最大化所推动的，而多是因为在农业收入不足和家庭劳动力有余的情况下作为最合理的谋生手段所产生的。“这种商品化农业和家庭手工业造就的不是以赢利为目的的新兴的富农和企业家，而是小农经济的不断延续。”[3]可以说，“棉花革命”只有商品化的内容，而无实质性的突破，更没有引起乡村社会结构的根本变迁。

（本文刊于《中国经济史研究》2019 年第 1 期，收入此书时略有改动。）

1 陈国灿：《关于明清江南市镇研究的几个问题》，收入王家范主编：《明清江南史研究三十年（1978—2008）》，第 425 页。

2 嘉庆《法华镇志》卷二《风俗》。

3 ［美］黄宗智：《中国农村的过密化与现代化：规范认识危机及出路》，上海：上海社会科学院出版社，1992 年，第 102 页。

巨大都市大坂的作事工匠与中井家

田坪 贤人 *

【内容摘要】五畿内近江六国的大工、杣、木挽（以下称作事工匠），受京都大工头中井家所“统治”。在其“统治”之下，虽然结成并整编成了大工组、木挽组，但是其组织形态有着显著的地域差别。对各个地域大工组的个案研究成果较为丰富；但是，对于包括木挽在内的中井家工匠组织内部与地域社会的各种关系，则较少论及。因此，本报告将中井家构成的作事工匠组织视为一个巨大的社会集团，对大坂都市社会中的作事工匠以及中井家的“统治”形态进行考察。

中井家对作事工匠的“统治”被认为是以宽永时期对作事工匠颁发的各种职业许可为契机而产生的，其后，实际上也存在着许多中井家未能掌握和组织的作事工匠。宽文三年（1663）下令大工们必须遵守中井家的判决；又，元禄九年（1696）对木挽也下达了差不多内容的命令。在这些法令中，规定大工和木挽各由大坂统一管理的年寄（都市一町的住民之长）进行记录，让作事工匠居住在町内。大坂的作事工匠通过作为生活共同体的町被再次掌控。此外，中井家的作事工匠组织并非单一构造的组织，而是各自拥有作为统一管理者的年寄，是一个由多重结构的组织合成的组织。

以上面这种方式被掌控的作事工匠被分派到提札（一种类似于身份证明的证件），同时被称为役大工和役木挽。但是，在他们周边，在都市社会的大规模需求之下，存在着未持有提札而从事大工和木挽职业的人（无札大工、无札木挽），以及雇用他们做家仆的町人。对此，中井家不断对提札进行检查，努力把控作事工匠。反复下令禁止雇用无札大工和无札木挽，这些都是通过中井家向町奉行施加影响而获得实现的。

通过对法令的分析，可以得窥生活于巨大都市大坂的作事工匠所处之状况、中井家对作事工匠的“统治”状况之一端。

【关键词】大坂，中井家，六国大工，杣木挽，町法令，无札大工，无札木挽

* 田坪 贤人（田坪 賢人），大阪市立大学大学院文学研究科前期博士课程在读。

巨大都市大坂の作事工匠と中井家

田坪 賢人

【論文要旨】五畿内近江六ヶ国の大工・杣・木挽（以下、作事工匠と呼ぶ）は、京都大工頭中井家によって「支配」されていた。その「支配」下には、大工組・木挽組が結成され、編成されていたが、その組織のあり方は地域により千差万別であったことが指摘されており、地域ごとの大工組に即した個別研究が蓄積されている。しかし、木挽を含む中井家の工匠組織内部や地域社会との諸関係についてはあまり触れられていない。そこで本報告では、中井家による作事工匠組織を一つの大きな社会集団と見て、大坂の都市社会における作事工匠とその中井による「支配」のあり方を考察する。

中井家の作事工匠「支配」は寛永期の作事工匠に対する諸役免許を契機として成立すると考えているが、その後も、実際には中井家が把握・組織し得ていない作事工匠も多分に存在していた。寛文三年（1663）は大工たちに中井の下知を守るように、との町触が出され、また元禄九年（1696）には、ほぼ同様の内容が木挽に対しても触れられている。これらの町触では大工・木挽をそれぞれ大坂において統括する年寄から、町として書付を取って、町に作事工匠を住まわせるように、とされている。大坂の作事工匠は、生活共同体である町を通して再把握されたのである。また、中井家の作事工匠組織は、一元的なものではなく、それぞれに統括者としての年寄を持つ、重層的な組織が複合する組織であった。

そのようにして把握された作事工匠には提札が配布され、役大工・役木挽と呼ばれた。しかし、彼らの周縁には、都市社会における大規模需要のもと、提札を持たずに大工業・木挽職をする者（無札大工・無札木挽）や、それらを奉公人として抱える、あるいは雇用する町人が存在していた。それに対して、中井は提札改めを不断に行い、作事工匠の把握につとめた。それは無札大工・木挽の雇用禁止とともに町触として繰り返し発令されるが、いずれも中井家による町奉行への働きかけによって実現していた。

このように、町触を分析することで、巨大都市大坂に暮らす作事工匠を取り巻く状況や、中井家による作事工匠「支配」のあり様の一端に迫ることができよう。

【キーワード】大坂、中井家、六ヶ国大工・杣・木挽「支配」、町触、無札大工・無札木挽

はじめに

五畿内近江六ヶ国の大工（建築に関わる職人）・杣（山に入り木を伐り出す職人）・木挽（大鋸とともに杣が切り出した木材を鋸を使って製材する職人）は、京都大工頭中井家の「支配」下にあったとされている。中井家は、江戸幕府の成立期以後、幕末に至るまで、様々な公儀作事に携わったが、それは六ヶ国の大工・杣・木挽（以下、作事工匠と呼ぶ）を動員することで遂行できた。

報告者はこれまで、中井家の六ヶ国作事工匠組織とその「支配」について、その慶長―寛永期の成立過程を、公儀作事における作事体制から検討してきた。中井家と幕府との関係は、中井正清を初めとし、その史料上の初見は慶長七年（1602）である。彼は種々の公儀作事を通して、慶長十年代には、「ある作事において、作事・採材現場の各所に様々な役割を担う手代・下代を配置することで、作事過程全体を差配・統括し、中井自身は現場を離れ作事工匠の動員・技術改めによる編成に関与するような作事体制・工匠組織」を成立させた。これを中井「次第」作事体制と呼んでいる。また、この作事体制は、広く全国で、公儀作事を中井「次第」に行うといった側面ももっていた。この時点での中井家による作事工匠「支配」の内実は、作事工匠の作事における差配・統括であると考えている。寛永十二年（1635）に、作事工匠たちに職人役勤仕の反対給付としての諸役免除が認められた際に、諸役免除が改めて認められる範囲の確定のために、大工組ごとに帳簿を作成・提出させた。これによって、中井家による六ヶ国作事工匠の個別人身の掌握という意味での「支配」が成立したと考えている。

ここで、六ヶ国作事工匠の個別人身掌握の梃子となったのは地域ごとに結成された大工組や木挽組であったが、大工組の形成のされ方は六ヶ国の中でも多様であったことが指摘されており、[1] それぞれの地域に即して検討していく必要があろう。そこで本報告では、大

1　谷直樹「寛永期における中井家配下の大工構成」同著『中井家大工支配の研究』第1章第3節、思文閣出版、1992年、初出1990年。同「六ヶ国大工支配と大工組」同著書第1章第4節、初出1980年など。

坂の都市社会における作事工匠のあり様の一端を考察したい。

大坂の大工については、すでに渡辺勝彦氏による一連の研究がある。[1] 渡辺氏は、大工年寄古橋家の史料(「古橋家文書」)を主に用いて、18 世紀以降の大坂の大工組について検討した。そこでは、大坂の大工組全体の構成の変遷や、その組織構造が明らかにされており、また大工個人にも焦点を当て、その存在形態についても検討されている。しかし、渡辺氏が注目しているのは、あくまで大工組と大工であり、大坂の木挽について触れられていないなど、中井家の作事工匠の中での位置付けについては不十分である。また、それらの作事工匠を都市社会の中にどのように位置付けるかという視点も欠けているように思われる。そこで、本報告では、中井家の工匠組織全体を視野に入れつつ、大坂の町触から、[2] 都市社会の作事工匠のあり様の一端を考えて見たい。なお本報告では、17 世紀から 18 世紀を検討の対象とする。

一、中井家による作事工匠の「支配」

「はじめに」でも触れたように、中井家による六ヶ国作事工匠「支配」は寛永期に成立したと考えられる。しかし当然ながら、その個別人身の掌握という意味での「支配」の成立以前にも、大坂には大工が存在していた。中井家の担当する公儀作事に大坂の大工が動員された初見例は慶長十年(1605)の江戸城作事である。この作事への大坂大工の動員は、未だ大坂にいた秀頼の家臣であり、幕府からみれば摂河泉の国奉行[3] である片桐且元によって担われていた。しかし且元は「人数はどれほど必要か、またどれほどの逗留になるか」と中井に尋ねており、そのような編成自体は、且元との相談のなかで中井が主体的に決定していたものと思われる。

慶長十七年(1612)に行われた名古屋城作事は、中井による六ヶ国全体からの大工動員の初見例であるが、これは緊急体制であり、中井の工匠組織の本質は大和大工と京大工で

---

1 渡辺勝彦「江戸時代後期の大坂における大工組の研究」『日本工業大学研究報告』別巻二、1978 年。同「大坂天満における大工の組織と営業形態」川上貢編『近世建築の生産組織と技術』中央公論美術出版、1984 年。

2 検討する町触は主に『大阪市史』三巻(大阪市参事会編、1911 年)に掲載されているものによったが、本文の確認できないものなどは、適宜別の触留によった。なお、以下に触れる町触は特に断りがない限り、『大阪市史』三巻所収のものである。

3 高木昭作「幕藩初期の国奉行制」同著『日本近世国家史の研究』岩波書店、1990 年、初出 1976 年。

あった。この作事では六ヶ国の大工を4グループに編成したが、そのうちの3グループは中井の工匠組織の本質を成す大和・京大工によって占められており、残る1グループは緊急動員された六ヶ国大工であった。[1] その緊急動員において、大坂から与三右衛門・甚左衛門、大坂天満から七右衛門が参加していたことが確認できる。[2] ここでは、のちに大坂三郷を形成する天満が、大坂とは別に把握されていることに注意しておきたい。近世を通じて、三郷の大工組は大坂と天満では別のまとまりとして把握され、それぞれに年寄が置かれていた（寛永期には大坂は4人、天満は1人）[3] が、そのような枠組みはすでに慶長期には形成されていたのである。また、大坂・天満の属しているグループは、「所々よりノ組頭」と表現されており、この時期にはすでに大工組が形成されていたことが想定できよう。なお木挽については、少なくとも190名の木挽が名古屋に動員されていたことが確認できるが、それがどこから動員されたものであるか、どのような組織を形成していたかは不明である。

個別人身掌握という意味での作事工匠「支配」は寛永十二年に一応の成立をみたものの、その「支配」には収まりきらない作事工匠も依然として多分に存在していたと思われる。大坂では寛文三年（1663）に中井家による大工の「支配」について町触が出された。[4] その内容を見てみよう。

【史料1】

一、当町中に致住宅候大工之分、家持借屋之者共ニ如先規万事中井主水下知を相守可申候、若承引仕間敷と申候大工於有之ハ、主水支配之外之国へ参、大工可仕候、但職を替候ハヽ其侭差置可申候、右之通大工居申候町々今度相極候年寄共手前ゟ書付を取、町ニ置可申候、主水下知ニ付不申、其侭ニ而大工可仕と申者は当所ニ置不申候間、町を払可申候、以上

卯十二月十五日

---

1 横田冬彦「近世初期城郭の作事編成」『日本史研究』213、1980年、谷直樹「慶長末・元和期における中井家大工支配」同著『中井家大工支配の研究』第1章第2節、初出1980年。

2 大阪住まいのミュージアム編『天下人の城大工—中井大和守の仕事Ⅲ』（2015）103号史料など。

3 「大坂大工役銭之事」大阪住まいのミュージアム編『大坂の陣と大坂城・四天王寺・住吉大社の建築　世界遺産を作った大工棟梁・中井大和守の仕事Ⅱ』、2012年所収など。

4 触七二「十二月十五日　町中大工之者中井主水下知を相守可申候」。ただし、『大阪市史』では欠とされており、本文は「大坂御仕置御書出之写」から補った。なお、「大坂御仕置御書出之写」については、塚田孝・近世大坂研究会編『「大坂御仕置御書出之写」「大坂御仕置留」—近世大坂町触関係史料2—』2007年、を参照。

ここでは、大坂市中に居住する大工について、中井主水の下知を守る、すなわち中井の「支配」を受けることの徹底が目的とされている。それは中井主水の命令を守るように、と命令するに止まらず、承引しない者については、六ヶ国の外での大工業の継続か、職を変えて大坂に居住するかといった具体的な処置を触れるものであった。大坂市中に向けて発令された町触ながら、その命令を承引しない者が、大坂からの退去ではなく、「主水支配」下からの退去を命じられている点は注目される。

次に注目したいのは、この触が大坂市中の誰を対象としているかということである。ここでは、中井の下知を守るようにとされており、一見大坂の大工たちのみを対象に触れられたように思われる。しかし、大工がいる町々では「年寄」から書付をとって大工を住まわせるように、あるいは中井の「支配」を承知しない大工は町を払うようにとされている。このことから、この触は大工たちを対象に中井の下知を守る、すなわち「支配」を受けるように触れたものであるだけでなく、広く各町の住人を対象に、各町に居住している大工に中井の「支配」を守らせるように触れたものであるといえよう。

また、大工について、町を通して「年寄」から書付をとっている点も注目される。ここでの「書付」は各町の大工が中井の「支配」下にあることを確認する書類であろう。また、この「この度決定された年寄共」は、次に見る木挽についての触との関連を考えると、大工年寄と思われる。この大工年寄は大坂・天満の大工を広く統括する者で、寛永期には確認できる。[1]ここで、そのような書付によって、大工とそれを統括する年寄とのやりとり、つまり大工の組織の中で完結する手続きで大工の「支配」が確認されているのではなく、町を媒介として大工の「支配」が確認されている点が注目される。寛永十二年の諸役免除をめぐって、中井家による六ヶ国作事工匠「支配」はある程度成立していたのは間違いない。それはこの触の中で、「先規の通り」と表現されていることからもわかる。しかし、事実として中井の組織し得ていない部分が存在していたのであろう。ここでは、そういった大工を、大工たちの集団ではなく、生活共同体としての町を梃子として、中井の「支配」下への編成が図られたのである。

注意しておきたいのは、この触では大工の「支配」のみが問題にされている点である。

1 「大坂大工役義之事」大阪住まいのミュージアム編『大坂の陣と大坂城・四天王寺・住吉大社の建築　世界遺産を作った大工棟梁・中井大和守の仕事Ⅱ』2012 所収。なおここで「この度決定された」とされているのは、年寄の交代を意味している可能性があるが、詳細は不明である。

中井家は大工・杣・木挽を「支配」していたが、ここでは木挽などには触れられていない。木挽については、この寛文令からおよそ30年を隔てた元禄九年（1696）に寛文令とほぼ同内容・同形式の触が出された。[1]次にこれを見てみよう。

【史料2】

一、当町中に致住宅候大鋸木挽之分、家持借屋之者共に、如先規万事中井主水下知を相守可申候、若承引仕間敷と申候大鋸・木挽於有之は、主水支配之外之国へ可参候、但職を替候は其侭差置可申候、右之通大鋸木挽居申候町々にて相改、主水下知相守可申候分ハ、棟梁吉田五郎兵衛手前ゟ、自今以後書付を取、町に取置可申候、主水下知ニハ附不申、其侭にて大鋸木挽可仕と申候者は、当所に不差置候間、町を払可申候、此旨三郷町中可触知者也

子九月

これは大鋸・木挽に関するものであるが、中井の「支配」を受けることの徹底やそれを承引しない者への具体的処置については、先に見た寛文令と同様である。町による作事工匠把握の局面についてはこの元禄令の方が少し詳細に述べられている点が注目される。しかし、まずはこの触の対象について考えておこう。ここでも寛文令と同様に、各町々で棟梁五郎兵衛から書付をとることや、中井の「支配」を承知しない大鋸木挽については町を払うように述べられている。以上から、この触は大鋸・木挽たちを対象に中井の「支配」を受けるように、そして広く各町々の住人を対象に、各町に居住している大鋸・木挽に中井の「支配」を守らせるように触れたものであるといえよう。

次に、大坂の各町に暮らす大鋸・木挽たちが中井の下知を守るかどうかの改めが各町で行われていたことが明記されている点に注目したい。この町による改めの手続きは、先の寛文令には見えなかったが、おそらく大工に関しても同様の手続きが取られていたであろう。やはり大鋸・木挽に対する中井の「支配」の徹底も、各町を通して行われていたのである。

第三に注目したいのは、各町における改めの結果、中井の下知を受けるとした大鋸・木挽について、各町が書付をとった吉田五郎兵衛についてである。ここで五郎兵衛は棟梁と

1　触五四一「九月廿一日　大鋸木挽之者中井主水可請下知之事」。

表現されているが、寛永十八年（1641）の寛永度内裏作事やその翌年の東寺（教王護国寺）五重塔造営において、五郎兵衛という人物が木挽を率いて参加していることが確認できる。[1] また、寛文二一四年（1662—1664）頃に作成されたと考えられる「大坂諸公事覚書」[2] には、木挽年寄として五郎兵衛なる人物が見える。これらは代替わりを経ている可能性があるが、五郎兵衛という名前が一致しており、同系統の人物と見てよいだろう。五郎兵衛は中井の担当する公儀作事に木挽を率いて参加し、現場の木挽たちを差配する一方で、平時には広く大坂の大鋸・木挽を統括していたものと思われる。先に見た大工年寄も同様の立ち位置であると考えられよう。

第四に注目されるのは、各町が棟梁の五郎兵衛から書付を取ることが、「これ以後」と表現されている点である。このことは、各町で吉田五郎兵衛から書付をとって、木挽を住まわせるという措置が、この元禄九年に初めて取られたことを示していよう。詳細な内容には立ち入らないが、木挽については、慶安二年（1649）に「手木挽」（後述）を禁止する仲間仕置がすでに出されており、そこでは「仲間之定」が存在することが示唆されている。[3] この仲間の範囲は詳しくは分からないが、おそらく大坂の木挽全体のまとまりを表しており、それは五郎兵衛によって統括されていただろう。つまり、五郎兵衛の統括下、広く言えば中井の「支配」下に把握されている木挽が、この元禄の時点で間違いなく存在していたと考えられる。ここでは、その把握の外にある木挽をどのように把握するかが問題にされており、そのためにすでに把握している大鋸・木挽も含めて、町を梃子として大坂の木挽全体の再把握が行われたのであろう。

以上の二つの町触は、大坂における大工・大鋸（木挽）が中井の「支配」を受けることを規定した町触の初見例である。いずれも、それぞれの作事工匠を含んで広く町人を対象としたものであるが、大工と大鋸・木挽について、30年ほどを隔てて別に町触が発令されている点が注目される。町を通してほぼ同様の手続きを取りながらも、大工および大鋸・木挽の中井による「支配」の確認は別に行われており、町が書付を取る年寄も大工と木挽それぞれに設定されていた。これらから、中井家の六ヶ国作事工匠組織は一元的な組

1　谷直樹「寛永期における中井家配下の大工構成」同著『中井家大工支配の研究』第1章第3節、思文閣出版、1992年、初出1990年。同「東寺塔御造営大工作料渡判帳」館古298、京都府立京都学歴彩館蔵。

2　塚田孝・近世大坂研究会編『「大坂御法度書巻」「大坂諸公事覚書」「諸事被仰渡判形帳面」一近世大坂町触関係史料5一』2015年。

3　補触一四「四月廿一日　木挽仕置之事」。

織ではなく、大工と大鋸・木挽とは別の系統として、それぞれ重層的なまとまりを複合的に含み込んだ組織であったといえよう。それは、このような中井家による「支配」を確認する町触が、大工についてはこれ以後確認できないのに対し、大鋸・木挽については、次に見る提札の改めなど、様々な機会に付随して度々触れられることとも関係していよう。同じ中井の組織の中でも、大工と大鋸・木挽は少し性格を異としていたのである。

なお、これらの町触には、同じ中井「支配」下である杣の存在が見えないことにも注意しておきたい。六ヶ国の作事工匠の諸役免許を勝ち取った訴訟には、大坂の杣として左兵衛という者が参加しており、[1]大坂にも（ごく少数ではあろうが）杣が居住していたと思われる。しかし、そもそも杣自体が山仕事で、大坂のような都市部に居住していることは不自然である。彼らが日常的にどのような生業についていたかは不明であり、本来的には山間部に居住しながらも、出稼ぎ労働者のような形で大坂に流入してきた可能性もある。しかしながら、大坂には杣が存在することが想定されておらず、町触において杣について言及されることはなかったのであろう。

二、作事工匠の把握とその周縁

以上のように、作事工匠の居住する町を通して再確認された中井家による作事工匠「支配」であるが、次に中井の「支配」下の大工がどのように把握されていたのかを見ていきたい。まず、延享元年（1744）の町触[2]を見てみよう。

【史料 3】

三郷町中へ無役之大工共数多入込、相働候ニ付、組々役大工共妨ニ成、迷惑せしめ候、依之此度惣提札改申付候間、右改札所持不致大工ハ、町中之者不相雇様致度旨、中井主水願之、右改札印鑑差出候条、右改札無之大工ハ、自今決而相雇間鋪候、
右之趣三郷町中へ可触知、以上

1　藤田彰典・八杉淳「近江国高島郡の大工仲間史料（上）」『史朋』18、1981年。
2　触一八八五「四月　大工提札改之事」。

ここでは、大坂に「無役之大工」が数多く流入してきて働いており、「組々役大工共」の妨げになり、迷惑しているとされている。「組々役大工共」と表現されている者が、大工組に所属する中井家の「支配」下に把握されている大工であり、「無役之大工」は中井家の「支配」下に把握されていない大工を示している。この「役大工」・「無役」といった表現は、職人役を務めることが、中井の「支配」と密接に結びついていたことを示唆していよう。そして、それは「支配」成立の契機となった諸役免除とも関連する。だが、この時点で寛文令から80年ほどが経過しており、中井家の「支配」下にない大工が数多く存在しはじめていたことがわかる。そこでその対応として、「この度惣札改めを申し付けるので、その改めを受けた提札を持たない大工について、町人たちが雇用することがないようにしてほしい」と中井主水が町奉行へ出願し、提札を持たない大工を雇ってはならない旨が触れられた。

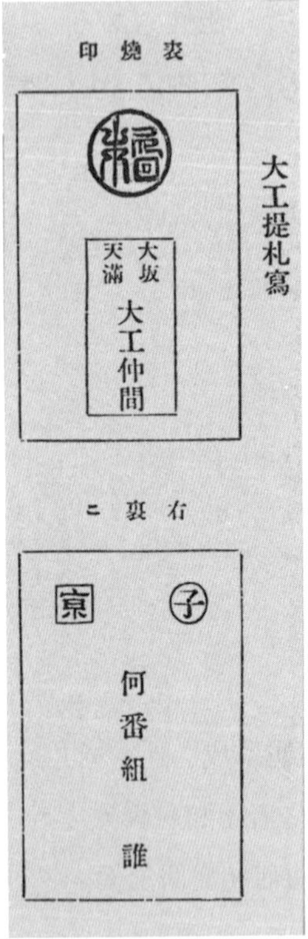

図１　提札の写し
（出典：触一八八五「四月　大工提札改之事」）

まず、提札＝営業許可証（図）の所持が問題にされている点に注目したい。この提札を持たない大工（無札大工）の雇用は禁止されており、この提札を交付された者が「役大工」すなわち中井家の「支配」下にある大工だったのである。逆に言えば提札の交付によって、中井は「支配」下の大工を把握していたといえる。注意しておきたいのは、ここで行われているのは提札の改めであり、ここで初めて提札が交付されたわけではない点である。触の本文は不明であるが、享保十八年（1733）には、「提札を持たない大工は雇用してはならない」旨の町触[1]が出されており、この時点ですでに提札が交付されていたことがわかる。この提札改めは、これ以後も度々行われており、その旨は町触としても触れられた。そのような不断の提札改めにより、中井家は自身の作事工匠「支配」を再確認していたのであろう。

次に注目したいのは、この町触が出された契機とその対象である。この触は、ここで改めた提札を持たない無札大工の雇用を禁止する触であり、その背景には、「提札の惣改めを申し付けるので、その提札を所持していない無札大工の雇用は禁止にしてほし

1　触一五二〇「同月（七月） 中井主水方大工職八人指留之儀、并提札無之大工申間敷事」。

い」との中井主水の町奉行に対する出願があった。また、この触のはじめに述べられている現状も、中井主水の町奉行に対する出願の中で述べられていたものと思われる。この中井主水の出願内容において、「提札の惣改めを大工たちに申し付ける」とあることから、提札改めは中井主水の側で行われていたことがわかる。そして、この触は先にも見たとおり、無札大工の雇用を禁止する触であり、その対象は無札大工を雇用する町人であったといえよう。寛文令から時間が経過し、中井の把握しきれない大工たちが増加する一方で、それを雇用する町人も存在しており、その存在もそのような中井の「支配」・組織に包摂されないような無札大工を生み出していたのではなかろうか。

また、木挽たちも大工と同様に提札の交付によって把握されていた。次に、寛保三年（1743）に行われた木挽の提札改めをめぐって触れられた町触[1]を見てみよう。

【史料 4】

①三郷木挽仲間、職法不致、一同仲間提札相改候所、引替滞古札新札と相争ひ、仲間半端ニて令騒動候、依之仲間札相改、当月十九日ゟ同廿八日迄、惣仲間之新札相渡儀ニ候由、勿論此度改候札、不致持参候者ハ、無役木挽ニ候間、材木屋等へ不雇様ニ致度旨、中井主水相断候間、惣木挽共木挽会所へ越シ、無難渋提札引替可申候、②尤此度改候札所持不致木挽ハ、材木屋ニ不限一切雇間敷候、③前々ゟ相触候所、都而木挽職は主水指図を違背申間敷事ニ候間、其旨相守、仲間作法猥不成様ニ可相心得候

右之趣三郷町中へ可触知者也

寛保三亥年六月

この触は内容的に三つの部分に分けることができる。以下、それぞれ①・②・③として、内容を見ていこう。まず、①の部分では、大坂の木挽について、仲間一同の提札の改めをしようとしたところ、提札の更新が滞ってしまい、木挽仲間の中で騒動となってしまったことが述べられる。このようなことは大工の提札改めでは確認できず、注目される。そこで、改めて提札改めを行うことになり、「提札を持っていない木挽については、材木

1　触一八五六「六月　木挽仲ヶ間提札之事」。本文は「せん年より御ふれふみ」（塚田孝・近世大坂研究会編『せん年より御ふれふみ―近世大坂町触関係史料―』2004 年）から補った。

屋などで雇わないようにしてほしい」との中井主水からの断りがあったため、木挽会所で提札の引き換えを間違いなく行うようにとされている。この触でも、その契機として中井からの断りがあったのである。また、木挽会所なるものが存在しており、そこで提札の改めが行われていたことがわかる（大工に会所は確認できない）。②では、無札木挽について、材木屋に限らず一切雇ってはいけないとされているが、これは①でも触れられていた中井の断りに対応するものであろう。③では、以前から触れられていたことだと前置きしつつ、すべての木挽職は中井主水の指図に背いてはならないので、そのことを守り、仲間作法を遵守するようにとされている。この部分は、①で述べられている提札改めでの騒動を念頭に置いたものであろう。

いくつかの注目点にも触れながらこの触の内容を紹介してきたが、ここでそれぞれの部分が、何を対象としている触であるかを考えておこう。①では現状を述べつつも、提札を滞りなく引き換えるようにとされている。ここから①は木挽に対して触れられた部分であるといえる。②は無札木挽の雇用の禁止であるから、町人たちを対象とした部分であろう。そして③は、①と中井の指図を受けよ、としているところから、①と同じく木挽を対象としているといえよう。②の町人を対象として無札木挽を雇用する町人を問題としている点は、大工に関する延享元年令と同様であり、木挽についても無札木挽とそれを雇う町人が存在していたのである。しかし、①や③で木挽に対して、提札の改めや中井の「支配」を受けること、仲間作法の遵守が触れられるのは、大工の事例と異なる点である。中井は木挽に対しても、提札の改めを不断に行い、その把握に努めているようだが、大工に比して中井の把握しきれていない部分が多かったのではなかろうか。それは、提札の更新が滞り、騒動が起きたこととも関係していよう。

以上見てきたように大坂の作事工匠たちは、提札の交付によって把握されていた。しかし、その提札の改めが行われる要因として、提札による把握の外にある者の存在が示唆されていた。次にこれについて見てみよう。

まず、無札大工について、安永四年（1775）に発令された町触[1]を見たい。この触は宝暦十年（1760）に出されたほぼ同内容の触[2]を受けて発令されたものである。

1　触二九一六「九月十二日　無札之大工雇間敷事」。

2　触番号脱「七月　無札之大工家作事手細工致間敷事」。

【史料 5】

右之通宝暦十辰年七月為触知置候所、心得違之者も有之哉、無札之大工致徘徊、役大工共渡世之差支に相成候間、木細工職人并船大工日雇働之もの、家大工業之細工不致、勿論右体無札之者不相雇候趣并触之儀、此度は中井主水山村与助より申立候間、先年申渡置候通弥相守、主水与助下之外、無札之大工相雇候儀、并家作事手細工致間敷事

右之趣三郷町中へ可触知者也

未九月十三日

まず、この再触がなされた経緯について注目したい。ここでも、中井による申し立てがあったが、ここでは加えて山村与助という人物も申し立てを行っている。この山村与助という人物は、この触に先行する宝暦十年令では、「当地御大工」と表現されており、別の史料では「御城内御大工」とも表現されている。山村与助の由緒書[1]によると、元々は徳川家康の伏見城在城時に、当時の御大工の一人杉本仁左衛門の名跡を継ぎ、伏見で諸職人を「支配」していたが、寛永大坂城作事時に、その「支配」下の諸職人を連れて大坂へ下り、その「支配」下共々そのまま大坂へ定着したようである。山村与助についての詳細な検討は今後の課題としておきたいが、彼は大坂城のすぐ近辺に屋敷を構えており、「御城内御大工」と称されているところから、主に大坂城の修築の御用を担い、そのために大坂の作事工匠の一部を独自に「支配」していたと思われる。ここで、この安永四年令について、「今度は中井・山村から申し立てがあった」となされていることも注目されよう。これは先行する宝暦十年令では申し立てを行ったのが中井一人であったためであるが、一方で「主水・与助支配下の他の無札大工を雇ってはいけない」ともされており、初めて町触の中で山村与助の「支配」下の作事工匠の存在が示された。これによって山村与助も、中井と並んで、作事工匠の把握に関わる町触の発令に関与するようになっていくのであろう。

次に注目したいのは、中井と山村が問題にしていること、すなわちこの触が問題としていることである。彼らは木細工職人・船大工・日雇働きの者の家大工業の「手細工」—提札を持たないものが直接、あるいはそのような者を抱えて工事をする（させる）こと—と無札大工の雇用を問題にしており、触が禁止しているのもこの二点である。以上から、こ

1 「山村与助由緒書」大阪市参事会編『大阪市史』五、1911 年。

の触は「手細工」を行う、あるいは無札大工を雇用する町人を対象としていたといえよう。ここでそのような「手細工」を行っている者として、船大工が挙げられていることに注目される。彼らは大工たちと同じ工匠でありながら、(狭義の) 大工とは別の職人であり、(狭義の) 大工としての提札は交付されていなかった。しかし、両者は業態上は非常に似通っており、船大工は容易に (狭義の大工としての) 無札大工になり得たのである。そして、それと無札大工の雇用禁止がセットで触れられているところから、(狭義の) 大工と船大工の業態 (守備範囲) の相違を必ずしも把握していない町人による雇用が、そのような無札大工を増加させていたであろうことを改めて指摘しておきたい。

木挽についても同様の問題が発生していた。先に触れたように、慶安二年 (1649) には材木屋の「手木挽」—木挽でない者を抱えて木を挽かせること—を禁止する仲間仕置が出されていた。大工とは異なり、かなり早い段階でそのような木挽の組織に包摂しきれない者の存在が問題になっていたのである。延享三年 (1746) の町触[1]では、材木屋による無札木挽の雇用と、船大工が「手木挽」をしたり、自分で木を挽いて製作した部材を売り出していることが問題にされている。ここでも、材木屋といった隣接業種あるいは、同じ工匠と木挽との間に営業上の矛盾が存在していたのである。なお、この延享三年令でも、「職人たちが手木挽や抜木挽 (=無札木挽) をしないようにしたい」との中井の申し立てがあり、それが契機となってこの町触が出されていたものと思われる。

以上見てきたように、中井の「支配」下の作事工匠たちは、提札の交付によって把握されており、その改めを通して工匠たちの人身把握が図られた。しかし、都市社会に生きる作事工匠の周縁には、木細工職人・材木屋のような隣接業種あるいは船大工のような工匠による中井家の「支配」・組織に包摂しきらないような無札大工・無札木挽が広く存在していたのである。これらが生まれてくる背景には、「家作事」の手細工などとされているように、家屋敷の新築・修繕といった、都市における厖大な日常的需要があったものと思われる。それを体現しているのが、無札大工・無札木挽を雇用しようとする町人であり、彼らが無札大工・木挽を増加させる一因となっていたのであろう。それに対する中井の対応は、町触の対応を町奉行に働きかけることであった。中井が「支配」し得るのは、提札を交付された役大工・役木挽であり、無札の作事工匠やそれを雇用しようとする町人には干渉し得なかったのであろう。

1 触一九七九「役木挽之外、手木挽之類致間敷事」。

おわりに

本報告では、巨大都市大坂の都市社会に生きる作事工匠たちのあり様の一端を見てきた。中井家による六ヶ国作事工匠「支配」は寛永期には、一応の成立を見たが、そこには中井家の把握しきれない作事工匠も存在したのであろう。そこで、寛文三年には大工、元禄九年には木挽、それぞれの「支配」を徹底する町触が出された。そこでは、大工組や木挽組といった、作事工匠の組織ではなく、生活共同体としての町を梃子として作事工匠の再把握が図られていたのである。ここで、大工と木挽の把握はそれぞれ別に行われており、各町が書付を取る相手である年寄も、大工・木挽で別に存在した。中井家の工匠組織は一元的な組織ではなく、重層的なまとまりを複合的に含みこむような組織であった。

そのようにして把握された作事工匠は役大工・役木挽と呼ばれ、提札＝営業許可証が交付された。しかし、その周縁には、その組織に包摂しきれない隣接業種や工匠による無札大工・無札木挽が厖大な都市需要を背景に広く存在していた。そして、それらを雇用する町人がおり、彼らもまた、そのような無札大工・無札木挽を増加させる一因であった。

無札大工・無札木挽の対応策として、中井や山村は町奉行に対して、無札大工・無札木挽やその雇用を禁止する触の発令を申し立てた。それは、中井や山村なりの対応であったが、一方で中井が町人には干渉し得ないことを意味していよう。

以上から、中井家の作事工匠の「支配」において、少なくとも大坂では、町共同体や町奉行に依拠する側面が大きいといえよう。さらなる町触などの分析を通じて、いま一度、中井家の六ヶ国作事工匠「支配」の持つ意味を問い直す必要があろう。今後の課題としておきたい。

从近代上海工部局大楼筹建考察公共租界的运作机制

李东鹏*

【内容摘要】近代上海存在公共租界、法租界、华界，工部局是公共租界的市政机关，主要负责公共租界的治安、公共卫生和市政设施。随着时代的演进，近代上海人口不断增加，租界面积多次扩张，位于上海城市核心区域的公共租界的管理也日趋复杂。为适应城市发展带来的变化，工部局不断进行机构扩充、调整，并于1904年正式提出建设新的总办公楼的计划，以解决工部局分散办公带来的种种问题。工部局大楼从提出修建计划到正式建成，经历了长时间决策和设计施工的过程。纵观工部局大楼的整个修建过程，可以从内外两方面对工部局的运作机制进行分析研究，一是工部局的整个决策体系及各部门的内部协作机制，二是工部局如何与外部展开各方面联系，包括如何进行城市的管理、如何进行资金运作、如何开展项目等。解读工部局大楼修建过程，可以深入了解工部局的内部协作和外部沟通机制。对于近代上海城市演变来说，工部局大楼落成、工部局各职能机构搬入并开始办公，标志着上海租界正式拥有了较为固定的权力中心。围绕工部局大楼这幢独特“公共建筑”的筹建所做的研究，对考察城市的运作机制具有其典型意义。

【关键词】近代上海，工部局大楼，城市运作机制，公共租界，城市管理

* 李东鹏，上海音像资料馆助理研究员、博士。

近代上海における工部局ニュービルの建設から見る共同租界の運営システム

李東鵬

【論文要旨】近代上海は「一市三制」と呼ばれ、それぞれ違う市政機構が三つを擁したのである。その中で工部局は共同租界の市政機関であり、各種の職能部門を設け、租界の安全・衛生及び基礎設備の建設などを勤めていた。時代の変遷に従って、近代上海の人口が絶えず増加し、租界の面積も幾多に拡張し、その上、社会経済も勢いで発展していた。上海市の核心区域に位置する共同租界はその管理システムが複雑なる一方、都市の発展に即応して工部局が絶えず機構の拡充と調整を行われていた。その中で1904年に正式に取り上げたニューオフィスビル建設の計画は、工部局の各職能部門の分散によって齎した種々な問題を解決するためであった。工部局ニュービルは計画を立ててから正式に完成まで長時間の議論とデザイン・施工のプロセスを経っていた。この建設の過程を通して内外両方面から工部局の運営システムが分析できる。一つは工部局の全体の政策決定体系及び各部門の内部協力システムである。もう一つは工部局が如何に外部と諸方面にわたる連絡を取ることである。例えば如何に都市の管理を行い、如何に資金を運用し、如何にプロジェクトを推進するかなどのことが含まれる。工部局ニュービル建設過程の研究を通じ、工部局内部の運営システムと都市管理システムを把握することができる。近代上海都市の発展・変遷の中で工部局ニュービルの完成と各職能部門の搬入によって、上海租界には比較的固定な権力中心を持つようになったと言えよう。また工部局ニュービルのような「公共建築」の建設過程から都市の運営システムを考察することは典型的意味を持つと言える。

【キーワード】近代上海、工部局ニュービル、都市運営システム、共同租界、都市管理

近代上海是一座“集合”城市，上海公共租界无疑是这座集合城市的核心区域。城市的运转，需要一个有效率、系统完备的市政管理机构，工部局成立于1854年，其前身即为上海租界道路码头委员会，二者一脉相承。工部局的主要职能是维护租界安全，修筑道路、码头等公共设施，进行清洁卫生等公共服务，并依靠征收房捐、地税、执照捐、码头捐等税费，维持自身运转。租界创立后，人口逐渐增多，租界面积不断扩大，租界内各种建设项目随之增多，租界管理也日趋繁复。工部局早先每周召开董事会，处理日常事务，后成立总办，执行董事会具体命令，专职处理工部局各种事务。总办处理工部局的一切日常事务，工务处、财务处、卫生处、警务处等各处室，皆在总办领导下办公。但由于处室的增多，工部局雇员亦逐渐增加。此外，随着公共租界城市体量的不断增长，城市能级的提升，诸多事务需要协同处理，遂产生了对办公场所的集中需求。本文以20世纪初工部局大楼修建的时代背景为基础，围绕大楼修建过程中的相关问题，考察工部局的市政组织架构与城市管理机制。

一、工部局“委员会”机制与大楼筹建

工部局大楼的修建，经历了长时间的讨论和较为漫长的决策过程。1904年，工部局提出扩大办公规模的建议，并建议将汉口路、江西中路、福州路、河南路所围合而成的街区全部买下，建设能供工部局各机关部门集中工作的新办公楼。[1] 工部局曾于1896年在南京路、广西路和贵州路路口建造了工部局市政厅，占地面积近4 000平方米，部分缓解了工部局的办公问题，但未能解决根本问题。除了因为办公场所过于狭促、不敷应用之外，还因为市政厅所在的地段地价昂贵，没有扩充可能，而且南京路上终日车水马龙，商业繁盛，不利于工部局董事会开会及各处室安静办公。而工部局计划购买的地块则有地价较低、环境安静、文化氛围浓厚等优点。

为了更好地推进工部局大楼建设，1910年，工部局董事会决定“任命一个特别委员会，由克莱格（E. E. Clark）、朱满（T. E. Trueman）和德格雷（H. De Gray）先生组成，以充分考虑重建的问题，对万国商团司令部和操练厅提出意见，制订附有费用概算的明确计划，以便有助于董事会对整个问题作出结论性决定”[2]。当年纳税人会议同意建造新的司令部和操练

1 《上海公共租界工部局年报》(1904年)，上海市档案馆藏，档案号：U1-1-917。

2 上海市档案馆编:《工部局董事会会议录》第17册，上海：上海古籍出版社，2001年，第666页。

厅的建议。[1]

顾问委员会是工部局的特色机构，分为常设委员会和特别委员会。因董事会事务纷繁，各董事无法顾及，乃设各种委员会（Committee）以辅助之，如财务委员会、卫生委员会、工务委员会皆是。各委员会之委员，或由董事自兼，或另聘他人，人数不一，少则二三人，多则至九人。由董事会交议案与他们研究审查，他们再将其结果报告董事会通过。一议案须经董事会正式通过后，始得发生效力。[2]

工部局创办的委员会的最大特点是专业操作、专项办理、办事迅速，以顾问形式发挥作用。特别委员会专为解决临时性的、系统复杂问题而设置。在工部局历史上，最著名的是地产估价委员会，“1862 年 9 月 8 日的租地人特别会议上批准成立了由汉璧礼（Thomas Hanbury）、达拉斯（Barnse Dallas）、索恩、范彻、罗森组成的西侨地产估价委员会，以进行地产估价，规定每三年重新对土地估价一次”[3]。委员会的权力被工部局董事会牢牢掌控，其办事仅属顾问、咨询性质。

第二届工部局大楼建设委员会（The Municipal Buildings Committee），成立于 1912 年 4 月 3 日。由工部局总董在工部局董事会上提议：“成立一委员会，由三名董事会成员及二名董事会以外的代表组成，以对整个问题进行充分考虑，并提出报告作为董事会的工作向导。”[4]

1912 年 4 月 11 日出版的《字林西报》记载了工部局大楼建设委员会成立的介绍：

> The Municipal Gazette contains a note of the Council’s decision to appoint a Committee to report on the whole question of the reconstruction of Municipal buildings, announced in these columns yesterday. The Committee will consist of Messrs, H. De Gray, E. E. Clark, H. Figge for the Council, and Messrs. E. S. Little and T. E. Trueman, independent ratepayers.[5]

1912 年 4 月 11 日下午 5 点，工部局大楼建设委员会召开成立会议。会上，委员会主席讲到委员会的目的在于“提出一个整体的为解决整个租界的市政所需要的中央建筑的方

---

1 *Shanghai Municipal Council Report of the Municipal Buildings Committee(1913)*，上海市档案馆藏，档案号：U1-1-169。
2 穆渭琴：《参观了上海工部局与市政府归来》，《之江校刊》1935 年第 70、71 期合刊。
3 上海市档案馆编：《工部局董事会会议录》第 3 册，第 546 页。
4 上海市档案馆编：《工部局董事会会议录》第 18 册，第 599 页。
5 “The Kidnapping Case”, *The North-China Daily News*（《字林西报》），1912 年 4 月 11 日第 7 版。

案”[1]。会议最后阶段，工部局大楼的设计师特纳被邀请自由地表达他对建筑设计的方案。[2]

在工部局大楼建设委员会的统筹运作下，工部局大楼的建设推进加速，并首先解决了地皮购买问题。1913 年 2 月 15 日，工部局大楼建设委员会主席伯基尔（A. W. Burkill）致函马克拜（R. S. F. McBain），与他协商以总价 450 000 两白银购买 171 号册地，并指出，工部局曾在 1911 年 6 月出价 407 826 两，在近几年，这项地产的价格已经减少。马克拜于 2 月 20 日回信伯基尔说，171 号册地托管人不愿以 450 000 两出售，并准备在 3 月 31 日召开的纳税人会议上，建议以 500 000 两价格购买。[3] 工部局大楼建设委员会认为此项出价目前看最为合理。工部局大楼建设委员会提到，总共 500 000 万两的价款之外，有一部分付给目前的中国租户，目前还有三年的租约未履行；将有一笔不低于 60 000 两的费用用于福州路和江西路的拓宽，这笔费用将在未来几年内以任何理由发生。[4]1913 年 3 月 19 日举行的上海公共租界纳税人年会通过了工部局大楼建设委员会的报告，其第五项决议称：“工部局大楼建设委员会的报告被接收和采纳，工部局被授权按照其中所载的建议开展工作。”[5]1913 年 3 月 26 日，按照马克拜以现款进行交易的商定，董事会立即与其办理过户手续。[6] 随后工部局与 171 号册地承租人程吴氏进行了多轮谈判，双方同意：

（1）程吴氏将于 1914 年 1 月 31 日将所提租地转让给工部局。

（2）工部局将允许程吴氏及其代理人、雇工和其他人员从 1914 年 2 月 1 日至 1914 年 3 月 10 日止进入上述土地拆除建筑结构及建筑物。在上述期限内，程吴氏必须拆除所有建筑结构及建筑物。[7]

工部局将 167、168 和 171 号全部合入 168 号册地，江西路、汉口路、福州路、河南路所围成的整片地产，成为工部局随时可处置的独立资产。

1 《上海公共租界工部局大厦委员会会议录》，上海市档案馆藏，档案号：U1-1-169。

2 《上海公共租界工部局大厦委员会会议录》，上海市档案馆藏，档案号：U1-1-169。

3 *Shanghai Municipal Council Report of the Municipal Buildings Committee (1913)*，上海市档案馆藏，档案号：U1-1-169。

4 *Shanghai Municipal Council Report of the Municipal Buildings Committee (1913)*，上海市档案馆藏，档案号：U1-1-169。

5 《上海公共租界西人纳税人年会与选举工部局董事及地产委员会的材料（1913 年）》，上海市档案馆藏，档案号：U1-1-843。英文原文为：“Resolution V. —That the Report of the Municipal Buildings Committee be received and adopted, and the Council be authorized to proceed in accordance with the proposals therein contained.”

6 上海市档案馆编：《工部局董事会会议录》第 18 册，第 654 页。

7 *Annual Report of the Shanghai Municipal Council*（《上海公共租界工部局年报》)（1913 年），上海市档案馆藏，档案号：U1-1-843。

第二个关键问题是大楼的设计招标。1910 年，纳税人会议同意建造新的司令部和操练厅的建议。[1] 同时香港总督建议，位于市中心的新的中央建筑实际上应该是综合办公中心，并将 171 号册地与 168 号册地一起规划。[2] 建筑的设计要求满足中央巡捕房、中央救火站、卫生处、万国商团司令部和操练厅的需要。

截至 1913 年工部局各处室所要求的面积数据，为净面积，不包括楼梯、走廊等。下面是董事会所需要的办公面积：

表 1　工部局董事会需要的办公面积

（单位：英尺）

工部局董事会会议室	1 200
2 个委员会房间（每个 600）	1 200
等候室	200
寄存室	200
总　计	2 800

※ 资料来源："Schedule of Requirements", *Shanghai Municipal Council Report of the Municipal Buildings Committee (1913)*，上海市档案馆藏，档案号：U1-1-169。

表 2　各部门面积汇总

（单位：英尺）

工部局董事会		2 800
万国商团		54 709
警务处	（小计）	67 281
	（已有）	（41 692）
	（新增）	（25 589）
卫生处	（小计）	26 854
	（已有）	（13 754）
	（新增）	（13 100）
工务处		17 605
财务处		17 425
总办处		12 575
总　计		199 249

※ 资料来源："Schedule of Requirements", *Shanghai Municipal Council Report of the Municipal Buildings Committee (1913)*，上海市档案馆藏，档案号：U1-1-169。

1　*Shanghai Municipal Council Report of the Municipal Buildings Committee (1913)*，上海市档案馆藏，档案号：U1-1-169。
2　*Shanghai Municipal Council Report of the Municipal Buildings Committee (1913)*，上海市档案馆藏，档案号：U1-1-169。

据工部局大楼建设委员会的记录记载：工部局大楼建设委员会建议，设计的征集应该在上海、香港、马尼拉、新加坡和其他在远东地区的外国建筑设计团体中进行，并由技术专家组成的委员会选出最佳的三项设计，分别奖励 10 000 两白银、3 000 两白银和 1 000 两白银，这项工作将在工务处的监督和主导下进行。[1]

工部局将征集的设计方案进行综合修改，最后选出了四个样本图，工部局董事会认为可以选择其中的优秀设计方案进行分组，整体综合考虑，并择定大楼整体三层、局部四层的高度。[2] 委员会表示更看好第三项设计。

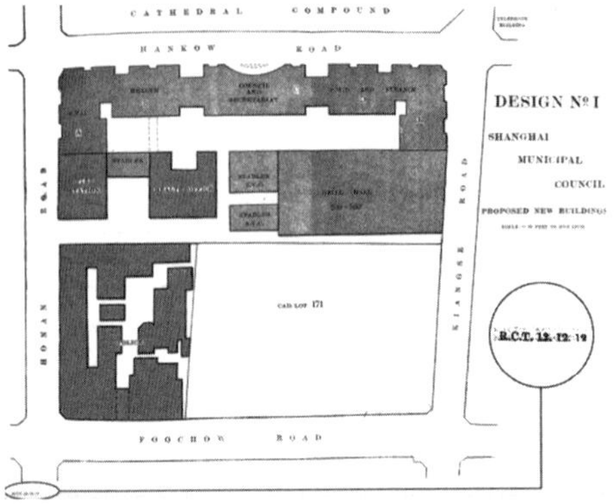

方案一

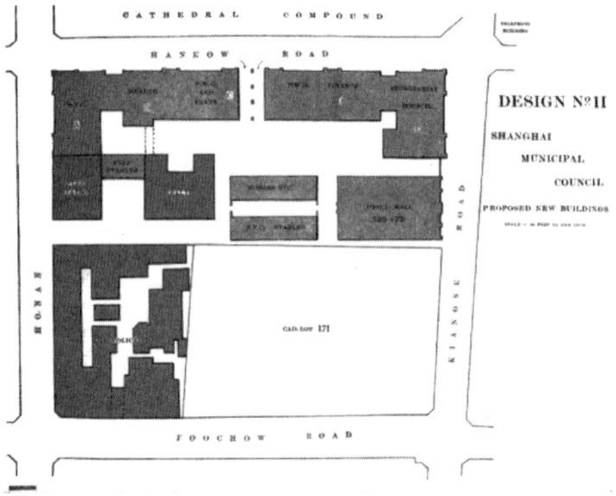

方案二

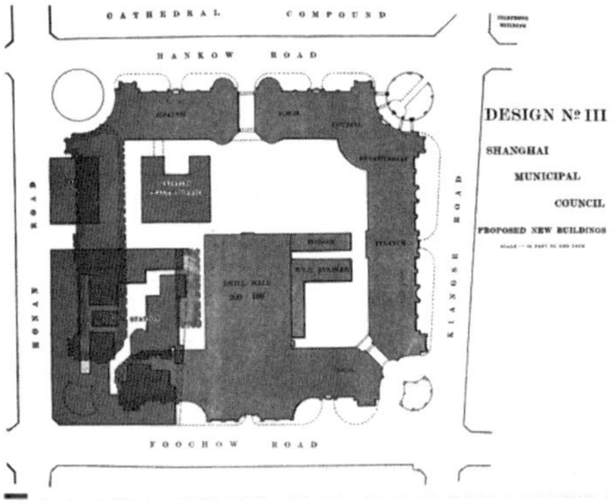

方案三

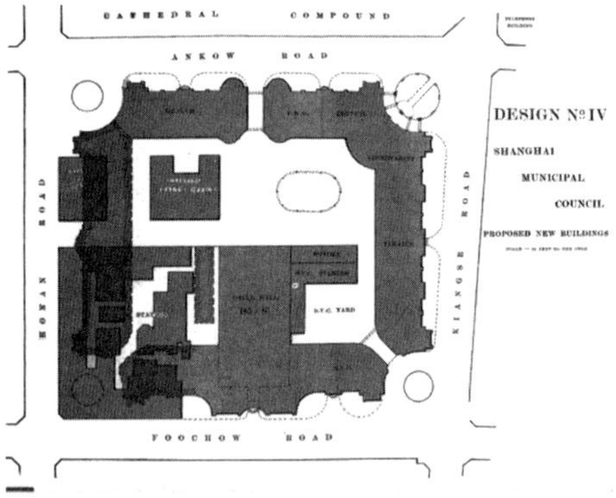

方案四

图 1　工部局大楼设计四方案[3]

1　*Shanghai Municipal Council Report of the Municipal Buildings Committee(1913)*，上海市档案馆藏，档案号：U1-1-169。

2　*Shanghai Municipal Council Report of the Municipal Buildings Committee(1913)*，上海市档案馆藏，档案号：U1-1-169。

3　图片来源：*Shanghai Municipal Council Report of the Municipal Buildings Committee(1913)*，上海市档案馆藏，档案号：U1-1-169。

委员会建议将设计的方案送到英国伦敦，工部局应该利用曾任工部局工程师的却利·麦尼（Mr. Charles Mayne，1889—1909 年在任）的人际关系优势，获得英国皇家建筑师学会[1]主席的意见和评论。[2]

方案一中可见特纳的签名（R. C. T.）及其日期（12.12.12）。特纳（Robert Charles Turner），职务是首席建筑师助理和工部局大楼建设委员会秘书长。[3]到 1920 年，工部局工务处首次出现了专职的“建筑师”，特纳是工部局第一位担任建筑师职位的人。根据 1925 年出版的 *The North China Desk Hong List* 记载，特纳退休时担任工部局建筑师。[4]

1913 年 5 月 14 日工部局董事会在经过讨论后，一致同意工务委员会的意见：工务处对拟建的大楼要着手绘制设计图纸。[5]董事爱士拉（E. I. Ezra）说“他对特纳先生在讨论该问题时所发表的有见识的意见，及他在育才公学和新建的西童公学的突出成绩留下了深刻的印象”[6]。于是特纳承担起工部局大楼设计图纸的任务。工部局工务处建筑师特纳，于 1913 年 6 月完成了工部局大楼的平面设计。8 月份完成了主要的立面设计，并于 9 月将其全部提交董事会讨论。董事会研究后认为，应由主建筑师携带图纸到伦敦交给英国皇家建筑师学会主席审阅，征求意见，并在伦敦绘制面对汉口路和江西路一隅的透视图。[7]1913 年底，工部局收到了英国皇家建筑师学会主席的相关意见，对工部局的设计表示满意，但认为工部局是市政建筑，应该用传统的石材作为主要的建筑材料，不宜追求时尚而显得轻浮、急躁。

特纳于 1916 年 12 月 16 日在上海结婚。[8]1950 年 6 月，特纳因病在英国去世。消息传来，《字林西报》对此发了讣告，以纪念为上海城市建设做出过贡献的这位建筑师：

> “R. C”或者“鲍勃”，他的密友如此称呼他，是前上海工部局多年的建筑师。工部局决定建造这座屹立于汉口路和江西路交叉口的大楼时，便邀请了英国多位卓越的建筑师。特纳询问自己是否可以提交方案并得到许可。方案寄往英国并得到了方案评选专家

1 英国皇家建筑师学会（Royal Institute of British Architects，简称 RIBA）于 1834 年以英国建筑师学会的名称成立，1837 年取得英皇家学会资格。它的宗旨是：开展学术讨论，提高建筑设计水平，保障建筑师的职业标准。

2 *Shanghai Municipal Council Report of the Municipal Buildings Committee(1913)*，上海市档案馆藏，档案号：U1-1-169。

3 *Shanghai Municipal Council Report of the Municipal Buildings Committee(1912)*，上海市档案馆藏，档案号：U1-1-169。

4 “The North China Desk Hong List（1925）”, *North-China Daily News and Herald*, p. 240.

5 上海市档案馆编：《工部局董事会会议录》第 18 册，第 662 页。

6 上海市档案馆编：《工部局董事会会议录》第 18 册，第 662 页。

7 《上海公共租界工部局年报》（1913 年），工务处报告。

8 “The Paper Hunt Club”, *The North-China Herald and Supreme Court & Consular Gazette(1870–1941)*，1916 年 12 月 16 日第 45 版。

组的认可。几年前，他退休回到英国，仍旧思念上海，希望从来没有离开过。[1]

工部局大楼所在地地基上的拆除工作于1914年上半年完成，并在同年结束了新建筑的地基挖掘工作。1914年10月16日，工部局收到了多份承建工部局大楼的投标书，最后裕昌泰营造厂中标，规定“以工务处人造石第213号规定建造中央大楼”，并补充“自即日起6个月内任何时候以花岗岩代替人造石作为建筑物的饰面，费用由董事会和你方商定”。[2]1915年，由于董事会计划大楼以花岗石装饰，裕昌泰修改了投标价格，“即为底层和所有的柱子铺以花岗石，要价白银135 000两，整个楼房要价260 000两”[3]。董事会接受底层和所有柱子的投标报价，且把整个问题留交即将召开的纳税人大会作为总董发言做参考，并在纳税人年会第四项决议案中通过该案。[4]

裕昌泰中标，原因在于：一是掌握了当时刚引入上海的钢筋混凝土施工技术，二是谢秉衡与工部局主管建筑的哈伯（Mr. C. Harpur）建立了密切关系，三是最低的人造石报价599 850两。[5]

万国商团操练厅的建设，是单独进行招标的。10月21日工部局董事会会议录记载，工部局工务处第183号招标通告，共收到7份意欲承建操练厅钢结构屋顶的投标书，其中报价最低者即阖辟洋行，报价4 800镑，在11个月内交货。此项投标被批准接受。[6]但紧接着，10月28日，阖辟洋行伦敦办事处发电报给工部局董事会，称该公司对工务处第183号招标通告投标时，由于错误，比应有数字少算720镑。工程师之便函建议该公司应按照其投标书行事；但此差额巨大，董事会认为在此种情况下，上述办法很难行得通，于是以电话询问清楚次低报价的投标者为耶松老船坞，其投标价为白银5万两，现尚可进行交易，因此决定接受该船坞之投标，并通知阖辟洋行，其投标不具备条件。[7]是年12月底，建筑工程开始动工兴建，主要构架于1915年春天搭建完毕。

“一战”旷日持久，工部局大楼建设因为材料、供暖系统设计的问题，一度无进展。但在“一战”结束后，工程迅速推进，并顺利完工。工部局各部门相继搬入并开始办公。

---

1 “Obituary Mr. R. C. Turner”, *The North-China Daily News*，1950年11月5日第2版。

2 “New Central Offices”, *The Municipal Gazette*，1914年10月22日。

3 上海市档案馆编:《工部局董事会会议录》第19册，第581页。

4 上海市档案馆编:《工部局董事会会议录》第19册，第591页。

5 当时报价分为花岗石造报价和人造石报价，裕昌泰花岗石报价为879 500两，报价并非最低。人造石报价为599 850两，为最低。工部局董事会最终选择了费用较低的人造石报价。资料来源：“New Council Buildings are to Cost TLS. 599 850”, *The China Press*，1915年2月11日第1版。

6 上海市档案馆编:《工部局董事会会议录》第19册，第562页。

7 上海市档案馆编:《工部局董事会会议录》第19册，第563页。

二、工部局大楼建设资金运作与工部局的财政状况

工部局所掌握的财政权是公共权力的表现形式之一，这项权力由以纳税人会议所代表的公共租界全体纳税西人所赋予。上海公共租界的最高权力机构纳税人会议，由具有一定财产资格或纳税达到一定额度的纳税人组成，这是公共租界西人参与城市治理的路径，同时也是他们实现自身权益诉求的途径。工部局每年要在纳税人年会上报告上一年度的预算执行情况，并由纳税人审批当年的预算。重大财政支出，皆要由纳税人会议审批通过。一份1915年工部局工程师的报告提到：当初纳税人同意该项计划时，他们准备花一笔足够的钱，建造一幢与上海相称的建筑。[1]可见，当时工部局的财力是非常充沛的，而且纳税人会议对工部局大楼建设持积极态度，这与工部局所处的当时上海的时代大背景密切相关，也与工部局先进的财政运作体制密不可分。

据前文所述，工部局在买地、招标预算过程中，已有一百万两白银以上的开支。在工部局大楼未竣工以前，1920年的《时报》刊登《工部局新屋之费用：已用去二百万两》，其原文如下：

> 《字林报》昨载一署名观察者之投函，上海工部局新屋自一九一三年造至今年，尚未落成，而费用已可观，即全屋前面所用青石已费二十五万九千九百五十两矣，试罗列各费用用途于左：
>
> 地价（计九亩一分七厘四毫）八十七万四六五八两，地价上之利息六年共三十六万七三五六两，已付之造价五十万两，三年利息（七厘计）加十万五千两，共计已付款一百九十五万一千九百九十两。此外又加六年中工程师等薪水约四万八千两，总数此一屋需费已达二百万两，而今恐尚须十二阅月，始可落成云。[2]

如此须回答几个问题，即工部局的财力如何？工部局大楼建造时的宏观经济背景如何？如何通过工部局大楼的建造看工部局的财政运作体制？

1. 工部局大楼修建计划提出时期，正处于工部局历史上财政状况最好的时期。

从1899年至1918年，工部局财政收支保持了20年的盈余，相关统计如下：

---

1 “New Council Buildings are to Cost TLS. 599 850”, *The China Press*，1915年2月11日第1版。

2 《工部局新屋之费用》,《时报》1920年1月28日第3版。

表 3　1899—1918 年上海公共租界工部局经常性财政收支统计表

（单位：两）

年份	经常总收入	经常总支出	财政盈亏
1899	916 611.00	797 464.00	119 147.00
1900	1 045 177.00	916 885.00	128 292.00
1901	1 097 719.00	938 661.00	159 058.00
1902	1 209 175.00	1 016 843.00	192 332.00
1903	1 341 570.00	1 194 020.00	147 550.00
1904	1 505 402.00	1 185 475.00	319 927.00
1905	1 780 414.00	1 295 885.00	484 529.00
1906	1 866 398.00	1 526 844.00	339 554.00
1907	1 983 431.00	1 611 038.00	372 393.00
1908	2 403 164.00	1 987 651.56	415 512.44
1909	2 521 600.00	2 101 010.12	420 589.88
1910	2 555 056.00	2 200 153.46	354 902.54
1911	2 589 628.00	2 347 690.11	241 937.89
1912	2 734 245.00	2 372 765.71	361 479.29
1913	2 858 006.00	2 484 282.59	373 723.41
1914	2 934 382.00	2 700 218.93	234 163.07
1915	3 051 017.00	2 781 752.20	269 264.80
1916	3 333 151.00	2 925 572.51	407 578.49
1917	3 455 128.00	3 379 440.43	75 687.57
1918	3 864 576.00	3 596 795.91	267 780.09

※ 资料来源：据工部局年报中数据整理而出，数据采用原文数据，未进行四舍五入。

从财政规模增长的角度看，此一时期，是工部局财政状况最好的时段，经常性财政收入不仅继续快速增长，而且年平均增长率在 7.9% 左右，20 年中增长了 4.2 倍。经常性财政支出规模略小于收入，故工部局每年有几十万两的经常性盈余。[1]

由于财政资金充裕，工部局经常进行现金理财，在 1909 年 10 月 6 日工部局董事会上宣读的会计师报表中就提到："从会计师的一份报表看，信托基金中的未投资余额约达 140 000

1　李东鹏：《近代上海工部局财政制度研究》，上海师范大学博士学位论文，2016 年。

两银子。经讨论后，会议决定根据经纪人的报价投资 28 000 两银子买进单价为 103 的自来水公司的 6% 债券，以 23 000 两银子买进单价为 102.5 的煤气公司债券。”[1] 在 1910 年 4 月 20 日的工部局董事会上，财务处处长简函告知董事会：“目前在汇丰银行的现款余额大约为 30 万两，他建议把其中的三分之一存入德华银行 6 个月，利率为 4%。会上表示希望工部局的各银行经营人能同意这一利率，总之会议决定只要能获得最优惠的利率，就把钱存在这些银行里。”[2] 在 1910 年底，工部局“根据财务处长的建议，会议同意购买业广公司的 6% 债券 20 500 两，入信托基金投资账；临时债券期为 1900 年至 1902 年，购价为 102”[3]。同时，会议同意再次抛出 16 000 两的 1896 年工部局公债，以偿还 1911 年债券账，价格为 95 两银子。[4] 财政收支的长期盈余使得工部局有实力和财力进行市政建设。

2. 上海多功能经济中心的地位初步确立。开埠以后的对外贸易的发展，带动了上海内贸、交通运输、电讯通讯、金融、工业等部门的发展，而这些行业、部门的发展又相辅相成，互相促进，以其巨大的经济聚集力量，使上海自然地成为中国最重要的多功能经济中心。[5] 特别是进入 20 世纪以后，城市工业的发展，带动了上海现代金融业兴盛，上海的经济中心功能更加确立。而交通运输、电讯通讯、能源电力、市政建设等的发展与城市发展基本同步，城市繁荣日盛一日。

3. 财务处先进的资金筹集方式。工部局早期的财务工作由总办处负责，下设会计、出纳、收税员等职位。1909 年召开的纳税人会议不仅批评工部局财政开支的大幅增长，还批评总办处会计股承担的工部局财务工作，工部局于是筹设专业化的财务处。当年 4 月 21 日，工部局董事会批准了由古德尔（E. F. Goodale）代理会计师并进行财务处改组的必要调查，且同意他提出的增加人员的建议。[6]11 月 1 日，总办处会计股原代理股长古德尔被指定担任该处处长。财务处主要掌管工部局的经常收入、支出预算及执行，临时收支亦归其管辖。成立初期设处长 1 人，副处长 1 人，首席会计 1 人，助理会计若干人及买办间。随着工部局财政收支日趋庞大及事务增多，财务处专门成立会计股。1931 年 1 月 14 日工部局公报发表公告：“自 1932 年 1 月 1 日起，将捐务处并入财政处。现任捐务处处长艾伦君，在未退休前，

1　上海市档案馆编：《工部局董事会会议录》第 17 册，第 630 页。
2　上海市档案馆编：《工部局董事会会议录》第 17 册，第 660 页。
3　上海市档案馆编：《工部局董事会会议录》第 17 册，第 704 页。
4　上海市档案馆编：《工部局董事会会议录》第 17 册，第 704 页。
5　张仲礼主编：《近代上海城市研究》，上海：上海人民出版社，1990 年，第 87 页。
6　上海市档案馆编：《工部局董事会会议录》第 17 册，第 605 页。

当另委以属于顾问性质之特别职务，现任帮办处长包恩君，暂充捐务处主任。”[1] 原属总办处管辖的捐务股划归财务处，该处又监管捐税稽征工作。财务处还管理原属于财务委员会管理的与各公用事业公司订立重要合同等工作。

经纳税人会议批准的财政预算并不意味着自动生效，还须遵守财务程序，各处室要将300两以上的开支预算详细造册，报财务处长审核。财务处长在必要时可对各部门的预算提出异议，并报董事会讨论。对于未列入预算的支出，财务处长有权拒绝。财务处长批准的预算开支，经总办转呈各相关委员会审议，再报董事会批准。工部局财政处管理工部局的全部财政运作，由于该处是支付款项及保管账目的唯一负责机关，其所处的地位，足以切实限制工部局其他各部门的费用支出。

1913年2月17日，工程师对四种方案的花费做了预算，分别是700 000两、675 000两、750 000两、750 000两。而第一、二种方案不需要购买171号册地，第三、四号方案需要购买171号册地，则工部局财务处测定的花费为：

表4　四种方案花费测算

（单位：两）

总花费	设计方案		
	一号方案	二号方案	三、四号方案
建造预估费用	700 000	675 000	750 000
171号册地购买费用	0	0	500 000
总　计	700 000	675 000	1 250 000

※ 资料来源：*Shanghai Municipal Council Report of the Municipal Buildings Committee(1913)*，上海市档案馆藏，档案号：U1-1-169。

财务处认为由利率决定的贷款利息，对于纳税人决定年度花费是一个重要的因素。一是年利率，一是偿还方式。财务处在预算过程中采取了6%和5.5%两种年利率标准进行计算。在过去的12年中，为电力等公用事业发放的公债普遍执行的是年利率6%，偿还期为20年或30年。工部局大楼建设委员会曾提到将偿还期延长至50年，这样可以减轻工部局每年的还款压力。但就总还款额来说，偿还期的延长会导致还款总额的增加，所以这些贷款对普通投资者的吸引力远远超过前几年的债券。所以，出于平衡收支的考虑，贷款的年利率下调至

1 《上海公共租界工部局公报》，1931年1月14日，第2期。

5.5%，甚至是 5%。[1]

财务处在计算年度偿还金时，认为最佳方式是“分期付款”(Instalment System)，这是迄今为止最公平的方法，被越来越多地用在诸如上海这样不断增长、发展的城市。在规定的期限内，这个政策的债务费用负担最重的是头几年，此后逐渐减少。未来的纳税人有他们自己的债务负担要承担，此外，他们前辈创造的“分期付款”也很明显要承担，故此它就会被想起。

下面的表格显示的是由工部局财务处长古德尔制作的未来 50 年里每年的需偿还的预算，由于方案二和方案一接近，不在表中记载。“A”是基于年利率 6% 计算的，“B”是基于 5.5% 利率计算的。每个情况都是基于分期付款机制计算的偿还额。

表 5　工部局大楼公债年度偿还额

（单位：两）

年　份	还款额和利息费用			
	方案一		方案三和方案四	
	A	B	A	B
1913	—	—	1 500	13 750
1914	6 000	5 500	45 700	42 725
1915	23 380	21 765	633 230	59 127
1916	42 990	40 157	84 225	78 831
1917	54 800	51 400	96 640	90 670
1918	53 960	50 630	95 140	89 295
1919—1961 偿还额按右侧金额逐年递减	840	770	1 500	1 375
1962	17 000	16 750	29 140	28 795
1963	16 160	15 980	27 640	27 420
1964	15 320	15 210	16 440	16 320
1965	10 600	10 550	11 660	11 605
1966	5 150	5 138	5 665	5 651

※ 说明：上述计算不包括在重建过程中租赁临时办公室的费用。

※ 资料来源：*Shanghai Municipal Council Report of The Municipal Buildings Committee(1913)*，上海市档案馆藏，档案号：U1-1-169。

1　*Shanghai Municipal Council Report of the Municipal Buildings Committee(1913)*，上海市档案馆藏，档案号：U1-1-169。

工部局在综合考虑购地成本、未来办公条件等情况后，最终选择了第三种方案，并在此基础上，要求工务处根据要求进行修改。工部局最终选择的发行票面金额是利息5厘半，总数为565 300两银子的公债，还款期为50年。[1]其他建设资金，由工部局按照相应方式陆续筹措支付。

三、工部局职能机构的集聚

进入20世纪后，上海城市发展非常迅速。而工部局各处室在新落成的大楼办公，对城市实施有效管理，保证公共租界有效运转。该大楼整体架构大气磅礴，外形庄重，因此成为世界都市中知名的“市政大楼”。

随着工部局大楼建成，工部局各部门相继搬入并开始办公。1921年7月，《时报》转载《大陆报》报道：“工部局各科，除商团与他零星事务所外，均已移入新屋，大约七月下旬，全屋可以告竣。刻秘书处总事务处与会议厅，均设中部第一层，大门在江西路。各税务处在最下一层，工程处已自黄浦滩移至新屋北部，大门在汉口路。财政处与储蓄银行设在河南、汉口二路角之新屋内。至于商团事务所，将设在福州路一面之屋，与总捕房接近。再近江西（路）一部分之屋，将留待电气处移入云。”[2]

这幢大楼何时正式启用，成为上海各界聚焦的大事件。1922年10月18日，工部局召开会议，决定11月间正式开放行政大楼。其时，董事会将于每天下午4时至6时在“工部局办公室”及各“委员会办公室”接待来访者。具体事宜将由总办安排，届时还将在工部局公报和报界刊发对纳税人的邀请，并特别邀请领事团、法租界当局以及中国官员。还要准备有关大楼的历史及耗资等方面的资料，因为到时总董在“接待时间”内的演说里将会介绍这方面的情况。[3]

11月16日，大楼投入使用。是日，《申报》为工部局举行新屋落成礼进行专题报道：“工部局新屋落成定今日举行落成典礼等情……连日各界赠送纪念品及致祝书祝贺者颇众，本埠各路商界总联合会昨日由委员会议决定制大银盾一座，上镌四字文曰‘惠而好我’，并派代表出席。”[4]

1 上海市档案馆编：《工部局董事会会议录》第18册，第659页。
2 《工部局新屋之内容》，《时报》1921年7月1日第3版。
3 上海市档案馆编：《工部局董事会会议录》第22册，第595页。
4 《工部局今日举行新屋落成礼》，《申报》1922年11月16日第13版。

图 2　初建成的工部局大楼[1]

工部局新大楼占地 12 亩（加上工部局旧房屋，工部局共占地 26 亩），新楼计有房屋 400 间，在此办公的外国人约有 800 名。据《上海小蓝本》的记载，公布如下：

上海工部局总裁办公室（Director Generals' Office），江西路 209 号，电话：10089

上海工部局薪金委员会（Salaries Commission），江西路 209 号，电话：10089

上海工部局教育部（Education Department），江西路 209 号，电话：19416

上海工部局支银处（Finance Department），汉口路，电话：60904

上海工部局警务处（Police Force），汉口路 18 号，电话：61369

上海工部局卫生处（Public Health Department），汉口路 16 号工部局房子，电话：13051

上海工部局工程处（Public Works Department），汉口路 15 号，总线 60161 接各部办公处[2]

在工部局的组织架构中，纳税人会议为最高的权力机关，而在实际上，大权皆集中在由其选出的董事会（Shanghai Municipal Council）。该会负有执行此章程之职权，并为便利执行起见，可随时另订附则，不得与本章程之条款抵触，且须经证实承认公布。各董事任期为一年，得连选连任，为无给职。当时共有董事 14 人，中国 5 人，英国 5 人，美国 2 人，日

1　图片来源：*Far Eastern Commercial and Industrial Activity*。

2 《上海小蓝本》（*The Little Blue Book of Shanghai*），1931 年，第 181—183 页。

本2人。因董事会事务纷繁，各董事无法顾及，乃设各种委员会以辅助之，如财务委员会、卫生委员会、工务委员会皆是。各委员会之委员，或由董事自兼，或另聘他人，人数不一，少则二三人，多则至九人。由董事会交议案与他们研究审查，他们再将其结果报告董事会通过。一议案须经董事会正式通过后，始得发生效力。在董事会与委员会之下又设"处"，最重要的有秘书、财务、工务、警务和卫生五处。各处皆设有专员办理一切事务。此中秘书处之总办（General Secretary），实际上是工部局的行政首脑，所有法令之公布皆由其签名，如其为一能者，不难左右董事会，而独断独行。[1]

工部局大楼建成后的效果如何，通过下面一篇采访手记可见：

> 20世纪30年代，有国人参观位于汉口路的工部局大楼后，感叹工部局行政效率，道："你要翻阅十年以前的档案么，马上可以得到；你要知道某位佣工的履历表么，不出两分钟，人事股的负责人就可给你；你要晓得某罪犯以前犯过罪没有，警务处也有方法立刻考察出来。像这样管理方法，非但行政效率可以大增，同时人力和经费两者俱可节省。我其所以看到各股办事人员很少，很难见一股超过四人的原因，自然也易明白了。"[2]

工部局在市政管理上的高效率，使得公共租界的城市管理成为中国城市管理的样板。南京国民政府曾多次派员在工部局学习市政管理。此外，在中国内外政治社会形势发生变动的情形下，工部局也不断探索市政管理的新模式，最著名的莫过于邀请费唐（Richard Feetham）法官前来工部局，专门研究市政问题，"当时公共租界工部局，感界内市政尚不完美，因特聘斐桑氏（即费唐）为专家顾问。按斐氏现任南斐高级法院法官，对于市政学识，颇有研究，业已应聘。昨日有电告，已乘特根轮船来华"[3]。1930年1月22日工部局董事会会议决定费唐大法官在工部局任职期间的报酬为每年2 500英镑，加上额外的零星费用。[4]

1930年1月13日，费唐来沪，随即以独立调查人身份开始工作，其办公室即在工部局大楼第341号房间。1930年6月，费唐向工部局提交了一份长达165页的备忘录，提出调查报告的基本构思。1931年4月25日，英文版《费唐报告》第一卷发表；6月，第二、三卷发

1 穆渭琴：《参观了上海工部局与市政府归来》，《之江校刊》1935年第70期。

2 穆渭琴：《参观了上海工部局与市政府归来》，《之江校刊》1935年第70期。

3 《工部局聘请专家顾问》，《新闻报》1929年12月5日第13版。

4 上海市档案馆编：《工部局董事会会议录》第24册，第591页。

表；1932 年初，第四卷发表。固然费唐法官报告由于诸多原因，引起巨大争议，但它在探索城市管理制度与市场法治机制方面，是一份非常重要的研究报告。

余　论

工部局以工部局大楼为总办公处，使得该地成为整个公共租界的行政中枢，由这里发出的各项命令，保证公共租界城市有序运转。以工部局大楼为核心的区域逐步成为公共租界乃至整个上海的权力中心。

公共租界权力中心的形成，从内部来讲，是指工部局的各个职能机构陆续搬入工部局大楼，并开始办公，进而管理城市；从外部来讲，工部局大楼的成立，标志着上海公共租界正式有了总的办公地，有了自己的行政中枢。不管从市政面积还是从经济体量上看，公共租界无疑是上海“三界四方”的核心，是当时的城市之心。1943 年 8 月 1 日，该楼成为“伪上海特别市政府”的办公地。1945 年 9 月 12 日，成为国民党上海市政府办公大楼。1949 年 5 月 28 日，上海市人民政府在此正式成立。直至 1956 年 5 月 1 日，中国人民解放军上海市军事管制委员会、上海市人民委员会分别正式发出通告，市军管会、市人委机关从江西中路 215 号迁至外滩中山东一路 10 号原汇丰银行大楼内办公，才结束了这一状况。[1] 此后，该大楼作为部分政府机关的办公地，一直存续至今。

现距工部局大楼兴建，已历百年。这座屹立在上海“城市之心”的大楼，在近代上海的研究中有多重意义：第一，工部局大楼的兴建是工部局进行市政建筑建造的重要案例，其建造过程的相关资料保存相对完整，有助于丰富对工部局在城市规划、建设领域方面的专题研究。第二，工部局大楼建造完成，使得近代上海城市功能格局塑形完成，以该大楼为中心的租界行政中心形成，与周边的经济中心、文化中心相辅相成，此种格局一直延续至中华人民共和国成立以后，这有助于厘清近代上海城市发展历史肌理。第三，工部局所修建的综合办公大楼，集合了工部局的主要职能部门、机构，采用集中、联合办公的形式，极大地提高了行政效率，促进了城市管理运行的高效、有序。这种综合办公中心的模式，与当今的综合行政中心非常相似，对于当今探索行政体制改革具有重要的历史借鉴意义。

---

1 《解放日报》1956 年 5 月 1 日刊登上海市军管会、上海市人民委员会迁址通告。

评　论

关于城市史研究的若干点评

都市史に関する若干のコメント

井上 彻*

井上と申します。会議を終えられて皆様大変お疲れのことと思います。恐縮ですが、もうしばらくお付き合いください。

いろいろと事情があり、この数年、研究から遠ざかっていたものですから、今回のシンポジウムでは、私自身は報告しませんでした。久しぶりに都市史の研究をお聞きして、以前の感覚が戻ってきたような気がしています。

今回のシンポジウムでは、上海社会科学院の馬学強研究員が塚田孝さん、佐賀朝さん、張智恵さんと連絡をとって企画されたと聞いています。また準備や報告に関われた先生方、学生の皆様にもお礼申し上げます。

さて、シンポジウムの最後の挨拶として、日中都市比較という大きな課題を与えられました。たんに挨拶ということでしたら、お礼を申し上げて終わってよいのですが、多少はこのテーマに触れておく必要があろうかと思います。ただ、私の力量の限界もあり、また時間も限られていますので、私の専門である中国明清史の視点より、皆様方のご発表をお聞きした感想をコメントとして少し述べさせていただくぐらいのことしかできません。

なお、コメントを述べるに際しては、拙文「都市文化の歴史的段階をめぐって」(大阪市立大学大学院都市文化研究センター編『〈大阪市立大学文学研究科叢書7〉都市の歴史的形成と文化創造力』(清文堂出版、2011年) を踏まえていますので、研究状況の詳細はそちらをご覧いただけますと、ありがたいです。

本シンポジウムのご報告の全体の内容は、各報告者の対象とする都市・地域によって二つに大別されます。大阪を焦点とした報告者は、江戸時代つまり近世の都市 (伝統都市)

* 井上 彻（井上 徹），大阪市立大学大学院文学研究科教授。

に、また中国の都市・地域を扱った報告者は、近代の上海等の都市（近代都市）に焦点を当てています。

中国明清史から見るとき、16 世紀は東アジア・東南アジアの国際秩序を支えていた朝貢制度が崩れ、アジア海域でアナーキーな状況（北虜南倭）がもたらされた変動の時代でしたが、その後、中国では満州族の清朝が登場し、日本では織田信長、豊臣秀吉の時代を経て、徳川政権が成立します。16 ～ 18 世紀は、それぞれの地域において新たな政治秩序が模索された時期であり、それぞれの地域固有の社会のあり方を定着させていったと考えられます。近現代から見るとき、この時代に形成された固有の社会のあり方が「伝統」とみなされ、その克服が近代化の課題とされました。

日本都市史の吉田伸之氏はかつて、伝統都市・近代都市・現代都市の三つの段階に分けて都市の歴史を把握する方法（都市の三分法）を提唱されましたが、この都市の三分法に依拠するならば、伝統都市の時代に醸成された「伝統」の解体が近代都市から現代都市への転換の指標となります。

今回のシンポジウムにおいて、日本の都市・地域を扱った報告では、大坂・京都・江戸など近世の大都市（伝統都市）の内部構造・蔵屋敷・行政（市中取締）・流通（寒天）・移動・商家・被差別民（渡辺村）などが新たな史料を用いて綿密に検討されるとともに、塚田孝さんが述べるように、大都市の周辺農村への都市社会状況の浸潤について検討が深められています。大都市の周辺農村の都市化は日中両国の都市論にとって重要な共通の検討課題です。近代都市の成立にこうした近世の都市の拡延がどのように関連してくるのでしょうか。近世の町から町内会への転換に関する報告はこの問題と関係します。

他方、中国側の報告は、伝統都市（景徳鎮、蘇州）の空間構造・商業活動・知識人の生活形態が探索されるとともに、上海・常州・杭州の近代化を関心事とします。都市行政・都市計画・外国人居留地（租界）・街区の改造（薬水弄）・インフラ整備・市場の近代化（公共空間）・集落の発展・近代建築（石庫門）・交通路（水路）・上海の港湾・環境問題等、いかに上海等の伝統都市が近代的な都市へと変貌を遂げていくかという問題です。諸報告を通じて、近代都市への変貌の過程で都市の領域が周辺へと拡延していくことがよくわかります。また今ひとつの課題は伝統都市との関係です。伝統的な宗教（黄婆道）が依然として都市の社会関係をつなぐ上で重要な役割を果たしたこと、近代蘇州に生きる伝統知識人や生活レベルでの近代化への抵抗などが見て取れます。また石庫門のように近代建築に伝統が取り込まれているケースの発掘も貴重です。

さて、大阪市立大学では、20年近くの間、比較都市史を進めてきましたが、今回のシンポジウムを拝聴して、都市史の研究はこの間に相当に深化していると思いました。都市計画・交通・インフラ・空間配置・階層分析など、都市を多角的に考察する研究方向はおおむね根付いています。加えて、本会議での特徴の一つは日本・中国双方で新たに掘り起こし、かつ発見した史料を紹介、分析していることです。また、地図資料・発掘資料を用いた研究も成果を上げています。新史料が新たな歴史観を作ることにつながります。さらに、日常生活に密着し、生活のディテールを描く手法も注目されるものです。総合的に見て深掘りが特色です。つまり一つのテーマについて、新たな史料を用いて綿密に徹底的に掘り下げて分析する手法です。

最後にアジアの伝統に関して触れておきます。都市の三分法に照らしますと、アジアの諸都市が近代化を遂げるには、「伝統」の克服が必要とされましたが、社会経済が欧米の社会に近接し、等質化するぐらいに平準化されてきますと、他の地域の社会とは異なる特性が「商品」として重要となる状況が生まれるように思います。そのことから、かつて克服の対象とされた「伝統」が見直され、一見して「伝統」への回帰とみえる現象が浮上するのではないでしょうか。日本でも中国でも、「伝統」が文化資源としてツーリズムに活用され、それが現代都市の盛衰に影響さえ与えます。

現在、アメリカをスタンダードとしたグローバリゼーションには変化の兆しが見られます。とりわけアジアの諸地域、諸都市の動向が大きな鍵を握っているように思われます。地域を問わず進捗する大都市への集中という現象がなにをもたらすのか、歴史学・都市史学は新たな状況に応じてどのように歴史を、都市史を書き換えていくのか、今後の大きな課題です。

ご静聴ありがとうございました。今後の都市史の発展と成功をお祈りしています。

会议综述

“中日城市史研究与比较”学术研讨会综述

叶　舟

截至2018年，中国的城镇化率已达到59.58%。千百年来“暧暧远人村，依依墟里烟”的乡土中国，正在经历人类历史上规模最大的城市化进程。就某种意义而言，城市化进程已构成当代人类生存最重要与最直接的“生活世界背景”或“社会关系的总和”。一方面，更快、更及时地搭上城市化快车，是解决当代中国经济社会发展问题的一个关键所在。另一方面，越来越快的城市化发展又成为各种现代性问题的现实根源。如何处理好传统与现代、继承与发展的关系，是一个绕不开的重要课题。

“万物有所生，而独知守其根”，历史发其源，文化铸其魂，文化遗产中蕴含着城市的精神基因，隐藏着“从哪里来，向何处去”的发展密码。一座城市的伟大，不在高楼林立，而在于有文化、有精神、有品质。而要守护好“城市之魂”，关键是处理好城市建设发展和历史文化遗产保护利用的关系。文化遗产是不可再生、无法复制的宝贵财富，连接着历史与未来，有着生生不息的生命力。在城市发展过程中，必须让文化活起来，走进百姓的日常生活，融入文明交流互鉴，让城市更有魅力、更具特色，也让传统文化在传承与创新中焕发新的光芒。要做到这一点，就必须重新审视中国城市发展的历程，努力克服自身的历史局限，以真正实现中国城市文化的创新性发展和创造性转化，为中国城市新一轮的腾飞提供动力支持。这就需要我们一方面植根于国情和实际，从现实的文化沃土之中汲取资源，寻找启迪；另一方面，更要用开放包容的胸怀从其他文化中汲取养分，融汇一切优秀文化成果，借鉴一切有益的经验，以反思城市化和都市化所带来的弊端，避免走别人走过的弯路，探索中国城市健康发展的方向，为中国城市的前进之路提供一个珍贵的人文参照。

中国和日本是一衣带水的邻邦，两国在自然环境、文化传统、建筑形式等方面有很多相似之处。日本的城市化发展水平要高于中国，对城市历史文化遗产保护的经验更有很多值得中国学习的地方。2018年12月1—3日，由上海社会科学院“城市人文遗产研究”创新团队、历史研究所发起主办，日本大阪市立大学大学院文学研究科协办的“中日城市史研究与比较”学术研讨会在上海社会科学院举行，会议与会者包括中日双方学者三十余人，日方学者主要来自东京大学、大阪市立大学、立教大学、放送大学、山口大学等日本高校，中方学者主要来自上海社会科学院、南京大学、复旦大学、上海大学、上海师范大学、杭州师范大学、上海博物馆、上海音像资料馆等机构或高校。本次会议围绕当前中日两国学术界关于城市史研究的理论、方法、视野等相关问题进行深入探讨，旨在通过对话和合作，交流两国城市发展的经验，进一步推进城市史研究水平的提高，促进城市人文遗产基础研究和保护工作的有序推进。

12 月 1 日上午的开幕式由中方会议召集人、上海社会科学院马学强研究员主持，上海社会科学院历史研究所副所长叶斌先生和大阪市立大学大学院文学研究科教授塚田孝先生分别致辞，就本次会议举行的缘起及其内容做了说明，并对会议顺利召开表达了良好的祝愿。

会议第一场围绕“城市史研究的史料与方法”展开，相关论文的作者都使用了比较稀见的文献史料，对城市史研究的深度和广度均有一定开拓。这一单元分成上午和下午两个专场，上午场包括五个报告。南京大学历史系范金民教授指出，自明后期至清前期，由于朝廷及地方官府对于江南缙绅的措置不同，导致江南绅士在乡居生活与地域政治方面体现出迥然不同的价值取向和行为方式。大致而言，明后期江南缙绅声气张扬，颐指气使，甚至横行不法，但是他们确实在地方上有着不可或缺的作用。入清之后，清廷和地方官府为稳定在江南的统治，笼络、控制江南绅士，采取一系列惩治措施整肃社会，约束人心，使得士绅从意志、心态到行为各个方面，较之以前有了根本的转变。清代江南士人为官没有明人张扬，清廉俭朴者也复不少，其声势没有明代江南仕宦显赫，但是对于地方官府和地方事务的影响力，较之明代江南乡宦也要小得多，而士人的气节和社会责任感更相去甚远。发生于天保十二年（1841），由幕府推动的天保改革是日本历史上的一次重大事件，其中江户的“市中风俗取缔”，即改革所谓的恶习陋俗则是本次改革的主要内容。东京大学名誉教授吉田伸之先生便以此次改革留存下来的珍贵史料——《市中取缔类集》《市中取缔续类集》《市中取缔书留》等为中心，探讨了当时町奉行所的市中取缔官员与幕末江户社会之间的关系。大阪市立大学塚田孝教授主要介绍了大阪南部难波村成舞家文书的内容及其形成过程。难波村位于大坂南部的道顿崛，是幕府直属领地的农村，在当时，这里周边充满了各种用于歌舞伎等表演的场所以及茶馆，不仅是非人（乞丐）们的聚集地，还有墓地和刑场。成舞家曾做过难波村的户长，留下了大量的文书，目前保存于大阪天守阁博物馆。塚田孝教授教授阐述了这些文书的概况，并且在此基础上探讨了近世大阪的都市扩张对周边农村的影响。复旦大学王振忠教授则利用 2007 年发现的《景德镇新安书院契录》这一新资料，重点讨论了 17 世纪以来景德镇徽州会馆的管理与运作情况。《景德镇新安书院契录》从会馆管理的角度，系统展示了20世纪中叶徽帮产业在景德镇的空间分布，书中所录各契券，颇为生动地记录了17世纪以来外来人群与景德镇城市生活的诸多丰富细节，特别是反映出侨寓徽商内部的组织、管理以及相关慈善事业之运作。这篇论文即利用这一系统性的新史料，结合其他新发现的徽州文书，辅以实地考察，探讨清代、民国时期徽州会馆之管理、运作以及景德镇的城市空间。作者还认为，清末以来，随着时代的变迁，原先的徽州会馆及相关的会、社又陆续建立了教育、医疗等相关的组织。这些，都在一定程度上反映了晚清以来传统商业组织的嬗变与调适。上海师范大学钟翀教授则重点从历史形态发生学的角度出发，同时结合民初以来的数种大比例实测地形图，对江南地区聚落—城镇历史形态的演化与生成进行了深入的探讨。

钟翀教授认为，近代以来在江南地区测制的大比例尺实测地形图，虽然只是静态反映较晚近时期的该区域聚落—城镇面貌，但由于较好地保存了近代化之前的江南历史景观，因此可以通过聚落形态发生的理论，来进行相当程度的类型化与演化阶序分析，以解决江南城镇历史形态特质与微观肌理变化的难题。他通过研究发现，江南地区，尤其是长江三角洲地带的聚落演化，具有较强的进化方向与变化规律。概括而言，历经数千年开发形成的纵浦横塘的水乡格局、依托河道的物流展开模式与依托圩岸的农宅修筑传统、独特的弱宗族型家族构造以及散村型社会的自组织形式等多种因素的复合影响，造就了该地域聚落形态演化上表现出“列状水路村落—列状水路市镇—交叉状水路市镇—复合型水路城镇”这样的发展模式。

12月1日下午同一单元的讨论有四场报告，杭州师范大学历史系张卫良教授、研究生王刚着重以菜场为中心讨论了近代杭州城市公共空间的创建及其特色。他们通过翻阅大量的档案和近代期刊等文献，认为在近代杭州，菜场的出现也是城市从传统向现代转型的结果。杭州菜场建设经过最初挫折、市政革新和规范治理这样一个过程，逐渐打破了原有的摊贩沿街叫卖方式，改变了原有的城市空间格局。虽然随着外来理念的渗入，在清末新政以后，中国的城市管理者希望通过市政改革改变原有城市街巷的混乱无序、交通拥堵和环境肮脏等城市问题，但是，这样的革新是曲折而缓慢的。更重要的是，诸如杭州等中国城市的公共菜场的营造仅仅开启了现代城市公共空间的新一页，并未完成其历史使命，与西方社会公共菜场形式相比，仍存在不少的缺憾。放送大学教养学部杉森哲也教授重点介绍在近世京都社会变迁过程中形成的所谓“商家”史料的内容与性质，“商家”史料大致包括家族内部的史料、家族产业经营的史料、同业间的史料及所居地域的史料等，由于所从事的职业不同，在其特性、经营规模、经营方针以及时代变迁等方面也都表现出不同。样态多样的商家的存在，也决定了商家史料的多种多样。杉森教授认为可以透过这些资料深入研究近世日本以此类商家“家族”为单位的小型经营体作为基础的时代，同时在此基础上注意这些商家所在的城市——近世京都的都市特性的发展。上海社会科学院历史研究所王健副研究员利用在牛津大学新发现的《募建黄婆祠捐疏》，重新探讨开埠前上海的黄道婆信仰与上海地方社会之间的关系。黄道婆崇拜是上海历史上最为重要的地方信仰之一。它最初产生于元末明初，道光六年江南漕粮海运事件后，上海地区部分绅商联合申文请求将黄道婆列入国家祀典，几经周折，至道光十年，黄道婆才得以进入祀典。王健认为，参与道光六年请祀事件的地方人士都与漕粮海运都有着千丝万缕的联系，乾嘉以降上海地区商品经济快速发展，而以沙船为媒介的棉布贸易正是其中的重要内容，在这一社会经济变迁的背景下，绅、商合流的趋势非常明显，而黄道婆正是可以将他们联合在一起的黏结剂。上海社会科学院历史研究所叶舟副研究员则通过充分挖掘《第一届武进董事会报告书》《武进年鉴》等近代常州地方文献，讨论了从民国初年至抗日战争以前常州城市建设中的诸多近代化尝试。他认为，大体而言，常州城市在民国时期的建设可以分成两个阶段，民国初年，常州的地方建设在某种程度上延续了乡绅治理的传统，加之派系之争、军阀战乱，政府层面的市政建设难以持续施展。南京国民政府成立后，国民党为巩固政权，积极发挥现代政府的行政职能，联合或依靠各种社会组织，介入浚河、筑路等市政建设以及卫生、教育等各项现代化事业中，常州现代城市管理体制逐渐健全。但是由于种种原因，国民政府并没有把足够的精力放在城市建设上，再加上时局的变化，近代常州城市建设进行得举步维艰。

会议的第二单元是“上海、大阪等城市的细部研究”，是本次会议的重头戏，故分成三场进行。12 月 1 日下午第一场由三个报告组成。石库门是近代上海极具特色的住宅建筑，它是中西合璧的产物，无论在公共租界、法租界，还是华界，石库门都是近代上海街区构造的基本形态。但是石库门是如何兴起的，规划者是谁，营造者是谁，居住者又是谁，此前没有系统和深入的研究。上海社会科学院历史研究所马学强研究员利用散落于报刊、档案、地籍图纸等中的珍稀资料，研究了石库门街区在近代上海形成与演变的过程，对石库门的概念和历史予以梳理与分析，同时又通过对石库门在租界与华界各自演变历史的研究，从“造房子”到“造街史”的视角剖析城市的内部结构与肌理。进而又置于更长的时段，依循近代上海发展的脉络，将百年石库门变迁与上海城市更新结合起来考察，揭示“石库门”对上海城市形制产生的重要影响，并对如何进一步推进石库门的研究，实现城市更新视域中的石库门人文遗产保护提出了自己的看法。19 世纪 90 年代至 20 世纪 40 年代的大阪，在近世的町组织解体后，出现了类似于联合团体、有志团体的町内会。大阪市立大学佐贺朝教授重点讨论了大阪市内的町与町内团体的演变过程，并且与东京、京都的情况进行了比较。他认为，带有联合性质的町内会的形成状况与组织率往往与旧市区边缘部很高的社会流动性有关。同时，这些团体大多虽然以一个町为范围，但其具体情况却很复杂，在战时和战后，受时局的影响，有着不同的发展走向。上海社会科学院应用经济研究所万勇教授尝试运用“肌理—机理”的研究方法，探讨近现代上海城市发展的内在逻辑，同时希望能够直观呈现上海城市发展史。城市肌理主要体现为有形的物理空间、建筑形态和综合环境，城市机理则是城市发展中那些无形的道理、逻辑和规律。肌理与机理之间，往往是互相因应的，有些是由表及里，有些是由内而外，共同构成了由形式与内容组成的城市整体。“肌理—机理”研究的工作方法，是以图形处理为基础、以文字阐述为提炼的图文结合方式。其研究的主要价值，除充实基础研究之外，更以有利于直观呈现上海城市发展史，有利于澄清上海城市发展的内在逻辑，有利于转化研究成果并提高政府决策的开放性和科学性为己任。

12 月 2 日本单元的第二场由三个报告组成。黄浦江及与其相连接的长江口内外水道，是我国近代航运史上最为重要的航线之一，也是鸦片战争以来英、法等西方列强重点测绘的水域，留存的近代地图资料较为丰富，但目前地图学界对此类地图缺乏整理与研究。上海社会科学院历史研究所牟振宇副研究员向与会者展示了他在大英博物馆等机构所搜集而来的英国海道测量局在 1840—1911 年之间所绘制的黄浦江实测地图，这些地图均采用了现代的测量技术，具有传统河流水系地图无法比拟的精度，无论是对于推动上海水系研究、黄浦江航道研究、水文研究、港口研究等方面研究，还是拓展上海史的研究领域，均具有不可估量的史学价值。山口大学森下彻教授探讨了 17 世纪后期至 18 世纪初位于西日本的岩国藩在大阪设立藏屋敷的背景及其与大阪都市社会之间的联系。出于出售年贡米与大坂町保持联系的目的，西日本的诸藩都在大坂设立了自己的藏屋敷。荻藩的支藩岩国藩于 1676 年从藏元町人的手中购入了藏屋敷，并让大坂町人参与年贡米出售，即藏元。为了获取更多的利润，自 17 世纪 40 年代起，岩国藩开始通过委托一些町人在大坂出售纸张，到 17 世纪 70 年代，岩国藩更是将具体事务全权委托给藏元，同时，让其在藩的官员监督下将纸张出售给贩卖纸张的商人团体。随着藏屋敷的设立与扩大，岩国藩与大坂的城市社会之间的联系也日益密切。寒天是从深海里的红藻的细胞壁中提炼萃取而成的天然食品，有“海底燕窝”之称。寒天据说最初于 17 世纪中叶在伏见开始生产，天明年间，逐步传播到摄津北部村落（北摄地区），使其成为最大的寒天产地。文化十一年（1814），在大坂三町人之一的尼崎又右卫门领导下，寒天的同业会所创立，并逐渐尝试在全国范围内统制天草的流通，但随着丹波的寒天制作兴起，寒天的流通和生产结构也发生了巨大的变化。立教大学文学部后藤雅知教授便讨论了 19 世纪以来作为药物的寒天在摄津、丹波等地生产的历史，并进一步研究了其生产中心地迁移变动的诸多原因。

本单元的第三场同样由三个报告组成。上海社会科学院历史研究所张秀莉副研究员试图通过对药水弄的历史变迁这一个案研究，来讨论近现代以来上海的旧区改造问题。药水弄位于今普陀区境内，地处西康路以西，长寿路以北，西北濒临吴淞江。此地在 20 世纪 20 年代成为沪西工业区的核心区域，大量的外地农民聚集于此，出现了形形色色的棚户，至 1949 年 5 月上海解放前夕，药水弄共有 4 000 多间草棚，全弄人口近 16 000 人。由于药水弄居住条件极差，规模又较为庞大，因此成为上海旧区改造的一个典型。中华人民共和国成立后，先后于 1950、1953—1956、1960—1964、1984—1995 年对药水弄进行改造，使药水弄从“滚地龙”和棚户聚集的“下只角”成为高层林立的长寿新村。随着旧区改造，药水弄居民的人口结构、生活质量也发生了翻天覆地的变化。就实大学人文科学部三田智子讲师则讨论了近世以来位于大阪南侧的渡边村内部的社会结构情况，以及村民们的宗教信仰及其影响。位于近世都市大坂南侧的渡边村，聚集了大量从事贱民（汉字或表记为“秽多”）身份所特有的职业（皮匠、作作、刽子手）的人群，是西日本一带皮革流通中巨大的贱民村。在渡边村存在着复杂的阶层结构，由与西日本诸藩有着单独交易的有势力的皮革批发商构成金字塔的顶端，此外还有从事皮革加工的作坊主、工匠层，及许多被估计为承揽转包的下层。村民们有着热诚的真宗信仰，围绕着村中的寺院也慢慢地出现了一些对立，但却未必在村内阶层中形成分化。上海大学历史系张智慧副教授则利用了日本亚洲历史资料中心近来刊布的相关日文档案，全面探讨了当时上海日侨面临的“住宅难”问题。20 世纪初期，随着上海日侨人数的持续增长，所面临的“住宅难”问题也日益突出。随着“一战”期间日本资本在中国的大举并进，上海日侨的不动产投资也大幅增长，这在一定程度上解决了日侨直面的“住宅难”问题，提升了日侨在公共租界中的发言权，同时也推进了虹口一带上海日侨社区的形成。然而其过度膨胀，特别是在华界的大举投资触及了中国民众的切身利益和民族情绪，也成为 30 年代中日关系走向恶化的重要因素。

为鼓励青年学者的参与，本次会议专门设立了“青年学者专场”，这一专场分成两个单元。下午第一单元由四个报告组成。上海博物馆陈凌副研究员重点结合文物考古的方法，从长时段的角度探讨了明清以来上海港的变迁情形。陈凌认为对历史时期上海港的认识不应该局限在今天的上海地区，而是要将上海所在的长江口视为一个整体，对长江口各港的发展变迁进行总体考量。所以她尝试将文献记载、考古发现、碑刻建筑等多种资料进行融会使用，以获得对上海港发展历史更为明晰的认识。虽然文物考古资料的零碎发现，对探讨历史时期的上海港区变迁并不能起到决定性的作用，但仍然是不可忽视的重要资料。日本学术振兴会特别研究员吉元加奈美以堀江新地为例，探讨了 17 世纪末至 18 世纪中叶在大阪都市开发过程中形成的所谓边缘新地的内部社会结构。随着17世纪中叶的堀川与其周边土地的开发，近世大坂都市的基本城市骨架形成，这一进程经过17世纪末至18世纪中叶的都市边缘新地开发而得以最终完成。吉元研究员通过分析位于堀江新地的御池通五丁目的家持町人及其持有的房产的具体形态意图深化对堀江新地这一地区的特质的理解，认为对产权抵押的考察，对于分析大阪都市社会结构具有重要的意义。大阪市立大学博士研究生吴伟华论文研究的对象是近世后期道修町三丁目的运营结构。道修町三丁目位于大阪船场区域的北部，在近代这里的居民主要是贩卖药草的中间商人。从18世纪中期开始，这里的很多町都会负责提供每年八月更迭的大番众（负责守卫大阪城的武士集团）的御用住宿处以及以被幕府派往长崎的官员为中心的临时御用住宿处，吴伟华便利用土地账本、户籍账本及祈愿书等多种史料，通过研究这些御用住宿处，来了解町的运营结构。他认识到，担任御用住宿处的町人只是一个名目上的存在，真正完成这项工作的则是当时的町代们。上海交通大学校史研究室胡端助理研究员则主要探讨了清代上海县法华镇从一个因寺成镇的聚落发展为近代上海“城西首镇”的过程，他认为这种依靠“市镇—乡村”间互动共生的内动力向城市形态演进的路径与模式，可称为“原生型”城市化。这种城市化既有明清江南地区鲜明的地域特色，又具有一般意义上的“发生学”内涵，它是近代以前江南市镇城市化较为普遍的发育肌理，展现了传统农耕文明自我调适和转型的内在机制。

第二单元由三个报告构成。上海是近代中国首先迈入现代化、首先遭遇严重的环境污染问题的城市，也是最先治理城市污染的地方之一，其治理的经验与教训也是今天中国城市治理的历史参照。上海社会科学院历史研究所陆烨助理研究员以法租界的分类营业制度为考察对象，梳理此项制度的传入和发展演变过程，以探究其在中国运行的模式与特点，他总结出近代上海城市污染治理的若干特点和启示，试图在此基础之上揭示中国城市近代转型的复杂性和多重面相。日本五畿内近江六国的建筑工匠均受京都大工头中井家所“统治”，并被整编成了大工组、木挽组等组织，但是其组织形态有着显著的地域差别。大阪市立大学博士研究生田坪贤人将大阪中井家管理的建筑工匠组织视为一个巨大的社会集团，对近世大阪建筑工匠集团的内部结构和组织进行了深入的探讨。他认为，随着一系列法令的颁布，大阪的建筑工匠通过生活共同体的町被中井家所掌控。中井家的建筑工匠组织并非单一构造的组织，而是各自拥有作为统一管理者的“年寄”（即都市一町的住民之长），是一个由多重结构组织合成的组织。上海音像资料馆助理研究员李东鹏充分利用近代档案、报刊、工部局回忆录等相关文献，通过对近代上海工部局新大楼筹建过程的考察，讨论公共租界的运作体系。文章通过工部局大楼的整个修建过程，从内外两方面对工部局的运作机制进行分析研究，一是工部局的整个决策体系及各部门的内部协作机制如何，二是工部局如何与外部展开各方面联系，包括如何进行城市管理、如何进行资金运作、如何开展项目等。他认为对于近代上海城市演变来说，工部局大楼落成、工部局各职能机构搬入并开始办公，标志着上海正式拥有了较为固定的权力中心，围绕工部局大楼这幢独特的“公共建筑”的筹建，考察城市的运作机制具有其典型意义。

两天的会议，内容丰富，安排紧凑。会议就讨论焦点而言主要集中于日本大阪和中国上海两个大城市及其周边城市，相关讨论主要有以下几个特点。一是研究视域开阔。从研究的时段而言不局限于某一个特定的时代，而是试图从长时段的角度来考察城市的变迁历史，从研究对象而言同样是丰富多彩，涉及了城市生活的各个领域。二是重视城市史资料的拓展。中日双方学者在各自的研究中都特别注意挖掘新史料，特别是那些来自基层社会的比较系统的资料，由此展开各自的研究，并能够对前人的成果有所发覆。三是注重城市史研究的新方法，一些学者特别注意吸收文献学、地理学、经济学等相关学科的理论和方法，希望由此为城市史研究带来新的视角。

会议最后举行了一个简短的闭幕式，来自大阪市立大学的井上徹教授对本次会议内容做了归纳总结，他认为这次研讨会充分说明城市史研究已经日益深入。一方面是从城市规划、交通、基础设施、空间配置、阶层分析等多角度考察城市，另一方面是进一步深入挖掘新的史料，另外，贴近日常生活，描绘生活的细节的手法也备受瞩目。他指出，日本研究都市以往经常使用三分法，即传统都市、近代都市、现代都市，按照这一分类，亚洲各城市要实现现代化，都需要克服“传统”。但时至今天，全球化似乎出现了变化的征兆，过去被作为克服对象的“传统”又开始被重新审视，面对这一新的情况，城市史学如何开展研究，是今后大的课题。正如井上教授指出的，在全球化发展到关键时刻的今天，对城市历史的理解，既需要细致梳理城市文脉中的“传统”，同样也需要借助它山之石和国际视野，本次会议只是一个开端，希望能够借助会议的契机，进一步构建一个汇聚更多全世界有识之士的平台，共同推进城市史研究和城市人文遗产保护工作更上一层楼。

后 记

城市是一种古老而复杂的文明现象，是人类根据自身的生存需要而建构起来的一个特殊而复杂的空间整体。伟大的哲学家斯宾格勒在其名著《西方的没落》中曾言："人类所有的伟大文化都是由城市产生的。第二代优秀人类，是擅长建造城市的动物。这就是世界史的实际标准，这个标准不同于人类史的标准；世界史就是人类的城市时代史。国家、政府、政治、宗教等等，无不是从人类生存的这一基本形式——城市——中发展起来并附着其上的。"这段话概括了城市与文化之间的密切关系。

中国古代"城"和"市"有着不同的含义。城是四周的城墙，《墨子·七患》云："城者，所以自守也。"市是商品交易的场所。《说文解字》云："市，买卖所之也。"《周易·系辞》云："日中为市，致天下之民，聚天下之货，交易而退，各得其所。"随着社会经济的发展，"城"与"市"逐渐聚于一体，成为一个统一的聚合体：城市。从"城市"之名的由来便可发现，中国的古代城市毫无疑问必然受到来自政治和皇权的控制，但同时也会受到经济因素的影响，和世界上其他城市一样，中国的城市有着其自身的发展模式，而且承载着特定的文化传统和精神积淀。正如著名城市社会学家阿摩斯·霍雷（Amos Hawley）语所言，城市与文明其实是同一个事物的两个不同侧面。

从19世纪中叶开始，随着西风东渐，中国发生了数千年未有之变局，而中国城市也发生了日益深刻的变化。尤其是进入21世纪的今天，古典的田园诗离我们越来越远，现代城市的兴起给了我们与以前世界迥然不同的生活平台。从某种意义而言，城市化进程已构成当代人类生存最重要与最直接的"生活世界背景"或"社会关系的总和"。对于中国来说，如何更快、更及时地搭上城市化快车，更是解决当代中国经济社会发展问题的一个关键所在。不过由于历史的原因，中国城市化进程则更为复杂，而且中国城市化和世界城市化一样，其进程也伴随着各种经济社会问题，城市化成为各种现代性问题的现实根源。在一些大城市里，马路宽阔无比，弯曲而亲切的小街小巷开始消失，汽车主宰着城市，购物中心取代了熟悉的社区小店，城市开始变得不那么舒适了，当我们夜晚站在高楼俯瞰整个城市的时候，甚至会觉得无助而恐惧，"暝色入高楼，有人楼上愁"，李白的诗句在今天有了新的意味。有人说，城市已经成为现代人孤独的最大来源。而在中国，由于人口基数巨大、城市化起点低等因素，城市化进程的曲折和痛苦更是难免。

然而，尽管城市化带来的矛盾、压力与问题已不胜重负，我们也不能寄希望于逃避这个历史进程，甚至是通过赞同“反城市化”思潮，希望回归“自然与乡村”或严格限制城市人口等去获得解脱。要真正解决这些问题，就必须重新审视中国城市发展的历程，努力克服自身的历史局限，以真正实现中国城市文化的创新性发展和创造性转化，为中国城市新一轮的腾飞提供动力支持。这就需要我们一方面植根于国情和实际，从现实的文化沃土之中汲取资源，寻找启迪；另一方面，更要用开放包容的胸怀从其他文化中汲取养分，融汇一切优秀文化成果，借鉴一切有益的经验，以反思城市化和都市化所带来的弊端，避免走别人走过的弯路，探索中国城市健康发展的方向，为中国城市的前进之路提供一个珍贵的人文参照。

上海社会科学院“城市人文遗产研究”创新团队一直致力于将城市置于全球历史发展的进程中，从当代城市发展的需求出发，通过多个学科领域的互通声气和携手合作，将基础研究和现场实践相结合，来探究城市发展与人文遗产，并致力于将研究成果落地于城市更新实践中，努力为中国城市未来的发展和建设提供智力源泉。出于以上目的，“城市人文遗产研究”创新团队自2015年以来，已经相继举办了两次国际学术研讨会，并由商务印书馆将会议论文选编结集出版。2018年12月1—3日，又与日本大阪市立大学大学院文学研究科联合举办了“中日城市史研究与比较”学术研讨会，来自中日两国的三十余位学者围绕当前中日两国学术界关于城市史研究的理论、方法、视野等相关问题进行深入探讨。中国和日本是一衣带水的邻邦，两国在自然环境、文化传统、建筑形式等方面有很多相似之处。日本的城市化发展水平要高于中国，对城市历史文化遗产保护的经验更有很多值得中国学习的地方。本次会议便希望通过对话和合作，交流两国城市发展的经验，进一步推进城市史研究水平的提高，促进城市人文遗产基础研究和保护工作的有序推进。本论集便是此次会议与会的论文的选编结集。

上海社会科学院马学强研究员和日本大阪市立大学大学院文学研究科塚田孝教授全程主导了本次会议的召开与本论文集的编辑，并对书稿进行最后的通读审定。上海大学文学院张智慧副教授承担本次会议日文论文的整理和校对，并负责了所有论文摘要的中日文翻译，大阪市立大学吴伟华博士、上海社会科学院历史研究所陆烨助理研究员、上海音像资料馆李东鹏助理研究员则担负了繁杂的作者联络工作。商务印书馆的鲍静静女士和陈雯女士为本书的定稿和出版付出了大量辛勤的劳动。鲍世望先生则承担会议当日的摄影工作。在此一并致以诚挚的谢意。少数与会作者的论文，因作者另有他用，未能收入本次论文集中，甚是遗憾。

另因参会论文在会后曾经各位作者修改，故书中部分论文题名和内容与当日报告时不尽相同，亦一并在此说明。

美国学者芒福德（Lewis Mumford）曾经说过："城市应当是一个爱的器官，而城市最好的经济模式应是关怀人和陶冶人。"当今城市，已经不可能脱离全球化的因素而发展，如何营造一个关心人和陶冶人的城市更是一个世界各国共同面临的普遍性难题。祝愿本次会议的召开和本论文集的出版，能够吸引更多的来自世界各地的同仁携手合作，共同为建设城市这一"爱的器官"而努力。

叶 舟

2019 年 3 月 20 日